后浪出版公司

THE IMJIN WAR

Japan's Sixteenth-Century Invasion
of Korea and Attempt
to Conquer China

Samuel Hawley

壬辰战争

[加] 塞缪尔·霍利——著　　方宇——译

民主与建设出版社
·北京·

兵者，国之大事，存亡之道。

——《太公六韬》，公元前 4 世纪

新版序言

自 2005 年 10 月《壬辰战争》一书由英国皇家亚洲协会韩国分会和伯克利加州大学东亚研究所联合出版以来，已过去十个年头。不论当初还是现在，我首先要感谢的都是金景美（音），谢谢她在两年中伴我度过的大量时光，每周两次为我翻译各种朝鲜文资料，以备该书之用。我也想再次感谢本书首次出版时分别担任皇家亚洲协会韩国分会主席和总理事的金永堰（音）和裴秀子（音）；伯克利加州大学东亚研究所的执行编辑乔安娜·桑德斯罗姆（Joanne Sandstrom），感谢她出色的编辑能力；所爱纪念基金会和丰山财团，没有其大力支持，本书不可能付梓。

在最初发行时，《壬辰战争》实际上没有进行任何宣传，销售渠道也只有区区几个。通常来说，如此缺乏关注度和市场性的书，必然会慢慢消失，最终无人知晓、无人问津。所幸《壬辰战争》并没有如此。读者发现了它，消息传了出去，初版的两千册最终售罄，2008 年又再次印刷。

现在，作为一名年纪更长，见识更广，对出版业的残酷现实了解更深的作者，在回顾这个不算大的成就时，仍会感到不可思议。2003 年，在独自一人花费四年时间研究和写作之后，我开始寻找出版社。我联系了若干文学经纪人和出版机构，将本书描述为面向大众的通俗历史读物，向他们推销。然后我回到家，期待至少能有几个人会答复说对此感兴趣。我等到的却是 47 封拒绝信。每封信都信誓旦旦地说，没有人会为这本书付钱，毕竟它描写的是一场发生在 16 世纪朝鲜的几乎不为人知的战争。对于所有在本书出版之后慷慨解囊的人（虽然一般看法认为这种事不会发生），对于每一位花费时间阅读这本厚书的人，对于每一位在这几年里对本书不吝赞美之辞，并且鼓励我多写一些的人，我想对所有这些人说一声谢谢。

新版《壬辰战争》和初版基本一样。主要区别在于，我去掉了中间部分的图，以这篇新序代替了原来的致谢，设计了新封面。包括正文在内的其他部分都没有改动。这本书仍然是我的骄傲。但遗憾的是，修改它所需的时间、动力和精力已非本人可以承担的。因此，我决定让其保持原貌。

这些年来，我收到了很多令人伤心的来信，告诉我想得到此书却不知何处有售，或者是即使能找到，价格也高得离谱。我希望这些售价合理得多，也更容易买到的纸质版图书，能够解决上述难题。

塞缪尔·霍利

2014 年 9 月

于加拿大安大略省金斯敦市

前　言

　　1941 年 12 月 8 日（美国时间 12 月 7 日），日本陆军和海军突袭了西方在亚洲和太平洋地区的殖民地，东京所谓的"太平洋战争"由此拉开序幕。这是日本历史上的一个扩张时期中最后、最为灾难性的阶段。在此之前，不断膨胀的野心已经使该国卷入过三场战争，包括 1894—1895 年的甲午战争、1904—1905 年的日俄战争和 1931 年开始的侵华战争。到了 1942 年夏，也就是太平洋战争爆发八个月后，日本帝国在亚洲大陆上已经从中国东北扩张到缅甸，向南越过太平洋，远至爪哇岛和新几内亚岛。此后，面对占有绝对优势的美军，它开始分崩离析。

　　今天，人们倾向于将这段历时五十年的国际扩张史看作日本漫长历史中的一次例外。绝大多数人以为，这是这个"日出之国"唯一一次为了占领他国领土而出兵海外。但是事实并非如此。甲午战争、日俄战争、侵华战争和太平洋战争共享着一个重要的先例，而西方对此一无所知。1592年 4 月，在偷袭珍珠港的约 350 年之前，刚刚统一日本不久的独裁者丰臣秀吉便派出大军从九州出发，渡过海峡前往位于朝鲜半岛南端的釜山。他的目的是先侵略该邻国，然后挥师北京、占领中国。一旦巩固了对北京的控制，秀吉还计划让自己的霸权扩张得更远：南至越南、柬埔寨、泰国和缅甸；出海到爪哇、高山国、琉球和西班牙的殖民地菲律宾；向西直达印度，如果可能甚至要扩张到名为"葡萄牙"的遥远异邦，那里是南蛮人的故乡。所谓"南蛮人"，指的是一群相貌奇特、蓄着胡须的怪人，这些人于五十年前第一次出现在日本。

　　简而言之，秀吉想要征服当时他所知道的整个世界。考虑到这是日本历史上第一次由中央政府主导的海外侵略，这是一个野心极大的目标。

3

在随后将近七年的时间里，日本、朝鲜和明朝都被卷入这场血腥的战争，参战者甚至包括远至暹罗（今泰国）的士兵。日本人对此战有各种不同的称呼，从平淡的"朝鲜征伐"到更富诗意的"瓷器之战"和"青瓷、活字之战"（意思是秀吉的军队将这些物品劫掠回了日本）。中国人简单地将其称为"朝鲜之役"，连同16世纪90年代明军进行的其他两次军事活动一起，统称为"万历三大征"。不过，从规模上说，其他两次军事活动无法与该次相提并论。蒙受了有史以来最严重灾难和损失的朝鲜人，将其称为"壬辰倭乱"，英文通常翻译为"壬辰战争"。

鉴于本书主要依据的是朝鲜资料和朝鲜人的视角，因此我以《壬辰战争》作为本书的书名。

壬辰战争的规模之大，超过了同时代的文艺复兴以及此前欧洲发生的任何一场战争。1592年，丰臣秀吉侵朝军的兵力为十五万八千八百人，是16世纪末任何一个欧洲国家可以召集并投入战场的最大兵力的三倍以上。除此之外，为了应对不断加剧的威胁，明朝最终派出十万大军驰援朝鲜。再加上参与战争的数以万计的朝鲜官军和义兵，参战总人数超过三十万。同时代欧洲唯一可以与之相比的，只有1588年西班牙国王腓力二世派去入侵英国的"无敌舰队"，但其兵力不过三万零五百人，而对手伊丽莎白女王的军队总计不超过两万人。

壬辰战争没有导致参战国重划边界。当1598年12月战争最终结束时，明朝、日本和朝鲜的国界同七年前战争爆发时完全一样。不过，其影响却是深远的。对日本而言，它标志着持续了一个多世纪血腥内战的战国时代的终结，或者说至少是终结的开始。随着1598年发动战争的丰臣秀吉的离世，以及随后德川家康的崛起，日本将进入其历史上持续时间最长的和平年代，即1601—1867年的德川幕府时期。而本已孱弱的明王朝，由于必须因应日本对朝鲜的入侵，实力大受影响，严重削弱了其抵抗女真军队的能力，后者最终取代前者，建立起自己的王朝——清朝。朝鲜虽然没有改朝易代，但是战争带来的创伤在接下来的几个世纪里都难以完全平复。

接下来的内容，将是英文世界里对这场极为重要，西方却知之甚少的冲突最详尽的叙述。它提供了一个体系，可以帮助读者理解四百年前和现在的中、日、朝三国。它记述了战争爆发前五年间的外交努力和误解。它详细描述了这场历时六年半的战争的全过程，从1592年侵略的第一天开始，一直到1598年血腥的最后一战为止。它再现了参战人物的行为，包括将军和国王、官员和使节、统帅和士兵，以及饱受伤害、惨遭杀戮的平民。我希望读者能够通过本书感受到这段令人惊叹的东方历史篇章中的戏剧性、灾难和激情，因为它本身无异于一部史诗，理应以这样的形式流传于世。

关于日期的说明

　　在 19 世纪后期之前，中、日、朝三国一直使用阴历，此后西方国家常用的阳历才逐渐取代阴历。对此，较早的一些有关远东历史的英文著作并没有加以区分。例如，每年第四个月的第十三天被简单地写作 4 月 13 日。但是西方的阳历和东方的阴历并不一致，因此这样的转换非常不准确。例如，壬辰战争始于 1592 年第四个月的第十三天，实际却是 5 月 23 日。为了避免混淆，本书中出现的所有朝鲜和中国阴历日期均按照贺杰（Keith Hazelton）的《中西日期对照表，1341—1661》（明尼阿波利斯：明尼苏达大学出版社，1985 年）转换为公历。日本阴历日期（常有一天的差异）的转换，依据的是保罗·Y. 土桥（Paul Y. Tsuchihashi）的《日本年表，601—1872》（东京：上智大学，1952 年）。注释中原始材料使用的是阴历日期，其后的括号里给出了相应的阳历日期。

　　纪年的情况更为复杂。朝鲜王朝有三套不同的纪年法，分别为中国皇帝的年号、朝鲜国王的在位时间和天干地支纪年。例如，1592 年被记为万历二十年、宣祖二十五年和壬辰年。除此之外，中文与朝鲜文中汉字的读音不同，日本人使用与中、朝两国不同的天皇年号，使纪年问题变得更加复杂。为清楚起见，本书所有年份均使用西方纪年，东方的纪年方式仅限于注释之中。

目　录

第一部分

东亚三国

沉醉夕阳，碧草青川，牧笛悠悠。

龙潜于渊，待时而动，一飞冲天。[*]

——《星山别曲》，郑澈（1536—1594），约 1578 年

I

日本：从战国时代到世界强权

1543 年 9 月 23 日，一艘大型中国帆船出现在种子岛海岸附近。种子岛是一个手指状的小岛，距离九州岛最南端大约四十公里。船上有百余名船员，显然来自中国。除此之外，还有几个相貌极为古怪的人，大胡子、高鼻梁，种子岛的居民从没见过有谁是这副尊容。

这群外来者的首领，是一个叫五峰的中国人。他的真名是王直，一个臭名昭著、让人闻之色变的海盗头子，"五峰"只是他用过的无数化名之一。在种子岛人眼里，五峰像个儒生，虽然双方言语不通，不过他表示自己会写汉字，可以通过笔谈交流。聚在岸边的人都看不懂这种复杂的文字，但是他们知道岛西头有一位叫织部的长者精通外国文字，于是他们把织部带来，让他和这个儒生模样的船员五峰（也就是王直）交流。

长者以拐杖代笔，在沙滩上划字。他首先问道："你船上的那些人来自哪里？为什么长相和我们如此不同？"

"他们是南蛮人，"王直答道，意思是他们是葡萄牙人，"这些商人和我们的目的地相同，他们来此只是为了互通有无，没什么可怀疑的。"

随后，长者告诉他们，岛上最大的城镇是赤荻，岛主时尧就住在那里，如果他们想做生意，可以到赤荻去。安顿一番后，这艘载着葡萄牙人的外国船只启程前往赤荻，于当月 27 日到达。

在赤荻，葡萄牙人给岛主时尧和他的侍从们展示了一件古怪而神奇的武器。根据当时的记载，这件武器长二至三尺，外直，内有管，由金属制成；内部贯通，底端封闭；一侧有曲杆，为通火之路。"其为体不可比伦。其为用也，妙药（火药）装入其中，加添以小块铅，手置身边，以眼校之，

3

火即从一穴孔中放出，莫有不击中者。其发也，如掣电光，其鸣也，如惊电之轰，闻者莫不掩耳。"

显然，这是一支枪。准确地说，这是一支轻型火绳枪，可以直接靠在肩上射击，不像重型火绳枪那样需要枪托。它由一根安在木托上的铁管和一根装在右边的S形铜制蛇杆组成。为了能在较长时间里（例如一场战役中）持续使用，几尺长的浸过硝酸钾的芯（即"火绳"）是必备的。枪手将火绳一端穿过蛇杆，点燃这端的火绳，让它持续缓慢燃烧，将其余部分缠绕在木制握杆或手臂上。当枪手想要射击时，便举枪至肩，滑开盖住火药的铜盖，瞄准目标，扣动扳机，让蛇杆向下接触火药，这个过程看上去像小鸡啄食。刹那间，蛇杆末端燃烧着的火绳点燃火药，爆炸产生的巨大推力将铅丸送出枪膛，同时冒出黑烟。

时尧马上被这件威力强大的武器吸引住了。通过中国海盗五峰的翻译，他向葡萄牙商人询问使用这种武器的秘诀。得到的回答是"心要正"，还有就是要"闭上一只眼"。

时尧看上去一脸茫然。他继续问道："经典时常教导我们要正心。心不正，我们就会言行失矩。但是如果闭上一只眼，怎么能看清远处的东西？"

五峰答道："那是因为专注是万事的关键。当人专心于一物时，他并不需要广阔的视野。闭上一只眼不会让视线模糊，反而会让人将注意力集中到一处。"

时尧显然对这个回答很满意。他说："这符合老子说的'见其小曰明'。"

时尧以极高的价格从葡萄牙人手里购得两把武器，夜以继日地练习射击。不久后，他便可以做到几乎每次都打中靶子。他还让手下向南蛮商人学习火药的制法，这无疑是至关重要的。

南蛮商人离开种子岛后，时尧马上命令手下的工匠仿制这种火器。虽然仿制品从外观上看和原品相差无几，却射不出子弹，因为他们不知道如何将枪管末段封住。次年，也就是1544年，随着另一艘南蛮船的到来，这个问题迎刃而解。此次登岛的船员中有一名铁匠，时尧手下的匠人向他求助，询问要领。根据一则传闻，日本工匠为了习得技术，甚至不惜让自己的女儿陪葡萄牙人。不管怎样，封闭枪管的难题很快得以解决。在不到一年的时间里，种子岛的工匠们造出了二十多支类似的枪。时尧命令自己的侍从们练习射击，直到他们也几乎每次都能命中目标。[1]

1543 年由葡萄牙商人传入种子岛的轻型火绳枪，并不是第一批出现在日本的火器。在此前的两个世纪里，日本已经从火药的诞生地中国引进过不少火器，先是震天雷（炸弹），然后是大筒（火炮），最后是鸟铳。不过，日本人从未在战场上大规模使用过这些中国的输入品，因为它们过于原始、笨重，威力不大，实战效果不及弓箭、刀剑或长枪。时尧和种子岛人第一次看到葡萄牙火绳枪时的震撼，更多反映的是这个小岛的闭塞，而非当时日本人真实、普遍的认知状况。对于日本本岛见多识广的大名们而言，火绳枪似乎没有那么稀奇，它是对现有技术的改良，从而将鸟铳这种华而不实的古怪装置转化为一种有效的杀人机器。[2]

葡萄牙火绳枪（最初被称为"种子岛铳"）传入时尧所在的偏远南方岛屿后不过数年，其制造技术便传播到九州，若干有名的匠人开创了不同的铁炮铸造流派（日本人将轻型火绳枪称为"铁炮"），开始训练学徒。随后，这些学徒迁居他地，开办工坊，按照本流派的标准，铸造出外观、重量和口径完全一致的铁炮。铁炮工坊以这种方式遍布九州，然后传至本州。大阪附近的堺和位于今天东京南部的国友村，成为本州主要的铁炮生产中心。[3]

到了 16 世纪 60 年代，铁炮以每年至少数千支的生产速度传播到日本各地。和当时欧洲制造的火绳枪相比，它们不仅不落下风，而且因为标准化程度更高，反倒具有优势。欧洲没有标准口径的概念，每支枪都要有不同的弹头铸模。这意味着，如果一名士兵在激烈的战斗中用光了弹药，或者他的铅弹从背带上滑落，那么他的武器将变得毫无用处。他无法从同袍那里借子弹，因为它们和自己枪管的尺寸不符，也不能跑到附近的补给车抓上一把再继续投入战斗。日本的铁炮流派很大程度上解决了这个难题。但不同流派的铁炮口径仍差别很大，因此不可能用同一标准的武器武装整支部队。[4] 不过，从同一家工坊（也就是同一个流派）采购的武器，足以武装一支人数较少的部队。这使得日本的铁炮更加实用，从而大大提高了使用者的效率。[5]

　　第一批葡萄牙火绳枪出现在日本时，正值该国的战国时代。这个词是那些熟悉中国历史的日本人最初开始使用的，本来是指秦灭六国（距当时一千七百多年）之前，中国经历的那段战争岁月。日本的战国时代始于15世纪60年代，讫于1590年，历时一百三十年。在这段时期，全国战乱不断，动荡不安。

　　战国时代出现的根本原因，在于中央权威的缺乏。这个问题的根源可以追溯到12世纪，当时京都的天皇开始逐渐失去自身无可争议的权威，一连串被称为"将军"的军事独裁者开始填补其留下的权力真空。开始时，他们仍然假借天皇之名号令全国。但是到了13世纪前期，天皇的权力过于虚弱，以至于将军甚至不屑于做这样的表面文章，幕府所在地镰仓成了实际的行政中心。

　　不过，镰仓幕府的实力因为元朝皇帝忽必烈的入侵而一落千丈。1333年，大权落入一系列新的军事独裁者手中，他们被统称为"足利将军"。从一开始便显得弱势的足利幕府（室町幕府），在随后的百年间逐渐衰落。很可能是为了巩固自己的统治，第三代将军足利义满于1401年派使臣向明朝朝贡，重启两国停滞已久的外交关系。他被明朝皇帝赐封为"日本国王"，这有助于维持其不稳固的统治。此外，两国间的勘合贸易也给他带来丰厚的利润，为他提供了供养军队、维持奢华的生活和统治国家所必需的财富。

　　不过，对足利将军们来说，这些依然是杯水车薪，他们的衰败已经不可挽回。到了16世纪前期，他们失去了有效控制国家的军事力量和财政影响力，日本内部再次产生权力真空。这次，没有人能够填补。

　　于是，必然的结果便是内战。由于不管是将军还是天皇，都无力保障财产权和法治的践行，野心之徒便开始蠢蠢欲动。16世纪的数百名地方领主和小型组织，一边觊觎着他人的土地，一边全副武装保护自己的财产不受侵害。通过不断的征伐和联盟，这些分散的势力逐渐被整合。到了16世纪中叶，整个国家落入一些互相敌对的世袭军阀之手，他们被称为"大名"。每个大名都拥有自己的领地，不服从任何中央权威。

恰是在这个时候，铁炮第一次出现在日本。在火绳枪发明之前，不管在日本还是在西方，战争方式在两千多年的时间里基本没有变化。每一代人都拿着几乎相同的弓箭、刀剑和长枪奔赴战场。实际上，正如军事史专家格温·戴尔（Gwynne Dyer）所说："在公元前500年到公元1500年间，从世界任何地方随机挑选出两支实力强大的职业军队，他们在战场上战胜对方的机会基本相同，而且该年限很可能可以被上推到公元前1500年（埃及法老图特摩斯三世和迦南联军之间的米吉多之战发生的年代），只要允许他们把青铜武器换成铁制武器。"[6] 随着铁炮的引入，各大名间的长期势力均衡受到挑战，并最终被打破。为了在这个弱肉强食的时代生存下去，每个大名都不得不信奉绝对的实用主义，要有为了击溃敌人、踞其领地而不惜采取任何手段的决心，否则遭殃的只会是自己。因此，铁炮作为杀戮武器的价值很快得到认可。铁炮的造价不高，较富裕的大名可以拥有数千支之多。它们不需要精心锻造的箭头，只要有铅丸便可，其射程和杀伤力也要优于传统武器。例如，一支铁炮可以将子弹射出将近半公里远，而最重、最难操作的日本强弓的射程也不过380米；在大部分战役中，两军之间的距离较近，在这种情况下，铁炮可以洞穿铁甲，而弓箭只能留下些许刮痕。最后也是最重要的一点，铁炮操作简单，这有效弥补了它射速慢的主要缺点。即使经过训练，铁炮手也需用将近一分钟的时间装弹和点火。后来引进的火药填装技术"早合"（提前将火药和弹丸封在一起，可以一次填装完毕），也只是稍微提高了射速。与此形成对照的是，娴熟的弓手可以在一分钟内射出六箭。不过，训练一名技艺高超的弓手需要花费数年时间，为了拉开最重、威力也最大的弓，他们必须锻炼出强大的肌肉力量。因此，在战国时代的日本，弓手供不应求，而且身价不菲。与此相反，任何人都可以在数周之内学会使用铁炮。给一支军队增加一队铁炮手需要的时间和费用，远低于为其增加一队弓手。大名们只需要拥有购买武器的钱和可供招募、身体健康的人即可。[7]

实战中的诸多好处，使铁炮成了对日本历史影响深远的战国时代后期的关键武器。如果各大名只能使用刀剑、长枪、弓箭等传统武器，内战的时间可能会长得多。铁炮的引入确保了乱世早早收场。积极使用铁炮的大名获得了巨大的优势，他们短视的对手注定失败，最终加快了国家统一的进程。

织田信长是很早就认识到铁炮重要性的大名之一。据说他从1534年出生之日起便表现出了暴力的一面，尚在襁褓中的他频频咬伤奶妈的乳头。1551年，信长的父亲去世，他继承了位于本州中部尾张的一处面积狭小、边界模糊的领地（在今名古屋附近）。此外，他还和周边大名保持着脆弱的联盟关系，不过很快便分崩离析。几乎从一开始，这位二十岁的领主便发现，自己狭小的领地时常会遭到攻击。在接下来的几年里，信长不仅成功阻止了侵略者，而且一步步地消除了织田家族内部的敌对支系，统一了尾张。然后，他将注意力转向了尾张之外。

1560年，他取得了第一个重大胜利。握有骏河、远江和三河，实力远超信长的大名今川义元，早就对织田家的领地虎视眈眈。他曾于1554年和1558年派小股部队侵入尾张，不过信长成功地将其击退。1560年，义元决定一劳永逸地解决这个问题。这一次，他亲率四万大军出征。而信长麾下只有两千人。他明智地选择避其锋芒，在漆黑的雨夜偷袭侵略者。敌人被打了个措手不及，搞不清楚信长军的实际兵力。奇袭大获成功，敌军溃逃，今川义元死于非命。

此时，时运转向了织田信长。1564年，今川义元的继承人逃入寺院，信长完全控制了此前属于今川家的骏河、远江和三河。1567年，斋藤家灭亡，信长顺势将北面的美浓收入囊中。然后是近江的一部分、伊势和伊贺。1568年，信长上洛，废掉其对手支持的有名无实的将军，拥立足利义昭作为自己的傀儡。义昭背弃自己的恩人，组织包围网对付他，信长将其赶走，终结了足利幕府。16世纪70年代，河内落入信长之手，接着是近江的其余部分。然后是摄津、加贺、越前、能登、飞驒、信浓和若狭。截至1582年本能寺之变为止，织田信长已经全部或部分控制了日本六十六国中的三十一个，约占日本总领土面积的三分之一。

为什么织田信长能成为如此成功的征服者？因为他不循常规。首先，他不依靠骑着昂贵战马、挥舞着价值不菲的武士刀、穿戴着精心打造的铠甲的武士。相反，他的军队主要由地位低下的足轻组成。足轻可以轻而易举地从农民中招募，武装成本低廉，训练简单。其次，信长军具有极高的机动性。信长命人修路、建桥，在琵琶湖部署运兵船，从而保证自己的部队能够在本州中部迅速移动，完全出乎敌人的预料。他尤其对新出现的铁炮情有独钟。16世纪50年代前期，他拥有五百支铁炮。到了1575年，数量增加到了一万支，不逊色于其他任何一位大名。他占领了本州的两个铁炮铸造中心，1569年占领堺，1570年占领国友村，从而确保了在科技方面的领先地位。此后，除了九州及其离岛种子岛，其他地方制造的铁炮和大部分火药几乎都落入信长之手。在1575年的长篠之战中，他将拥有大量铁炮的优势发挥得淋漓尽致。三千足轻躲在木栅栏后，凭借铁炮齐射的威力，大败武田胜赖。战役结束后，武田麾下的万名士兵伏尸疆场，占其总兵力的三分之二。此战过后，日本很多传统的战争观念也随之而去。

织田信长成功的最后一个原因是，他非常残暴。在私生活里，他品位高雅。例如，他醉心茶道，允许家臣举办私人茶会，并将此视为能够赐予家臣的至高荣誉。但是在战场和政治舞台上，他将所有的优雅弃置一旁。他的目标是征服，为了这个目的不择手段。早期统一织田家和自己的故乡尾张的战争，曾导致若干家族成员死亡。1565年，他把自己的妹妹嫁到浅井家，以确保和他们的同盟。六年后，同盟破裂，婚姻纽带并没有阻止信长屠戮自己的姻亲。1571年，信长征讨全副武装的僧兵，攻克他们的据点比叡山，无数僧人惨遭屠杀，包括大殿在内的整座寺院被夷为平地。在越前之战后，他写道："府中町死骸遍地。"[8]虽然不能说信长的残忍与其对手截然不同，不过他显然更精于此道。

织田信长的终极目标是征服全日本。至少从1567年开始使用"天下布武"的印鉴之后，他的志向一直很明确。不过，信长的统一方式非常缓慢，而且代价巨大，因为他每征服一地，几乎必然会遇到激烈抵抗。对于大多数信长的敌人来说，不战而降几乎意味着失去一切，只有性命可能得以保全。绝大多数人都会选择反抗。因此，即便信长仍然活着，也绝对无法保证自己可以成功地统一全国，因为若干实力强劲的大名仍然是他的绊脚石。即使他继续胜利并最终赢得全日本的霸权，花费的时间很可能也要多得多。而实际上，这个过程耗时不过九年。这主要得益于他的继承人丰臣秀吉所采用的截然不同的统一策略。

秀吉的崛起很好地展现了战国时代的一个侧面——下克上，即贵胄被出身贫贱之人推翻。秀吉的父亲是农民，他却成了日本最有权势之人、全国的统一者和亚洲最强军队的统帅。

秀吉于 1536 年（一说 1537 年）出生于织田家的尾张国中村。在他出生前，他的母亲曾向太阳神许愿，因此他的父母以太阳神之名给他取名为日吉丸。据说，他出生时已经长牙，脸上皱纹很多，颇似猿猴，因此被戏称为"猴子"。[9] 关于他的家世背景和早年经历的材料，几乎无籍可考。他在世时的传记（包括他亲自监督编纂的那些）全都令人起疑，里面充斥着荒诞不经的想象。成名后的秀吉，显然更关心如何攀附上高贵的祖先，而不是忠实记录自己卑贱的出身。其中多少可以相信的内容如下：他的父亲弥右卫门是一个农民，只有名字而没有姓氏，属于社会最底层。弥右卫门可能在织田信秀的小部队里待过一段时间，直到因伤而不得不重新回去种田。此后，他结婚并且有了两个孩子，即秀吉和一个名叫阿友的女孩。过了不长时间，在 1543 年，弥右卫门去世，秀吉的母亲（她的名字没有被记录下来）嫁给了一个叫竹阿弥的人。他和弥右卫门一样，在织田家从事低阶工作，很可能是偶尔作为足轻加入织田的小部队。秀吉的母亲在第二次婚姻中又生下了一男一女两个孩子，儿子取名秀长，他对秀吉的崛起帮助很大，而阿友的儿子秀次同样将扮演重要角色。

1558 年，和自己的生父与继父一样，秀吉也开始为织田家服务，当时的家督是织田信长。年轻的秀吉并不算特别显眼。他的身高可能略高于一米四，体重一百斤左右，是身高约一米六的拿破仑的瘦小版。[10] 他可能像典型的前工业社会的农夫或是今天第三世界国家的劳动者一样，瘦小而有力。他的长相肯定非常难看，因为信长给这个农民之子起的两个绰号分

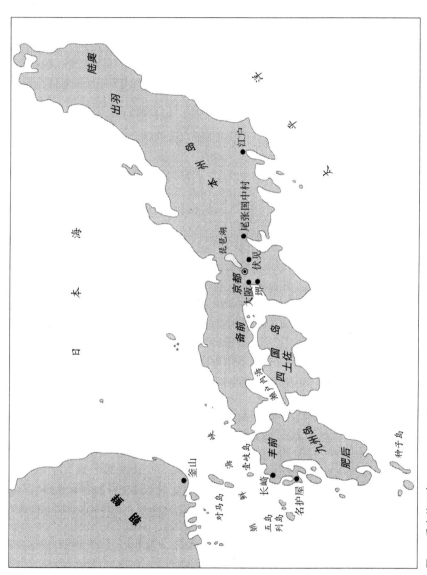

图 1　秀吉的日本

别是"猴子"和"秃鼠"。[11] 当然，鉴于他从无人注意的最底层工作做起，仅用了十二年时间便成长为指挥三千人的将领，跻身信长家最重要的十家臣之列，他肯定有一些特别之处，可能是智计百出、聪明过人、勇气非凡或是组织和领导能力出众。

服侍信长绝非易事。他喜怒无常，对家臣很粗鲁，常常羞辱他们。不知道有多少次，"猴子"秀吉不得不对主人粗俗的玩笑和侮辱笑颜以对，然后冒着大雨或烈日完成他的每一项命令。秀吉默默忍受着，从来没有半句怨言。他耐心地服侍主人，等待着属于自己的机会。

织田的其他家臣则没有这么逆来顺受。明智光秀尤其讨厌信长，积累多年的怨恨最终促使他竖起反旗，其中一些不过是琐事。例如，信长喝醉时会夹住光秀的头，像敲鼓一样，狠狠地敲他的脑袋。另一些事则造成了长久的创伤。在围攻丹波国的八上城时，明智光秀向城内的波多野兄弟保证，只要献城投降，便可保住性命。他还将自己的母亲送进城当人质。八上城投降后，信长到来，命人将两兄弟烧死，打破了光秀的誓言。为了报复，两人的亲属同样烧死了作为人质仍然留在城里的光秀之母。虽然光秀得到丹波作为封赏，但是他从来没有原谅信长，也没有忘记过这件事。[12]

在织田家二十四年的经历，使秀吉获益匪浅。在私生活方面，他努力培养在能剧（日本传统戏剧）、赏樱、连歌和茶艺方面的高雅品位，就像他的主人那样。晚年的秀吉会兴致勃勃地描述，当信长允许自己举办茶会时，他觉得多么荣耀。在战场上，秀吉学到了，足轻的价值高于骑马武士，铁炮的价值高于弓箭。在他所有的战斗中，铁炮足轻都扮演了或大或小的角色。他还学到了，在战场上要像信长一样发挥全部的创造力。例如，1582年，他修建了一条三公里长的堤坝，将附近的河水灌入毛利家牢不可破的高松城，成功地把他们"冲出城去"。

秀吉也学到了高机动部队和当机立断的价值，这条经验使他在信长死后获得了极大的收益。

1582年夏，梦寐以求的机会终于到来。数周前，信长邀请对手德川家康参加在安土城举办的宴席，以确定双方的联盟。他命令明智光秀做必要的准备。光秀全力以赴，订下了最有名的菜肴，安排了大量娱乐节目以取悦主人。然而，在宴会快要开始时，信长命令他立即离开，前去增援正在进攻高松城的秀吉。为了准备宴会，光秀殚精竭虑，现在竟然不被允许赴宴。他怒气冲冲地离开安土城，返回自己的封地丹波，表面上是要集结军队支援秀吉，实际上却是向安土城进军。他的目标是京都和信长。

6月21日凌晨，光秀到达目的地，强行闯入织田所在的本能寺。信长绝望地组织反击，但是显然已经无力回天。大火在寺庙里肆虐，信长退入内室，解开外衣，伏剑自杀。他在地上抽搐而亡，享年四十九岁。火焰很快将他吞噬。随后，光秀率军前往信长之子（也是他的继承人）织田信忠的住处。那里上演了类似的场景，信忠同样自杀身亡。

次日，获悉了信长死讯的秀吉内心狂喜。这是绝佳的机会，他绝不会放过。秀吉迅速解围（水攻已经让毛利军处于崩溃的边缘），并于6月23日开始向京都进军。不到一周，双方的战线确定了下来。一方是明智光秀的一万大军，另一方是秀吉的两万人马，他得到了京都附近几位实权人物的支持。7月2日，他们在天王山下的山崎相遇，此时距信长之死不过十一天。光秀在雨夜中先到，让自己的军队驻扎在平原，然后派铁炮手和弓箭手控制山麓，以占据高地之利。但是秀吉已经等在那里，他抢先一步占领了天王山。两军在黎明的曙光中交战，明智军很快不支，秀吉率军掩杀。战斗持续了两个小时。光秀企图逃跑，但是被一群村民抓住后杀死，献给秀吉，然后被带到已经被焚毁的京都本能寺遗址，以告慰信长的在天之灵。

山崎之战是日本统一进程的分水岭，它标志着织田信长的霸权转到秀吉手中，后者将使日本走得更远。他将改变该国的历史轨迹，进而影响整个东亚。在接下来的几个世纪里，一个用来指代这场发生在1582年持续了两小时的关键之役的新词，将会被添加到日文词典里。这个词就是"天王山之战"，用来表示具有决定意义的政治或军事胜利。

虽然信长在世时，秀吉总会尽职尽责地完成主人的命令，不过他一直保持着自己的行事作风。如果用其他方式（如计谋、静观其变或安抚）可以更容易地取得胜利，那么他绝不会像信长那样，急于把士兵投入战场。信长暴死之后，两人的差别更加显著。1583年巩固了对前织田领地的统治之后，秀吉放弃了信长的吞并统一策略（即一个接一个地消灭敌人，将他们的领地分给自己的忠实仆人）。只要敌对大名承认他的权威，他乐意不计前嫌，允许他们保留原来的领地。如同他在伊达政宗投降之前写的信中所言："我不会细致调查那些向我投降的大名的过往。这是天道，我将遵循这个原则。"[13] 这个根本性的改变，将大大加速统一进程。现在，敌对大名有了选择的余地。他们可以冒着失去一切（包括自己的性命）的风险，同秀吉日渐强大的军队作战；也可以向他宣誓效忠，从而保住自己的全部或者大部分领地，以及作为地方大名的地位。当然，他们还需要承担其他义务，如交税和为了确定石高（赋税标准）而进行的检地；[14] 军队要参与正在进行的统一战争；家族成员必须被送到京都作为效忠的额外保证，这在当时颇为常见。不过，这些负担并不算重，肯定比继续作战所耗费的财力和人力资源少得多。更何况他们的付出也不是无偿的。秀吉是个慷慨的霸主。加入统一战争的大名，可以得到更大的封地、更多的俸禄，有时还会收到金银或昂贵的礼物。

秀吉承诺，只需付出适当的代价，即承认他是该国的最高领主和主人，大名们就可以获得安全、稳定、和平和财富。对很多人来说，这个条件是无法拒绝的。当然，并不是所有大名都选择不战而降。但是那些抵抗的人并没有坚持太久，反抗的力度也和信长遇到的不可同日而语，因为现在投降的诱惑要大得多。

1584年，秀吉和据有京都以东三河、远江之地的大名德川家康相持不下，后者是一个矮小、微微发福、老谋深算的人。他们在当年早些时候曾有过两次冲突，不过二人似乎颇为尊重彼此，他们都没有对另一方发动全面战争。相反，他们坐观其变。最后，现实主义的家康向明显更加强大的秀吉臣服。他于1586年向后者宣誓效忠，被允许保留全部领地。为了确保联盟，家康让秀吉认养自己的次子，秀吉则将自己的母亲和妹妹（她已经结婚，但是秀吉让她离婚）送去做人质。

长宗我部元亲是一个更加顽固的敌人。他刚刚成为四国岛的领主，四国是组成日本列岛的三个岛屿中最小的一个（北海道在三百年后才正式并入日本）。秀吉照例向四国岛送去一封信，要求其投降，但是元亲轻蔑

14

地将其退回。于是，秀吉准备入侵。在同母异父的弟弟秀长和侄子秀次的率领下，秀吉的十五万大军于1585年渡过濑户内海，在一个月内让这位顽固的大名俯首称臣。元亲明智地选择在情况变得彻底绝望之前投降，因此被允许保留一国作为封地。秀吉将四国岛的其他土地分给自己的亲信。现在，他比前任织田信长更加强大，占据着半个日本，而且是更加富裕、人口更多的半个。

下一个目标是九州。岛津义久是当地的主要统治者。他占有该岛绝大部分领土，而且拥有一支强大的军队和产自九州日益发达的武器制造中心的大量铁炮。他没有理由向一个远在本州的自命不凡的大名投降。岛津家已经在九州经营了十四代，而秀吉充其量不过是农民之子。秀吉以一支前所未有的大军作为回应。

1587年年初，秀长率六万大军先行抵达九州。两周之内，又有两人带着九万人马赶到。随后，秀吉亲率二十五万主力登陆。四个月后，岛津义久求和，剃光头发，取了僧侣用的法号，以表达自己将远离战争之意。和四国的长宗我部一样，他选择求和，而非抵抗到底，因此得以保住九州南部一块五十万石的领地。

紧接着，本州东部诸国相继落入秀吉之手。这里的主要对手是北条氏政，他领有以现在的东京（当时称江户）的小渔村为中心的九国领土。秀吉再次集结自己的新日本的力量，将这位桀骜不驯的大名逼入绝境。秀吉军的猛攻很快迫使北条龟缩在自己的领地小田原城，这是一座坚城，拥有宽阔的护城河、厚厚的石垣和高耸的天守阁。秀吉这次不需要再使用任何耗费大量人力的攻城之策，也不需要建土堤引水灌城。他只是简单地建起护城河和城墙，将该城围住，如秀吉自己所言，把敌人置于"鸟笼之中"。[15] 然后，他让军队扎营，轻松地在城外守候。商人被请进军营，妓女和艺人接踵而至，艺人的表演和茶会成功地驱散了无聊和不满。1590年9月，经过四个月的围城，小田原陷落。次年，秀吉轻而易举地降服北方的内陆国出羽和陆奥，终于完成了一统日本的霸业。

和南方四国岛的长宗我部以及九州岛的岛津不同，北条氏政抵抗的时间过长，因而秀吉不愿对他网开一面。在小田原城陷之时，氏政被勒令切腹。九国中的八国被赐给德川家康，以嘉奖其在战役中的功劳。这大大增加了德川领地的石高，使其成为秀吉麾下最富有的大名之一。不过，这也强化了秀吉对他的控制，因为他不得不离开经营已久、忠心耿耿的三河和远江。转封是秀吉常用的策略，以后也将反复使用。他以更加富裕的领地为饵，确保大名们乐于前往。通过转封，秀吉切断了大名和当地人的联系，特别是和原来家臣的联系。这样，能够持续出现在日本民众眼前的只有秀吉一人，只有他可以成为人们效忠的对象。

在追逐权力的过程中，秀吉不遗余力地想要摆脱自己的农民出身，获取更高的社会地位。他的首要任务是获得一个合适的姓，加到自己出生时所取的名字前面。16世纪60年代，他开始借用妻族的姓氏木下。1573年，他放弃了这个姓，从信长手下两位备受尊敬的家老的名字中各取一字，改姓羽柴。1582年，在成为信长的继承人之后，他开始寻找更具威望的姓，最终通过认麾下最有名望的家臣为养父，成了高贵的藤原氏。最后，随着将全国的霸权掌握在手，这个姓氏也显得微不足道了。他需要一个新的、属于自己的姓氏，为其家族和继承人提供合法性，希望以此确立长期的、不容挑战的家族统治。他成了丰臣秀吉。

秀吉还需要一个头衔。起初，他有意担任征夷大将军，并于1585年请求前将军义昭收自己为义子，这样他便有资格获得这个称号。义昭拒绝了，声称秀吉出身低微，不足以担此大任。义昭受到尚未被征服的九州毛利家的庇护，秀吉也无计可施。于是，他选择担任关白，这是个曾经显赫一时的朝廷要职，但在此前的三百年间逐渐没落。他让天皇免去现任关白，并于1585年取而代之。秀吉担任此职六年，随后于1592年1月将其赐给自己的侄子和指定继承人秀次。自此以后直至去世，他被称为"太阁"。

在秀吉努力谋求获得显赫的姓氏和头衔的同时，他也没有忘记认真培养上层阶级的品位。他从自己的主人织田信长那里学会了品茶。随着时间的流逝，他更加精通此道，收集的茶碗和茶具无与伦比，常常带着两间可移动的茶室巡游全国。他还有着不俗的连歌创作能力，这是一种在闲暇时非常流行的活动，参与者轮流即兴创作短诗，后一人需要回应或继续前一人的想法，直到作出一百个或更多的"连"。秀吉对能剧也有兴趣，先是作为资助者，然后成了某些为了庆祝自身功业而特别创作的剧目的主角，如《讨伐明智》或《征讨北条》。[16]

到了1591年，尾张国中村农民弥右卫门之子秀吉，成了全日本的最高统治者。他的话成了从气候温和的九州南部到冰天雪地的本州北部森林的法律，从地位最低的乞丐到后阳成天皇都必须服从。他成了有权有势、赫赫有名的丰臣家的始祖、能剧艺术家、连歌高手和享誉全国的茶道宗师。简而言之，这是日本历史上最令人惊叹的政治和社会阶层的跃升，是最能体现战国时代特征的例子。

但是这些还不够，秀吉想要更多。早在1585年，他就开始表露出要在统一日本之后征服中国的野心。在当年9月给一位臣属大名的信中，秀吉写道："我不仅要统一日本，还要入唐（中国）。"[17] 1586年，基督教神父路易斯·弗洛伊斯（Luis Frois）记录下了自己和秀吉在大阪城的一段对话："（秀吉说）他马上就要征服日本……等这个结束后，（他将）把（国家政务）交给弟弟秀长，他自己将动身征服朝鲜和中国。"[18] 在次年的九州征伐开始后，秀吉提到，只要巩固了对日本的统治，他就会"开出一条路"，前往朝鲜、中国，甚至更远的印度。[19] 在九州之役结束后不久，他在给妻子宁宁（正式称呼是北政所）的信中写道："我已派快船命令朝鲜臣服日本。如果（朝鲜）不从，我已经传信，明年将惩罚（那个国家）。甚至连中国都会落入我手，我将在有生之年成为它的主人。"[20]

> 凡兵之所起者有五：一曰争名，二曰争利，三曰积恶，四曰内乱，五曰因饥。[21]
>
> ——《吴子兵法》，公元前4世纪

为什么丰臣秀吉想要征服亚洲，或者更准确地说，想要征服他所知道的世界的绝大部分？阻止国内失序可能是动机之一，他需要通过不断的征服来维持和加强对日本的控制。

截至1591年，秀吉的统一战争以三种方式安定了国家。首先，它使此前所有世袭大名都臣服于自己，必要时不惜动用武力。其次，它使整个国家专注于同一个目标，即全国统一。实际上，刚刚臣服的大名经常被命令参加这场迫使其臣服的统一战争，各个封地的人力、物力都被调动起来为秀吉服务，而不是用来实现大名的个人目的。第三，它使秀吉的新老家臣感到满足和顺从，因为他们得到承诺，将会通过新的征服获得更大的封地。

但是，如果没有更多的大名可以征讨，没有更多的领土可供封赏，那该怎么办？当统一大业完成，和平重新降临日本之后，会发生什么呢？和平与统一会持续下去吗？抑或是现在无所事事的大名们，会开始酝酿阴谋、秘密结盟，然后为了获得更大的权力而重启战端？如果这些忧虑确实出现在秀吉的脑海中（很难相信秀吉没有考虑过这些），那么出兵海外或许可以被看作从策略上对此做出的回应。通过将目标由统一国家改为征服亚洲，秀吉可以使属下的大名们忙于实现他的愿望，而非他们自己的愿望（当然，他也许诺会奖励给他们大量新封地），大名领地内的人力、物力也要被用于实现新的国家目标。通过这种方式，国内的安定得以维系，秀吉及其继承人为自己赢得了时间，有利于他们强化对国家的控制。

不过，除了显而易见的预防国内纷争的目的，秀吉制定入侵大陆计划的背后还有其他原因。从他在战前送给亚洲各国的外交信函中可以看出，他显然认为自己注定将征服世界。1589 年，他在给朝鲜的国书中写道："虽然像当于脱胎之时，慈母梦日轮入于怀中，相士曰，日光之所及，天无不照。壮年必八表闻仁风，四海蒙威名者……夫人生于世，虽历长生，古来不满百年焉。郁郁久居此乎，不屑国家隔山海之远，一朝直入大明国。易我朝风俗于四百余州，施帝都政化于亿万斯年者，在方寸中。"[22]

如同吴子（吴起）在公元前 4 世纪所说，秀吉的第二个动机是"争名"。

如果秀吉的目的是建立一个帝国，为什么他要定下征服中国这种极难达成的目标，而不只是更加现实的征服近邻朝鲜呢？这当然与秀吉无限度的自信心和野心大有干系。占领朝鲜只是从中华帝国的边陲切下一块，却很可能会消耗掉自身大量的人力和财富。任务完成之后，他将不得不重新组建军队，以图在其他地方再切下一块。另一方面，如果他派兵迅速通过朝鲜攻下北京，明朝人居住的整个世界都将臣服于他。简而言之，擒贼先擒王。

秀吉的计划是"开出一条路"前往中国，虽然充分体现了其极度膨胀的野心，不过这个计划实际上并不像乍看起来那么异想天开。当他称中国人为"长袖"（这个词用来指文弱的明朝官员穿着的不适合作战的长袍）时，他对明朝人蔑视的想象中包含了一个重要事实：16世纪后期的明朝非常虚弱。从某种意义上说，它在等待着一个实力更强的征服者到来。明朝的常备军庞大的规模只体现在纸面上。在实战中，即便费尽全力，它也只能勉强拼凑起一支由十万名训练不足、难以驾驭的士兵组成的军队。在1619年标志着明朝最终衰亡之始的萨尔浒之战中，区区六万女真战士击溃了明廷可以调集的最大规模的军队。这和秀吉不可同日而语。他可以召集二十五万人，可以用成千上万支精良的铁炮武装他们，可以任命能力卓著的宿将作为他们的统帅。

1591年，秀吉实际上掌握着世界上前所未有、实力最强的战争机器。当时欧洲最强的军队，甚至无法和亚历山大大帝（前356—前323）纪律严明的部队相提并论，那种程度的军事力量要等到二三十年后才会出现。[23] 不过，不论是亚历山大的重装步兵，还是16世纪欧洲的"超长枪方阵"，在秀吉面前都没有丝毫取胜的机会。1587年，太阁的九州征伐军由二十五万人组成，装备有数以千计的铁炮；1592年，他又派出十五万八千八百人入侵朝鲜，而当时欧洲任何一个国家的最大兵力很少能超过五万。[24]

秀吉不可能真的了解明朝到底有多虚弱，例如朝廷实际能够征召多少士兵，其实连明朝皇帝和他的大臣们都不甚清楚。不过，非常有说服力的间接证据确实存在，而且秀吉显然知道。最能说明问题的，就是明朝对长期侵袭其海岸的倭寇束手无策。从15世纪后期开始，这些由中日两国不法之徒组成的、以日本南部和中国离岛为据点的海盗，沿着中国南部和中部富庶的沿海地区，或从事走私贸易，或直接劫掠，明朝却无法将其绳之以法。这个事实足以证明，当时明朝的军事力量，并没有其所宣称的那么强大。直到16世纪50至60年代，明朝才终于找到有效解决倭寇问题的对策，而在此之前，朝廷最好的应对办法，只是将屡屡受到威胁的沿海地区住民连同他们的财产一并迁徙到内陆。

另一个证据可能也让秀吉看出了明朝的虚弱：它无力控制自己的属国。在动荡的战国时代，日本忘记了自己在 15 世纪初由第三代足利将军重建的和中国的朝贡关系（足利将军因此得到了"日本国王"的封号），不再派贡使前往北京。明朝没有对此加以斥责，也没有任何回应。实际上，它并不关心自己和日本的关系，即使朝贡关系停止，也没有任何其他想法。不过，秀吉却有不同的解读。作为一名曾经牢牢控制着自己封臣的军事独裁者，他很可能认为，明朝缺乏回应反映了它的虚弱，说明它没有能力约束自己的属国。

从 16 世纪后期日本的角度来看，这些证据使秀吉相信，明王朝将会落入自己手中。于是，同古往今来所有的征服者一样，他开始着手将自己的权力扩张到邻近地区。他将占领中国，因为他相信自己完全有实力这么做。朝鲜将会妥协，因为它是通向战利品的大道。征服将会使秀吉和丰臣家声名远播。它可以阻止国内失序，因为潜在的竞争对手将忙着在大陆征服土地、攫取财富。它将为全国提供一个新的、统一的国家目标——成为一个帝国。

2

中国：衰落中的明王朝

从表面上看，明朝是 16 世纪后期世界上最强大的国家。它领土广袤，疆域从东面的太平洋直到西边的青藏高原边缘，从南方的缅甸、越南直到辽东和蒙古草原。它要求其他国家向自己称臣，接受来自遥远的朝鲜、越南、暹罗、爪哇、苏门答腊、菲律宾、婆罗洲等国的朝贡。在 16 世纪中叶以前，日本也是它的朝贡国。明朝人口众多，接近 1.5 亿，这在当时是一个非常惊人的数字。它的经济规模巨大，谷物、棉花、丝绸、瓷器、烟草、纸张、花生、漆器、墨、靛青等物的产量日益增加。它是历史的发源地，是宗教智慧的源泉，哲学思想和科技创新在这里产生。它是中央之国，是天朝，是世界的中心。

不过，这些只是表象。实际上，到了 16 世纪后期，统治中国两百余年的明王朝的根基已经开始动摇。

造成如此局面的种种原因，早在开国之初，便由开国皇帝朱元璋亲手种下。朱元璋生于 1328 年，出身于社会最底层，当时统治中国的是北方游牧民族蒙古人建立的元朝。随着元朝渐渐衰落，农民起义渐成气候，最终形成风暴，把以前的游牧民族赶回草原。相貌丑陋、满脸麻子的朱元璋，从一个不知名的农民军领袖一跃成为新王朝的奠基人。经过一个世纪的少数民族统治之后，他于 1368 年创建了一个汉人的帝国，恢复了此前由汉人建立的唐朝（618—907）和宋朝（960—1279）的很多传统，它们在元朝统治时不受重视。这种复兴时代的风貌，体现在新王朝的名称上——大明。从此以后，朱元璋本人将会被称为"洪武皇帝"（"洪武"是他的年号，意思是彰显武事之威）。

洪武皇帝恢复的传统之一，是重新以圣人孔子（前551—前479）的哲学理念作为治理国家的基础。在孔子去世后的几个世纪里，他关于德行和人可以通过教育臻于完美的理念，对中国产生了极其深远的影响，直到佛教流行，儒学才丧失了在思想领域的主导地位。后来，在11世纪，被称为"北宋五子"的学者们（周敦颐、程颢、程颐、邵雍、张载），开始重新解释和复兴孔子及其继承人的古老智慧，使其再次引领时代思潮。他们赋予儒学更加理性的理论基础，主张君子必须遵守特殊的"道"。朱熹成书于1175年的《近思录》，最简洁明了地阐述了后世所说的"理学"的意涵。按照朱熹的说法，每个人都应该尽其所能，努力接近圣贤的标准。这就意味着，要阅读儒家经典以培养智识，在日常生活中多思考当前之事（"近思"），践行孝、忠、信、俭和仁。朱熹引用古代经典《中庸》的语句写道："博学之，审问之，慎思之，明辨之，笃行之。五者废其一，非学也。"[1]

明朝建立后，所有政府官员均出身于能够负担得起教育、把他们培养成儒家君子的家庭。想要登第入仕的人不可胜数，因为孔子认为，只有将私下的修身和担任公职结合起来，一个人才能充分发挥自己的潜能，如《论语》所说："仕而优则学，学而优则仕。"[2]由于有意为官的人过多，远远超出实际需要，明朝恢复了发明于隋唐、完善于宋代的科举考试，以挑选出其中文学才能最为出色、儒学知识最为丰富、个人品德最为优秀的人选。那些通过科举出仕的人，通常对他们应该掌握的知识了如指掌。例如，很多人在数年安静的学习过程中，牢牢记住了儒家经典和其他文章，能够不假思索地大段引用其中的文字。虽然他们基本不具备科学知识、领导能力和组织技巧，但是这些并不重要，因为它们不是科举考试的科目。科举的重点在于，考察应试者是不是学识渊博的儒家学者和谦谦君子，这样的人足以肩负起领导国家的重任。

虽然洪武皇帝觉得理学非常适合帮助新兴的明帝国建立秩序，但是他本人对理学不感兴趣，也没有打算努力成为圣人。和大多数王朝的建立者一样，他独断专行、喜怒无常、残暴无度，多疑猜忌到偏执的地步，随意处死惹恼自己的官员而不会有一丝内疚。1380年的胡惟庸案，将其秉性

22

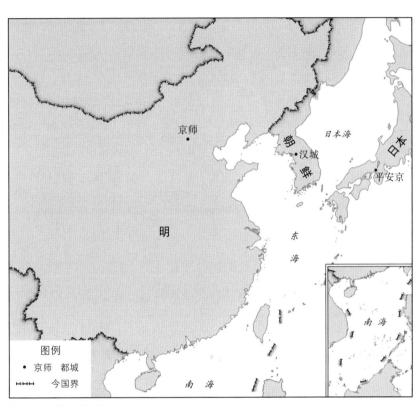

图2　16世纪的东亚

暴露得一览无余。洪武皇帝怀疑宰相密谋反对自己，将其处死，诛其九族，甚至连泛泛之交也被牵连其中，最终死者达三万余人。随后，他废除了宰相和整个中书省，斩首官僚体系，政务由自己或交由内廷宦官处理。他批复在自己面前堆积如山的公文的能力，有时令人叹为观止。据说他曾经在八日内连续批阅奏折 1600 多件，处理了 3391 项事务。[3] 其后的几位皇帝同样精力充沛地处理政务，但是位于最高层的障碍依然存在。

除了将全国置于严格的中央控制之下，洪武皇帝也厉行节俭。膨胀的政府机构不能再像以前那样，一边尸位素餐，一边从贫苦农民身上压榨资源。这可能是因为新政府信奉理学，不过洪武皇帝本人的经历可能同样重要，他出身农家，曾经忍饥挨饿，甚至几乎饿死。由此带来的结果是，明朝政府一直轻徭薄赋，全国都在提倡自给自足。地方团体自行维持治安、收税，并将赋税输往政府指定的目的地。官员只能得到微不足道的俸禄，几近于无，他们同样要自给自足。驻军通过屯田供养自己，国家因此得以免去维系常备军的沉重财政负担。公共工程所需的人力和工具由地方团体筹集，而非出自公帑。

洪武皇帝的改革和革新，给明王朝带来了一个令人赞叹的开局。在随后几年里，它的粮食产量增加、贸易繁荣、国库充盈；淤塞的大运河得到疏浚，航运得以恢复；长城得到修复和强化。长 120 多米的"宝船"驶向已知世界的尽头，满载着爪哇、苏门答腊、锡兰、印度、阿拉伯半岛甚至非洲的货物归来。实际上，在 15 世纪早期，中国海军的实力在世界上是首屈一指的。[4]

但是随后一切都改变了。独断的洪武皇帝和接下来的几位继承者死后，新儒家官僚体系开始自我强化。后来的皇帝越来越多地将自己锁在北京的紫禁城内，仅仅扮演着传统意义上的傀儡首领的角色，永远忙着参加令人筋疲力竭的宫廷仪式、早朝和经筵。在元代和明初皇帝统治时管制较为宽松的贸易遭到限制，因为儒家学者对逐利行为疑心重重；在理学的世界秩序里，只有农业才是繁荣的真正基础。宝船的远航活动被中止，航海记录被销毁，制造巨船的技术被故意遗忘。从此以后，造船仅限于制造在近海活动的小型船只，官方批准的国际贸易只能是和朝贡国展开的勘合贸易。

同那些控制着王朝的善于思考的儒学官僚一样，中国转向内在，变得日益保守。国家的目标不是发展，而是稳定。

在明朝中期，中国确实享受了长期的稳定，但是没能一直延续下去。由洪武皇帝创建、经后世官僚们修正的体系，存在着内在缺陷，王朝因此变得越来越难以管理，也越来越容易遭受外部威胁。

首先是钱的问题，或者更准确地说，是缺钱的问题。在洪武皇帝统治时，他坚持的厉行节俭、轻徭薄赋和自给自足的政策效果显著，因为他缩减宫廷开支，而且事必躬亲、雷厉风行，确保自己新兴的帝国可以用最少的费用进行管理。不幸的是，皇帝的节俭观并不比他本人长寿太多。后来每一位君主的宫廷开支都在逐渐增加，国库的压力越来越大。同时，征税也变得杂乱无章。税收定额严重脱离现实；各地的计量单位不同，造成了无穷无尽的麻烦；绝大多数纳税人都是文盲，不清楚自己应该缴纳多少赋税；其他人只是简单地拒绝支付，由于缺乏有效的催缴手段，他们的欠税被一笔勾销。税金实际上由政府征收，因此它从未达到洪武皇帝设定的额度，甚至相差甚远。

洪武皇帝构想的自给自足的政府官僚体系，同样被证明问题重重。他规定的俸禄过低，官员几乎无法以此养活自己和家人，更不用说维持政府运行和地方治理了。绝大多数官员没有别的赚钱途径，只得依靠从税收中截取"常例"，这种做法进一步蚕食了政府的岁入，而且不可避免地成为弊政。

资金匮乏并不是明朝面对的唯一难题。效率低下、有时还很无能的官员，同样严重困扰着它。能否入仕完全取决于对经典的精通程度，而能否成功升迁则依赖于个人操守，由此选出的官员，自然无法具备今天所说的管理能力和专业技能。16世纪的中国精英认为，个人操守即管理能力，德行出众的人可以做好任何事。这样的信心常常使有公益心的官员被授予他们完全无法胜任的职责，例如策划军事行动，甚至是直接指挥军队。人们相信，他们对经典的娴熟掌握，足以弥补实际经验不足的弱点。在很多情况下，这会导致管理不善，甚至酿成大祸。

对操守的强调，不仅使中国的领导层在面对需要技术或专门知识的情况时一筹莫展，同时也造成内部纷争，从而使政府效率更加低下。之所以会出现这种状况，根本原因在于没有衡量"操守"的单一标准。例如，严格地说，绝大多数政府官员赖以生存的"常例"其实是贪污，但它同时也是体系必不可少的组成部分，官员们几乎都不希望这个问题被认真调查。极少数官员恪守道德规范，拒绝俸禄之外的任何收入，因此生活于赤贫之中；另一些则充分利用自己的地位，积攒了可观的财富。大多数人介于二者之间，那么界线应该划在何处？正如黄仁宇所说："根据品秩，县令的俸禄不过每月七石五斗米，如果他抽取了十倍的'常例'呢？如果他截取了该地区税收收入的5%，或是10%呢？这种情况实际上使得操守变得毫无意义。"[5]

这样的界线当然没办法划，但是明朝官员并没有因此放弃尝试。实际上，朝廷专门设有御史台，唯一的职责是监督从最低的九品小吏到皇帝本人的行为。御史基本都是极端、有时甚至很危险的人。他们官服胸前绣着獬豸，一种传说中的猛兽，据说能辨别出奸邪之人并将其撕成碎片。这和御史类似，他们能够发现品行不端的官员，并且能断送他的仕途。每个明朝官员都要定期受到这些道德警察的严格审查（京官每三年一次，外官每六年一次），如果被查出有失当行为，哪怕只是细小疏忽，也会立即被贬职或罢免。在明代前期，这些审查尤为苛刻，因为通过科举获得入仕资格者的人数超过了退休者，因此必须罢黜大量官员以避免冗员。面对如此大的威胁，文官们自然而然地开始连群结党。初出茅庐的年轻人依附于位高权重的长者，以求其保护，高官们则利用年轻官员抵御或发动政治攻势。

截至16世纪中叶，这个寻求同盟的过程导致了可以明确定义的"党"的出现。想要置身事外的人，只会发现自己孤立无援，会轻而易举地被某一党赶出官府，他的职位会被授予该党成员。于是，选择阵营便成了权宜之计。政府官员们仍然在道貌岸然地使用着类似"操守"和"不端"这样的词语，对不当行为的道德指控仍在继续，这个人被指责中饱私囊，那个人被指责没有恰当地为过世的父母守丧，另一个人与他人之妻私通。但是隐藏在这些言辞背后，是更深层次、更有破坏性的斗争——权力之争。

除了财政困难和党争，明朝同样要面对自身军事实力日渐衰弱这一令人恼火的事实。这个问题的根源同样可以追溯到王朝建立之初。为了减少国库支出，践行自给自足的理念，洪武皇帝在全国各军事要地设立了卫，每个卫都被授予土地，军士屯田自食。每个卫名义上有 5600 人，其下又设 1120 人的所，因此明朝的军制通常被称为"卫所制"。[6] 在此前元朝统治时，这种自给自足的军队的概念（和平时耕种，有事时作战）得到了很好的执行，蒙古人可以自然而然地从牧民摇身一变成为战士。不过，这对明朝并不适用。卫所成了农业公社，耕种的士兵变成了真正的农民，忘记了军事纪律，很少操练。不仅如此，卫所也不是真的自给自足，越来越多地依靠政府供养。首先是谷物，因为士兵们种植的粮食不足以满足自身需求。后来，当谷物匮乏时，军饷变成了银子。[7] 最后，甚至连这些都无法让士兵填饱肚子。由于腐败的军官常常克扣一部分军饷，士兵很少能足额领到应得的报酬。因此，为了得到在外工作的许可，向军官行贿渐成常态。不少人离营后，就再也没有回来。到了 16 世纪中叶，由于这个陋习，再加上很多军士死亡或逃逸的情况没有被记录在案，因此卫所的开支虽然不断增加，但是实际兵力却大幅减少。有人估计，在某些极端的例子里，有的卫所的兵力只有定额的 2% ~ 3%。[8]

朝廷并没有关于这些减员的记录。卫所的都指挥使也没有提交准确数字的习惯，很多将领甚至不知道自己手下到底有多少士兵。大多数将领都乐于将夸张的数字留在纸面上，因为这可以确保大量钱财源源不断地输往卫所，他们自己常常可以留下很大一部分。有明一代，兵部只是将原来名册上士兵和将领的名字誊录到新名册上，然后奏呈皇帝，使其相信自己麾下仍有两百万大军。

不过，即使是最愚钝的官员也肯定知道，实际兵力要少得多。有充足的二手资料可以证明，明朝的军力在急速衰弱。例如，在 16 世纪 50 年代，俺答汗的蒙古骑兵轻而易举地穿过明朝自以为守备严密的北方边界，大肆劫掠。当他们开始骚扰北京周边时，兵部甚至难以从附近卫所调集五万人马抵御外敌，而理论上这些地区应该驻扎着十万七千人。到了 16 世纪 70 年代初，在北方边界屯田的士兵如此之少，以至于有报告称大片田地已经变为荒漠。但是在朝廷的士兵名册上，仍然列有数万人的名字，他们本应在当地屯田。

明军不仅兵力严重不足，素质也大幅下降。军队越来越依赖从当地招募来的士兵，无业流民和雇佣兵被强征入伍，以填补卫所的空缺。到了16世纪中叶，明军已经成了当时兵部尚书口中"没有纪律的匪帮"。[9] 在战场上，他们常常只有在受到上级军官的死亡威胁时，才勉强不会溃逃，有时甚至连这都不够。这些人令良民胆战心惊，因其肆意偷盗、抢劫，有时当地人害怕他们更甚于他们被派去镇压的"敌人"。1562年，兵部尚书形容他们说："贪如猪，暴如狼。日行盗跖之事，夜则淫辱妇女。若遇不从者，手起刀落，更无二想。民间有谚曰：'宁拦倭寇，不挡大兵。'"撞上日本人，尚有一线生机；触怒官军，那就无药可救了。[10] 另一名官员乐观地估计16世纪50年代明军的兵力在九十万左右，不过即使是他，也在小心翼翼地提醒朝廷，其中三分之二不堪大用，只是"朝廷的负担，制造大量麻烦的祸端。军饷稍有延迟，他们便开始抢劫，试图作乱。他们甚至胆大妄为到杀害官员，劫掠、焚烧平民房屋……现在，政府岁入中的很大一部分被用来供养这些士兵，他们不仅无用，还给我国平添了无穷无尽的烦恼"。[11]

1592年3月，军纪败坏到了极点。当时，西北前线的一支军队因为粮饷延误发生哗变。他们杀掉当地巡抚，逼迫总兵官自杀，推举自己人为首领。虚弱的明朝廷耗时七个月才最终扑灭叛军，后来他们将其粉饰为与蒙古反叛者之间的战役，而不是自己军队的兵变。

明军士兵已经问题重重，他们的军官更是劣迹斑斑。在信奉理学的明代，武人地位低下，常常是子承父业。文官只将武将看作技术人员，对待他们的方式也是如此。即使是级别最高、经验最丰富的将领，在更为宏观的军事战略上也没有发言权；他们在战场上的每一个决定，都必定会被身在北京的官员反复检视和盘问，而后者基本上从未拿过剑、目睹过战争，或是在帐篷里度过一晚。这是明朝最令人不解的一个地方，他们认为从儒家经典中汲取的智慧远胜于实际经验。受到如此待遇的将军们，会以同样的倾向看待自己的军事技能。世袭官位成了家族闲职，被当成一笔可以获取财富的生意。还有一些人出钱购买官位，通过虚报卫所兵额骗取米谷、银子，克扣士兵军饷，以此发家致富。很多军官是文盲或半文盲，对军事战略和统军作战知之甚少，也几乎没有下任何气力学习。他们对麾下军士的操练和纪律不管不问，只是把士兵当作任由自己差使的劳力或仆人，而士兵只要贿赂上司，便可以完全脱离军队生活。在和敌人作战时，他们首先考虑的不是如何取胜，而是如何伪造胜利的表象，以攫取声望、奖励和升迁的机会。

以首级记功的惯例，使明军士兵和军官的恶行堕落到了令人发指的地步。在明代，在战场上获取的敌人首级的数量，不仅是衡量战斗表现的指标，也是论功行赏的依据。这种做法导致了可怕的弊端。在很多抵御边界侵袭和平定内部叛乱的战斗中（16 世纪时外侵和叛乱变得司空见惯），士兵们杀良冒功，其中甚至包括女性，为了掩饰真实性别，他们会用湿草鞋拍打割下来的首级。在和宽脸小嘴的女真人作战时，士兵们会砍下汉族平民的头，然后把它们蒸成恰当的大小。指挥官为了讳败为胜，还可能会砍下本方阵亡者的头颅。按照规定，斩获一百六十颗首级为一等功，因此如果斩获数量与此相差不多，军官就会杀平民来冒充敌人首级。与此同时，叛军以此作为自己的优势。在战场上，他们驱赶着当地村民走在自己前面，知道这会吸引明军的注意力，使自己的阵形不被破坏。于是，捷报一个接着一个传到北京，而内部叛乱和边界入侵却迟迟无法平定。[12]

明朝军力的衰弱，因为海盗问题而引起广泛关注。16 世纪 40 年代以后的二十年间，海盗不断滋扰着富庶的东南沿海地区，搅得各地鸡犬不宁。从 14 世纪开始，海盗时断时续地骚扰着朝鲜和中国，两国把他们当作日本人，因此称其为"倭寇"。不过，16 世纪为祸甚烈的海盗实际上以中国人为主，再加上一些日本人和混入其中的少数葡萄牙冒险家，以日本的九州岛为据点。这些人之所以沦为匪徒，与明朝一改此前较为宽松的管制，不准同外国人贸易有关。海禁政策导致走私泛滥。最初从事走私的是一些平时基本遵纪守法的普通百姓，但是随着政府的禁令越来越严，他们也变得愈发胆大妄为，开始拉帮结伙，拿起武器。这些在官府眼中一无所有的不逞之徒，开始专门从事不法之事，袭击、抢劫沿海城镇，拿走自己看上的东西。倭寇发现，不管是卫所驻军还是帝国水师，都无法保护据说固若金汤的中国沿海地区，他们开始肆无忌惮地组团行动，有时侵袭规模大到与外敌入侵无异。不过，海盗的嚣张在小规模袭击中表现得更加淋漓尽致。1555年夏发生了一起非同寻常的事件。一小队倭寇乘着一艘或两艘船来到中国东南部海岸，在这里登陆，然后不断向内陆侵袭，一路劫掠到旧都南京，没有遇到任何抵抗。根据兵部名册，这附近应该有十二万驻军。《明史》总结道："是役也，贼不过六七十人，而经行数千里，杀戮战伤者几四千人，历八十余日始灭。"[13]

最初，明朝政府想用军事手段"剿"灭倭寇，而不是处理北方边界的外部威胁时常用的"抚"，即以前对待俺答汗的那种方式。毕竟，倭寇骚扰的是明朝的腹心之地，与脆弱的北方边界截然不同，那里的潜在敌人必须得到谨慎处置，倭寇则不同，他们不需要被安抚，而是要被扫除。受害最严重地方的军事和行政长官，因玩忽职守被下狱问斩。低效的地方政府被重新整顿，名存实亡的卫所得以重生。最终，倭寇几度遭受重创。不过，倭寇问题并没有因此得到彻底解决，那要等到稍后的16世纪60年代，朝廷放松了对海外贸易的严格限制，而海禁政策正是当初导致倭寇之祸愈演愈烈的主要原因。这个方法很奏效。到了16世纪60年代末，倭寇在绝大多数地区都已经绝迹。但是这也暴露了明朝的虚弱，朝廷发现仅仅依靠军事手段无法解决倭寇问题，于是不得不以抚代剿。[14]

这就是16世纪后期的明朝。它庞大、富裕，令人惊叹，是众多偏远国度名义上的宗主国。不过，它虽然看上去无所不能，实际上已经羸弱不堪，政治、经济和军事弊端导致国内危机四起，片刻不得安宁。对于朝廷中的官员来说，治理国家意味着使国家保持运转，维护领土完整，他们常常是刚解决完一个地区的问题，就不得不赶到另外一地，处理同时发生的另一个难题。从16世纪70年代到17世纪第一个十年，危机几乎成了家常便饭，即使倭寇不再为祸东南，也还有蒙古人骚扰北方、辽东军士哗变、缅甸边界冲突和西部的饥荒。[15]面对接踵而至的威胁，明朝政府变得像是马戏团里用棍子转盘子的杂技演员，要做的只是确保所有摇摇欲坠的道具不要掉到地上。考虑到明朝在16世纪后期的现实处境和它可以利用的资源，或许它也只能做到这些了。

统一日本并自封为其主人的丰臣秀吉，看出了明朝的虚弱。他之所以从 16 世纪 80 年代后期开始，一直坚信自己可以推翻明朝、占领中国，然后支配它的属国，这正是其中一个原因。丰臣秀吉不是唯一一个有如此野心的人。当时居住在远东的澳门、菲律宾、日本和中国的西班牙人和葡萄牙人，同样将中国看作价值不菲且容易得手的战利品，如同已经熟透、正待人采摘的果实。例如，1576 年，在刚刚成为西班牙殖民地不久的菲律宾担任总督的弗朗西斯科·德·桑德（Francisco de Sande），将一份报告从马尼拉送回马德里，建议国王腓力二世派一支远征军征服中国。德·桑德估计，完成这项工作只需四千到六千名装备精良的西班牙人，再加上一些日本和中国海盗，他们非常乐意为西班牙人效劳。这支军队可以在吕宋岛北部乘船驶向中国南方海岸，所需船只可以在当地建造，因为吕宋岛有大量树木可资利用。只要有两三千人，就可以发动猛攻，占领中国一省。"这会非常轻松，"德·桑德向国王保证，"因为那里的人几乎没有武器，也不知道如何使用。一艘载有两百人的海盗船，可以将一座拥有三万居民的城镇洗劫一空。他们的射术很差，而且他们的火绳枪毫无用处。"然后，所有省份都会自然而然地落入侵略者之手，因为饱受压迫的平民会抓住西班牙人入侵的机会，起身反抗朝廷。"最后，"德·桑德总结道，"我们将善待他们，拿出可以证明我们的力量的证据，向他们传播宗教，这样他们就会坚定地追随我们。"[16]

马德里没有批准德·桑德的计划，在此后的数十年间也没有任何行动。然后，在 1586 年 4 月，一份更加详细、规模更大的侵略计划，在马尼拉举行的殖民政府官员和重要市民参加的会议上被制定出来，然后被送到马德里，等待国王腓力二世批准。该计划的侵略军包括数百名居住在菲律宾的西班牙人，一万到一万两千名来自西班牙的援军，如果可能的话，还有五千到六千名当地原住民和耶稣会士招募的数量与此相当的日本人，总计两万到两万五千。除此之外，它还建议邀请葡萄牙人加入，以使侵略军更具压倒性优势，这样"仅仅是它的出现和力量的展示，就能让中国人屈服，不需要流多少血"。远征军的首领应该仔细挑选，"因为如果这件事没做好，那么很可能，不，应该说几乎肯定会重演古巴岛和其他古国（例如阿兹特克和印加帝国）的旧事，那些地方曾经人口稠密，如今已经成为废墟。如果西班牙人按照以往的方式进入中国，他们将践踏和蹂躏那个人们曾经见过的人口最多、最富裕的国度"。这份入侵计划主张，西班牙军队可以在吕宋岛北部集结，在那里登船驶向中国海岸。船只在西班牙船工的监督下，由当地人建造。军队将在福建登陆，与此同时，葡萄牙人将从他们的殖民地澳门进入广东。然后，两支军队将会以耶稣会士为向导，各自北上进军北京，在那里确立自己的最高权威，同时小心翼翼地保全明朝政府，因为只有它可以有效维持这样一个人口大国的秩序。至于入侵时间，这份报告强调越早越好，否则会错失良机，因为中国人正变得越来越警觉。几年前，大约在德·桑德提交报告的时候，占领这个广袤的国家"不需费力，不需成本，也不会损失生命，现在则不得不蒙受一些损失。不久之后，即便全力以赴也不可能成功"。因此，最关键的是，国王要立即批准该计划，因为它"给陛下提供了有史以来任何一位君主都不曾有过的最好的机会和最华丽的开局。摆在您面前的，是人类能够渴望或想象得到的全部财富和不朽的名声"。[17]

腓力二世从未批准入侵中国的计划。如果他真的按照报告的建议，派出所需的援军，马尼拉的征服者们几乎肯定会起航出海，因为他们对待自己的计划是认真的，而且拥有非凡的勇气。这一点人们已经见识过了，他们的同胞曾以令人吃惊的少数兵力，征服了新世界的大片土地。例如，16世纪30年代，弗朗西斯科·皮萨罗（Francisco Pizarro）率领着不够填满今天两辆长途客车的兵力，开始征服印加帝国。谁知道拥有这样的信心和25,000名士兵的西班牙人会在中国取得怎样的功绩？他们或许会因为中国广袤的土地最终陷入苦战，并且崩溃。不过，考虑到明朝反应迟缓的兵部在面对威胁时常常需要耗费大量时间动员军队，不难想象一支装备有现代火绳枪、目标明确的西班牙军队，完全能够抵达北京的门户。

1573 年，十岁的男孩朱翊钧在北京登基，开始使用新年号万历。他是明朝第十四任皇帝，所有皇帝都是两百年前建立王朝的洪武皇帝朱元璋的后人。朱翊钧是十四位皇帝中在位时间最长的，一直活到1620年。在他的统治下，明朝最终衰落到无法挽回的地步，它最后的灭亡（1644年）只是时间问题。

万历刚登基时，朝廷大臣们不免会担心，这个年轻人恐怕不堪大任，毕竟最近的几位皇帝都难称明君。他的叔伯祖父、长了一张狐狸脸的正德皇帝（1506—1521年在位），精力过于旺盛，而且太过特立独行，和当时已经高度模式化、严格受传统束缚的君主截然不同。他四处游玩、饮酒作乐、骑马疾行、宁肯走路也不乘轿子、擅自离开紫禁城外出、不守礼俗，他的大臣们为此忧心忡忡。万历的祖父嘉靖皇帝在位时间很长（1522—1566），他的问题是无法忍受批评，越来越沉迷于长生不老，不理政事，身边尽是阿谀奉承、唯命是从之辈。万历皇帝的父亲隆庆皇帝（1567—1572年在位），在上朝时甚至不愿或不能说出一些套话。在统治的第一年，他只是像雕像一样坐在龙椅上，由大臣代其发声。后来，他连这些表面文章都不再做了。

因此，当朝臣们发现万历皇帝有成为明君的潜质时，他们感到极大的喜悦和解脱。他天资聪颖，努力学习书法和经史，顺从地想要具备大臣们告诉他的所有美德。十一岁时，小皇帝工整地写下了"贤德修己"四个字，令人对他倍感期待。[18]是的，这正是成为明君所必需的品质，明朝正需要这样的圣君振衰起敝、重整旗鼓。

少年时代的万历只能履行少数简单的职责。在他成年之前，掌握实权的是首辅张居正（对小皇帝来说是"张先生"）。张居正的治国理政以严格著称，他努力杜绝在中国已成为常态的铺张浪费和效率低下。他削减了宫中衣食和装饰的支出，取消了靡费甚巨的宴席，费尽心力教育小皇帝要厉行节俭。他坚持全额征收赋税，不接受任何人以任何借口拖欠，让官仓和银库再次变得充盈。他罢免了被怀疑谋取不当利益的官员，以敢于任事的新人取代无能的中央、地方官员，希望朝中的每一个人都能按照儒家理想，过朴素的生活。

张居正也试图改变军队的糟糕状况。他知道，军队的衰败部分原因在于军官团队素质低下，因此他将有能力、受过良好教育的人提拔为将领，为了让他们有所作为，还给予他们一定的自治权。

明代最成功的将军戚继光，便是在新的遴选机制下脱颖而出的。戚继光于1528年出生在一个军人世家，自幼学文习武。1544年，他的父亲去世，他袭父爵成为登州卫指挥佥事。戚继光聪明能干，很快被授予一系列要职，主要是在当时饱受倭寇滋扰的东部和南部沿海地区。

正是在和这些掠夺者的战斗中，戚继光开始了解如何将未经训练、不守纪律的乌合之众转变成高效的战斗力量，逐渐形成了自己的理念。他的变革从未影响到整个大明，只有拥有一人之下、万人之上的权力的首辅，才有可能推动全盘改革。戚继光能够做的，是招募和训练一支形同私兵的军队，一支不管被朝廷派到哪里，都能保证获胜的一流远征军。为了打造这样一支军队，戚继光首先强调的是军纪，铁一般的纪律。他对很多小过的处罚都是割掉耳朵，不服军令或临阵畏敌者会被立即处死。训练同样重要。他曾经睿智地指出，甚至连经验丰富的老兵，都很难在混乱的战场上发挥出自己两成的战斗力，而那些能够发挥出五成实力的人将"所向披靡"。[19]

戚继光发明的严谨、注重防守的战斗阵形，同样被证明极其有效。在16世纪50年代，他想出新阵，将其命名为"鸳鸯阵"。鸳鸯阵以十二人为一队，包括队长、盾牌手、长枪手、镗钯手和火兵，还有四人挥舞着戚继光发明的武器狼筅（由一段竹子制成，上面留有枝叶，用来挡住敌人的刀剑和长枪）。一队人在一起训练和战斗，保护好彼此和队长，缓慢而稳健地向敌军移动。后来，戚继光又发明了"战车"（一种两轮大车，每一侧都受木屏风保护，有点像原始坦克），进一步强化了这一阵形。每辆战车配有二十名士兵，每十人组成一个攻击小队，其中四人装备鸟铳，其他人配备剑、长枪和盾牌。当他们行进时，留在车里的十个人会推着车跟着他们前进，保证车和攻击小队的距离不超过十米。当敌人进攻时，所有人会退回到战车内，用各自的武器和车上的佛朗机炮与之作战（佛朗机炮是一种原始的小口径火炮，在一个世纪之前由被明人称为"佛朗机夷"的葡萄牙人引入，因此得名）。在大规模战斗中，这些战车会排成一个牢不可破的作战阵形，保护位于阵中的骑兵。[20]

戚继光强调纪律、训练和严谨而成熟的阵形，并且凭借它们在 16 世纪五六十年代扫平了为患沿海地区的海盗。随后，他被派往北方边境。他重新组织防御，修复长城，建立哨塔和训练中心，基本上挡住了蒙古人的侵袭。隆庆二年（1568），从军三十年未尝败绩的戚继光，终于在张居正的举荐下晋升为总兵官，这是明朝最高级别的武将。在接下来的几年里，戚继光被视为英雄，一位懂得如何训练士卒、能够决胜于战场的将军。他总结战术和练兵方法的著作被广泛阅读，他的诗文合集《止止堂集》被反复刊印。

1582 年，五十七岁的首辅张居正去世。在任期间，他触怒并威胁到了很多既得利益者，因为在中国广大地区推行提高行政效率的改革而招致了大量敌人。现在，人多势众的反对派开始诋毁他的名誉，推翻他所做的一切。从现代人的角度看，这可能是一个令人失望的退步，因为张居正确实是明朝需要的那种能够重塑整个国家的人。不过，很多和张居正同时代的人并不这么想。他们认为张居正的改革破坏了天朝万物的平衡，而维持平衡有赖于效率低下的状态，虽不完美却不可避免。张居正要求让万物恰当地运行，他的要求超出了这个国家能够提供的极限。因此，在他死后，他的"强硬政策"不再强硬，明朝不可避免地回到习以为常的低效率状态。税收再次变得杂乱无章，宫廷支出增加，国库见底。被张居正罢免的有操守、无行政能力的官员们重新回到朝堂，他所倚重的那些人或被降职，或被清洗。

戚继光将军也因此受到牵连。他的战绩、他的著作、他从无到有建立起一支百胜之师的功劳，都随着张居正的死被人遗忘。他是张居正的人，所以必须走。1583 年，病中的将军被褫夺官职。他的妻子不久后离他而去。他失去了收入和个人财产，在贫穷和忧愁中了却余生。最后，戚继光于 1588 年 1 月 17 日去世，据说最后穷到甚至无钱就医的地步。到了1590 年，已经没有人还记得他的鸳鸯阵，他无敌的战车成了空想，湮没在无人问津的残页里。

万历皇帝，那个曾经被寄予厚望的年轻君主，现在已经是一个臃肿的成年人，嗓音深沉且威严。他怎么样了呢？他的老师，在很多方面扮演着父亲角色的首辅张居正的死，彻底地改变了他。反张派官员马不停蹄地向皇帝揭发张居正的不忠不义，他们成功地改变了张居正在皇帝心目中的高大形象，或许过于成功了。万历知道了，张居正是伪君子，他坚持包括皇帝在内的每个人都必须节俭，而与此同时，自己却住在一间堆满了金银财宝的大宅子里；张居正独断专行，他罢免了德高望重之人，现在这些人应该官复原职；张居正是淫乱之人，他因纵欲过度而死，完全是咎由自取，他为了增强性欲而服用外国的春药。[21]

整起事件对万历皇帝造成了毁灭性的打击。这个人反复告诉万历要大公无私，但是他本人显然寡廉鲜耻，这使得皇帝先是开始怀疑青年时代接受的道德灌输，然后开始愤世嫉俗地排斥它们。经过少年时代的朴素生活之后，现在的他变得十分贪婪，依靠内廷腐败的宦官们，在内库积攒起大量财富。他不再容忍文官的谏言，当他们以儒家的道德标准批评他铺张浪费或怠于政务时，他就下令杖责这些官员。当他察觉到某些有野心的官员为了升迁，实际上通过受杖责获取名声时，他只是简单地不再理会他们的话，或者习字，或者呆坐在紫禁城中无所事事。他只履行皇帝最基本的职责，不上朝，不批人事任免，虚耗光阴。我们很难完全了解，那些试图在皇帝不理朝政的情况下，保持政府运转的大臣，会是多么的沮丧和难过。有一个例子，据说一位阁臣多次想与皇帝商讨某件军国大事，却一直无法见到皇帝，最后皇帝终于同意见他，他激动到小便失禁，接连昏迷了几日。[22]

万历皇帝和群臣的对立，在16世纪80年代后期达到顶峰。当时，他拒绝将早已失去圣心的皇后所生的嫡长子立为太子，而是坚持要立一个由受宠的妃子所生的较年幼的儿子为继承人。开始时，他只是一再推迟册立太子。不过，这个问题最终得到公开讨论，皇帝和臣子之间形成僵局。朝廷既无法通过法律手段加以解决，也没有可资利用的成例。16世纪90年代初，继承人危机是亟待宫廷和官员们解决的首要问题，严重性更甚于饥荒、干旱、经济困难和党争，比西北的武装叛乱、军队哗变和北方蒙古人骚扰更具威胁。

至于"倭人"居住的那个名为"日本"的遥远岛国所发生的一切，明朝廷毫不关心。在它看来，日本早已是自己的属国（不过属于不重要的一类，因为它不和中国接壤），至少从7世纪开始，它就时断时续地派贡使前来。现在，两国关系似乎已经中断了。自1549年以来，两国维持了一个半世纪的朝贡关系告一段落，日本使臣再也没有来过。[23] 日本人最近似乎正忙于内斗，1401年被明朝皇帝册封为日本国王的将军，似乎已经失去了对国家的控制。不过，明朝认为，当国内秩序最终恢复之后，他们无疑会回到中华世界中属于自己的位置，重新开始尝试效仿中华文化。

　　而此时的日本人，完全没有这样的想法。

3

有子名"舍"

意志坚定的征服者、无人可挡的统一者、全日本的最高统治者丰臣秀吉，内心里是个顾家的人。他温和、重感情、多愁善感，担心自己所爱之人的健康和安全。实际上，他渴望能够同家人共度时光，如同他想要实现统治日本乃至全世界的野心。

秀吉显然很敬重自己的母亲（我们只知道她被尊称为"大政所"）。在写给母亲的信里，他表达了对她的健康和心情的关心，并且为此提出了种种建议。1589 年，他在给妻子的侍女的信里写道："如果让大政所待在小地方，她可能心情不佳，因此眼下请一定要照顾好她。但是如果（让她待在大地方）有穿堂风，她会感冒，所以你绝对不能那么做。"[1] 1590 年，他在给母亲的信中写道："出去走走，让自己开心。请再次变得年轻，我恳求您这么做。"[2]

秀吉对很多家庭成员都展示过这种无微不至的关怀。他在 1589 年给正室北政所宁宁的一封信中写道："注意健康，按时用餐，别让我担心你。不要马虎。"[3] 在另一封信中，他写道："我一直想要听到你的好消息……我觉得如果你的便秘没有那么严重就好了，为什么你不试试灌肠术呢……我等着听到关于你的健康的好消息，告诉我灌肠要多久才会见效。"[4] 在给养女豪姬的一封没有标明日期的信里，他写道："我想知道你的心情好不好，你有没有多吃些枸杞。你知道我多疼你，我想让你快点来姬路城住些日子。你想要什么都行，特别是轿子，想要的话我就给你。"[5] 在给妾虎姬的信中，他写道："最近我们在一起度过了两三天。我觉得你可能有点无聊，因为我们只是待在室内。希望你保持好心情，注意身体，不要生病。"[6]

秀吉显然非常享受保护者、一家之主和施恩者的角色。隐藏在城堡、军队和象征着权力的华服背后的内心世界，使他的生活变得充实。

但是秀吉仍然有不满意的地方，那就是没有儿子。

1589 年，秀吉年过五旬。他觉得自己已经步入老年，常常在信中抱怨视力下降、食欲不振、容易疲倦和头上拔不胜拔的白发。在他这个年龄的大人物们，或许已经开始考虑功成身退，扮演轻松的家长的角色，让自己的儿子承担起劳心费力守护自家权力和使家族扬名的工作。但是秀吉没有儿子。他和宁宁结婚二十八年，没有一个孩子。他在此前的二十年间娶了几个妾，但是她们同样没能诞下子嗣。有人甚至猜测，没有儿子可能是促使他想要征服中国的原因之一。由于没有可以继承自己姓氏和大业的儿子，他可能强烈地感到，自己必须在生前完成所有工作。这样，即使没有继承人，他和丰臣家的名声仍然足以彪炳千古。

然而，奇迹发生了。他的宠妾淀殿怀孕了。1589 年 6 月，她生下儿子鹤松。秀吉大喜过望，但是没有表露出来，因为如果那样做，神祇将带走他最为珍视的子嗣。这个孩子因此被起名为"舍"，秀吉尽可能地做到不喜形于色。

总的来说，他没有成功。当两人在一起时，秀吉情不自禁地去亲吻他，把他抱在怀里，放在膝盖上玩耍。当统一大业使秀吉不得不远离自己的"若君"（小主人）时，他无时无刻不在担心孩子的健康和安全，渴望能够早日归家。1590 年征伐小田原期间，他给淀殿的一封信中清楚地表达了这一点：

> 你没给我寄信，没有只言片语，我很担心。小主人越来越大了吗？务必给你的人下达严格命令，告诉他们小心火烛，他们和他们的下属必须要兢兢业业。再过二十天左右，我肯定能见到你，抱抱小主人，那晚我会让你睡在我身边。等我。
>
> 太阁
>
> 我再说一遍：务必告诉他们，不能让小主人感冒，你不能有丝毫疏忽。[7]

但是，幼小的鹤松常常生病。打从出生开始，他的身子一直很弱，最终死于 1591 年 9 月。对秀吉而言，这是一个沉重的打击。他刚刚品尝到为人父的快乐，不久后便痛失两岁的爱子。他可以攻城拔寨，可以迫使有权有势的大名北条氏政和北条氏直跪在自己面前，却无法保护被他视为掌上明珠的幼子。

鹤松死后四个月，秀吉不得不接受自己很可能永远无法有儿子的事实，收二十三岁的外甥秀次为养子和继承人。他将关白之位让给这个年轻人，自己做起了太阁。

秀吉正是在这个时候开始积极准备入侵朝鲜的，这或许并非只是巧合。没有可以继承自己姓氏、完成自己雄图的亲生儿子，他必须用余生的时间，以一己之力建不世之功。他开始在日本南部的九州海岸修建名护屋城（今唐津）。他传令全国大名集结和武装士兵，将必需品和武器储存起来，准备好地图，建造船只，招募所需的水手。

最后，他心爱的鹤松死后仅仅过了八个月，繁杂的准备工作全部就绪。秀吉的侵朝军准备起航。

4

朝鲜：通向战利品的大道

　　至少从公元 7 世纪开始，"日本"（意思是"日出之国"）就被用作国名，它意味着这个国家位于东方。这个名字不太像是居住在日本的人会给自己起的名字，因为从他们的角度看，"东方"只是一望无际的太平洋。那么，"日本"这个国名从何而来呢？几乎可以肯定，它来自亚洲大陆，日本确实位于大陆的东方，在太阳升起的方向，尤其是在朝鲜人的视野里。[1]

　　在中国人开始记录历史的公元前 4 世纪前后，一些小国占据着朝鲜半岛，其中最重要的是古朝鲜，它的起源可以一直追溯到神话人物檀君，据说他在公元前 2000 年前后，在现在的平壤附近建立了神市。[2] 到了公元 4 世纪，这些相互对立的国家合并成三个大国：北方的高句丽、中部和东南的新罗、西南的百济。在接下来被称为"三国时代"的两个半世纪里，这三个国家将中国的治国术、文字、科学、思想和本土元素结合起来，创造出了独特的朝鲜文化。到了 8 世纪早期，与唐朝结盟的新罗战胜了高句丽和百济，控制了半岛大部分地区，第一次统一了朝鲜半岛，使其成为单一的政治文化体。新罗在各方面都是一个富足、优雅、外向的国家，从印度和中东远道而来的旅者对其赞不绝口，今天的韩国人认为这是本国历史上的一个文化高峰。据说新罗魅力十足，很多慕名而来的阿拉伯人选择留下来定居，再也没有回国。947 年，一位阿拉伯历史学家解释道："来自伊拉克或其他国家的外国人很少会离开。这里的空气如此清新，水如此清澈，土地如此肥沃，所有好东西应有尽有。"[3]

　　与此同时，日本也深受中国和朝鲜的外来影响（尤其是在 4—8 世纪高句丽、新罗和百济人大量移居日本的时期），并且把它和本土因素结合起来，发展出一套独特的文化。不过，由于日本相对孤立，因此它在借鉴中国文化时，比朝鲜拥有更大的选择空间。日本人借鉴了大陆文明中有用的或是符合自身审美取向的部分，改造了另外一部分，舍弃了其余部分（和19世纪后期他们面对西方文明时采取的做法类似）。这样的选择性借鉴和改造过程，使得日本以与朝鲜截然不同的态度对待西方庞大的邻国。朝鲜人认为自己分享了中华文明的伟大，因此属于文化上的中国人；与此相反，日本人认为自身文化的自然之美和微妙色调更胜中国一筹，后者华而不实，只会千篇一律地重复着高调的道德说教。我们很难确切说出这种优越感源自何时，不过肯定早于壬辰战争前夕。[4]

朝鲜和日本不仅在文化认同上存在着分歧，在政治领域同样如此。日本的行政机构起初同7世纪的朝鲜一样，效仿中国建立起了中央集权政府（不过和朝鲜不同，日本中央政府只能管理自己的核心区域，大片边缘地区由地方领主统治）。从10世纪早期开始，封建武士阶级控制了国家和天皇，实际权力掌握在幕府将军手里，除了战国时代的例外，在1867年德川幕府灭亡之前，情况一直如此。在漫长的军事统治期间，日本人拒绝承认中国是目之所及之地的统治者，他们相信自己的岛国是"神国"，可以与中国平起平坐。因此，当日本人接到新兴的明朝要求自己臣服的国书时，他们的态度比朝鲜人强硬得多。日本人的回复是："乾坤浩荡，非一主之独权。"这样的无礼之辞惹怒了明朝。1380年，洪武皇帝写道："蠢尔东夷，君臣非道……傲慢不恭，纵民为非，将必自殃乎。"[5]最后，足利幕府出于获得勘合贸易的权利，以及维护自身合法性的考虑，同明朝建立起脆弱的联系，不过他们从来都不是死心塌地地效忠明室。

在朝鲜半岛，高丽（918—1392）取代新罗后，中国式政治体制继续发展，最终的结果是，出身于两班上层阶级的士大夫控制了政府。与此同时，朝鲜半岛由于自身的地理位置，难以摆脱中国的强大引力，和庞大的邻国形成了从属关系，在高丽之后的朝鲜时代（1392—1910），发展出最为成熟的形式。在15—16世纪，朝鲜是明朝最忠诚的朝贡国，而中国人也将朝鲜视为最文明的邻国。朝鲜人以这样的关系为荣。他们不认为自己和中国完全平等，实际上哪个国家会认为自己可以和天朝平起平坐呢？不过，他们确实因为积极效仿中华文明，而被认为是中华世界的优等生。朝鲜文明的根基来自中国，他们学习中国历史和圣贤文章；他们的政府与中国类似，官员们穿着中国式的官服；朝鲜国王从中国皇帝那里受"天命"，从而获得统治的合法性；他们使用中国的历法，这意味着承认皇帝能够沟通天地；他们遵守中国人的道德准则，使用中国的法律，认为中国的行为模式优于其他任何人。作为古代朝鲜教育基础读本的《童蒙先习》中写道："风俗之美拟中华，华人称之为小中华。"[6]

理论上，朝鲜并没有因为和中国文化的相似性，而认为自身地位高于其他国家，至少在外交上如此。正式的说法是，中国的皇帝位于万物之上，掌握着天地间的至高权力，朝鲜、日本、爪哇、琉球、柬埔寨、暹罗等朝贡国的君主在他之下，彼此平等，非朝贡国基本被忽略不计。不过，在官方说法之外，朝鲜人的世界观更加等级分明。"中华"当然排在第一位，而"小中华"朝鲜则紧随其后，所有其他国家按照各自接受中华文化的程度，居于阶梯的不同位置。[7]

在朝鲜人以文化决定论为基础的世界观里，日本人的排名很靠后。不管是中国人还是朝鲜人，都在史书里轻蔑地称日本为"倭国"，认为它在文明圈之外。经过和这个无礼的邻居长达几个世纪的跨海交往之后，朝鲜人更是对此深信不疑。前去拜访幕府将军的朝鲜通信使，不得不接受在他们看来很不妥当、甚至具有侮辱意味的座次安排，他们也发现日本基本不遵守中国式的外交礼仪。在朝鲜人眼里，前往汉城的日本使臣举止粗鲁，有时甚至非常傲慢。日本人的国书，常常不按照中国的正确方式标注头衔和日期。例如，他们不称日本天皇为"王"，而称之为"皇帝"（只有北京的天子才配得上这个头衔）。这非常无礼，因为在朝鲜人看来，统治者甚至不应该强调他对自己领土的统治。朝鲜人也留意到，日本常常陷入内乱，似乎从来没有单一的统治者可以统治全岛，人们不得不怀疑，它到底是不是一个国家。日本人总是在自相残杀，对邻居的所作所为和海盗无异，喜欢暴力和战争更甚于善行和和平。简而言之，他们是一个野蛮、危险、自大的民族，朝鲜人甚至比中国人更看不起他们。[8]

不过，虽然朝鲜以"小中华"的姿态高高在上地俯视日本，它对中国并不是一味地卑颜屈膝。它在中华世界中位居次席，对中国更多的是尊重，类似于弟弟尊重自己的兄长。朝鲜人表达尊重的方式是定期遣使赴中国朝贡，肇始于统一的新罗时代（681—935）。使臣呈上贡品，发誓朝鲜定会效忠中国，完成所有规定的仪式，按照中国的要求做出表示臣服的姿态。作为回报，中国人将朝鲜使臣奉为上宾，保证会维持朝鲜和中国间的特殊关系，赐给朝鲜君主大量"礼物"，让使臣们满载而归（由此将政治实践转变为非常重要的贸易往来）。[9]在下一个使团到来之前，这基本就是两国关系的全部了。只需付出微小的代价，双方便可以实现各自的目的。通过遣使朝贡和宣誓效忠，朝鲜国王从中国皇帝那里接受"天命"，获得统治的合法性，而且可以确保不受中国干涉。至于中国，维持同朝鲜和其他邻国的朝贡关系，可以证明自身统治的正统性，而且可以通过将潜在的敌国转变为一系列具有保护功能的缓冲国，使帝国更加安全。[10]这就是所谓的"轻度接触"策略。如果朝贡关系的负担过重，周边国家都会避之唯恐不及；如果中国干涉过多，友好的缓冲国很快会背叛。自唐代以来，中国一直维持着轻度接触的策略。除了在感到疑虑或处于危机的情况下，它确实不希望介入朝贡国内部事务，只要它们仍旧宣誓效忠，它就心满意足了。

截至16世纪后期，朝鲜半岛和中国的朝贡关系已经基本维持了一千年，不过其间并非没有反复。当中国由汉人王朝统治时，如唐代、宋代和明代，双方的关系良好。两国定期互派使臣，维持着朝贡关系，除此之外，不管其他。不过，在变革时期，特别是少数民族入主中原时，两国关系便不佳。

13世纪前期，蒙古人建立的元朝（1271—1368）统治中国，两国关系迅速恶化。从1231年到1258年，成吉思汗的继承者们六次派骑兵征讨高丽，最终迫使它同虚弱的南宋断交，转而和自己建立起更加屈辱的关系。然后，他们将目光转向日本。1274年，元朝第一次远征日本（但未成功）时，高丽不得不为它提供三百艘船和所需的船员。在1281年的第二次远征中，高丽被迫提供九百艘性能两倍于前的船只和一万五千人。不

44

过，第二次远征同样以失败告终。当庞大的蒙古－高丽舰队接近日本海岸时，台风自西袭来，摧毁了大批船只。等到风平浪静之后，海面上漂满了尸体和船只残骸。对日本人而言，这是奇迹，是上天送来的"神风"；对蒙古人而言，这是他们征服世界的宏图终结之始。

入侵日本失败后，蒙古帝国和刚建立不久的元朝开始踏上缓慢而不可逆转的衰败之路。不过，在接下来的几十年里，元朝一直牢牢地控制着高丽。他们索取沉重的贡金，直接对高丽朝廷发号施令，干涉高丽内政。总而言之，这完全不是高丽人期待中从"花之国"得到的东西。14世纪50年代，元朝开始崩溃，高丽中断了朝贡关系，停止使用元朝的年号，不再穿元朝的服装、束元朝的发式，收复了先前被元朝侵占的土地。当时一位高丽文人说："上天不喜夷狄之德。"紧接着，他称赞1368年正式建立的明王朝为"上苍所赐，重拾古圣贤之道"。[11] 高丽人很快派出使臣，希望恢复元朝之前宋朝统治时两国的朝贡关系，不再干涉本国内政。

一开始，明朝和高丽的关系摇摆不定。新登基的洪武皇帝急于确保王朝的安全，以怀疑的目光看待周边所有国家。他在三十年的统治期间，一直不信任高丽人。他们仍然秘密效忠蒙古吗？他们和东方的女真人结成了反明联盟吗？这些担忧并非完全没有依据。虽然高丽人没有和女真人结盟（他们只想将其赶出自己趁蒙古衰弱时占领的北方领土），不过高丽国内确实存在着亲元派，主要是那些在蒙古统治时期飞黄腾达的人。不仅如此，当时的高丽政局同样变化莫测、风云诡谲。年仅十七岁的隅王即位后，实权落入王座背后的武人之手，明朝无法确定这些人是否忠心。所有这些不确定因素，使得明朝和高丽的关系变得紧张。高丽使臣并非总受明朝廷欢迎，一些人甚至刚到边界便不得不打道回府。1388年，明朝在朝鲜半岛北部高丽人无法控制的女真地界设立卫所，高丽朝廷中的很多人认为这种行为绝难容忍。

这次边境纠纷，成了压垮早已虚弱不堪的高丽王朝的最后一根稻草。国王背后的实权掌控者崔莹将军，愤怒地命令高丽军队北上渡过鸭绿江，攻击明军。率领这支辽东征伐军的是另一名实权人物李成桂，他的家族五代从军。李成桂反对征明，回军高丽国都开城，赶走隅王和崔将军，掌握了权力。在接下来的四年里，李成桂利用一连串的傀儡国王统治国家，然后于1392年称王，创立新王朝，建新都汉阳，后来改名汉城。

太祖李成桂最关心的是让自己的王朝取得合法性。为此目的，他将目光转向中国。他遣使赴明朝首都告知自己已经成为国王，并向明朝皇帝宣誓效忠。他在选择"朝鲜"（意思是"朝日鲜明"，历史文献记载的第一个统治半岛的古国之名）作为国名之前，征询了皇帝的建议。他也开始遣使西行，作为自己尊重天朝和想要恢复事大关系的证明。1403年，李成桂终于被洪武皇帝的继承人朱棣正式册立为朝鲜国王，两国的朝贡关系得以恢复。朝鲜再次承认中国是天下的中心，而中国则承认其忠诚和文明的属国"异于各邦"。[12] 随着关系的成熟，朝鲜每年派遣三至四批使臣出使中国，而中国规定平均每年不多于一次。[13]

15世纪，朝鲜对中国的政策是"事大"，对其他国家则是"交邻"。这是中国由来已久的"外夷羁縻"政策的派生物，"羁，马络头也；縻，牛靷也"，"羁縻"的本义是控制住马和牛。[14] 对中国人和朝鲜人来说，夷狄如同野兽，用蛮力难以驾驭，需要通过安抚和怀柔，使其心甘情愿地融入中华世界，然后再对他们施以教化。建国之初，朝鲜倾向于认为该政策十分合理，因为在王朝统治牢固、军事实力发展起来以前，朝鲜太祖及其继承人几乎没有选择的余地，只能通过安抚来维持和平。

在朝鲜王朝创建之初，有两个群体对交邻政策构成了挑战：北方的女真人和南方的倭寇。女真人是来自中国东北的半游牧民族，抓住蒙古衰落的机会，将势力扩张到半岛北部。为了得到半岛的谷物、布匹和工具等必需品，他们根据实际情况，或从事贸易，或直接掠夺。高丽王朝后期，高丽人曾经试图将女真人赶走，不过基本没有取得成效。朝鲜太祖选择了不同的方法。他不打算同他们开战，因为这样做会削弱自己刚建立不久的王朝。相反，他选择安抚。鉴于女真人需要朝鲜的食物和货物以维持生计，他开边互市，和平地同他们贸易，不再驱逐移居半岛北部的女真人。他沿着鸭绿江和图们江修建了一系列堡垒（一直留存至今），以确定北方边界，在这条边界以南的女真人被视为朝鲜人，并且逐渐融入朝鲜社会。与此同时，女真酋长被赐予官职和爵位，被邀请到汉城觐见国王、进献土物，从这种实际上相当于贸易的朝贡关系中获取利益。这样一来，只要朝鲜的安全能够得到保障，他们便可以从中获利，因此他们转而利用自身的影响力约束部下，让他们保持和平。

太祖对女真人的怀柔政策大体上是成功的。它保障了朝鲜北方边境的安宁，使朝鲜有时间获取自己所需的政权合法性，巩固自身统治。不过，女真人从未彻底放弃劫掠，在16世纪后期重新成为大患。

倭寇是一个更加棘手的问题。他们来自九州的松浦、对马岛、壹岐岛和平户岛，都是些耕地稀少、缺乏选择余地的地区。正如后来一位朝鲜通信使所评论的："人们的住处简陋，土地稀少且贫瘠，他们不事耕种，几乎难以糊口，因此结伴抢劫，成为邪恶、暴力之徒。"[15] 这些日本的匪帮最终遍布九州北部海岸和濑户内海东部。然后，在1222年，他们将注意力转向朝鲜半岛。他们藏身于距离半岛海岸不到三十海里的对马岛，干了几年抢劫的勾当，无人能够阻拦。直到后来蒙古征高丽使半岛变得更加危险，那里成了一个缺乏吸引力的目标，他们方才收手。14世纪后期，元朝和高丽国力衰弱，倭寇卷土重来。这次，他们不仅为害朝鲜半岛，也开始骚扰中国沿海地区，加入其中的中国人也越来越多。高丽的处境尤其困难，因为蒙古人禁止他们拥有战船，而自蒙古人离开后，他们还没来得及重建自己的海军。

结果，倭寇掌握了朝鲜半岛和日本之间的海域。他们的统治如此彻底，以至于有能力俘获从南部的农业省份向位于北方的首都开京输送漕粮的整支舰队。高丽人不得已改由陆路输送，倭寇随之进入内地，劫掠官仓。他们只在1350年遇到过一次挫折，当时高丽军队挺身同这些掠夺者作战，砍下三百颗首级。除此之外，他们可以随心所欲地袭击、抢劫。他们曾经乘坐三百多艘船前来，几乎相当于对守备形同虚设的朝鲜半岛发动一次小型入侵。实际上，高丽王朝的最终灭亡，与其无力应对这些抢劫者大有干系。

同处理女真问题时一样，朝鲜太祖更倾向于诱之以利，这实际上是他唯一的选择。太祖已经证明自己无法用武力驱逐他们，因此不得不采用安抚之策。"如果我们对他们以礼相待，慷慨地赏赐他们，"前面提到的那位朝鲜通信使解释道，"那么所有倭寇都会降服。"朝鲜鼓励海盗定居下来，在富饶的南方诸道耕种土地。随着时间的推移，他们会逐渐融入朝鲜社会。有影响力的倭寇首领获得官职、土地和俸禄，并且得到保证，只要能约束手下不再抢劫，他们就能过上稳定、舒适的生活。

他们也得到了自由贸易的机会，这对倭寇的诱惑力非常大。他们被鼓励放下武器，通过合法途径获取利润，不必再冒四肢残缺、甚至丢掉性命的风险。在此之前，中国和朝鲜信奉理学的官员们对贸易和利润抱有负面看法，官方批准的东亚国际贸易仅限于勘合贸易。在此后的一个半世纪里，中国在和日本交往时仍将固守这一政策。两国的关系虽然得以维持，但是按照规定，足利将军每次最多只能派三艘船前来。除此之外，中日间的所有贸易（规模不算小），全是经由走私者和海盗之手的不法行为。因此，朝鲜太祖敞开国际贸易的大门，实际上是非常显著的政策转变，打破了中国的成例，这也说明了他多么担心自己的王朝无法挺过建国初期危机重重的几年。

这项政策基本收到预期效果。除了一两次相对较小的挫折（例如1419 年的对马岛饥馑，使海盗活动再次变得活跃），朝鲜王朝前期的怀柔政策成功地安抚了日本西部的海盗，赢得了巩固统治和保证生存所需的时间和环境。

但是到了 15 世纪第一个十年的后期，朝鲜人受够了门户开放政策。涌入该国的日本人的数量，已经到了不得不引起警觉的程度。自由贸易成本过高，难以为继，原因在于东道国朝鲜有义务负担每个日本"使臣"的全部开销。鉴于朝鲜王朝的统治和合法性已经树立，而且自由贸易保障稳定的效果有所减弱，朝鲜的新儒家政府又一次急切地希望遏制这个必要之恶。毕竟，比起朝鲜人，日本人更需要贸易。他们派到朝鲜来的船，多于朝鲜派去的船。他们更迫切地需要朝鲜的棉花、陶器、经书和寺钟，而朝鲜人对日本器物则没有太大兴趣。因此在 15 世纪，朝鲜的倭寇政策及其对日政策，从允许自由贸易、以抚为主，逐渐转变为限制接触、严格管控。

为了实现这个目标，他们需要在祸源地日本找到盟友。他们知道日本的天皇和将军难以控制来自九州及其离岛的海盗和贸易行为，他们的权力基本只限于本州中部。因此，朝鲜人同九州西部领主，尤其是对马岛主，建立起直接联系。对马岛是一个多岩石、多山的岛屿，位于朝鲜和日本中间。很久以来，它一直是两国间往来的中转站，依靠同朝鲜的贸易为生。因此，岛上居民熟悉朝鲜的风俗和语言，它和半岛的文化、外交联系并不弱于日本。朝鲜人认为这座原本无人居住、毫无价值的离岛最早属于他们，后来"被赶出日本的浪人和无处可去的人"才迁移至此。[16] 从 15 世纪早期开始，朝鲜通过笼络统治对马岛的宗氏家族，赐予其官职、俸禄和每年派五十艘船同朝鲜贸易的权利，进一步将对马岛拉向自己一边。作为回报，宗家利用自身的权威，管理所有和朝鲜的贸易，镇压倭寇。于是，每一艘想要接近朝鲜的船都要得到宗家发行的公文，获取公文的方式由他们自行决定。与此同时，朝鲜人将通商口岸限定为三个，分别是位于半岛东南的熊川、东莱和蔚山。试图从其他地方登陆的船只，一律被视为海盗船，会遭到攻击。没有宗家公文的船只，也会受到类似的怀疑。不仅如此，日本人从海岸向北前往首都汉城时，只被允许走官方指定的三条道路。于是，在 15 世纪，朝鲜人将本国同日本的贸易集中在对马岛、三浦（三个口岸）和三条指定的道路上，使其更容易被监督、限制和管理。

不过，朝鲜和日本的贸易并没有彻底中断。汉城维持着对日本的交邻政策，它仍然认为这是安抚未开化、暴力的、可能造成威胁的民族的重要举措。因此，两国间的货物往来仍然保持着相当规模，只是要受到限制。不过，朝鲜人还是对海运和经济渗透心怀不安。

他们一直在寻找理由减少交易量，而日本人的想法正好相反。例如，越来越多的日本商人出现在朝鲜，汉城因此感到紧张，遂加强管控。对马岛的宗家随后会上书请求恢复失去的特权，汉城方面最后出于维持友好关系的考量，会同意他们的请求。从中国归来的海盗，如果船舱未满，会袭击朝鲜海岸，这也会激怒汉城，使其减少双方的贸易，宗家会再次上书请愿。越来越多不受管束的日本人移居三浦，成为令朝鲜政府头疼的新问题，上述过程会再度上演。在壬辰战争爆发前的整个 16 世纪，类似的拉锯已是司空见惯。

到了 16 世纪中叶，朝鲜已经摆脱了早年的动荡，当时它尚无法确定自己是否能够生存下来。虽然女真人仍旧不时骚扰北方，倭寇仍会偶尔劫掠南方沿海地区，不过现在这些只是癣疥之疾，而非心腹大患。海军足以反击海盗，地方驻军固守北方边界，在他们背后还有强大的明朝。16 世纪的朝鲜统治稳固、安全无虞，或者说，至少它自己是这样认为的。

但它也与众不同。朝鲜是世界上唯一一个以理学作为官方意识形态的国家。没有任何其他地方，对朱熹及其弟子研究得如此深入，辩论得如此激烈，信仰得如此坚定。到了 16 世纪中叶，理学对朝鲜半岛思想和发展的影响之深，甚至超过了中国。

由此带来的一个显而易见的后果是，国家不断尝试压制佛教的发展。朱熹理学与儒家传统思想有一个显著区别，它不仅强调修身和操守，也有根本的形而上学和精神层面的讨论。因此，朝鲜士大夫认为它包含了人类所需的全部智慧，让佛教相形见绌。从王朝早期开始，儒学者们异常激烈地攻击这个与自己竞争的意识形态，指出它的缺点，以彰显理学的力量。1424 年，一封给世宗的上书写道：

> 那些佛教徒是什么样的人？作为长子，他们不孝顺父亲；作为丈夫，他们不忠于天子。他们破坏了父子、君臣的伦理。他们认为男女生活在一起是不道德的，男耕女织是无用的。他们不生儿育女，不生产衣服和食物。

在同一份奏折中，另一位官员评论道："糟蹋谷物的禽兽会遭到驱逐，因为它们伤害了人类。但是尽管禽兽吃掉人类的食物，它们仍然对人有用。佛教徒闲坐在那里吃吃喝喝，却没有任何看得到的益处。"[17] 朝鲜的君王们采纳了他们的建议。在接下来的几十年里，他们实施了越来越严厉的排佛政策，激烈程度更甚于明朝。寺院被关闭，教派的数量被严格限制，宗教建筑和佛像被销毁，财产被没收，僧侣们被迫蓄发，过起了"有用的"生活。所幸有少数虔诚信徒藏身于偏远的山寺，佛教才得以从朝鲜时代幸存至今。

朝鲜不仅比中国更加严厉地排佛，它对道德操守的强调也远甚于中国。同明朝一样，朝鲜男子若想出仕，必须要学习理学，熟读经书，然后科举及第，此外还要一直保持良好的操行。这三个条件中的最后一个最为暧昧。一次品行不端的指控，可以毁掉一个人的事业，或是让它一开始便偏离轨道。尤其要注意的是，不能开罪于御史。御史负有批评朝政，监督百官、两班甚至国王的职责。御史稍有微词，官员就可能乌纱不保，甚至会被问罪乃至处斩。

15世纪后期，担任御史的是一群有道德洁癖、决不妥协的年轻士人（士林派）。如果发现其他人身上存在缺点，他们会毫不犹豫地猛烈抨击，特别是那些手握大权的重臣。1498年，这些处境艰难的大臣们展开了反击。他们牵强附会地指责士林派诽谤一位早已过世的国王（世祖），最终成功地处死了其中五位最有声望的成员，其余二十多人或遭流放，或被免职（史称"甲子士祸"）。不过，这次血腥的回击适得其反。它使士林派中幸存的官员拥有了更大的道德权威，随后他们以此为武器进行反击。1504年、1519年和1545年，又有士祸发生，但是对士林派的实际打击并不大。最开始只是负责监督官员品德的司宪府，逐渐成了一个可以自己行使权力的政府分支，道德和操守的话语变成了政治游戏，野心勃勃之辈挥舞着言辞之剑，攻击自己的对手。[18]

到了16世纪中叶，这些变化加上为了争夺数量有限的官职而展开的越来越激烈的竞争，使政坛变得十分危险，甚至连真正品行出众的人都不得不小心防范，时常要依靠朋友的帮助。结果，新晋官员纷纷寻求有影响力的高官庇护，通常是和自己有地缘和血缘联系的人。高级官员则要保证有一批忠心的初级官员追随自己，以防备不期而至的麻烦，或是向对手发动攻势。

这样的局面势必导致党争。一般认为，党争出现于1575年。当时存在着两个可以明确划分的阵营，分别被称为"东人"和"西人"，这两个名字得自其党首宅邸的位置，一人居住在汉城之东，另一人居住在汉城之西。双方都没有特别的意识形态或观点，他们的争斗更多是出于个人原因，双方都努力将对方赶出朝堂，或使自己派系的成员获得升迁。最常使用的

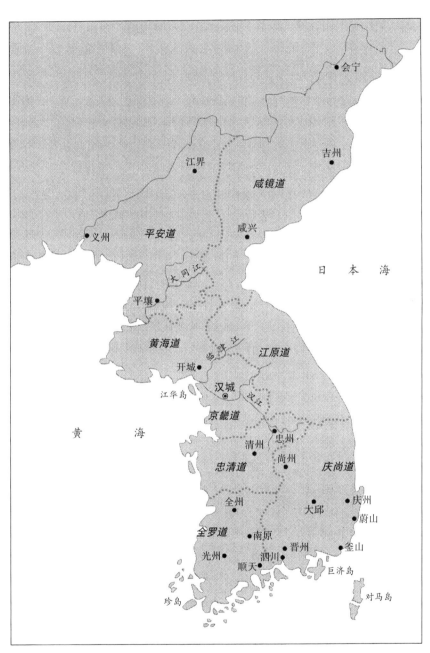

图 3 1592 年的朝鲜

方法就是模糊地指责对方违背了某项礼俗或行为失当，存在道德缺失。

本书第一部分开篇引用的《星山别曲》，出自郑澈之手。他在官场的沉浮很好地说明了，在这个政治动荡的时期，官员们过着怎样的生活。郑澈出身于两班阶层中一个门第较高的家族，1545 年，因为受乙巳士祸的牵连，年仅十岁的他目睹了兄长被处死、父亲遭流放的惨状。1561 年，他状元及第，经过十九年的官场生活，成为朝廷高官。1575 年以后，他的仕途变得不顺，几起几落。作为比其他西人领袖更加敢言、完全不妥协的角色，郑澈成了对手发起的大量攻击的主要目标。1578 年，他被迫致仕，归隐乡间。1580 年，他重新回到朝廷，但是仅仅过了一年，又因为拒不妥协而再次遭到弹劾。三年后，他东山再起，随后又被赶出朝堂，这次是因为被人指责饮酒过度。1589 年，他趁西人掌权，卷土重来，一路升为左议政，但是 1591 年又不得不再度去职。这次争议的焦点在于，应该册封国王的哪个儿子为世子，以承袭大统。东人策划了一个诡计，党首李山海鼓励郑澈上书拥立一个更有资格、却不受国王宠爱的儿子。李山海在最后一刻撤回上书，选择中立，使郑澈孤身一人反对国王。郑澈再次遭到流放，这次是荒凉的北方，东人在汉城重新掌权。[19]

由于数度被逐出政坛，郑澈有足够的时间创作那些使其流芳百世的诗歌。其中一个经常出现的主题，是描写自己在官场生活中感受到的痛苦和幻想的破灭：

> 长在路边的松树，
> 你为何站在那里？
> 休息片刻，
> 站到下面的水沟里不是更好？
> 每个系着绳子、拿着斧子的农夫，
> 都想要把你砍倒。[20]

这一年是公元 1589 年。在欧洲，霍华德勋爵（Lord Howard）和弗朗西斯·德雷克（Francis Drake）率领的伊丽莎白女王的海军，刚刚击败了西班牙无敌舰队，标志着西班牙的衰落和英国的崛起。塞万提斯正处于盛年。佛兰德斯画家彼得·保罗·鲁本斯（Peter Paul Rubens）正在学习绘画。英国诗人约翰·多恩（John Donne）还是个十来岁的少年。莎士比亚和伽利略都是二十五岁。约翰·加尔文和米开朗基罗均已离世二十五年。从南美引进的马铃薯正在成为主食。吸食烟草颇为流行。发条驱动的时钟刚刚被发明出来，使航海变得更加准确。现代保险已经出现五年。速记法出现了四年。显微镜将于次年问世。一个名叫伯纳德·帕利西（Bernard Palissy）的法国人，因为提出化石是生物的残骸而被投入巴士底狱，他将死在那里。

在世界的另一头，这一年是万历十一年，明朝万历皇帝在位的第十一个年头。首辅张居正已经去世七年，他的大多数改革政策都被推翻，明朝重新走上效率低下的老路。明朝最成功的将领，剿灭东部沿海地区倭寇、阻止蒙古人骚扰北方的戚继光，已于前一年辞世，死时身无分文，无人在意。二十六岁的万历皇帝正值"叛逆期"，无视批评，不理朝政，忙着积攒巨大的私人财富，他的大臣们怒气冲冲却无可奈何。

日本刚刚走出战国时代的阵痛期，现在全国上下都听命于丰臣秀吉。"秃鼠"于前一年发布了"刀狩令"，收走了农民手里的全部武器，为接下来的和平做准备。他在大阪兴建的显赫的新城刚刚竣工。这项工程动用了三十万劳力，耗时五年才最终完成。在遥远的南部地区九州名护屋修筑第二座城的计划正在起草。不久后，秀吉将在那里待上很长时间。

在朝鲜，一只狐狸正坐在汉城景福宫的王座之上。这只毛茸茸的小动物不知道怎么找到了进宫的路，当大惊失色的内侍发现它时，它正张开四肢趴在御座上。这是一个恶兆，因为狐狸在朝鲜被视为阴险的鬼怪，比西方的黑猫更不吉利。这并不是唯一令人担忧的征兆。最近几年，出现怪异事件的报告从全国各地传来，每一个似乎都指向了潜在的坏事或将要发生的灾难。清川江突然干涸，几个月都没有水流；火星在夜间闪着血红的光；彗星从半岛东北偏远的稳城上空划过；南方智异山的一群麻雀据说突然分成两队互相打斗，最后全部都死了。[21]

54

这些迹象预示着怎样的祸患？一些人认为，这是在警告朝鲜政坛愈演愈烈的党争。1569 年，曾经担任领议政的李浚庆在临死前告诫刚刚即位的宣祖："党争将至，祸事不远矣。"1579 年，在东西分党四年后，有人再次警告宣祖："在这场毫无意义的争斗中，每个人都选边站队，甚至连罪犯都能找到一堆人为他辩护。这意味着国家的分裂，国王应该成为两党的调停人。"[22]

宣祖同意这种看法。他显然比大多数臣子更清楚，如果任由党派利益决定个人的行动，那么国家的整体利益必将受损。不幸的是，他能做的不多。不同于明朝皇帝和日本天皇，他并没有宣称自己的权力受之于天。过去几个世纪中统治朝鲜半岛的国王，都没有宣称自己的权威来自上天，半岛甚至曾经因此出现过一段特别动荡的时期，王权被争夺、操纵、攻击和篡夺。简而言之，朝鲜的国王权力有限，宣祖也不例外。他没有足够的实际权力终止党争，能够施加的威胁也不足以震慑臣下，如果他强行颁布类似的教旨，反倒可能被废黜，然后被流放到偏远之地。他能做的不过是建议和劝说，树立榜样，加以引导。

在 16 世纪 80 年代前期，宣祖正是这么做的。他认为，如果自己能够使大臣们重新将注意力放到儒家经典上，他们将认识到自己的所作所为是错误的，从而停止党争。但这个方案失败了，因为宣祖的大臣们对经典了如指掌，他们能够随心所欲地将孔子、孟子和朱熹的话用于道德辩论，可以支持或谴责几乎所有观点。正如著名的理学家赵光祖所言：

> 当小人攻击君子时，他会称其为小人；或称其言行不一，沽名钓誉……甚至当君子害怕小人可能得逞，在经筵上反复论辩小人的动机时，如果人君不好德，他不会理会和听从君子的话。相反，他会受小人的误导，怀疑君子。[23]

宣祖无疑是好德之君，但是这远远不够。党争无处不在，片刻不停，他难以辨别谁是君子，谁是善于伪装的小人，也不知道哪些是他们为了朋党利益编造的谎言。他一再地被误导。

同样，在 1589 年，朝鲜建国的第 198 个年头，宣祖在位的第 25 年，东人和西人的斗争仍在继续，丝毫没有要平息的样子。双方的仇恨越来越深，政府的每一名官员和大部分两班实际上都被卷入了党争的漩涡。此时，朝政由西人把持，他们尽其所能巩固统治，清算旧账；东人则伺机反扑，一刻不停地在寻找着推翻仇敌的机会。国家政务完全被搁置一边。

　　在这个党争的高峰期，一名日本使臣带着名不见经传的日本领主丰臣秀吉的信，出现在南方的港口釜山。

第二部分

战争前夜

吾欲取唐，如以泰山之重，压一卵之上。[*]

——丰臣秀吉，1592 年

倭奴欲犯上国，不啻小小蜗牛攀巨岩，蜜蜂蜇龟背。[**]

——宣祖，1592 年

5

"我已派快船命令朝鲜……"

到了 1587 年，丰臣秀吉的梦想几近实现，他将统一日本，成为这片土地无可争议的主人。在 1582 年继承织田信长的势力之后，他很快掌握了本州大部分地区。1585 年，四国臣服。1587 年上半年，九州南部岛津家的领地连同孤悬海外的对马岛，一并落入他的手中。剩下的只是粉碎位于今天东京附近的北条家的抵抗，让东北内陆的出羽和陆奥归顺自己。这两项工作的难度都不算大，秀吉必定会凭借压倒性的实力让反对者低头，时间是唯一的悬念。

于是，在 1587 年，日本行将统一，新的和平时代已经近在咫尺。不过，秀吉一定会多少感到不安。自成年以来，除了战争，他一无所知。他精于战争，在战争中发达，战争使他成就了无人可比的功业。但是在和平年代，他能做些什么呢？

至少现在，秀吉还不打算找出这个问题的答案。和织田信长一样，他只将统一日本看作征服亚洲的大战略的第一步。秀吉野心勃勃，信心满满，认为自己的权力不应该被局限在区区岛国，而应该扩张到他所知道的整个世界，这才是正道。在和外国的书信往来中，他常常提到征服世界是自己的使命，甚至在出生之前，他的命运已经注定。

此外，国内政治因素同样促使秀吉将注意力转向海外。日本统一后，对外征服似乎是不可避免的。与信长不同，秀吉的统一并不是简单的消灭敌对势力。除了军事力量，他同样致力于使用安抚和封赏的手段。敌对大名只要宣誓效忠，通常都会被允许保留大部分乃至全部领地，而且可以通过帮助秀吉组建更加强大的军队讨伐其他大名，而"赢得"更多的土地。

大棒加胡萝卜的策略使很多大名急于为他服务，秀吉因而能够在极短时间内征服日本六十六国。但是这个策略本身存在缺点。秀吉的封臣习惯了他的慷慨，他们将更多的封地和收入，看作为秀吉服务理所当然的报酬。当日本仍有未征服的土地可供分封时，这套体系运行良好。但是到了16世纪80年代，这样的土地越来越少，不久将完全消失。下一步几乎必然是大名之间的内部纠纷。没有更多的战争，没有更多可供分配的土地，他们有的只是时间。这些无所事事的沙场老将，会为了获取更大的权力和领地而开始策划阴谋，暗中结盟。秀吉不打算给他们这样的机会。如果需要更多的战争让大名们忙碌起来，需要更多的土地让他们开心，那就给他们战争。因此，刚刚完成统一大业的秀吉，便马不停蹄地派他们前往朝鲜，接着将会是中国。这些丰饶的土地，将会为他金字塔状的征服计划提供几乎可以无限增加的基础，而秀吉和丰臣家将永远立于顶点。

1587年，秀吉开始行动。邻国朝鲜是他的第一个目标。他最先使用的武器不是刀，而是笔，正如艾德里安·福赛思（Adrian Forsyth）在《自然性史》（*A Natural History of Sex*）中描述动物世界时所评论的："告诉你的对手你很强大，是一件很划算的事。否则你和你的对手将为了确认这个事实浪费很多力气。"[1]因此，秀吉给朝鲜人送去一封信，让他们在投降和遭受侵略之间选择其一。他在给妻子宁宁的信中写道："我已派快船命令朝鲜臣服日本。如果（朝鲜）不从，我已经传信，明年将惩罚（那个国家）。"[2]

实际上，"快船"是由臣服秀吉不久的新封臣对马岛主宗义调派出的。当年早些时候，宗义调和九州的岛津义久一同归降秀吉，现在他负责协调日本和朝鲜的关系。对马岛靠近朝鲜，与朝鲜长期保持着联系，因此对马岛的领主宗家是担当这个外交角色的合理人选。但是这也将其置于两难境地。宗家本身希望维持和朝鲜的友好关系，因为对他们而言，在过去的一个半世纪里，这样的关系意味着可观的财富。实际上，宗家最希望的无疑是朝鲜能够恢复和统一的日本之间的贸易往来，他们便可以对经过"对马岛门户"的货船收取高额费用。但是此时的秀吉完全不关心和朝鲜的贸易，他想要的是那个国家。他更倾向于用恐吓信让朝鲜臣服，这样就可以避免一场昂贵的战争。这个方法曾经屡试不爽，很多大名选择投降，如若不然，秀吉的大军将接踵而至。

宗家能做什么呢？他们当然比秀吉更了解朝鲜的内情。它是明朝忠诚的属国，不把日本放在眼里。宗家当然知道，主人的无礼要求注定不会如意。不仅如此，在情况明朗之前，他们或许也会怀疑秀吉的真实意图，怀疑他是否会将威胁付诸实践。如果朝鲜人不理会他的威胁，他真的准备派大军渡过海峡吗？抑或他的信只是空洞的言辞，想通过口头威胁迫使朝鲜称臣纳贡？如果是后一种情况，那么秀吉只会让自己和朝鲜人更加疏远，而宗家和汉城朝廷的长期关系将会在这个过程中受到损害。

1587 年，出于上述考虑，宗义调篡改了秀吉给朝鲜人的第一封信。秀吉在信中要求朝鲜归降，遣使"朝见"，以证明他们的忠诚。宗义调软化了信的措辞，将其改为更加温和的遣使"通好"。他也决定不会亲自送信，很可能是为了尽量使自己的家族和秀吉令人气愤的要求保持距离。他派家臣柚谷康广（朝鲜人称之为橘康广）将这封信送到朝鲜。

事实证明，这是一个错误的决定。柚谷年约五旬，人高马大，须发半白，因为多年的战争经历而举止粗鲁、铁石心肠。他可以统兵作战、摧城拔寨，可以一刀将人斩为两段，但是对外交事务和如何说服朝鲜人知之甚少。

他登上半岛后不久，麻烦便找上门来。在北上汉城的途中，他大声地要求住各个旅店中最好的房间。对朝鲜人而言，这非常无礼。在仁同，当朝鲜士兵手持长枪沿街肃立，以展示朝鲜的军事实力时（这是由来已久的仪式），他笑着评论道："汝辈枪杆太短矣。"这是事实。和日本人常用的五米长的长枪相比，朝鲜的枪确实很短。[3] 但是这句话被视作侮辱。在尚州，年迈的牧使备好丰盛的酒宴款待柚谷，柚谷却评论起主人的白发，质疑一个从未上过战场、将全部时间都浪费在音乐和舞女身上的人，头发为什么会变白。[4]

在汉城，柚谷继续着无礼的言行，朝鲜人因此更加确信他们对日本人根深蒂固的偏见：这些人无知、自大，不懂文明之道。但是，像这个武士柚谷一样，他们也非常危险，必须以最大的耐心加以教化。因此，柚谷没有像很多朝鲜官员希望的那样被赶出汉城。朝鲜人一边给他提供舒适的住处和上好的菜肴，一边对他严加防范。与此同时，大臣们在讨论最佳的应对方式。

粗鲁无礼的柚谷康广以丰臣秀吉使节的名义前来。在这个时候，朝鲜政府对丰臣秀吉几乎一无所知。根据当时负责接待外国使节的礼曹判书柳成龙的记载，一些大臣认为秀吉是中国人，不知为何到了日本，默默无闻地以运柴为生。后来，"一日，国王出遇于路中，异其为人，招补军伍。勇力善斗，积功至大官。因得权，竟夺源氏而代之"。这是一个有趣的故事，不过完全不是事实。另外一些大臣坚称"源氏"实际上被另一些人刺杀，而秀吉杀了刺客，控制了死去主人的领地。随后，他统一了日本六十六国，使其成为一个国家。这个说法更接近事实，不过也只是最低限度的事实。例如，被刺杀的不是"源氏"（显然是指大权旁落已久的足利将军），而是织田信长。不论哪一个版本，对了解秀吉和近期日本的发展都没有太大帮助。

秀吉的信打消了他们了解更多情况的兴趣。虽然宗义调已经尝试着软化了信的语气，朝鲜人仍然觉得秀吉自大、粗鲁，完全不懂外交礼仪，缺乏得体的谦逊。在整封信中，秀吉自称"朕"，这个字只有中国的天子才有资格使用。他以一种非常不得体的风格夸耀自己如何统一日本，"天下归朕一握"，而朝鲜似乎只是这些岛屿的偏远属国。现在，他命朝鲜遣使前往京都。[5]

这样一份从头到尾都完全不可接受的国书，使得朝鲜无法决定该如何回应，甚至是否要回应。仍然对秀吉的崛起过程一头雾水的宣祖，认为应该让日本使臣空手而归，因为他来自一个"废放其主"的弑杀之国。[6]其他人也赞成宣祖的看法。他们认为日本人不可教化，对其示好毫无益处。最后，在柚谷空等数月之后，朝鲜人让其打道回府，告诉秀吉朝鲜无法派通信使到日本，因为路途遥远，水路迷昧——一个完全没有说服力的借口。[7]

秀吉因为第一次出使失败而大发雷霆。他斥责柚谷康广和朝鲜人勾结，杀掉了他和他的全家。宗义调也受到了处罚，不过相对较轻。他不再担任对马岛主，新领主是他的养子，二十岁的宗义智，后者也是最受秀吉信任的大名之一小西行长的女婿，因此被认为更加忠诚。

1588年下半年，秀吉命令对马岛的新大名再次遣使赴朝，安排该国的投降。这次，宗义智亲自前往。二十五名家臣随他同行，包括宗家的家老柳川调信和五十二岁的僧人景辙玄苏（宗义智希望他的学识能够帮助自己和易怒的朝鲜人找到对话的基础）。使团于1589年2月抵达汉城。他们的举止比先前的使者柚谷得体得多，尽量不让朝鲜人感到被冒犯，不过《宣祖实录》对宗义智本人的描述颇为负面，说他"年少骜悍"，"他倭畏服，俯伏膝行，不敢仰视"。[8]

宗义智向朝鲜人递交了秀吉的第二封国书：

> ……慈母梦日轮入怀中。相士曰，日光所及，无不照临，壮年必八表闻仁声，四海蒙威名者，何其疑乎？依此奇异作，敌心自然摧灭，战必胜，攻必取……人生一世，不满百龄焉，郁郁久居此乎……欲一超直入大明国……贵国先驱入朝……余愿只愿显佳名于三国而已。[9]

朝鲜人不觉得秀吉的第二封国书和前一封有什么区别，它们同样无礼、粗鲁、不可理喻。宣祖更加确信，这个好战之徒不可教化，不值得浪费朝廷的精力，应该对他狂悖无礼的外交信函置之不理。不过，宣祖的大臣们不再那么确定了。经过长时间的讨论，他们得出结论，秀吉对朝鲜构成了切实的威胁，朝鲜应该与其通好，加以教化，使其进入中华文明世界，同时使臣也可以观察他的为人，搜集有关日本当前形势的第一手情报。

因此，朝鲜向宗义智提议，他们将派遣通信使前往日本祝贺秀吉统一该国，但是日本必须惩罚几名朝鲜叛徒，他们曾在前些年帮助日本海盗侵袭南方海岸，杀害一名军官，并掳走部分平民。这些不法之徒此时正躲在日本西部某地，朝鲜想要将他们绳之以法。到了这个时候，宗义智肯定已经知道，朝鲜不会像秀吉希望的那样遣使前往京都朝贡，不过他当即答应了朝鲜人的提议。通信使是必须派遣的。柳川调信被派回日本处理相关事宜，他很快带回来十个由绳索捆绑着的通缉犯，还有很多被掠走的朝鲜人。义禁府在宣祖面前鞫问这些叛国者，然后把他们推出西门斩首。

朝鲜人感到心满意足。宗义智终于被允许觐见宣祖，双方互换礼物，所有礼节都得到遵守，这意味着从此时起，两国可以开始发展友好关系了。宗义智得到一匹好马，他进献给宣祖一只孔雀和若干铁炮。尽管朝鲜人早就已经知道火药和火炮，轻型火绳枪却还是第一次见。他们觉得铁炮的形状好似狗腿。[10]

朝廷花了很长时间讨论使臣人选和等待适合出海的天气。到了1590年4月，在第一批朝鲜通信使前往京都的一百五十余年后，使团终于启程赴日，包括正使黄允吉、副使金诚一和书状官许箴。这也是无可奈何的选择，反映了朝廷因党争而分裂的现实。正使黄允吉说话低声细语，爱做和事佬，属于当时掌权的西人，而好辩的金诚一和书状官许箴是东人。尤其是金诚一，他对黄允吉的出现深恶痛绝，认为他在对待好战的日本人时小心过头。他们之间难以达成任何共识。[11]

使团在宗义智、柳川调信和僧人玄苏的陪同下，从汉城南下，渡过海峡前往九州，这次朝鲜人显然不会遇到"海路迷昧"的问题了，不过，这段漫长而辛苦的旅程很难说是愉快的经历。在前往九州之前，一行人先在对马岛稍做停留。宗义智在一座寺庙设宴款待朝鲜人，不想却立刻冒犯了客人。在进门时，他没有下轿徒步走入大门，而是仍旧坐在轿子上。[12]正使西人黄允吉准备不予理会，副使东人金诚一则不然。他愤怒地说："对马岛乃我国藩臣。使臣受命至，岂可慢侮如此。吾不可受此宴。"宗义智把责任推到轿夫身上，将他们处死，带着他们的首级向朝鲜人谢罪。此后，日本人在和金诚一及其同僚打交道时更加小心，不过也不能完全避免失礼之举。在接下来的几个月里，金诚一仍然不时感到被冒犯，他对日本人和他们的处事方式完全没有好感。[13]

经过四个月的跋涉，朝鲜通信使于1590年8月抵达京都。他们发现这是一座相当大的都市，是该国的政治、经济和宗教中心，总人口十五万。[14]不过，此时的京都看起来也一定像建筑工地，因为秀吉正在对其重建和扩建，使其光彩夺目，从而彰显自己的威名。在接下来的几年里，这项工程将大大改变这座城市的面貌，用《秀吉传》的作者玛丽·伊丽莎白·贝瑞（Mary Elizabeth Berry）的话来说："我们现在所知道的京都，可以说是秀吉之城。"[15]

位于城市中心的是秀吉的新居、刚刚竣工的大型建筑群聚乐第。数条护城河环绕着作为居所的平城和白色的天守阁，十万劳工费时两年才将其建成。它既是供人嬉戏休憩的宫殿，也是坚固的城堡，这里有松树成荫的道路和装饰用的石林，城上精美的亭子可以用来举办茶会、赏月和作诗。在京都的其他区域，地面被挖开，石头堆在一旁，许多工程计划已经制定完毕，全部资金皆仰仗秀吉的慷慨解囊。南禅寺被翻修一新，东福寺、相国寺、建仁寺、东寺和本愿寺的改造或是正在进行，或是即将开始。神社在修建中，鸭川上将兴建一座崭新的大桥，环绕整座城市的土石墙将于次年年末完工。

离城东不远处，一项主要工程正在施工中，它就是方广寺。单单是这座建筑本身，已经足以给人留下深刻印象，而它的主要目的，是为了安置一尊高达四十八米、令人叹为观止的大佛。这座佛像是遵照秀吉的命令铸造的，使用的铁是将通过"刀狩令"从全国各地收缴的武器熔化而得的。秀吉之所以在此前一年发布"刀狩令"，主要是为了让农民解除武装，回归田地。用他的话说，这项法令"会挽救农民的今生，这自不待言。它也会挽救他们的来世"。不过，建造大佛与拯救灵魂的关系不大（秀吉毕竟不是伟大的佛祖），最主要的目的是要让人们敬畏秀吉。他的方广寺将成为日本最恢宏的建筑，他的大佛将会是最大的佛像，甚至比花费二十七年时间才完成的奈良大佛还要大，而秀吉只用了五年。

朝鲜通信使住在城北尽头的大型寺院大德寺里。他们在那里等着见秀吉。夏过秋至，暑去寒来，他们仍在等待，秀吉出城未归。他正率兵围攻关东大名北条氏政的小田原城。10月，关东降服，北条授首，太阁终于班师回朝，但是朝鲜人仍在等待。秀吉显然想和天皇一同接见他们，以此来展示自己的权力，但是后阳成天皇拒绝了。直到12月，朝鲜通信使才终于被请进金碧辉煌的聚乐第谒见秀吉。

按照朝鲜礼仪，当外国使臣访问汉城时，朝鲜国王会备好奢华的宴席，在餐桌上摆满美味佳肴。朝鲜人会拿出肉、鱼、水果、酒和各种山珍海味款待贵宾，毫不吝惜。[16]秀吉的待客之道截然不同。正使黄允吉、副使金诚一和随行人员乘轿到达聚乐第，得到许可得以坐着轿子进到里面（这意味着对他们的尊敬，是个良好的开端）。随后，他们进入大厅，第一次见到秀吉。他坐在大厅一头，穿黑袍，戴乌纱，"个子很矮，容貌与普通人无异"，有着农民的深色皮肤，但是"目光闪闪射人"。经过四个月的等待，朝鲜人终于能够递交"朝鲜国王"给"日本国王"的国书，祝贺秀吉统一日本的功绩，表示愿修"邻好"。[17]

按照朝鲜和中国的礼仪，递交国书后，东道主应该设宴款待来使。不过，日本人显然没有准备食物，也没有任何迹象表明他们要宴请使者。在场的朝鲜人和日本人只是列坐于秀吉面前，轮流吃一盘黏米饼，然后轮流喝一壶米酒，仅此而已。

朝鲜人坐在那里茫然无语，秀吉突然起身入内。在席者皆不动。过了片刻，他再次出现，穿着日常的服饰，抱着一个婴儿，很可能是他的长子，也是他的独子，前一年出生的鹤松。他在大厅里走来走去，旁若无人地逗孩子玩，然后走到乐工那里，命令他们奏乐。

接着，孩子在他的衣服上撒尿。秀吉哈哈大笑，让仆人进来，把这个便溺的继承人抱走。由于前衣有湿痕，他再次离开大厅，所有日本人都向他叩首，这次他没有再出来。会面结束了。[18]

秀吉的目的当然不是要让朝鲜使臣觉得他很粗鲁。他比任何人都更懂得、更善于炫耀自己，以此来展示自身的权力、财富和慷慨。如果他选择这么做，他可以摆下丰盛的宴席，让黄允吉和金诚一心满意足。他之所以决定不这么做，很可能是想要向他们证明，自己掌握着绝对的权力。皇帝可能会遵照天命，在适当的时候主持宴会或庆典仪式，但秀吉是不一样的。他是否举办宴席，完全取决于自己的意愿，丝毫不理会礼仪或惯例。今天，他想让事情简单些，于是就抱着儿子玩耍，听听音乐。习俗无法约束他，他决定一切。[19]

此次会面后，朝鲜使臣几乎立即在宗义智和僧人玄苏的陪同下离开京都，向南前往大阪附近的堺港，等待秀吉给宣祖的回信。总的来说，他们的出使是失败的。首先，他们基本没有收集到对汉城有用的情报，其中最重要的是秀吉的真正目的和他的军事实力。相反，这次出使只是记录下了日本的种种"过错"，它如何偏离了中华文明对正确的政治和社会秩序的认识。

他们对秀吉的评价（更准确地说，是金诚一对秀吉的评价，最后宣祖选择相信他的判断），可能是本次出使最大的失败。他们对秀吉的权力认识不足，因此低估了他的威胁。他们过度强调他的举止失当，认为这意味着他尚未开化、令人鄙夷，朝鲜国王不值得向日本派遣通信使。实际上，副使金诚一对谒见秀吉这个任务本身就充满不屑。秀吉不是皇帝，日本另有天皇，即一个名为后阳成的僭越者（对朝鲜人而言，只有明朝的皇帝才是"真正的"皇帝）。秀吉也不是国王，只不过在汉城送来的国书里，他被安上了这个名实不副的头衔。他唯一的官职是关白（1591 年年末隐退之后变成了太阁），这意味着他不过相当于一名为君主排忧解难的大臣。因此，朝鲜通信使和他见面，不仅不恰当，甚至可以说是一种侮辱。

朝鲜使臣的第二个失败之处在于，他们没有向秀吉和他的家臣们阐明朝鲜的立场，它虽然准备欢迎日本作为藩属国融入中华世界，但是决不会臣服于秀吉或日本。公平地说，让黄允吉、金诚一和他们的同僚向日本传达这样的信息，即使并非完全不可能，也必定是非常困难的。除了交流上的障碍（他们和日本人的"谈话"，基本都是用汉字笔谈），他们也被禁止直接和秀吉对话。即便他们将朝鲜的立场告知秀吉的手下，这些信息很可能永远都传不到秀吉的耳朵里。原因很简单，这不是秀吉想要听到的。他命令朝鲜人遣使来朝，称臣纳贡，随后宗义智便带来了一个朝鲜使团，他自然会得出自己的结论，身边无人敢告诉他真相。

因此，秀吉永远不会知道，来京都的这群朝鲜人只是通信使。他以为这些人是象征着朝鲜屈膝投降的朝贡使，自己征服亚洲的计划正在按部就班地执行。秀吉因为朝鲜人"遣使来朝"而欣喜若狂，给出色完成任务的宗义智加官晋爵，允许他使用自己曾经在 16 世纪 80 年代前期使用过的姓氏"羽柴"。

由于有如此多的误会，当在堺港等待的朝鲜人最终收到秀吉给宣祖的回信时，他们理所当然地会感到不满。在强调自己的伟大之后，秀吉感谢宣祖"入朝"，进贡"方物"，命令他做好准备，同秀吉一道征服中国。由于朝鲜使臣强烈抗议，最终日本人稍稍妥协，删掉了"入朝""方物"等语，不过其他内容没有变化。[20]

1591 年 3 月，正使黄允吉和副使金诚一回到汉城，见到宣祖和朝廷大臣，分别阐述自己对秀吉的看法。西人黄允吉说秀吉目光烁烁，是聪明、有胆识之人，似乎已经准备好发动战争，是朝鲜的大敌。东人金诚一强烈反对。他反驳道，秀吉"目如鼠，不足畏也"。他不构成威胁，不会入侵。也就是说，不用急着采取防御措施。[21] 由于此时东人在汉城的权力之争中稍占上风，金诚一的观点分量更重。在接下来的几个月里，朝鲜搜集到越来越多的证据，证明秀吉确实有意发动战争，两党都逐渐意识到，黄允吉的看法终究是正确的，日本确实是一个巨大的威胁。

但是到了那个时候，关于秀吉是否会入侵的问题已经高度政治化了，朝鲜在备战方面寸步难行。任何提议强化城防、招募士兵的上书，不管其本意如何，实际上都被看成对西人的支持，最终都遭到此时主导朝政的东人的反对。不过，如同读者将会在下一章看到的，即使在这样的政治僵局下，少数意志坚定的人确实成功地完成了一些防御工事，只是这样的工作太少、太迟，不足以应对即将袭来的暴风雨。

与此同时，随朝鲜使臣一同回到汉城的玄苏和柳川调信，正在尽自己所能地说服朝鲜政府接受秀吉强人所难的要求。在同金诚一和其他大臣会面时，玄苏谎称秀吉之所以想要同中国开战，是因为中国一直不肯接纳日本作为自己的属国。因此，秀吉有权利率领大军前往北京，要求得到承认。朝鲜人需要做的只是借道给日本人，免遭池鱼之殃。当朝鲜人强烈驳斥这种观点时，玄苏指出，朝鲜半岛曾积极参加 13 世纪后期元朝对日本的远征，因此现在秀吉有理由期待朝鲜人会允许他假道入明，否则他将报复朝鲜。朝鲜人再次拒绝。[22]

至少在这一点上，东人和西人的看法相同，即不能对秀吉的狂言及其不着边际的计划保持沉默。汉城朝廷终于找到了清楚表明自己立场的机会，它起草了一封回信，让玄苏和柳川调信将其带回京都。信的开篇写道，秀吉入侵中国的计划实在令人难以理解，而他要求朝鲜派兵协助，说明他对世界的了解多么有限。朝鲜和中国就像一家人，这是天下无人不知的。信中接着说：

> 我们当然不会舍弃自己的"君父"，加入邻国不合道义、不明智的军事行动中。不仅如此，侵略另一个国家是一件令文明人感到羞耻的事情，我们又怎么会同上国兵戈相向呢。本国人向来遵守礼义道德，知道要尊敬"君父"。

针对日本以明朝不接受自己朝贡，而要兴兵犯明的借口，朝鲜敦促日本好好反思，从自己身上找原因，尽藩属国的本分，不要只想着耍阴谋诡计，这是极其不明智的行为。[23]

这不是秀吉想听的。秀吉一厢情愿地以为，不久之前来到聚乐第的朝鲜人是来朝贡的，可现在他们对自己说话的口气，像是在训斥一个没有做功课的顽童。他立即派宗义智返回朝鲜，给朝鲜人下达最后通牒：和平投降，给日本人让路；如若不然，大军压境，生灵涂炭。宗义智知道，当前形势已经万分危急。他没有冒险直接将这封信送往汉城，而是交给釜山的地方官，请他们转交，自己则留在泊于港中的船上。由于迟迟没有得到回信，他返回对马岛为战争做准备。在接下来的几个月里，少数仍然坚守釜山留馆的日本人也收拾好行囊，悄悄离去。到了1592年春，馆内已空无一人。[24]

在1588—1592年的"国书开疆"战略中，朝鲜并不是秀吉的唯一目标。他给琉球、高山国、菲律宾和印度送去了类似的信件，告诉那里的人自己是多么伟大，要求他们臣服。

最早收到秀吉国书的是琉球国王尚宁。琉球是位于日本列岛和台湾岛之间的一个小国，由一系列岛屿构成。它是明朝的属国，不过为了自身利益，也向日本遣使朝贡。因此，日本将琉球视为自己的藩属，直接听命于九州的岛津家，认为让琉球臣服不会遇到任何障碍。收到秀吉第一封要求臣服的信件后，尚宁王开始周旋于中日两国之间，同时保持着对中国的真正忠诚和对日本的口头忠诚。1589 年 6 月，在给秀吉的信中，他以谦恭的口吻写道："我们的小小岛国，距离太远、财政匮乏，没有为您献上礼物。不过，现在我们遵照伟大的领主岛津义久的命令……已经遣使前往贵国，奉上微薄的礼物。"[25]

秀吉很高兴。"在所有国家中，你们的国家第一个遣使来朝，"他大度地答复道，"还带来稀有、不同寻常的礼物。这让我们非常高兴……从今往后，尽管我们两国相隔千里，但是这不会妨碍我们之间的友好关系，四海之内，犹如一家。"[26]

秀吉认为，让菲律宾投降同样易如反掌。一个去过菲律宾的葡萄牙人告诉他，那些岛屿没什么实力，完全谈不上国防。[27] 因此，秀吉认为，降服菲律宾只需言辞恫吓，无须真正调兵遣将。于是，他给马尼拉的西班牙总督戈麦斯·佩雷斯·达斯马里纳斯（Gomez Perez Dasmarinas）去信，告诉他自己将入侵中国，"因为上天已经许诺把它授予我"。如果菲律宾拒绝向他投降并遣使朝贡，那么它将遭受相同的命运。秀吉的一名家臣不久前才信誓旦旦地向他保证，西班牙是日本的友邦，它的菲律宾殖民地会按照秀吉的要求遣使来朝。于是，秀吉派家臣原田孙七郎前往马尼拉，要求菲律宾马上派使臣前往侵朝大本营名护屋。[28]

原田是个狡猾的人。他是商人和探险家，想利用当前局势牟利，和对马岛的宗家是同一类人，后者通过操纵朝日关系达到自己的目的。到达马尼拉后，他想方设法软化秀吉的威胁语气，以此来哄骗西班牙人做出符合秀吉心意的回应。他送给西班牙人的礼物据说来自秀吉，不过很可能是他自己掏钱购买的。不过，虽然原田竭尽全力，西班牙人仍然疑心重重。原田看起来只是一个普通商人，不像是能够承担如此重要外交任务的角色。他带来的所谓的"国书"，是用西班牙人完全看不懂的日文写成的，因此只能听信其令人生疑的翻译。总督达斯马里纳斯下令，加强城堡守备，囤积粮草，在马尼拉四周的山上修建供妇孺避难的堡垒。然后，他写了一封措辞谨慎的回信，交到一名西班牙使节手上，让他亲自前往日本。他在信中写道，自己无法阅读和理解秀吉所写的全部内容，因此他的回信只是"针对其中一小部分我能理解的，其实不过是法兰达（指原田）选择翻译给我听的内容"。总督同样表达了对原田的不信任，怀疑他只是江湖骗子，要求秀吉向前往日本的西班牙使节确认这个人的身份，以及他随身携带的信件的真伪。"如果它是真的，"达斯马里纳斯写道，"我将以一位伟大国王应得的方式，对这份友谊做出回应。"西班牙国王腓力二世也会为能够得到"真正的友谊和同盟"而由衷地感到高兴。他接着写道："鉴于最近从日本送来的礼物如此贵重，我希望也能奉上西班牙的稀有贵重之物作为回礼；不过考虑到战士最看重的是武器，我为您奉上十二支剑和匕首。"[29]

担任西班牙使节的是一位名叫高母羡（Juan Cobo）的传教士，他于1592年夏带着总督达斯马里纳斯给秀吉的信抵达名护屋。秀吉对信首列出的腓力二世掌握的庞大疆域颇感兴趣，让这位多明我会修士在地图上为他指出。高母羡热情地拿出一台地球仪，上面用汉字标出了每一块西班牙领地的名字和它们之间相隔的距离。[30]当秀吉看到，在这个象征地球的球体上，西班牙的殖民地星罗棋布，而日本偏居一隅时，他会想些什么呢？他是否在想，欧洲史上幅员最为辽阔的西班牙帝国是西半球第一强权，如同中国在东半球的地位？他会不会停下来思考，为了竞争霸权，自己是否要同时挑战西班牙和中国这两个世界最强国？很可能不会。在同高母羡会面后，他想的更可能是，如果西班牙能够攫取如此多的领土，自己肯定可以占领更多。毕竟，他给马尼拉去信要求它遣使来朝，作为向自己投降的象征，现在西班牙使节如期而至。对方带来的信件也被译官顺着秀吉的意思，翻译成他想要听的内容，谦卑恭顺的态度与原信大相径庭。不仅如此，和信一道送来的礼物，看起来非常像贡品。虽然总督达斯马里纳斯用西班牙文表达了对秀吉所赠礼物的感谢，但是在秀吉读到的日文翻译中，西班牙人的赠品是为了"表达恰当的敬意"。因此，在秀吉看来，菲律宾已经向自己称臣。

同样，秀吉对外交程序的误解，以及急于取悦秀吉的家臣们的歪曲翻译和篡改，使他误以为印度也准备臣服于自己。秀吉给这个遥远国度的信，由葡萄牙商人交到果阿总督手上。马德里已经得到了这个情报（1580

71

年，西班牙兼并了葡萄牙及其殖民地），来自意大利的耶稣会士范礼安（Alessandro Valignano）受命代表印度和腓力二世前往日本。1591年2月，范礼安同秀吉会面，于是印度被添加到了因为惧怕秀吉的实力和他的威胁恫吓而屈服的国家的名单中。在给果阿总督的回信中，秀吉写道："我们的威名传到世界远近各国，他们真心诚意地希望依靠我们的德政保全自己的国家。四方的统治者都准备好要服从我们的统治。我们英明神武的天皇的敕令将传遍世界各个角落。"[31]

因此，秀吉以国书征服亚洲的战略，看上去效果显著。世界各国纷纷响应他的要求，翘首以盼王师，准备迎接秀吉仁慈的统治。

随后，在1591年春天，他收到了朝鲜人的信。到目前为止，这是第一封公开而不留情面地驳斥他的信，他必定因此恼羞成怒。在给汉城发去最后通牒之后，他转向表面上非常恭顺的琉球国王尚宁，要求他率大军来日本，参加即将开始的征伐朝鲜之役。秀吉警告他，如果他胆敢拒绝，琉球将遭受侵略。

尚宁王不可能满足秀吉的要求。即使他有意帮助秀吉（他完全没有这样的打算），他的王国太小，资源有限，根本没有可以派往日本参战的军队。他复函秀吉，请秀吉重新考虑这件事。最后，秀吉放弃了，要求琉球每年进贡金银与食物作为替代，虽然数量不算太多，不过在未来的几年里，仍然给这个小国带来了沉重的负担。

此时尚宁王的一个举动，影响到了遥远的朝鲜。面对秀吉的要求，尚宁王不得不给自己真正的宗主国去信，请求明朝皇帝提供帮助。他还将秀吉来信内容一并告知明廷。这是明廷首次听说，日本领主打算征服亚洲。他们没有同意琉球的请求，没有向其提供帮助。国内的麻烦已经让他们疲于奔命，北方边境的兵变、西部的叛乱，最棘手的是万历皇帝拒绝册封长子为太子。但是尚宁王的信让明朝想到：为什么最忠诚的藩属朝鲜，还没有发出这样的警告？汉城当然比远在大海一隅的偏僻小岛上的尚宁王更清楚日本的潜在威胁。朝鲜人的沉默，是不是很可能意味着他们暗中与这个叫秀吉的蛮夷勾结，欲为害大明？

"小中华"值得信任吗？

6

战争准备

1591 年夏，秀吉的战争机器开始运转。第一步是为侵朝军设立一个总部。京都不太合适，它离朝鲜太远，秀吉无法在那里指挥自己的军队，他需要待在离战场较近的九州。最后，他将侵朝大本营选在位于肥前北部海岸的名护屋，并于当年 11 月开始在那里修筑巨城。[1] 当地大名征集了数万劳工，在秀吉信任有加的加藤清正的监督下，名护屋城拔地而起，周围环绕着城墙和护城河。[2] 如果顺风的话，从这里到海峡中间的对马岛只需八个小时，再花六个小时即可到达朝鲜半岛南端的釜山。

为了集结一支规模庞大的侵略军，秀吉将目光投向了大名。每个大名都要根据领地的石高，提供相应数量的部队，这被称为"军役"制度。秀吉正是通过这套体系，命令自己的封臣提供兵力，壮大自己的军队，才最终征服了日本。他通过同样的方式征集劳工，在京都及其附近地区修建宫殿、寺院和正慢慢成形的方广寺大佛。通过这样的方法，他只用短短数月时间，便在名护屋筑起了规模宏大的侵朝总部，并且集结了二十五万侵略军。

当秀吉要求大名提供士兵或劳工时，他会根据大名运输距离的远近，适当增减他们的负担。距离接下来的战役或建筑工程的地点最近的大名负担最重，而距离较远的大名负担相对较低。这套"滑准"制度（根据距离远近调整需要提供的兵力或劳力），使秀吉的征集令公平了很多，因为它考虑到了大名输送距离越远便花费越多的事实。为了集结军队入侵朝鲜，秀吉制定了如下计划：距离名护屋最近（因此距离朝鲜也最近）的九州大名，每百石出六人；较远的位于本州西部的大名，每百石出五人；更远的位于本州中部的大名，负担相对较轻，每百石只需出两人。水军的招募方式与此类似，九州、四国和本州西部沿海地区的大名，根据距离远近提供船只。操纵这些船只的水手从九州和濑户内海的渔村征集，每百户出十人。

秀吉动员军队的计划大体如此。不过，如果更仔细地检视计划的执行过程，我们会发现实际情况更加复杂，而且仍然存在尚待厘清的地方。首先是军役豁免的问题。向秀吉提供特别服务或受其宠信的大名，常常会被减免军役，部分领地无须纳税。在计算接下来入侵朝鲜的军役负担时，秀吉的滑准征兵制只适用于每个大名需要缴税的部分。不仅如此，秀吉和各大名的关系使问题变得更加复杂。他不担心自己信任或可以牢牢控制的大名会反抗或叛乱，不过在对待那些自主性较强的大名时，他会更加谨慎。在秀吉的新日本，这类大名其实并不少，他们通常是被秀吉的外交手段争取过去的，而不是在战场上遭受了决定性的挫折。他们倾向于享受更多的税收豁免，承担更轻的军事义务，而其他大名会因此抱怨秀吉的军役分配看起来非常随意。[3]

由于上述原因，集结于名护屋的侵朝军构成，可能比乍看上去复杂得多。某些大名，特别是秀吉的长期盟友，提供的兵力符合秀吉的滑准配额；其他人则不然，尤其是以前的敌人。例如，和秀吉同出于尾张国中村、最受他信任的加藤清正，需要从自己九州肥后二十万石的领地中派出一万人，显然几乎没有任何减免，他的负担相对较重；而拥有大隅 559,530 石领地的岛津义弘，提供的兵力和他相差无几，这就意味着这个直到 1587 年九州征伐后才归顺秀吉的前对手，其七成领地免征军役。长期效忠秀吉、在四国岛的伊予拥有二十万石领地的福岛正则，派来了四千八百人，考虑到他的运输距离，这个数字相对合理。但是前四国岛的领主、在 1585 年四国征伐后投降秀吉的长宗我部元亲只派出了三千人，而他在临近的土佐拥有二十二万石的领地。在即将到来的朝鲜征伐中，各大名的军役负担轻重不同，显示出秀吉对新统一的日本的控制并不牢靠。他仍然需要小心应付为自己提供兵力的大名，保证他们对自己忠心耿耿。秀吉要驱使他们为自己服务，但是又不能过分；他承诺会赐予大名更多的土地和财富，从而让他们心甘情愿地听命于自己。日本已经没有可供征服的土地，秀吉已经在 1591 年将全国领土收入囊中。他希望通过计划中的入侵，攫取大陆成千上万石的领地，保证自己的封臣满意，在未来的数十年间仍会对自己俯首帖耳。[4]

1592 年春，为了入侵朝鲜，秀吉在全国范围内动员的兵力多达335,000 人，这是一个令人难以置信的数字。其中 235,000 人被送到侵朝大本营名护屋，十万人被部署在国内因大规模动员而造成的防御薄弱之处。在名护屋及其周边地区集结的 235,000 人中，有 158,800 人实际渡海前往朝鲜。由于后勤方面的阻碍，秀吉不可能一次性将整支部队运到朝鲜，否则所有人一定都会挨饿。相反，他将各大名的军队分成九个军团，每个军团的人数从一万到三万不等。在 16 世纪后期，这是能够保障部队的食物供给和行动能力的自然上限。[5]指挥各军的大名都得到了一张朝鲜半岛地图，上面标注了朝鲜八道和北上汉城的三条大路。地图是宗义智在出访朝鲜期间获得的，随后被上呈给秀吉，秀吉命人绘制了副本。为了区分各道，太阁给每个道涂上不同的颜色。此后，日军内部将以这份作战地图上的颜色称呼各道：全罗道是"赤国"，忠清道和京畿道是"青国"，庆尚道是"白国"，江原道和平安道是"黄国"，咸镜道是"黑国"，黄海道是"绿国"。[6]

乍看起来，这支侵朝军似乎非常符合秀吉的滑准征兵体系：82,200 人（占总兵力的 52%）来自九州；57,000 人（36%）来自本州；19,600 人（12%）来自四国。这个比例非常合理。九州离朝鲜最近，因此贡献最多；本州和四国距离较远，负担也相对较轻。不过这并不意味着，秀吉打算让九州的部队承担 52% 的作战任务，本州的部队承担 36%，四国的部队承担12%。秀吉的亚洲征服战略是环环相扣的，犹如多米诺骨牌，这体现在他于 1592 年 4 月 24 日下达的作战命令上。

小西行长的第一军、加藤清正的第二军和黑田长政的第三军是侵朝先锋，士兵全部出身于九州及其离岛。他们先从名护屋乘船前往对马岛，在那里集结，然后再驶向釜山。一旦踏上朝鲜的土地，他们的任务是尽快向北进军汉城。第四军到第七军随后跟进增援，一起推进到中国边境。这四个军的士兵同样主要来自西日本：第四军和第六军全部出自九州，第五军来自四国，第七军来自本州西部。与此同时，来自本州中部和西部的第八军和第九军，分别在对马岛和壹岐岛待命，根据实际情况，决定是否渡海入朝。德川家康、伊达政宗、上杉景胜和其他本州大名提供的七万五千人，留守名护屋。秀吉不打算将这些预备队投入战斗，他们的任务是保护名护屋，以防中国反击。最后，来自本州东部的东海和畿内的十万左右的兵力，负责保护京都。由于大军在名护屋集结，首都变得十分空虚。

因此，在秀吉的侵朝军中，九州人的比例虽然只是略高于一半，却要承担绝大多数的进攻任务；本州的军团或是作为他们的后援，或是在名护屋充当负责保障国内安全的"国民警卫队"。这样的用兵方式，体现了秀吉为了将自己的统治扩张到海外而采取的新的多米诺式征服战略。

在 16 世纪 80 年代统一日本的过程中，秀吉采取的策略是用附属大名的部队增加自己的兵力，用可以动员十万以上兵力的强大实力慑服敌人。当然，由于资源的限制，以这样的方式募集的兵力会有一个上限。随着秀吉将整个日本掌握在手中，他已经可以达到这个上限。但是他不会这么做。如果十五万人足以完成任务，他便不需要派一支兵力更多、消耗更大的部队前去占领朝鲜。现在，根据新的战略，他先将长长的左臂九州伸过海，一举拿下朝鲜。当九州的部队在半岛执行艰巨的任务时，本州的部队会去支援他们。一旦朝鲜屈服，朝鲜人便将参与到秀吉的亚洲征服计划中，为后续对中国的入侵提供人力和物资。当北京落入秀吉之手后，他将要求中国人提供必要的武力，以征服庞大的中央王国的南方诸省。然后，南方人会被用来发动西征，西部地区的人会被派往暹罗、缅甸和柬埔寨，而那些更西地区的人将承担最后的进攻印度的任务。

1592 年 5 月的日本侵朝军 [7]

军团长（领地）	兵力	总兵力
第一军		
小西行长（肥后，九州）	7000	
宗义智（对马岛）	5000	
松浦镇信（肥前，九州）	3000	18,700
有马晴信（肥前，九州）	2000	
大村喜前（肥前，九州）	1000	
五岛纯玄（五岛列岛）	700	

军团长（领地）	兵力	总兵力
第二军		
加藤清正（肥后，九州）	10,000	22,800
锅岛直茂（肥前，九州）	12,000	
相良长每（赖房）（肥后，九州）	800	
第三军		
黑田长政（丰前，九州）	5000	11,000
大友义统（丰后，九州）	6000	
第四军		
岛津义弘（大隅，九州）	10,000	
毛利吉成（丰前，九州）	2000	
高桥元种（日向，九州）		14,000
秋月种长（日向，九州）	2000*	
伊东佑兵（日向，九州）		
岛津忠丰（日向，九州）		
第五军		
福岛正则（伊予，四国）	4800	
户田胜隆（伊予，四国）	3900	
长宗我部元亲（土佐，四国）	3000	
生驹亲正（赞岐，四国）	5500	25,100
蜂须贺家政（阿波，四国）	7200	
来岛通久（得居通幸）（伊予，四国）		
来岛通总（伊予，四国）	700**	
第六军		
小早川隆景（筑前，九州）	10,000	
小早川秀包（筑后，九州）	1500	
立花宗茂（筑后，九州）	2500	15,700
高桥统增（筑后，九州）	800	
筑紫广门（筑后，九州）	900	
第七军		
毛利辉元（安艺，本州西）	30,000	30,000
第八军		
宇喜多秀家（备前，本州西）	10,000	10,000

军团长（领地）	兵力	总兵力
第九军 羽柴秀胜（美浓，本州中） 细川忠兴（丹后，本州中）	8000 3500	11,500
		158,800

* 高桥、秋月、伊东和岛津的总兵力
** 来岛通久（得居通幸）和来岛通总的总兵力

在秀吉的构想里，他不需要派一支庞大的日本军队远征中国，然后再南下东南亚，翻过喜马拉雅山，进入印度次大陆酷热的平原。他的计划是以日军为核心，辅之以从被征服地区征召的士兵，通过这种方式一步步扩大自己的统治。他只需要派出一支纯粹由日本人组成的军队（或者更准确地说，一支纯粹由九州人组成的军队），推倒第一张多米诺骨牌，然后就可以期待将整个亚洲的霸权攫入自己手中。

1592 年 4 月，侵朝日军在名护屋集结。这是一支恐怖的军队，一个多世纪的内战导致优胜劣汰、适者生存的达尔文主义深入人心，传统的军事思维让位于更具实用性的杀戮方式。武士道仍然被视为荣誉，宝马良驹仍然被人们欣赏，精良的武士刀仍然价值不菲，但它们已不再是战争的主旋律。轻型火绳枪（铁炮）改变了一切。它的造价相对低廉，射程比弓箭更远，更重要的是，近距离（通常是一百米或更近，这种情况在战场上更加常见）穿透铠甲的能力更强。它操作简单，一个没有受过教育的农夫可以在几个星期内熟练掌握。日本的铁炮足轻通常在安全的地方射击，不像那些在战场上使用剑、枪等短兵器进行肉搏战的士兵，必须具有非凡的勇气。总而言之，它给足轻带来了巨大的，甚至可以说是压倒性的优势，如同长篠之战中织田信长出人意料的大胜所证明的，武士的技巧或胆识抵挡不住铁炮齐射。在这场爆发于 1575 年的意义重大的合战中，织田的三千足轻在木栅栏后手持铁炮，耐心地杀死了一拨又一拨按照传统战法冲锋的骑兵。从此以后，日本的战争变得截然不同。

因此，在 1592 年秀吉的侵朝军中，武士的比例不高，传统的骑兵部队难出风头。骑在马上的几乎都是作为武士传统捍卫者的大名及其家臣，他们身穿精良的铠甲，头戴狰狞的面具，腰佩精致的武士刀。现在，军队的主体是足轻，基本上是大名从各自领地招募和训练的农民或渔夫，与秀吉的父亲弥右卫门类似。这些人举止粗鲁，基本没受过教育，绝大多数是文盲。他们外出的机会很少，前往名护屋可能是他们有生以来最远的旅行。在渡海前往朝鲜之前，他们可能一直惶惶不可终日，害怕死在遥远而陌生的土地上。绝大多数人很可能只想着赶快完成工作，然后回家。不过，另一方面，财富也一定是常常在军营中被提及的话题，士兵们想象着中国和朝鲜的城市里堆满了战利品，等着他们去占领，然后衣锦还乡。

除了铁炮，足轻还装备有刀剑、长枪和弓箭。这些传统武器中的一部分是通过刀狩令收缴上来的，该命令是最近几年秀吉为了解除农民武装而发布的。1589 年发布命令时，他声称收缴来的所有武器都会被用来铸造京都大佛。但是根据规定，人们必须同时上缴刀剑和剑鞘，这意味着以后它们仍然会被使用，而不是熔化成钉子和螺栓。根据一份史料，通过刀狩令和大名的军役，秀吉在名护屋总共搜集了五千柄战斧、一万把长剑、十万把短剑、十万支长枪和五十万把匕首。这个数字无疑是严重夸大的，不过秀吉的军队肯定配备有足够的传统武器。

铁炮的情况有所不同。战争爆发后，日军将领在从朝鲜寄回国内的信中反复提到，他们不需要刀剑、长枪和弓箭，而需要更多的铁炮。在朝鲜人看来，入侵的日本人似乎装备了大量这种令人生畏的武器，一份资料估计他们有三十万支铁炮。[8] 这个数字不太可能是真的。虽然准确的数字无从知晓，不过根据这一时期的通信，我们可以估算出一个大概的数字。例如，在 1591 年秀吉给九州大名岛津义弘的信中，他命令义弘为 1500 人装备铁炮，为 1500 人装备弓箭，为 500 人装备长枪。[9] 考虑到岛津为侵朝军提供了 10,000 人（其中战斗人员不超过半数，其他人主要负责后勤[10]），这意味着装备火器的士兵占总人数的 15%，占全部战斗人员的 30%。按照这个比例，158,800 名侵朝军拥有大约 24,000 支铁炮，这足以保证他们对朝鲜人的绝对优势，后者只是在几年前才第一次看到所谓的"狗腿"。

秀吉侵朝军各部的独立性很高，每支小部队由一个大名指挥，共三十八人。在每次战役中，铁炮足轻是先锋，他们的任务是破坏敌军的阵形，制造混乱，希望能迫使其后退，手持长枪和刀剑的足轻会趁机冲上前去，不费吹灰之力消灭敌人。这本来是骑兵的任务，不过现在他们已经从战场上消失了。大名和他们的家臣骑在马上，足轻步行（顾名思义），负责运输补给品的荷驮队跟在最后，长长的后勤队伍至少占行进队列的一半。这些无名之人负责筑城、扎营、运输粮食和武器、准备伙食，还要完成其他数以百计的军队在野外必不可少的工作。不过，在即将开始的朝鲜之役中，即使是日军中等级最低的后勤人员也将会证明，他们同样可以舞刀弄枪或操作铁炮加入战斗，因此他们应该被当作准士兵计入各支部队的战力，而不能仅仅被视为非战斗人员。

这些小部队组成九个军团。在即将开始的侵略中，九个军团偶尔会像现代军队一样，为了某些特定目标展开协同作战。不过，更多的时候，它们相互独立。实际上，同一个军团的各支部队，有时也会分头行动。之所以如此，是因为日军与明军或朝鲜军队不同，不直接受中央控制，各级军官不是由朝廷任命，他们是松散联合的地方军队，"属于"将其招募起来、为其提供武器和军饷的富有大名。每个大名都向秀吉宣誓效忠，并且有义务用自己的军队达成秀吉的目标。但是除此之外，大名在组织和招募自己的部下时，有很强的自主性。这套体系在日本大体上运行良好。不过这也意味着，只有秀吉一人才是真正的最高统帅，只有他能够驾驭独立性极强的大名，对整支侵朝军发号施令。太阁对此一清二楚。因此，他打算跟在大军之后渡海前往朝鲜，一旦攻陷汉城，就在那里建立总部，从那里遥控随后向北京进军的行动。

1592 年春，聚集在名护屋的日军，从规模和实力上来说堪称前无古人。这是一台被用来投射杀戮力量的战争机器，组织严密，补给充足，装备精良。当时世界上没有任何一支军队的实力能够超过它，甚至连与其旗鼓相当的对手都难觅踪迹。同时代的欧洲军队虽然装备有火绳枪和火炮，但是兵力难以望其项背。1588 年，前往英国的西班牙无敌舰队，由三万人和一百三十艘战舰组成，兵力只有太阁远征军的五分之一。实际上，除了日本，世界上只有一个国家可以召集起一支十万人以上的军队，那就是明朝。不过，明朝虽然兵多将广，却缺乏先进的火器，只有旧式的佛郎机铳和做工不良、可能在枪手脸旁炸裂的鸟铳。

但是秀吉的军队存在着一个重大缺陷，甚至可以说是致命的缺陷——水军。水军在日本的统一进程中没有发挥太大作用，因此日本水军的发展水平落后于朝鲜。日本战国时代的船只的主要作用是运输，或是在非常偶然的场合下被当成作战平台，成为陆战的延伸。在这种情况下，交战双方通常是先用弓箭或铁炮消灭敌船上的士兵，当敌军被严重削弱后，再登船消灭残存者。换句话说，海战与陆战相似，作战理念是杀死敌军士兵，而非摧毁敌人的战舰。[11]

不过也有例外。1576年，为了攻克毛利家的据点，织田信长让士兵分乘三百艘小船，率领这支舰队向大阪进军。他和毛利家的水军在港口相遇，在随后的战斗中，毛利水军重创织田的舰队。为了打破毛利的海上优势，信长命令自己的家臣、前海贼首领九鬼嘉隆制造七艘铁甲船，这样毛利的弓箭和铁炮便再无用武之地。1578年，他带着这些战舰返回大阪，成功地消灭了毛利家以轻型木船为主的传统水军（这是有明确文字记载的第一次使用"铁甲船"的战争[12]）。

秀吉当时是信长最重要的家臣之一，他显然对这场战争和九鬼嘉隆造船的过程了如指掌。不过，这场惊人的胜利似乎没有影响到他，他没有因此产生建造可以抵御敌军火力的坚固战舰的想法。到了1592年，他仍然固守舰船的作用仅限于运送地面部队的传统思维。

为了将自己的军队运往朝鲜，秀吉命令九州、四国和中国（位于本州西部）的大名提供船只，每十万石需出大船两艘。他以这些大船为核心，再加上数百艘较小的战船、渔船和濑户内海的货船，拼凑起一支舰队。该舰队拥有七百艘大小船只，小的只能容纳几十人，大的可以将数百人运送到任何地方。船员由渔村提供，每百户出十人。

这七百艘船不是战船，而是将士兵先运到对马岛，然后再运到釜山的运输船。它们是轻型船只，很少或几乎完全无法为船上的人提供保护，没有装备船炮，只有少数被运往朝鲜的火炮，不过这些炮肯定是被当作货物装入船舱，而不是用于海战的。简而言之，日本舰队不是朝鲜水军的对手。为了给这支舰队提供一些保护，秀吉命令曾在 1578 年为织田信长建造铁甲船的九鬼嘉隆，在九州中部濒临太平洋的伊势湾监督建造数百艘战船。其中最大的是安宅船，长三十三米，配有一百八十名水手；稍小的有关船和小早船。尽管吨位超过它们要护送的运输船，但是这三种船仍然比朝鲜水军的战船轻得多，操作难度更高，而且装备的船炮也更少。最大、装备最好的安宅船只有三门炮，而朝鲜最轻的战舰也至少装备有十二门炮。

秀吉也尝试过用欧洲人的船只增强日本的海军实力。早在 1586 年 5 月，他就已经有了这样的想法。他告诉耶稣会士高艾浩（Gaspar Coelho），自己想租用两艘葡萄牙战舰，作为征服中国之用。他说自己准备为这些船支付高额报酬，除此之外，还会让教堂遍布中国，命令所有人都必须皈依基督教。虽然高艾浩神父的上司曾经告诫他不要插手地方政治，但他认为秀吉只是在信口开河，于是随口答应了下来。据说秀吉非常高兴。不过，虽然秀吉在战争爆发前的几个月里多次要求葡萄牙人兑现承诺，这个小插曲从来没有成为现实。[13]

为了给自己的水军补充人力，秀吉命令本州和四国部分沿海地区的大名募集 9450 人。相对于他们需要保护的兵力，这个数字不算大。率领这些人的大名是秀吉的"水军众"，包括九鬼嘉隆（1500 人）、藤堂高虎（2000 人）、胁坂安治（1500 人）、加藤嘉明（1000 人）、桑山一晴和桑山贞晴兄弟（2000 人）、来岛通久和来岛通总兄弟（700 人）。[14]其中部分大名是直到 16 世纪 50 年代中期一直骚扰着朝鲜和中国沿海地区的倭寇的后代。例如，九鬼嘉隆出自以纪伊半岛为据点横行于海上的九鬼家族，来岛兄弟的先祖是濑户内海的一个海盗头子。侵朝军的其他部队中也有这样的人。例如松浦镇信的松浦家，在 13 世纪时为倭寇提供过帮助；五岛纯玄是曾经臭名昭著的五岛列岛的大名。虽然无法无天的倭寇已经在秀吉的日本绝迹，但是他们受人尊敬的后代，将会在某种意义上复兴这一传统。他们准备重返朝鲜，发动一场东亚闻所未闻的最大规模的倭寇入侵。

这就是秀吉的水军。它规模庞大，大小船只总计约千艘，但很多都是几乎没有任何战斗力的轻型运输船。[15] 甚至连战船都不算特别强大，装备不是很好，统军大名也大多不谙水战，将水战和陆战等而视之。我们不知道秀吉是否担心这些。从他希望得到葡萄牙船的事实可以看出，秀吉并不认为日本本土的舰队是战无不胜的。不过，他在统一日本的过程中没有遇到过太强的水军，现在很可能也不觉得朝鲜有什么不同，至少不会是自己的舰队无法应付的。

九鬼嘉隆在伊势造好战舰后，秀吉命令这些战舰前往六百公里外的大本营名护屋城。在那里，它们将护送载满士兵的运输船渡过海峡前往釜山，如果途中遇到胆敢靠近的朝鲜战船，它们将以令人恐惧的铁炮向敌人齐射。不管怎样，这就是秀吉的计划。

此时，日本人可能入侵的消息已经传遍了朝鲜的大街小巷。1590 年作为通信使前往京都的黄允吉，已经警告过汉城的朝廷，秀吉是真正的威胁，很多人相信他的判断。甚至连副使金诚一（他在正式场合总是和黄允吉意见相左，从而挑起了东人与西人关于是否会发生战争的争论），都在私下里向同为东人、当时已升为左议政的柳成龙坦言，自己的话并非本意。[16] 他对柳成龙说："我又怎么敢保证日本人必定不会入侵。只是黄允吉的话太过严重，朝廷内外终日惊恐不安，我这么说不过是为了安定人心而已。"[17]

日本人必定会入侵，黄允吉和西人知道，金诚一和东人也知道。但他们认为这只会是一场大规模的倭寇骚扰，没有人预料到它会是一场摧毁整个国家、对朝鲜王朝造成永久创伤的全面入侵。此前，朝鲜屡遭倭寇侵袭，最近的一次是在 16 世纪 50 年代。朝鲜王朝和高丽王朝的官方历史清楚地显示，如果准备不足，这些倭寇能够造成极大的伤害，但是只要准备充分，就完全可以应付。因此，准备显然是必要的。但应该是什么样的准备呢？准备到何种程度？又要从哪里入手？

与此同时，该如何告知明朝呢？

1591 年春，当朝鲜通信使带着秀吉的国书离开京都回国后，明朝的问题便自然而然地浮出水面。秀吉在信中将自己的意图表露无遗，他想要入侵"中央之国"，篡夺天子之位。在朝鲜人看来，秀吉的狂妄自大不仅令人震惊，简直骇人听闻，他们后悔和日本互派使者。现在，一些大臣开始担心，明朝会因此认为朝鲜在没有得到许可的情况下，擅自和日本的蛮夷往来，不守藩属之道，害怕一旦被明廷发现，将引起其震怒。领议政李山海认为，与其因为私通日本被明朝怪罪，不如干脆隐瞒不报。

左议政柳成龙并不这样看。他主张，作为明朝忠诚的属国，朝鲜有义务将最近的事态发展报告给明廷，提醒它警惕日本。柳成龙补充道："如果这些强盗真的打算入侵中国，其他人可能会上奏皇帝，这样明廷反倒会怀疑我们和日本勾结，隐瞒实情。"

实际上，事情的发展和柳成龙的想法一致，明朝早在1591年上半年便已经从其他地方知悉了秀吉的侵略计划。首先是琉球王尚宁派出的使者，然后是居住在日本的两个中国人各自传回国内的消息。明廷等待汉城送来有确凿证据的报告，但是等了几个月，仍然没有只言片语，有人开始怀疑"小中华"的忠诚，甚至疑心它可能已经和日本结成同盟。只有曾经出使过朝鲜的大学士许国站在朝鲜一边，他认为"朝鲜诚心侍奉我朝，必然不会同日本勾结叛变，宜暂且等待消息"。[18]

明廷静观其变，朝鲜人则继续争论。与此同时，和柳成龙持相同看法的户曹判书尹斗寿私下里写了一封信，交给即将出使北京的金应男，命令他一到北京就将信交给明朝的礼部官员（尹斗寿后来因为违反外交程序，私自向明朝礼部传递信件而被罢免归乡）。这封语焉不详的信，没有提到朝鲜和日本间的使节往来，只说朝鲜人听到了秀吉将进攻明朝的"传言"。由于尹斗寿的信是在琉球国王遣使赴北京后不久送到礼部的，因此多少缓和了中国人的疑虑，不过并没有让他们完全打消疑心。直到1592年上半年，一个正式的朝鲜使团才最终完整报告了秀吉的威胁和他的要求，以及过去四年间发生的诸多事情。即使到了这个时候，朝鲜人仍然觉得应该隐瞒许多细节，特别是涉及两国使臣往来的部分，因为他们仍然害怕这会被视为他们和日本人勾结的证据。[19]

在朝鲜的大臣们仍然在朝堂上争论是否应该将秀吉准备入侵的消息告

知明朝的同时，汉城也开始将注意力放到本国松弛的守备上。若想抵御外敌入侵，必须采取措施加强国防。

1592 年的朝鲜军队，根据王朝建立时制定的、已经存在两个世纪之久的框架组建而成。它在很大程度上继承了前朝高丽的防御体系，后者的军事制度主要效仿中国的唐朝。[20] 中央军由五"卫"组成：负责汉城南部和朝鲜西南全罗道的前卫（忠佐卫）、汉城北部和东北咸镜道的后卫（忠武卫）、汉城东部和东南庆尚道的左卫（龙骧卫）、汉城西部和西北平安道的右卫（虎贲卫）以及负责汉城中部和黄海道、京畿道、江原道的中卫（义兴卫）。每卫在各自防区设有兵营（陆军）和水营（水师）。除此之外，还有在各道要冲之地设置的镇管，以及作为国王亲兵的内禁卫、兼司仆和羽林卫。[21]

汉城的五卫都总府掌握着军事大权，即使是最高阶的将军也要服从这个部门的调度。按照朝鲜制度，将军平时要留在汉城，受政府控制，和自己的军队分开，这是为了使国家免遭叛乱的威胁。1388 年，李成桂从威化岛回军高丽王都开京，篡夺王位，建立朝鲜。权力巩固之后，李成桂立即着手把将军们调离他们的军队，以确保威化岛回师的旧事不会重演。只有当国家安全受到威胁时，将军们才会率军出征。除此之外，他们一直留在汉城。

朝鲜的军制实现了既定目标。在六百年的历史上，它从未真正受到过自己军队的威胁。但确保国内安定是有代价的，将军们缺乏实战经验，当战争来临时，他们对自己将要统率的军队一无所知。兵力多少、装备如何、是否定期训练、是否已经做好战斗准备，他们无从知晓答案。当危机真正到来时，他们已经没有准备的时间。

在各地实际统兵的最高武官是节度使。朝鲜八道中的每个道，都设有一至三名兵马节度使（兵使）和水军节度使（水使），其中之一由文官（道观察使）兼任。陆军和水军的划分并不严格，武将和军官可以在两个兵种间调任。战略位置更加重要的道（主要是南方常常遭受倭寇骚扰和北方与辽东接壤的道），设有更多的节度使；战略意义稍低的道，节度使较少。例如，最东南的庆尚道和最东北的咸镜道，被看作抵御外敌的第一道防线，因此共设置有六名节度使。这意味着，除了没有军事背景、不起实际作用的兼兵使（观察使兼任节度使称兼兵使，其他节度使称单兵使），每个道有四名节度使，分管左兵营、右兵营、左水营、右水营这四支可以冲锋陷阵的部队。西南的全罗道也被认为是防范海上入侵至关重要的道，因此除了不实际掌管军队的兼兵使，它设有三名节度使，分管左水营、右水营和一个兵营。[22] 黄海沿岸的忠清道设有一个兵营和一个水营。另一方面，黄海道和江原道的军事意义不大。这些中部地区远离朝鲜脆弱的南部海岸和北部边境，因此每个道只设有一个兵营和一个水营，由兼兵使掌管。[23]

朝鲜定期举办武举以招募武官。武举考察应试者是否熟知《孙子兵法》等兵法典籍，是否习于骑射（弓箭是朝鲜军中常见的武器）。通过该体系录用的将领，军事素质通常较低。首先，武举选拔的是"常山赵子龙"式的人才。理想的朝鲜武将应该精于骑射，英勇绝伦，敢于一马当先杀入敌阵，麾下的士兵自然会紧随其后。他无须精通平凡的日常工作，例如如何将士兵训练成一个整体。关心军队状况的左议政柳成龙写道："在一百名武将中，甚至找不到一个知道如何训练士兵的人。"[24]

朝鲜武将素质堪忧的另一个原因，是他们的地位低下。和明朝一样，朝鲜对职业军人的评价不高。投身行伍只是无法通过科举考试，因此无法步入仕途之人的无奈选择，适合那些身强体壮但不太聪明的人，不过肯定不是真正有才华之人的容身之所。不仅如此，一旦进入军队，文官同僚总是在提醒武将，武人的地位低下。文官自由地对军事决定指手画脚，甚至代替武将发号施令，坚信凭借着自己对经书的娴熟掌握，足以胜任包括指挥军队在内的任何工作。在壬辰战争爆发前的一个世纪里，朝廷任命文官担任兵马节度使和水军节度使的例子不断增加，渐成常态，甚至被视作理所当然。文职的道观察使兼任节度使，也被认为是合理、有效的安排。这些人虽然完全没有军事经验，但是他们熟读经书，这就足够了。[25]

朝鲜通过征兵补充兵员。除了地位较高的两班子弟，所有身体健康的男性都有义务服兵役。这套体系能够维持二十万兵力，此外还有四十万可以在紧急情况下征用的预备役。王朝建立之初，新兵名册每六年更新一次，那时的数字可能是准确的。但是到了 16 世纪，军政紊乱，名册不再更新，人们想方设法逃避军役，雇人代役或交钱免役的例子很多。后一种方法尤其普遍，军队因此腐败丛生，卖官鬻爵现象严重。未参加武举之人通过贿赂获得军职，然后通过收取免役钱牟取利益。结果，在秀吉入侵前夕，没有人知道朝鲜军队到底有多少士兵。[26]

1591 年，在通信使返回汉城数月之后，朝鲜政府开始采取措施，以应对即将到来的日本入侵。意识到日本威胁的左议政柳成龙，不顾自己所属的东人依然在坚持"朝日无战论"，积极推动政府强化防务。几乎与此同时，东人自身也因为宣祖继承人问题分裂成南人和北人（宣祖当时没有嫡子，只有几位后宫妃嫔所生的庶子）。南人党首柳成龙因为在拥立继承人时立场持中，而且愿意为了国防反对东人的党论，因此赢得了宣祖的信任。

朝鲜加强防御的措施之一，是派大臣巡察下三道（庆尚道、全罗道和忠清道），整理军械，修筑城池。例如，在很可能遭受日军攻击的庆尚道，当地农民需要接受六个月的军事训练。不过，绝大多数壮丁都能找到方法逃避这项军役（可能是向腐败的军官行贿），只剩下老年人、孩童和想要通过"义务"军役得到食物的乞丐。

朝廷也开始在庆尚道的永川、清道、三嘉、大邱、星州、釜山、东莱、晋州、安东和尚州等十个战略要地，新修或增筑城池。这项计划效果不彰，因为它根据的是错误的假设：日本人强于海战而弱于陆战。此外，各地修建的基本都是能够容纳更多人的大城，而不是在过去被证明非常有效的小规模的易于防守的山城。例如，位于南方海岸的晋州放弃了易守难攻的山城，选择在河边筑起一座规模庞大、需要大量士兵才能防御的城池。因此，在 1592 年年初，庆尚道虽然表面上看起来似乎守备森严，已经做好了战争准备，但人们还是不禁要问：数公里长的城墙能抵挡得住日本人的进攻吗？[27]

所有这些防御措施，均遭到当地居民和官员的强烈反对。在很多人看来，造兵器、修城池、服军役等额外负担（更多的是交免役钱），似乎只是另外一种形式的赋税，考虑到当时国家太平无事，而且前几年的收成也不如人意，这些措施很不得人心。因此，很多工作从未按计划完成，还有一部分只是样子工程。据说，有一座城的城墙仅有三米高，甚至连孩子都可以跨过城下的壕沟。[28]

此时，朝鲜人已经非常熟悉佛郎机铳（一种已经在中国使用了一百多年的过时的重型火绳枪），但是它既笨重又不可靠，因此几乎没有在朝鲜生产或使用过。而朝鲜人对当时日本普遍使用的实用性更强的轻型火绳枪几乎一无所知，仅有的样品是1590年对马岛主宗义智进献的礼物，此时它们正躺在汉城的仓库里。直到日本人入侵以后，朝鲜人才开始加以仿制。因此，1592年朝鲜士兵使用的武器，和一千年多年前的先祖们相差不大，主要是剑、弓箭和长枪，再加上少量更加古怪的兵器，如狼牙棒、链枷、三叉戟和偃月刀。其中弓箭是最具朝鲜特色的武器。朝鲜弓的长度不足1.5米，比日本弓短得多，不过据说射程能达到450米，远超后者的320米（战场上的有效杀伤距离当然要短得多）。朝鲜弓的射程之所以远，部分原因在于其坚固的复合结构。不过更重要的是，它采用了朝鲜人发明的片箭，它更短、更轻，因此射程更远。不过，朝鲜弓难以操纵，使用不便，弓箭手不仅要经过常年训练，还需要锻炼出强大的肌肉力量。因此，和日本的铁炮不同，它在未经训练的农民手里毫无用处，而在朝鲜军队为了准备接下来的战争紧急征召的兵员中，这样的人占了绝大多数。[29]

虽然朝鲜人可能不太了解轻型火绳枪，不过他们知道不少关于火炮的知识（实际上，比日本人知道得更多）。14世纪时，他们从中国人那里学会了制作火药，并结合自身铸造寺钟的经验，制造出了能够发射石块、铁球和重达三十公斤、粗如人臂的巨箭的火炮。[30]它们和后来欧洲发展出来的炮管平滑、装在轮子上的那种外观优美的武器不同（后者常常陈列在今天的博物馆和公园里）。16世纪后期的朝鲜火炮是一根丑陋、粗糙的空心铁柱，外面由厚铁条加固，顶端焊有一或两个把手以方便运输，几乎不会被固定在永久性的炮架上。炮管通常由人力搬运到需要的位置，然后再安放到炮座或车上。朝鲜火炮主要有四种制式，分别被称为天字铳筒、地字铳筒、玄字铳筒和黄字铳筒。它们的名字取自中国传统启蒙读物《千字文》中的前四个字（类似于西方的ABCD）。天字铳筒是其中口径最大的。它由紫铜制成，重量达300～420公斤，口径12～17厘米，炮身长约两米。青铜制成的黄字铳筒口径最小，重量为60～80公斤，口径6～7厘米，长度刚过一米。青铜制的地字铳筒和铁制的玄字铳筒介于前两者之间。这四种炮能将石块、铁球和巨箭掷出600～1000米远，不过有效瞄准距离无疑要短得多。它们也可以将较小的石块和铅块大量掷入敌阵，很像是原始的霰弹枪。[31]

在朝鲜的军火库里，还有一种名为"大碗口"的钟形迫击炮。这是一只重达三百公斤的铜碗，可以将巨石掷到三四百米开外的地方，不过准确性不高。更有效的使用方法是用它轰击直线射程上的城墙。稍小一点的被称为"中碗口"。另一种火器是"火车"，它是一种两轮车，上面装有一个开有很多孔的方形盒子。每个孔可以射出一支火箭，总共可发射一百支。"火车"被点火后，上面致命的箭矢会一齐向敌人射去。最后一种火器是刚发明不久的"飞击震天雷"。它是一个空心铁球，里面装有火药和引信。这种武器可以由大炮射入敌人城中，落到敌军聚集之处，如果一切顺利的话会在那里爆炸。[32]

因此，在日本入侵前夕，虽然朝鲜人对轻型火绳枪知之甚少，但是他们可以使用很多其他种类的火器，尤其是火炮。这些武器在接下来的陆战中不会起多少作用，但海战则是另外一个故事。

在壬辰战争爆发前夜，朝鲜防御体系中的烽燧系统似乎没有得到任何关注。朝鲜半岛的烽火台始建于高丽王朝时期，目的是迅速将消息从边境传到首都。朝鲜共有六百九十六座烽火台，将汉城与同中国接壤的东北、西北边境和东南、西南海岸连接起来。每个烽火台不分昼夜都有人看守，随时准备传递信息，白天用烟，晚上用火。点燃一个火把意味着无事，两个意味着发现敌军，三个意味着敌人正在接近，四个意味着敌人已经侵入国境，五个意味着战斗开始。如果去掉覆盖物，让烽火一直闪耀，则意味着需要立即派遣援军。据说，通过这种方式，只需四个小时即可把信息从位于东北边陲的咸镜道，经过六百多公里连绵的山地，传到汉城的南山。虽然这个令人惊叹的速度是理想条件下的实验结果，不过可以确定的是，将消息从北方边境或南方诸道传到汉城，用时不会超过一天。

当然，这需要沿途每个烽火台一直有人看守。实际上，这种情况非常少见。15 世纪的一次调查发现，西北的烽燧系统纰漏连连，很多烽火台乏人照料，其他的则完全无人看管。原因很简单，没有人想干这份工作。我们不难想象，忍受着风吹日晒，独自一人在山顶看守烽火台，是一件多么令人讨厌的事，当地人避之唯恐不及。因为招募不到当地人，这件工作通常被交给遭放逐的政治犯，他们自然不会全心全意为将自己流放的政府服务。16 世纪 90 年代初的情况，好像没有多少不同。朝鲜人天才的预警系统，因为人手不足而变得毫无用处，汉城和诸道间最快的通信手段仍然是马和骑手。[33]

朝鲜政府也意识到，需要加强军队的指挥能力，特别是南方很可能遭受入侵的庆尚道和全罗道的军队。因此，朝廷在 1591 年年初任命了几名新将领。开始时，宣祖让大臣们举荐能力卓著、堪当重任的人选。随后的若干任命值得庆幸，提升了国家的防御能力，但其余则大多没有实效。

庆尚右兵使的任命是典型的考虑不周的例子。当时担任此职的曹大坤老迈多病，在战场上难有作为。柳成龙建议，立即派朝鲜名将李镒南下接替曹大坤，这样他就有时间熟悉新职位，为即将发生的战争做好准备。兵曹判书的答复同往常一样，李镒作为将军，必须留在汉城，只有当战争爆发时，他才能南下。恼怒的柳成龙争辩道："日本人早晚会入侵，朝廷终究会派李镒南下。与其等到事变发生时再让他上路，不如早点派他去做好准备。否则，仓促之间，既不熟悉当地的情况，又不知道士卒的勇怯，这是兵家大忌，必定会后悔。"[34] 兵曹判书毫不妥协。结果，出任庆尚右兵使的是金诚一，也就是前面提到过的通信副使，他曾经断言根本不会发生战争，完全不需要担心。在此前的几个月内，他不断上书请求停止在庆尚道筑城，主张应该平息当地人的不满，从而使该道更易治理。最后，宣祖亲自下令，让这位心直口快的大臣到南方赴任，其中或许包含了惩罚的意味。备边司对这项任命颇有顾虑，但是仍然奉旨行事。于是，没有任何军事经验的文官金诚一被任命为至关重要的兵马节度使，此时距离战争爆发仅剩一个月，而他本人甚至不认为会有战争。在后面的章节中我们将会看到，他有死国的勇气，却无御敌的能力。[35]

有些任命起到了积极作用。一名四十六岁的职业军人，在柳成龙的推

90

荐下，从相对较低的职位跃升为全罗左道水军节度使（全罗左水使）。他的名字是李舜臣。事实证明，他在壬辰战争爆发前几个月出人意料的晋升，是国家之幸、民众之福。

李舜臣于1545年出生在汉城一个没落的两班家庭。他的父亲李贞，同上层社会中渴望官职却无法通过科举考试的绝大多数人一样，只能在忠清道牙山的李氏祖宅中默默无闻地度过一生。他有四个儿子，以中国古代的四位圣王为名，后面再加上一个"臣"字。第三个儿子的名字是"舜臣"，即"舜的臣下"，寓意是要他做圣王的忠臣。

有关李舜臣早年生涯的资料很少。现存的朝鲜史料称他是一个聪明的人，身体强壮，个子比一般人高，放弃了参加科举考试以取得高官厚禄的机会，反而选择从军，让父亲大为光火。不过，事实也可能是，这个家庭无力承担让四个儿子全部准备科举的费用，李舜臣因此选择了相对低微但门槛不高的军旅生涯。不管出于何种考虑，在牙山老家刻苦练习了六年之后，李舜臣于1572年前往汉城参加武举，可惜名落孙山。他在骑术考核中落马，摔断了腿，无法继续应试，只好返回牙山。1576年年初，已经三十一岁的李舜臣第二次参加武举，终于获得成功，被任命为最低的九品武官。

开始的十五年间，李舜臣的事业起起落落。他聪明能干，比绝大多数军官更有能力，在朝廷中也不乏说得上话的朋友，其中最有名的就是童年在汉城居住时的玩伴柳成龙。阻碍其升迁的似乎是他坚决和当时军中盛行的拉帮结派、贪污腐化之风划清界限。他"不遵守游戏规则"。多年来，他的能力和品行为其招来了敌人，特别是腐败无能的高级将领和同僚，他们将李舜臣视为威胁。

李舜臣武人生涯的起点，是偏远而艰苦的北方边境咸镜道，当时那里越来越频繁地受到女真人的骚扰。他因为能力出众，很快得到道观察使的赏识，被调往汉城训练院。他升任训练院奉事不久，便因为拒绝优待上司的亲戚朋友而得罪了上司。随后，他被调到忠清道，然后又于1580年被派往全罗道左水营，这是他第一次接触水师。

在担任钵浦水军万户期间，李舜臣再次遇到麻烦。不知出于何种原因，全罗左水使和道观察使同时对其不满，他因而被解职。随后的调查澄清了对他的不实指控，认定这些指控缺乏根据，李舜臣无罪，诬告者不得不向他赔礼道歉。但是，李舜臣没能官复原职。为了保全将其下狱的左水使和观察使的颜面，他被降为八品武官，回到自己的仕途起点——北方边境。

李舜臣似乎对此次挫折不以为意，他努力建功立业，再次升为中阶武将。为了打击不断骚扰边境的女真人，李舜臣设下埋伏，然后派一小股部队前去引诱敌人。女真人见猎心喜，一步步进入陷阱，李舜臣的大部队突然杀出，将他们砍成碎片。这场令人印象深刻的胜利，引起了汉城朝廷的注意。如果李舜臣能够按照军中惯例，将功劳分一些给嫉妒的上司，那么他很可能会飞黄腾达。但他没有这么做。结果，他的上司拒绝承认他的谋略和勇气，反而指责他未经允许擅自出战。在接下来的几年里，李舜臣只能继续留在前线，饱受煎熬。[36]

1591 年，有勇有谋、正直诚实的李舜臣似乎被埋葬在了朝鲜军队的黑暗之中。能力不足却更加狡猾的对手们步步高升，而他仍然是中级军官，似乎永无出头之日。日本突如其来的威胁改变了一切。当宣祖命令备边司举荐堪当将帅的人才时，左议政柳成龙看到了让自己的童年玩伴发挥才能、扬名立万的机会。由于柳成龙的力荐，李舜臣于 5 月 8 日被擢升为全罗左水使。包括金诚一在内的一些人，批评这样越级提拔的背后存在着政治因素，柳成龙在照顾自己的朋友。不过反对声音不强，任命得以下达。[37]

于是，在 1591 年，李舜臣发现自己再次回到了水军。不过这一次，他的职责更重了。在接下来的战争中，日本人显然会从南方的海面袭来，在庆尚道或全罗道登陆，否则他们需要航行的距离过长。因此，这两道的水军构成了朝鲜的第一条防线。李舜臣十分清楚这一点。他知道，必须在敌人登陆之前从海上拦截敌军，对其施以重击。因此，在接下来的一年里，他让全罗左水营时刻保持战备状态。由于其十五年的军旅生涯基本都是在陆军兵营中度过的，特别是北方边境的城寨，李舜臣的第一个任务是尽可能多地了解海战。在汉城朝廷的朋友柳成龙，将自己撰写的兵法书《增损战守方略》送给李舜臣，书中解释了水陆战、火攻等事。[38] 经过仅仅一年的刻苦学习，这位前陆军军官便将成为朝鲜首屈一指的海军战略家。

李舜臣也竭尽所能地让自己辖区内的丽水和其他五个偏远港口做好战

争准备。这并非易事，因为朝廷能够提供的钱物和人力非常有限。李舜臣不得不多次自行招募水手和劳工，筹措建筑材料，并制造武器。为了防备日军从海上来袭，他命人用铁索封锁各个港口数月。港口中年久失修的防御工事得到重建；火炮被铸造出来，加以测试；火药储存在仓库之中，甲械得到修缮。

不以规矩，不能成方圆。与此前诸多伟大的将军（如明朝的戚继光）一样，李舜臣也很重视军纪。兵士犯小过会被鞭打，犯大错可能会被处斩。这个历史悠久的传统，可以一直追溯到公元前4世纪的《商君书》："行罚，重其轻者，轻其重者，轻者不至，重者不来，此谓以刑去刑……罪重刑轻，刑至事生，此谓以刑致刑，其国必削。"[39]这种方法很残酷，但是行之有效。李舜臣将一群由农夫、游民和职业军人组成的乌合之众，变成了一支令行禁止的铁军。他命令他们训练，他们就会训练；他命令他们作战，他们就去作战。

当然，李舜臣战术的核心是他的船。他的船数量不足五十艘，包括二十四艘大型板屋船、十五艘中型战船和少量渔船。板屋船是整个舰队的中流砥柱。这种重型船只长约二十五米，靠桨划行，额外有一层甲板，将上面的士兵和下面的桨手分开。上层甲板被高墙围住，可以为战斗人员提供一定的保护，甲板正中有一座塔楼，主将可以在塔楼中发布命令。如果配有充足的火炮和训练有素的水手，一艘适航状态的板屋船要强于日本海军所有类型的战舰。这是一座移动的城堡，足以摧毁秀吉那些火力不足的轻型船只。不过，对于李舜臣来说，坏消息是1591年时很多板屋船并非处于适航状态。它们破旧不堪，亟须修理。从此时一直到战争初期，船坞工人们将大量时间花费在了它们身上。

除了让锈迹斑斑的老旧战舰焕然一新，李舜臣还和技艺精湛的船工罗大用共同开发出了一种新型战舰，它甚至比板屋船更能承受火力，更难被摧毁。他们将其命名为"龟船"，这将是海战中一项令人叹为观止的创新。龟船是重甲船，各个方向布满火炮，最上面有嵌着刀锥的顶棚，将整艘船完全封闭起来，看上去与龟壳无异。虽然真正被建造出来并且投入实战的龟船数量极少，但是它们将成为日本水军挥之不去的梦魇。

7

大战将至

1592 年年初，秀吉外出狩猎。此次出行耗时颇长，或许是因为他想要忘记丧子之痛，前一年秋天，年仅两岁的独子鹤松过世，使他遭受了巨大的打击。在为时五周的旅途中，他猎到了数千只鸟和动物。1 月 30 日，大猎手终于返回都城，"似将军凯旋"，坐着欧式的车驾，在聚于一堂的达官显贵面前，展示自己丰厚的战利品。[1]

接下来，秀吉开始着手实施入侵朝鲜和征服中国的计划。他最初打算在阴历三月一日（公历 4 月 12 日）起航，很可能是因为他觉得这一天是吉日。1587 年的九州征伐开始于这一天，1590 年征讨小田原城主北条氏政也是在这一天。不过，这很快被证明是不可能的。在名护屋集结起规模庞大的侵略军，再把他们送到中继点壹岐岛和对马岛所耗费的时间，比秀吉和他的参谋们预计的更长。因此，登陆朝鲜的日期被推迟到 4 月 21 日。

此外，秀吉也在等待对马岛主宗义智的消息。他想知道，朝鲜人是否已经软化立场，愿意"直入大明国"，从而免去自己武力占领半岛的麻烦。宗义智十分清楚，朝鲜人的立场不会改变。不过，他从未告诉秀吉，朝鲜政府坚决拒绝任何关于征服中国的对话。和太阁所有的部下一样，宗义智只说他想听的，即使是负面消息，也要以能够取悦他的方式传达。因此，在 1592 年春，秀吉仍然抱着自己能够不战而屈朝鲜之兵的希望。不过，宗义智当然不会这么想，他知道战争是不可避免的。于是，他留在对马岛，等着秀吉慢慢耗尽耐心，等着入侵开始的命令。

导致入侵时间推迟的最后一个原因，是秀吉的健康。3 月、4 月间，他因为眼疾的折磨，无法在离开京都向南前往名护屋之前向天皇告别。到了 4 月中旬，症状偶有明显缓解，秀吉终于能够上奏天皇。由于仍然没有从宗义智那里听到朝鲜改变立场的消息，他于 24 日传令前线，入侵开始。

秀吉自己又在京都逗留了两周，享受着妻子和侍妾们的陪伴。直到 5 月 7 日，他估计命令大概已经传到名护屋，才从国都出发，踏上漫长的南行之路。和三个月前狩猎归来时一样，他的出城也是一场盛大的典礼。将要挥师远征的大将军秀吉骑着骏马，身披缎甲，一手握刀，一手持弓，七十七名披铁甲、执镀金刀枪的武士骑马护卫着他，六十六面旗帜迎风招展，象征着他一统六十六国的伟业。[2]

辎重队伍想必也是规模庞大。同两年前的小田原征伐一样，秀吉不打算让自己和家臣们在战场上受苦。从音乐、舞蹈、能剧到茶会，各式各样的娱乐应有尽有。单是茶会一项，秀吉就带了两间移动茶室：质朴的山里茶室和奢华的黄金茶室。山里茶室如山间茅舍，有饱经风霜的梁木，墙壁上裱糊着旧日历；黄金茶室精美绝伦，里面的一切都镀着黄金，甚至连火钳都是金的。两间茶室完美地体现了秀吉的两面：黄金茶室代表着那个爱出风头的秀吉，一夜暴富，忍不住想要展现自己的财富；山里茶室则代表着一个品位高雅的文化人，他是诗人、艺术资助者和茶道高手。[3]

诗歌、戏剧、音乐和茶会，秀吉总能为这些腾出时间，即使在他踏上征服世界之路时也不例外。

正当秀吉优哉游哉地从京都前往名护屋之时，朝鲜人在巩固国防上仍然一筹莫展。他们已经开始强化城池、修缮兵器、征召士兵，但是进度缓慢，数量严重不足。

为了大致了解守备工作的进展，朝廷于 1592 年春分别派将军申砬和李镒巡视各地。申砬前往北方，李镒前往南方。一个月后，他们返回国都，提交报告。两份报告都没有多少实质性内容，只是大概描述了他们检查过的武库里的弓箭刀枪的状况，完全没有提及军队的状态、预备役的征召、城池是否坚固和各道能否有效组织防御。这可能意味着申砬对自己看到的情况不甚满意，因为他所到之处，皆有人因疏忽而受到鞭笞或被处死。但是回到汉城后，他对这些都缄口不言。

回到都城后，申砬前去拜访柳成龙。他们讨论了国防事务，特别是日本人的军事能力。"两国早晚会有一战，"柳成龙说，"军国大事就托付给将军了。将军觉得今日之敌实力如何？是强是弱？"申砬答道，日本人不足为虑。柳成龙不同意他的看法，反驳道："以前他们只有短刃，现在有了铁炮这种远程武器，不能轻视。"申砬答道："即使他们有铁炮，又能怎样？能击中几个人呢？"[4]

现在的申砬如同去年从京都返回汉城后的金诚一，浑身充满着毫无根据的勇气，坚信秀吉是纸老虎，战争绝不会发生。

此时是5月11日，距离日本人入侵不到两周。

在朝鲜南部海岸，全罗左水使李舜臣继续精力旺盛地督促自己的辖区做好备战工作。这项工作需要时刻保持警觉。例如，在当年早些时候，巡使向他报告，蛇渡的战备状况良好，应当褒奖那里的军士。李舜臣亲自前往视察，发现蛇渡的防备是辖区五个港口中最差的，于是下令杖责当地军士。防踏港的军士同样因为玩忽职守遭到惩罚。李舜臣在日记中写道："这些人只想谋求私利，如果放任不理，将来会怎样，可想而知。"[5]腐败显然仍旧是个问题。

5月22日，天气晴。李舜臣吃过早饭，来到海边，在下水不久的龟船上，测试刚刚安装好的地字铳筒和玄字铳筒，巡使在旁观看。下午，李舜臣练习射箭，这基本是他每天的例行公事。和任何一位称职的朝鲜武官一样，他坚信弓术的重要性。一天就这样平安无事地过去了。[6]

还有二十四个小时。

从京都出发向南行的秀吉，已经快要到达本州岛最南端了，离侵朝大本营名护屋城还有两周的路程。入侵朝鲜的命令已经先于他传到名护屋，最后的准备已经完毕。先锋第一、二、三军已经进驻前进基地——位于海峡中间的对马岛。驻扎在名护屋的其余六个军团，已经做好渡海准备。侵略朝鲜的所有工作已经就绪，只剩下风向的问题，当前的强风是逆风，阻碍了进军。[7]

在对马岛等待发动进攻的前三军，分别由小西行长、加藤清正和黑田长政率领。小西行长大约三十五六岁，在三人中年纪最长。他出身于堺的一个富商家庭，在 1582 年秀吉接过了织田统一日本的大旗后，开始为秀吉服务。他先是得到了濑户内海附近播磨的一处领地，在 1587 年九州征伐之后，又被移封到九州的肥后，获得了一处石高更高的新领地。

同九州邻近地区的很多大名一样，小西行长是基督徒。他于 1583 年受洗，教名奥古斯丁，对当时在九州很有影响力的耶稣会士们非常友善（一些人甚至形容他是言听计从）。他的第一军中的其他大名也基本都是基督徒。小西的女婿、对马岛主宗义智，于 1590 年在京都受洗，教名达里奥，他的妻子玛丽对宗教尤其狂热，对马岛因此成了葡萄牙神父们传教的沃土。肥前的有马晴信于 1579 年皈依，教名普罗修斯；同样来自肥前的大村喜前，教名桑切。军中绝大多数士兵也都皈依了基督教。实际上，在第一军的所有大名中，只有松浦镇信不是基督徒，但是他麾下的很多士兵也信仰基督教。

第二军的军团长加藤清正比小西年轻些，1592 年时三十岁。他出身低微，同秀吉一样，出生于尾张国中村的一个农民家庭。加藤幼名虎之助，预示着这个孩子未来会成为一名彻头彻尾的武士。作为秀吉麾下最勇猛、最残忍的武将之一，加藤对其他大名（包括小西和秀吉自己）热衷的高雅艺术和娱乐活动毫无兴趣。他的人生与诗歌、舞蹈和茶道绝缘。当他在晚年为仰慕他的武士和继承人写作家训时，加藤认为纵情于这些消遣活动是可耻的，狂舞之武士应切腹谢罪。"生为武士，"他建议道，"应该手握长兵短刃而死。"[8]

同小西一样，加藤也早早加入秀吉麾下。他先是获封本州中部的一块领地，在九州征伐后转封肥后，新领地与小西接壤。到了 1592 年，两人沿着相似的轨迹进入秀吉的核心圈，成为最受秀吉信任的家臣，地位相当。为了争得秀吉的恩宠，这个小圈子免不了相互竞争。壬辰战争期间，加藤和小西的关系之所以紧张，这肯定是原因之一。另一个原因是宗教方面的。加藤是佛教日莲宗的坚定信徒，不信任深受"南蛮"耶稣会士影响的小西、有马、大村和宗义智等人，加藤第二军的士兵都是佛教徒。[9]

第三军的军团长是二十四岁的黑田长政。虽然在三人中年纪最轻，黑田的战场经验却毫不逊色。他是长期受秀吉信任的黑田孝高之子，九岁元服，不久便随父出征，参加了统一日本的战争。1589 年，由于秀吉对孝高的才能越来越忌惮，孝高不得不隐退，让长政继承家督之位。同小西一样，长政也是基督徒，教名达米昂，支持耶稣会的神父们传教。他的性格与小西相近，一半武士，一半绅士，指挥军队游刃有余，在战场上是令人畏惧的对手，平时则喜欢和家人朋友以连歌为乐。后来，黑田在自己的家训中写道："和平的艺术和战争的艺术好比手推车的两个轮子，缺一则无法保持平衡。"[10]小西肯定会赞同这个观点。

在壬辰战争前夜，小西、加藤和黑田已经摩拳擦掌，跃跃欲试。他们各有盘算，野心十足，急切地希望在接下来的战争中攫取功名利禄。小西和他的第一军稍占优势，因为他们得到了率先渡过海峡登陆半岛的荣誉。不过按照计划，在抢下立足点后，他应该停下来等待第二军和第三军，然后三军兵分三路，同时向汉城进发。这样，三人都可以获得足够的功劳。

1592 年 5 月 23 日，天气晴朗，海面风平浪静。早上 8 时左右，小西麾下的 18,700 名士兵在对马岛最北端的大浦集结，开始登上停泊在那里的大量运输船。到了中午，最后一名弓箭手上船，舰队扬帆起航。秀吉为了保护脆弱的运输船而下令建造的战舰，正在从濑户内海前往名护屋的路上，两周之后才会来到这里。

不过，小西一点也不担心。朝鲜就在北方，对即将到来的灾难毫不知情，毫无防备。他和他的部下们甚至可以望得见它，蔚蓝的大海上浮着的深色一点，宛若远方的海市蜃楼。如果天公作美，七个小时后，他们将出现在那里。

第三部分

壬辰倭乱

若决积水于千仞之溪者，形也。[*]

——《孙子兵法》，公元前 4 世纪

8

北上汉城

16 世纪朝鲜的官方文件，以中国皇帝或朝鲜国王的在位时间纪年。1592 年是明万历皇帝在位的第二十个年头，也是朝鲜国王宣祖在位的第二十五个年头，因此被记作万历二十年或宣祖二十五年。不过，日常用来记录日期和年份的，是另外一种非常古老的天干地支纪年法（对应木、火、土、金、水的十天干，对应鼠、牛、虎、兔、龙、蛇、马、羊、猴、鸡、狗、猪的十二地支，每六十年为一循环，周而复始 [1]）。

1592 年是天干地支纪年法中的第二十九个年份，这一年被称为壬辰年。壬排在天干中的第九位，属水，壬水为大海之水；辰是地支的第五位，属龙。朝鲜人并不认为这一年特别不祥；相反，壬辰年被看作吉年，因为传统上龙年是机会和繁荣之年，只是带着些许不可预测性。

1592 年改变了这一切。自当年 5 月开始，在半岛上发生的一连串事件，使朝鲜人把"壬辰"视作死亡、破坏、灾难和世界末日的同义词。直到今天，壬辰倭乱几乎仍然是朝鲜人最痛苦的回忆。虽然在朝鲜的历史上，毁灭和悲剧并不止于此，但是它们的惨烈程度都不及壬辰战争，残破的城市、烧焦的土地、离散的家庭和陨落的生命，诉说着国破家亡的悲歌。难怪直到战争已经结束四百多年后的今天，作为单一民族的朝鲜人，对这场灾难的记忆依旧鲜活。实际上，或许可以说，朝鲜人从未彻底原谅做出如此暴行的日本人。直到今天，壬辰倭乱常常被人们和 1910—1945 年间日本的殖民统治相提并论，朝鲜人因此感到愤怒，有时甚至是仇恨。

1592 年 5 月 23 日，壬辰战争爆发。当天清晨，釜山的海面浓雾笼罩，人们很难看清海上的状况。六十岁的釜山佥使郑拨早早离开港口，前往绝影岛狩猎，该岛因盛产速度极快的名马而得名。当天下午，他第一个看到庞大的舰队从对马岛方向"蔽海而来"，怀疑这就是人们议论纷纷，但又毫无头绪的日本入侵。郑拨急忙返回釜山发出警告，为最坏的情形做准备。他的怀疑很快得到证实，远处海岸的灯塔守卫和釜山后山烽火台的台丁送来详细报告：90 艘船排成长列从南方驶近。[2]

不久后，日军舰队的先锋来到釜山港外，在那里抛锚。庆尚左水使朴泓在附近的母港机张看着他们到来，同时还在数着敌船的数量。港外很快聚集起了 90 艘船，同报告说的一样。然后是 100 艘、150 艘。午后，敌舰仍然源源不断地驶来，200 艘、250 艘、300 艘。直到太阳落到海平面以下，敌军的数量仍在增加。朴泓胆战心惊，坐立难安。

日本人入侵的消息，也在当天下午传到了庆尚右水使元均的耳中，他驻守在釜山以西的巨济岛。开始时，元均不相信这是真的。他派人通知自己的同僚、本营在丽水的全罗左水使李舜臣，大量船只驶近釜山，不过可能只是来自对马岛的大型贸易船。随着时间的推移，釜山港外的船只已经超过 150 艘，元均不得不得出结论，确实是入侵，大难将至。

但不论是他还是朴泓，都没有在当天或次日对日本舰队发动进攻。他们共有 150 艘板屋船，是朝鲜水军的主力。两人除了焦急地派出信使外毫无作为，任由自己麾下的船只在港口里无所事事，它们是朝鲜最强大的武器，是国家第一道防线，也是最有效的防线。

元均和朴泓的坐以待毙，是朝鲜人在壬辰战争初期犯下的一连串战略错误中的第一个。两名水军将领不知道，日军舰队虽然看似庞大，海战能力却很弱，朝鲜水军有很大机会在日军登陆之前给予其沉重打击。

在两个月前发布的军令中，秀吉敦促手下大名在渡海前往釜山的途中要特别小心，警告他们"如果因为判断错误，导致哪怕一人一马的损失，也会被视为重罪"。[3] 为了防备朝鲜水军（他们现在只是闲待在庆尚道的水军军营内），秀吉在入侵计划中特意安排战舰护卫运输船。不过，承担护卫任务的军舰未能及时赶到。当侵朝军第一军离开名护屋前往中继站对马岛时，日本水军仍然在濑户内海集结；当运输船离开对马岛，驶向釜山时，它们刚刚抵达名护屋。实际上，秀吉的战舰在一周多以后才来到釜山。小西赌自己的军队可以在没有它们保护的情况下登陆，现在在朝鲜水域的日本舰队只有轻型船只和几乎没有任何保护的运输船（实际是渔船），完全不是朝鲜板屋船的对手。假如当时庆尚道水军的统帅是另外一名愿意出海攻击敌人的将领，最初几天的发展很可能截然不同。[4]

5月23日傍晚，载着小西行长第一军从对马岛北部出发的四百多艘船，平安地航行了七十多公里后，在釜山港外集合。[5] 晚7时30分，一艘船独自驶离舰队，进入港口。上岸的是对马岛的基督教大名达里奥，也就是宗义智。1589年以来，他一直负责处理秀吉和朝鲜之间的外交事务。陪在他身边的是学识丰富的僧人玄苏，他曾于1589年随对马岛使团前往朝鲜。两人交给釜山金使郑拨一封信，最后一次要求朝鲜人同意日军假道攻明。他们没有得到任何答复，最后不得不回到船上，和舰队会合。[6]

现在，战争已经不可避免了。宗义智和岳父小西行长到釜山时，可能希望通过展示武力迫使朝鲜人屈从秀吉的要求，从而避免战争。郑拨的拒绝彻底排除了这种可能性。大批侵朝日军正在后面的对马岛待命，巨大的压力迫使这两位大名无法花时间安排同朝鲜的和谈。小西认为这是"基督之意"，现在他们只能诉诸武力了。[7]

在接下来的几个小时里，港口外的日本舰队没有丝毫动静，朝鲜人在釜山港的城墙后面紧张地注视着他们。5月24日凌晨5点，登陆开始了。先锋是宗义智麾下的五千名士兵。他曾多次前往釜山，比秀吉帐下的其他将领更加熟悉这一带的地形和守备的虚实，由他开路合情合理。此外，日本人可能也盘算着，这张熟悉而且曾经非常友好的面孔，至少会使朝鲜人暂时放松警惕。不过，即使朝鲜人真的有过片刻侥幸心理，他们也必定很快认清了日本人的真实意图。这次，宗义智和他的部下们显然不是为了外交或贸易而来，他们的目的是战争。宗义智的部队在岸边登陆，身披覆盖住躯干和手臂、状若围裙的铠甲。这种甲是用皮革将铁片绑在一起制成的，既能保证活动自如，又难以被穿透。他们头戴闪闪发亮的铁盔，一些人的头盔前方有形如牛角或鹿角的特殊装饰物（前立）；为了保护头颈，两侧和颈后也被包裹住。高级武士骑在马上，戴着狰狞的面具，让人不寒而栗；腰间别着两把刀，较长的武士刀和稍短的肋差，做工精致，价格昂贵，被它们的主人视为珍宝。一些人可能也带着弓，极少数人持长枪。他们没有携带铁炮，这些有效但是本质上有违武士精神的兵器属于足轻。除了铁炮，足轻通常还会随身携带一把"御贷刀"（即从大名那里借来的刀）。

接下来登陆的是宗义智的岳父小西行长及其麾下的七千人。小西军的马印（主帅军旗）非常特别，上面绘着一只巨大的、鼓起来的白色纸袋，日本的药商通常用它来装药，这可能是在暗示小西的家族长期从事这门生意。[8]上面可能还有十字架，因为小西及其部下全是基督徒（宗义智的部队同样如此）。小西骑着离开名护屋前秀吉赐予的白马，秀吉鼓励小西，骑着它"跨过那些长须蛮子（髯虏）的脑袋"。[9]

紧随小西登陆的是平户城主松浦镇信，他是第一军中唯一一位不信基督教的大名。然后是有马晴信、大村喜前和五岛纯玄。日军共计18,700人，全副武装，准备好要大开杀戒。全军的色调以黑、红为主，黑色的盔甲，红色的指物旗。士兵开始列队，然后整支部队一分为二。小西率领一部分人沿着海岸向西南行进数公里，来到位于洛东江口的多大浦。守将多大浦佥事尹兴信打退了日军的第一波攻势，但是在压倒性的力量面前无能为力，没能顶住第二次攻击，全军覆没。与此同时，宗义智亲自率军进攻釜山。他正式对守将郑拨下达最后通牒，再次强调日军的目的是借道征服中国，只要朝鲜人开城，保证不会受到任何伤害。郑拨拒绝了。他答复道，除非接到命令，否则他有责任阻止日军前进。[10]

随后，这位年迈的军官转向自己的部下，一字一句下达了自己的命令。他大声喊道："我希望你们像勇士一样战死沙场。如果有任何人胆敢逃跑，我会亲手砍下他的脑袋。"

天刚蒙蒙亮，日军吹响了法螺号，低沉的声音标志着战斗开始。随后的攻城战短暂而惨烈，遭受围攻的朝鲜人第一次尝到了铁炮的惊人威力。他们的弓箭和长枪完全无法与之相比。数百名釜山守军被这些奇怪的"狗腿"发出的铅丸击中，纷纷倒地，死亡如"暴雨来袭"。守军一直奋战到箭矢耗尽，随着早晨9点左右郑拨力战身亡，所有抵抗都停止了。[11]

"越过城墙后，我们看到人们四散逃命，想要躲到房屋之间的空隙处，"松浦镇信的部将吉野甚五左卫门后来回忆道，"那些无处可藏的人朝东门奔去，他们将手扣在一起，用汉语对我们喊'Mano，Mano'，可能是在求饶。我们的人根本不理会他们在说什么，走上前去把他们砍死，像是献给武神八幡神的血祭。男人、女人，甚至连猫狗都被斩首。"[12]日本人以为朝鲜人说的是汉语，足以说明他们对自己的敌人知之甚少。

　　根据日本人的记载，釜山陷落时，共有八千五百名朝鲜人被杀，两百人被俘。死者包括郑拨十八岁的侍妾爱香，她的尸体躺在死去的郑拨旁边。她是自杀身亡的。

　　驻扎在东面不远处的庆尚左水使朴泓，从附近的山顶上目睹了这场战斗。此前一天，他看到数百艘船组成的日本舰队前来，已经被吓得魂飞魄散。现在，亲眼看到势不可挡的敌人攻陷釜山，杀死城中守军之后，他彻底丧失了勇气。他没有回到船上与日军作战（此时日本人的意图已经非常明显了），也没有尝试让舰队移动到较为安全的水域。相反，他下令凿沉整支舰队，共一百艘船，其中至少有五十艘板屋船。他也下令销毁所有武器，烧掉全部给养，防止它们落入敌人之手。然后，他放弃自己的职责，留下数千名不知所措的士兵和水手，一路向北逃回汉城。随后，这些人也跟着逃跑了。[13]

　　于是，强大的庆尚左水营，朝鲜南方海岸的第一道防线，在战争第二天便毁于自己人之手。朴泓的舰队没有起航，也没有开火，只是安安静静地消失在海浪之下。这是送给日本人的一份厚礼，特别是对于下了重注、在没有战舰保护的情况下冒险来到釜山的第一军统帅小西行长而言。看到沉没在港口的朝鲜船只残骸，这位极具野心的基督教大名必定欣喜若狂，眼前的一切使他确信，大胆而迅速的行动正是击溃显然对战争毫无准备的朝鲜人的不二选择。

　　攻陷釜山浦和多大浦的次日，小西重整军队，向东北方向十公里外的东莱进军，东莱位于前往汉城的大道上。这是当地最为坚固的城池，位于金井山前的一座山顶上，四周筑有城墙。此时，城中有两万朝鲜人，包括装备破旧的士卒、匆忙被征召入伍的新兵和大量惊慌失措的百姓。在接下来的几个小时里，四十一岁的东莱府使宋象贤将再次告诉日本人，秀吉觉得朝鲜人会心甘情愿帮他"直入大明国"的想法是多么离谱的错误。

同进攻釜山前一样，日本人给了宋象贤和东莱守军最后一次投降的机会。他们在南门外竖起大旗，上面写着"战则战矣，不战则假道"。宋象贤意志坚定，他在一块木牌上写下"战死易，假道难"，然后把它扔出城外。

宋象贤知道情况已经无可挽回，日本人早晚会攻破城墙，像占领釜山一样占领这里。他的侍从告诉他，日军阵中有一处破绽，催促他趁现在还来得及，赶紧逃命。宋象贤拒绝了。他将恪尽职守，殉命东莱。唯一让他感到遗憾的是，这将令他的父母悲痛欲绝。因此，在开战之前，他坐下来给自己的父亲写下绝笔信："孤城月晕，列镇高枕，君臣义重，父子恩轻。"

随后，宋象贤转头对自己的侍从说："战斗结束后，死者必定不计其数。我的腰间有一颗豆子大小的痣，你以此为标志来寻我的尸体。"

早晨 8 点，东莱之战开始。根据朝鲜方面的记录，战斗持续了十二个小时，日本人则宣称四小时结束战斗。守城的朝鲜人，包括妇女在内，绝望而英勇地用弓箭、长枪，然后是石块攻击日本人。宋象贤亲自站在城中一处高台播鼓督战。但是事实再次证明，朝军落后的武器无法和日本人的铁炮抗衡。守军一个接着一个被铁炮足轻击杀。抵抗的强度开始减弱，日本人在城前架起云梯，爬上城墙，小西单手持刀，身先士卒。接下来的白刃战是最后的高潮，战事很快结束。宋象贤被一群日军士兵生擒，俘虏他的人强迫其下跪，他拒绝了，然后惨遭杀害。

在东莱之战中，日军一百人阵亡，四百人受伤；五千名朝鲜人丧命。在战前出使朝鲜时，宗义智曾受过这位府使的礼遇，因此希望能够救他一命。听到宋象贤被杀的消息后，宗义智下令为其举行葬礼，并在墓碑上写下"忠臣"二字。宋象贤被埋葬在东莱后山的栗树丛中，他的绝笔信最终被送到北方的父母手上。两年后的 1594 年，宋家的一名成员来到东莱，将其尸骨带回故乡。[14]

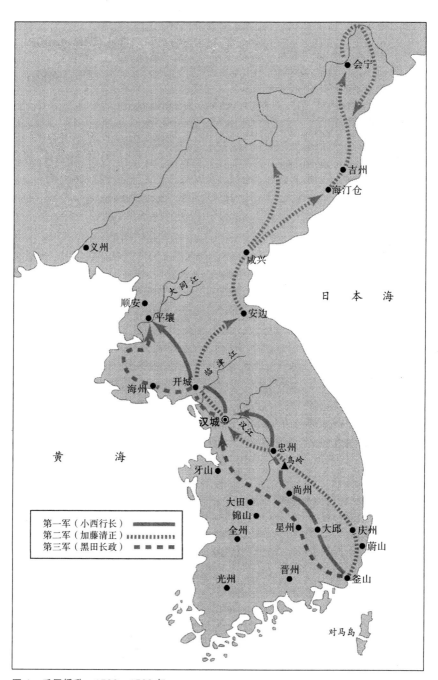

图 4　壬辰倭乱，1592—1593 年

本营在巨济岛的庆尚右水使元均此时惊慌失措。他先是收到日军舰队出现在釜山以东的消息，不久后又有人来报，釜山失陷，然后是日军攻占东莱的噩耗。最后，他从大量真假参半的信息中理出头绪，自己的同僚庆尚左水使朴泓下令自沉舰队。即使元均曾经想过要拼死一战，现在这个念头肯定已经被抛诸脑后，他只想着怎样逃跑。元均下令舰队向西驶行，转移到安全场所。开始时，他的撤退似乎井井有条。不过，在看到几艘渔船后，他马上乱了方寸，误以为那些是日本军舰。于是，他同朴泓一样，下令凿沉自己的舰队，销毁全部武器。他本来已经准备要放弃舰队旗舰，逃入山中。不过，两名意志更加坚定的部下出面劝阻，提醒他逃亡的后果。他们问道，如果朝廷因为他擅离职守而问罪，他该如何自圆其说？最好的选择是在原地坚守。于是，元均决定留下来战斗。不过，他已经难有作为，麾下原有的上百艘战舰，现在只剩下四艘。[15]

到了这个时候，庆尚左、右水营已经不复存在。占朝鲜水军总战力三分之二的两百艘船，毁于自己的统帅之手。在南方海面继续抵御日本人的，只剩下西面全罗左、右水营的不足百艘战舰。对朝鲜而言，幸运的是，这两支水师的统帅李舜臣和李亿祺，比庆尚道的同僚们坚定得多。

攻陷釜山和附近的东莱，抢下滩头堡之后，小西行长没有按照既定计划等待加藤的第二军和黑田的第三军登陆，而是径自进军汉城。这可能是因为小西的私心，他希望能够抢在竞争者的前面，独占攻陷敌人国都的荣耀；也可能是因为他只用了两天便攻下釜山、多大浦和东莱，因此变得更加自信；抑或是因为，他急着在朝鲜人组织起反击之前，离开孤悬一隅的釜山。[16] 不管怎样，5 月 26 日，也就是入侵后的第三天，小西、宗义智和第一军主力开始翻山越岭，向四百五十公里以北的朝鲜国都进发。他们选择沿着位于半岛中部的汉城中路前进，每天行进二十多公里。考虑到他们在行进途中还要进行大大小小的战斗，这个速度可以说是非常惊人了。

他们最先到达梁山，那里已经被遗弃，绝大多数居民逃入山中。随后他们到达鹊院关，一支仓促集结起来的守军耽误了他们些许时间。他们迅速用铁炮清除了障碍，继续挺进密阳，三百名朝鲜人横尸山中。

接下来是大邱。庆尚左兵使李钰（他在日军登陆后不久便撤出东莱），试图在这座位于庆尚道中心的重镇收拢溃兵，组织抵抗。他也向更北的尚州城求援，不过为时已晚，日本人在朝鲜人还未来得及采取任何防御措施之前赶到这里。5月28日，大邱沦陷。

现在，面对着日军全力以赴的猛攻，朝鲜人毫无招架之力。敌人似乎是不可战胜、无法阻挡的，以区区弓箭刀枪抵挡他们的铁炮有何意义？庆尚道观察使金晬得知日本人来袭后，立即发布檄文，号召人们拿起武器抵御外敌，并且亲自率军南下，准备在釜山附近迎击敌军。不过，他还没有走出太远，就听到了东莱失陷的消息。他随之放弃了继续抵抗的念头，迅速撤回此前呼吁抵抗的告示，催促百姓赶紧逃难。

到了釜山登陆一周后的5月29日，日军在没有遇到任何真正抵抗的情况下，轻而易举地穿越庆尚道全境，走完了从釜山到汉城的一半路程。朝鲜人完全无法阻止他们前进的步伐。后来，战败的巡边使李镒逃到位于庆尚道北部边界的闻庆后，曾经感叹道："今日之敌，似如神兵……以不教之民挡无敌之贼，不可为也。"[17]

朝鲜人对此或许会有一种似曾相识的感觉。在12世纪，他们遇到过类似的敌人，同样被杀得毫无还手之力。当时是中国东北骑术精湛的女真部落。速度极快的骑兵部队，绕着经验不足的高丽步兵转圈，突然冲入阵中一番砍杀，然后飞奔离去，高丽人甚至来不及反应。同时代的一位作者简洁明了地写道："敌人骑马，我们步行。我们完全不是对手。"[18]

到了1592年，战争的主角不再是骑兵，而是火绳枪。朝鲜人只能无奈地摇着头，为老调赋上新词："敌人用枪，我们使箭。我们完全不是对手。"

5月25日傍晚，日军入侵的消息向西传到正在母港丽水的全罗左水使李舜臣耳中。开始时，只是庆尚左、右道水军节度使朴泓和元均送来的一些暧昧不清的报告，称一支日本大型舰队已经抵达釜山港。虽然不知道到底发生了什么，李舜臣派人通知自己辖区的五个港口，令其保持警惕，让自己麾下的战舰在丽水港口排好战斗阵形，防备可能的攻击。他也派人驰报西面的全罗右水使李亿祺、道观察使李洸和北方的汉城朝廷。

次日，更多有关日军登陆并且已经攻陷釜山的报告传来，局势的严峻程度已经一清二楚了。随后在5月28日，有人报告东莱失守。[19]

接下来的消息不啻一颗重磅炸弹：庆尚左、右道水使自沉舰队，两支水师不战而亡。朴泓弃职逃跑，现在正在内陆腹地。元均躲在西面巨济岛到海岸之间的某个地方，麾下的上百艘战舰只剩下四艘，请求李舜臣派兵增援。

李舜臣没有立即赶赴战场，他等了两周半后，才终于离开丽水率军向东与日军交战。延期的原因之一是，他没有接到命令。汉城朝廷没有在战争爆发之前，给予南方诸将便宜行事的权力。节度使的职责只是防御自己的辖区，李舜臣的辖区是全罗道东海岸。因此，前往庆尚道救援元均，等同于放弃自己的职责。

其次，仓促上阵是愚蠢之举，而李舜臣肯定不是鲁莽之徒。稍后，在开始战斗之前，他叮嘱手下诸将："不要莽撞行事，保持镇定，静重如山。"在随后的几个月里，这句话证明了李舜臣的才能。他开始了解日军的实力，但是仍然保持着自信，知道只要计划周严、行动谨慎，自己一定能够在海上击败敌人。不论如何，朝鲜水军的实力更胜日本一筹。15世纪时，它正是在海上击败了倭寇。只要能够保持冷静，它将在这里重温胜利的喜悦。

李舜臣起航投入战场前的两周半，正是恢复冷静和做周密准备的时间。首先，他认为反击日军最有效的方法，是将自己为数不多的战船（他拥有二十四艘大型板屋船、十五艘中型挟船和四十六艘小型鲍作船，后来他觉得鲍作船毫无用处而弃之不用）和李亿祺的庆尚右水营合兵一处，组建联合舰队。从李舜臣的日记和送到汉城的奏折里可以清楚地看出，在日本人入侵后不久，他便开始着手实施这个计划。其次，在行动之前，李舜臣需要搜集庆尚道航路的详细情报。这一点绝不能等闲视之，因为朝鲜南部海域是由暗礁险滩和危险的潮汐组成的迷宫，任何一个因素都可能造成船毁人亡。因此，他要求庆尚道观察使金晬和向东逃亡中的元均提供海图。

收到海图之后，他便认真加以研究。

最后，李舜臣需要时间让自己的部下为接下来的战斗做好精神准备。釜山、东莱沦陷，庆尚道两支水师覆灭，日军看起来势不可挡，这些必然会对全罗道水军的每个人造成影响。驱使士气低落的士兵上阵，将会招致毁灭性的恶果，正如公元前 4 世纪中国的经典兵书《司马法》所言："人有胜心，惟敌之视。人有畏心，惟畏之视。"[20] 李舜臣必须确保自己的手下（特别是自己的部将）没有丧失勇气，不会一见到敌人便掉头逃窜。他需要撩拨他们的怒气，增强他们的信心，直到他们完全做好准备，战则必胜。在这段时间的日记里，我们可以读到，李舜臣频频同手下诸将会谈，测试他们的决心，带领他们立下必将死战到底的庄严誓词。我们可以看到，他让自己辖区的守令务必恪尽职守，募集劳力修筑城墙，征召士兵与敌人作战；他会鼓舞自己的手下，激起他们作为武人的荣誉感，驱散胆怯的情绪，将自己必能给予日本人致命打击的坚定意志灌输给他们。[21]

这就是为什么李舜臣足足等待两周半之后，才起航投身战斗。这就是为什么当元均和庆尚道观察使金晬催促他立即派遣援军时，他反倒要求他们送来海图。他不会仓促行事。只有在头脑清醒、"静重如山"时，他才会采取行动。

庆尚道右水使元均不会理解这些。此刻，他正带着残存的四艘战船龟缩在东边的一个小海湾里。在他看来，自己已经请求李舜臣派兵救援，却没有任何回音。这是元均对李舜臣的无数抱怨中的第一个。随着抱怨的增多，牢骚满腹的元均将会越来越敌视李舜臣，厌恶的情绪是相互的。

由于朝鲜的烽燧系统年久失修，日军入侵的消息在四天后才传到北方四百五十公里外的汉城。庆尚左水使朴泓派出的信使快马加鞭率先入朝，他自己跟在后面，距离不算太远。

战备工作已经拖拖拉拉地进行了一年有余，但是直到现在，朝廷才正式任命指挥军队的将军。1591 年，左议政柳成龙曾经催促朝廷尽快完成任命，让将军可以在战前熟悉军队，以便更有效地组织防御。但是柳成龙的提议和战争爆发前朝鲜由来已久的惯例相悖（将军必须留在国都汉城），因此他的提议被驳回。现在，正如柳成龙已经预见到的，"客将"不得不在战争爆发之际"驰下"南方诸道，守卫北上汉城的道路。朝鲜最高武将是指挥全国八道军队的都元帅，此时担任此职的是一位名为金命元的文官，这再次印证了朝鲜王朝的理念：受过良好儒家教育的文官，即使没有任何军事经验，也足以统率军队。经验丰富的将军申砬被任命为三道巡边使，负责指挥庆尚、全罗和忠清三道的军队。在申砬之下是巡边使李镒，负责庆尚道军务。其下还有若干防御使，负责防守各战略要地。

任命下达后，接下来就是推诿责任、互相攻讦的游戏了。第一个遭殃的是1591年出使日本，并且信誓旦旦地保证战争不会发生的金诚一。此时，金诚一是庆尚右军使，他以欺君之罪入狱（通常这几乎等同于被判处死刑）。金诚一被当作囚犯押送至汉城，好在密友柳成龙请求宣祖开恩，他因此被赦免，随后被任命为招谕使，返回庆尚道招募士兵。次年，他身染重病，在晋州去世。[22]

朝鲜人对日本人北上的路线了若指掌。因为朝鲜多山（当地有一个笑话说，如果把朝鲜半岛摊平，它会和中国一样大），长途运输有赖于事先开凿好的道路，它们顺着错综复杂的山谷，穿过绵亘在半岛上的山脉，将釜山和汉城连接起来。日本人已经打探清楚，这样的道路共有三条：东路通过庆尚道；西路通过忠清道；中路位于半岛中央，是三条路中最直的。朝鲜人同样清楚，日军定会沿着这三条路北上，因此他们围绕着这一点制定出了接下来的防御计划。李镒将军沿着至关重要的中路南下，在庆尚道南部阻截日军。申砬将军将自己的军队布置在中路更北的忠州，如果日军突破了李镒的防线，那么他将在那里阻击日本人。与此同时，各防御使负责南方各战略要地的守备：边玑防守中路尚州和忠州之间小白山脉的鸟岭；刘克良防守更北的、距离汉城南不远的竹岭；赵儆被派往西路，截击任何从靠近黄海的全罗道北上的日军；成应吉负责与之相对的东路。最后，都元帅金命元坐镇汉城，监督那里的守备。[23]

所有将军在征召南下的士兵时均遇到了困难。国都汉城及其邻近地区的士兵名册与实际情况严重不符，因为很多人已经以生病或为父母守丧为由离开军营。例如，本应划拨给李镒的三百名士兵（数量少得可怜），基本都是从官衙中仓促征召来的儒生和文员。接到即刻南下命令的李镒，决定留下这些毫无用处的文弱书生，只带了自认为可以信赖的六十名骑兵启程上路。朝廷对率领这支小"部队"（再加上沿路募集的兵士）的李镒将军寄予厚望，希望他能够阻止日军前进。[24]

次日，李镒的上司申砬离开汉城南下。他的情况也不过稍好一点。宣祖亲自送他出征，四周聚集着大量焦虑的汉城百姓。在简短的仪式过后，宣祖赐给申砬一把珍贵的古剑，象征着现在他握有国王赋予的军权。宣祖允许他从各道招募士兵，从府库中拿走需要的武器，李镒以下，不服从号令者皆可斩。[25]

宣祖和汉城百姓对申砬将军满怀期待，目送他离去。申砬是朝鲜最受赞誉的武将之一，在北方同女真人的战斗中，他率领骑兵冲锋陷阵，立下赫赫战功。战争爆发前，他坚信朝军有能力挡住日军，并且向柳成龙保证，秀吉的铁炮在自己的骑兵面前不堪一击。战争爆发后，他的态度没有任何改变。他坚称，日本人会迅速耗尽给养，每多过一天，他们就更不是自己麾下骑兵的对手。他发誓自己一定会阻止日军前进，否则将以死殉国。同之前对铁炮的评论一样，这些大胆的说辞很可能只是为了安慰担惊受怕的文官和心神不定的士兵。申砬自己当然没有愚蠢到真的相信它们。他肯定知道，现在的情况非常严峻，朝鲜人面对的绝不只是一次小小的边境骚扰。

就在申砬将军正要动身南下拦截敌人的同时，日军第二军在釜山登陆。因为风向问题，他们不得不怒气冲冲地原地待命，直到 5 月 28 日才得以从对马岛启航，比先锋小西行长整整晚了五天。第二军由 22,800 人组成，和小西的第一军一样，所有人都来自南方的九州。军团长是三十岁的肥后熊本城主加藤清正。

加藤的第二军全部是日莲宗的信徒，他们在釜山附近登陆时携带的军旗上，用朱砂写着"南无妙法华莲经"七个大字。日莲宗由狂热的僧侣日莲上人于两百年前创立，当时他号召日本人坚决抵御蒙古人入侵。现在，日莲的信徒们经过漫长的等待，踏上了当年蒙古人的出发地朝鲜，大肆报复。

当加藤和他的人在釜山下船，涉水上岸时，他们的装束一定非常显眼。加藤的头盔镶金带银，形状类似于日本公卿戴的高帽（在现代西方人看来很像鲨鱼的鳍，或是以前惩罚学生时，给他们戴的圆锥形傻瓜帽），一眼便可辨认出来。同其他军团长以及绝大多数武士不同，加藤蓄着浓密的胡子，据说是为了不使头盔的绳结勒得过紧。他的武器是一支三刃长枪，名为"片镰枪"。他喜欢用这把枪耗尽敌人的体力，然后将其刺穿。加藤的家臣们骑着马，穿着精致的铠甲，戴着宽圆边、前面有角的头盔和雕着花纹的面具。他的步兵穿着轻甲，戴着形如铁碗的头盔，背上插着指物旗，旗上绘有圆形图案。他们手持刀枪和铁炮，也就是那种将会令朝鲜人不寒而栗的狗腿状武器。[26]

踏上朝鲜土地的加藤，很可能十分急躁。这个秀吉军中最有野心的大名，却只能眼睁睁地看着自己的对手小西抢下率先进入战场的荣誉，他的内心必定非常恼火。现在，他们总算同在战场之上，两人建功立业的机会均等。小西可能是最早来到釜山的，但是加藤决意要第一个攻入汉城。

不过，小西和他的军队为何不见踪迹？那个目中无人的大名现在身在何方？他的第一军应该在釜山与加藤的第二军和黑田的第三军会合，然后三军同时沿东、西、中三路北上。那个莫名其妙得到秀吉恩宠的基督教大名奥古斯丁在哪里呢？答案令他震惊。有人禀告，小西已经启程上路了。他没有按照计划等待第二军和第三军的到来，而是在几天前攻下釜山和东莱后直取汉城。

加藤怒火中烧。小西抢得攻陷釜山的头功是一回事，但是他竟敢先行上路，妄图将占领汉城的荣耀也揽入怀中，这是完全不能容忍的。加藤决不会让小西独占这份功劳。他集结军队，命令士兵即刻上路，以近于极限的速度沿着预定的东路北上。他先取蔚山，未遇抵抗。在新罗故都庆州，他轻而易举地突破了仓促组建的防线，烧毁了当地有着千年历史的建筑和寺庙，屠杀了三千人。接着是永川，然后是新宁、军威。此时，他的部下肯定已经筋疲力竭，但是加藤毫不怜惜麾下的士兵，命令他们日夜兼程，一定要赶在对手小西之前到达汉城。

接下来，黑田长政的第三军也从对马岛来到朝鲜，他们用的很可能是曾经载着小西行长的第一军渡过海峡前往釜山的运输船。5月29日，他们在距离釜山二十公里远的安骨浦登陆，比加藤晚一天，比小西晚六天。黑田军的指物旗上绘着一个黑色的圆圈，是将其主帅的姓氏（意思是黑色的田地）以可视的方式表现出来。[27]二十三岁的黑田比小西和加藤都要年轻，他和前面两人的竞争关系没有那么强烈。他渴望在朝鲜建立功勋，不过并非一定要战功第一。

在安骨浦登陆之后，他攻下了附近的金海，砍下了一千颗首级，然后按计划沿着西路前往汉城。他将经由昌宁、星州、清州和水原，到达汉江和汉城之外。

此时，有三支部队正在前往朝鲜国都的途中。

6月2日，李镒将军和他从汉城带来的六十名骑兵穿过鸟岭，进入庆尚道北部的尚州。他发现那里无兵可用，所有士兵都被召去防守八十公里以南的大邱。陷入绝境的李镒不得不开仓放粮，招募农民参军，使总兵力达到了八九百人。这些人不服管束，未经训练，不过李镒估计自己将有一周甚至更长的准备时间，可以在敌人到来前把他们塑造成军人。

实际上，留给他的时间不过一天。小西行长的第一军已经攻陷大邱，现在正在逼近东南几公里外的西山。一个从当地招募来的农民把这个消息报告给李镒，后者不相信这是真的，以散播谣言、扰乱军心的罪名将这个不幸的人斩首。这简直是危言耸听，一支军队怎么可能在十天之内从釜山一路杀到西山，走完到汉城的一半路程？不过，这个人的说法一定是得到了某些佐证，因为在次日6月3日早晨，李镒将自己的军队部署在尚州城后的斜坡上，准备和日军开战。他骑着马站在军队前方，身披华美的战甲，将旗高高飘扬。在他面前的是一条小溪和茂密的树林，再往前是尚州城。

与此同时，小西的第一军在尚州东南五公里外的地方分成两部。小西和松浦镇信率领一万人直奔尚州，兵不血刃夺下城池。剩下的六千七百人在宗义智、大村喜前和五岛纯玄的带领下，先向北，后向西，绕过尚州直扑在城后等着他们的李镒将军的小股部队。

日本人进入树林，逼近朝鲜军队。负责侦察的斥候首先钻出树丛，将在此等待的朝军看得一清二楚，而朝鲜人的弓箭却无法射到他们（在未经训练的农民手里，弓箭的射程不会太远）。李镒的军官们看到敌人在移动，但是想了想昨天被砍头的人，默不作声，他们不想遭到同样的指控。

烟从尚州方向升起，此时李镒还不知道城已陷落，于是他命令一名军官去南边查看情况。这个人显然不愿前去，柳成龙在《惩毖录》中写道："军官跨马，二驿卒执鞚（马笼头），缓缓去。"当他到桥边准备渡河时，突然一声枪响，这名军官应声落马，埋伏在桥下的日本兵跑出来割下了他的首级。

突然，大队日军士兵冲出树丛，分成三组，先锋在中，两翼拱卫左右。这是日军的标准战斗阵形，是经过长达一个世纪的内战摸索出来的最有效的军队组织方式。三组士兵以壮观的宽弧形前进，铁炮手在前，持刀枪的士兵在后。当两军距离在百米之内时，铁炮手开始向聚在斜坡上等待日军靠近的朝鲜人射击。日军再向前几步，铁炮齐射的效果显现，李镒手下初上战场的新兵纷纷中弹倒地。他们试图用弓箭回击，却对射术一窍不通。当双方相距五十米时，朝鲜士兵能清楚地看到日军铁炮的枪口，空气中弥漫着痛苦的叫喊声和死亡的气息。绝大多数朝鲜士兵只是毫无战争经验的农民和商贩，战场上的一切令人崩溃。他们扔下手中的武器，争先恐后地逃命。看到这样的场面，日军中持刀枪的左右翼士兵从后面快速冲上前，将他们了结。短短几分钟之内，李镒匆匆组织起来的部队变成了一群无头的尸体，幸存者身上沾着鲜血，惊恐不安地逃入树林。[28]

李镒落荒而逃，先是下马徒步逃跑，然后脱掉铠甲爬上山，远离杀戮之地。他很快来到鸟岭。从汉城南下防守此地的防御使不见踪影，可能已经逃跑了，也可能根本没有来到这里。这是一个巨大的失策，因为鸟岭具备所有的战略优势，它是山间一条狭窄的小径，即使只是一支意志坚定、装备精良的小部队，也能够据险而守。不过，李镒没有这样的打算。他跑到山顶，从另一处山坡下山，一直向北逃到忠州，那里是他的上司三道巡边使申砬的驻所。鸟岭因此完全无人防守。

申砬将军在忠州集结起了一支颇具规模的军队，兵力达八千人，大部分是抵挡不住日军攻势，从南方逃难到此的军官和士卒，此外还有他从汉城带来的援军。起初，申砬打算率军前往鸟岭固守，多山的地形和狭窄的隘口会给他们带来地利优势。丢盔弃甲、狼狈不堪的李镒意外出现，让申砬改变了主意。尚州陷落，李镒的军队全灭，日军已经朝鸟岭进军。

因此，申砬决定留在忠州。他将在平原，而不是俯瞰城市的高地和日军一决雌雄。一名部下建议他放弃这个计划，在周围的山上居高临下迎击敌军。申砬拒绝了。他说：“骑兵在山间发挥不了作用，我们要在原野上与敌军一战。”[29]

6月6日中午，日军自鸟岭而下，逼近忠州。申砬将自己的军队部署在城外山脚下一块名为弹琴台的平地上。以结果论，这是一个糟糕的选择，因为他将自己的部队置于退无可退的死地，背后是南汉江，正面是忠州。后来，申砬因为这个选择饱受批评。他的决定被看作因为过于自信和对自己的骑兵过于自负，而做出的致命的愚蠢之举。这可能是事实。不过，在公正地评价申砬的决策之前，我们还需要考虑另外一个因素。

弹琴台确实是死地，它使朝鲜军队无路可退。后来每一位描述这场战争的历史学家都清楚这一点，申砬自己也心知肚明。实际上，他选择在此布阵，很可能正是出于这个原因。在没有退路的绝地布阵，是中国由来已久的战术。在此前的一千年间，处于劣势的部队曾多次凭借这一战术逆转局势，取得不可思议的胜利。其原理在于，如果一个人无路可退，他将为了自己的性命而战，如同被逼入墙角的野兽一样，会迸发出非凡的勇气，从而变成几乎无法战胜的战士。作为朝鲜少数拥有丰富战争经验的老将之一，申砬熟读《商君书》《孙子兵法》等中国典籍，而且同朝鲜儒生一样，他孜孜不倦地学习中国秦汉和唐代的历史，因此他对这个传统战术不会陌生。他肯定知道，当处于绝对下风时，中国人的“背水阵”是唯一可行的策略。

"背水阵"最早的战例出现在公元前 2 世纪，当时汉将韩信在面对赵军时，让自己的军队背靠河水展开阵形。由于无路可退，全军殊死奋战，最后取得大胜。此战过后，众将让他解释这个不同寻常的策略，因为《孙子兵法》明确说过，行军布阵应该背山面水。韩信答道：

> 此在兵法，顾诸君不察耳。兵法不曰"陷之死地而后生，置之亡地而后存"？且信非得素拊循士大夫也，此所谓"驱市人而战之"，其势非置之死地，使人人自为战；今予之生地，皆走，宁尚可得而用之乎！[30]

申砬的处境和韩信非常相似。他的部下绝大多数是缺乏经验的新兵和强征入伍的农民，装备不良，心存恐惧，一旦战斗打响，便会立即逃离战场。但胜利却是必须取得的，否则后果不堪设想，因为忠州和汉城之间一马平川，日军可以长驱直入。接下来的战斗生死攸关，申砬决定背水一战的原因正在于此。在弹琴台，身后是滔滔江水，退无可退，申砬的士兵不会重蹈李镒的部队在尚州后山时的覆辙。骑兵列阵在前，未经训练的新兵必须为自己的性命而战。申砬的乌合之众或许有机会阻止日军的前进，即使不成功，至少也会拼死一搏。

八天之中，加藤清正的第二军日夜兼程，终于在尚州以北的闻庆赶上了小西行长的第一军，那是汉城东路和汉城中路的交会点，位于小白山脉脚下。加藤认为小西在从釜山进军汉城的竞争中作弊，愤怒异常，坚持要自己的第二军先行。小西拒绝了。两军兵力总计近四万（小西和加藤在各自占领的重要城镇留下了驻军），互相敌视，开始翻越鸟岭。他们没有遇到任何抵抗，于 6 月 5 日晚到达山的另一侧。忠州就在前方，根据一名朝鲜俘虏的说法，那里有一支数量可观的军队，"猛将如云，兵力有六七千，还有大量射术精湛的弓箭手"。[31]

加藤想在忠州报一箭之仇。既然小西坚持在前，那就让他去开路。于是，加藤命令部队停下脚步，在离城南有一定距离的地方扎营，让他的竞争对手单独去面对以逸待劳的朝鲜人。他满心期待，申砬的军队会给独自应战的小西制造麻烦，到时他迫不得已，只能向自己求援。加藤会去支援，这样既可以夺取战功，又能让小西显得愚蠢而且无能，可谓一举两得。不论如何，这就是他的计划。[32]

小西将计就计。他抓住加藤送给自己的机会，直扑忠州。他的军队沿着东南的山谷向这座城市进发。同在尚州时一样，第一军再次兵分两路，宗义智和小西在左，其他人在右。当靠近弹琴台时，他们呈扇形散开，铺成一个巨大的拱形，面对申砬和他的八千人马。

此时是 6 月 6 日下午 2 点。小西将自己的部队分为三队，他和松浦率领一万人居中，作为先锋，宗义智的五千人为左翼，有马、大村和五岛的三千七百人为右翼。然后，铁炮足轻在前，持刀枪的士卒在后，向聚集在弹琴台附近的朝鲜军队步步进逼。申砬军的阵形，很快被飞来的铅弹撕得粉碎，无数士兵中弹倒地。日军攻势之猛出乎意料，恐慌情绪在朝军中散播开，士兵们转身逃窜，军队溃败。申砬率领麾下的骑兵发起绝望的冲锋，但是他们根本无法近身，纷纷被铁炮击中落马。很快，弹琴台的空地上满是倒在血泊中的朝鲜士兵、奄奄一息的战马和丢了一地的长枪、链枷和刀剑，申砬已经清楚地知道战争的结局。和李镒在尚州时一样，他和手下几名军官策马脱离灾难之地，勉强保住性命。其余的朝鲜军人向各个方向逃跑，或是纵身跳进弹琴台后的江里，或是钻入四周的稻田，做最后一搏。绝大多数人根本没能逃出多远。看到敌军已经失去抵抗能力，本来在阵后的持刀枪的足轻迅速上前，有条不紊地搜捕残兵，抓到后把他们杀死，以致"流尸蔽江"。[33]

当灾难的一天结束后，申砬将军和他的八千人马已不复存在。事实证明，背水阵在技术革新面前一无是处。如果战争仍然是传统的肉搏战（如公元前 2 世纪韩信和赵军的战斗），申砬和他的军队或许还有机会，但是面对火绳枪，他们完全不可能取胜。[34] 根据日方的叙述，当天有超过三千名朝军士兵的首级被割下，数百人被俘。战斗结束后，日本人按照惯例，将割下的首级摆好，供人观赏，然后切下他们的鼻子，浸上盐，运回日本。日军通常会留下首级，但是在朝鲜之役中，由于首级过多，因此他们将更容易运输的鼻子当作战利品送回国内。

申砬自己也没有多活多久。在离开汉城前，他曾立下重誓，如果不能在南方阻止敌人，将以死报国。他决心兑现承诺。申砬在离忠州不远的狄川月滩旁停下脚步，把军官们聚到身边，对他们说，遭受如此重大的失利，自己无颜面见宣祖。随后，他跳入水中，沉重的盔甲拖着他沉入水底。两名军官跟着他投水而亡。[35]

当晚，日本侵朝第一军和第二军在忠州安营扎寨。晚上，第二军指挥官加藤清正和锅岛直茂来到小西行长的军帐，讨论最后进军汉城的相关事宜。加藤因为白白送给小西立功的机会而后悔不已，怒气冲冲地想要找茬同小西吵架。会议一开始，宗义智在几位大名面前铺开了两幅大型朝鲜地图，一幅标记了前往汉城的路线，另一幅是详细的都城地图。认真看过汉城地图后，加藤指着其中一条标有汉字的街道对小西说："为什么你不去攻打这条街。"他手指的地方以药店众多闻名，地图上写有汉字"药"。

这是对小西满怀恶意的嘲弄，因为他的家族一直以贩药为业。"对武士而言，"小西冷冷地回答道，"家世背景无关紧要。"

然后，加藤抱怨小西一直霸占着领头的位置，从今往后，他们应该轮流在前面带路。他补充道，这才是恰当的，因为秀吉曾经立下规矩，行军的几个军团应该轮流负责开路（这是事实，但是只有在几个军团沿相同的道路前进时才这样，而加藤和小西的行军路线不同）。

"汉城已经近在咫尺，"小西说道，"现在谈谁在前面开路，毫无意义。我们应该再次分头走不同的路，看看谁能第一个到汉城。"

"如何决定各自的路线？"加藤问道。

"抽签吧。"小西答道。

"啊，商人都是这么做决定的吧，不是吗？"加藤不屑地说。

小西忍无可忍。"你存心想要羞辱我！"他一边咆哮，一边拔刀。锅岛直茂和松浦镇信见势不妙，急忙将两人拉开。稍后，小西多少恢复了理智，让加藤选择北上的路线。有两条路可供选择：一条直接从西北前往汉城，但是必须从汉江最宽处渡江；另外一条有些迂回，先向北，再向西，但这里是汉江上游，水面较窄，渡江难度不大。加藤立即选择了最直接的那条路。他们决定，先回去休息，明天一早出发。随后，两人回到各自的大营，表面上很平静，心中却怒气难消。

加藤没有等到早晨，便拔营上路。听到这个消息，小西急匆匆地跟在后面。[36]

在同一时间，朝鲜朝廷正在焦急地等待着申砬在忠州的消息。上至宣祖，下到街头乞丐，国都里的每个人都知道，申砬的军队是挡在他们和"倭贼"之间的最后一支军事力量。除了胜利，他们不敢想象其他结局。

6月7日，加藤和小西在忠州分兵后不久，消息终于传入汉城。根据史料的记载，消息是由一名筋疲力竭的兵士带来的，他浑身是血、衣衫不整，从战场一路跑到汉城南门。他说，申砬将军的部队已经被消灭了，自己是为数不多的生还者之一。此刻，日本人正直奔汉城而来，"当今之计，唯有速逃"。[37]

恐慌情绪像野火一样在全城蔓延。从早到晚，大批百姓收拾好财物，从城门鱼贯而出，奔向四面八方，寻找安全之所。太阳落山，平时卫兵会在夜间关闭城门，但此时城门守卫已经不知所踪，出城逃亡的人络绎不绝。夜幕降临，钟阁的大钟没有像往常一样响起，敲钟人已经逃之夭夭。

晚上，宣祖和若干朝廷重臣聚在景福宫商量下一步的行动。在场绝大多数臣僚坚决主张留守汉城。"宗庙园陵皆在此，我们能去何处，"他们说，"我们必须留在国都，等待勤王之师。"只有领议政李山海有胆量提出，古代也有国王在遇到危险时离开国都的先例。大臣们一片哗然，群情汹汹。他们决不能容忍任何人提议出逃，纷纷要求宣祖罢免李山海。

不过，李山海的提议当然是正确的。留下死守根本不切实际。汉城只剩下七千名缺乏训练、装备不佳的士兵，完全不足以守卫环城二十七公里长的城墙（汉城的城墙修建于15世纪40年代，是一座令人印象深刻的土石工程，但主要目的是彰显王权威严，防御功能倒在其次）。王都早晚会落入占压倒性优势的日本人之手，如果国王坚持留在汉城，他肯定会在城破之日成为俘虏。不管除李山海外的其他大臣怎么想，宣祖显然也已经看出这一点。于是，他只能亲自宣布这个痛苦而必要的决定：他将离开汉城，北上渡过临津江，前往平壤。[38]

与此同时，建储的问题也被一劳永逸地解决了。在此前一年，这个问题一直是争论的焦点，东人利用它赶走了主导政局两年的西人，重新夺回权力。不过，这个问题过于敏感，东人内部也为此分裂为南人和北人，一方主张立喜怒无常而且懒惰的长子、十八岁的临海君为储君，另一方则支持比临海君小一岁，但是更加好学和正直的光海君。6 月 8 日，时间已经不允许更多的讨论和辩论，宣祖匆匆做出决定，封光海君为世子。[39]

次日，天刚破晓，宣祖和刚立的新世子光海君骑上马，带着宗亲、后宫和大臣，从敦义门出城，准备渡过临津江前往北方的避难所。临海君和顺和君带着随从分道而行。他们的目的地是东北咸镜道的山城，希望在那里组织义军抵抗日本人。仍然留在汉城的百姓看到国君弃城西幸，或大声恸哭，或怒气冲冲地大喊大叫。朝鲜的心脏和灵魂汉城，已经走投无路，只能留给侵略者肆意践踏。

汉城现在一片混乱。惊慌失措的百姓收拾细软，拖家带口，竞相出城逃命，妇孺沿途号哭，一片末日景象。一些人趁火打劫。都城中成百上千的房屋，包括宫殿和官府，都已经空无一人，无数财物遭到遗弃，等待新主人前来占有。

随之而来的是纵火。感到被君主抛弃的百姓，愤怒地烧毁了景福宫、昌德宫和昌庆宫。王宫陷入一片火海，存放公私奴婢记录的官署掌隶院和刑曹也未能幸免，犯人很可能正是这些奴婢。当天早晨，愤怒、贪婪和恐惧在王都肆虐，片刻不停，愈演愈烈。日军尚未入城，整座城市已经在被吞噬。

与此同时，国王、后宫和大臣们一路向北，众人骑马，嫔妃乘轿。还没有走出多远，便下起大雨，淑仪以下不得不弃轿骑马。不久，一些人开始跟不上脚步，落在后面，但是队列仍然继续前行，因为每个人都担心日军不知何时便会翻越后面的山峰，突然出现在他们面前。当天下午，车驾停在驿站碧蹄馆，疲惫的旅者这才有时间吃饭和歇息。《宣祖实录》在记录此事时提到，只有国王和王后勉强能吃上配菜，世子则只能靠米饭和汤充饥。受过这样额外的侮辱后，一行人再次上路，冒着大雨走在泥泞的大道上，身上的丝衣已经湿透，筋疲力竭，凄惨不堪。

天色已晚，车驾终于到达临津江南岸的渡口。他们走了十四个小时，行程五十公里，浑身是水，饥肠辘辘，体力透支。其中绝大多数人过惯了锦衣玉食的奢华生活，当天的旅程是对其体能前所未有的巨大考验，很多人几近崩溃，痛哭流涕。在漆黑的夜里，摆渡人被招到渡口，宣祖和半数随行人员挤进一条小船，其他人被留在岸边。夜半时分，坐在舟中的宣祖终于情不自禁地俯伏痛哭。看到这番场景，众人不由得相对而泣。

到达北岸后，他们沉舟断渡，以延缓可能跟在后面的日本人的脚步。然后，疲倦的一行人前往距离不远的驿站东坡馆，准备在那里吃饭休息。午夜过后，他们到达东坡，又累又饿，却发现食物已经被先到这里准备御膳的护卫和下人一扫而空，于是国王和大臣只能饿着肚子上床休息。第二天，这些护卫和下人也不见了踪影。情况看起来非常糟糕，好在黄海道观察使率数百人前来接驾。他带着宣祖和大臣们北上，前往下一处驿站，安顿好众人，让他们在两天里第一次吃到肉。然后，车驾前往高丽故都开城，于夜幕降临后进入这座坚固的城池。

有城墙的庇护，再加上尚未收到敌军靠近的警讯，宣祖决定休息一天，然后再继续前往平壤。[40]

6月8日一早，日军先头部队冒着大雨离开忠州，继续向汉城进发。小西行长率领第一军向正北方前进，渡过因雨水而暴涨的南汉江，然后折向西，前往离北汉江不远的汉城东门。同时，加藤清正的第二军沿西北方向直扑汉城南。这条路更直接，但是必须当着汉城守军的面渡江，而且江面更宽，更容易遭受攻击。

汉江不是一条小河，它流经汉城南的部分宽约一公里，有些地方甚至更宽。江上没有桥，即使对于受过最好训练、装备最为精良的部队来说，似乎也是一道难以跨越的天险。一些资料显示，为了阻止加藤前进，朝鲜人明智地毁掉了南岸所有的渡江工具。[41]另一些资料称，小西自己派人抢先到此，伪装成朝鲜人毁掉了船，以减慢竞争对手的速度。[42]两种说法可能都是正确的，朝鲜人摧毁了一侧的运输工具，小西摧毁了另一侧的。不管真实原因为何，当加藤来到汉城对岸时，他发现已经没有船可供自己的军队使用。

这正是朝鲜都元帅金命元的计划，他打算趁日军渡江时阻击敌人。这是一个不错的防守策略。由于缺乏足够的船，加藤的人很难大批渡过如此开阔的水面，至多只能分成数支小部队分头渡江。这样，兵力相对较少的守城者，可以趁他们涉水上岸时将其消灭。对金命元来说，坏消息是他只有约五十名军官和千名士兵。但是宣祖已经命令他守卫都城，因此他还是领着为数不多的士兵出汉城南门，来到汉江北岸。他们不会在那里待太久。

6月11日，加藤的部队抵达汉江南岸（今首尔市龙山区）。这位意志坚定的大名，似乎完全没将缺乏渡船之事放在心上。他命令铁炮手向对岸的朝军猛烈射击（由于距离太远，无法伤到对方，不过铁炮的声音似乎引起了朝军的慌乱），然后让士卒从附近的山上砍下木头，绑成木筏。看到敌人数量如此多，装备如此精良，渡河的意志如此坚决，金命元彻底丧失了勇气。他不顾手下一名将领的反对，脱掉铠甲，换上便装，骑马逃走，麾下的士兵见此情景也跟着四散奔逃，各寻生路。当天稍晚时候，日军扎好木筏开始渡江，一直到晚上才将第二军全部运到汉江北岸，朝军早已不见踪迹。现在，只需再花上一个小时，加藤便可兵临汉城城下。[43]

6月12日，天还未亮，加藤清正已经到达汉城南门外。城内悄无声息。在金命元出城阻截渡江日军的这段时间内，李阳元被任命为留都大将，负责国都的守备。听到金命元仓促撤军的消息后，李阳元知趣地带着为数不多的兵士离开汉城。顺利来到朝鲜国都的加藤欣喜若狂，但他定睛看了看城墙，马上神色大变。城墙上插满了小西第一军的旗帜，中间的马印尤其显眼，上面绘的是药商用来装药的袋子。这个可恶的商人之子，抢走了本应属于他的荣誉。实际上，第一军也不过是在几个小时前才刚刚进入汉城东门。他们看到城门紧闭，于是摸黑四处寻找其他入口，最后一个名为木户作右卫门的武士发现了一道水门，他将几支铁炮绑在一起作为工具，把门撬开。[44]对小西而言，这只是一场无关紧要的胜利，是漫长而激烈的竞赛中令人稍感放松的瞬间之一。不仅如此，占领汉城只是秀吉宏伟蓝图的第一步，在彻底征服亚洲之前，还有更多的敌人需要小西去击败，还有更多的荣耀等着他夺取。加藤当然会因为再次落败而对自己的对手深恶痛绝，小西的部下甚至一度拒绝让加藤的军队通过汉城南门。在接下来的几个月里，两位大名沿着不同的路线北上，不过两人间的怨恨与日俱增，冲突将再度爆发。

从釜山到汉城共四百五十公里，小西和他的第一军只用了二十天便走完全程，平均每天行进近二十三公里。加藤的第二军比小西晚出发五天，他们只用了十五天便来到汉城，每天行进三十公里以上。在三百五十年后的第二次世界大战中，德军闪击波兰、比利时和法国时的行军速度不过略快于此，而且他们乘坐着卡车、坦克和列车，路也平坦不少。1592 年的日军，徒步翻过崇山峻岭和崎岖不平的土路，速度几乎和现代德军持平，这足以证明秀吉军队的实力。在如此"神兵"面前，朝鲜人似乎完全无力招架。

日本人进入汉城，发现这里几乎是一座空城，一些建筑和宫殿已经被烧成灰烬。甚至连朝鲜王宫景福宫都已是一片废墟，只有宴会厅庆会楼焦黑的石柱诉说着曾经的繁华。后世的朝鲜文人称，这场灾难与日军入城是同步发生的。[45] 不过事实并非如此。景福宫是在三天前被朝鲜人自己放火烧掉的，当时宣祖出逃，城中一片混乱。日本人肯定在北上途中烧掉了其他城镇和建筑物，以此作为对胆敢抵抗的朝鲜人的惩罚。庆州没有屈服，因此被夷为平地；尚州和忠州没有投降，同样被纵火烧毁。但是汉城没有抵抗，小西和加藤兵不血刃地入城，留下的少数居民毫无反抗意志，只能听天由命。因此，日本人没有理由惩罚汉城，它将作为日本新省份的首府而保持原貌。

四天后的 7 月 16 日，黑田长政和他的第三军进入汉城。宇喜多秀家的第八军同他一起入城，这支军队有一万人，士兵来自本州西部的备前。两军在北上途中于锦山会师，随后携手进军汉城。在秀吉由十五万八千八百名士兵组成的侵朝军中，第四、六军来自九州，第五军来自四国，第七、九军来自本州，此时他们都已经在朝鲜登陆，大部分人集中在釜山附近。与此同时，日本水军完成了运输任务（其中部分船只不得不往返海峡两岸二至三次），有时间沿着朝鲜南方海岸向西探路。

侵朝日军的第一个任务是征服朝鲜，当它牢牢控制住该国的百姓和钱粮后，便可以重新集结，进军北京。通过海运（从釜山沿着半岛南部海岸向西，北上汉江和汉城，然后前往大同江和平壤，最后到达遥远的北方边界鸭绿江），日本人可以更方便地为征服中国提供物资和援军。实际上，建立起这条海运线至关重要。否则，所有士兵都不得不步行上千公里，从釜山一路走到鸭绿江；所有的火药和军粮，都只能通过陆路输往前线。

征服朝鲜之战将按照如下方式继续进行：在汉城休整数周后，黑田北上占领西部沿海的黄海道，小西占领西北的平安道，前进至中朝边界的鸭绿江边；加藤负责东北角陲省份咸镜道，该道和明朝以图们江为界。与此同时，其他军团长分散到半岛各地，巩固日本对其他省份的控制。毛利辉元和第七军的三万人，占据东南的庆尚道；小早川隆景的第六军，进入西南的全罗道，此前日军绕过该道，直扑汉城；福岛正则和来自四国的第五军，负责中西部沿海的忠清道；岛津义弘和毛利吉成的第四军，平定东部沿海的江原道；宇喜多秀家的第八军留守汉城和附近的京畿道。宇喜多是秀吉的养子，娶秀吉养女豪姬为妻，他是侵朝军总大将，在秀吉亲自来半岛之前，掌握着最高军权。他必须保证其他大名服从命令，完成各自的任务。对一个十九岁的年轻人来说，这绝非易事。

事实证明，日军进入汉城后，没有像朝鲜人担心的那样大肆破坏。他们虚情假意地宣布，自己来朝鲜的目的是为了解救深受国王压迫的百姓，只要朝鲜人顺从、服从命令，任何人都不会受到伤害。那些不服管束或是被视为罪犯、匪徒和煽动者的人，将受到严惩，会被绑在钟阁前的柴堆上烧死，该处遗迹一直保留至今。不过，根据秀吉的命令，遵纪守法的朝鲜人完全不需要担心，可以正常过自己的日子。在接下来的几周里，逃进山林的百姓（特别是摊贩和商人）纷纷回到城中，重新开店营业，想办法适应日本人统治下的生活。一些人甚至赚到了钱，因为侵略者愿意为必需品付钱，和敌人做生意获利颇丰。[46]

总大将宇喜多秀家将大帐设在宗庙，日军在周边安营。宣祖仓皇离都，汉城陷入火海，只有宗庙幸免于难。但是这让朝鲜人觉得自己受了莫大的羞辱，因为对他们而言，宗庙是神圣之地，是祭祀先王的地方，朝鲜历代国王的牌位均供奉于此，只是在前几天逃难时才被移走。不过，宇喜多秀家没有在这里待太久。随着他的到来，夜里怪事频发，秀家因此胆战心惊。然后，日军士兵开始因为不明原因死亡，据说是居于此地的祖先之灵在作怪。根据朝鲜史籍的记载，类似的灵异事件迫使宇喜多烧掉宗庙，搬到本来作为中国使臣住处的南别宫（现在是威斯汀朝鲜酒店，位于首尔市中心）。[47]

烧毁宗庙是日本人在尝试建立帝国的过程中犯下的诸多愚行之一，它使朝鲜人和自己更加疏远。三百年后日本人殖民朝鲜，以及他们在20世纪40年代妄图建立"大东亚共荣圈"时，同样会做出类似的暴行。1592年，在占领汉城时，日本人十分清楚怎样才能将朝鲜融入秀吉的大战略。他们要任命新的地方官，颁布新的法令，丈量土地，将半岛领土分配给富有的大名。但是他们不知道如何赢得朝鲜的民心，让其自愿接受新的统治。秀吉的将军们只是模糊地知道，自己要让朝鲜人接受作为太阁臣民的新角色，遵守日本的习俗，甚至还要说日语。但是，如何才能达成这个目标呢？宇喜多烧毁宗庙，反映出他和其他大名对此一无所知。他们在争取民心方面稍有进展，便会犯下更大错误，让朝鲜人更加离心离德。

不过，日军将领诸如此类的举动，并非秀吉授意。他在1592年夏天时的目标，是争取朝鲜的合作，而不是毁掉它。他在入侵前发布的军令中明确表示，禁止不端行为，不准虐待朝鲜百姓。[48]这是太阁征服新领地的惯用手法。首先，向敌人展示压倒性的实力，迫使他们宣誓效忠；然后，迅速把他们拉拢到本方阵营，让他们合作。1582年，他以大军逼迫四国的长宗我部元亲臣服，然后奖励给他一块不小的领地和丰厚的俸禄。随后，长宗我部加入了统一战争的下一个阶段——九州征伐。1587—1592年的九州征伐，几乎是四国征伐的再现。一支规模空前的大军，迫使岛津家臣服秀吉。此后，他们得到的待遇不错，着手准备太阁的朝鲜征伐。

现在轮到朝鲜了。秀吉的军队用二十天占领了汉城，充分展示了自身压倒性的优势。如果一切按计划进行，这个国家很快会停止抵抗，接受秀吉的仁政，心甘情愿地成为日本帝国的第一块海外领地和征服明朝的跳板。

9

二十五条觉书

入侵开始后不过几天，日军在朝鲜所向披靡的喜讯，便传入留在名护屋城的丰臣秀吉耳中。日军先是攻陷釜山和东莱，迅速北进；接下来是攻占大邱和庆州，在尚州大破朝军；随后到来的消息更加令人激动，小西率第一军在忠州击溃了朝鲜仅有的一支规模可观的部队，取得决定性胜利。战争的进展比秀吉预想的还要顺利。如果说在计划刚刚实施时，他可能多少还有些疑虑，现在肯定可以高枕无忧了。日军征服朝鲜和中国的能力显然毋庸置疑，剩下的只是时间问题。

"我们在朝鲜摧城拔寨，"7月中旬，秀吉在给母亲的信中写道，"我已经派人前去围攻国都。我将在九月（公历1592年10月）直入中国，届时会在中国的都城等您送来秋祭的服装……等我拿下中国，我会派人接您过去。"[1] 在给其妻的信中，他写道："我们在朝鲜攻城略地。我听说我们的人从攻下的港口一路到朝鲜国都，只用了二十天。我已经派人前往国都，攻下那里易如反掌。等集结好船，我会让我的人渡海。我也将征服中国，到时会派人接你。"[2]

6月25日，最重要的消息传来，汉城不战而降。想必连太阁自己也会觉得吃惊。在统一日本的战争中，他的军队耗费数月才降服四国和九州，征服据守小田原城的北条氏也花了几个月的时间。但是现在，似乎只要再等几天，领土面积与日本三岛相差不太大的整个朝鲜王国，便将成为他的囊中之物。他的将军们以风驰电掣之速在半岛狂飙突进。征服中国的时间自然会长一些，不过也只是因为它的疆域过于辽阔。秀吉不认为中国的抵抗会比朝鲜更加猛烈，在他看来，中国人都是些柔弱的"长衫"，不知战争为何物。在他的军人头脑里，历史清楚地证明了这一点。从 14 世纪开始直到秀吉自己所处的年代，倭寇从日本南部的据点出发，随心所欲地袭击中国，骚扰整个沿海，有时甚至会以令人难以置信的少量兵力深入内地。秀吉顺理成章地得出结论，如果中国所宣称的庞大军队，甚至无法阻止胆大妄为的小股海盗，那么它怎么可能和自己强大得多的远征军相抗衡呢？

因此，至少在秀吉看来，胜利是必然的。正如 1592 年 7 月他给加藤清正和锅岛直茂的贺信中所写的，征服朝鲜"易如掸灰"，不日即可完成。"大明国的结局不会有任何不同……你们和你们的人拥有丰富的战争经验和不凡的勇气，征服大明军队不啻以石击卵。"征服中国后，"印度、菲律宾和南海诸岛将迎来类似的命运。我们正在占领世界上最受瞩目、最令人艳羡的部分"。[3]

6 月 27 日，收到占领汉城消息两天后，秀吉口授一封给其妻宁宁的信，提到他不久后会动身前往朝鲜，亲自指挥军队，留在名护屋的所有预备队将随他一同启程。为了准备渡海，"现在停泊在朝鲜水域的运输船及其他大小船只，均会被召回日本"。如果天气合适（台风季刚刚开始），秀吉希望在 7 月中旬前往汉城，年末到达北京。然后，"我们的主人会在适当时间迎接北政所夫人前来。等主人启程前往朝鲜，再跟您讨论更多细节"。[4]

在当天另一封写给自己的侄子、养子兼继承人，居住在京都聚乐第的秀次的信中，秀吉分二十五条勾勒出了自己建立海外帝国的计划（即所谓的"二十五条觉书"），此时这个帝国正逐渐成形。计划内容如下：

一、你（指秀次）要积极为战役做准备，不能懈怠。明年一二月间可以出发。

二、本月二日，朝鲜都城陷落。现在，要渡海直取大明。我希望你渡海就任大唐（即中国）之关白。

三、你要带三万人一同前来。人从兵库（位于本州中西部）乘船来，马从陆路运来。

四、虽然朝鲜并无敌意，备好兵器仍是头等要事，既可让我们的名声远播，也可防患于未然。应该让所有家臣都知道这一点……

从第五条到第十五条，秀吉指导秀次渡海的细节，包括需要运输的给养、武器和盔甲，应该从府库中取出多少银子，以及该雇用多少役夫。[5]从第十六条开始是人事安排：

十六、中国征伐开始后，我们会让宫部继润处理朝鲜都城的所有事务。他会在适当时候被召至朝鲜，你要告诉宫部，让他为这个重要的职务做好准备。

十七、陛下（指后阳成天皇）将移驾中国首都，务必要妥善准备。陛下可在后年行幸。如果顺利成行，将为他奉上北京附近十国，为诸公家众奉上厚禄，下位者可得十倍，上位者视其人而定。

十八、如前所述，大唐关白之位将授予秀次，受封北京附近百国。日本关白可授予大和中纳言（丰臣秀保，秀吉同母异父弟秀长的养子）或备前宰相（宇喜多秀家），让他们听候命令。

十九、日本天皇之位，可以考虑若宫良仁亲王或八条宫智仁亲王（后阳成天皇之弟）。

二十、朝鲜可交给岐阜宰相（丰臣秀胜，秀吉的养子），或者交给备前宰相，那样的话，九州交给丹波中纳言（丰臣秀秋，即小早川秀秋）。

二十一、陛下行幸中国之事，应依皇帝出巡之例准备。御驾可按当前征伐之路前进，所需人马由沿途各国提供。

二十二、朝鲜和中国唾手可得，预计不会有任何困难。朝鲜和中国百姓估计不会逃亡，因此招日本各国奉行准备远征事宜……

二十三、我们不在时，留守京都和聚乐第的人选稍后公布。

二十四、宫部继润、石川伊贺守（贞政）等人，应速速为指派

给他们的任务做准备。你要让他们尽快前往名护屋城。⁶

总而言之，秀吉认定朝鲜之役胜利在望。他打算在数周内赶赴朝鲜，亲征北京，然后开始建立新帝国，设立新政府。朝鲜将是继本州、四国和九州之后，日本的第四个"岛屿"，丰臣秀胜或宇喜多秀家将坐镇汉城（丰臣秀胜是第九军统帅，登陆巨济岛半年后病死在那里；宇喜多秀家是第八军统帅）。当前的日本关白秀次，将高升为中国关白，空缺的日本关白之位由他人填补，继任者将独自统治日本。后阳成天皇会作为中国的皇帝迁居紫禁城，他的继承人将接任相对次要的日本天皇之位。最后，在牢牢掌握住日本、朝鲜和中国后，秀吉想要进一步开拓疆土，将自己的统治扩张到印度，时间大约在 1594 年之后。他不打算亲自完成这项工作，而是想把它留给那些在接下来的征服中国过程中表现突出的大名。他们"将被慷慨地授予印度边境大片领地，获得征服印度的荣耀，在那个幅员辽阔的帝国开疆辟土"。⁷

这就是秀吉的宏图。他的帝国将会从本州北端一直到印度南端，北起辽东和蒙古，向东穿过中原直达青藏高原，向南延伸至越南、泰国、缅甸和柬埔寨。它将囊括大陆之外的菲律宾，以及中国的台湾岛和海南岛。简而言之，帝国的范围涵盖了秀吉所知的整个世界。

那么秀吉自己呢？在这个庞大的帝国里，这个有史以来最大的帝国里，他将扮演怎样的角色呢？他会先在北京待上一段时间。然后，他会让位给代理人，自己移居南方港口城市宁波，那是中国大陆距离日本最近的地方。⁸他会永远待在那个亚热带城市，单纯以太阁之名在幕后操纵一切，他无所不能，洞察一切，宅心仁厚，却又能让各地大名俯首帖耳。

并不是每个人都同意秀吉的计划。一些人觉得征服中国的企图过于狂妄，占领朝鲜南部足矣。不过，在 1592 年夏，人们最大的担忧不是秀吉想要统治世界的野心，而是他计划离开日本前往朝鲜，亲自指挥军队。若干嫡系大名、公家、他的妻子，甚至秀吉八十岁的老母，都对他的计划有所保留。在他们看来，这个想法似乎过于鲁莽，和那个一贯表现得耐心、精明、有良好判断力的人格格不入。

他们之所以担忧，其中一个因素是太阁的健康。实际上，在私人信件里，秀吉自己也对此忧心忡忡，这很可能是他尚未启程前往朝鲜亲自指挥大军的主要原因。他不再是织田信长眼中那个年轻的"秃鼠"，也不再是赢得天王山之战的那个眼神冰冷的战士了。现在，秀吉已经垂垂老矣。尽管还只是五十中半，他的外貌和给人的感觉显然要老得多，像一个矮小、干瘪的幽灵，被三十年的戎马生涯掏空了身体。1585年开始的食欲不振，慢慢变成一个严重问题，让他骨瘦如柴、面容憔悴、两颊凹陷、颧骨高耸。视力也是个大麻烦，他甚至无法写信。[9]秀吉对恢复健康的期望颇高。1592年夏，他给母亲写信，兴高采烈地告诉她，自己的健康状况有所好转。但是即使根据他自己的描述，当前的身体状况也不适合作战。"不要担心，"他在6月15日写道，"我发现自己的身体越来越好，食欲不错……我觉得自己越来越好，我很高兴地告诉您，昨天的茶会后，我好好吃了一顿饭。您的食欲如何……不需要挂念我，我非常好，可以外出散步，饭量日增，吃饭的次数也变多了。"[10]

饱食一顿或外出散步，都是幸福的退休生活所必需的，却不足以应付在野外行军打仗的困难。即使秀吉真的有意前往朝鲜，至少也要等到他的身体基本康复之后，否则他能够摧毁的只有自己的健康。

比起健康，更令人担忧的是秀吉走后留下的权力真空。他统一日本不过两年。为了实现统一，他和若干实力强劲的对手和解，允许他们保留相当数量的领地、庞大的军队和极高的地位，以此来换取他们宣誓效忠。现在，日本国内一片祥和，各项事务井井有条，每个人各安其位。但是如果秀吉离开，现状能够维持吗？如果此时他离开日本，踏上遥远的征途，再次爆发冲突的可能性有多大？如果战争再临，秀吉可能已经身在朝鲜，需要数周才能归国，抑或更糟，他可能已经身在中国。当秀吉接到消息启程回国时，日本很有可能再次陷入混乱状态。

这些担忧必定久久萦绕在京都的后阳成天皇的脑海中，他在那年夏天非同寻常地给秀吉写了封信，告诫他远赴朝鲜，险路波涛，殊非易事。为了皇室，为了天下，请他务必三思。况且运筹帷幄之中，亦可决胜千里之外，请他打消亲征的念头。[11]

天皇的建议并没有令秀吉动摇。他仍然坚持要渡海前往朝鲜，只是现在健康状况不太如意。天皇并不是唯一感到担忧的人，留在名护屋的秀吉嫡系大名们，同样坚定地请求他放弃计划。他们警告他，在台风季渡海到釜山有多么危险，特别是考虑到秀吉打算带去大量的人和船，他们劝他至少将计划推迟数月。危险当然是实际存在的。毕竟，13世纪试图入侵日本的忽必烈蒙古舰队，正是被台风摧毁的。

根据秀吉的说法，他们的恳求最终令他改变主意，推迟渡海。过了一段时间，在当年秋天，秀吉给在朝鲜的大名去信，告诉他们自己因为天气原因无法按计划渡海。他写道：

> 渡海准备万全，我即将乘船之际，（德川）家康、（前田）利家等人上前苦谏，劝我更改计划。他们称台风季已至，运兵朝鲜需耗时数月，若延宕至八、九月后，凛冬将临，水路断绝。到时，士卒损失无数，稍有不慎便会酿成大祸。因此，我们决定等到来年三月水路畅通、安全无虞之时，再渡海赴朝。
>
> 八幡大菩萨和其他日本神灵作证，我们发誓推迟渡海的决定不是我们的本意，但是因为条件所限，不得不如此。我们必会征服大明，明年春天我定会前往大陆，亲自指挥全军。[12]

天气是秀吉推迟启程前往朝鲜的唯一原因吗？可能不是。他的决定背后，可能也存在着政治考虑。7月的一天，秀吉召集陪他待在名护屋的主要大名们开会，包括前田利家、蒲生氏乡、浅野长政和德川家康（前田、蒲生和浅野均为谱代大名，即他们是在秀吉早年自愿加入其麾下，后来被提拔到显赫地位；德川是外样大名，他靠自己的力量崛起，在战国时代后期和秀吉结盟）。在这次会议上，秀吉提议他自己、前田和蒲生率军前往朝鲜，帮助结束那里的战争，为即将开始的征明之役助一臂之力；德川家康留下来全盘管理日本事务。与会者没有公开反对这个主意。不过，浅野长政在会后低声抱怨："太阁疯了。"秀吉听到了这句话（也可能是有人向他报告），怒不可遏，当面和浅野对质。"你竟敢如此侮辱我，"他咆哮道，"我倒要听听，你有什么理由讲这些粗鲁之辞；如果没有，我会砍掉你的脑袋。"

"只要您愿意，随时可以砍掉我的头，"浅野冷静地答道，"但是我之所以这么说，当然是有理由的……您说要亲自前往朝鲜……将日本六十余国留给德川家康。您应该十分清楚，经过年复一年的苦战，您才刚刚统一日本。现在全国再无战事，但是原因何在呢？只是因为人们畏惧您。如果您前往他国，大规模战乱必将再起。感到受辱的大名们会利用这个机会报复。面对这样的危机，德川能做什么？您没有看到这些，以前未卜先知的能力似乎已经离您远去，所以我才会说太阁疯了。"

浅野的解释收效甚微。秀吉拔刀砍向自己的家臣，不过被前田和蒲生拦住了。"即使要杀浅野，"他们拼命想要让他恢复理智，"也应该由其他人动手。杀掉家臣不是像您这么高贵的人该做的事。"与此同时，浅野默默离开房间，回到自己的宅邸听候发落。他知道自己难逃一死。[13]

这段小插曲发生数日之后，一件事改变了秀吉的想法，也救了浅野一命。身在名护屋的秀吉接到来自九州肥后的消息，称岛津家一名不太重要的家臣梅北国兼拒绝参加朝鲜征伐，反而率部朝名护屋赶来。根据岛津家史，梅北因为军役负担过重，迟迟无法凑齐足够的兵力前往朝鲜，害怕秀吉处罚，才会兴兵作乱。[14]不过，这种说法并不全面。实际上，梅北至少得到了岛津家一位成员的同情，想必他希望自己以卵击石的举动能够赢得主家的支持（岛津家在1587年的九州征伐后才臣服秀吉），从而掀起一场全面叛乱。梅北的如意算盘落空了。岛津家不想公开反抗秀吉，至少肯定不想在秀吉正在离自己不到二百公里远的名护屋城时公开作乱。这样，梅北便陷入孤立无援的境地，梅北动乱的参加者不过一百五十人。它很快被岛津家平定，梅北最主要的同情者岛津岁久被勒令切腹。[15]

对国家和平和统一的威胁，就这样消弭于无形。但是这件事让秀吉意识到，浅野几天前的进言是有道理的。如果在梅北叛乱时，他已经远渡朝鲜，岛津家会怎样做呢？他们能迅速平息事态吗？或者他们会卷入其中，趁秀吉难以一心二用之际，重新夺回统一九州的机会？如果想保证日本的和平和统一，太阁必须坐镇国内。

于是，秀吉将浅野召回名护屋，向他道歉，感谢他的忠言。作为浅野重新受宠的证明，秀吉将平定梅北之乱的光荣使命交给浅野之子，不过消息很快传来，岛津自己已经完成了这一任务。[16]

即使秀吉真的担心日本会在自己出征时分崩离析，他肯定也不能表现出来，因为这等于承认他对日本的控制尚不牢固。他也不能以身体状况不佳为由推迟渡海，因为这会让他显得虚弱。最后，天气成了唯一可以公开给出的解释。我们不知道他最主要的顾虑是什么，不过可以确定的是，他在7月28日之前做出了这个决定。当天，他给妻子去信，信中写道："如我上次所说，三月（公历1593年4月）才能风平浪静，我决定推迟前往朝鲜，在名护屋过年，等开春再出发……勿念。"[17]

现在，秀吉身处两难境地。为了维持自己在过去十年间建立起来的脆弱的统一，他不得不留在日本。从这个角度来看，推迟出海是正确的决定。但是这样一来，他恐怕难圆自己的帝国梦了。虽然到此时为止，即使没有他亲自指挥，朝鲜征伐仍然一帆风顺，但秀吉不是愚蠢之徒。他能成功统一日本，说明他十分清楚如何操纵有权有势之人，对这类人了解得很透彻。他知道自己不可能消灭从南方萨摩到北方陆奥的每一个敌人，把所有人都变成对自己卑躬屈膝的奴仆，那会大大延长统一的时间。与此相反，他和他们做交易，允许自己的对手保留大块封地和不小的权力，条件是他们要宣誓效忠。在继承了本能寺之变中惨死的主人织田信长的领地后，秀吉正是通过这种方法，加快了统一进程。但是这也意味着，在秀吉之下，日本各国实际上是由一群位高权重、意志坚定的大名统治的。他们表面上唯秀吉之命是从，内在独立性仍然很强。

现在在朝鲜领军作战的正是这些大名。出于对秀吉的忠诚和畏惧，他们服从秀吉的命令，但也仅限于此。有朝一日，当他们对自己的艰难处境感到不满，觉得自己应得的荣誉没有得到承认时，他们的独立精神必会彰显，他们会开始质疑秀吉的决定。从秀吉收到的报告中已经能看出这样的苗头，最典型的例子是加藤清正和小西行长的敌对关系。这肯定会让秀吉感到担忧。他一定知道，自己迟早要亲赴战场，用自己的绝对权威压服众将，让他们为共同目标奋战。没有人能够准确预测内部矛盾会在何时爆发。如果没有秀吉督战，小西、加藤、黑田和他们的同僚，会毫不动摇地一路攻入北京吗？或者他们在饮马鸭绿江后，便会意兴阑珊？抑或是他们会在汉城停下脚步？

IO

朝鲜水师的反击

秀吉的军队已经行至朝鲜半岛中部，进入汉城，下一步便是向中国推进。他们亟须建立一条能够源源不断地将援军、兵器和军粮运至前线的海上运输线。确保海路畅通无阻至关重要，否则所有物资都只能从釜山运往前线，每个士兵都不得不翻山越岭，步行数百公里之遥。完成将日军前八军从名护屋运往釜山的任务后，秀吉的七百艘船中的一部分，开始沿着朝鲜南部海岸向西打探情况。它们通过凶险的海峡，绕过多岩的海岬，深入有潜在危险的海域，寻找进入黄海和更远北方的航道。

日舰顺利驶出八十公里后，遭遇了朝鲜水军的拦截。

截至目前，朝鲜水军的处境十分险恶。占总兵力三分之二的庆尚左、右水营，在秀吉的舰队抵达釜山后不久，遵照自己的指挥官朴泓和元均的命令沉船自毁。母港位于釜山附近机张的朴泓，目睹东莱之战后惊慌失措，下令凿沉战舰，销毁所有武器，自己逃到内陆避难。正在四十公里以西的巨济岛的元均听到这个令人难以置信的消息后，试图在日军到来之前，带着自己的舰队向西撤退到安全的地方。但是不久之后，他错将远处的渔船当作敌舰，慌乱之中同样下令凿沉自己的船只，然后向北逃窜。两名部下的恳求和威胁，终于使元均恢复理智。不过为时已晚，麾下原本有百艘战舰，现在仅剩下屈指可数的几艘。元均带着庆尚道水军仅存的有生力量，躲入半岛南部海岸的小海湾，开始拼命向驻扎在西面丽水的全罗左水使李舜臣求援。

听到日军入侵的消息后，李舜臣并没有急着赶赴战场；接到同僚元均的求援后，他同样没有立即行动。他等了两周半的时间。第一个原因在于，他没有接到汉城的命令。李舜臣最主要的任务是保护自己的辖区全罗道东岸。在接到汉城允许其便宜行事的命令前，他有责任原地待命。其次，李舜臣需要时间做好准备。他需要加强自己防区港口的守备，需要得到庆尚道附近复杂水域的海图以及关于日军意图和动向的情报。他希望和全罗右水使李亿祺一起，组建一支有九十艘战船的联合舰队，以弥补他各自的兵力不足的弱点。

最后，李舜臣需要确定自己的人已经做好准备。这意味着要激励他们的信心，鼓舞他们的士气，使他们不会像庆尚道水军一样，在面对敌人时失去勇气。同时，这也意味着要惩罚临阵脱逃者。6月上旬，几名士兵趁夜色离营，李舜臣派人将他们抓回，然后将其处决，枭首示众，"以安军心"。[1]

1592年6月12日，汉城沦陷。当天，在李舜臣营内又有水手临阵脱逃。李舜臣派人将其抓回，斩首示众。[2]然后，他准备起航。他本打算等全罗右水使李亿祺前来会合，但是朝廷命令他同元均的庆尚右水营合兵一处，于是不得不奉旨独自出发。朝廷可能收到了元均的抱怨，他指责李舜臣的援军迟迟不见踪影。这充分说明朝廷对实际情况一无所知。此时元均所谓的"庆尚右水营"，只有四艘战舰和若干渔船，而李亿祺的舰队完好无损，李舜臣原来的打算显然合理得多，但是既然朝廷已经下旨，李舜臣也只能奉命行事，于是他独自率领舰队向东航行。

6月13日凌晨2点，李舜臣带着自己的舰队驶出丽水港。他有三十九艘战船（二十四艘大型板屋船和十五艘中型挟船），此外还有四十六艘与舢板无异的鲍作船用于侦察。舰队向东航行时正好赶上顺风，水手得以免去划桨之苦。次日，舰队继续前进，然后在所非浦过夜。

休息一夜后，全罗左水营按照计划启程前往唐浦和元均会合。约定时辰已到，元均仍不见踪影。侦察船四处打探他的位置。次日清晨，元均终于出现，只带来了一艘战船和驻扎在加德岛的日军舰队的消息（加德岛在巨济岛东北，距离唐浦五十公里）。又过了一天，元均麾下剩余船只进入港口，他对全罗－庆尚联合舰队的贡献，是四艘战船和两艘小船。按照命令和元均会合后，李舜臣继续向东驶向巨济岛，寻找日军作战。

6月16日，正当朝鲜舰队绕过巨济岛南端，开始沿着海岸线向北航行时，有斥候来报，日本人的船正停靠在玉浦。玉浦位于巨济岛一处较大的海湾内，离朝鲜水军现位置不远。李舜臣决定，将在玉浦而不是加德岛，打响壬辰战争的第一场海战。

次日中午，舰队在玉浦入口布好战斗阵形，较小的船只分列左右，而包括李舜臣的旗舰在内的大型战舰在中间一字排开。元均远远留在后面。李舜臣命人依次向各舰长传令，提醒他们不要慌张，要"静重如山"。然后，他下令舰队齐进。

朝鲜水军驶入港口，发现五十多艘日军运输船停在玉浦前方，插着红白小旗，李舜臣推测这是其所属部队的标志。船上基本无人看守，侵略者已经上岸，洗劫村庄，烧毁房屋。这违反了秀吉在2月发布，并在6月6日重申的军令。他告诫部下不要纵火和杀戮百姓，不要在愤怒时恣意妄为。毕竟，他的目的是要争取朝鲜民心，让朝鲜人自愿合作，帮助自己建立帝国。[3] 不过，秀吉无法亲自监督命令的执行情况，也没有看到绝大多数朝鲜人拒绝合作，这成了他的部下烧杀抢掠的借口。

日本人在玉浦焚烧屋舍，烟气遍山，等到发现朝鲜舰队靠近，为时已晚。当警报最终响起时，日本人惊慌失措。一些人急奔回船，试图溜走；另一些人向反方向逃窜，躲入山中。好不容易起航的日本船，不敢进入海湾和朝鲜舰队正面冲突，而是被迫驶向左右两边，沿着海岸竞相逃跑。朝鲜诸将一心奋发，士兵效其意，全军士气高昂，很快把它们包围在港内，日军士兵成了砧板上的鱼肉。日军用铁炮回击，但是这些在陆战中威力无穷的武器，对朝鲜战船厚重的木壳和舷墙毫无作用。李舜臣的二十八艘大型板屋船直扑日军，几乎不用担心会受到伤害，炮弹和铁弓如雨般倾泻在敌人没有保护的甲板上，日军中箭者不计其数。为了逃命，日本人全力一搏，他们拼命划桨，开始扔掉船上的东西以减轻重量，分散朝鲜人注意力，但还是无法突围。四面八方都是朝军战船，很多人最终放弃战斗，跳入海里，向岸边游去，被抛弃的船只被朝鲜人烧掉。

战斗结束后，二十六艘日舰被火炮击沉或被火箭点燃，慢慢烧毁。海湾里漂满了战争残骸：血衣、补给箱、破损的船桨和木头碎片，还有尸体，很多尸体上插着箭，其中两具被砍掉了首级，脖子上留下参差不齐的伤口。"烟焰涨天，"后来李舜臣在给朝廷的奏章中写道，"登山贼徒窜伏。"[4]

朝军只有三名士兵受伤，无人阵亡，也没有损失任何一艘船。全军斗志昂扬，要求继续追击躲进山里的"倭贼"，砍下所有敌人的脑袋。李舜臣非常心动，和其他人一样，他也渴望能够全歼敌军。不过，他知道这么做的风险大过收益。派自己的弓箭手上岸，进入茂密的森林追击逃兵，充其量不过是多上交一些首级，为此却不得不让自己防御不足的舰队留在玉浦湾，有可能遭到日军其他舰队的反击。李舜臣也意识到，避免陆战是最明智的选择，因为敌人在陆地上实力强劲，而自己的优势在海上。于是，他率领舰队驶入开阔水域过夜。

饥肠辘辘的朝鲜水军刚要生火做饭，一艘巡逻船靠近他们，发出警报："五艘大型敌舰正在附近。"李舜臣立即动身追踪敌人。日舰快速向北驶向合浦（位于今庆尚南道昌原市），日军在那里登陆，逃脱了朝鲜战船的追击。这次，李舜臣不打算跟进内陆，因为现在将近午夜，敌人已经进入重兵把守的马山浦（位于合浦以西）。他命令将停靠在合浦的五艘船烧掉，这样已经心满意足了。

当晚，李舜臣的舰队在巨济岛北端过夜，虽是在休息，仍然保持战斗阵形，没有任何松懈。6月17日，日出后不久，一群逃难者告诉他们，十三艘日舰刚刚在西面的海岸抛锚。朝鲜人起航寻找这支新到来的舰队。当天稍晚时候，双方在赤珍浦遭遇。和玉浦之战类似，日军正忙着抢劫和焚烧村落，完全没有料到敌人会出现。等他们发现朝鲜舰队靠近，为时已晚。这次，他们没有假装要战斗，所有人全部逃入山中。于是，在二十四个小时内，朝鲜人第二次不战而胜。

正当朝鲜人站在甲板上心满意足地看着火焰吞噬敌舰，一名逃难者从岸上向他们打招呼。他背着一个婴儿，大声叫喊，请求帮助。他被带到李舜臣的旗舰，李舜臣和他的手下询问日军动向。那名逃难者没有作答，反倒开始讲述自己的故事。他的经历令人动容。"倭贼"洗劫了港口，抢走了一切值钱的东西，甚至包括马和牛。他和妻子、老母走散，正在拼命寻找她们。他希望他们能帮忙。李舜臣深受感动，提出带他逃走，但是这个人拒绝了。他背着婴儿，回到岸边，渐渐消失在雾中，继续寻找自己的家人。

那名逃难者走后，李舜臣由悲转怒。他和庆尚右水使元均，开始计划进攻更远的天城浦和加德岛，据说那里有更多的敌舰。他们甚至打算直接驶入敌人的据点釜山港，烧毁所有船只。

突然，一名信使闯入，带来一个可怕的消息，汉城已于八天前陷落，宣祖出城避难。对于自幼深受儒家忠孝思想熏陶的李舜臣和元均来说，这是对朝鲜国王的莫大侮辱，他们相拥痛哭。国都失陷，国王西狩，现在还剩下什么？朝鲜亡了吗？由于不清楚状况，两名将军决定各还本镇休整，等待北方更多的消息。[5]

6月18日，李舜臣返回丽水后，给朝廷上了一份长奏折，报告了上周的喜人战绩，共摧毁敌船四十余艘。他也提到从日本人那里缴获了大批战利品，包括成袋的米谷、成套的盔甲、面具和法螺号，"奇形异状，极侈穷奢，如鬼如兽"。李舜臣挑选朝廷可能会感兴趣的东西，包括一支铁炮和乐安郡守申浩所斩日本人的左耳，放入盒中，命人乘船北上，献给朝廷。

在奏折中，李舜臣报告只拿到两颗首级。他解释道，这是因为"敌人被我军包围，便会弃船上岸逃走，我们无法抓到他们"。[6]李舜臣也列出了本方的伤亡情况：三人负伤（全部是在玉浦海战中），此外还有两人被自己人误伤。他继续解释道，他的部下在战斗中俘获一艘敌舰，不料却遭到庆尚右水使元均部队的攻击。从这里推断，元均在战斗中一直待在后面，因此没看到敌舰已经落入李舜臣部下之手。不论如何，这样的疏忽大意是李舜臣绝对无法视而不见的。他写道，"主将之不戢群下，无谓莫甚"，希望朝廷能够下旨纠正此类错误。这是李舜臣第一次在奏折中指责元均，在接下来的几个月里，类似的事会反复出现，两人因此反目成仇。

现在，李舜臣成了英雄。日本侵略军第一次遭受沉重打击，朝鲜人由

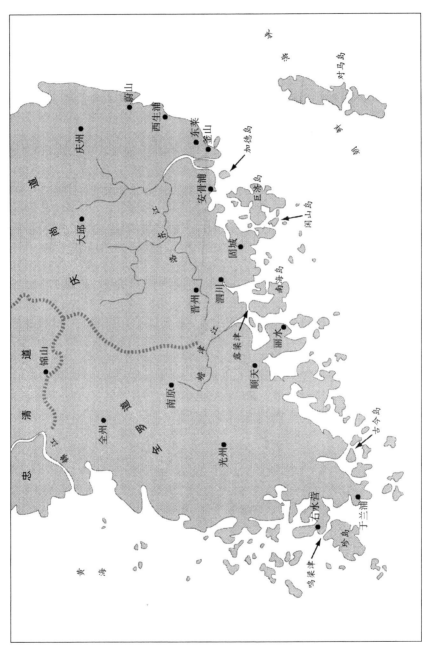

图 5　朝鲜的南部海岸

此心生希望，即便只是缥缈的希望，或许他们真的能把日本人赶回海的对岸。但是李舜臣的奏折使政府难以嘉奖他，因为他毫不隐晦自己的想法，质疑自己的上司，认为他们全都犯了错。自从 1591 年被任命为全罗左水使以来，他一直坚持主张，如果日军来袭，应该在海上迎头痛击，这是朝鲜实力之所在，朝廷指望的陆战不切实际。但朝廷不同意他的看法。他们没有像李舜臣强烈建议的那样，加强南方的舰队，而是把重点放到在南方修筑城池。因此，看到事态正如自己所料，日本人在半岛长驱直入时，李舜臣不由得指出了这一点。6 月 9 日，在前往战场之前，他在奏折中写道，自己不敢妄议朝廷之策，不过如果"釜山、东莱沿海诸将，盛理舟楫，蔽海列阵……国之患必不至于此"。[7] 到了 6 月 19 日，事实已经证明，朝鲜水军完全有能力在海上击败日军，李舜臣再次表达出自己的不满：

> 朝廷之处置臣之妄意御敌之策，不以舟师作综进退，而全务陆战守城之备。使国家数百年基业，一朝变成贼薮。言念及此，哽塞无语。贼若乘船移犯本道，则臣愿以水战决死当之；若陆路移犯，诸将无马军，无以抵挡。[8]

宣祖和朝廷大臣们很高兴听到李舜臣得胜的喜讯，不过并不是每个人都欣赏他的直白。他直指朝廷在战前部署上的失策，质疑某些朝廷重臣的行为，而这些人有能力左右他的命运。

1592 年 6 月 15 日和 17 日，李舜臣在玉浦、合浦和赤珍浦消灭的到底是日军的哪支部队，我们尚不清楚。一些资料称他们是藤堂高虎的部下 [9]，也可能隶属于毛利辉元或小早川隆景 [10]。不过有一件事是确定的，那就是他们并非日本水军主力。敌舰以运输船为主，无法与朝鲜的重型船只和火炮对抗。

秀吉曾经计划为自己的侵朝军提供强有力的海军护卫，但是自信的大名们觉得无须多此一举。在他们横渡海峡时，日本水军尚在名护屋集结。等到他们在釜山登陆，也没有遇到任何来自海面的抵抗。这进一步印证了他们原来的想法，朝鲜水军不值一提。等到两周后，秀吉的水军终于抵达釜山时，小西、加藤和黑田的先锋军已经走完釜山到汉城路程的三分之二，几乎将整个南方攮入手中，而朝鲜海军仍然悄无声息。

轻而易举的胜利，使得日本人在战争最初几周里对海军更不在意。当6月6日，日本主力舰队最终抵达釜山时（比小西的第一军晚两周），它几乎没有想过要防守滩头堡，确保西方海域的制海权。日本人理所当然地认为，自己的船只能够在不受骚扰的情况下沿着朝鲜南部海岸进入黄海，驶向北方的前进基地。内陆有许多工作要做，需要大量人手，为了防备根本不存在的海上威胁而派兵保护南方港口的战舰，有何意义？于是，若干日本水军将领离开自己的舰队，加入占领半岛的竞争中。例如，负责对马岛战区的胁坂安治率部北上，防御龙仁附近某地，然后才回到停泊在釜山的船上。水军将领得居通幸接到命令，为秀吉在汉城准备住处，因此在刚来朝鲜的一段时间里，他同样是在内陆度过的，远离自己的舰队。[11]

因此，李舜臣在1592年6月歼灭的小股舰队并非日本水军精锐（当然，也有人认为日本水军并没有所谓的精锐），而是些缺乏组织的运输船。他们向西航行，获取情报，确保釜山和黄海间海岸线的安全，有时会在途中抢劫。他们没想到会遇到朝鲜人的抵抗，至少肯定不认为会碰上全副武装的战船，因此一见到李舜臣的舰队，便迅速撤退。

四十余艘船的损失唤醒了日本人，他们意识到朝鲜海军还没有被彻底消灭。不过，现在还看不出他们会带来太大的威胁，因为根据逃回釜山的幸存者所述，朝鲜人的大、中型船只不超过五十艘。当然，这个问题仍然有待解决，南方海岸的安全必须得到保证，这样日本船只才可以开始通过黄海向北将援军和给养运到前线。因此，日军在7月初再次尝试粉碎南方沿岸水域的抵抗，这次他们派出的不只是运输船，还包括得居通幸、龟井兹矩和胁坂安治等水军将领指挥的战舰。

玉浦海战后，全罗左水使李舜臣在大本营丽水待了将近三周，让部下好好休息，修理船只，计划对日军展开第二波攻势。东面庆尚道的元均传来消息，日本水军开始沿南方海岸扫荡。他们已经到达离李舜臣的本营丽水不远的泗川。李舜臣知道丽水无法承受地面攻击，阻止日军的唯一方法，是在他们登陆之前在海上予以痛击。不等全罗右水使李亿祺前来，李舜臣于6月8日立即率二十三艘船出港。这次，他放弃了鲍作船（在上次的海战中，他发现它们几乎没有任何作用），带上了威力强大得多的龟船。

和人们普遍认为的不同，龟船并非李舜臣和船匠罗大用的发明。它出现于大约两个世纪以前，被用于对付为祸朝鲜沿岸的海盗。朝鲜有关龟船最早的记载，出现于1413年。《太宗实录》中简短提到，太宗（朝鲜第三代国王）观看了龟船和倭船的模拟对战。[12] 事实证明，这种船在各个方面都非常有效。不过，在接下来的一个半世纪里，随着朝鲜武备渐渐松弛，龟船的价值被人遗忘，最终成了仅仅留在史书里的模糊记忆。

李舜臣重新复活了这一模糊的记忆，并加以改进。由于缺乏当时的资料，我们无从知晓他的龟船的真实样貌，只能从李舜臣的只言片语中得出大致的印象：

> 在即将到来的日本侵略威胁下，我特别制造了龟船，它的船首有一个龙头，可以从龙口发射火炮；龟背（船顶甲板）布满刀锥，使敌人无落足之处。我们的船员能看得见外面，但外头的敌人无法窥见我们。这种船能冲进数百艘敌船当中，发炮痛击敌人。[13]

李舜臣的侄子李芬在战争后期参军，在自己叔父的帐下效力。他在《忠武公行录》中补充了一些细节：

> （李舜臣）发明了大小与板屋船相似的龟船。它的顶部铺有刀锥（防止敌人攀舰），板上有十字形的窄路口供我方士兵上行。船首有龙头，龙口中装有火炮，船尾处同样装有火炮。左右各安六门火炮，左右舷在下层甲板。因其外观与海龟相似，因此被称为龟船。战时，在船背铺上茅草垫，盖住刀锥。（龟船）无论进退，都非常迅速，它的炮弹和火箭威力很大，我军因此无往不胜。[14]

图 6 庆尚道海岸

战争结束约五十年后修订而成的《宣祖修正实录》的记载与上文相似，很可能是据此写成。[15]

实际上，上面两段文字是仅存的关于龟船的第一手资料。若想了解更多细节，还需要参考两百年后（1795年）编纂而成的《李忠武公全书》。

该书的编纂者们给出了龟船的龙骨、船舱、船舷和船舵的数据，还提供了很多其他信息，如船首龙头的准确尺寸。将这些数据同李舜臣和李芬的描述结合起来，便可以大致知道龟船的样子。它大约有二十八米长，九米宽，从装有龙骨的扁平船底到船顶高约六米。换句话说，它在当时是相当大的船，但是浮出水面的部分较低，因此可以从下方接近安宅船的船楼，从接近水面处轰击它的船壳。船的舷窗上方斜盖着厚实的木板，坡屋顶如龟壳一般将船完全封闭起来，上面只有窄缝，可供桅杆和船帆升降。船顶铺着刀锥，使敌人难以登船。船的主要动力是桨，在对机动性要求极高的战争中尤其重要。龟船共有二十支桨，每侧各十支，由二至三人操作一支桨。船首、船尾和左右船舷均装有火炮，每侧十五门。最后，龟船内部有两层甲板，桨手在下层甲板，发射箭矢和火箭的弓箭手和操作安装在木架上的天、地、玄、黄四种火炮的炮手在上层甲板。[16]

李芬称，龟船顶部铺有草垫，以隐藏上面的刀锥。乍看起来，这似乎不太可行，因为火箭是当时海战中常见的武器，它会让龟船变成一只火药桶。不过，将草垫浸上海水不仅能够解决这个难题，还可以让船顶的防火性能更加出色。

到目前为止，关于龟船最大的争论在于，它的船顶是否为铁甲。早期关于壬辰战争的英文著作通常持肯定立场，而且称它是世界上第一艘铁甲船。该说法的后半部分肯定是错误的。在十五年前的日本，织田信长在对阵大阪湾的毛利水军时，已经使用了可以被称为"铁甲船"的战船，不过日本没有能够好好利用这项技术革新。实际上，李舜臣的龟船很可能根本不是铁甲船。支持龟船是铁甲船的证据并不存在。如果铁甲船真的出现在16世纪末的朝鲜，如此新奇的发明必定会吸引人们的注意，从而在这一时期大量的信件、日记和奏章中留下线索。李舜臣的日记和奏折中完全没有提到龟船顶部覆盖的是铁板。他的侄子李芬和柳成龙也没有言及此事

（柳成龙提到龟船顶部覆盖着木板[17]）。长达数千页，详细记录了这一时期的奏折、对话和评论的《宣祖实录》和《宣祖修正实录》，同样完全没有提到这件事。实际上，当时没有任何史料称龟船是铁甲船。[18]

另一个说明龟船不是铁甲船的理由在于，当时铁资源十分匮乏。李舜臣甚至难以造出足够覆盖一艘巨舰的铁板，遑论多艘。主张龟船是铁甲舰的学者朴海日（音），通过包在15世纪汉城南大门外的铁板重量推算出，如果想铸造足以覆盖整艘龟船的二至三毫米厚的铁板，需要六吨铁。[19]这不是个小数目，相当于铸造全船所有火炮的用铁量。考虑到李舜臣几乎没有得到朝廷的支援，他不得不自己筹集修理、装备舰队的资源，获取如此大量的铁并非易事。而且比起铁板，将其铸成铁炮，额外武装一艘战舰，或许是更加明智的做法。1592年年初，李舜臣送给全罗右水使李亿祺四十五斤铁作为礼物，他尚且念念不忘，把这件事记在日记中。[20]如果他真的得到六吨铁并制成铁板，应该不会对此绝口不提。

缺乏证据并不能彻底排除龟船多少覆盖了一些铁板的可能性，只是这种可能性似乎不大。除非有确凿证据支持相反的观点，否则到目前为止，可能性最大的结论是，李舜臣的龟船以厚木板为顶（同其船身一样），上面插有刀锥，这已经足够使其免受日本铁炮的伤害。[21]

如果史料中没有任何证据可以证明龟船是铁甲船，那么这个想法从何而来呢？一种说法是，它源自西方。第一个向欧洲和美国讲述李舜臣和龟船故事的，是在19世纪70年代朝鲜开港后不久访问那里的西方人。例如，1883年前往朝鲜的英国海军，在正式报告中提到了形状怪异的龟船，后来被芝加哥的报社报道。[22]1884年，周游朝鲜半岛的美国海军少尉乔治·福克（George Foulk）不仅听到了类似的故事，而且在庆尚道高城郡的沙滩上亲眼见到了当地人所说的龟船船骨。[23]当这些西方人听到朝鲜人提起一艘无敌的战舰，船顶像龟壳一样坚硬时，他们立刻联想到二十多年前美国南北战争期间的汉普顿海战中，南方的"弗吉尼亚"号装甲战列舰（也称"梅里麦克"号）和北方的"班长"号交战的场景。很可能是因为这两艘船在当时过于有名，听者自然而然地把李舜臣的龟船想象成与它们类似的铁甲舰，而不是仅仅覆盖着厚木板的战船。这种层累式的发展是有迹可循的。1892 年，乔治·希伯·琼斯（George Heber Jones）在描述秀吉的入侵时写道："在著名的'龟船'的帮助下（龟船是南北战争中'班长'号的雏形），李舜臣在半岛沿海横扫（日本人）。"[24] 1894年，《朝鲜：隐士的国度》（Corea: The Hermit Kingdom）的作者威廉·格里菲斯（William Griffis）更进一步，称李舜臣的船"显然包裹了铁甲"。[25] 到了 1905 年，事实转化最终完成。"它的最特别之处在于，"《朝鲜史》（History of Korea）的作者霍默·赫尔伯特（Homer Hulbert）在介绍龟船时写道，"顶层弯曲的铁甲板……它比装甲战列舰早了将近三百年。"[26]

就这样，李舜臣的龟船从"类似于"美国南北战争时期的铁甲舰，直接变成了铁甲舰，而且随着这种说法越来越多地出现在印刷品中，人们更加相信它的真实性。当这种观点传回朝鲜后，朝鲜人马上接受了它，他们当时正疲于应付西方的压力和新事物，西方认为他们是一个虚弱、落后的民族。在这样的氛围中，一个朝鲜人在三个多世纪以前发明了铁甲舰的说法具有极大的吸引力，因为这证明朝鲜不是一个落后的国家，在某些方面反而是领先于西方的。因此，即使缺乏证据，当代韩国人仍然对龟船是铁甲船的说法坚信不疑，因为它已经不单纯是一个历史问题，而是民族自信的象征。

龟船另一个非常醒目的特征是船首的龙头。在现代模型和插图中，龙头均被描绘成高高扬起的形态，类似于立起身准备攻击的响尾蛇，旁边还会配有文字解说，称龙口会喷出火药和硫黄燃烧后产生的烟气，以震慑敌人，隐藏龟船的动向。不过，根据李舜臣自己的描述，龙口可以发射炮弹，因此它不太可能是向上的。发射炮弹的方式，肯定不会那么威严。

关于龟船龙头最早的两幅图，见于 1795 年出版的《李忠武公全书》。该书汇集了李舜臣的诗文、奏折、日记等，除此之外的其他部分写于李舜臣去世很多年后，出自该书的编纂者们之手。在这部后来编纂而成的全集中，出现了两幅龟船的图像。第一幅名为"统制营龟船"，是后人推测的 15 世纪初龟船的原始形态，船首的龙头是平的；第二幅图名为"全罗左水营龟船"，是 1795 年实际存在的龟船，停泊在全罗左水营母港丽水，据说和 1592 年李舜臣改进的龟船非常类似。船首有两个龙头，位置更高的龙头昂首朝上，较低的龙头口朝下，似乎是从装有火炮的战斗甲板下方伸出。如果与第二幅图类似的龟船确实在壬辰战争期间服役过，那么它应该是经过进一步改进的，是1592年以后李舜臣建造的若干艘龟船中的一艘。当然，也可能是《李忠武公全书》的编纂者们犯了错，图中的龟船可能出现在战后。在仅存的李舜臣自己对龟船的描述中，龙头应该是从船首直接伸出，与第一幅图中的统制营龟船类似。如果他的船和第二幅图中的全罗左水营龟船一样，拥有两个龙头，那么较低的龙头应该面向前方，而且位置应该稍高，在装有火炮的甲板上方。[27]

7月8日离开母港丽水后，李舜臣在露梁津和元均会合，两人再次组成联合舰队。根据报告，日军已经来到离全罗道非常近的港口泗川，朝鲜水军前去驱逐敌人。

到此时为止，庆尚右水使和他的四艘船显然用处不大，因为李舜臣交给他们的任务是"在战场上寻找中箭或中弹身亡的日本人，割掉他们的首级"。李舜臣自己对这种功利行为兴趣不大，告诫部下不要为此事浪费时间。"与其浪费时间割首级，倒不如多消灭几个敌人，"他说道，"不要担心首级不够多，只需考虑如何命中敌人。是否出力奋战，我自然看得到。"[28]但是，元均似乎对这份工作非常热心。他既能得到梦寐以求的战功，又不需要实际参加战斗，他在战场上只能帮倒忙。

当天晚些时候，李舜臣和元均到达泗川。他们发现四百多名敌军士兵正守在俯瞰港口的石壁上。红白旗帜沿着海岸绵延三公里。一些悬挂着白旗的船只正停靠在岸边，包括十二艘大型关船，甲板上有高耸的船楼。李舜臣不想在那里战斗，因为如果在距离岸边太近的地方交战，朝军将暴露在敌人居高临下的火力面前，而且他的大船也不得不冒触礁的风险。他更倾向于在有足够空间和敌军周旋的开阔水域作战。李舜臣想到，如果日本人发现他只有二十三艘船，可能会见猎心喜、自信过头，于是他试探性地率军驶入海湾，然后转头后撤。岸边半数以上的日本人争相冲回自己的船，追击逃跑的朝鲜人。很快，他们便来到海湾正中间——李舜臣眼中的理想战场。

战斗打响了。罗大用率领坚不可摧的龟船一马当先，机动性占优的朝鲜战舰，尽情蹂躏速度迟缓、操作不便的轻型日本船，用撞角撞向它们，用火炮轰击它们，射出火箭将其点燃，宛如死神降临。日本人尽力还击，但是他们的铅弹和弓箭在李舜臣的板屋船和龟船坚若磐石的顶部和舷窗面前毫无作用。根据记录，日军将领胁坂安治发现自己的部下开始打退堂鼓，于是站上旗舰的船舷，振臂高呼："这些敌船和我们的盲船[29]无异，有什么可怕的？登上敌舰，让他们见识见识你们的能耐。"根据日本方面对此战的描述，胁坂和他的侍从们用爪钩拉住一艘朝鲜战舰，费力攀上船顶，但是没能顶住朝鲜人犀利的反击。[30]

与此同时，留在岸上的日本人为了助自己的同伴一臂之力，开始用铁炮向朝鲜军队射击。李舜臣抬头看了看山，一眼便望见几个穿着朝鲜服装的人和"倭贼"站在一起，这使他怒火中烧。他失去了惯有的冷静，命令桨手迅速划船，冲向岸边，用天字炮和地字炮轰击敌人。猛烈的炮击最终迫使敌人离开崖壁，但是李舜臣的旗舰也暴露在铁炮的火力之下。一颗子弹击中李舜臣左肩，血流到身上和腿上。不过，为了不使部下分心，在战斗结束前，他没把这件事告诉任何人。还有几个人同样在这场战斗中负伤，包括建造和指挥龟船的罗大用，所幸无人丧生。有记载称，战斗结束后，李舜臣用匕首剜出了肩上的子弹。[31]不过，这种说法可能是后人为了颂扬李舜臣的英勇而编造出来的。根据他本人的描述，子弹贯肩而出。[32]枪伤必定是十分严重和痛苦的，在接下来的几天里，李舜臣继续指挥战斗，而且没有在日记中再次提起此事，这本身已足以令人钦佩。

太阳快要落山，日军大型战舰损失殆尽，李舜臣将自己的部队撤回到开阔海面过夜。在离开前，他在原地留下一些完好无损的敌军小船作为诱饵，吸引逃到岸上的日本人回到船上。他想要全歼敌军，希望留在岸上的残兵会企图利用这些船逃回釜山，这样就有第二次在开阔水域将其一举消灭的机会。

次日（7月9日）清晨，有人来报，在东面距此不远的唐浦发现日本战船。朝鲜舰队立即朝那个方向驶去，在中午之前赶到目的地。他们发现二十一艘敌舰正停靠在岸边，其中九艘的大小与朝鲜人的板屋船相当，一艘大船似乎是旗舰，"有层楼，高可三四丈，外垂红罗帐，帐之四面大书黄字"。中间有一名敌将，前面立着一把红伞。他从容自若，似乎已经置生死于度外。这名敌将是得居通幸，是率领日本水军先锋西行进入黄海的大名之一。他的部队有七百名士兵，此外还有水手。这一天将成为他的末日。

龟船再次一马当先冲入敌阵，四处开火。一艘板屋船靠近得居通幸的旗舰，军官权俊一箭射中他的眉头，然后又射中他的胸膛。得居通幸从船楼摔下，另一名朝鲜军官冲上去割下了他的首级。[33] 这一幕吓坏了其余的日军士兵，他们放弃战斗，逃入山中。朝鲜人再次烧掉他们的船，无人能够阻拦。[34]

打扫战场时，虞候李梦龟在俘获的一艘日舰上发现了一件古怪的战利品，将其献给李舜臣。这是一把金团扇，装在黑色漆盒里。扇子中间写着"六月八日秀吉着名"，右边是"羽柴筑前守"五个字，左边书"龟井流求守殿"六字。李舜臣推测，这些文字意味着，被砍掉脑袋的日将一定是筑前守。[35] 但事实并非如此。"筑前守"是十年前秀吉本人使用的头衔。1582 年，织田信长死后不久，秀吉仍然在努力巩固对前主人领地的控制。为了笼络因幡大名龟井兹矩，他许诺征服琉球后，会把它赏给龟井。为了证明自己所言不虚，秀吉从腰间抽出一把扇子，题上自己的名字、龟井的名字、日期和"流求守"几个字。在其后的十年里，这把扇子被龟井视若珍宝，现在它成了龟井和得居通幸一同参加唐浦海战的证据。当天，龟井损失了麾下全部五艘船，不过侥幸捡回了一条命。[36]

全歼唐浦的日军舰队后，李舜臣和元均在接下来的两天里，向北侦察巨济岛的情况，然后向西沿着半岛的海岸线寻找更多敌船。然而他们一无所获。7 月 12 日，全罗右水使李亿祺带着二十五艘大船赶上李舜臣，朝鲜联合舰队拥有五十一艘大型战舰和更多的小船。援军的到来，使李舜臣疲惫的部下士气大振。

随后，消息传来，敌舰在唐项浦。

唐项浦位于长十公里的狭窄海湾内，在那里和日军交战有一定的风险。因此，李舜臣、李亿祺和元均小心翼翼地驶近那里。斥候先被派上岸，打探大型战舰是否能够在海湾内移动。答案是肯定的。然后，李舜臣派几艘战船进入海湾，确定敌人的位置。它们很快完成任务，发出信号，其余战舰跟进。另有四艘船留在后面，拦截想要逃跑的日舰。李舜臣和李亿祺的船全速驶入海湾。

他们在唐项浦的岸边发现了二十六艘敌船，包括十三艘小船、四艘中型船只和九艘类似于朝鲜板屋船的大船。除了最大的旗舰，其他船都是黑色的。旗舰的甲板上有三层船楼，涂成红、蓝、白三色，垂黑幡，有若佛殿。四艘大船悬挂黑旗，上面用白字写着"南无妙法华莲经"七个字。

由于海湾过于狭窄，朝鲜舰队无法组成战斗阵形，只能围成一圈。冲锋陷阵的仍旧是龟船，其余战船轮流向日军发射火炮、铁弩和火箭，然后后退填装弹药。遭遇猛烈炮火的日军，只能采取守势，李舜臣意识到他们可能会弃舰逃入内地，这样自己会再次错失全歼日军（不仅是日军船只，还有日军士兵）的机会。于是，李舜臣命令自己的舰队佯装不敌，向后撤退，诱敌追至开阔水域。他的计策非常成功。日本人误以为自己开始占据上风，驶离相对安全的岸边，进入海湾追击朝鲜水军。见敌人追至理想地点，李舜臣命令自己的战船调头包围日军，将敌舰炸成碎片。作为旗舰的安宅船受到的攻击最多。据防踏金使李纯信所述："倭将年约二十四五岁，容貌健伟，服饰华丽，仗剑独立，与其余党八名指挥拒战，终不畏忌。"[37] 李纯信弯弓搭箭，极力向敌将射去，敌将身中十几箭，方失声坠水，被割去首级，剩下的日本人最后全部战死。不久，所有日本船只都被击沉或点燃，只有少数生还者游上岸，逃入山中。随后，元均上前清理战场，砍掉了所有阵亡敌人的头颅。[38]

在接下来的四天里，朝鲜水军在庆尚道中部海岸游弋，继续寻觅日舰的踪迹。他们发现了几艘敌船，不过后者仓皇东窜，逃到了安全之地。他们很快意识到，日本水军已经退回釜山，本次战役大功告成，下次战役需要等到日军再次冒险西进之时。因此，7月18日的联合舰队解散，李亿祺和元均各自返回自己的本营休整，为下次战斗做准备。

分手时，元均希望和李舜臣立即联名起草奏折，上报朝廷。李舜臣有意拖延，告诉他不用着急。元均以为李舜臣的意思是过些时候两人再一起上奏朝廷，不料随后李舜臣却独自给朝廷提交了一份内容翔实的长奏折，完全没有征询元均的意见。在奏折中，李舜臣再次罗列了令人叹服的战绩：摧毁敌舰七十二艘，朝鲜战船完好无损；斩首八十八级，杀敌无数；朝鲜方面阵亡十一人，二十六人负伤。李舜臣解释道，获取的首级之所以数量不多，是因为自己命令诸将不要在这件事上浪费时间，这只是为了获取荣誉和奖励。李舜臣许诺，只要努力作战，即使没有砍下大量首级，自己也一定会看在眼里，上报朝廷。实际上，在每次战役结束后交给朝廷的奏折中，他都会列出有功将士的名单，督促朝廷尽速论功行赏，以激励士气。这同人们的常识相符，中国古代兵书也说过："香饵之下，必有死鱼；重赏之下，必有勇夫。"[39]

李舜臣没有称赞元均，也没有替他请赏。相反，他指出庆尚右水使在战争初期丧失了整支舰队，因此在最近的战役中无兵可用，暗示他寸功未立。元均得知后非常恼火，此前两人的关系本就紧张，现在更是恶化为公开对立。从此以后，他们会各自向朝廷提交奏折。[40]不过，和李舜臣的言辞同样令元均受伤的是，朝廷没有任何嘉奖他的意思。李舜臣受到表彰，步步高升，6月升为从二品嘉善大夫，7月升为正二品资宪大夫，8月升为正二品正宪大夫，元均却原地踏步。不过，元均显然成功地让朝廷注意到了自己的不满，在10月初，他和李亿祺因为同李舜臣并肩作战而受到表彰，一同加官晋爵。[41]

为什么朝鲜水军在李舜臣的指挥下，能够取得对日本人的绝对优势？首先，朝鲜人有更强的战舰。李舜臣的龟船和板屋船由于有双排桨，因此机动性超过所有日本战船，而且更易于操纵。它们的吨位更重，四周和顶部覆盖着日本人的铁炮无法击穿的厚木板。它们装备有大口径火炮，可以发射重达一吨的石块或铁球，砸穿日舰的船壳。由于以上三个优势，朝鲜战舰可以靠近到敌船几米之内，将其轰为碎片，而无须担心对方的反击，因为此时日本水军几乎没有火炮。日本人的铁炮虽然在陆战中可以有效杀伤朝鲜士兵和战马，但是在面对朝鲜战舰的厚木壳时却无能为力。

朝鲜人也得益于更加统一的指挥体系。全罗左水使李舜臣比右水使李亿祺年长十五岁，经验更加丰富，因此在壬辰战争初期的海战中，他自然而然地肩负起了指挥朝鲜南方舰队的重任（几个月后，他被朝廷正式任命为三道水军统制使）。和朝鲜人形成对比的是，日本人没有统筹全局的指挥官。日本水军由一系列组织松散的小舰队组成，每支舰队都从属于或听命于不同的大名，每支舰队都为了自身利益各行其是。换句话说，没有人严格服从命令。实际上，只有一个人有足够的权威强迫舰队的指挥官们齐心协力共同完成一个目标，那就是秀吉。但是秀吉不在朝鲜，他仍然留在名护屋，表面理由是在等待适宜出海的天气。由于他的缺席，日本水军将领在面对朝鲜的威胁时，只能各自为战，自大、竞争心理和嫉妒心的共同作用，使他们难以和李舜臣纪律严明的舰队抗衡。

朝鲜人在海上的所有优势（更好的战船、威力更大的火器和更加统一的指挥体系），都证明了他们对海战的理解更加成熟。1592年，秀吉和他的大名们对海战的认识仍然停留在中世纪水平。对他们而言，海战只是陆战的延伸，船不过是战斗平台，双方以铁炮、弓箭互相射击，杀伤对方，然后登上敌船消灭幸存者。简而言之，海战的目标是杀死敌方船员，而非击沉敌舰。因此，他们的战舰装备的是轻型火绳枪，而不是重型火炮。[42]

朝鲜人的想法则截然不同。对李舜臣、李亿祺和元均而言，海战的首要目标是摧毁敌人的船只。因此，他们的板屋船和龟船装备了足以击沉敌舰的火炮和能够烧毁敌舰的火箭。毕竟，杀死一个敌人只是消灭一人，而摧毁一艘敌船则意味着消灭大部分船员，而幸存者也只能在水里挣扎、等死。

如果说战争的直接目的是杀戮和破坏，那么日本人在陆地上更加出色，而朝鲜人则在海面上更胜一筹。

11

进军平壤

以不足千人的部队，承担起防守汉城这一不可能任务的都元帅金命元，在无奈弃守汉江后接到朝廷命令，让他尽可能多地募集兵力，在五十公里以北的临津江布置防线。临津江是日军进军中国的下一个障碍。分散于各地的朝鲜军队，奉命在临津江集结。在接下来的两周里，他们陆续抵达江北，朝鲜军队的总兵力达到万人，其中包括副元帅申恪、在尚州被小西行长第一军击溃的李镒和此前负责防御北上汉城的关隘竹岭的刘克良。

与此同时，宣祖和随行的大臣们暂时停留在距离临津江只有几小时路程的更靠北的开城。1592 年 6 月 11 日，由于对逃离汉城的批评之声渐多，宣祖为了平息众怒，不得不罢免最高文官领议政李山海，将其流放。此前官职仅次于李山海的左议政柳成龙升为领议政，崔兴源成为新的左议政，尹斗寿升为右议政。[1]

当天晚些时候，宣祖出面慰谕百姓，下旨允许他们陈情。国王觉得自己需要这么做，因为他知道百姓心怀不满，不满朝廷没能意识到日本的威胁，不满宣祖放弃汉城，御驾离城时的叫喊声和辱骂声，以及离开后旋即开始的纵火和抢劫便是明证。有消息称，国都里的商人已经重开店铺，和敌人做起生意，能够看出日军的安民告示显然起了作用，他们声称自己来朝鲜只是为了从残暴的国王手里解放受压迫的人民，无意伤害任何人。宣祖听后大为震惊，将其视为自己的百姓背叛国家，同敌人沆瀣一气的例子。但这也是对朝廷，实际上是对他自己的惩罚，他必须着手处理。[2]

百姓陈情时，一人跪在宣祖面前，请求他赦免流亡中的西人党首郑澈，将其官复原职。郑澈曾经是左议政，1591 年因为提议立世子而被宣祖罢免,西人也因此失势,将政权拱手让给东人。宣祖当时因为郑澈反对自己所提的世子人选而大发雷霆。不过,他现在急于讨好百姓,因此同意了请愿者的要求,从流放地召回郑澈。当时获罪的西人一同被释放并得到叙用,领议政柳成龙遭到解职。不到一天,政局再次翻转,崔兴源成了领议政,尹斗寿升任左议政,俞泓被任命为右议政。[3] 罢免柳成龙显然是为了保全宣祖的颜面。在接下来的战争中,柳成龙依然起着至关重要的作用,尤其是他要负责为明军的到来做准备。次年1月,他被任命为战时特别设立的都体察使,监督全国军务。1593年12月,崔兴源因病辞去领议政之职,柳成龙官复原职,直到1598年战争结束。[4]

6月13日,宣祖和世子光海君率众人继续北上,一路不停,逃到平壤。他们于16日到达城外,在三千甲士的护送下入城,进入安全之地。经过一周颠沛流离的逃难生活,宣祖和随扈大臣们终于安定下来,稍有余力能够评估一下当前局势。如果用一个词来形容现在的局面,那就是绝望。日本人已经占领半岛南部,汉城已落入敌手,根据以往的进军速度判断,日军很快会渡过临津江来到平壤。因此,如果明朝援军不至,朝鲜亡国似乎是不可避免的,很可能撑不到年末。

在遭受入侵的最初几天里,汉城朝廷围绕着是否向明朝求援,展开了漫长而尖锐的辩论。持反对立场的大臣们担心,这会给朝鲜带来负面影响。首先,这意味着将主导权交给明廷,没有任何一名大臣盼望如此。虽然朝鲜名义上是明朝的属国,但它毕竟是一个主权国家,不想失去处理发生在本国国土上的事情的权力。为援朝明军提供给养的负担也非常沉重,这会消耗政府的资源,留给本国军队的给养会随之大幅减少,进一步损害朝鲜的防御能力和自主权。除此之外,新任命的左议政尹斗寿还指出,明朝派出的援军很可能来自与朝鲜接壤的辽东,他们因军纪不佳而恶名昭彰,结果反倒可能弊大于利。在战争初期,由于类似的担心在汉城盛行,第一批前往北京的使臣仅仅告诉万历皇帝日本入侵朝鲜,而没有提到求援之事。

但是随着日本人逼近汉城,支持向明朝求援的意见渐成主流。最重要也最显而易见的原因在于,汉城朝廷痛苦地意识到,如果明朝不尽快干预,整个朝鲜可能都会被日本吞并。不过,恐惧并不是促使宣祖和大臣们转向明朝的唯一原因，他们越来越担心国内可能发生民变。长久以来，苛税、党争和无能且滥权的官员一直是朝鲜的顽疾，壬辰战争使大众对统治阶级的不满全面爆发，百姓指责政府是造成当前灾难的元凶，官民矛盾加剧。因此，向明朝求援的决定，不仅是为了从日本侵略者手里保护朝鲜，也是为了支撑现在名誉扫地的统治精英，宣祖和他的大臣们可以从明朝那里获得统治的合法性。[5]在国都失陷，王室和大臣们接连撤到开城和平壤之后，朝鲜朝廷再次遣使前往北京，这次是请求明朝派遣援军。明廷并没有立即做出回应，于是朝鲜先后四次遣使前往北京。[6]

此时的明廷感到困惑和怀疑。首先，明廷不清楚朝鲜的现状。他们不知道当前的战争是否真的是朝鲜政府所宣称的大规模侵略，抑或只是汉城朝廷对规模大过往常的倭寇骚扰反应过度，中朝两国在过去百年间皆饱受倭寇之苦。这个问题最终得到澄清，明廷确信敌军人多势众，不容小觑。但是随之而来的问题是，秀吉的真实意图到底是什么。他确实是像朝鲜人所说的那样，想要征服中国？还是他只是想征服中国的属国朝鲜，而朝鲜为了求援夸大其词？如果他的目标确实是中国，朝鲜人是确实不知情，还是秘密参与其中？

第一批朝鲜使臣向北京报告日本入侵的消息后，明朝廷便开始怀疑朝鲜在秀吉的侵略计划里扮演着秘密角色。他们之所以会起疑心，主要是因为日本人在半岛的进军速度快得匪夷所思，他们只用了二十天时间，便走完了从釜山到汉城约四百五十公里的路程。中国人怀疑，如果没有朝鲜人的积极协助，日本人不可能如此快速地向中国推进。与朝鲜接壤的辽东巡抚派人到平壤调查，同样疑心重重的明廷也派出官员渡过鸭绿江。[7]他们的结论是，朝鲜人正在拼死抵抗日军的行进，成千上万的士兵已经阵亡，他们没有任何可能有损天朝的行为。于是，明廷终于相信了"小中华"的忠诚，态度发生变化，明朝的战争机器开始全面启动。不过，此时已是8月，距离第一批日军士兵登陆釜山已经过了三个月。

明朝廷的困惑和疑心，部分解释了他们为什么迟迟没有对朝鲜的求援做出回应，而且最初派遣的援军规模很小。不过，这不是全部。在1592年夏，明廷还有其他值得担心的事，其中最令它头疼的是宁夏之役。当年早些时候，在日本入侵朝鲜两个月前的3月，中国西北边境的一名军官率部叛乱，杀死宁夏巡抚，逼总兵官自尽。兵变的理由是没有领到军饷，这个问题早在明朝前期便已经开始出现，而且由于洪武皇帝建立的屯田制慢慢瓦解，募兵逐渐增加，明朝国库越来越难以支付他们的军饷，因此到了这个时候已经变得司空见惯。欠饷在过去曾引发过不满，但是这一次情况完全失控。当地的蒙古酋长哱拜参与叛乱，并被推举为叛军首领（哱拜世居宁夏，嘉靖年间降明，因屡立战功被封为游击将军）。于是，单纯的军士哗变发展成蒙古人的叛乱，很快震动全陕，长城之外草原上的河套蒙古人也加入其中。

这一幕使当地官员非常难堪，因为酿成大祸的军士哗变，可以说是因为他们处理地方事务不当而引发的。在呈送北京的奏折里，他们试图贬低军队的角色，将主要责任归咎于哱拜和河套蒙古人。这个说法听起来是可信的，和蒙古人的边界冲突司空见惯，而且确实值得担忧。明廷没有被它骗过，不过也只能无奈地将其认定为官方说法，因为公开承认自己军队的叛乱致使一省动荡，将会暴露帝国危险的弱点。明廷开始平叛，派军队前往西北，朝鲜使臣正是在这个时候前来求援的。明朝的军力并没有其已经过时很久的兵部名册所显示的那么强大，在1592年夏，它的兵力不足以同时应付两场战争。国内叛乱显然更加急迫，需要优先处理。实际上，直到1592年10月宁夏之役结束后，明廷才终于能够集中精力回应日本人的威胁，集结大军援助朝鲜。[8]

由于大量军队被用来平定哱拜之乱，而且朝鲜的情况仍然暧昧不明，因此中国最初只能抽调一支千人的部队，保护一退再退的宣祖。1592年7月，参将郭梦征和游击将军史儒率部开始向困境中的半岛进发。

在黄海对面，日本侵朝军先锋在汉城休整两周后，准备再次上路。6月25日，在重新开始向中国进发两天之前，指挥第一军的小西行长和宗义智派人北上给宣祖送去一封信，表示希望恢复两国间的和平。信的大意如下：太阁想要假道伐明，但我们这些日本将军不过是奉命来到朝鲜，其实并不想远赴千里之外的中国。因此，我们想先和贵国和解，再请你们居中调解，让我们和大明修好。如果贵国恳请中国同意中日和好，那么三国可以共享和平，这是至善之策。不仅我们日本将领可以省去大麻烦，人民也可免遭荼毒。这是我们日本将领的一致想法。[9]

这并不是开战以来小西和宗义智给朝鲜朝廷送去的第一封信。战争爆发不久东莱失陷后，他们曾经交给蔚山郡守一封内容与此类似的信，让他转交给汉城政府。蔚山郡守害怕自己被俘然后又被释放的事实如果被人知道，有损声名，因此谎称自己是从日本人手中逃脱的，完全没有提及信的事。到达汉城中路的中点尚州后，小西和宗义智再次尝试向北给汉城送信。像之前一样，他们把信交给一名被俘的朝鲜人。第二封信写道："蔚山郡守在东莱被俘，我们在释放他时交给他一封信，却没有得到任何回音。如果你们想要和平，就让李德馨在二十八日（1592年6月7日）在忠州和我们会面。"（李德馨在战前曾经负责接待赴朝鲜的使臣宗义智，因此在日本人中间很有名。）这封信被送到汉城，蔚山郡守面上无光。由于当时的情况非常绝望，即使只有一丝希望，朝鲜人也准备尝试。因此，李德馨南下忠州，打探日本人想要什么。不过，他在到达忠州之前得到消息，申砬的部队大败，忠州已经失陷，于是他返回了汉城。[10]

考虑到小西和宗义智在不到一个月的时间里已经横扫朝鲜半壁江山，在秋季之前可以占领全国，日本人完全不需要和朝鲜人谈判。况且小西和宗义智也没有准确传达自己主人的真实意图，秀吉的目标是占领朝鲜和中国，建立一个横跨亚洲的帝国。两位大名为什么着急同朝鲜人举行和谈呢？首先，他们是在效仿秀吉的策略。太阁本人善于不战而屈人之兵，他更倾向于通过合作而非对抗确立自己的优势。小西和宗义智试图用类似的方式在和谈中拉拢朝鲜人，如同秀吉拉拢岛津家而征服九州，拉拢长宗我部家而征服四国，他们希望通过拉拢这里的主人宣祖和朝廷大臣们而征服朝鲜。

不过，为了说服朝鲜人，小西和宗义智开出了秀吉根本不可能答应的价码，因为他们知道，不这么做朝鲜人绝对不会同意。自1589年第一次前往汉城以来，宗义智明白，迫使朝鲜人就范的难度要远高于长宗我部家和岛津家。他看到这些外国人生活的世界和日本迥然不同，他们认为自己的世界文明程度更高，因此他们抵抗的激烈程度将会超出秀吉的想象。战前和朝鲜人接触时，宗义智发现，在交涉中要见机行事，一方面不能如实将秀吉的要求告诉朝鲜人，以免让他们感觉受辱；另一方面要弱化朝鲜人拒绝的措辞，避免激怒秀吉，最终导致双方都弄不清楚对方的真实意图。

宗义智和小西在1592年夏天面对的情况，和此前并没有太大区别。秀吉以为沿半岛一路北上占领首都汉城，便等同于征服朝鲜。但他是错误的。现在，他的侵略军以风驰电掣之速沿半岛北上，但是他们占领的只有日军经过的狭长地带，补给线过长很容易被切断，他们可能因此陷入深入敌地四百五十公里而孤立无援的境地。进军平壤后，补给线的长度将达到六百五十公里，会变得更加危险。有鉴于此，小西和宗义智提议和谈是可以理解的。他们急着先同朝鲜人议和，与此同时，他们仍然占据主动，可以巩固自己的胜利果实，缓解侧翼的压力。然后，他们可以全力说服秀吉批准这份协议。

> 吴起与秦战未合，一夫不胜其勇，前获双首而还。吴起立命斩之。军吏谏曰："此材士也，不可斩。"起曰："材士则是也，非吾令也。"斩之。[11]
>
> ——《尉缭子》，公元前4世纪

正在此时，朝鲜人赢得了陆战首胜。在铺天盖地的坏消息中，一场小胜足以鼓舞人心。放弃汉江防线和汉城后，都元帅金命元重新集结散兵游勇，在临津江布防。这不是一件轻松的任务。仓促撤离汉江后，金命元的名望大受打击，一些人认为这不仅意味着他缺乏经验，也是勇气不足的表现。可能是出于这个原因，副元帅申恪没有奉命撤退到临津江布防，而是和部下一起留在汉城近郊，派人告诉金命元，他和另一名将军合兵一处。金命元勃然大怒，立即派人前往北方的流亡政府，指控申恪不服军令，提议对其加以惩处。朝廷同意了。一名官员奉旨南下前往申恪军营，准备将其斩首。

这名官员出发后不久，朝廷收到消息，申恪的军队在汉城和临津江之间的小城杨州打了胜仗。他们攻击的对象显然是宇喜多秀家第八军的一部，后者从朝鲜首都北上，正在此地劫掠。申恪的部队得胜，砍下六颗首级。这个消息马上使朝廷改变了对申恪的处罚，立即派另一名官员南下阻止行刑，但是为时已晚。当那名官员赶到申恪的军营时，他已经被处决了。[12]

对日本人而言，杨州之战只是一场无足轻重的小冲突；但对朝鲜人而言，它是重要的胜利，标志着可憎的"倭贼"终究是可以战胜的。于是，申恪成了英雄，而金命元则被描述为促成其死亡的教唆者。[13]公平地说，不管金命元存在着多么严重的缺陷，作为朝鲜军队的统帅，他必须保证自己的命令得到执行。不管申恪在杨州的胜利多么重要，他确实违反了撤退到临津江集结的命令。按照前现代军队严苛的军法，对此类行为的处罚是死刑。

6月27日，在汉城休整两周后，日军继续前进。走在最前面的是小西行长和对马岛主宗义智率领的第一军，加藤清正的第二军和黑田长政的第三军跟在后面不远处。同釜山登陆以来的情况一样，这三个军团将继续作为先锋，在朝鲜北部开路，一直推进到明朝边境。

他们没费任何周折来到临津江边（这条江现在是朝韩两国的边界）。在这里，日本人碰到了麻烦。江边悬崖陡峭，只有一条狭窄而危险的沟壑可以通行。如果只是这样，日本人还能应付。但是随后他们还要渡江，由于无船可用，这并不轻松。在江对面，数千名朝鲜士兵和骑兵手持弓箭刀枪，在易守难攻的平坦岸边严阵以待。一路后撤丢盔弃甲的朝鲜人，似乎终于有能力组织起一条有效防线。北上之路断绝，小西、加藤和黑田安营扎寨，静观其变。

故将有五危：必死，可杀也；必生，可虏也；忿速，可侮也；廉

洁，可辱也；爱民，可烦也。[14]

——《孙子兵法》，公元前 4 世纪

朝鲜人确实阻止了日军前进的步伐。都元帅金命元成功地在临津江防线集结起了一支数量可观的军队，还收缴了远近数里内所有能够找到的船只。不久后，韩应寅率军前来会合。韩应寅曾于当年早些时候出使北京，是第一位向明朝报告日军侵略详情的朝鲜使臣。从北京返回后，他接到命令，率北方平安道三千名经验丰富的士卒增援临津江。这样，朝军总兵力达到万人，是到目前为止在敌人进军路线上部署的最大兵力。朝鲜人占据地利优势，因为日军无法将大批士兵运过江攻击朝军。即使他们想方设法获得一些小船，最多也只能将少量士兵运到对岸，在登陆时很容易遭到攻击。因此，朝鲜人只需要原地待命，便可令日军一筹莫展。

但是实际情况却与此不同。防守北岸的朝鲜军队虽然人多势众，但是防守能力却因为紊乱的军令体系而受到极大削弱。朝廷无意间使情况更加恶化。当韩应寅接到南下协防临津江的命令时，朝廷正因为最近误杀申恪之事对金命元非常恼火，告诉韩应寅不需要服从金命元的命令。这无疑是为了防止另一位副元帅因为不服军令而遭处决。但是，这当然也会进一步削弱金命元的权威，导致朝军的分裂。在经验丰富而果敢的日本人面前，军令不统一被证明是致命的弱点。

小西、加藤和黑田在临津江南岸等了十天，终于确定朝鲜人不准备像防守汉江时那样不战而逃。然后，他们决定用计，佯装后退，引诱敌军来袭。这是朝鲜水军英雄李舜臣将军的拿手好戏，他曾用这条计策有效地将缺乏经验、自信过头的日本水军将领诱入开阔海域，然后一举歼灭。不过，诱敌深入之计实际上早已有之。古代中国的七部经典兵书之一，成书于公元前 4 世纪的《孙子兵法》已经阐述了总体原则："兵者，诡道也……利而诱之，乱而取之……卑而骄。"[15] 几十年后写成的《司马法》特别推荐道："擅利则释旗，迎而反之。"[16]

日本人正是这么做的。在临津江南岸无所事事地待了十天后，小西、加藤和黑田浇灭灶火，收拾行囊，看样子是要垂头丧气地返回汉城。临津江北岸的朝鲜人见状大喜。局势发生逆转，敌人正在撤退。缺乏经验的年轻军官申硈刚从北方来到这里，他立即请战，要求渡江追击日军。年纪更长、经验更加丰富的刘克良劝他冷静，指出最明智的做法是在发动进攻之前先静观敌人动向。这激怒了申硈。他指责刘克良是懦夫，拔出佩剑作势向他砍去。刘克良没有受伤，但是懦夫的说法让他觉得自己的名声严重受损，这是很多朝鲜将领的软肋，他们会为了表现自己的勇气而做出不理智的行为，往往招致失败。不幸的是，刘克良也不例外。他愤怒地回应："吾结发从军，岂以避死为心。所以云云者，恐误国事耳。"然后，为了证明自己的勇气不容置疑，他放弃了更明智的做法，坚持带头渡江攻击敌人。申硈同意了。

与此同时，韩应寅也带着自己的三千士卒加入战斗。一些久经沙场、一直在北方对抗女真部落的老兵不愿渡河，他们想提醒韩应寅，日本人的撤退可能只是诡计。韩应寅处决了几人，其他人不再作声。都元帅金命元觉得这个计划不明智，不同意执行，但是他也无能为力，因为朝廷特别批准韩应寅不需要服从他的命令。

刘克良率领一部分朝军士兵先行渡过临津江，爬上南岸的峭壁。他们没有发现敌军的踪影，只看到被他们抛弃的军营。然后，他们向南面的树林走去，突然铁炮声大作，日本人没有撤退，而是藏在树林里。朝鲜人匆忙撤回江边，先到的士兵抢着上船，想要离开，慌乱中弄翻了几条船。其他人从峭壁跳入水中，"如风中乱叶"。穷追不舍的日本人居高临下，结束了他们的生命。年迈的刘克良拼尽最后的气力证明自己的英勇，据说他下马大喝"此吾死所也"，随后力战而亡。申硈同样丧命于此。

到目前为止，朝鲜人在临津江还没有彻底失败。袭击计划失败虽然造成了重大伤亡，但是朝军主力还守在江北，他们只是送给了日本人几艘船而已。因此，只要他们继续严阵以待，侵略者仍然无计可施。

但他们没有这么做。目睹了南岸的屠杀，一名负责指挥军队却毫无军事经验的文官骑上马落荒而逃。众人看到他逃跑，误把他当成金命元，大喊"元帅走矣"。假情报像山火一样蔓延开来，士兵们失去勇气，很快四散奔逃。于是，朝鲜人遗弃了易守难攻的临津江北岸，拱手让给兴高采烈的日本人。7月7日，日军全军渡过临津江，向开城进发，很快占领该城，未遇抵抗。[17]

占领开城后，日军先锋没有一起前往平壤，三个军团分别向三个不同方向进发。小西行长继续向北，目标直指平壤，然后从平壤挺进鸭绿江边，继而进入中国，这也是朝鲜君臣的逃难之路。黑田长政向西进入黄海道。他会在这里短暂停留，攻下黄海沿岸一些中等规模的城镇，然后返回平壤附近北上的大道，再次和小西会合。最后，加藤清正将前往偏远的东北省份咸镜道。这会花去他不少时间。咸镜道多山地和森林，人烟稀少，和中国东北接壤，这个大胡子的大名会在这里待上几个月。

开城分兵对战争的进程有潜在的重要影响。把加藤安排到偏远的咸镜道，把向中国推进的任务交给小西和黑田，这实际上使日军前进的动力和向前的势头全部减半。不仅如此，如前文所述，小西和他的女婿宗义智试图和朝鲜人和谈以结束战争。如此一来，"超入大明国"的任务反倒落到了积极性最低的两个人身上。另一方面，加藤对秀吉的征服中国计划执行得最为认真。在出征朝鲜的所有大名中，他最忠实地履行主人的雄图。7月9日，在开城分兵前不久，他给秀吉的信中写道："微臣所率之军，将平定朝鲜东北偏远的咸镜道。该地与明国相距甚远，超过十天路程。如果您欲渡海征明，请告诉我可能的最早日期。我会日夜兼程赶往您所在之地，作征明之向导。"[18]

如果分兵后的进军路线与此不同，加藤进入中间至关重要的平安道，而非偏远的咸镜道，那么无人可以预测他会前进多远。虽然他很可能不会直接进军北京（他似乎仍然认为秀吉不久后会渡海亲自指挥最后决定性的战役），但是有可能向北推进到比小西更远的地方，可能一直到鸭绿江边，进入中国。这会是一个大胆的突击计划，将部下置于极端危险之中，甚至可能导致全军覆灭，但这正是勇猛而忠诚的加藤的本色。

时间到了7月10日。日本人已经渡过临津江，气势汹汹地奔平壤而来，宣祖召集群臣商议对策。吏曹判书李元翼认为，应该尽速决定是留下守城还是移驻他处，如果决定死守，则留下亦可，如若不然，便应见机行事。兵判李恒福提醒道，由于还未决定是留是走，总管军务的兵曹至今仍然不知如何制定计划，凡事预则立，不预则废。

随后，宣祖开口了。他说自己留在平壤并不安全，想要移居他处。大臣们提出两个避难方案，一个是经宁边前往义州，如果形势不妙，可内附明朝；另一个是前往东北遥远的江界。宣祖问道："听说江界地形更胜一筹，你们的意见如何？"

开城陈情后不久，被宣祖从流放地召回的郑澈答道："我刚从江界回来，那里是穷边苦寒之地，风土极恶，粮道难继。"

左议政尹斗寿附和道，江界过于偏僻，"臣听说，自古居于天下中心，则事可为；入于一隅，则无人听从号令"。

最后，宣祖决定，自己将向北前往宁边，世子光海君将另行前往江界。这很可能是因为，宣祖反复提到要安抚民心，缓和民众对官府（也就是对宣祖本人）的不满。他可能希望王室分散到北方各地后，民众会感念王恩，从而减轻叛意，意识到自己有义务效忠王室，反抗日本人。[19]

很快，车驾便不得不撤离平壤。7月16日，作为先锋的小西行长第一军抵达大同江南岸，从平壤城内已经可以看到敌人的身影。现在，这位九州大名进入了半岛西北幅员辽阔的平安道，秀吉曾许诺把这里赏赐给他。[20]几天后，荡平黄海道的黑田长政第三军赶来会合。由于没有船或任何其他渡江工具，和在临津江时一样，他们安营扎寨，静待时机。他们的到来，很快在平壤引起骚乱。官员们试图阻止百姓外逃，如果能动员所有人参加接下来的守城战，或许还有一丝胜算。官府告诉百姓，数千名士兵在防守城池，城中储备了大量武器，有充足的食物和补给，足以抵抗数月。平壤是一座坚城，不会像汉城一样陷落。但是百姓不相信他们的话。正如《司马法》所说："人有畏心，惟畏之视。"[21]

同一天，宣祖和他的大臣们开始准备北逃。宣祖先将王后送到咸镜道东北的咸兴，希望她能平安无事，也希望她的出现能够安定人心。王后前往咸兴之前，宫署护送先王牌位先行向城门走去，准备出城北上。见此光景，仍然留在城中的百姓勃然大怒，因为这意味着不久之后宣祖也会离城

166

北去，于是他们开始作乱。一群人手持棍棒和石块堵住路，指着同行的官员大骂："汝等平日偷食国禄，今乃误国欺民。"路上有人愤怒地质问道："既欲弃城，何故使我辈入城，独使鱼肉于贼手耶！"经过很长时间的对质，一行人好不容易挤过城门，扬长而去。百姓同样包围了宣祖行在，想要闯入宫门，官员无法阻止。柳成龙出面喝止乱民。他先是赞扬他们欲竭力守城不愿车驾出城完全是出于一片忠心，但是话锋一转，又说如果因此惊扰宫门，则实属无理之举。最终，他成功说服众人离去。不过，百姓已经不可能继续留下来死守平壤了。得知宣祖不久便会出城，高句丽故都平壤彻底被人遗弃。[22]

到达平壤城南大同江岸边的次日，小西行长和宗义智试图和朝鲜政府取得联系，这是他们在壬辰战争爆发后的第四次尝试。他们派人渡江，要求和李德馨见面。此前他们曾要求和他在忠州会面，不过当时并未成功，李德馨南下后听说忠州陷落，便转身返回汉城。随后，他被派往北京向明朝求援。日本人要求和他谈判的消息传来时，他刚从北京返回平壤。

次日（7月17日）一早，双方在大同江中间见面，李德馨在一艘船上，日方代表柳川调信和僧人玄苏在另外一艘船上（两人都曾经在战前协助宗义智和朝鲜人交涉）。李德馨率先发问，他想知道日本人为什么要求见面。"因为我们不想同朝鲜打仗，"玄苏答道，"此前，我们从东莱到尚州，然后在汉城，三次派人要求和贵国国王讲和。我们得到的回应却是沿途不断的抵抗，但是我们仍然想以理服人。因此，我们再次要求你们：让开前往中国之路，让我们通过，这样你们便可以幸免。"

重要的是，玄苏没有提到日军的目标是征服中国，他们似乎只是想"入朝"大明。因此，朝鲜人挡住他们的路似乎是非常不理智的，而且考虑到朝鲜人已经证明自己无力阻止日本人的前进，这种做法也毫无意义。朝鲜现在满目疮痍，无法承受更多的打击，更不要说反击了，那么为什么不让开一条路，让所有的痛苦消失呢？他们为什么要如此固执地阻止日本人"入朝"中国呢？这个要求很过分吗？

当然，在朝鲜人看来，日本人的要求相当于要得到整个世界。现在的情况已经十分清楚，日本人不是真心想要"入朝"中国，他们的目的是征服中国，取明朝而代之。单单是这个亵渎的想法本身，已经足以让朝鲜人深恶痛绝。因此，李德馨对玄苏的回答毫不含糊，不留任何回旋的余地。"天朝乃我国父母之邦，死不听从，"他答道，"如果你们真的有意和我们议和，向中国朝贡，那就掉转兵锋，回到日本。那样的话，我们或许可以考虑。"

这不是柳川调信和玄苏想要的答案。"我们的军队只知向前，不懂后退，"他们愤怒地答道，"如果这是你的回答，那么我们之间不会有和平。"随后，双方的船回到各自阵营。[23]

次日，为了逼朝鲜人露出破绽，从而打破僵局，日本人集合起少量木筏，将一队铁炮足轻送到大同江中，朝着平壤城头射击。日本人的盘算落空了，城内的平壤军队没有仓皇弃城逃跑。不过，这次武力示威确实促使宣祖加速北上。7月19日，他离开平壤，继续北逃至宁边，他被告知，这段旅途会花费五天时间。

都元帅金命元接到命令，同大臣尹斗寿、李元翼一起留守平壤，监督该城的防御。三人手下聚集了大量士兵，据说总兵力在万人左右，肯定远远多过汉城陷落前的守军。但是如果想守住平壤，为了家园而战的百姓的协助同样是必不可少的，因为只有这样才可能有足够的人手防卫每一寸城墙。[24]由于城中的百姓所剩无几，金命元、尹斗寿和李元翼三人决定，与其等日军来攻（他们迟早会攻破城墙），不如出城袭击敌营，削弱敌军实力，打击他们的士气，或许有可能逼迫他们解围而去。

按照计划，一队朝鲜士兵在夜里悄悄乘船过江，然后趁夜色袭击日军大营，在日本人做出反应之前，尽可能多地杀伤敌人。这是一个不错的计划。平壤守军发现沿大同江安营扎寨的日本人有些懈怠，觉得出其不意的夜袭会取得奇效。但是在实际执行计划时，朝鲜军官运送部下过江花费的时间比预想的更长，因此当他们准备开始攻击第一座敌营时，已是破晓时分。朝鲜军队按计划发动进攻，小西麾下数百人被杀，很多战马被抢走。但是随着太阳升起，局势发生逆转。晨光微曦，其他军营的日本人（主要是黑田的部下）察觉到敌人来劫营，于是发动反击，很快把朝鲜人赶回江边。

当朝鲜人到达江边时，发现船不见了。原来船夫见势不妙，将船划走，把同胞留在岸边。很多朝鲜人跑到上游一处浅滩，成功涉水脱险。但这么做的结果是将重要情报泄露给了日本人——在过去十天里，日本人一直在寻找的渡过大同江的方法。追击的日军兴高采烈地带着他们的发现回营。安葬好死者，安顿好伤者之后，日军开始拔营，准备继续北上下一站——平壤。[25]

获悉日本人很快会渡过大同江兵临城下的消息后，据城坚守的想法立即被城内的朝鲜人抛诸脑后。时间消逝，城中最后一批居民涌出大门，逃入山中。傍晚，尹斗寿和金命元匆忙命令手下将火炮和兵器沉入池塘，以防它们落入敌手。然后，他们也出城逃难。金命元前往北方二十公里外的顺安，重新集结部队。尹斗寿赶着向宣祖报信。作为留守平壤的最高官员，他声称自己要为平壤陷落负全责，甘愿接受任何处罚。宣祖拒绝了，完全没有责怪他的意思。宣祖说："国势已去，卿何发此言。"[26]

日本人渡过大同江来到平壤城下，看到城门大开，似乎是在欢迎他们入内。小西和黑田感觉有诈，于是爬上附近一座山，俯瞰城内是否有伏兵。城中并没有伏兵，平壤实际上已如同一座鬼城，男女妇孺皆逃之夭夭，城内空无一人。两位大名这才安心，率部进入平壤。这是他们北上途中的又一件战利品，而且是非常丰厚的战利品。他们在城中的官仓内发现了七千吨大米，够他们的军队消耗数月。[27]

日军在平壤尽情享用朝鲜人留下的大米，而柳成龙为了给明朝政府允诺的援军筹备粮草，却不得不从西北地区的一个城镇跑到另一个城镇。这不是件轻松的工作。日军渐渐逼近，宣祖仓皇西狩，当地百姓人心惶惶、不听约束，多地发生民变，官仓被哄抢一空。尽管有这些困难，柳成龙还是设法筹集到了足够的军粮，将其运到位于中国边界以南八十公里处黄海边上的小城定州，准备把粮食储存在那里。当地的乱民同样想趁火打劫，柳成龙将八名领头者斩首示众，才稳住局势，保住了粮食。然后，他继续在其他城镇建立起军粮储备，这样当明军出现在朝鲜任何一地时，他们都可以得到足够的补给（同时，这也使明军没有借口劫掠当地农村，柳成龙十分正确地担心他们会这么做）。[28]

7月19日离开平壤后，宣祖和扈从大臣们北上宁边，这里距离明朝边境不到一百五十公里。他们在宁边第一次听到了有关平壤城郊之战的混乱消息，神情沮丧，做起最坏的打算，迫切地想继续逃亡。现在，绝望的国王开始提出要跨过鸭绿江内附明朝，到辽东避难。这已不是朝鲜君臣第一次谈论这个话题。车驾出汉城，经过一天的艰难行程，北上到达东坡馆后，便已经有人建议内附，不过遭到柳成龙的反对，因为国王逃离自己的国家与逊位无异。此时柳成龙虽然不在场，不过其他大臣出面打消了宣祖的念头。他们警告道，辽东人心险恶，明朝可能拒绝宣祖入辽，更何况由于放弃汉城，百姓已经对宣祖不满，如果宣祖离开朝鲜，百姓会做何感想呢？"那你为什么不告诉我应该去哪里，"宣祖显然很不耐烦地答道，"我可以死在天子之国，决不能死于贼人之手。"这次讨论无果而终，宣祖会继续西狩，但最终目的地仍未确定。[29]

宣祖和大臣们离开宁边，踏上前往中国的大路，准备西行至鸭绿江畔的义州。还没有走出多远，他们终于听到了久违的一点好消息：明军来了。这是一支象征性的先遣部队，只有千名士兵，领头的是参将郭梦征和游击将军史儒。这只是开始，真正重要的是，这证明了中朝两国的兄弟情谊，在危急时刻，中国是值得信赖的帮手。宣祖身着礼服，对郭梦征行礼，心怀感激地说："一国存亡，系在大人，惟指挥是矣。"[30]

明军护卫开路，宣祖继续前往鸭绿江。1592年7月30日，一行人到达鸭绿江南岸的义州。现在，宣祖已经到了国境，再退一步，便是大明的土地，他的大臣们（尤其是柳成龙）强烈反对他继续撤退。有了郭梦征的部队，宣祖稍微安心一些，愿意听从大臣们的意见。他将在义州等待复国之日的到来。[31]

在义州逗留期间，宣祖作诗一首，以排解自己的亡国之痛。他认为灾难的元凶是战争爆发前几年在朝堂上愈演愈烈的党争。如果东人和西人能够齐心合力，如果他们没有因为党派之争而丧失判断力，朝鲜或许可以阻止日本入侵。宣祖永远被夹在中间，左右为难，他为自己放弃王都，向北逃往鸭绿江而感到羞愧难当。

> 痛哭关山月，
> 伤心鸭水风。
> 朝臣今日后，
> 宁复更西东。[32]

12

黄海海权之争

现在，日军的入侵已进入第三个月。自釜山登陆以来，秀吉的三支先头部队，无视逶迤的群山、湍急的江流、设防的城镇和仓促集结的守军，在半岛狂飙六百八十五公里。6月12日，日军占领汉城；7月7日，渡过临津江。现在，小西行长的第一军和黑田长政的第三军已经走完半岛的四分之三，进入平壤，正在休整兵马，修理武器，为下一阶段挺进鸭绿江边做准备。只要补给和援军到来，他们便可以重新上路。

不过，日军对补给和援军的需求变得急迫。7月24日攻占平壤后，日军得到了一大批军粮。但是粮食只是确保军队行动的多种必需品之一。他们需要新的铁炮和长枪，以替代损坏或遗失的武器。他们需要铅丸和火药，以补充短缺的库存。他们需要新鞋和新衣。他们需要更多的铁板和皮革，以修补破损的铠甲。

另一个让日军头疼的问题是兵力不足。在釜山登陆时，小西第一军和黑田第三军的总兵力接近三万。到达平壤后，他们的兵力远低于这个数字，很可能不足两万。其他人呢？首先是自然减员。日军经历了从东莱到大同江的一连串战斗，伤亡积少成多，兵力又迟迟无法得到补充，此时小西和黑田的军队已经受到不小的影响。一些士兵因为身染疾病或其他原因，无法继续漫长的北征。此外，为了保证唯一的补给线畅通无阻，日军还需分兵把守沿途各战略要地。

因此，日本人越往北走，便越虚弱。虽然他们仍然能够轻而易举地粉碎从平壤到鸭绿江的朝鲜军队的抵抗，但是如果遇到明朝援军呢？小西和黑田越是靠近明朝边境（此时距离边境只有二百五十公里），他们与明军相遇的可能性越大。如果朝鲜人说的是真的，那将是一支大军。到目前为止，秀吉的军团长们已经习惯了胜利，他们没有理由怀疑自己战胜明朝军队的能力。但是他们知道，胜利的前提是充足的人手，而现有的兵力远远不够。

这就是问题所在。小西军和黑田军只能依赖一条补给线，从釜山至此绵延六百八十五公里，完全不足以支撑上万人的消耗。而在进攻明朝之前，大量补给必须到位。唯一可行的运输方式是海运，绕过朝鲜半岛西南端，向北经过黄海，然后通过大同江进入平壤。秀吉的计划一向如此。他原本预计开辟这样一条海运线会易如反掌，他的水军将领们也持相同的看法。入侵刚开始时，日本人的信心变得更足。他们在南方仅见的朝鲜水师，是毁于自己主将朴泓之手的庆尚左水营的舰船残骸。因此，在完成将秀吉的158,800名侵朝军士兵运到釜山的任务后，胁坂安治、九鬼嘉隆和加藤嘉明等高级水军将领，并不急于开辟从朝鲜西南进入黄海的水运航线。在他们看来，朝鲜水域足够宽广，开辟新航线不在话下。相反，他们离开自己的船，进入内陆帮助陆军，因为他们认为，在小西、黑田和加藤自汉城北上，开始要求他们派船将士兵和物资运往北方之前，水军能帮得上忙的地方十分有限。

李舜臣的"六月攻势"让日本人意识到，朝鲜水军仍具威胁，通过黄海北上的核心运输线并非安全无虞。在大本营名护屋城的秀吉听到有关此次挫败的消息后，于7月31日给胁坂安治送去一封信，命令他和九鬼嘉隆、加藤嘉明组成联合舰队，一劳永逸地消除朝鲜水军的威胁。[1] 实际上，在此之前，胁坂、九鬼和加藤已经开始行动。接到日军在南方海岸损失惨重的报告之后，三人立刻于7月15日动身离开汉城，返回釜山集结起舰队。

胁坂第一个做好了出航准备。8月的第二周，他没有等加藤和九鬼集结完毕，便率先驶出釜山港，怀着必胜的信心向西航行。

与此同时，在平壤的小西行长对建立补给线信心十足。虽然此前他们确实低估了朝鲜水军的实力，因此损失了大量战舰，但是既然已经察觉到威胁，并且开始采取应对行动，因此只需等待些时日，补给品和援军定会通过黄海源源不断送往前线。想到自己不足两万兵力的部队，很快会得到极大的补强，小西写信嘲讽逃离平壤的宣祖："日本舟师十余万，又从西海而来，未知大王龙驭，自此何之。"[2]

小西得意得有些早。他的信尚未送到逃亡中的朝鲜君臣手中，南方的一系列战事已使他觉得十拿九稳的援军永远无法来到平壤。实际上，得益于全罗左水使李舜臣的不世之功，日军将在接下来的几天里丧失全部的前进动力。

前文已经说过，7月上旬日本水军开辟黄海航路的初步尝试，被李舜臣率领的朝鲜水师挫败。李舜臣和他的同僚李亿祺、元均，在泗川、唐浦、玉浦和唐项浦接连战胜日军，摧毁上百艘敌舰，而己方的损失微乎其微。看到日本人被一路赶回釜山的据点，三名将领返回各自本营，休整人马，整备战船，等待敌人再次出动。

进入8月的第二周，平静的间歇期告一段落，李舜臣在丽水收到情报，一小支日本舰队再次出釜山港向西侦察。这次，朝鲜将领们立即采取行动。8月10日，三十二岁的全罗右水使李亿祺来到丽水，同更年长的李舜臣合兵。第二天，两人花了一整天时间操练李舜臣的新阵形——鹤翼阵。

在前一个月的战斗中，两人或是将战船依次排开，或是在战场过于狭窄时排成一圈，轮流以火炮和火箭攻击敌人。这两种阵形的效果不错，朝军大获全胜。但是李舜臣仍不满意，因为在每次战斗中，都有不少敌人跳入海里，游到岸边而逃出生天。鹤翼阵可以阻止敌人逃脱。鹤翼阵是一个面向前方的巨大半圆，重型战舰位于中央，轻型战舰位于两翼；另外一些船排成较小的楔形，在中央战舰的正后方。它的目的很简单：两翼包抄敌舰，迫使它们进入中间的半圆，被集中火力攻击。如果李舜臣能够把敌人逼入这个漩涡之中，那么所有战舰都将被摧毁，很少有人可以游到岸边逃生。他可以取得自己希望的胜利，在海上全歼日本人。

经过一天的联合训练，李舜臣率全罗水军向东航行到约定地点露梁，和元均的庆尚右水营会合。元均麾下的七艘战舰刚刚修好，可以投入战斗，朝鲜联合舰队战舰总数达到五十五艘，包括两三艘李舜臣和船匠罗大用最近才造好的背插刀锥、船首为龙头的龟船。[3] 剩下的是更为常见的板屋船，是朝鲜舰队的主力，甲板上有可以提供保护的船楼。合兵后，联合舰队继续驶往唐浦，此前一个月，他们曾在这里取得决定性胜利。当地的一个农夫告诉他们，一支大型日本舰队出釜山港西行，此时正停泊在北面的见乃梁。"见乃梁"是朝鲜半岛和巨济岛之间一处狭窄海峡的名称，从唐浦出发航行几个小时便可到达。

次日（8 月 14 日）一早，朝鲜舰队向北航行。行至半途，他们发现了两艘日本巡逻船，后者看到朝鲜人到来，立即调转船头向北方的见乃梁逃窜。开始时，李舜臣下令追击，不过很快停了下来，因为他看到大量敌舰正在海峡中列阵等候。指挥这支舰队的是胁坂安治。舰队由三十六艘大船、二十四艘中型船和十三艘小船组成，共计七十三艘。

朝军最近的胜利使元均变得大胆得多。现在，他急着要冲入见乃梁重创日军。李舜臣比他冷静得多。他警告道，海峡宽仅四百米，过于狭窄，朝鲜战舰缺乏操纵空间，很可能彼此相撞，而且此处水域岩石和暗礁众多，在激烈的战斗中难以躲避。此外，李舜臣也不想在离岸边太近的地方同日军作战，如果战局对他们不利，日本人可以轻而易举地游上岸。因此，他无视元均的催促，率舰队退回到闲山岛附近的开阔水面，那里有足够的空间和敌军周旋，而且能看得到的陆地只有几个贫瘠的小岛，日军即使游到那里，终究也会慢慢饿死。于是，他派出少量战舰进入海峡挑衅敌人，目的是引诱敌军驶出海峡。这条计策在此前的泗川海战和唐项浦海战中都收到了不错的效果，这次也不例外。日本人看到朝军只有几艘小船，立即开始反击，朝鲜人后退，撤至朝军主力所在的开阔海域。

双方在闲山岛以北遭遇，日舰鱼贯而出，最快的船走在最前面，而朝鲜舰队则摆出了前几天演练的鹤翼阵。接下来的战斗激烈而残酷。此时的日舰不是运输船，而是已经做好战斗准备的战船，但仍然不是防御到位、火力凶猛的朝鲜战舰的对手。日本人的弓箭、铁炮对板屋船和两三艘龟船无效，朝鲜人却能够炸开敌军船壳，用火箭引燃敌舰的木制船楼，"箭丸交发，势若风雷"。李舜臣在状启中描述了一系列杀戮和毁灭的过程，详细列出了每一位复仇天使的名字：

> 光杨县监鱼永谭亦为先突，撞破层阁倭大船一只洋中全捕，射中倭将，缚致臣船，未及问罪，逢箭甚重，语言不通，即时斩首……蛇渡佥事金浣，倭大船一只洋中全捕，倭将并斩首十六级。兴阳县监裴兴立，倭大船一只洋中全捕，斩首八级，又多溺死。防踏佥事李纯信，倭大船一只洋中全捕，斩首四级，而只力射杀，不务斩头。又两只追逐撞破，一时焚灭。左突击将及第李奇男，倭大船一只洋中全捕，斩首七级。左别都将营军官前万户尹思恭、贾安策等，层阁船两只洋中全捕，斩首六级。乐安郡守申浩，倭大船一只洋中全捕，斩首七级。[4]

战斗持续了一整天，战场先是在闲山岛，日军渐渐不支，残存军舰退回到见乃梁，朝军穷追不舍。最后，随着夜幕降临，筋疲力竭的朝鲜舰队放弃追击，返回开阔水域过夜。在七十三艘日舰中，有五十九艘被俘获、击沉或摧毁。逃脱的十四艘船中，绝大多数根本没有踏足战场，它们从一开始日军追出见乃梁时就一直拖在后面，发现形势对那些更加积极的战友不利，便掉头逃跑。它们一路不敢停歇，沿着洛东江北上数公里，逃到距离日本水军本营釜山不远的金海。[5]

在幸存的十四艘船中，一艘小早船载着胁坂安治逃离了战场。根据《胁坂记》的记载，"箭矢射入他的铠甲，但是他毫无惧色，哪怕周围的人十死一生，敌舰攻势越来越盛。安治的早船被火箭反复攻击，最后不得不退到金海"。[6]根据朝鲜史料的记载，胁坂安治落荒而逃。[7]

至于战死的日军人数，朝鲜人记下了他们砍下的首级数，不过这肯定无法如实反映当天日军遭受的重大损失，溺亡或随船沉入海底而不被人注意的人数，可能是首级的二十倍、三十倍甚至五十倍。大约有四百人（日方的记录是两百人）成功逃离沉船，游到附近的小岛，但是他们拼尽全力爬上岸后，马上意识到自己陷入了死亡陷阱，没有粮食，无路可逃。[8] 地位最高的日军将领感到要为手下的困境负责，在海滩上切腹自尽。其他的人则如李舜臣所料，仿佛"笼中饥鸟"。[9]

仅仅过了几个小时，闲山岛惨败的消息便传到釜山，另外两名水军将领九鬼嘉隆和加藤嘉明立即做出回应，两人率四十二艘船出航，不过刚到二十公里以西的安骨浦便停步不前。他们希望在母港附近，在自己选择的战场和朝鲜水军交战。

8月15日，闲山岛海战次日，李舜臣的斥候向他报告了敌军的新动向。他立即沿着巨济岛海岸向东北航行，然后向西前往安骨浦。他确实发现四十二艘日舰正停泊在港中或岸边，包括二十一艘大船，其中部分船只的甲板上有三层船楼。对朝鲜人而言，这里不算是理想的战场，因为港口太小，退潮时水深不足。为了让敌人进入开阔水域，李舜臣再次使出惯用的诱敌之术，先试探性前进，然后佯装不敌。他和元均入港引诱敌军，李亿祺率领二十三艘船在外海埋伏。这次，日本人没有上当。九鬼和加藤显然不想重蹈胁坂的覆辙，他们原地待命，看朝军是否真的敢在港口交战。

李舜臣当然敢。意识到日本人没有上钩后，他将自己的舰队分成几个作战小队，轮流攻击敌人，特别是作为敌将旗舰的数艘安宅船。听到战斗的声音，李亿祺从埋伏的位置现身，驶进港口，加入战斗，他和李舜臣一起将日军炸成碎片。同闲山岛海战一样，这是一场激烈的交锋，日本人没有像上个月那样很快弃舰逃到岸上，他们和朝鲜人相持数小时，用小船将死伤者运上岸，然后每次都会带回援军。战斗以这样的方式一直进行到太阳落山。最后，由于日军大部分船或被烧毁，或被击沉，或触礁搁浅，剩下的日本人放弃战斗，逃到附近的山上。

敌人逃上岸后，李舜臣没有将剩余的日舰全部摧毁，而是留下了几艘。他认为，如果流窜的敌人无路可逃，他们会残害手无寸铁的当地居民。然后，他率部出港，在海上过夜。次日清晨，回到安骨浦后，他们发现留下的几艘船不知所踪，逃到山里的日本人已经驾船离开。李舜臣和他的部下在岸上发现了十二处被焚烧的尸骨堆，显然日本人在逃跑前让战死者发挥了最后的余热。"手足狼藉，"李舜臣写道，"同浦城内外血流满地，处处赤色，贼人死伤不可胜计。"[10]

在接下来的两天里，李舜臣率领舰队向东来到洛东江口，然后又向西折返，没有发现敌军身影，也没有找到安骨浦海战生还者逃生用的几艘船。敌人已经在夜色的掩护下溜走，先是躲进巨济岛的小海湾，然后回到釜山。九鬼嘉隆和加藤嘉明侥幸逃生。现在，他们和胁坂安治一样，加入了第一批败在朝鲜人手下的日本水军大名的行列。由于已经找不到敌人，再加上麾下的士兵也已经筋疲力竭，补给消耗殆尽，朝鲜联合舰队的三名将领取消行动，回到各自的母港。在西行途中，他们途经闲山岛海战后困住四百名日军生还者的贫瘠小岛。这些日本人已经断食数日，虚弱不堪，神志不清地坐在岸边。由于闲山岛属于庆尚右水使元均的辖区，李舜臣让他收割这些"笼中饥鸟"。这是送给贪功心切的元均的礼物，他只需要在海边静静等待困在岛上的日本人变得彻底虚弱，完全失去抵抗能力，然后派一队士兵上岸割下他们的首级即可。

令李舜臣感到愤怒的是，元均甚至连如此简单的任务都无法完成。根据李舜臣的状启，李舜臣和李亿祺走后不久，元均收到假情报，误以为大队日本军舰正在逼近，于是仓皇而逃。本已走投无路的日本人，把被冲到岸边的战舰残骸扎成木筏，成功逃到数公里外的巨济岛，在那里找到了食物和避难处。"如此一来"，李舜臣总结道，"鼎里之鱼终至逃脱，极为痛愤。"

和 7 月初的扫荡一样，朝鲜水军的第二波攻势同样是日本人彻头彻尾的大灾难。这次，秀吉最好的水军将领几乎倾巢而出，麾下很多战舰在日本水军中首屈一指，结果在损失了近百艘船后，却没能击沉哪怕一艘朝鲜船只。朝军也有部分死伤者，不过根据李舜臣的奏折，一共只有十九人阵亡，一百一十四人负伤。我们无从知晓日军死伤者的准确数字。李舜臣的部下虽然砍下了敌人的首级，把浸过盐的耳朵装入漆盒送到北方的朝廷，以证明自己的英勇，但是这些肯定无法全面反映殒命战场的日军人数。不过，据战争爆发后不久被掳到名护屋担任书记的朝鲜人诸未所说，他曾看到过在这一时期对马岛送来的报告，称有九千多名日本人命丧朝鲜水军之手。[11]

不管真实数字到底是多少，它肯定让丰臣秀吉觉得无法接受。不仅如此，秀吉必然会怀疑自己的舰队是否有能力粉碎南方水域中朝鲜舰队的抵抗，从而建立起部队急需的绕过半岛西南角、北上通过黄海的补给线。8月23日，他命令水军将领藤堂高虎从壹岐岛出发增援，并且传令釜山，停止在南方海岸的活动。[12]

李舜臣在闲山岛海战和安骨浦海战的胜利，被认为是导致秀吉占领朝鲜、征服中国的战役最终失败的主要原因之一。这个观点最早由朝鲜领议政柳成龙在他的《惩毖录》中提出（《惩毖录》是柳成龙对这场战争的叙述，成书于1604年到他去世的1607年之间）。柳成龙对李舜臣的闲山岛海战和安骨浦海战做出了如下评论：

> 盖贼本欲水陆合势西下，赖此一战，遂断贼一臂。行长虽得平壤，而势孤不敢更进，国家得保全全罗、忠清以及黄海、平安沿海一带，调度军食，传通号令，以济中兴。而辽东金、复、海、盖（即金州、复州、海州、盖州，分别为今大连金州、大连瓦房店、鞍山海城、营口盖州）与天津等地不被震惊，使天兵从陆路来援以到却贼者，皆此一战之功。呜呼，岂非天哉！舜臣因率三道舟师留屯于闲山岛，以遏贼西犯之路。[13]

柳成龙对这两场海战重要性的评价，逐渐被现代历史学家接受。一些人认为，李舜臣在海战中取得的胜利，是导致秀吉失败的最重要原因；[14]其他人则认为是诸多原因之一。但是几乎没有人否定它的重要性。

事实确实如此。如果秀吉的侵朝军想要保证后顾无忧，他们肯定需要援军。当时的情况是，在朝鲜北部的日军兵力不足三万，完全不足以开辟通往北京的道路。秀吉的计划显然是想通过黄海运送援军北上。除此之外，唯一的替代方案是命令援军携带补给品，翻过长达六百五十公里的崎岖山路和羊肠小径前往北方。但这既费时，又费力。因此，对秀吉而言，李舜臣阻止自己的水军进入黄海的影响，并不只是一件令人头疼的小事，这实际上相当于在自己的战争机器最核心部位插上一把扳手，令它难以运转。在接下来的几周、几个月里，日本人会在朝鲜遇到其他障碍，主要是前来增援的明朝大军和各地坚持抵抗的义军。不过，在海上的大败，仍然是他们开始执行侵略大陆计划后遇到的第一个严重挫折，而且很可能是最严重的一个，因为援军不利大大削弱了日本陆军的实力，从而使他们在接下来的陆战中变得更加脆弱。

13

"予观倭贼如蚁蚊耳"

患在百里之内，不起一日之师；患在千里之内，不起一月之师；患在四海之内，不起一岁之师。[1]

——《尉缭子》，公元前 4 世纪

日本人入侵朝鲜已有三个月。直到此时，明朝才意识到形势的严峻。1592 年 8 月 8 日，明廷终于决定集结军队。明朝反应迟缓的一个原因在于，它不知道东方的半岛上究竟发生了什么。在过去几个世纪里，倭寇持续不断地骚扰着中朝两国，因此刚开始时中国人以为，朝鲜人的疯狂求援，只是对一次规模稍大的倭寇骚扰的过度反应。等到明廷意识到秀吉的入侵实际上要严重得多，它开始怀疑整起事件是日本人和朝鲜人共同策划的阴谋。如若不然，日本人怎么可能会以如此不可思议的速度逼近中国的东部边境呢？他们能飞吗？难道貌似忠心的朝鲜人在暗地里协助他们吗？

另一个原因是，在战争刚开始的几个月里，明朝需要集中精力处理更为急迫的国内战事，最著名的是始于同年 3 月西北边境的蒙古叛乱。在东边的朝鲜人十万火急请求援军的同时，明廷正忙着向西北调兵遣将，以平息极具威胁的内乱。整个 1592 年夏、秋两季，明朝将能够召集起来的所有军事力量都用于宁夏之役，包括离朝鲜最近的辽东部队。

不过，在形势极其严峻的最初几个月里，明廷倒也不是完全无兵可派。7 月，它派出一支千人的部队，在郭梦征和史儒的率领下驰援朝鲜。7 月 26 日，这支小部队在距离中朝边境五十公里的林畔馆（位于平安道宣川郡林原）遇到宣祖，护送他前往鸭绿江边的义州，然后留在那里充当宣祖的卫队。到达义州后，宣祖继续遣使西行赶赴北京，请求万历皇帝提供更多援军以击退侵略者。8月，明廷终于做出回应，命令辽东副总兵祖承训率第二支援军赴朝。这支部队共五千人，以步骑为主。到此时为止，明朝廷已经决定动员全国军队，但是这将耗费数月时间。这支五千人的部队是当时明朝能够派出的最大兵力。

祖承训刚从西北边疆返回辽东不久，他在镇压叛乱蒙古部落的宁夏之役中立下大功。此时叛乱还未完全平息，但是叛军已经被团团围住，城池迟早会被攻破，叛乱主谋难逃一死。祖承训因此名噪一时，当他率军东进朝鲜时，明廷对其充满信心。8月中旬，祖承训到达义州。他向宣祖和朝鲜大臣们保证，既然他已经来了，处理日本人的问题不过是举手之劳。得知敌军仍然留在平壤时，他甚至举杯欢呼："敌犹在，必天使我成大功也。"朝鲜将领提醒他不要轻敌，祖承训完全不加理会。"我曾以三万骑兵击败十万土蛮。在我眼里，倭贼不过蚁蚊，不久便会随风而去。"[2]

与此同时，小西行长麾下的日军仍然在平壤焦急地等待着日本水军的第一批船队载着援军从釜山经大同江前来。船却迟迟不见踪影。小西也要求汉城和更南的地区送来援军，但也不过是杯水车薪。总大将宇喜多秀家由于职责所在，不得不把自己的部队留在汉城，等待秀吉渡海前来，亲自挑起统帅的重任；驻守在其他地区的军团长发现朝鲜人的抵抗越演越烈，为了镇压他们，需要动用每一个可用之人。因此，当小西听说一支数量可观的明军自北而来，他能够凭借的只有自己的部队和谋略了。

祖承训和先他一步到达朝鲜的游击将军史儒在义州会合，一同向平壤进发。8月23日拂晓，明军在大雨中到达平壤城北，每个人的盔甲都沾满泥水，穿着十分难受。夜色和天气掩盖了他们的行踪，日本人丝毫没有察觉。为了最大限度地利用这项优势，祖承训立即率军攻打七星门，让自己的部下趁着日本人还没有反应过来，尚未拿起武器之时，尽快入城。

在接下来的战斗里，小西的军队非常被动，不得不以性命相搏。不过，他们很快意识到，攻城的明军实际并不多。于是，他们开始后退，四散开来，引诱明军分头追赶，直至城中狭窄的小巷。祖承训的部队因此而分散，日本人掉头开始反击。兵力处于劣势，而且难以抵挡敌方威力越来越大的铁炮，明军很快支撑不住，向七星门撤退。小西的人在后紧追，杀死掉队的明军士兵。日本人在城门外遇到一些被困在泥沼中的明军，迅速将其解决。另一些人死于北上的途中。一天下来，三千明军士兵在大雨和泥沼中或阵亡，或奄奄一息，终究难逃一死，包括在指挥序列中排在第三位的游击将军史儒。[3]

副总兵祖承训成功逃脱。他骑上马奋力向北奔去，一直到边境城市义州才停下脚步。他在这里同流亡的宣祖和大臣们一起待了两天。雨不停地下，祖承训的部下穿着被水浸透的铠甲，在露天挤作一团，抱怨连连。在短暂停留期间，祖承训试图缓解朝鲜人的紧张情绪，将失利美化为因大雨和道路泥泞不得已而为之的战略撤退。他告诉朝鲜人无须担心，这只是小小的挫折。他很快会从中国返回，带着更多士兵再次攻击日军。随后，祖承训离开义州，返回家乡辽东。显然是因为担心遭到处罚，他在给朝廷的奏折中，指责朝鲜人是导致平壤之战失利的元凶。他称朝鲜人支援不力，葬送了必胜之局。后来明廷派使臣前往朝鲜调查，发现他的说法不足为信。[4]

取得第一次平壤之战的胜利后，日本人给朝鲜人送去一封信，嘲讽明军的进攻犹如"羊群攻一虎"。[5]不过在私底下，他们也是喜忧参半。明军虽然大败而归，但是他们很可能会带着更多人马卷土重来。因此，9月12日，小西行长南下汉城，同三奉行石田三成、大谷吉继、增田长盛，再加上黑田长政和小早川隆景开会商讨对策。会议决定，以纵深防御应对明军的二度进攻，即派兵驻守平壤和汉城间的一连串城池，假使小西的先锋军抵挡不住，他们也可以有序撤退。沿途驻军来自已经在黄海道的黑田第三军和正在全罗道北部边界安营的小早川第六军，后者将于次月进驻开城。[6]

小西和他的同僚们确实有理由保持警惕，因为明朝终于开始行动了。祖承训在平壤的失败使明廷惊觉，日本人的入侵不只是发生在边陲的一场不起眼的小冲突，而是对整个王朝的切实威胁。秀吉的部队显然和朝鲜人一直以来所说的一样强大，如果不加以阻止，他们似乎将渡过鸭绿江进入中国。这样的认识使明廷陷入了一场关乎国家生死存亡的激烈辩论。他们应该让朝鲜独自承受后果，将大军屯于边界，还是应该趁侵略者尚在朝鲜时，集中全部力量将其赶走，拯救忠心的属国？最后，兵部尚书石星指出，明朝的命运同朝鲜不可分割。他的意见成为共识。他说：

> 所谓外国羁縻荒远，其成败不关于中国者也。朝鲜事乃同内服，若使倭窟居朝鲜，侵犯辽东，以及山海关，则京师震动。此乃腹心之忧，岂可以常例论之。假高皇帝在，今必赐无疑。[7]

于是，明廷决定，必须救援朝鲜。1592 年 10 月 6 日，万历皇帝在给宣祖的诏书中，明确表达了支持态度：

> 朕今专遣文武大臣二员，统率辽阳各镇精兵十万，往助讨贼。与该国兵马前后夹攻，务期剿灭凶贼，俾无遗类。朕受天命，君主华夷。方今万国咸宁，四溟安静，蠢兹小丑，辄敢横行。复敕东南边海诸镇，并宣喻暹罗、琉球等国，集兵数十万，同征日本，直捣巢穴，务令鲸鲵授首，海波晏然。[8]

琉球先是接到秀吉的命令，要求它提供部队，帮助入侵朝鲜，现在又接到明廷要求它一同远征日本的指示。远征日本的计划没有付诸实践，不过琉球、暹罗和其他东南亚国家最终响应了明朝的号召，派遣部队前往朝鲜。[9]这些国家的部队不过是象征性的，不过他们为这场战争赋予了一定的国际合作的色彩。

除了诏书，万历皇帝也发布悬赏令，如果有人能够擒杀那些在他眼里要为朝鲜现在的不幸负责的"倭贼"，将获得赏银：

> 关白平秀吉，倡乱元凶；妖僧玄苏，实为谋主。有能擒斩二贼来献者，照前议通侯重赏外，平秀次既承秀吉，有能擒斩者与斩秀吉同

赏。其斩平秀加、平秀忠、平行长、平义智、平镇信、宗逸者，赏银五千，世袭指挥使。若海外各岛头目有能擒斩各贼来献，许即封为日本国王，仍加厚赉。[10]

这些来自明廷的强烈而毫不含糊的言辞，让宣祖和他的大臣们倍感振奋，他们坚信明朝的实力深不可测。在战前谈判和后来在大同江同小西的短暂会面中，朝鲜人两次警告日本，挑战实力强劲的明朝注定会无功而返。现在，他们希望事实终将证明自己是正确的。秀吉和他的岛民将会明白，日本在中华世界中无足轻重，他们竟敢入侵至诚事大的文明国家朝鲜，妄想取代北京的天朝，这些狂悖的行为必定会给他们带来灭顶之灾。

无论如何，朝鲜君臣确实是这样期待的。

在宣祖和他的流亡政府将明朝的许诺视为救命稻草之时，南方水域的一连串战事，对秀吉的计划产生了更加直接的影响。实际上，纵观壬辰战争全过程，真正有资格说出"观倭贼如蚁蚊"之语的正是此时的水军将领李舜臣。

胁坂安治、九鬼嘉隆、加藤嘉明和藤堂高虎麾下的日本水军在8月惨败给李舜臣后，不得不撤回釜山本营，再也不敢西行。实际上，秀吉已经命令自己的水军将领不要再挑衅朝鲜人，不要试图开辟通往黄海的运输线。他们的活动只限于恢复实力，防守釜山和巨济岛的据点，从名护屋将人力和补给品运过海峡。

取得闲山岛海战和安骨浦海战的胜利后，全罗左水使李舜臣回到母港丽水，在那里待了一个月，整备人马，强化舰队。他在四个月前战争爆发之时，紧急下令建造的几艘船现在已经完成，朝鲜水军的船只数量增加到一百六十六艘，包括七十四艘大型战舰。随着舰队实力的跃升，李舜臣开始认真筹划直接进攻釜山，以雪国耻。他和元均在6月时曾考虑过这个计划，不过当时他并未采纳，因为这非常危险，甚至可以说是愚蠢之举。但是由于上个月的大胜，再加上舰队规模扩大到原来的三倍，攻击釜山似乎变得理所当然。

9月29日，李舜臣和全罗右水使李亿祺率军出丽水东进，直捣敌军大本营的计划由此拉开序幕。次日，庆尚右水使元均率领为数不多的战舰赶来会合，然后三人一同驶向釜山。10月4日，他们到达釜山以西几公里外的洛东江口。侦察船传来消息，大约有五百艘敌舰停泊在釜山港。这个数字不算意外，不过即使是这些最英勇无畏的朝鲜军人，也不由得倒吸一口冷气。事实已经充分证明，他们是宣祖手下最危险、最自信的战士。他们在玉浦消灭了五十多艘敌舰，在唐浦消灭二十一艘，在唐项浦消灭二十六艘，在闲山岛消灭七十三艘，在安骨浦消灭四十二艘。他们以摧枯拉朽之势，迫使日本人一路退回釜山，再也不敢冒险出港。但是，朝鲜人真能击败一支由五百艘船组成的庞大舰队吗？他们能够挑战将兵力集中在一处的日本水军的几乎全部主力吗？

10月5日，谜底终于揭晓。朝鲜联合舰队顶着强劲的东风绕过洛东江和釜山间的海岬，在波涛汹涌的海面上前进。他们在釜山港外发现了几队日本舰船，共二十四艘，将其击沉、烧毁，然后进入釜山港。李舜臣估计港内有四百七十艘敌船，分三组停靠在离岸很近的地方。朝鲜人的船慢慢驶近，日本船员跳下船，逃进岸边高地的倭城。

接下来的战斗是泗川海战的再现，只是规模更大。朝鲜人最大限度地靠近海岸，以火炮轰击无人防守的日舰，用火箭将其引燃。倭城里的日本人居高临下发起反击，一时铁炮齐鸣，箭如雨注，不时还伴着几发"大如碗"的石弹，这些火炮是日本人攻陷釜山和东莱时缴获的。[11]但是和往常一样，他们无法给朝鲜重型战舰和船中士兵造成实质伤害。铅丸给朝鲜战船的厚木板留下了斑斑伤痕，船壳和船顶插满了箭，仿佛豪猪一般，但是日本人无法阻止朝鲜水军的前进，无力挽救自己的舰队。

当天，李舜臣和他的联合舰队在釜山摧毁了一百三十艘敌舰。如果不是夜幕降临，他们甚至可以取得更大的战果。李舜臣命令各舰长退回到开阔水域过夜。根据随后的奏折所说，李舜臣本打算于次日再次回到釜山，消灭更多敌舰，但是他转念一想，如果摧毁所有日舰，那么日军会被困在半岛无法撤退。"于是，我改变计划，决定返回本营修理舰队，补充给养，有朝一日，水陆俱进，庶可歼敌。"10月6日，朝鲜联合舰队解散，回到各自的母港。[12]后来，李舜臣会反复提及水陆并进，确保彻底消灭敌人的想法，即先由陆地发动攻势，赶敌人下海，然后水师出击，在海面上全歼敌军。

在釜山海战中，朝鲜水军取得了不可思议的巨大成功。他们消灭了日军舰队四分之一的战船，己方只有五人阵亡，二十五人负伤，没有损失一条船。此战过后，日本人彻底丢掉了打通黄海航道，沿海路将援军运至平壤的幻想，而在北方集合大军挺进北京的希望，实际上也随之烟消云散。

尽管万历皇帝的诏书承诺会派出"十万精兵"，不过1592年夏的明朝廷实际上根本无法派出一支稍具规模的部队前往朝鲜，也没有足够的资源直接攻击日本以达到围魏救赵的效果。10月，建州女真首领努尔哈赤上奏朝廷，表示愿意出兵助剿，如果这个建议被接受，战争的进程可能会被改写。不过，出于政治考虑，明廷拒绝了。虽然现在努尔哈赤似乎并无异心，但是明廷感到了潜在的威胁，如果同意他派骑兵南下，等于允许他进一步扩张势力。[13]明廷必须派官军援救朝鲜，不过在宁夏之役结束前，它能做的非常有限。10月秋，明军攻下宁夏，叛军溃散。随后，集于西北的大军被调往两千多公里外的朝鲜，这会花费数周乃至数月。因此，明廷开始想方设法争取时间。

正是在这个时候，一个名为沈惟敬的高个子、留着胡子的陌生人向朝廷自荐，提出愿意帮忙。沈惟敬是嘉兴人，他之所以从这个靠近现在上海的沿海城市来到北京，显然是被万历皇帝的诏书吸引。万历皇帝许诺，如果哪个人能够重拾半岛和平，便可获赐白银万两，而且可以加官晋爵。朝廷完全不知道沈惟敬的底细，一些大臣觉得他令人生厌。但是他自荐的理由很充分，而且他认识一个被倭寇掳到日本，在遥远岛国生活过多年的朋友。他甚至还会说一些日语。因此，他似乎是和日本人谈判的最佳人选，毕竟交涉的目的只是为了争取时间，最终不会产生任何结果。于是，沈惟敬被封为游击将军，向东前往平壤和小西行长见面。[14]

9月，沈惟敬到达朝鲜北方的边境城市义州，觐见宣祖，告诉他七十万明军正在路上。听到这个消息，宣祖显然非常兴奋，他对沈惟敬说，如果能立即派六七千人开赴朝鲜，足以让日本人止步不前。不过，他补充道，如果明廷耗时过久，即使派出一支规模更大的军队，也不足以击退敌人。

沈惟敬答道："尔国以礼仪之邦，不知兵法，故如是强请也。凡用兵之道，不可轻易。"此外，辽东的军队刚刚在其他地方打完仗，弓箭消耗极大，需要重新打造，然后才能前来。宣祖并不甘心，继续催促明朝立即派遣援军。于是，沈惟敬换了套说辞："用兵之道，上观天文，中见地利，下察人事。"前次的平壤之战，正是因为没有遵循这三个原则，才导致失利。

最后，沈惟敬将万历皇帝钦赐的银两送给宣祖，并请宣祖称重，以示自己没有中饱私囊。宣祖拒绝了，称自己对明使信任有加。但实际上，他并不信任。根据实录记载，当天会面结束后，宣祖对大臣说："沈游击之言，似难信听。"整个战争期间，宣祖和他的大臣们对沈惟敬的疑心从未减轻。[15]

沈惟敬从义州出发，来到离平壤不远的顺安军营。他从这里给平壤送去一封信，要求和日军首领见面。双方的会面被安排在10月4日。沈惟敬离开朝军营地，只带着三名侍从前往平壤，没有军队随行。他的胆量同时给朝鲜人和日本人留下深刻印象。后来，小西行长称赞沈惟敬道："即使是日本人，在全副武装的敌人之中，所能表现出的勇气也不过如此。"[16]

沈惟敬来到这座沦陷的城市，同小西、对马岛主宗义智以及精通汉文的僧人玄苏坐在一起，气氛友好。日本人采取了战前同朝鲜人交涉时相同的方法，要求对方做出看似无关紧要的让步，然后以此为切入点，掌握最终主动。玄苏用汉字写道，日本人只是想同明朝和朝鲜建立友好关系。他们曾经尝试同朝鲜和睦相处，为了达到这个目的，在战争爆发数年之前，历经千辛万苦派使者出使汉城。但是朝鲜人无理地拒绝回应日本人的友好姿态，没有派本国使臣前往日本，因此才招来现在的入侵。与此类似，玄苏继续解释道，秀吉真正想要的只是向明朝朝贡，使双方可以公平贸易，互换使者。如果不是朝鲜人从中作梗，想必明廷已经同意这些要求了。

所谓和平相处，不过是彻头彻尾的谎言，出自几个刚刚率部北上朝鲜半岛六百五十公里，沿途屠杀了数千人的将领之口。但是这些话正对沈惟敬的心思。他在出发前告诉北京的官员们，同日本人交涉时应该清楚，他们真正想要的是贸易。沈惟敬先入为主地得出这样的结论，是因为他对日本的了解来自一个被倭寇掳到日本的友人，贸易是当时倭寇最为看重的事。但是现在摆在沈惟敬面前的证据，显然在讲述着另外一个相当不同的故事。不管是朝鲜人所说，还是他自己亲眼所见，都可以说明，日本人的目的是征服，而不是建立贸易关系。不过，这个令人不舒服的事实将阻碍谈判的进行，而沈惟敬想要的只是一份能够带回北京的协议。他对协议的内容没有丝毫兴趣，只想凭此让自己离万历皇帝许诺的荣华富贵更进一步。他心甘情愿地相信日本人的良好意图，并向他们保证，自己会说服大明朝廷伸出友谊之手。双方同意停战五十天，给沈惟敬兑现承诺的时间。在此期间，他会把日本人的立场传达给北京的上司，然后带着高级别的使臣和象征诚意的人质返回。他们将在汉城再次会面，坐下来签订一份长期和约。[17]

沈惟敬和日本人达成了五十天的停战协定，完全没有发言权的朝鲜人非常气愤，甚至多少感到被出卖了，尤其是他们看到日军大摇大摆地走出平壤城，有恃无恐地收割附近田地的庄稼，自信不会受到袭击。一些朝鲜将领抱怨，他们没有足够的粮食让自己的部下无所事事地待上五十天，如果要进攻，应该尽快。但是，此时发动攻势是不可能的。沈惟敬似乎不值得信任，不过他仍然具有明朝使臣的身份。因此，朝鲜必须遵守他和对方达成的停战协议。[18]

沈惟敬返回北京，发现朝廷已经失去了和日本人谈判的兴趣。西北边境的宁夏之役结束，是导致朝廷态度变化的要因。战争过程波澜壮阔，明军将叛军围困在宁夏城内，而北方的蒙古部落多次尝试解围。明军的野战部队反复挫败蒙古人，攻城部队围着宁夏城筑起长十八公里的堤坝，然后从附近的河中引水灌城。大水慢慢侵蚀着城墙，到了 10 月中旬，城墙破裂，城池陷落，没有自杀的叛军首领们遭到搜捕，然后被处死。[19]

宁夏之役结束后，明廷终于能将全部注意力转移到朝鲜。朝廷集合起三万五千名士兵，其中大部分刚从西北战场归来，将统兵大权授予四十三岁的辽东将领李如松。李如松是一个内附民家族的长子，他的六世祖在明朝初年从朝鲜边地移居辽东。李如松的性格不招人喜欢。一些人觉得他目中无人，他曾因不服号令、自行其是而受到上司的指责。不过，在1592年10月，李如松正是如日中天之时。当年稍早时候，他率领第一批援军前去宁夏平叛，在随后击退蒙古人、攻陷宁夏城的战斗中立下赫赫战功，因此被封为东征提督，指挥援朝明军。不过，他也受到万历皇帝的申诫，今后要听从上级的命令。在接下来的朝鲜之役中，他的上司将会是六十二岁的兵部左侍郎宋应昌，后者奉万历皇帝之命，经略防海御倭军务。[20]

西北边境再次恢复平静，明朝廷对和日本谈判的兴趣大减。兵部对待和小西行长会面后返回北京的沈惟敬非常冷淡，让他听候宋应昌调度。宋应昌命令沈惟敬返回平壤，告诉日本人，除非他们沿原路退回釜山，否则两国无法继续对话。1592年12月23日，沈惟敬两手空空地回到平壤，他早前安排的为期五十天的停战协议已经过期十天。他和小西再度会面，转述了经略宋应昌提出的条件。小西当即拒绝。不过，日本人显然不想让谈判彻底破裂。他们告诉沈惟敬，除非明廷首先同意让日本的贸易船进入浙江的港口，否则本方寸步不让。[21]

小西开出的条件肯定无法让秀吉满意，他已经向大陆派出了史上最为庞大的侵略军，当然不会只是为了贸易权利。而明朝对此同样不感兴趣。1593年1月，当沈惟敬带着这个提案回到北京时，李如松麾下三万五千人的远征军已经在辽东集结，准备渡江。

14

伏见城

日军在近期的朝鲜之役中屡遭重挫，特别是日本水军没能打通黄海航道，无法将给养运往北方，这些不可能逃得过丰臣秀吉的眼睛，他毕竟是那个时代首屈一指的军事战略家，而且在他的侵略计划中，黄海的海上运输线至关重要。秀吉越来越清楚地意识到，由于一支强大得出乎意料的朝鲜水军的存在，日军根本无法利用这条航线。这必然会让他史无前例地开始怀疑，自己是否有能力占领北京、征服中国。虽然秀吉没有在这个时期的信件中公开承认此事，在整个 1592 年秋天，他仍然继续谈论着渡海前往朝鲜，亲率大军继续向北挺进中国，不过有证据显示，他悄悄缩减了与中国相关计划的规模。

不过，真正让秀吉悲伤的，并不是 1592 年夏末朝鲜传来的坏消息，而是他的母亲去世的噩耗。秀吉在一生中和母亲非常亲近，随着她渐渐变老，秀吉没有一刻不在关心和挂念她，她在 1588 年染上重疾，此后卧病不起，秀吉的担心与日俱增。据说当时太阁向神明祈愿，希望能再给她"三年时间，或者两年，如果那也不行的话，三十天也可以"。[1] 大政所又活了四年。从这一时期秀吉的私人信件里，我们能看到他为自己必然会失去母亲而感到悲伤，有时会近乎绝望地祈求母亲恢复健康，或者至少是在辞世之前尽可能免受病痛的折磨。在 1589 年的一封信里，他写道："如果让大政所待在小地方，她可能心情不佳，因此眼下请一定要照顾好她。但是如果（让她待在大地方）有穿堂风，她会感冒，所以你绝对不能那么做。"[2] 在 1590 年给大政所的信中，他写道："出去走走，让自己开心。请再次变得年轻，我恳求您这么做。"[3]

对秀吉而言，家庭显然是无可替代的。从私人信件中可以看出，他非常享受和自己的妻妾、养子养女们在一起的时光，当因为战事不得不离家时，他会非常思念他们。实际上，作为一国的主宰，他最大的乐趣似乎不是行使生杀予夺的大权，而是照顾家人和朋友，如同他的姓氏"丰臣"的含义——"慷慨的大臣"。

1592 年 8 月，秀吉对母亲的健康忧心忡忡。当月 30 日，他离开侵朝大本营名护屋，花费数日前往本州中部的大阪，探望自己的母亲。到达大阪后，他才得知，大政所在他离开名护屋当天去世了。据说他听到这个消息后过于悲痛，竟至于晕厥。[4] 此后，秀吉在大阪和京都附近停留数月，悼念自己的母亲，陪在剩下的家庭成员身边，特别是他的妻子北政所宁宁和宠妾淀殿。岁末将至，秀吉才最终回到名护屋，重新把精力放到朝鲜战场上。

回到名护屋后，秀吉对征服中国的看法发生了改变。这不太可能是因为大政所去世造成的，主要原因必定是更加直接的战略考虑，特别是日本水军没能开辟黄海运输航路。不过，事实证明，大政所去世后秀吉在京都停留的这段时期确实是壬辰战争的转折点，日本的战争机器在侵略初期的那种一往无前的势头难以为继，开始逐渐偏离正轨。秀吉显然十分清楚这种变化背后的重要意义，证据是他开始在伏见筑城。

1592 年 6 月 27 日，当时日军进展顺利，征服朝鲜和中国似乎已经是板上钉钉之事，秀吉给自己的侄子和继承人、留守京都的关白秀次送去"二十五条觉书"，告诉他自己的长期计划。这份文件列出了征服结束后的各种人事安排。例如，后阳成天皇会移居北京取代万历皇帝，天皇之子会继承日本帝位；秀次也会前往北京，担任中国关白，日本关白之位由丰臣秀保或宇喜多秀家接替。在这封信里，秀吉没有提到自己的去向（这并不奇怪，因为这封信是为了指导秀次该如何做准备）。不过，在写这封信的同一天，他也给自己的妻子写了另外一封信，再次提起计划中的人事安排。而且告诉她，在年底之前，他会先住在北京，从那里遥控中国、朝鲜和日本三国之事。等到新帝国建立后，他会任命合适人选坐镇北京，自己将永居宁波。[5]

1592 年夏，秀吉仍打算在宁波度过余生（宁波是中国南方的一座海滨城市，从这里既可以前往日本，也可以方便地监督自己的继承人），但到了年底，他便放弃了这个计划。办完母亲的丧事回到名护屋后，秀吉开始在京都附近修建伏见城，作为永久的军政中心和归隐后的宅邸。京都所司代前田玄以负责监督筑城工作。1593 年 1 月 13 日，秀吉给前田去信，召他前往名护屋。"因为在前往朝鲜之前，我还有很多命令要下达，"他写道，"请到这里来……带上一位能够制作出伏见城设计图的木工大师。鲶（即地震，在日本神话里，日本浮在一条鲶鱼的背上，地震是由鲶鱼的活动造成的）的问题对筑城十分重要，我要让伏见城不会受到鲶的攻击……我想让人认真地修建它，能够配得上利休的喜好和审慎。"[6]

秀吉希望能够平安度过晚年，无须担心地震的威胁。伏见城会以符合千利休品位的方式修建，千利休是 1591 年因为不明原因被秀吉勒令切腹的茶道宗师，现在秀吉似乎为这个决定感到后悔。所谓的"利休品位"的精髓，不仅对茶道，而且对整个日本文化都具有深远影响，下面一则关于利休和秀吉的逸事，可以说明这一点。在一个夏天，利休在花园里种满牵牛花（牵牛花在当时的日本是非常名贵的花卉，以美丽著称），秀吉很想亲自去赏花，于是让利休邀请自己参加茶会。到了举办茶会的那天，秀吉一大早便来到利休家，希望能看到满园的牵牛花，但是庭院里一朵花都没有。他走过茶庭，仍然没有看到任何一朵花。最后，他来到利休的茶室，在那里看到花瓶中插着一株完美的牵牛花。[7]

因此，伏见城的规模虽然远远不及几年前秀吉下令修筑的聚乐第，但是城中有庭院、松林、杂石堆和天然木梁，和谐而安静，符合利休的品位。它标志着秀吉终于完成了从农民到雅士的蜕变。从战争中一步步崛起的秀吉，舍弃了暴发户式的炫耀，选择了高贵典雅的风格。

伏见城的修筑从 1592 年年末开始。与此同时，秀吉仍在谈论渡海前往朝鲜，率大军亲征。如果天气状况良好，他预计将会在日军先锋登陆的十一个月后，即 1593 年农历三月（公历 4 月）启程。他说，自己将"亲自发号施令"，"然后凯旋"回到日本。[8]在秀吉身处大陆的这段时间，他想取得怎样的成果？由于朝鲜水军已经切断了进入黄海的航道，打乱了日军向北运送援军的计划，北方的日军举步维艰，秀吉有何妙策能够打开局面？答案不得而知。不过，他打算长居伏见城，而不是宁波，似乎说明他对直入北京的信心已经不是那么足了。

15

义军蜂起

1592 年年末的种种迹象表明，秀吉进军中国、占领北京的决心开始动摇了。实际上，早在很久以前，身在朝鲜战场的大名军团长们已经在公开质疑这一计划的可行性。例如，第七军军团长毛利辉元在 7 月初给日本的一名家族成员的信中写道："据说这个国家比日本还要大。因此以我们现有的实力，不足以统治它。不仅如此，语言障碍甚至让我们更难以应付这里的百姓。虽然听说中国人比朝鲜人更弱，但我怀疑我们是否有足够人手进入并且统治那个国家。"[1]

毛利对秀吉的征服大陆计划一直反应冷淡。不过，他在这封写于入侵开始仅仅六周后的信里所表达的观点，很快成为很多同僚的共识，朝鲜局势使他们放弃了不切实际的征服中国的希望，转而拥抱更加实际的目标——占领朝鲜。

当时的秀吉仍认为，随着汉城陷落和先锋军北进平壤，朝鲜半岛已经在他的支配之下。前线指挥官们的想法与他不同。他们知道，日军真正能够支配的，只是从釜山到平壤的狭长地带和沿途一连串具有战略意义的城镇。不仅如此，他们也十分清楚，朝鲜人的抵抗精神并没有随着国都失陷、宣祖西狩而消失。相反，它变得越来越强，日本人的补给线频频受到威胁，北方成千上万的日军很可能陷入忍饥挨饿的困境。由于局势的变化，继续向中国推进看起来是愚蠢之举。实际上，即使运送援军的路线畅通无阻，进军中国依然是困难重重，更何况通过黄海北上的运输线已经被朝鲜水师牢牢封锁。继续北上会使日军的运输线更加脆弱，更容易遭到朝鲜人的袭击。

另一个原因是贪婪。秀吉的军团长们已经掌握了朝鲜大量肥沃的土地，秀吉帝国的总石高几乎翻倍，每个人都能得到不错的回报。既然如此，为什么还要冒着失去一切的风险继续前进呢？最明智的选择显然是巩固对日军已占土地的控制，避免和中国全面开战，因为这场战争胜算不大。有鉴于此，他们或许应该遵循日本谚语的教诲："明日之百，不如今日之十。"

1592 年，暑气消散，凉意袭来，日本侵朝军开始分散到朝鲜各地，加紧镇压反抗势力，占领土地。一旦这项工作完成，他们会按照当年早些时候秀吉的训令所指示的，以"日本的规矩"组织和管理各个地区。[2] 这意味着要收缴所有武器，安定民心，让百姓各归其位。量田以确定石高和军役，自愿或被迫合作的官员从顺从的百姓那里征收相应的税金，用来维持征服者在各地的统治。然后，分割领地，赏赐给有功的大名，将朝鲜彻底整合进太阁的帝国，如同 1585 年被秀吉征服的四国、1587 年的九州和 1591 年本州北部的陆奥与出羽一般。

秀吉侵朝军的九个军团，各自负责一个地区的治安。入侵后不久，第一个落入日本人之手的东南省份庆尚道，被分给拥有两万五千兵力的福岛正则第五军，其中绝大多数士兵出身四国；相邻的"赤国"全罗道（在迅速北上的过程中，它几乎未被染指），被分给小早川隆景和他的第六军，第六军共有一万五千人，全部来自九州；濒海、多山的中部偏东省份江原道，被分给毛利吉成和岛津义弘共一万四千人的第四军；汉城和周边的京畿道，被分给总大将宇喜多秀家和他的第八军；中北部位于黄海岸边的黄海道，被分给黑田长政；小西行长和宗义智继续留在平壤及其附近地区，等待援军到来，然后开始最终的平安道攻略；最后是加藤清正，他负责平定偏僻的东北省份咸镜道。

在所有大名军团长中，被朝鲜人视为"鬼将"的第二军统帅加藤清正，最为忠实地执行着主人征服亚洲大陆的计划。[3] 很多同僚因为地面攻势停滞不前，变得越来越谨慎，实际上已经不再幻想进军中国，转而追求更容易实现的征服朝鲜，只有加藤不改初衷。他固执地相信，不久之后，秀吉会登陆半岛，直取北京指日可待。他依旧保持着战争刚开始几周的那种干劲，在咸镜道横冲直撞，深入敌境数百公里，一直推进到图们江和女真地界。

7 月初，加藤和小西、黑田一起，渡过汉城以北的临津江，进军开城。加藤从这座历史悠久的设防城市派人南下给秀吉送信，告诉他自己对征服中国的目标没有丝毫动摇，并为被从直入北京的主要进军路线排挤走而愤愤不平。"微臣所率之军，"他写道，"将攻取朝鲜东北边陲咸镜道。该地与辽东相隔甚远，行军需十余日。如果太阁殿下有意渡海征明，请在最短时日告知微臣。微臣将日夜兼程与殿下会合，一马当先直入大明国。"[4]

侵略军的三支先锋部队，在开城以北不远处分头前进，小西和黑田继续北上，加藤和九州大名锅岛直茂带着两万人折向东北，进军分配给他的咸镜道。现在，他们离开主路，闯入人烟稀少的未知之地，急需向导。他们抓到两个当地人，逼迫他们带路。两人假装不识路，加藤命令手下将其中一人砍成碎片，另外一人望之色变，同意引路。他们还找到一个会说一点日语的朝鲜人，强迫他担任翻译。[5]

在难以辨识的小径行进一周之后，第二军进入咸镜道的核心区域。咸镜南道兵马节度使（南兵使）李浑本应是第一个拦截他们的朝鲜将领，但是他放弃职守，向北逃至中朝边界，后来在甲山附近被当地人抓住杀掉。咸镜道观察使柳永立同样想弃职逃跑，他手下的兵士非常愤怒，把他抓住后交给了日本人。

士兵和百姓之所以会做出如此惊人的举动，是因为长期的苛政和苛税，让他们对汉城朝廷深恶痛绝。朝鲜王朝成立之初，首都的官员们似乎认为，内陆地区的百姓与国家的驮兽无异，他们在田间劳作，被课以重税，却没有任何回报。现在，日军步步进逼，将领和官员四散奔逃，咸镜道不幸的百姓遭到遗弃，他们为什么要冒着几乎必死的危险抵抗日军呢？为什么不借助敌人之手，清除掉贪赃枉法的官吏、怯战的将领和长期压迫自己的官府呢？

1592 年 7 月加藤到来时，诸如此类的想法在咸镜道颇有市场，日军因此得以在几乎没有遇到抵抗的情况下，向中国边境推进。加藤率第二军沿着位于日本海（韩国称东海）和群山之间人口稠密的地带（也就是咸镜道的中枢）前进，接连攻克元山、咸兴、北青、城津（今金策市）等重镇。他们快速推进，当地流传着加藤军疾驰如风、日行百里的说法。

日军走过半个咸镜道，才在距离朝鲜北方边界不到两百公里的海汀仓（吉州附近的粮仓），首次遇到像样的抵抗。得知加藤前来的咸镜北兵使韩克诚，显然比南兵使李浑更加坚定，他集合起六镇之兵（六镇是朝鲜世宗为了防备女真人，沿着东北边境设置的六个军镇），南下拦截入侵者。他险些取胜。韩克诚的军队无疑是开战以来加藤遇到过的最为棘手的敌人，他们在接下来的战斗中表现英勇，箭术娴熟，将加藤的部下压制在海汀仓内。随后，北兵使韩克诚犯下了战略错误。他没有听从属下休整人马、以逸待劳的建议，命人急攻海汀仓。里面的日军用米袋作掩体，等待朝军进入。铁炮有序地集中射击，挤作一团的朝鲜人应声倒地。遭受重创的朝军退到附近的山上，韩克诚打算明日再战。

他永远不会有这样的机会了。当天夜里，加藤率部劫营，他们悄悄地从三面包围朝鲜人，只留下一条出路。破晓时分，山坡笼罩在雾中，日军开始举枪射击。朝鲜人猝不及防，瞬间大乱，他们原以为日本人仍在海汀仓，对如此猛烈的攻势毫无准备。朝军溃败，从加藤故意留下的生路逃出，却被一片沼泽拦住去路。日本人很快追上他们，将其砍成碎片。韩克诚侥幸逃脱，不过很快被一群投敌的朝鲜人抓获，交给加藤，作为俘虏在日本军营中待了数月。[6]

海汀仓之战获胜后，加藤的第二军一分为二。锅岛直茂率领一部分军队，以吉州为本营，按照"日本的规矩"恢复咸镜道的秩序。日军在沿途各战略要地派遣驻军、购买或强征军粮、收缴兵器、检地、制定税则。当地百姓害怕日本人，憎恨朝鲜官员，基本没有反抗。锅岛在这几个月里收集的用于征税的财产清单，有一些一直被保存到今天，上面有当地朝鲜官员的签名，他们保证这些信息准确无误，否则"请砍去我们的双手"。[7]

与此同时，加藤清正挥师北上图们江，一路冲突和恶行不断。在此期间，他意外得到了两件价值连城的战利品：朝鲜王子临海君和顺和君。撤出汉城后，两人被送到东北，朝廷希望通过将王室分散到遥远的北方各地，以凝聚人心，获取百姓支持。两位王子最初居住在江原道和咸镜道南部，在加藤和他的部下到来后，不得不继续北上，最终到达位于图们江南岸的东北边城会宁。他们发现周围充满了敌意，因为会宁历来是朝廷发配犯人的流放地。日本人出现在咸镜道后，潜藏已久的怨恨迅速在这里爆发，会宁衙前鞠景仁自称将军，带着五百人推翻当地脆弱的政府，取而代之。临海君、顺和君和他们的家族成员以及陪同的官员，恰在此时来到会宁，马上被捉住捆绑起来。随后，鞠景仁给正在南方推进的日军送信，告诉他们自己愿意投降，而且有大礼相送。

这封信把加藤清正吸引到了会宁。8月30日，他来到这座城镇，看到两名王子像犯人一样被五花大绑，跪在地上，转头怒斥鞠景仁："这两人是尔国王子，何至于绑成这样。"然后，他为两人松绑，带他们到军帐用餐。作为俘虏的顺和君和临海君待遇不错，这是日本人对待重要人质的惯常做法。陪同他们的朝鲜官员则没有这么幸运，他们在狭小、寒冷的房间里被关了很长时间，常常是被捆绑的，而且食物严重不足。至于鞠景仁，他以"判形使制北路"的头衔，负责该地的行政。[8]

加藤把两位王子送到镜城，然后领着八千名日本人和三千名新加入的朝鲜人渡过图们江，进入中国东北，显然是要打探一下威名在外的女真人的实力。他们没有走出太远，便发现了第一座"胡"城。"天亮以后，"《清正高丽阵觉书》的作者下川兵大夫写道，"我们到达……并列好阵。（女真城）不仅正面守卫森严，而且在后面的山坳垒起高高的石墙。我们发现那里的防守不严，于是让会宁的（朝鲜）人从正面前进，日本人绕到后面的山上，三五十人一起用撬棍撬起大石，城墙塌陷。"日本人很快攻陷了女真城池，守军难逃被屠戮的命运。

次日，参与战斗的三千名朝鲜人，退回到图们江对岸，留下加藤的军队独自面对从四面八方云集而来的焦躁不安的一万女真人。随后的战斗是对日本人的严峻考验，他们的情况十分危急，以至于加藤在部下清点完割下的首级后，命令他们将其全部遗弃。据说，他们杀死了八千名女真人。至于战争的结局，下川写道："一场罕见的大雨对我们有利，雨水打在女真人的脸上，于是他们撤退了。"[9]

然后，加藤涉水渡过图们江，回到朝鲜。他从釜山出发，深入危险的未知之地，步行或骑马穿越一千五百多公里，征程之长令人印象深刻。如果从入侵真正的起点九州名护屋城算起，他的成就更令人难以置信，几乎与1812年拿破仑从巴黎出发远征莫斯科的行程相当。这次不同凡响的远征，为加藤在日本赢得了武勇之名，直到今天仍然如此。在德川幕府和明治时代，出现了大量描述他渡海前往朝鲜，同朝鲜人和中国人作战的木版画，其中流传最广的主题是他单凭一支标志性的片镰枪狩猎猛虎。这也巩固了他在朝鲜人中间的恶名。他是秀吉手下最可怕的大名，穷凶极恶，与鬼无异，只要看到那个古怪的圆锥形的头盔，或是尸横遍野的可怖景象，便能一眼认出他来。

结束在偏远北方的战役后，加藤南下回到咸镜道和江原道接壤处的安边休整。他将俘虏的两位王子和朝鲜官员们接来。在随后的几个月里，他们一直被留在加藤身边。10月25日，他给秀吉写信，吹嘘自己已经降服咸镜道全境，而且他的征服非常彻底，这里连最微弱的抵抗也不会再有。事情进展顺利，他已经将会宁和镜城交由投降自己的朝鲜盟友管理。朝鲜其他地方或许会有些波澜，他写道，那些地方的统治并不牢靠，但是只要他在咸镜，这里就没有什么值得担心的。[10]

加藤的话说得太满。咸镜道百姓对日本人的畏惧和对朝鲜官员下场的冷漠，似乎从一开始就证明，征服朝鲜并非难事。但是过不了多久，傲慢的武士，草率的处决，还有目无法纪、随意拿走他们东西的士兵，便令他们开始对外国入侵者心生怨恨。1592年年末到1593年年初的几个月里，各地开始出现抵抗，当地百姓组成的义军实力越来越强，以至于最终能够围攻锅岛直茂的大本营吉州。投敌的朝鲜人也是四面楚歌，最有名的是将两名王子交给日本人的鞠景仁，他因此被殴打致死。

加藤扫荡咸镜道的任务相对轻松，在朝鲜其他地方的同僚们面对的局面则要棘手得多。他们在平定划分给自己的省份时进展缓慢，在某些地区实际上是被赶了出来。他们遇到的朝鲜反抗力量来自三方面：义兵、僧兵和重新集结的官军。

1592 年初夏，朝鲜官军主力仍然在朝鲜活动，兵力约为 84,500 人。[11]
他们被日军赶到北方偏远地区，其中很大一部分现在驻扎在离平壤不远的
顺安，等待明朝援军到来，然后一同发动反击。与此同时，全国百姓从侵
略初期的震惊和慌乱中回过神来，开始自发拿起武器反抗日本人，这种现
象在南方尤其普遍。这些由民众自发组成的抗日队伍被称为"义兵"。义
兵首领几乎都是两班阶层出身，他们能读会写，受过良好教育，拥有土
地，受农民尊敬，通常都拥有足以组织起一支私人武装的财产。只有极少
数义兵将曾经有过一定的军事经验，绝大部分人只能在实战中学习。他
们深受忠君爱国思想的熏陶，希望能够保护自己的家人和财产，为国王尽
忠，对日本人痛恨至极。1592 年 6 月，也就是战争爆发一个月后，义兵
开始在南方各地骚扰敌军，威胁他们的补给线，聚在一起攻打据点，逐渐
成功地把半岛变成令日本人头疼的"不法之地"。

重要的义兵活动最早出现在东南省份庆尚道。5 月、6 月间，日军先
锋小西行长和加藤清正正是经过这里迅速北上，在二十天内直取汉城。在
日军以惊人的速度前进的过程中，一连串战略要地落入他们的手里，包
括釜山、大邱、庆州和尚州。但是，这绝不意味着整个地区都已臣服于
日军。实际上，日本人占领的只是中间的一条狭长地带，两旁的大片土
地未受影响。随着这场重大灾难的消息传开，庆尚道的百姓意识到，官
军无法保护自己，于是纷纷参加义军，金沔、郑仁弘、郭再祐等义兵首
领开始涌现出来。

在这些义兵将中，郭再祐的声名最为显赫，直到今天，韩国人仍然对
他推崇备至。他在战场上总是穿着显眼的红袍，因此被称为"天降红衣
将军"（他曾随担任使臣的父亲一同前往北京，从中国带回绸缎，后来有
名的红衣便是用这些绸缎剪裁而成。不过，他自称红衣是用少女初潮之血
染成，可以保护自己不受日军铁炮的伤害）。[12] 在过去四百年间，朝鲜人
对郭再祐的功绩耳熟能详，关于他的故事一代代流传下来，其中不免有夸
大成分。即使在今天的韩国，他仍然是妇孺皆知的英雄，地位相当于得克
萨斯独立战争中的美国英雄山姆·休斯顿（Sam Houston）和戴维·克罗
克特（Davy Crockett）。

郭再祐出身于庆尚道一个有名的两班家庭。所有资料都称他天资聪颖，受过良好教育，能够以言服众。但是他说话常常过于直接，性格暴躁。他在三十四岁时科举及第，但因为在文章中激烈批评朝廷，因此没有能够获得官职。无所事事的郭再祐安静地过了几年隐居生活，似乎会这样默默无闻地了却一生。[13]

然后，壬辰战争爆发了，这个容易激动、直言不讳的"失败者"，获得了证明自己对国家的真正价值的机会。战争开始后，郭再祐立即变卖家产召集义兵，以保护庆尚道尚未受日军侵略的地区。我们可以通过他在宜宁号召人们参加义军的演说，一窥他的风格："敌人正在快速逼近。如果你们现在不奋起抵抗，你们的妻子、孩子都会被杀。你们要坐在这里等着敌人的剑落下吗？还是你们现在要和我一起去鼎严津？我看到你们中间有几百个健壮的年轻人。如果你们和我一起坚守鼎严津，如果我们能一起阻止倭贼过河，就能让敌人见识到我们的勇气，就能让你们的城镇安全。"[14]

1592 年盛夏，"红衣将军"郭再祐以慷慨激昂的演说招募义兵千人，开始成为南方日军的眼中钉。根据民间传说，他在庆尚道神出鬼没，以至于日本人怀疑他会奇门遁甲之术，一眨眼的工夫便可以把他自己和他的部下送到千里之外。据说，单单是看到郭再祐火一般的红衣，日军便会吓得立刻退兵。虽然这些传说过于夸张，不过"红衣将军"确实是一位出色的军事领袖。他明智地避免和日军正面作战，因为事实已经充分证明，敌人在正面战场具有压倒性的优势。相反，他集中力量在后方骚扰敌人，慢慢消耗他们的力量。他伏击外出寻找粮食的小股日军，切断他们的补给线，趁敌人不注意偷袭他们的据点，然后退入山里。

郭再祐智计百出。据说当日本人企图进入一个新地区时，他便派人来到敌营周围的山上，让每个人点燃五支火把，敌人看到后，误以为自己已经被大军包围，于是担惊受怕，夜不能寐，第二天便逃之夭夭。在另一则故事里（很可能是虚构的），他挖开一座古墓，在旁边放上一只装着黄蜂的大漆箱，等着日本人发现它。日本人果然看到了箱子，误以为是盗墓贼来不及带走的宝箱，于是毫不犹豫地打开它，结果被里面的黄蜂狠狠蜇伤。第二天，日本人在另一座坟旁发现了一只和昨天一模一样的箱子，他们变得谨慎得多，怀疑里面仍然藏着黄蜂，于是把它扔进火里，打算把黄蜂烧死。但是这一次，箱子里装的不是黄蜂，聪明的郭再祐在里面装满了火药，箱子爆炸，炸死了上百名日本士兵。[15]

成为赫赫有名的义兵首领后，郭再祐仍然同战前一样，心直口快，猛烈抨击时政。这种性格很快为他招来敌人，第一个是庆尚道观察使金晬。在战争刚刚开始的一段时间里，金晬率数千名官军从治所庆州南下阻击日军。不过，听说东莱沦陷后，他认为侵略者势不可挡，于是率军撤退，并且发布告示，让庆尚道百姓赶紧进山躲藏。得知此事后，郭再祐义愤填膺，派人给金晬送去一封言辞激烈的信，指责他临阵畏敌，列出他的七条罪状，主张应该立即将他处死。两人从此结仇。金晬深感冒犯，回信称郭为"逆贼"，并且派人北上向宣祖告状，指责"红衣将军"图谋不轨。随后，郭再祐也给国王送去一封信，写道："金将军擅离职守，我为此谴责他，他反倒称我为'逆贼'。我斩杀'鼠辈'无数，不想竟被称呼为'逆贼'，我欲就此解甲归田。"[16]

为了安抚郭再祐，朝廷授予他官职，作为对他破家起兵、屡立战功的回报：1592 年年末，除授刑曹正郎；1593 年，升为星州牧使；1595 年，被封为晋州牧使。即便如此，郭再祐的脾气依旧火爆，继续因为犀利的言辞和傲慢的态度与人结怨。他的仇人太多，以至于曾一度被朝廷解职并流放。最后，他放弃了所有官职，感慨道："如果没人愿意听我的话，那我倒不如离开。"他在乡间度过余生，拒绝接受朝廷的其他任命，以"忘忧堂"为号，钻研儒学，著书立说。[17]

在与庆尚道相邻的西南省份全罗道，义兵活动同样活跃。6 月初，朝鲜水军将领李舜臣正是从全罗道南部海岸出发，使敌人遭受了开战以来的第一次重创，损失近三百艘船，无法开辟通向黄海的生命补给线。现在，朝鲜最负盛名的义兵首领中的几位，包括高敬命、金千镒和赵宪，将在该道丰饶的内陆地区组织百姓抗击日军。

高敬命出身于半岛西南最远端长兴的一个两班地主家庭。他年轻时科举失利，未能踏上仕途，只能在家乡过着默默无闻的生活。听到日军占领汉城、宣祖西狩的惊人消息后，高敬命在当地张贴檄文，招募义兵，很快组织起一支由农民、奴隶和儒生组成的军队，人数达到六七千。宣祖得知这个消息后，派人南下给高敬命送去嘉奖状，同时派军官郭嵘从旁协助，以弥补高敬命经验不足的缺陷。郭嵘带来了数百名官军。

高敬命最初的打算是率部北上，进攻汉城的日军。他们刚开始向国都进发，便听说大批敌军在全罗道北界的锦山城内集结，显然是准备全面占领此前被撇到一旁的全罗道。于是，高敬命和郭嵘改变计划，先前往锦山，阻止日军侵略全罗道，然后再挥师汉城。[18]

1592 年 8 月 16 日，高敬命和郭嵘率领义兵和官军到达锦山，兵力只有八百，原本六七千义兵中的大部分可能在途中逃跑了，也可能义兵的实际兵力远少于史料记载的数字。守城的是来自九州的第六军，具体人数不详，统率他们的是经验丰富的老将、五十九岁的小早川隆景。他是秀吉侵朝军中年龄最大的军团长。在第一天的战斗里，郭嵘直接从正面攻城，但是士兵们无心作战，被日军轻而易举地击退。高敬命麾下忠贞的爱国者们多少取得了些战果。高敬命亲自擂鼓督战，义兵成功翻过锦山外墙，用铳筒引燃城内的几座建筑。不过，他们没能继续前进，最终在夜幕降临后撤退。

次日清晨，朝军继续攻城。郭嵘的士兵进攻北门，高敬命的义兵进攻西门。这次，城中的日军制定了一个计划。通过昨天的战斗，日本人看出官军的积极性不如目光坚毅的义兵，因此小早川的部下先集中攻击北门郭嵘的官军，很快把他们赶走。正如日本人所料，看到官军逃跑后，进攻西门的义兵开始惊慌失措。很快，有人大喊"官军逃了"。义兵开始动摇，然后全线崩溃。日军发动反攻，高敬命的马受到惊吓，将他摔到地上，独自狂奔而去。眼见败局已定，左右给高敬命备下另一匹马，劝他赶快逃走。这位头发斑白的儒生拒绝了。"你们各自逃命吧，"他对他们说，"我唯死而已。"高敬命的长子高从厚哀求他撤退，仍然被他拒绝。

几个人陪着高敬命坚持到生命最后一刻。在同日军展开的白刃战中，两名部下安瑛和柳澎老以身体掩护他，被日本人砍成碎片。随后，高敬命和他的次子高因厚同样葬身沙场。[19]

高敬命的义兵是壬辰战争爆发后最早出现的民间抵抗组织之一，这支义兵存在的时间很短，未能给日本人造成太大的损失。但是他们的视死如归，必定让锦山城的日本守军感到强烈的不安，他们已经可以预见，自己将面对怎样的抵抗热潮。他们同样为成百上千可能加入义兵的百姓树立了榜样，点燃了他们的怒火，包括高敬命幸存的儿子高从厚。在锦山失去自己的父亲和弟弟后，高从厚打着"报仇雪耻"的大旗，组织起自己的义兵队伍。父死子继，抵抗不止，全罗道依然是日本人难以踏足的危险之地。[20]

在全罗道的其他地方，五十五岁的官员金千镒也组织起了自己的义兵。和未能入仕的义兵首领高敬命、郭再祐不同，金千镒年纪轻轻便通过科举考试，然后一步步晋升为中级官员，不过没能成为堂上官（正三品以上）。战争爆发后，他在自己的家乡全罗道西南的罗州招募了三百人，准备率部北上义州勤王。出发前，所有人按照朝鲜古代军事习俗，歃血为誓，保证只要一息尚存，便决不会放弃战斗。然后，义兵开始向义州进发，沿途不断有人加入，兵力增加到数千人。他们没有真的走出那么远，金千镒将汉城以南的一座旧山城作为据点，骚扰附近的日军，严惩有通敌嫌疑的朝鲜人。然后，在1592年8月，他率部到达更北的江华岛的行宫，这座小岛在汉城以西五十公里处，位于汉江口，在过去几个世纪里一直被当作国王的避难所。他们在这里继续抵抗，成了另一个日本人无法解开的死结。[21]

最后一位有名的义兵首领是赵宪。四十八岁的他才华横溢，曾经在朝为官，战前因为心直口快而仕途不畅，数次被罢免，甚至被流放过一两次。赵宪给宣祖上过数百封奏折，倡言改革之道。16世纪80年代后期，朝鲜同意接受日本统治者丰臣秀吉的使臣，尤其令他感到不平，他认为日本不值得交往。赵宪愤怒的原因是，秀吉在夺取权力前有过"弑君"的恶行。这是朝鲜官员普遍存在的误解，很可能是因为他们不了解16世纪70年代崛起的织田信长灭亡足利幕府的详情。信长其实没有"弑君"，傀儡将军足利义昭只是被信长逐出京都。不仅如此，虽然足利将军在将近两百年前被明朝赐封为"日本国王"，但是他们从未真正掌有日本君权，它是天皇的专属。赵宪对此一无所知。对他而言，秀吉是一个臭名昭著的篡权者，搅乱了正常的社会秩序，因此应该同他断交。至于他派到汉城来的使臣，对马岛主宗义智、家臣柳川调信和僧人玄苏，赵宪建议宣祖把他们斩首示众。[22]

1592 年之前，类似这样的上书为赵宪赢得了耿直诤言的名声，也让人觉得他鲁莽而极端。他疾呼战争将至，却无人理睬。据说他曾经在景福宫外连坐三日，大声号哭，以头撞地，想让国王认清国家面临的危险。但他的建议还是被忽略了。事实证明他是对的，日本人果然发动进攻，他的预言成了真。在入侵开始的几周里，这名先知先觉的官员在忠清道中部组织起一支一千一百人的义兵。在接下来的数周内，他们两度和日军交锋，包括收复清州之战和第二次锦山之战。

义兵不是唯一抵抗日军的民间组织。在赵宪等义兵首领破家起兵的同时，僧人们也开始行动起来。僧兵人数虽少，但是在接下来的战斗中却发挥了极为重要的作用。

宣祖是第一个想到号召全国僧侣抵御日本侵略军的人。在战争爆发前，朝鲜政府不仅不希望和这个宗教团体产生任何联系，甚至还利用自身所掌握的权力，以各种方式排佛。不过，他们现在急需人手，只要是身体健康的人，即使是剃光头发、身披袈裟的僧人也未尝不可。宣祖知道，如果由自己或朝廷出面，这个长期不满的群体必定不会理睬，必须由他们尊敬的人带头号召。因此，1592 年初夏，宣祖召高僧休静出山，组织全国僧人以某种形式组织起来抵御日军。

朝鲜僧人有足够的理由憎恨朝廷，他们完全可以对朝廷的呼吁置之不理。在过去的两个世纪里，他们饱受将理学奉为圭臬的统治精英们无情的迫害。帮助建立朝鲜王朝的功臣们，将理学定为官方意识形态（在历史上，朝鲜是唯一这样做的国家），因为他们认为理学提供了理想政府的模板。为了让理学在朝鲜扎根，他们认为必须要清除掉盛行于高丽时代的佛教思想，防止后者竞争。因此，自 15 世纪以来，对佛教的迫害一波接着一波，不曾停息。各地的寺院被关闭，财产被充公，连出家为僧也被禁止。

佛教宗派一再减少，最后只剩下禅宗和教宗。在这个过程中，排佛的文章源源不断出现在汉城，很多用词非常毒辣。

因此，在壬辰战争爆发时，长期受官府迫害的佛教徒，有充足的理由憎恨朝廷，祈祷它垮台，即便是亡于侵略者之手。七十二岁的高僧休静（别号西山大师、枫岳山人、头流山人、妙香山人、曹溪退隐、病老等）需要激起他们的爱国情怀，说服他们参战。休静是当时朝鲜最受推崇的僧人，实际上也是整个朝鲜王朝最有名的高僧。他九岁时成为孤儿，被安州牧使李思曾收养，跟随李思曾来到汉城，在成均馆学习儒学，不过后来科举不第，未能踏上仕途。随后，他剃发为僧，致力于融合理学与佛学。饱受迫害、处境艰难的佛教如果想复兴，这是必不可少的第一步。在16世纪50年代，休静连续被推举为禅教两宗判事。最后，在1557年，他归隐山中，不仅同时受佛教两派的景仰，甚至连朝中很多大臣都多少有些勉强地夸赞他。因此，全朝鲜唯有这位在西山参悟修行的休静大师，有可能说服僧人们放下对政府的怨念，拿起武器抵御外侮。于是，宣祖从义州召休静出山，休静很快做出了回应。

休静为什么会愿意帮助宣祖和严厉排佛的朝廷呢？首先，战争为僧人们提供了一个证明自己的爱国心和价值的机会。他们希望以此为契机，获得国家更大的认可。其次，从个人层面讲，他是在报答宣祖之恩。三年前，郑汝立叛乱时曾冒用过休静的名号，以争取朝鲜僧人的支持。叛乱很快平息，休静被怀疑参与逆谋，被捕入狱。宣祖经过调查，认为他是无辜的，将其释放。[23]

因此，当宣祖让休静出面动员全国僧人时，他希望后者能知恩图报。休静果然没有令他失望。1592年7月16日，刚刚被任命为"八道禅教都总摄"的休静发布檄文，号召朝鲜所有身体健全的僧人出山抵抗日本人。他的檄文如下：

> 八道的僧兵啊，高举你们的旗帜，挺身而出。你们之中，有谁不是出生在这片土地上？你们之中，有谁的血脉不是与祖先相通？你们之中，有谁不是国君的臣民？子曰，杀身以成仁。为了正义事业牺牲

个人，为了解救众生而受苦受难，乃佛之真谛……

各个寺院的僧兵啊，放弃正义的事业，背弃正道，躲藏起来苟延残喘，这怎么能说是对的呢？狡猾的敌人，那些野兽，绝不会怜悯你们。一旦国家亡了，你们如何得生？我佛慈悲甲护身，降妖伏魔剑在手，催动八部神将的闪电，奋勇向前。唯有如此，才是尽你们的职责；唯有如此，才是生存之道。让老弱在寺中祈祷，让青壮拿起武器消灭敌人，拯救国家。

八道僧兵啊，我们的百姓是生是死，我们的国家是存是亡，皆在此一战。每一个血管里流淌着檀君神圣之血的人啊，为国为民赌上性命，难道不是你们义不容辞的吗？一草一木尚知挺身相抗，况乎流着鲜红血液的人。[24]

在休静的号召下，八千多名僧兵拿起了武器。他们聚集在各地义僧将的旗下，如全罗道大兴寺住持处英、战争爆发时正在金刚山榆岵寺的惟政、忠清道青莲庵的灵圭和京畿道青龙寺住持永宗。他们的人数不多，和数万名正在北方无所事事的官军相比，更显得势单力薄。不过，在随后的几个月里，他们证明了自己的价值。他们的第一次重大战役，是1592年9月6日同赵宪的义兵共同发起的清州之战。

清州位于半岛中部，是南北运输动脉上的要冲。它是中部地区的经济中心和一座大型官仓所在地。因此，对朝鲜而言，它的陷落是一次重大挫折。6月4日，黑田长政的第三军在从安骨浦进军汉城的途中占领了该城。搜刮完当地的战利品，获得大量军粮后，黑田军主力继续向汉城挺进，留下一支小部队守城，等待援军到来。援军指的是日本侵朝军九个军团中的四个，他们在接下来的几周里渡海来到朝鲜，然后分散到半岛南部各地，将日军的控制从先锋军占领的狭长地带扩展到整个区域。来清州接替黑田守军的是蜂须贺家政的部下，共七千二百人。然后，他们在这里闲待了三个月。

对朝鲜人而言，收复清州至关重要。如果能将这个战略要地重新掌握在自己手中，义兵和僧兵就可以进一步切断日军的主要补给线，从而让深入汉城以及更北地区的日军陷入孤立无援的境地。同时，控制清州也是守住全罗道的关键，因为此时大批日军正集结在全罗北界的锦山，如果想阻止日军南下，必须首先收复清州。[25]

辞官回乡招募义兵的赵宪率先进攻清州。他在忠清道募集了一千一百名义兵，但是觉得人数不足，想同忠清道观察使尹先觉手下尚存的官军一同进兵。尹先觉对当初清州失陷负有责任，因此急于收复失地。不过他对和义兵一同行动缺乏兴趣，而是想将其收编，这样便可以由自己指挥收复清州之战，从而恢复名誉。赵宪拒绝了。相反，他和响应高僧休静号召的灵圭的千名僧兵结成联盟。灵圭最初打算率自己的部下单独行动，但是后来他意识到，和赵宪的义兵合作共同进攻清州，是更加明智的选择。

9月6日，朝鲜人在清州集结。赵宪的千余义兵从东、北两个方向攻城。尹先觉不情愿地派来五百名官军，配合灵圭的僧兵，在西门外列阵。义兵中的很多人没有合适的武器，只能拿着斧头和农具，或是任何能够砍、劈、刺的东西。城内的日军数量不详，可能不是太多。蜂须贺家政不曾料到会遭遇强烈反抗，因此在当年夏天稍早时候，派一部分士兵前往东北离此不远的忠州。不仅如此，当朝鲜人到来时，一些日本人正在搜寻粮食，城内守备松懈。

战斗打响后，日军一队铁炮足轻在赵宪的义兵离清州还有一段距离时，率先出城截击。夏末的阳光太过毒辣，他们只缠着腰布。朝鲜人退回到树林里，然后分为左、右两路，将敌军完全包围。义兵们万箭齐发，逼迫铁炮足轻采取守势，然后发起冲锋，将其消灭。朝鲜人虽然缴获了不少铁炮，但是不知如何使用，暂且只能把它们当作棍棒。义兵清除掉拦路虎后，来到清州城下，打算发动进攻。不过，在他们发动进攻前，阴沉的天空下起了雨，赵宪和他的部下浑身湿透，于是决定暂时退到能够俯瞰清州的一座山上，等来日再战。

几个小时后，一名朝鲜妇女出城告诉赵宪和义兵，城内的日本人打算弃城逃走，正在做准备。赵宪怀疑有诈，派几个人观望城中动静。事实证明，这名妇女说的是真话，日本人确实逃跑了。次日，天还没亮，欢欣鼓舞的朝鲜人打开城门，兵不血刃地夺回了城池。[26]

光复清州后，朝鲜人可以进攻更南边的锦山了，那是上个月义兵首领高敬命殒命的地方，现在仍然控制在日军手里，作为进一步南下全罗道的据点。此时，全罗道的官军兵力超过两万，如果他们能和灵圭的僧兵、赵宪的义兵联手进攻锦山，很可能可以成功驱逐日军。不幸的是，由于官军和义兵相互嫉妒和厌恶，双方无法合作。在给朝廷的奏折中，忠清道观察使尹先觉谎称收复清州之功全属官军，同时称赞了灵圭和他的僧兵，几乎没有提到赵宪和他的义兵。功劳没有得到认可的赵宪非常生气，独自上奏朝廷，指责官军怯战。到了9月，义兵和僧兵、官军的关系难以调和，彼此互不信任。

当月，朝鲜命令全罗道的军队开始准备和僧兵以及赵宪的义兵一起收复锦山。赵宪依旧为清州之战后自己受到的不公待遇感到愤怒，拒绝参与，声称自己将独自攻打锦山。他拒绝同官军和僧兵合作，招致各方批评，甚至连义兵内部也有不满之声。但是赵宪非常固执，听说进攻锦山计划被推迟后，坚持独自行动。义僧将灵圭试图说服他，指出若想攻下锦山，必须要跟官军配合。但赵宪不为所动。

此时锦山城内除了小早川隆景第六军的数千名日军，还有上个月赶来的援军。小早川得到消息，在城外扎营的朝鲜军队人数不多，而且附近没有其他部队作为后援。于是，他决定劫营。到了晚上，一队日军士兵顺着城墙悄悄溜出城，绕到朝鲜军营背后。随后，锦山城门大开，日军同时从前后两面夹击赵宪的义兵。赵宪下令："今日只有一死，当无愧一义字。"他们确实担得起这个字。当夜，赵宪的义兵战至最后一人，七百人全部战死。次日，他的弟弟潜入战场，为他收尸，看见他死在旗下，大量忠贞的部下倒在四周。赵宪的儿子赵完基代替父亲穿上主将的盔甲，让敌人误以为他才是义兵首领，被剁成肉酱。[27] 后来，赵宪的门生收拾七百名阵亡义兵的残骸，葬在一座坟里，取名"七百义士塚"。

锦山战败的消息传来，灵圭和僧兵并不感到意外。从一开始，他们便认为赵宪独自攻城的计划过于草率。但是他们并没有责备他。在他们看来，真正的恶人是自私自利、抢夺收复清州功劳的忠清道观察使尹先觉，正是他激怒了赵宪，后者才会一意孤行。考虑到这些，再加上赵宪慷慨赴死的示范作用，灵圭和手下的僧人们决意追随他的脚步。他们不等官军到来便向锦山进发，连续攻城三日，直到损失过于惨重，甚至连灵圭也壮烈牺牲，才不得不撤退。

锦山的惨败再次证明，缺乏信任和相互嫉妒常常会阻碍朝鲜人抵抗日军。截至此时，朝鲜人在高敬命、赵宪和灵圭和尚的率领下，三次攻打锦山城，但是仍然没能将日军赶出城去。如果说如此惨烈的牺牲换回了什么的话，那就是日本人不愿意继续执行进入全罗道的任务，官府得到喘息之机，有时间组织军队，强化守备。[28]

和锦山相比，其他地区的义兵活动取得了更大的成功，其中一个例子是黄海道的设防城镇延安，它位于黄海岸边，历史悠久。7月，黑田长政的第三军在北上平壤前，先扫荡黄海道。延安是唯一敢于抵抗的地方。黑田急着追赶先行攻占平壤的小西，因此没有花时间攻占这座相对孤立而且战略地位不高的城镇，但是他决定等攻克平壤后卷土重来。1592年10月3日，他再次来到延安。

延安守军不过八百人，领头的是深受爱戴的官员李廷馣。他曾护送宣祖北上开城，然后留在那里守城。开城陷落后，他在黄海道组织义兵。在日军到来前的数周内，他亲自监督城池的守备，还把自己的弟弟和家人留在城中，意在告诉当地百姓，他决意殊死一搏，希望他们同样如此。事实证明，他们做到了。

日本人建起一座攻城塔，然后开始进攻。他们站在攻城塔上，将铁炮和火箭射过城墙。朝鲜人惊慌失措，因为延安的绝大多数建筑都采用茅草屋顶，很容易点着。不过，运气站到了朝鲜人一边。由于风向改变，烟火被吹回到日军阵地，反而点燃了他们自己的军营。眼看攻城塔没有起到任何作用，黑田军开始直接攻城。但是他们每次都被箭矢或沸水击退。第一轮接触不利，黑田暂时撤军，不过他只是去搬援兵。10月6日，日军再次出现在城下，这次带来了三千人。延安守军知道，自己获胜的可能性很小。在李廷馣的激励下，将卒歃血为誓，保证会死战到底。然后，他们搜集所有石块、弓箭和长枪，准备做殊死一搏。

第二次延安之战进行得异常惨烈。日本人火力全开，猛攻城墙，朝鲜的男女老少怀着对侵略者的怒火，全部上城防守。他们从城上扔下大堆木头，将其点燃，阻止带着云梯的日本人靠近。这暂时挡住了日军，不过他们最终还是找到了穿过火堆的办法，再次爬上城墙，密密麻麻"如同蚁群"。朝鲜人的防守眼看要崩溃，李廷馣爬上一大堆木头，告诉自己的儿子，如果日本人越过城墙，便将其点燃。他大喊道，自己宁愿被烧死，也不愿被生擒。受此鼓舞，筋疲力尽的部下们士气大振，用手头所有的东西投掷敌人，包括石块、削尖的木头和可以灼伤眼睛的皂粉。最后，日本人撤退了，再也没有回来。他们为这样一座无关紧要的城镇付出的代价实在太大，大到黑田难以负担，因而不得不退兵。延安得救了。[29]

延安之战的胜利，很好地体现了朝鲜人在战争期间（实际上是整个朝鲜王朝时期）无数次被证明的一个特点：他们守城时极其英勇，和两军列阵厮杀时完全不同。19 世纪晚期的历史学家威廉·格里菲斯（William Griffis，他是第一批尝试用英文书写朝鲜长篇编年史的历史学家之一）观察到了同样的现象。1892 年，他评论道：

> 朝鲜人在平原上不是好士兵，几乎很难显示出个人勇气……但是如果把相同的人放到城墙后面……勇敢已经不足以形容他们，他们的勇气简直无与伦比。当敌人翻过城墙，他们会战斗到最后一人，会以赤手空拳与敌人的兵刃相搏。1592 年的日本人把平原上的朝鲜人视为病猫，但是他们一旦入城便成了老虎。1866 年，（尝试进攻江华岛的）法国人没有遇到一支敢面对步枪的朝鲜军队，但是相同的人在城墙后是不可战胜的。[30]

延安之战得胜一周后，另一支朝鲜官军同样取得了一场重要且有趣的胜利。他们收复了远在南方的庆州。庆州是新罗王朝的首都，也是朝鲜王朝时期庆尚道的行政中心。战争开始后不久（当时加藤、小西和黑田还在争夺第一个进入汉城的荣誉），加藤的第二军占领了这里。一支人数不多的朝鲜军队仓促集合起来，但是被加藤轻松击败，三千人惨遭屠杀，城中大量历史建筑被焚毁。随后，日军开始巩固对南方的控制，来自四国的福岛正则第五军分兵驻扎在这里，首领是田川。他在城里无所事事地待了几周。然后，到了9月末，朝鲜大军出现在了城西。

刚刚被任命为庆尚左兵使的朴晋（他的前任是李钰，其在战争初期的表现证明他难堪大用，因此被调到了其他地方），率领五千官军前来攻城。率先发动进攻的是日本人。面对兵力占绝对优势的朝鲜人，田川派一些人从后门出城，绕到朝鲜军队背后，然后发动攻势。这个大胆的计策取得了成效，朴晋仓促退兵。[31]

不久后，朝鲜人再次来到城下。这一次，他们带来了秘密武器飞击震天雷。[32] 10月12日午夜，朴晋派人趁着夜色潜伏到庆州城墙脚下，安放好武器，然后点火，把这个古怪的铁球掷入敌营。"（飞击震天雷）掉到地上，"《宣祖修正实录》如此记载，"日军士兵不知这是何物，聚在一起观看。它突然爆炸，声震天地，铁片星碎。被它的碎片击中而当场死亡的有二十多人，很多人因为强风晕厥过去。"[33]日军对这种新式武器又惊又怕，于是弃城逃到西生浦。朝鲜人收复庆州，缴获了存放在城中的大量军粮。[34]

飞击震天雷也在其他战役里出现过，最著名的是1592年11月的第一次晋州之战和次年3月的幸州之战。它是火炮匠人李长孙在壬辰战争爆发前发明的，很可能是对此前中国人发明的霹雳炮的改良，1274年蒙古入侵日本时便使用过霹雳炮。不过，和霹雳炮不同的是，飞击震天雷是用迫击炮（朝鲜人称为"大碗口"或"中碗口"）发射的，这使它成了世界上最早的由迫击炮或火炮发射的炸裂弹。飞击震天雷有几种不同尺寸，最大的半径达二十一厘米，需要用朝鲜最大口径的迫击炮（大碗口）发射；半径十厘米的，可以使用中等口径的迫击炮（中碗口）发射。飞击震天雷本身是一个空心铸铁圆球，里面填满火药和碎铁片，一个延时引信装置从顶部的开口插入其中。延时引信装置主要是一段缠在斜刻木芯上的长引信，外面套上一根竹管。使用者需要先在迫击炮里装上火药，然后把震天雷放在炮口处并点燃震天雷的引信，然后再发射迫击炮，这样可以把震天雷投到五六百步开外的地方。震天雷落地后，引信会继续燃烧，沿着木芯烧到中间，引燃里面的火药，使震天雷爆炸。[35]

1592 年的最后一场重要战役，发生在朝鲜南部海岸的晋州，位于日本人的据点釜山的西面。据说这里是朝鲜南方最坚固的城池之一。在朝鲜王朝前期，这很可能是事实，因为当时它还是一座山城，而朝鲜人是修建和防御山城的专家。不过，战前晋州牧使的筑城计划，反而削弱了晋州城的防御。他忘记了筑城的首要原则——"尽可能小"。新修筑的晋州城可以容纳绝大多数当地人，使防守变得更加困难。

对朝鲜人来说，幸运的是，指挥三千八百名晋州守军的是上个月才刚刚被任命为牧使的金时敏，他勇敢而且能力不俗。金时敏的部下中，大约有七十人装备了铁炮，这是第一批用于实战的朝鲜仿制品。日本人因此被打了个措手不及。（至少在 1589 年，朝鲜人已经知道铁炮，当时日本使臣宗义智将其作为礼物献给汉城朝廷。柳成龙呼吁朝鲜军队将其作为标准武器，但直到战争爆发后，朝鲜才开始制造铁炮。[36]）

11 月 8 日，日军兵临晋州城下。他们是来自本州西部的部队，共一万五千五百七十人，领头的是加藤光泰、长谷川秀一、细川忠兴和木村重兹等人。铁炮足轻前进到有效射击距离之内，对着城头齐射，声音如雷。他们的目的可能是要试探一下，仅通过展示武力能否逼迫守军撤退。这个策略曾经奏效过，但是在晋州行不通。城中的金时敏命令自己的部下保持镇静。他将士兵部署在城墙上的各个关键位置，严格命令他们低下头，等日本人靠近再进攻。因此，日本人的第一波齐射没有得到任何回应。铁炮的烟尘慢慢散去，仍然不见朝鲜人有任何动静。城中悄无声息，仿佛他们已经放弃了城池。当天深夜，金时敏派一名乐师到门楼上吹笛，意在告诉日本人，他和他的手下内心平静，毫不畏惧。

日本人看到最开始的铁炮齐射没能动摇晋州守军，于是准备发动总攻。他们在阵前竖起竹编，朝鲜人因此看不到他们在做什么。日军士兵制造了三层高的攻城塔，又用松枝和竹子制成云梯，高度足够攀上城墙，每层能够容纳六人。与此同时，朝鲜守军也在加紧准备，"城上多设震天雷、藜炮、大石块……又备长柄斧镰等物……女墙内又多设金鼎沸水"。

第一次晋州之战开始了。日军从攻城塔顶射击，利用塔的高度，将子弹射入城中，朝鲜人不得不低下头躲避。与此同时，其他日军将云梯架到城墙上。众人为了取得"一番乘"（第一个登上城墙）的荣誉，争相爬上云梯，超过了它可以承受的重量，很多云梯折断，士兵们跌落下来，徒劳无功。根据《太阁记》的记述，细川忠兴的弟弟细川正兴此时正在城下。"他的左右站着士兵，他命令道：'我登上敌城之前，你们任何人都不许上来，谁上来就杀了谁。'然后他独自爬上云梯，云梯安然无恙，他用手抓住城垣，众人一片欢呼……眼看就要翻过城墙，守城的人却用长枪和刀把他打落城下，掉到壕沟里。"[37]

数千日军遭遇了和细川正兴相同的命运。朝鲜人"或放震天雷藜炮，或大石，或投火铁，或焚藁乱投，或扬汤灌贼"，攻城日军"踏菱铁、中弓弩、陨矢石、焦头烂额者无算"。侥幸没死的日本人，"又为震天雷所触，僵死如麻"。

日子一天天过去，日本人对晋州发起一波又一波的攻势。朝鲜人在金时敏的指挥下坚守城池。最后，几支义兵赶来增援守军。其中一支人数过少，无法从正面直接进攻日军，于是爬上附近山上敲起战鼓，点燃火把，让日本人误以为一支朝鲜大军正从侧翼包抄过来。很快，另一支两百人的义兵队伍奉"红衣将军"郭再祐之命赶来支援。他们爬上俯瞰日军兵营的斜坡，大声喊道："红衣将军正从整个南方募集义兵，很快会有一支大军前来。"随后，日本人得到消息，一支两千多人的义兵正在路上，日军不得不分兵保护通向晋州的大道。

晋州之战持续了五天。最后一波攻势出现在11月13日凌晨。城外的日本人点起火把，把自己的军营照得透亮，让朝鲜人可以清楚地看到，他们在收拾行囊，准备离开。然后，按照事先约定好的信号，日本人同时熄灭火把，对城市远端发起总攻。一队足轻用铁炮乱射，迫使朝鲜人离开女墙，同时第二队足轻最后一次企图爬上城墙。城内的守军已经弹尽粮绝，甚至很难找到可以投向敌人的石块。城中所有房屋的木头和茅草屋顶全被日军的火箭烧成灰烬，只剩下一片已经发黑、持续燃烧的废墟。即便如此，朝鲜人仍然坚守城池，继续作战。在战斗中，金时敏的前额被铁炮击中，受了致命伤，但是他没有告知部下这个消息，因为不想让他们分心。他们确实没有分心，晋州城守住了。最后，加藤光泰和其他指挥官停止攻城，没有再做尝试。他们的伤亡过大（有些记载说他们损失了近半兵力），越来越担心来自背后的反击，于是决定拔营退兵。他们在不期而至的暴雨的掩护下撤离晋州。朝鲜人无意出城追击。[38]

第二年夏天，愤怒的日本人会重回晋州，看着它被烧成灰烬，全城百姓皆遭屠戮。不过至少现在，这座城市得救了。

朝鲜人在陆地和海上的这些抵抗活动，打乱了秀吉征服亚洲的大计。由于朝鲜水军将领李舜臣的存在，太阁无法打通急需的黄海运输线，无法快速将援军运到朝鲜北部。现在，由于活跃在各地的义兵、僧兵和重新集结的官军，日本人甚至连继续留在朝鲜也变得困难重重。类似的挫折，最终驱使在朝鲜的日军对秀吉战前发布的训令置之不理，秀吉为了赢得民心，曾命令侵朝日军不得虐待朝鲜百姓。事实正好相反，他们只能依赖暴力和恐怖手段镇压朝鲜百姓。因此，在1593年，也就是壬辰战争爆发的第二年，日军的暴行令人侧目，这进一步加深了朝鲜人的怨恨，促使他们下定决心，不惜一切代价反抗。

1593年年初，大批明军来援，战局向更有利于朝鲜的方向发展，秀吉的部队最终不得不退回釜山。不过，需要强调的是，明军的参战并非决定性因素，日本人的失败是不可避免的，明军的到来只是加快了它的到来。到了1592年年末，朝鲜人已经从战争初期的混乱中缓过神来，各地抗日活动风起云涌，日本人无法有效统治占领区。在1592年12月，秀吉的部队仍然是不可战胜的，但是自然减员正在一点点消耗它的实力。早先在1592年春夏之交登陆朝鲜的十五万八千八百人，不久便损失了三分之一，他们死于战斗、饥饿、疲劳和疾疫。朝鲜人的损失要高出数倍，但是他们不畏牺牲，日本人却不是这样。朝鲜人可能需要在敌后战场活动数年，才能最终让日本人筋疲力竭，迫使其离开半岛。但是他们必然会取得最终的胜利，不管是否有明朝的帮助。

16

挽救历史

　　1592 年 8 月，一队日军士兵开始向朝鲜西南省份全罗道的首府、设防城市全州行进，打算占领该城。道观察使李洸全力守城，曾经负责管理全州史库的前典籍李廷鸾召集百姓，辅佐李洸。一支义兵先行前往日军必经的一处山隘，在那里设置一道木栅栏以阻止敌人前进。义兵英勇作战，无奈日军过于强大，最终还是突破了他们的防线。与此同时，李洸和李廷鸾在全州城外列阵，组织当地百姓白天竖旗，旗帜弥山，夜晚则燃起火炬。因而当日军到来时，看到如此景象，很可能会误以为有一支大军把守该城。朝鲜人的计策成功了。日军逼近全州，远远望见满城的火把和旗帜，以为大量朝鲜军队正在那里守株待兔，等他们自投罗网，于是日军谨慎地决定撤退，全州暂时得以保全。[1]

　　单就全州之战本身而言，它无足轻重，无论是参战兵力，还是牺牲者的数量，都无法同壬辰战争初期的重大战役相提并论。但是对朝鲜人而言，1592 年全州城外的一幕，却有着重要且深远的影响。将日本人逼退的李洸、李廷鸾和全州百姓，不仅挽救了自己的城邑，同时也挽救了朝鲜的历史。

　　在前近代世界，没有哪个民族比朝鲜人更重视历史。早在新罗王朝时期，每位国王在位期间的每一件事，不管多么琐屑，都会被努力记录和保存下来，以便后人加以借鉴。当然，朝鲜人记录历史的习惯深受中国人影响，后者本身即是伟大的历史学家。不过，到了朝鲜王朝统治的第二个世纪，朝鲜史官的成就已经超过中国。截至那时，卷帙浩繁的《朝鲜王朝实录》在史料的完善程度、准确性和客观性方面，都堪称世界之最。

王朝在编纂实录时使用的资料，来源广泛且数量庞大，其中最重要的是史官记录的史草。当国王同大臣议事时，坐在国王左右手边的两名史官会记下整个过程，一人负责记录对话，另一人负责记录动作。史官每天也会收集在王都和全国各地发生的大事，记下其中他们认为重要的事。除史草外，编纂实录时也会用到其他宝贵材料，包括各官署的记录（春秋馆以此为基础整理成《时政记》）、朝廷重臣的日记以及各地官员送到汉城的成百上千封上书。

史官在记录国事时，最看重的是客观性。在这方面，朝鲜似乎比明朝更胜一筹。史官的根本原则是秉笔直书，甚至连国王也无法逃脱他们审视的目光。例如，1456 年，世祖亲自叮嘱史官，要毫无保留地记下自己的所有缺点。"让人们看到我做得对的地方和错的地方，"他说，"不要隐瞒任何事，这是不对的。史官要事无巨细地记下所有发生的事。"1508 年，中宗也告诉史官，要"一五一十记下国王的所作所为，不论对错，无须迟疑"。[2] 实际上，在朝鲜人的壬辰战争记录里，之所以充斥着胆怯的将军和自私的官员，并不是因为所谓的民族劣根性，而是因为朝鲜王朝时期的历史记录非常客观，扬善而不隐恶。

只有等到君主过世后，所有重要史料才会被收集起来，编纂成我们今天所看到的实录。国王死后，新王会下令设置实录厅，通常由三十余名大臣和大量辅佐他们的文员组成。然后，这些人便会开始繁重的工作，梳理数不清的史草、个人日记、《时政记》和奏折。这些工作通常会花费数年时间。当实录最终编纂完成后，无人可以阅读它，因为被记录在案的一些不加掩饰的事实无疑会激怒一些人，他们会反过来恐吓参与其中的史官和编纂者，逼迫他们做出删改。甚至连国王也没有特权，他同样不能阅读过世父王的实录。1431 年，世宗想要翻阅自己父亲的实录，他的要求遭到拒绝。如右议政所言，编纂实录的目的，是为了把国家大事毫无偏见地告诉给后世。"殿下想要阅读，"他提醒道，"当然不会改动半字。但是如果殿下看了实录，后世君王也会效仿。这样，史官便会担心受到莫须有的指责，不敢再秉笔直书了。"[3]

实录草稿完成后，除了正本，还会制作三份副本。朝鲜王朝前期的四份实录是手写而成的。从 15 世纪后期开始，刚刚发明不久的活字技术被用于实录的印刷，不过过程仍然十分烦琐，需要用到数千个不同的汉字活字。然后，四份实录会被保存起来，史草和实录草稿等会被销毁。人们会将其浸入水中，洗去上面的字迹（这个过程被称为"洗草"）。

接下来的难题是如何保存实录，确保它们在接下来的几个世纪里完好无损。在朝鲜王朝时代，人们将四份实录分别存放于全国四个不同地方的史库，其中一份保存在汉城的王宫内，其他三份经过华丽的大典后，会被分别送到中南部城市忠州、星州和全州。通过这种方式，实录的保存问题基本得到解决，因为一场大灾难通常只能毁掉其中一部。例如，1538 年，星州史库的管理人员想要熏走在檐下筑巢的鸽子，却不慎烧毁了存放实录的木制建筑，所有典籍毁于一旦。火灾虽然耗费了朝廷大量的精力和金钱，但是并未造成不可弥补的损失，因为还有三份实录分别藏于忠州、全州和汉城。被毁的建筑不到五年便重建起来，新印刷的副本被送来保存，星州史库得以恢复原貌。

几个世纪以来，这套四史库体系在保存史料方面取得了显著成果。即使大火烧毁了一座史库，另外三座仍然安然无恙，可以重新印刷一份替代毁掉的副本。两座史库同时被毁的可能性很低，如此异常的巧合，只能说是天意了。但即便这样，仍然有两座保留下来。同时失去三座史库的情况，几乎可以说是匪夷所思。三个不同的地方怎么可能同时罹灾？

日本人入侵期间，这样匪夷所思的事情真的发生了。1592 年 6 月，小西行长的第一军击溃申砬的部队后占领忠州，随后展开报复，第一座史库被焚毁。四天后，宣祖逃出汉城，抢劫和纵火随之发生，景福宫被当地居民烧毁，第二座史库连同许多珍贵的图书被烧成灰烬。从釜山北上汉城的过程中，黑田长政的第三军占领星州，将其夷为平地，第三座史库也不复存在。

截至 1592 年 7 月，曾经难以想象的事情变为现实，朝鲜四座史库中的三座同时被毁。因此，当日军进军第四座，也是最后一座史库所在地全罗道全州时，他们不仅在威胁着这座城市，同时也是对整个国家的巨大威胁。如果全州陷落，保存在那里的典籍被窃或被毁，由此带来的损失是无法挽回的。因此，这座城市绝不能落入敌人之手。最后，多亏了全罗道观察使李洸和前典籍李廷鸾的成功防御，最后一座史库得以保全。

日军从全州郊外撤兵后，李廷鸾和负责守城的官员们意识到，必须将史库中数百卷史书转移到敌人无法触及之处。于是，他们将五百七十七卷珍贵图书放到马背上，运出城外。他们首先南下，前往不远处的内藏山的隐蔽处。接下来的十个月里，他们将史书和王朝创建者太祖的画像（影帧）安放在这里，小心翼翼地照看，定期通风和曝晒，有时还会举行仪式。到了1593年，他们觉得这个偏僻之所过于靠南，可能也不太安全，于是将实录和影帧再次转移，先是通过陆路运到黄海边的牙山，然后通过海路运往更北的海州，随后又送到位于汉江口守备森严的江华岛。最后，在战争即将结束时，它们再次被转移到妙香山的一座寺院内，这座寺院建于绝壁之上，只能通过梯子上下。在这里，朝鲜王朝的实录终于安全了。[4]

▶　大苏芳年以在织田信长军中初露锋芒的秀吉夺取稻叶山城的典故为主题创作的浮世绘《稻叶山之月》，收入其作品集《月百姿》

◀　一幅漫画将日本 16 世纪的统一比喻为制作米饼：织田把米捣成米团，秀吉把米团做成米饼，德川吃掉米饼

▲ 1592 年，加藤清正乘船前往朝鲜

▶ 《釜山镇殉节图》（韩国军事博物馆藏）

▲ 18 世纪朝鲜画家所绘东莱城陷落的场景。中间跪着的是宋象贤,左上逃离战场的是庆尚左兵使李钰。城门前的木牌上写着宋象贤对日军"借道"要求的答复:"战死易,假道难。"(韩国军事博物馆藏)

▲ 日军使用与此类似的火绳枪在朝鲜战场上取得了很好的效果，朝鲜人很快也开始仿制（韩国战争纪念馆藏）

► 日本的铁炮足轻和长枪足轻

▼ 加藤清正刺杀一只朝鲜虎，这只老虎咬死了他的一名部下（丰原国周，1860年）

▲ 在经验丰富的人手中，朝鲜弓是一种极有杀伤力的武器，但成为娴熟的弓手需要多年的训练。

▲ 朝鲜人的一个优势是他们拥有能发射石块的火炮（前）和发射巨箭的火炮（后）（韩国战争纪念馆藏）

▶ 飞击震天雷，朝鲜人在收复庆州的战斗中使用过这种武器

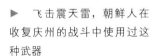

▼ 朝鲜的"火车"，可以发射大量火箭（韩国战争纪念馆藏）

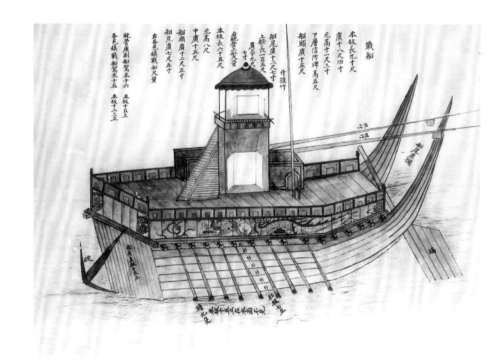

朝鲜水师的主力战船"板屋船"

后人根据《李忠武公全书》的记载推测的 15 世纪初龟船的原始形态

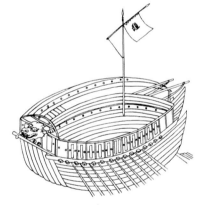

《李忠武公全书》中的"全罗左水营龟船"图

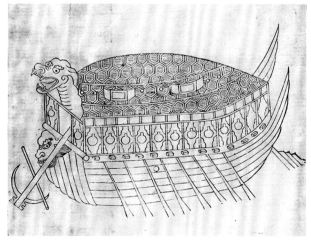

▲ 李舜臣龟船的三分之一比例
　　复制品（韩国战争纪念馆藏）

▶ 朝鲜三道水军统制使李舜臣
　　像（韩国战争纪念馆藏）

▼ 闲山岛之战（韩国战争纪念
　　馆藏）

▲ 万历皇帝

▲ 柳成龙

▲ 金千镒

▲ 赵宪

▲ 李德馨

▲ 灵圭

▲ 19世纪90年代的汉城南大门，与三个世纪前几乎一样。加藤清正的部队从这里进入汉城，入城后却发现小西行长已捷足先登

▲ 1592年10月延安之战中的李廷馣。他为激励城中守军，爬上木堆，并告诉自己的儿子，如果日本人越过城墙，就将木头点燃（《东国新续三纲行实》局部）

▶ 1592年6月12日，小西行长的部队到达紧闭的汉城东门外。这幅歌川国芳创作于1848到1849年的浮世绘描述了木户作右卫门将几支铁炮绑在一起作为工具，撬开附近的水门的场景，小西军因此得以顺利入城

▲ 在 1593 年 2 月的碧蹄馆之战中，小早川隆景成功阻止明军南下汉城（《绘本太阁记》，1802 年）

◀ 幸州之战的胜利者权栗，他后来被任命为朝鲜都元帅（首尔幸州山城纪念馆藏）

▼ 1593 年 3 月的幸州之战（韩国军事博物馆藏）

▲ 1592 年 11 月，金时敏率部取得第一次晋州之战的
胜利（韩国战争纪念馆藏）

▲ 晋州城破后，妓生论介引诱
一名日本武士到城下的岩石
上，然后抱着他一同投入南
江，与敌人同归于尽

◀ 金千镒在第二次晋州之战
中投江身亡（《东国新续
三纲行实》）

▲ 收复平壤之战中的休静大师（韩国战争纪念
馆藏）

▶ 明将李如松

▼ 明、朝鲜联军进攻平壤，图最左侧骑白马的
是李如松

▲ 后阳成天皇

▲ 宇喜多秀家

▲ 长宗我部元亲

▲ 黑田长政

▲ 景辙玄苏

▲ 毛利秀元

▲ 秀吉的画像，很可能绘于
丁酉再乱期间

◀ 沈惟敬赴汉城与日本人谈
判（《绘本太阁记》）

▼ 描绘蔚山之战的日本《朝鲜军阵图屏风》

▲ 京都的"耳冢"，里面埋着数以万计的被日军士兵割下的朝鲜人的鼻子

▶ 鲁本斯在 1617 年左右绘制的一幅木炭画，有人认为画中的年轻男子正是在壬辰战争期间被俘，然后被卖给欧洲商人，又被带到欧洲的朝鲜人

▲ 1598 年 10 月顺天之战中的陈璘（《绘本太阁记》）

◀ 岛津义弘，他率领日本水军在 1598 年 12 月的露梁海战中与明、朝鲜联军的水师交战

▼ 李舜臣之死（韩国闲山岛制胜堂藏）

第四部分

僵　局

战胜易，守胜难。[*]

——《吴子兵法》，公元前 4 世纪

I7

从平壤退至"三途川"

1593 年年初，日本侵朝军的势头开始减弱。朝鲜军队收复了东南庆尚道的庆州，日军对晋州的大规模攻势被挫败且损失惨重，蜂起的义兵使日军步履维艰。在西面，小早川隆景没能攻下全罗道，该地几乎全部掌握在朝鲜人手里。在中部偏东的江原道，日军为了保护越来越频繁受到骚扰的汉城中路，放弃了大部分地区。黑田长政的军队在中部以北的黄海道的处境与此类似。为了确保平壤日军的供给，他集中兵力保护从汉城向北的干道，将大部分地区让给朝鲜义兵。即使是在加藤清正自夸已经被他牢牢控制的咸镜道，义兵的活动仍然使其苦不堪言。日军的大本营吉州遭到攻击，投降日本的朝鲜官员或被暗杀，或被义兵赶入山中，该道新建立的傀儡政府难以维持。

除了要对付愈发激烈的地方抵抗，日本侵朝军在筹措军粮时同样面临着极大困难。在过去七个月里，他们主要依靠从朝鲜人手里购买或掠夺去年的收成。到了 1593 年年初，余粮基本吃光，新种的庄稼则几乎没有，因为全国的农民都已逃离家园，放弃了自己的土地。在乡间存留的少许食物变得越来越难以获得，因为草料场成了义兵的主要攻击目标。从日本运输过来的补给也非常有限，很大程度上是因为日本海军不愿冒着撞上李舜臣将军麾下的朝鲜舰队的风险将军粮运到朝鲜。况且从日本运来的为数不多的供给，几乎都无法送到最需要它们的北方军队的手里。到了 1593 年年初，缺乏给养的问题变得非常严重，部分日军不得不面对无法填饱肚子的窘境。

现在，日本人进退维谷。他们在朝鲜的有生力量不足以镇压地方义兵，巩固对半岛的统治。但是因为粮食不足，他们也无法从九州运来更多的部队。实际上，他们的余粮甚至不足以满足已经在朝鲜的部队的需要。

在分散于朝鲜各地的占领军中，小西行长和驻守平壤的第一军的处境尤为恶劣。他们在过去五个月里一直待在这座城中，完全放弃了继续北上的念头。他们也不再对从大同江得到海运来的补给品抱有任何希望，因为朝鲜水军封锁了黄海，建立海上运输线只能是一场空。实际上，即便此时有援军到来，也不见得是好事，因为这意味着要填饱更多张嘴。1592 年 7 月，小西和他的部队攻陷该城时，缴获了大批军粮，但是由于需要供养的人员多达一万五千名，这些给养最终也消耗殆尽。平壤占领军不得不依赖从邻近地区搜刮来的少量粮食（这个任务的危险程度越来越高），或是依靠人力或马匹从汉城向北运来的食物。现在，第一军的士兵不得不忍受着朝鲜的严冬，蹲坐在临时搭建的兵营里，一边冷冷地看着自己的军队由于饥饿、严寒、疲劳和疾病而不断减员，一边回想着九州气候宜人的海岸。很多人担心，自己可能再也回不去了。[1]

因此，到了 1593 年年初，由于朝鲜人的抵抗和食物的匮乏，日军的活动范围仅仅局限于半岛的一端到另外一端，勉强控制着前一年他们北上征服朝鲜时所走的大道，而无力占领周边广大地区。虽然他们没有丢掉最北方的据点，但是在南方真正控制的只是从釜山到平壤的狭长地带，甚至连保护这片区域都渐渐感到吃力。到目前为止，日本人在陆战中尚未遭受严重挫折，几乎每场战斗的损失都在可接受范围之内。不过，现在的日军已经不能同登陆之初相比，他们的兵力在广阔的朝鲜大地上不断减少。在当年春末夏初的一次人数清点中，作为先锋的小西行长第一军在战争开始时有 18,700 人，此时只剩下 6626 名健康之人，减员率达 65%。加藤清正的第二军原本有 22,800 人，现在只剩下 13,980 人，损失了 39% 的兵力。经过半年的消耗，在朝日军的总兵力勉强达到 100,000。[2]

在朝鲜之役濒临崩溃之际，驻扎在汉城负责监督半岛军事行动的日军高层写信告知加藤清正，让他从咸镜道东北返回，理由是南方急需他的部队。特别值得注意的是，这是在明军参战之前发生的（到此时为止，明军只参与了第一次平壤之战，结果是日本人大胜），也就是说朝鲜人的抵抗在扭转局势方面起到了主要作用。[3]该命令无疑会让加藤十分痛苦。在侵略朝鲜的所有大名军团长中，他是最坚定地反对撤退的人。不过，在他接到命令时，北方的局势正急剧恶化。

在黄海遥远的另一边，明朝已经做好战争准备。东方海岸线上的港口全部封闭，以防日本人袭击；各地的外国人受到监视；数千军队现在正在离朝鲜最近的辽东集结，只要接到开拔的指令，他们便会立即渡过鸭绿江，进攻日本人。

按照明朝的惯例，这支远征军的最高统帅是一名文官——兵部左侍郎宋应昌。不过，宋应昌没有立即前往朝鲜，也没有参与随后的战斗——这将是提督李如松的任务。李如松是一名经验丰富的老将，先祖从朝鲜内附明朝。在刚刚结束的宁夏之役中（在整个1592年，宁夏之役是明廷最为关心的问题），他帮助平定了西北边境的叛军和蒙古部落，立下赫赫战功。

李如松的军队有三万五千人，分为左、中、右三军，李如松的弟弟李如柏指挥左军（李如松的另一个弟弟和一个族弟也在他的帐下效命），另外两军的指挥官分别是张世爵和杨元。这支军队中的大部分士兵来自辽东，此外还有三千人来自东部沿海的浙江。各军辖下有骑兵和炮兵，还有从蓟镇调来的步兵，装备有长枪和弓箭。一些人身穿锁子甲，据说防御效果出众；很多人带着短而钝的剑，难以和日本人锋利的武士刀匹敌。他们没有铁炮（即使有，数量也很少），不过三千名浙兵有一些可以手持的小型火炮。[4]这些小口径火炮可能大多是佛郎机铳，中国人在几十年前获得了一些葡萄牙火炮，然后加以仿制。因为中国人将葡萄牙称为"佛郎机"，因此这种炮被称为"佛郎机铳"。佛郎机铳的平均长度在一米到两米之间，发射的铅弹直径不超过五厘米（铅弹从炮管装入，火药盒从后面的孔塞入）。明朝远征军可能也装备有更大口径的火炮，不过数量肯定不会太多。例如，可以向来犯之敌发射大量石块和铁球的大将军炮重达六百公斤，因此很难沿着积雪的山路从辽东运到朝鲜。[5]

和绝大多数明朝士兵一样，李如松的远征军主要由雇佣兵和征召来的流民、不法之徒或时运不济的农民组成。他们的爱国心十分淡薄，参军的主要目的是获得食物、金钱和搜刮战利品的机会，所谓的军纪不过是上级军官的死亡威胁，否则他们常常目无法纪，有时对友军的威胁甚至比对敌人还大。在整个 16 世纪，明朝以战场上获取的首级数量评判参战人员的功劳大小，获取的首级越多，功劳越大，奖励越多，这个标准对所有军人都适用，从最低阶的士兵到高级将领。将这样的记功方法用到军纪不良、不在乎道德的明军身上，其结果可想而知。本应受到保护的很多百姓（甚至包括妇女）反而遭到杀戮，首级被割下，当作请赏的凭据。如果首级明显和作战对象不符，为了达到以假乱真的效果，他们可能会把首级蒸到适当的大小，或用湿草鞋拍打。军官有时为了获得头等功所需的一百二十颗首级，也会加入骗局。[6]

　　不论是好是坏，这就是 1592 年年末在辽东集结，准备前往朝鲜的明军。表面上看，他们是回应朝鲜政府反复提出的驱逐日本人的请求。不过，虽然明朝尊重东边忠心耿耿的属国，它的存亡却不是明朝最为关心的。明朝的首要目标是保护自己的边界。因此，矛盾的种子在两国结盟之初便已经种下，朝鲜人希望明朝全歼"倭贼"，而明廷只想把侵略者赶回南方。因此，在接下来的战争中，朝鲜人从中国人那里得到的军事援助必定比他们请求的要少，而由此带来的麻烦比预想的更多。

　　平壤的日军不知道大批明军已经在路上。到了 1593 年年初，朝鲜义兵已经让他们孤立无援，只能龟缩在城墙之内，此前对他们帮助很大的间谍也被义兵清除。日本人仍然一厢情愿地认为，和中国人的谈判还在继续，明朝的使臣就是沈惟敬。

　　读者们或许还记得沈惟敬。1592 年 9 月，他奉明廷之命同日本人谈判。谈判的目的是为了给明军争取足够的时间，让他们能够结束宁夏之役，然后调兵遣将赶赴辽东。沈惟敬本人并不知道这些，他动身前往平壤时，以为明廷真的想让他带回一份长期和约。接下来的对话成了展示谎言的舞台，双方都对会谈的结果表示满意。日本人坚称自己只想和中国建立朝贡关系，狡猾的沈惟敬反过来向他们保证，中国会张开双臂欢迎他们。

双方达成了五十天的停战协议，沈惟敬返回中国，随后发现没有人对协议的内容感兴趣。相反，在他不在的这段时间，一支大军已经在辽东集结，所有人似乎都想要战争，而非和平。沈惟敬向朝廷汇报谈判的结果，然后接到朝廷的命令，让他返回朝鲜，并告诉日本人，除非他们撤回釜山，否则不会再有任何谈判。于是，沈惟敬两手空空回到平壤。1592年12月29日，他进入平壤城，为期五十天的停火协议已经结束了一个多月，双方再次坐下来交谈。小西首先询问沈惟敬，有传言称一支大军正随他来到朝鲜，不知是真是假。沈惟敬向小西保证这是谣言，他只带来了十五个人。厘清这个问题后，双方继续尝试寻找共识。他们当然能找到，因为小西急着达成协议，任何形式的协议；而沈惟敬想要得到明廷许诺的荣华富贵，条件是他能恢复朝鲜的和平。两人达成的协议如下：日本人从平壤撤军，但是明廷首先要保证日本船只可以前往中国东部港口。[7]

朝鲜人发现，沈惟敬第二次来到他们的国家以后，变得沉默寡言多了。他没有多谈自己出使的情况，刻意同朝鲜译官保持距离（译官是仅有的会说中文的朝鲜人）。礼曹判书尹根寿是平壤少数几个能从他口中套出情报的官员之一，但对自己所听到的不甚满意。《宣祖实录》记录了双方的对话：

> 礼曹判书尹根寿启曰："沈游击，即刻来到龙湾馆，臣面见游击，言：'老爷前在广宁时，谓俺曰，倭贼还两个王子，尔国被抢一男一妇，都还与尔国，把尔国土地，尽还尔国，和议方成，若一件事不听我话，和不得成云。今者，彼贼云，咸镜道各有将官，还两个王子之事，我不得主张。又言，只平壤城让与上国，自大东江（大同江）以东，我当主张。不肯依老爷说话，和不得成，不知兵马定出否？'游击曰：'兵马当来。'游击又言：'行长言，平安一道，我为主将，当让还平壤城，大同江以东至京城地方，各有五个将官，我不得主张。行长又问我云，听得老爷来时，带兵马来云，兵马安在？我以新旧勘合两度，出示曰，旧勘合十人，新勘合十五人。此外更无一人，谁谓

我带兵马而来乎？'臣又告曰：'小邦事势，极为危迫。望老爷即禀宋爷（宋应昌），速发兵马。'答曰：'发兵之事，宋爷主之，我不得作主。'臣又曰：'发兵之事，虽宋爷作主，必闻老爷之言，然后方始发兵。望老爷善辞。'答曰：'当依尔说。'游击之言虽如此，大概主意，则不肯分明说道。"

"臣辞出后，骆参将来见沈游击。臣令表宪告曰：'贼若不还被掳王子及本国疆土，则小邦等是死亡，欲交兵决战，而待老爷分付从事，敢禀。'游击曰：'尔国欲杀他，则杀他。去月，尔国军马，大同江边之战，仅得三级，而尔国人死者，多至二百七十。尔欲杀他，则从汝杀之。'辞气有不平之色。告曰：'小邦垂亡之命，延至今日者，全是老爷之恩。愿得老爷分付。'游击曰：'圣天子矜闵尔国，石尚书尽心征倭，差我以送，恩典出于朝廷。但平壤先锋，最精勇难当。先诱先锋出送之后，则其余在王京诸贼，虽曰十万之众，尔国之兵足以破之，而天兵杀他亦易矣。上国若欲止守辽东，则有别样计策，何用空费许多银两，我亦何为如此往来辛苦乎？'"[8]

然后，沈惟敬继续北行返回北京。他在辽东被提督李如松拦下，后者此时正带着三万五千人的远征军开赴朝鲜半岛。听说沈惟敬和日本人在平壤相谈甚欢，李如松非常生气，命令将这个倒霉的使臣逮捕处死。多亏李如松的一名部将在最后时刻的干预，沈惟敬才捡回一条命。这名部将劝暴怒的主帅留下沈惟敬的性命，让尚在平壤的日本人以为和谈仍在进行，这样就可以出其不意地袭击敌人。李如松觉得这是明智之举，命人对沈惟敬严加看管，以后的计谋或许还能用到他。[9]

于是，李如松和他的部队继续向朝鲜行进，沈惟敬则成了阶下囚。他们出边墙进入中国和朝鲜之间荒芜的山地。行军路途非常艰难，因为当时正是1月，大雪封路，天气异常寒冷。最后，他们于1月26日到达了已经结冰的鸭绿江北岸。提督李如松坐在一乘符合其身份的深红大轿之中，旗帜招展。然后，大明军队渡过鸭绿江，参加壬辰战争。

宣祖正在鸭绿江南岸的义州郊外，等着迎接李如松入城。李如松对宣祖说："我们来此，当剿灭凶贼，愿国王放心。"宣祖表示感谢和宽慰，告诉李如松，日本想假道朝鲜攻明，被自己断然拒绝。"遂披凶锋，栖泊一隅。今蒙皇上之恩，遣大将提大兵，就加天讨，小邦君臣，其再苏矣。"[10]

明军的到来确实让宣祖松了一口气，因为这意味着他终于可以摆脱长达数月的绝望，重新燃起取得战争胜利的希望，他对明朝的诚意没有丝毫怀疑。不过，并不是所有人都以同样积极的眼光看待这件事。既然明军已经参战，战争的主导权无疑掌握在他们手中，朝鲜不得不成为接下来的多场战役和很多事件的旁观者。这个事实已经通过沈惟敬和小西行长在平壤的谈判得到证实。朝鲜人被排除在两轮对话之外，甚至很难知道正在发生什么。不仅如此，为三万五千名明军士兵供应粮草也是个难题，而且同样重要的是，要避免他们殃及百姓，辽东士兵军纪不佳的名声早就传到了朝鲜，据说他们通常并不比匪徒好多少。更加普遍的疑问在于，明军真的是拯救朝鲜的灵丹妙药吗？抑或它只是这个苦难深重的国家不得不背负的另一份重担？

提督李如松的远征军和几个月前已经到达义州，充当宣祖卫队的明军会合。1月底，李如松开始挥师南下，兵力达到四万三千人。[11]在朝军大本营，平壤以北三十公里外的顺安，李镒（他在去年6月的尚州之战中败于小西行长的第一军）和当地兵使金应瑞率领一万朝军加入其中。与此同时，"八道都总摄"休静麾下的四千二百名僧兵在附近的法兴寺集结，等待出发的号令。[12]于是，准备进攻平壤的中朝联军总兵力达到了五万八千人左右。他们装备着弓箭、刀剑和轻型火炮，不过几乎没有火绳枪。在接下来的战斗中，他们将面对一万五千名经验老到的日军士兵，他们装备有大量铁炮，但是几乎没有火炮。[13]

防守平壤的日本人还不知道自己已经大难临头，直到大军压境才如梦初醒，李如松的计谋大获成功。从义州南下的过程中，李如松先给日本人送信，告诉他们明朝使臣正在前往平壤的路上，准备继续进行下一阶段的和谈。这当然不是真的，小西完全被蒙骗了。朝鲜义兵使他失去了当地所有的眼线，对平壤城外正在发生的事情一无所知，只能猜测是沈惟敬的穿梭外交有了成果。小西和他的部下很高兴听到使节将要前来的消息，僧人玄苏甚至兴奋地作诗一首，以庆祝即将到来的和平：

> 扶桑息战服中华，
> 四海九州同一家。
> 喜气忽消寰外雪，
> 乾坤春早太平花。[14]

他们急于达成协议，然后返回故乡。小西派二十人北上迎接明使，护送他们入城。绝大多数人都没能回来。对于他们的遭遇，有一种说法是，沈惟敬在顺安欢迎他们，双方摆好酒席，当宴会进行到最高潮时，日本人被包围，除三人外均被杀死。[15]另一种说法则简单得多，称他们在途中遭到了伏击。[16]无论如何，少数幸存者设法逃回了平壤，发出警告。小西终于意识到，和中国人的和平协议并不存在，等着他的唯有血腥的战争。此时，小西麾下的九州男儿饥寒交迫，厌倦战争，思念家乡。听到这个消息后，他们很可能会感到绝望。

1593年2月5日，由将近六万人组成的中朝联军到达平壤城外，"分部诸将，围住本城"，在城北已经冻结实的土地上安营扎寨。军队士气高昂，士兵们急切地希望依靠占压倒性的兵力优势一举攻入城中，给日本人一个教训。看到城下人头攒动，成千上万匹战马嘶啸，小西的部下想必会不寒而栗。壬辰战争爆发以来，他们第一次觉得自己的赢面不大。不过他们还是想办法表现出对敌人的不屑，上千人站在城墙上大喊大叫，用铁炮胡乱射击，吹响法螺号，擂起战鼓，尽可能地弄出巨大的声响。城内的小西行长知道这将是一场鏖战，自己必须做好准备。他在四座可能遭受攻击的城门中的每一座都部署了两千人把守，包括北面的七星门、西面的普通门和南面穿城墙的两扇门，其余士兵作为机动力量留在城中。[17]

232

理论上，平壤城中应该已经没有朝鲜平民。十天前，在义州谒见宣祖时，李如松建议先派人通知朝鲜百姓，远离这座城市及其周边地区，因为战斗一旦打响，根本不可能分辨出朝鲜人和日本人，所有人都会被杀掉。[18] 现在，兵临平壤城下的李如松在城外竖起一面白旗，上书"朝鲜军民自投旗下者免死"，对于仍然留在附近的朝鲜人而言，这是最后的逃生机会。[19]

次日，战斗打响，休静大师的僧兵进攻城北牡丹峰上城墙环绕的永明寺。防守这里的是松浦镇信麾下的一千人。只要日本人控制住牡丹峰，中朝联军便很容易受到来自后方的反击。因此，占领该地非常关键。李如松派休静的僧兵进攻这里，因为他们比自己的部下和朝鲜官军拥有更多的山地作战经验，而且他们有仰攻消亡中的敌人所必需的爱国心和意志力。僧侣们没有让他失望。牡丹峰之战持续了两个昼夜，休静的队伍损失了六百人。最后，在西面吴惟忠的明军的支援下，松浦和他的部下不得不退回平壤城内。[20]

占领牡丹峰后，对平壤城的主攻开始了。2月8日清晨，李如松焚香求签，希望接下来的战斗对本方有利。他抽到的签显然还不错。明军吃过早饭后，李如松命令军队列阵，然后率领他们向南攻城，"诸军鳞次渐进"，马蹄踩碎路面的冰，扬起许多冰晶，像薄雾一样升到空中，在阳光下闪闪发光。快靠近城市时，他们可以看到日本人沿着城墙站成一排，等待他们的到来。日本人在城墙上插了很多彩旗，将长枪大刀绑在一起，枪尖刀刃向外，作为守城之策。随后，明军绕着城墙展开，杨元的中军负责攻城北，张世爵的右军攻城西，李如松的弟弟李如柏指挥的左军攻东南，李镒和金应瑞的朝鲜军队攻西南（城的东墙濒临大同江，因此无法靠近）。

所有部队就位之后，一声炮响，标志着攻城战开始。明军和朝鲜的弓箭手用火箭引燃城内的建筑，炮手用火炮轰击城门。与此同时，云梯靠城墙搭好，士兵们冒着铅丸、箭矢和石块前赴后继攀梯而上，最后还要翻过城墙上方密布的枪尖刀刃，极为困难。在早晨的战斗中，联军无法克服种种难关，攻势逐渐减弱。提督李如松看到自己的军队士气不振，骑马来到城下，斩杀了一名试图逃跑的士兵，将他的首级传阅各营。然后，他大喊："先登城者，赏银五千两。"

受到赏金的激励，联军再次组织起攻势。一马当先的明军将领吴惟忠胸口中弹，另一名将领的脚被城上投下的石块砸伤。但是攻城部队没有动摇。最后，少数几个人成功登上城墙，经过激烈的白刃战，在城墙上获得一处立足点，后续的同伴可以随后跟上。几乎与此同时，火炮不停轰击七星门，终于轰塌了城门塔楼，明军和朝鲜军队一拥而入。

日本人已经为此做好了准备。当情况已经明朗，城市的外墙无法继续防御时，他们放弃了外城，退守最后一道防线——位于城市狭窄北角、利用平壤的三角墙建成的练光亭土窟。中朝联军看到外城的抵抗停止了，通过被轰开的城门冲入城中。他们以为自己已经稳操胜券，但是日本人不这么认为。联军逼近凹凸不平的内城土窟，人、马、军旗挤在一起，小西的部下把铁炮架在土窟中早已挖好的数百个射击孔上，开始射击。结果是一场屠杀。铅弹和箭矢呼啸着射向蜂拥而来的联军士兵，数百人死亡或身负致命伤，其他人惊慌失措，从破碎的七星门一拥而出，退至城外。[21]

平壤之役到此告一段落。李如松鸣金收兵，他的部下返回城北的大营过夜，留下一部分人（主要是朝鲜士兵）观察日本人的动静。李如松按照计划攻破了城墙，不过损失非常惨重，而且仍然没有彻底击败城中的敌人。日军的士兵和铁炮集中在一处，为了歼灭他们，成百上千名联军士兵将会殒命疆场。为了避免再次遭受如此惨重的损失，李如松给他的对手小西行长送去一封信，劝他投降。李如松告诉他："以我兵力，足以一举歼灭，而不忍尽杀人命，姑为退舍，开你生路，速领将来诣辕门，听我分付，不但饶命，当有厚赏。"

收到劝降书的小西，自然要最大限度地利用这个机会。第一天的战斗使他损失了两千三百人，他的兵力日渐萎缩的部队无法承受这样的牺牲。他也失去了大量军粮。如果中朝联军再次发起攻击，他和他的部下或许可以坚持一个早晨、一天、甚至是两到三天，但是无论如何不可能抵挡得住五万大军。日军的防线终究要崩溃，如李如松所说，每个人都会被杀。于是，他回复李如松："俺等情愿退军，请无拦截后面。"李如松同意了，命令朝鲜人不得在日军撤退时攻击。当天夜里，小西的人默默从南门离开平壤，渡过结冰的大同江，南下汉城。[22]"伤员被丢弃不顾，"吉野甚左卫门写道，"那些没有受伤，只是体力完全耗尽的人，沿途几乎是在爬行。"[23]

对朝鲜人而言，收复平壤可谓苦乐参半。他们如预想的那样夺回了自己的城池，但是胜利并不只属于他们。随着李如松和明军的到来，李镒和金应瑞率领的朝军只能在一旁协助。李如松显然也不想全歼日本侵略者，他只想把他们驱离中国，赶到半岛南端。他允许小西及其部下安全撤离平壤的决定，必然立即使朝鲜人神情沮丧，因为他们渴望复仇，让日本人为他们的所作所为付出代价。甚至有传言说，李如松从小西那里收取了贿赂，才放小西和他的人撤退。[24]明军难以避免的不端行为也令人气愤。在平壤之役里，李如松事先对宣祖的警告成为现实，不管是日本士兵还是朝鲜平民，一律遭到明军杀戮，被砍下首级，几乎未加区分。相关消息传回北京，明廷派一名官员前往朝鲜调查。不过，调查没有任何结果，因为愤怒的朝鲜人担心会因此开罪提督李如松，最终让此事大事化小。[25]

这名明朝官员的另一个任务，是调查李如松和他的上司经略宋应昌上报给朝廷的杀敌数量是否属实，宋应昌上奏的数字过高，引起了朝廷的怀疑。根据宋应昌的报告，日军在战斗中损失了 16,047 人，另外还有约万人死于城中的大火，被俘者更是不计其数。宋应昌夸口道，敌人的损失如此巨大，以至于守城部队中只有十分之一的人活着逃出城。[26]同对杀戮平民的指控一样，这项调查也无果而终。不过，如果这名官员问过朝鲜人的话，他会发现留守平壤的日军数量不多于 1.5 万人，而他们的损失不过1285 人。[27]这段插曲只是大量例子中的一个，说明了为什么朝鲜人的记录比中国史料更加准确、更值得信赖。与朝鲜人不同，中国人倾向于夸大其词，因为他们有许多东西需要证明。毕竟，他们的国家是中央之国，是他们眼中世界上最重要的国家，因此不能在任何一个方面显示出虚弱的迹象。正因如此，我们会读到明朝皇帝威胁日本人，要派百万军队出征日本，但是实际上帝国能动员的兵力不过 4 万余人；正因如此，我们发现明朝将领有时会将胜利夸大到令人难以置信的程度，因为从吹嘘国家的强大到夸大个人功绩，不过咫尺之遥。（根据宋应昌《经略复国要编·叙恢复平壤开城战功疏》的记载，他上报的日军损失人数为 1647 级，此处作者引用

235

有误且有过度发挥之嫌。——编者注）

小西行长和他的第一军经过九天的艰苦行军，终于从平壤退到汉城。在第一天疲惫的行军后，他们到达了第一个据点，却发现它已经被遗弃。该地驻军的指挥官以为他们必定被消灭了，因此已经率手下撤退。于是，小西和他的部队不得不继续赶路，没有食物，无法休息，甚至不能生火取暖。朝鲜人劝李如松立即率军追击，以防日本人逃到安全之地。明朝的将军不同意。他说，如果朝鲜人这么急于进攻，他们完全可以自己去。这和沈惟敬先前对尹根寿说的话如出一辙。最后，明朝军队和朝鲜军队都没有行动，小西和他的人马艰难地逃回汉城，一路没有遇到袭击，撤走了沿途所有驻军。2月17日，他们到达汉城，筋疲力竭，饥不择食，因为冻疮而痛苦不堪。吉野甚左卫门写道："他们只有铠甲下的衣服可穿。即使是那些平时英勇无畏的人，也因为疲劳变得像山间和田地里的稻草人，同死人无异。"[28]

虽然李如松看起来对和日本人作战不太积极，不过这并不是他没有追击从平壤撤退的日本人的全部原因。更重要的考虑是补给，他需要能够喂饱上万匹战马的草料和填饱四万多人肚子的粮食。明军带来的给养和朝鲜人从偏远的北方筹措的粮草，足够明军行进到平壤。但是这些已经消耗殆尽，在继续作战之前，必须筹集到更多的补给品。因此，在平壤之役结束后，李如松让自己的军队原地待命五天，给负责朝鲜军务的都体察使柳成龙一些时间，让他在从平壤到汉城的大道周边准备好所需的粮草。在这疯狂的几天里，柳成龙有时甚至离撤退的日军只有几小时的路程，在被他们的人和马踩踏过的泥泞道路上艰难前行。这位朝廷重臣不负众望，再次完成任务，置办好了所需的粮草，保证明军可以继续进兵。[29]

李如松率军南下时，他欣喜地发现，沿途的日军据点已经空无一人。当他到达前往汉城途中的主要城市和最坚固的城池开城时，发现它同样遭到遗弃。明军主帅开始觉得信心十足，因为从现在的情况来看，他确实逼得日本人仓皇逃窜。2月19日，他的军队进入开城，其弟李如柏所部率先入城。他们在这里停留数日休整部队，朝鲜人再次催促他们上路。然后，明军继续开赴临津江。渡过临津江天险之后，中朝联军在汉城以北四十五公里外的坡州安营扎寨。[30]

此时，正在东北遥远的咸镜道边界安边的第二军军团长加藤清正，也接到了退回汉城的命令。加藤认为自己是朝鲜战场的大名军团长中最勇敢、最成功的一个，他没有马上按照命令行事，因为这意味着他要为支援南方能力不足的大名，舍弃自己在咸镜道获得的一切。不过，当地的状况并不像加藤声称的那么好。到了1593年年初，去年非常顺服的咸镜道百姓开始变得不服命令、难以管束，而义兵的袭击也变得越来越频繁。明军也是一个问题。他们越是南下，从平壤到开城，然后渡过临津江前往汉城，加藤和他的军队的处境就越危险，他们被孤立在北方的可能性不断增大。

让加藤知道这个迫在眉睫的危险的人，是明军提督李如松派来的使者，后者命令加藤和他的所有部下投降。但加藤不是会轻易投降的人。他的回应是，将一名据说是朝鲜第一美女的女子绑在树上，当着明朝信使的面，用长枪刺穿了她。加藤以此展示自己的决心，明使只好西行复命。与此同时，加藤和锅岛直茂开始了退往汉城的长途跋涉。2月22日，他们冒着瓢泼大雨，拖着朝鲜王子顺和君和临海君离开安边。

他们的行程必然十分艰难。第二军要在严寒中翻越二百多公里崎岖的山地，沿途一直受到义兵骚扰。虽然没有大规模战斗，但是持续的紧张感一定让加藤的人在夜里难以入睡，在白天一刻不停地担心可能被落下，或是脱离大部队。他们要涉水渡过冰冷的河川，如果遇到急流，只能砍下树木，在刺骨的水中漂浮过去。尽管面临这些困难，加藤和锅岛还是设法让自己的部队在3月1日抵达了汉城，且状态良好。他们的到来，使城中守军的兵力达到五万三千人。[31]

当大部分日军正在汉城集结时，有一支部队拒绝躲到城墙内的安全之地，固执地在朝鲜国都以北十五公里外的地方安营。这支部队是侵朝军第六军，军团长是年迈却精力充沛的小早川隆景。读者们可能还记得，小早川一年前曾率部进攻全罗道，但是以失败告终。到了10月，他被重新部署在汉城和平壤之间的北方重镇开城。1593年年初，侵朝军的势头减弱，小早川接到命令，要他从开城撤退，率部返回平壤。他拒绝了。他不同意撤军的决定，将其视为指挥朝鲜战役的领导层缺乏决心和经验不足的表现。小西撤出平壤，通往首都的干道沿途各地驻军纷纷后退，小早川仍然没有任何行动。最后，监督朝鲜战事的三奉行之一大谷吉继亲自到访，才说服他撤军，条件是接下来与明朝军队的决定性战役要由小早川指挥。

此时，中朝联军已经逼近开城，正要入城。小早川成功地在敌军入城前数小时率领自己的部队离开，渡过临津江前往汉城郊外。但是即使到了这个时候，他仍然拒绝入城，反而在大道以北十五公里外的地方安顿下来。他对愤怒的同僚解释道："你们总是追随太阁大人，他从未打过败仗，所以你们不懂失利，更谈不上转败为胜。但是我的失利经验很丰富，把这件事交给我吧。我们的兵力和敌人相差很大，就算我们能打赢一两次，他们还是会像一大群苍蝇一样缠着我们。除非以命相搏，否则这些家伙是不会被吓倒的。我们已经退得够远了，现在该是置之死地而后生的时候了。"[32]

于是，小早川静待明军的到来，他认为接下来的战斗将是决定生死的战斗，是天王山之战，如果获胜，足以扭转乾坤。他选择扎营的地方是汉城以北主路上的第一座驿馆——碧蹄馆。[33]

现在是2月27日。在临津江以南坡州的大帐里，提督李如松信心十足。他逼迫日本人退出平壤，沿大道南逃，不费一兵一卒收复开城。现在，他眼看要收复汉城。在最终向朝鲜王都进军之前，他派出三千人在明将查大受和朝鲜将军高彦伯的率领下先行，其余部队缓慢集结，随后赶到。在汉城以北十五公里外的碧蹄馆附近，查大受和高彦伯遇到了一支装备不良的日军，杀得他们大败。最早的报告称明军斩首六百余级。[34]真实数字可能要比这少得多。听到这个消息，李如松赶在主力集结完毕之前，仅率领千名骑兵迅速南下，显然是认为自己能够轻而易举地击败一支疲弱不堪、士气低迷的敌军部队。

最初的征兆便对李如松不利。在接近查大受和高彦伯获得大胜的碧蹄馆时，他从战马上摔下，脸被划伤。随后，情况似乎稍好了一些，他的人发现一小群日本士兵在附近山坡上看着他们，四周显然没有其他军队。李如松将自己的骑兵分为两队，冲上山坡，日本人落荒而逃，明军一路追到山下长而窄的峡谷，直接冲入正等在那里的日军主力的阵中。

小早川隆景本人站在阵前，把麾下主要来自第六军的两万人分成四队。稍早时，年轻的宇喜多秀家亲自率四队人马，从汉城北上支援，使碧蹄馆的日军总兵力达到四万一千人。[35] 李如松和他的骑兵从一开始便处于明显的人数劣势，战局对他们十分不利。小早川麾下一名将领靠近李如松，险些把他杀掉，好在紧要关头，李如松的一名下属牺牲自己的性命救下了主将。

这样下去，李提督的部队很可能被全歼，多亏杨元匆忙带着明军主力赶来救援。明军兵力因此达到了两万。现在，这场战斗的规模空前庞大，六万一千名士兵挤在狭窄的山谷里，日本人无法充分发挥自己的铁炮优势，明军的骑兵部队被困在泥地里动弹不得，无奈只能下马徒步作战。因此，胜负基本上由刀剑的搏斗决定，明军短而直的双刃剑对日本人稍微弯曲的单刃武士刀。这场战斗从上午 10 点一直持续到中午，直到兵力和武器占优的日本人开始迫使李如松和他的部队后撤。在向北通往坡州的路上，战斗仍在继续。现在，日本人的铁炮部队可以更好地发挥自身的作用。最后，随着夜幕降临，小早川停止追击，率领自己的人返回汉城，带回了六千颗明军首级。[36]

在随后给朝鲜人的报告里，李如松对碧蹄馆的惨败轻描淡写，给他们留下的印象是，本方只损失了几百人。真实数字则要多得多，不过可能没有日本人宣称的那么多。不管怎样，此战过后，李如松和他的将军们已无心恋战。现在，经过平壤的攻城战和碧蹄馆的野战，他们已经了解和日本人的战斗是怎么一回事，不想继续纠缠下去。以都体察使柳成龙为首的朝鲜人，催促李如松南下收复汉城。李如松拒绝了。他不是因为最近的大败而丧失了勇气，他解释道，问题在于天气。大雨使地面过于泥泞，不适合战斗。最明智的做法是先后退，休整部队，待天气变好再做打算。于是，他将自己的部队先撤到临津江，然后渡江返回开城。

从李如松给北京的奏折里可以看出，他完全没有进攻汉城日本人的打算，与地面是否干燥，抑或他的部下是否已经休整完毕无关。他说，城中有超过二十万敌人（实际数字介于五万到六万之间），远不是自己薄弱的兵力能够击败的。整个夏天，朝鲜的土地都因为过于泥泞而不适合作战，流行病在军营中爆发，手下的军官存有异见。李如松本人也身体不适（可能是因为他从马上跌落所致），无法继续担任提督一职。在奏折的最后，他总结道，最好有人能够接替自己。[37]

在接下来的几天里，李如松又找到了一些理由，进一步坚定了不会留下来作战的决心。首先，日本人烧掉了汉城郊外大部分地区的草，明军到达汉城后，他们的战马将无草可吃。目前的情况十分危急，几天之内已经有上万匹马死亡，它们因为南行和战斗筋疲力尽，现在却找不到牧场吃草和恢复体力。随后，有消息传来，加藤清正的部队正在从东北的作战区赶往平壤。这不是事实，加藤正直奔汉城。不过，不管李如松是否真的相信，这份假情报给了他一个借口，可以一路退到平壤，表面上是为了保护该城免遭日军的反击，从而避免自己的部队被日军南北夹击。

朝鲜人对明朝的"天兵"寄予厚望。因此，当他们看到李如松和他的人从汉城返回北方，一定会非常失望。

到了这个时候，汉城正在慢慢变成一座鬼城，街头横七竖八躺着大量尸体而无人理会。2月24日午夜，当地居民开始在城中放火，希望这能帮助自己立即得到解放。日本守军以暴行作为回应。在北上支援小早川之前，他们屠杀了能找到的所有朝鲜男人，以防止当自己出城时，骚乱进一步扩大。据说，只有少数换上女装的人，才勉强逃过一难。日本人还烧掉了城中大片建筑，部分是为了报复，部分是为了确保它们不会被终究会前来攻城的中朝联军用作掩体。因此，甚至连城中妇孺的人数都在减少，她们的屋子被烧毁，不得不逃到郊外避难。[38]

从碧蹄馆得胜归来的日本人，回到的正是这样一座城市，它曾经是拥有丰富文化和高雅品位的伟大王都，现在却到处是熏黑的断壁残垣。在如此严酷的环境中，战胜明军的喜悦难以持久。毕竟，日军在这场战斗中也蒙受了相当程度的损失。况且这只是一场旷日持久的大战的第一轮，明军肯定会卷土重来。因此，对日本将领而言，现在的问题在于，他们应该留在朝鲜国都等待明军再次发动攻势，还是应该退到南方。刚从咸镜道返回的加藤清正和小早川隆景，都反对单从战略角度提出的撤军。他们主张，现在应该留下来守城，让明军见识见识什么叫真正的日本武士。注重实利的小西和其他人，不愿意冒着生命危险来证明这一点。不过，选择撤退绝不等于完全没有风险，因为这意味着要放弃相对安全的国都城墙，走上容易受到攻击的大路。

实际上，虽然明军已经撤至平壤，但此时汉城的日本人已被朝鲜官军、义兵和僧兵团团围住。因此，除非是武装精良的大队人马，否则轻易不敢冒险进入周边地区。朝鲜官军的几支部队仍然待在北方，都元帅金命元在临津江，李薲将军在坡州，高彦伯和李时言在蟹蹦岭。[39] 在位于汉城以西二十公里外的子城，千名僧兵攻击了一支日本军队，在付出本方近半牺牲的代价后，将其赶回城内。休静大师率领两千名僧人，在东北十公里外的水落山取得了类似的胜利，他们将日本守军赶回汉城，占领了这座山。另外一支由六千名僧人组成的部队进攻东南的利川，他们再次承受了极大的损失，但是同样将日本人赶回了国都。[40]

其中，最重要的一场胜利发生在西面的幸州。全罗道观察使权栗率领两千三百名朝鲜士兵，坚守住了俯瞰汉江的一座用木栅栏围成的山城。

权栗是一位五十五岁的中阶官员，出身于庆尚道一个显赫的家族。在战争开始前，他在柳成龙的推荐下，当上了中朝边界城镇义州的牧使，然后转任光州牧使（光州位于全罗道西南）。秀吉发动侵略后，他立即集合起光州士卒，率领他们北上阻击进军汉城的日军，不过没有成功。随后，他返回南方，加入防御全罗道的战斗中，当时小早川隆景的第六军正虎视眈眈地盯着这里。在8月的第二周，权栗因为在熊峙和梨峙两次击败日本人而声名卓著。朝鲜朝廷认可了他的能力，次月任命他为全罗道观察使兼巡察使。

到此时为止，权栗得出结论，日军作战能力太强，很难在野战中击败他们，因此朝鲜军队应该发挥传统优势，退守城中。[41] 1592年10月，他在距离汉城以南两天路程、扼守从釜山到汉城大路的秃山秃旺山城，第一次迎来了验证这个想法的机会。朝鲜人增筑了建于古代王国百济时代的秃旺山城，以此为据点袭击搜寻粮食或路过的日军小分队。事实证明，他们给日本人带来的麻烦足够大，汉城的高层决定派一支部队南下围攻这座山城。我们得知，日军很快放弃了这个计划。根据一份资料，权栗以妙计愚弄了日本人。他用大米洗马，直到它的皮毛在阳光下闪闪发光。远远望见这匹马的日本人，以为它刚刚被人用水洗过，这意味着城中的朝鲜人储备了足够多的水，可以坚持很长时间。于是，他们解围返回了汉城。[42]

1593 年年初，权栗和他的人继续北上，准备参加中朝联军收复汉城的战斗。他和处英麾下的僧兵会合，开始着手整备位于汉江北岸、国都以西十公里外年久失修的幸州山城。这里易守难攻，背后是濒临汉江的绝壁。如果敌人想进攻山城，必须顶着朝鲜人全部火力，从北面仰攻。

明军撤退后，权栗的幸州山城对汉城日军构成了最直接的威胁。3 月 14 日，他们决定采取行动。黎明前的几个小时，汉城西门大开，日军鱼贯而出，沿着汉江北岸，敲锣打鼓开赴幸州。骑马走在最前面的大名们，可以说是朝鲜之役的全明星阵容：侵朝先锋第一军的小西行长，他刚刚从平壤撤回汉城；第三军的黑田长政和碧蹄馆之战的功臣小早川隆景；秀吉的养子宇喜多秀家，他是侵朝军总大将；此外还有老练的奉行石田三成，他从名护屋赶来帮忙。在他们身后的是超过一半的汉城驻军，共三万人。[43]

幸州城内有两千三百名官军和僧兵，还有从各个村子逃难而来的数千名百姓。听到敌军发出的声响越来越近，人们越来越惊慌。天色朦胧，鱼肚泛白，日本人来到山城脚下，朝鲜人看到每个日本士兵的背后都插着一面红白小旗，很多人戴着绘成动物或妖魔鬼怪的面具。朝鲜人内心忐忑不安，好在指挥官权栗临危不惧，人心方才安定下来。日本人忙着做攻城准备，权栗命令部下进食。没有人知道自己是否还有机会吃下一顿饭。

天亮后不久，战斗开始。日军人数过多，无法同时攻城，于是分成几队，轮番上阵。相较于朝鲜人，他们的实力具有压倒性的优势。不过这一次，日本人的铁炮作用有限，因为他们必须从下往上仰射，无法精准瞄准城中守军。他们的铅弹在山城上空划出一道弧线，然后落入城外的汉江。朝鲜人占据地利优势，居高临下用弓箭、石块和所有能用的东西攻击敌人。他们也装备了若干火器，包括几门火炮（铳筒）和若干"火车"（车上装有一只箱子，一次可以从中发射一百支破坏力十足的火箭）。除了这些较为常见的武器，他们还有古怪的"水车石炮"，这是一种类似于纺车的装置，可以投掷大量石块。

小西行长的部队打头阵。权栗等他们进入射程范围之内，连敲三次战鼓，全军开始攻击。弓箭、铳筒、火车和水炮一起砸向敌阵，小西军伤亡惨重，不得不后退。接下来上阵的是石田三成，他的部队同样无功而返，石田本人负伤。接着是信奉基督教的大名达里奥（黑田长政）的第三军，在此前一年，他们已经在延安之战中吃过朝鲜人的苦头。这次，他采取了更加谨慎的方法，把铁炮手部署在临时搭起来的攻城塔上，这样他们就可以站在塔上向城中射击，其他人无须靠近山城。经过一番猛烈的交火，黑田的人也败下阵来。

现在，日本人已经对幸州山城发起了三轮攻势，却连外城都没有攻下。年轻的宇喜多秀家决定亲自上阵，发动第四次攻击，下决心要有所突破。他成功地在外墙打开一个缺口，逼近内城。然后，他由于负伤不得不后退，将一批死伤者留在身后。下一个进攻的番队是吉川广家的部队，他们从宇喜多打开的缺口蜂拥而入，很快攻到幸州内城之下，这是挡在日军和权栗军之间的最后一条防线。现在，攻守双方只有咫尺之隔，戴着面具的日军士兵试图越过排在城上的守军，杀出一条血路，而朝鲜人用他们能找到的一切东西加以反击，刀剑、长枪、弓箭、石块、沸水，甚至用石灰撒向敌人的眼睛。战斗进行到最激烈的时刻，权栗的战鼓已经没有声音，朝军指挥官丢下鼓槌和传统，持剑和部下一同作战。日本人一度沿着幸州木墙点燃稻草，想把木墙一起烧掉。朝鲜人在大火着起来之前，用水把它浇灭。在小早川隆景主导的第七次进攻中，日军撞倒了几根木桩，打开了内墙的缺口。朝鲜人设法压制住他们，赢得了足够的时间将木桩复位。

战斗持续到下午，朝鲜守军渐渐体力不支，箭矢所剩无几。据说，幸州山城的妇女用自己的长裙把石头兜上城墙。为了纪念这天，时至今日，这种传统服饰仍被称为"幸州长裙"。但是仅靠石块无法压制敌军太久。眼看朝鲜人就要战败，李薲出现在山城背后的汉江，带来两艘船，船上装着一万支箭。有赖于此，幸州守军能够继续坚持到太阳落山，成功打退了第八次进攻，然后是第九次。[44]

最后，太阳慢慢从黄海海平面落下，战斗逐渐停止，敌军没有再来。日军的损失过于惨重，难以为继。数百名士兵阵亡，负伤者更是这个数字的数倍，其中包括三位重要将领：宇喜多秀家、石田三成和吉川广家。对日本人而言，这实际上是一场惨败，是到目前为止他们在朝鲜人手中遭受的最惨痛的陆战失利。日军生还者花了整晚打扫战场，将死者堆在一起火化。然后，他们掉头返回汉城。后来，一名参加过这场令人沮丧的战役的日军将领，将当天汉江岸边的景象比作"三途川"（日本人认为三途川是生界与死界的分界线）。[45]

日军撤退后，权栗和他的部下出城，收拾那些日本人没来得及带走的尸体，把他们剁成碎片，挂在山城的木栅栏上。这些可怕的战利品，说明了朝鲜人在开战以来的十个月间发生了多么大的变化。他们从"长衫"变成了嗜血的战士，一心复仇。在如此坚定的意志面前，兵力和补给越来越少的日本人不可能坚持太久。日军身陷重围，包围他们的是实力明显不断增强，而且为了把他们赶走不惜忍受巨大的困难和牺牲的死敌。不管明军是否介入，汉城的日本人必定会撤退。

终有一天，秀吉的部队将不得不撤回南方。

18

收复汉城

春天可以说是朝鲜最美丽的季节。在经历了一个冬天的冰雪严寒和寒冷的北风之后，和煦的阳光和一抹新绿，令人感到惬意和心情舒缓。一簇簇波斯菊从泥土中伸出长茎，用淡紫色和粉红色的柔和色调，装点着乡间小路。连翘花开了，木兰花也开了，白色的花瓣光滑而香气浓郁，仿佛美味佳肴。农民们回到自己的土地上，开始了另一个播种和收获的循环，两班贵族们则拿着笔，在阴凉的门廊旁观着他们，试图用几行精炼的句子，概括出这一切的崇高之义。

但 1593 年的春天截然不同。现在，朝鲜进入战争的第二年，对于很多百姓来说，他们熟悉的世界已经荡然无存。从釜山到平壤的一连串城市已然沦为废墟。家庭分崩离析，孩子被遗弃，老弱者无人照料。由于失去了家园，或是害怕日本人，难民遍野。他们为了寻找食物，从一地流浪到另外一地。但是他们几乎找不到吃的，因为全国的农田都荒芜了，农民几乎不再播种。饥饿的阴影笼罩着半岛，很快便发展成全面的饥荒。

日军的日子同样不好过。朝鲜漫长的寒冬和九州、四国、本州西部的冬天完全不同，日本人被冻伤，体力不支。各地的驻军长期缺粮。由于朝鲜水军的封锁，补给几乎无法从日本本土运来；义兵活动使冒险到乡间搜刮粮食的工作变得更加危险。从釜山到汉城的日本守军忍饥挨饿，士气低迷，思乡心切。

王都汉城的状况最为糟糕。现在，这里成了日本人在半岛上最靠北的据点，它通过一条狭窄走廊与南方相连。汉城守军不少于五万三千人，也就是说，至少要填饱五万三千张嘴。但是食物严重短缺。令日本人的处境雪上加霜的是，一小队明军和朝鲜军队对正好位于汉城南门外、汉江边上的龙山大型官仓展开秘密行动，成功地将其烧毁。由于这次行动造成的损失，日军的余粮已经不足以支撑一个月。为了维持生计，他们没有别的选择，只能强征当地百姓的粮食。[1]

除了必然会到来的饥馑，瘟疫也在汉城的日本守军中流行，正开始摧毁他们已经枯竭的部队。被人们丢弃在大街上的百姓和家畜肿胀的尸体，无疑加剧了疫情的蔓延。锅岛直茂第二军的从军僧是琢在日记中记录下了这段绝望的日子："男人、女人、牛、马的尸体虽然堆积在同一个地方，但是没有人愿意埋葬它们。天地间弥漫了臭气。我们不得不忍受着这样的环境，在这里从（农历）三月待到四月。天气越热，臭味就越重。因此，很多人发烧而死。"[2]

在侵略军的大本营名护屋接到攻势停滞不前的消息后，丰臣秀吉大为光火。他没有充分认识到前线士兵的艰难处境，将进展不利归咎于军团长们缺乏热情，写信催促他们摆脱惰性。不管现状如何，他本人很快会到朝鲜，"亲自接管一切，然后胜利归来"。[3]自从 1592 年 7 月渡海前往大陆的计划被推迟后，他一直宣称将于 1593 年农历三月（公历 4 月）起航，因为有人告诉他，那时九州到釜山的海面将风平浪静。1593 年年初，他派两名代表到汉城，将这个消息告知前线的军团长们，并向他们保证，自己很快会带着二十万大军赶去增援，随他一同前去的将会是德川家康、浅野长政、蒲生氏乡和前田利家等赫赫有名的大名。

在战争刚开始的几周，大名军团长们期盼着秀吉率二十万大军前来。但是到了 1593 年 3 月，他们开始对此感到惶恐不安。当月 29 日，总大将宇喜多秀家召集所有军团长在汉城开会，讨论目前他们关心的问题。与会大名基本达成共识，现在派援军前来，只会使已经糟糕的情况进一步恶化，因为如果连现有兵力的口粮都无法保证，怎么可能再喂饱二十万人？于是，与会大名联名给太阁写信，请求他推迟 4 月渡海的计划，理由是汉城的补给严重不足。他们告诉秀吉，汉城的部队现在只能以稀粥充饥，稀粥的原料是所有能够找到的东西。他们最多只能在汉城坚持到 5 月中旬。秀吉打算从釜山登陆，那里同样面临着粮草匮乏的问题。在当年晚些时候半岛的庄稼成熟和收割完之前，似乎很难筹措到军粮。[4]

此时，侵朝军的补给线已经完全被破坏。即使军团长中态度最为强硬的小早川隆景也知道这一点，他同样在给秀吉的信上签下了自己的名字。加藤清正从北方退回汉城后没过几天，便被说服署上了自己的名字。但是，下一步计划是什么呢？日军不可能一直待在汉城，等待局势好转。如果那么做的话，他们将会饿死。可行的方案只有一个，必须撤到南方。因此，第一军军团长小西行长给北方的明军提督李如松送去一封信，表示希望议和。这正是李如松想要的。他在回信中要求日本人撤出汉城，带着他们的部队回到南方。他将派使臣沈惟敬从平壤南下，商量具体细节。

宇喜多、小西、石田和其他在汉城的大名在给秀吉的报告中，提到了他们遇到的困难。不过，和往常一样，"事实"是以不激怒太阁的方式传达的。虽然他们没有隐瞒粮食不足和当地激烈的抵抗，不过却将整体局势美化为明朝提出议和。他们使秀吉相信，明军在碧蹄馆遭遇大败，现在准备谈判，并打算让步。但是日本必须先撤回釜山，以示诚意。按照秀吉的通常做法，如果可以付出更少的代价达成目的，他倾向于避免战争。因此，他回信批准了撤军的请求，仍然相信可以在朝鲜取得某种形式的胜利，明朝将被迫向他屈服。

此时，宣祖和朝鲜流亡政府已经离开位于中朝边境的义州，开始了为期六个月的返回汉城的旅途。5月中旬，他们到达了平壤以北五十公里外的肃川；7月，他们行至更南的江西，它位于平壤城西不远处；9月，到达黄州，然后是平壤和汉城中间的海州。[5]

现在，宣祖和他的大臣在自己的战争中成了配角，他们完全不清楚明军提督李如松的真实意图。最重要的是，没有人告诉他们，在碧蹄馆大败后，李如松决定避免消耗本方兵力的无谓战争，打算完全通过和谈的方式说服日本人撤兵。朝鲜人当然知道，碧蹄馆之战使明军主帅发生了动摇，他们不会没有注意到，李如松从汉城一路退回平壤后，绝口不提和日本人交战之事。不过，朝鲜人还是无法放弃这位天朝派来的救星，因为那么做的风险实在太高。在接下来的几个月里，他们会继续期待李如松能够自己振作起来，再次采取行动，率领明军南下，先将日本人赶出汉城，然后再从釜山赶到海上。

宣祖预料日军很快会溃败，于是传令南方的全罗左水使李舜臣"拦截从海上撤退的敌人，消灭他们的运输船和战船"。[6] 如果李舜臣能够伏击和摧毁试图从釜山将撤退的日军运回国的运输船，朝鲜人仍然能够取得他们梦寐以求的完胜，全歼每一个胆敢踏上他们土地的可恶的"倭贼"。

3月7日，李舜臣接到命令，第二天便率领自己的舰队出海，向东进入巨济岛和海岸线之间的见乃梁，他曾经在去年8月的闲山岛海战中在这里击败日军。随后，他按照约定和庆尚右水使元均会合，李舜臣因为后者的无能、怯战和酗酒而对其深恶痛绝。双方见面后不久，元均便对还没露面的全罗右水使李亿祺横加指责。元均想知道，李亿祺身在何处？他为什么迟到？如果他没有在短时间内前来，元均将先行一步，率自己的战舰向东，独自和日本人一决雌雄。李舜臣试图安抚暴躁的同僚，向他保证李亿祺很快会来，毕竟李亿祺的航程比两人都远。次日中午，全罗右水营出现在视野之内，不过令李舜臣失望的是，他带来的船只有不到四十艘。

在随后的两天里，大雨迫使朝鲜联合舰队的百余艘战舰一直停泊在巨济岛外安全的海峡避风。到了3月12日，天气好转，他们继续向东驶向加德岛和大陆之间的熊川前海，包括加藤嘉明和胁坂安治在内的日本人已经修好防御设施，派驻船只保护靠近釜山的航道。在这里，李舜臣在给宣祖的奏折中写道："我们等着日军主力在明军大举进攻前撤退。"[7] 在接下来的几天里，他派小队船只当着敌人的面在熊川航道驶来驶去，希望能把他们诱入开阔水域，包括至少两艘龟船在内的朝鲜水军主力正在附近等待他们的到来。20日，多少来了点运气，十艘日本船上钩，从港湾狭窄的出口冲了出来，很快被朝鲜水军包围。李舜臣的部下"对着尖叫的日本人放箭，箭如雨下。无数人倒地身亡，大量首级被割下"。[8]

此后，熊川的日本人变得更加小心。他们把船停在港口内侧离岸很近的地方，日军士兵则待在沿着海岸的堡垒或周围山上的洞窟里。于是，李舜臣决定放弃一贯使用的"诱敌深入"战术，采用更为激进的海陆联合进攻。他先和现在的庆尚道观察使金诚一取得联系，催促他派官军进攻敌军在岸边的据点，这样就可以把他们赶下海，然后李舜臣的舰队将在那里摧毁他们（读者们或许还记得，金诚一是 1592 年年初从日本归来的通信副使，他曾向众人保证不会发生战争。他因为感染瘟疫，在此次行动后不到一个月病逝）。金诚一回复道，他难以从命，因为他正忙着为中国人的到来做准备，没有多少部队可用。相反，他提议由"红衣将军"郭再祐和他的小股义兵完成这项任务。这与李舜臣的计划不符，于是他组织自己的军队发动水陆联合作战，放弃先前大军从陆路进攻的计划，改为用船将僧兵和义兵运上岸，由他们负责陆战。[9]

接下来的三天，强风袭击了南方海岸，朝鲜水军不得不躲在一处港湾里避风。到了 24 日，李舜臣再次率军前往熊川附近水域，按计划行事。两支分舰队载着僧兵和义兵，与主力分开，一支向东，另一支向西，在日军的两侧登陆。不出所料，这使岸上的日本守军陷入了混乱。为了赶走陆地上的敌人，一些日军船只被迫离开朝鲜舰队本来难以接近的泊位。很快，日军舰队的一大部分船只便暴露在开阔水域。李舜臣抓住等候已久的机会，下令自己的部下划起桨，向敌人发动进攻。朝鲜水军主力集中攻击驶向东西两侧的敌舰，"放地玄字铳筒，为半撞破，亦多射杀"。与此同时，另有十五艘船冲入港口，攻击仍然停靠在岸边的敌船，用如雨的火箭将其烧毁。地面攻势进行得也非常顺利。"义僧兵等提枪挥剑，或弓或炮，终日突战，无数射中。"陆战的结果是，五名朝鲜俘虏被解救出来。据他们说，上个月某种传染病在日军兵营中流行。这又是一个好消息，可谓喜上加喜。[10]

不过，在当天的战斗中，朝鲜人并非完全没有损失。李舜臣麾下的两艘战舰撞在了一起，因为它们的船长急于立功，不顾阵形自行攻击敌人，导致一艘沉没，另一艘受损严重，数人死亡。对于习惯了给予敌人重大打击，而自己则毫发无损，或是仅仅遭受轻微损失的李舜臣来说，这是令人痛心的。李舜臣在给朝廷的奏折中写道，这两艘船的船长忘记了战斗中最重要的一条原则——轻敌必败。不过，他在奏折的最后写道，这个错误应该被记在自己的头上，"此臣用兵不良，指挥乖方之故"。[11]

当天的战斗再次证明，庆尚道指挥官元均不愿意作战。李舜臣在日记中写道，在一艘朝鲜战舰快被日本人围攻之际，附近的元均和他的庆尚道水军完全不打算帮忙。"他转过头去，仿佛没有看到这一幕。"战斗结束后，李舜臣当面指责元均是"令人作呕的胆小鬼"，但他的同僚似乎不认为这是什么大事，"没有丝毫愧疚之意"。[12]

4月5日，水军将领李舜臣、李亿祺和元均收到了来自北方的消息，李如松已经退回平壤，明军不会像预期的那样，在短时间内南下。[13]这个消息令人失望，因为这意味着日本人不会很快乘船返回日本。因此，他们期待的决战不得不延期。

在接下来的一个月里，沿半岛南岸的水军活动实际上停止了。朝鲜水军对釜山以西的水域保持警戒，击沉偶尔无意闯到他们面前的敌船。不过，他们没有再攻击岸边的日本守军和藏在山洞或狭窄港口内的船只。李舜臣认为，继续消灭敌舰，只会使他们在大明军队发动最终攻势时无路可退，从而使朝鲜人失去亲手让他们全部葬身海底的机会。

4月23日，朝鲜水军在附近水域拦下一艘小渔船，上面有两个日本人，其中一个二十七岁、自称名叫宋古老的人"稍解文字"，另一个是四十四岁的文盲要沙汝文，他们被怀疑是间谍，遭到逮捕。两人被带到李舜臣面前，后者通过译官审问他们。他们是这样说的：

> 我们本是日本出云人。本月十八日，一起乘小船出海钓鱼，遇到风暴，因此才被抓住。我们不知道日军每日的活动或是如何打探情报，不过听说日本本土已经传令，让日本的作战部队在三月（公历4月）前从朝鲜撤走，不论胜败如何，因为在外国待了两年的日军伤亡惨重。因此，一旦和北方的部队会合，这里的日军很快就会回家。

李舜臣发现他们的话"黠诈反复"，令人严刑拷问，不过并未得到更多信息。然后，他命人砍下他们的四肢。最后，他们被砍掉首级，总算脱离了苦海。[14]

这几周的战斗，势必使朝鲜水军的三位将领接触得更加频繁。李舜臣很高兴能有机会和更年轻的同僚及好友全罗右水使李亿祺在一起。两人常常在船上和岸边会面、交谈、下棋、比试箭术。另一方面，不得不和庆尚右水使元均待在一起，成了对李舜臣的考验和折磨。在日记中，他尖锐地批评元均无能、怯敌，"恶毒且危险"，而酗酒让一切更加恶化。[15]除了日本人，李舜臣最鄙视的人便是元均了。

对于被更加能干的李舜臣的阴影压得喘不过气来的元均而言，这种感觉是相互的。资历不如自己的李舜臣晋升速度反倒超过自己，这更是让元均愤愤不平。他似乎完全没有对周边的人隐藏这种感情，可能正是因为这个原因，李舜臣才称他"恶毒且危险"。不仅如此，庆尚右水使的笔同样没有闲着。在给朝廷的奏折中，他暗示李舜臣胆小懦弱，不服从命令，不尊重国王。在党争激烈的朝廷里，许多官员愿意相信这些指控，并把它归入党争的范畴。因为李舜臣的晋升有赖于儿时好友、在政坛占据优势的东人党首柳成龙的举荐，因此他被默认为属于东人一党，于是所有在朝堂之上的西人都把他视为眼中钉。李舜臣暂时比较安全，因为战争还在进行，对国家存亡的忧虑在很大程度上压制了党争。不过日本人现在非常被动，战争看起来会在几个月内结束。随后，在政坛处于劣势的西人必定会对东人发起攻势，继续永不停歇的权力之争。他们不会直接攻击柳成龙，那样太危险了。为了削弱他的权力，他们会不择手段对付那些由这个位于权力巅峰的人任命的官员或是他的支持者，如全罗左水使李舜臣。

到了5月初，李舜臣和李亿祺断定，继续停留在釜山水域既无意义，又十分危险。预计的明军南下，将日本人赶入大海，不知要到何时才能实现，因此他们在那里能做的不多。某种传染病（很可能是伤寒）也开始在军中传播。如果朝鲜水军不马上解散，整支舰队可能都会被传染。

季节因素的实际影响也需要考虑。耕种的时节已到，朝鲜水军绝大多数士兵都是农民，必须赶回田里播下种子，否则秋天不会有任何收获。因此，李舜臣和李亿祺同意让自己的部下轮流休假，让他们留下的空船保持"维护状态"，直到明军再次南下，海上决战最终到来。

5月3日，李舜臣回到丽水本营，李亿祺回到更远的西方，朝鲜水军的大多数人回到了田间地头。[16]

1593 年 5 月 7 日，提督李如松和沈惟敬返回开城。李如松显然很高兴自己在当年早些时候饶过沈惟敬一命，因为现在正好可以用到他，他会让日本人撤出汉城，而自己不需费一兵一卒。李如松希望迅速达成协议，这样他和他的部下便可以重返故土。不过，不是所有人都支持这种做法。李如松的上司、负责统筹朝鲜军务的经略宋应昌，从辽东本营给他写信，斥责他在碧蹄馆大败后撤回平壤，催促他重新组织进攻。不过，宋应昌的上司、明朝兵部尚书石星支持议和。从他的角度来看，国库空虚，远征军的粮饷难以为继。因此，提督李如松可以无视宋应昌的命令，按照自己的计划终结这场战事。[17]

与此同时，朝鲜人因为李如松无意作战而大为光火。朝鲜人也受够了李如松居高临下的态度和他绝口不提自己的真实意图，只是捡些他们爱听的话说，从而让他们保持安静。例如，在 5 月初，都体察使柳成龙请求明军攻击汉城的敌人，李如松说了些安慰的话，说他同样一心想消灭敌人，而事实上当时他正准备派沈惟敬南下，协商停战。[18]

联军内部不可避免地出现了分歧。提督李如松和柳成龙的关系尤其紧张，以至于有一次李如松甚至命人将柳成龙抓起来鞭笞。事情发生在 5 月 8 日沈惟敬动身前往汉城前不久，当时柳成龙刚好骑马来到权栗在坡州的军营（坡州在临津江和汉城之间）。[19]一队明军士兵已经先行到达那里，万历皇帝钦赐的旗牌非常显眼地立在营中。在旗牌旁边，柳成龙看到一份告示，说和日本人的谈判很快会开始，从今往后朝鲜人不得擅自攻击日军。柳成龙非常气愤。正在营中的明朝官员可能是为了回应朝鲜人的不悦，命令他参拜旗牌，以示敬意。柳成龙拒绝了。他说："此是入倭营旗牌，我何为参拜。"明朝官员几次要求柳成龙参拜，他全都拒绝了。然后，他骑上马，离开大营。

第二天早晨，柳成龙平静了许多，意识到必须向李如松道歉。他骑马前往提督李如松所在的开城，来到他的军帐之外。柳成龙报上姓名，但是卫兵不允许他入内，李如松显然已经听说了昨天的纠纷。一同前来的朝鲜官员想离开，但是柳成龙说："提督很生气，在考验我们，再等一等。"

当时，外面正在下小雨。李如松的人几次出来查看他们是否已经离去。他们没有。最后，经过几个小时的耐心等待，大门终于打开，浑身湿漉漉的柳成龙被领去见李如松。柳成龙行礼致歉，双方的紧张关系得到了缓解——至少当天如此。

很快，波澜再起。柳成龙再次南下，回到朝鲜军队在汉城北的先锋营。在招贤里，他被三个骑马的明军士兵拦下，其中一人喝问："体察使安在？"柳成龙答道："是我。"该人拿铁锁长鞭抽打柳成龙的马，命令他返回北方。

不知所措的柳成龙只好跟着返回开城。还未到开城，另有一人前来，对三人说了几句话，三人对柳成龙作揖说："您可以走了。"第二天，柳成龙收到李德馨的来信，才知道这件怪事的来龙去脉。原来，李如松的家丁指控柳成龙将临津江上的所有渡船移走，以阻止明使沈惟敬前往汉城同日本人见面。李如松听说此事勃然大怒，命人前去捉拿柳成龙，打算鞭打他四十下。

多亏李如松的另一名部将恰在此时赶到，朝鲜都体察使才躲过一劫。李如松问他临津江有没有船，他回答说有，往来无阻。李如松意识到对柳成龙的指控是错误的，命人去追赶前面捉拿柳成龙的三人。李如松感到十分懊悔，"谓家丁妄言，痛打数百"。[20]

在汉城，小西行长和其他大名刚刚接到秀吉撤出汉城、退回釜山的命令。时机也对他们有利，秀吉的命令比明使沈惟敬先到汉城几天，因此日本人可以把他们求之不得的撤退，当作和明朝谈判的筹码。[21]

5月8日，沈惟敬在数名军官的陪同下，从开城南下汉城。他们路过坡州的朝鲜军营时，在那里短暂停留。沈惟敬突然被都元帅金命元拦住，后者告诉他，朝鲜人不同意任何形式的谈判和妥协。"日本人在平壤耍过一次花招，"金命元说，"我们让他们溜走了。你不觉得他们会故技重施吗？"但这恰恰是沈惟敬想要的，说服日本人不战而退，撤出汉城南下。

次日，沈惟敬和明军军官继续上路，乘船顺着汉江前往汉城，万历皇帝的旗牌非常显眼。他们来到城外的龙山（刚刚被烧毁的粮仓所在地），见到了小西行长、加藤清正等大名，然后双方坐下来谈话。此时，明军已经收到情报，朝鲜王都内的日本人急着撤退，因此沈惟敬在谈判中表现得咄咄逼人。他警告说："上国将举四十万兵，前后遮截，以攻尔等。"接着，他给日本人提供了另外一种选择："如果你们现在归还王子和陪臣，引兵南去，则封事可成，两国无事，这不是更好吗？"小西和他的同胞们当然更倾向于后一种选择，他们已经厌倦了战争，想要回家。甚至连鹰派的加藤清正（他在扫荡东北咸镜道的过程中抓住了两名朝鲜王子）和小早川隆景（他策划了碧蹄馆之战的胜利，自诩是反败为胜的能手）也不得不承认，在自己的士兵断粮之前退回南方是明智之举。不过他们知道，明军同样希望避免更多流血，因此还有讨价还价的空间。于是小西答道，虽然他们不是不想退出朝鲜王都，也很愿意和明朝达成可以让双方都满意的协议，但是明朝首先要提供证据，表明和谈的诚意。沈惟敬询问他们想要什么样的证据。"带来一位能够代表皇帝权威的钦差，"小西答道，"然后再看看我们能达成怎样的协议。"[22]

明朝方面没有这样的使节。但是对李如松来说，这不成问题。沈惟敬返回明军大营，传达了日方的要求，李如松索性从自己的手下中挑出两名军官徐一贯和谢用梓，让他们穿上高官的官服，和沈惟敬一起返回汉城。就这样，向来天不怕地不怕的沈惟敬再次出现在小西行长面前，将两位随自己一同前来的威风凛凛的同胞介绍给小西，说他们是奉万历皇帝之命前来直接同日本人谈判的钦差。[23]

小西和他的同僚们非常满意。于是，双方达成协议，日本人同意在十日后的 5 月 19 日撤出首都，带着他们的部队南下。小西也提到，撤回南方后，他们将立即释放两名朝鲜王子顺和君和临海君。关于此事，他说得有些暧昧，因为两位王子现在在加藤清正手上，后者非常固执，坚称除非有秀吉的命令，否则不会放人。这毕竟是加藤仅有的能够展示自己在半岛东北功绩的战利品。明军将在汉城以北原地待命，直到日本人安全撤离。他们也答应派沈惟敬和两位"钦差"与撤退的日本人一同南下，然后从那里继续前往名护屋，和秀吉协商出一份长期和约。

双方还说了很多，不过基本都是空洞的许诺，中国人和日本人都觉得自己占了上风。例如，沈惟敬提出明朝会册封秀吉为日本国王，使他和朝鲜的宣祖一样，成为明朝皇帝的藩王。小西知道秀吉绝不会接受从属的地位，但是他一句话也没有说，只是默默地点了点头。沈惟敬还对日本人大肆吹嘘，如果臣服中国，他们可以获得很多好处。他向日本人许诺，他们可以保有朝鲜的一部分，可能是南方三道（庆尚道、全罗道和忠清道）。朝鲜人甚至不得不向他们朝贡。沈惟敬当然也知道，不管是朝鲜人还是明廷，都不会让这种事发生。他信口开河，目的是使日本人撤军。不过，这些话正是小西行长想要听到的，因为这样他可以对秀吉有所交代，后者仍然以为明军遭受重创，正准备让步。[24]

当然，朝鲜人对这些一无所知。

1593 年 5 月 19 日清晨，汉城的铁门徐徐打开，城内的五万三千名日军士兵开始陆续出城。他们通过事先搭好的船桥渡过汉江。船桥随后应该会被拆开，船只会被摧毁。明使沈惟敬和两名冒牌钦差走在队列非常靠前的位置，他们同意与日本人一起前往釜山，然后去名护屋见秀吉。很多在侵朝战争中有名的大名骑马跟在他们身后，例如两位基督教大名小西行长和对马岛主宗义智，他们曾经是侵朝先锋，现在正带头终结这场战争；在他们附近的是顽固的加藤清正，他是一个留胡子的佛教徒，戴着标志性的高高的镶金头盔，在撤退途中必定是面色铁青；年轻的宇喜多秀家走在第八军前面，和战争开始时相比，他的年龄不过长了一岁，作为秀吉任命的侵朝军总大将，却增加了十年的智慧；碧蹄馆之战的胜利者、久经战阵的小早川隆景，骑马率领他的第六军前进，陈旧的铠甲是他丰富经验的缩影。当然，还有走在第三军前面的黑田长政，他在史料里的形象可能不算鲜明，不过经历了从釜山到平壤数百公里的长途跋涉和长达一年半的战争后，他的战斗经验肯定和其他所有人一样丰富。

南撤开始时很像是狂欢节的巡游表演。士兵身旁跟着从汉城掳来的美女。乐师吹奏着愉快的调子，舞者在队伍中嬉戏。日本人如此高兴，是因为他们终于开始踏上归乡之路了吗？还是说他们只是装作对撤退满不在乎？如果只是表演，那么他们的表现实在是太出色了。根据朝鲜人所说，他们"在道中作乐歌舞，以至海上"。[25]

在日军撤退的过程中，李如松没有追击。绝大多数明军都在临津江南岸的东坡扎营，距离汉城有一天的路程。朝鲜人觉得，既然日本人已经被骗出汉城，现在正在极易被袭击的大道上，明军理应南下进攻日军。于是，他们催促李如松出兵，李如松对他们的要求置之不理。不过，更令朝鲜人气愤的是，他也禁止朝军追击，理由和沈惟敬对柳成龙和都元帅金命元解释过的一样，现在让日本成为明朝属国的谈判正在进行，因此绝对不能俘虏或杀死日军士兵。柳成龙和金命元对此非常不满。"如果我们想要议和，"他们答道，"根本不需要等到现在。日本人从东莱送出一封书信，要同我们讲和，第二封来自尚州，第三封来自平壤。我们拒绝了这些提议，因为我们对他们不尊重天朝的行径感到愤慨。即使这意味着我们所有人都要死，我们也决不能接受和他们谈判的奇耻大辱。"双方的争吵越来越激烈，直到一名明将大喝："这是皇帝之命，你们胆敢不从？"[26]

在接下来的一周，李如松继续对朝鲜人的催促不理不睬，眼看着日本人渐行渐远。他没有理由追击日军。敌人已经南下，远离明朝边境，对李如松而言，他的目标已经达成。沮丧的朝鲜人开始窃窃私语，日本人一定是贿赂了李提督，以此来换取安全撤退。他们可能是对的，因为日本人南撤的步伐非常轻松，似乎完全不担心会在半路遭到拦截。

大约在这个时候，又有五千明军士兵渡过鸭绿江，南下增援已经在朝鲜的四万明朝军队。主将是一名令人印象深刻的四川将军，四十岁的刘綎，据说他能在马上挥舞一百二十斤重的大刀，因此人送绰号"大刀"。刘将军的士兵来自幅员辽阔的明帝国最遥远的边疆，他的军队因此显得与众不同。他的部队除了他自己的川军，还有来自属国暹罗和东南亚岛屿（很可能是苏门答腊和爪哇）的士兵。这些人长相奇特，穿着不常见的服饰和盔甲，说着完全听不懂的语言，朝鲜人和明朝人一定觉得他们来自另一个星球。有传言说他们能像鱼一样游泳，可以从水中凿穿敌舰船底。[27]

1592 年 11 月，一名赴北京朝贡的暹罗使臣告诉明廷，他们的国王纳黎萱提出自己可以派一队战舰直接进攻日本，因为秀吉的大军正在朝鲜，日本本土必定空虚。他想通过此举表现对明朝的忠心，而且他本人也希望看到日本被"处理"，因为即使是遥远的暹罗，也听说日本是海盗、冒险家和麻烦制造者的来源地。明廷讨论了他的提议，然后在 1593 年 2 月 6 日正式拒绝，暹罗使者对此非常不满。随后前往朝鲜的少数起点缀作用的暹罗士兵，是否有可能出自暹罗朝贡使团？或许是明朝廷为了照顾他们的面子采取的替代做法。[28]

"大刀"刘綎率部沿着大路南下，先到平壤，然后渡过临津江，来到提督李如松前方的军营。随着他们的到来，壬辰战争完全演变成了国际冲突，来自亚洲各地的士兵都被卷入其中。

5 月 20 日，日本人撤出汉城第二天，朝鲜人和他们的中国盟友入城。眼前的景象令他们痛心，这座城市被摧毁了。破坏始于 6 月宣祖北逃的那天夜里，行凶者是朝鲜人自己，他们觉得被君主背叛，因此怒火中烧。在接下来的十个月里，日本人完成了剩下的工作。

随明军入城的都体察使柳成龙写道："城中遗民百不一存，其存者皆肌羸疲困，面色如鬼。时日气烘热，人死及马死者处处暴露，臭秽满城，行者掩鼻。"[29]

柳成龙在城内四处巡视，他一定为自己的所见感到震惊。在大火中幸存下来的民居早已被遗弃，里面的东西被抢劫一空。官署和成均馆被毁。三座王宫化为灰烬。此前宣祖的寝宫、恢宏的景福宫，现在只剩下焦黑的石柱和几栋臭气熏天的附属建筑。这里长期被日本人用作兵营和马厩，已经无法居住。柳成龙来到存放朝鲜历代国王牌位的宗庙，发现这座城市中最神圣的地方已经被烧成一片废墟，他彻底崩溃，像孤儿一样痛哭流涕。

另一个让朝鲜人恼羞成怒的发现是，宗庙以北不远处的宣靖陵也遭到了亵渎。宣靖陵埋葬着三位王室成员，包括成宗和他的继妃贞显王后以及中宗。日本人挖出他们的棺木，移走遗骸，然后烧掉。不过奇怪的是，有一具尸体躺在空地上，只是被从棺木中移出，但是没被动过。这是一具男尸，死亡时间大约在五十年前。这是中宗本人吗？曾经服侍过先王的年迈的大臣们被找来辨认尸体。一位曾经在中宗生前为他检查过身体的太医也被找了出来，提供了中宗具体的体貌特征。其他描述出自史书和日记。最后，朝廷得出结论，这具尸体并非中宗本人。所有证据似乎都表明，国王的遗体已经被日本人焚毁，他们留下一具不明身份的尸体来愚弄朝鲜人，让他们把这个普通人葬在专门为国王准备的神圣墓穴中。因此，这具尸体被埋葬在了其他地方，但是为了以防万一，仍然按照王室的礼仪下葬。[30]

收复汉城后的最初几天，人们如同身处地狱。城内大米稀缺，仅仅买三升大米便要花去整整一匹布，而一大袋米可以换一匹马。那些还没饿死的人，只能维持最低限度的身体机能。人们聚集在阴沟里，从垃圾中寻找零星的食物。时而会有人相食的惨剧发生。据说一名喝醉的明军士兵在大街上呕吐，饥不择食的人爬过来竞相抢食。柳成龙下令开仓放粮，救济灾民，但是很多人没有坚持到获得救济的那一天。人们继续死去，有的死于饥馑，有的死于食物不足导致的流行性斑疹伤寒。当传染病盛行时，大街上的死尸被收集到一起，然后从水口门运到城外火化。据说堆积的尸体比城墙还要高出三米。[31]

调查完王都的损失后，都体察使柳成龙骑马北上，返回东坡馆，明军主力仍然驻扎在那里。他再次激动地要求李如松追击撤退的日本人，这次是为了报复他们对汉城的暴行。李如松安慰柳成龙，试图让他平静下来，声称自己之所以无法进军，是因为日军摧毁了汉江上的所有船只，他的大军无法渡河。"如果您要追击日本人，"柳成龙回答道，"我可以去看看汉江哪里有船，可以把军队运过江去。"颇不耐烦的李如松只能同意。

总算得到李如松一定会追击日本人的保证后，柳成龙发布告示，征集所有能用来运大军渡江南下汉城的船。当他到达汉江时，岸边已经聚集了八十艘船。他立即命人将这个振奋人心的消息通知明军，李如松如约派自己的弟弟李如柏率一万人前来。次日，他们来到江边，仓促集合的小船开始载他们过河。当载着李如柏的船行至江中时，他突然抱怨脚疼，必须回北方休养。他保证，只要病痛稍微减轻，一定会继续追击。已经到达汉江南岸的明军士兵看到自己的主将离开，也跟着他返回北方，只留下愤怒不已的柳成龙。他苦涩地说，整件事只是李如松的另一个花招，他一边放日本人逃走，一边还想让朝鲜人闭嘴。[32]

第二天，李如松从临津江军营移动到几乎成为废墟的汉城。他将南别宫作为自己的住所，日军总大将宇喜多秀家也曾经住在这里，它是少数几个保存下来且适合居住的得体建筑之一。朝鲜人还是会天天出现在他的面前，催促他追击撤退的日本人。幸州大捷的功臣、全罗道观察使权栗的态度尤其坚决，他说如果李如松不打算进击，他会率自己的人前往。李如松清楚地表达了自己的反对意见，把柳成龙搜集到的船从汉江边移走，确保自己的命令得到贯彻。于是，明军和朝鲜军队继续无所事事，而在此期间，日本人已慢慢走远。[33]

最后，到了6月初，日本人撤出汉城整整二十天后，当时正在平壤的经略宋应昌给李如松去信，命令他不得继续拖延，迅速追击敌军。朝鲜人认为宋应昌的信只是障眼法，他并不比李如松更着急，因此故意让自己的命令无法按时送达，这样明军便不可能追上日本人。这未必是事实。自从明朝介入以来，宋应昌的态度一直比李如松强硬。考虑到从平壤到汉城的路程，以及宋应昌需要一定时间才能发现李如松实际上不打算继续追击，将军令用二十天时间传到汉城似乎不算可疑。

不管怎样，李如松按照宋应昌的命令，率军渡过汉江，沿着大道南下。明军的行军速度很慢，走走停停，显然没有尽全力追赶。他们到达沿斜线分割半岛的小白山脉时，收到消息说日军留下士兵在鸟岭布防，大批人马在更南的大邱集结。这个情报让李如松大吃一惊。他退回忠州，让其他部队先行出发，包括"大刀"刘綎和他的暹罗士兵，以及水性很好的"海鬼"。这支部队穿过鸟岭，以扇形展开，打算从侧翼包抄日军，将他们一路赶回海岸。随后，双方在大邱以西爆发了冲突，不过规模不大。不再想一举歼灭明军的日本人，一直退到半岛东南端。于是，李如松让自己的军队停下追击的脚步。[34]

1593年6月中旬，日军抵达半岛南部海岸。现在，他们的补给几乎耗尽，只能以屯田为生。因此，他们无法将所有军队集中在一座大军营里，必须分散到各地，划分好每支部队各自就食的范围。随后，他们分屯于最初的登陆地釜山四周的十七个地方，从东边加藤清正的西生浦，到西面小西行长的熊川，再到离岸的巨济岛和加德岛。其中绝大多数位于海角，一面或几面环海。他们在各自的营地筑城挖壕。[35]

与此同时，明军和权栗等人的朝军，在北方不远的宜宁和昌宁安营扎寨，观察日本人接下来的行动。明军本以为不久后便能回国，不过这个希望很快便破灭了。他们收到情报，敌军在各自兵营种下蔬菜和谷物，这意味着他们至少打算再待几个月。[36] 等朝鲜人知道这个情况的时候，他们已经错过了进攻的时机。日军过于集中，而且城坚池深，易守难攻。于是，双方陷入了长达四年的僵局。

19

名护屋和谈，晋州城屠杀

> 据报，前来致歉的明使已经到达朝鲜港口，等待顺风（驶向名护屋城）……我很快就会凯旋回到（大阪）。[1]
>
> ——秀吉写给妻子宁宁的信，1593 年 5 月上旬

在侵朝总部九州名护屋城，丰臣秀吉以积极的态度看待朝鲜的进展。他似乎不认为自己的军队向南撤到釜山是挫折，也没有抱怨总兵力在158,800 人左右的侵朝军蒙受了高达三分之一的损失。相反，按照他在信中的说法，他的军队仿佛已经实现了远征朝鲜的核心目标，现在理应返回家乡。虽然他们没能像秀吉在 1592 年年初制定的计划那样，成功进军北京。但是他们一路北上，几乎到达中国边境，让明朝惊出一身冷汗，更不用说他们给明朝的属国朝鲜带来的毁灭性打击。他们使明朝意识到了秀吉的实力，正因如此，现在明廷才会派来两名使臣向秀吉致歉，接受他的要求。这当然可以被视作成功。

秀吉真的相信他在灾难性的朝鲜之役中多少取得了一些胜利吗？他真的认为，日本军队尚未踏足中国领土，万历皇帝便已经准备妥协，答应他的要求吗？很可能并非如此。秀吉私下里对朝鲜局势的评估，几乎肯定比他公开承认的更接近真实情况。之所以会有这样的差别，主要是因为他担心日本的稳定，尤其是作为最高统治者，他不得不为自身的安全考虑。为了尽快完成统一，秀吉在整个 16 世纪 80 年代都不得不寻求其他有力大名，如德川家康、岛津义弘、毛利辉元和伊达政宗等人的合作，允许他们保留相当规模的领地和权力。现在，在 1593 年，他一定知道，自己对这些前

竞争对手的控制已经大不如前。如果他们察觉到自己的弱点，很可能会犯上作乱。因此，对秀吉而言，承认朝鲜之役失利不可能成为选项。为了维持自己握有无限权力的形象，太阁别无他法，只能海败为胜。

不过，这并不是说，在虚张声势的背后，在类似于"致歉的明使""凯旋（回到大阪）"之类的话背后，秀吉准确地知道朝鲜和遥远的北京的情况。他显然受到了蒙蔽，因为过高估计了自己的地位，而被中国人和自己的军团长联手欺骗。为了迅速结束半岛的冲突，明军提督李如松利用使臣沈惟敬使日本人相信，明廷准备尽力满足秀吉的要求，实现持久和平。为此目的，李如松命令两名下属军官假扮成钦差，派他们南下接受秀吉的和平要求，完全将北京的上司蒙在鼓里。与此同时，秀吉手下身处前线的军团长们（尤其是小西行长）也积极配合这场闹剧的演出，他们明知道自己主人的真正意图是征服，却将其软化为要求得到册封和贸易，因为他们同样希望能够避免更多的流血。多亏了这出双方共同演绎的骗局，秀吉接到的报告使他自然而然地相信，自己在朝鲜之役中收获颇丰，而实际情况远非如此。征服中国虽然已经不太可能，但是通过谈判可以重塑亚洲势力间的平衡，明朝将不得不承认秀吉的实力和重要性，承认他足以和明朝的皇帝平起平坐。

除了来自朝鲜的这些有意误导他的报告，另一个影响秀吉判断的因素在于，他把心思放到了别处。实际上，人们有理由怀疑，年迈的太阁并没有十分关注海外的情况。在入侵朝鲜的第一年，他仍然在磨炼连歌的技巧。他的茶室，包括质朴的山里茶室和奢华的黄金茶室，是人生中不可或缺之物。他还在金春流大师暮松新九郎的指导下学习能剧，而且沉迷其中。单是学习能剧，他便要花费大把时间练习复杂的动作和发声，背下整页整页的台词。1593 年 4 月，正当他的部队撤出汉城之际，秀吉给妻子宁宁写信，告诉她自己已经学会了十部能剧，实际上他"已经能够熟练掌握这些剧目了，还会试着再多学一些"。

接下来是太阁古怪的娱乐活动，也就是他为了让自己和陪他住在名护屋城的大名们开心的那些小把戏。他在自己的瓜园里组织过一次"乡土化装舞会"，每个人都要扮成普通人。在日本权力仅次于秀吉的德川家康扮成芦苇商人，高贵的前田利家扮成托钵僧，秀吉的侄子秀保扮成卖腌瓜的小贩，京都所司代前田玄以扮成尼姑。秀吉裹着黑色头巾，穿着黑衫，头上还戴着草帽，扮成卖瓜的行商，一边在客人之间走来走去，一边大喊："卖瓜，卖瓜，快来买新鲜的瓜。"[2]

太阁沉迷于连歌、茶道、能剧和宴会，但是还不能说他完全将海外之事抛诸脑后——那要等到1593年6月21日。在那一天，秀吉接到大阪传来的消息，淀殿怀孕了。很快，流言四起，说这个孩子不是秀吉的，而是淀殿的秘密情人的骨肉，很可能是太阁身边的某个能剧演员。这种说法没有任何真凭实据，只是人们的猜测。秀吉年事已高，身体衰弱，性欲必然衰退；他妻妾成群，但是几乎没有儿女，即便是在年富力强之时同样如此；这个充满疑问的孩子后来长成一名俊朗的少年，和秀吉土里土气的长相完全不一样。[3]另一方面，也有支持他是秀吉嫡子的证据。直到1593年年初，淀殿一直陪秀吉待在名护屋，因此她有机会怀上秀吉的子嗣。秀吉从来没有这样的疑问。年迈的太阁已经步入五十后半，他真心为这个消息感到高兴。1591年鹤松死后，他再次得到立嫡子为继承人的机会，可以以血统而非收养关系作为丰臣家的基础。秀吉在信中假装对这个消息漠不关心，不过这只是为了不引起神明的古怪兴趣，防止他们看到自己过于高兴而夺去自己的挚爱。[4]但是他确实很高兴，欣喜若狂。8月末，淀殿产下一子，秀吉离开名护屋，再也没有回来。秀吉的精力从朝鲜的战事转移到了这个孩子的身上。

> 既然大明钦差已经前来致歉，我肯定会同意与他们和谈。下达完如何处理朝鲜政务的命令后，我会在十月凯旋返回（大阪）。我会（为钦差）表演能剧，把他们送走后，我会去看望你……八郎（宇喜多秀家）已经顺利到达釜山浦，不要担心。我为这件事高兴。[5]
>
> ——秀吉写给宇喜多秀家之母的信，1593年6月26日

奉明军提督李如松之命伪装成册封使的明军将领谢用梓和徐一贯，在

沈惟敬的陪同下南下，于6月初到达釜山。沈惟敬留在釜山，作为中日双方的中间人，扫除任何可能破坏脆弱的停战协议的障碍。谢用梓、徐一贯和小西行长一起乘船前往秀吉的大本营名护屋城，于1593年6月14日到达那里。两名使臣在码头下船，换骑白马上路，由一百五十人陪同左右。在庄严的队列里，几名乐师在吹奏着中国乐器，让旁观者意识到这些客人的重要性和此事的严肃性。两名使臣先被接到城外的私人宅邸，然后进入城内，准备谒见秀吉。[6]

6月22日，小西行长和汇聚一堂的其他大名在名护屋城的会客大厅，代表秀吉正式迎接谢用梓和徐一贯。随后，双方开始谈判。由于没有译官在场，双方只能以汉字笔谈的形式交流。明使单刀直入："为什么日军还留在朝鲜的庆尚道和全罗道？"

通晓汉字的僧人玄苏负责传达日方的意思。他答道："我军残部路过那些地方时遭到朝鲜人阻拦，无法全部撤离。"

谢用梓和徐一贯知道这不是事实，不过还是写道，他们会进一步调查。"与此同时，你们的部队仍然留在南方，这破坏了我们的协议，因此你们必须立即把他们撤走。"

日本人转移了话题。玄苏写道，明朝必须首先展现真心希望和平的诚意。例如，它可以接受日本作为朝贡国。这样的话，日本会投桃报李，帮助解决令明廷头疼的东北女真问题。明使礼貌地拒绝了日本的提议，他们指出女真人在过去几十年间一直忠心耿耿，不是问题，因此明廷不需要日本的帮助。

然后，玄苏将话题转到战争的起因。"我国最初让朝鲜代表我们和明朝交涉，"他解释道，"向北京的皇帝陛下转达秀吉急于朝贡的愿望。朝鲜国王同意了，遣使来到本国。我们等了三年，这件事还没办成。最后，我们不得不放弃对朝鲜人的期待，派出一些士兵渡过海峡，直接向皇帝陛下转达太阁的意思。朝鲜人横加阻拦，不允许我们通过。"

换句话说，战争要完全归咎于朝鲜人。玄苏继续写道，日本人现在非常失望，因为虽然"我们从来都没有进攻大明的意思，大明朝廷只听信朝鲜人对事实的歪曲，不给我们直接和他们对话的机会。如果还有人想继续扭曲我们的意图，太阁会率军前往辽东，亲自向陛下陈述他的想法"。

明使知道，这也不是事实。不过，他们来名护屋的目的是化解僵局，因此他们没有反驳玄苏的说法，即秀吉意在和平，而朝鲜人是战争元凶。他们再次提笔写道："我们现在很满意，看来去年小西行长通过沈惟敬传达给我们的确实是太阁的意思。因此，秀吉没有必要亲自前往中国向皇帝陈情。"[7]

秀吉完全不知道笔谈的具体内容。他认识的汉字非常有限，只能听凭小西和其他人把对话的内容篡改成他想听的好消息。因此，虽然当月谢用梓和徐一贯就在名护屋，秀吉仍然以为他们是代表明朝来为近期的不友好行为致歉，并且打算满足自己的要求。因此，为了表达自己的满意，他以最大限度的慷慨接待他们。秀吉将所有重要大名招至名护屋城，为明使提供了美酒佳肴，和他们互换礼物。他亲自在黄金茶室举办茶会招待他们，而且可能作为主演，为他们表演了能剧，不过这一定让中国人觉得不可思议。此外，秀吉举办了一次具有太阁独特风格的水上巡游。他让数百艘船依次驶过舒舒服服坐着的客人面前，划船的桨手边划桨边歌唱，每艘船上都有一位大名的家纹和巨大的皇室家徽"十六瓣八重表菊纹"，船头堆满了华丽的武士刀、长枪和其他武器，全都镶嵌着黄金和珍珠。[8]

秀吉想通过这些给明使留下这样的印象：他和他的国家是富裕、强大和文明的，值得明朝尊重。不过，如同他在战前接待朝鲜通信使时一样，太阁做得过了头。他想要抬高自己，但是不可一世的态度只会冒犯他人。在他举办的一次宴会上，这一点再清楚不过了。这件事是由一个叫诸万春的人所说，他是一名受过良好教育的朝鲜水军将领，在战争中被俘，作为书记服侍太阁，后来设法逃回朝鲜。据他所述，这件事发生在名护屋城中心的会客厅。在旁边的院子里，有歌者和舞者在表演，旁观者众多。秀吉本人没有出现在会客厅，他坐在六层高的阁楼上。这是名护屋城的核心，秀吉可以居高临下地观察事态的发展，却又显得遥不可及，以彰显其高高在上的地位。他手下的大名和中国客人面对面坐在下面的台子上。重要的是，日本人的座位要高一些，而且装饰着红色锦缎挂毯和金边屏风。中国人不得不坐在更矮的地方，后面是竹屏风。这样对待万历皇帝的钦差（虽然只是假冒的），会被中国人和朝鲜人视为无礼之极。显然，在强大的武力和财富之下，日本人仍然是明廷眼中的蛮夷。[9]

为了战胜敌人，你要站在比敌人高的地方，即使只是稍高一点。在室内时，高地便是神龛旁边。[10]

——《五轮书》，宫本武藏（1584—1645）

秀吉在名护屋以美酒佳肴款待明使的同时，他在朝鲜的军团长们，正在准备再次发动进攻。他们的目标是晋州。自从去年11月攻城受挫之后，这座位于釜山以西六十公里外的南方坚城，一直是日军的眼中钉。当时，区区三千八百名训练有素的朝鲜士兵，挡住了来自本州的毛利辉元第七军连续五天的攻势，对其造成了沉重打击（据称日军伤亡者的比例高达50%），迫使他们解围撤兵。不仅是惨重的损失让日本人耿耿于怀，而且晋州距离他们在朝鲜南端的防御网近在咫尺，对其构成了切实威胁。另外，日军中若干强硬派（最有名的是加藤清正和小早川隆景）因为本方在这场战斗中意外受挫而感到恼火和耻辱，现在力劝秀吉允许他们最后一次进攻不驯服的朝鲜人，权当离别纪念，让朝鲜人和中国人记住，日本的实力完好无损，必须要被安抚。

基于上述三个理由，丰臣秀吉一边做出全力同两位明使谈判的姿态，一边传令正在朝鲜的加藤等人：进攻晋州，把它从地图上抹去。

没过多久，当时正在釜山的沈惟敬便从小西行长那里得到消息，日本人计划进攻晋州。小西声称自己曾经试图阻止加藤发动这样的攻势，但是没能成功。于是，沈惟敬警告都元帅金命元，日本人将展开行动，以报去年进攻晋州不果、大批船只被毁、朝鲜人多次在野外袭击日军之仇。沈惟敬向金命元保证，接下来的攻击只是一次例外，不是为了占领更多领土的全面战争。因此，朝鲜人应该清空晋州，等日本人发泄完自己的怒气后，再重返家园。[11]

部分朝鲜人倾向于接受沈惟敬的意见。著名的"红衣将军"、义兵首领郭再祐说，虽然他可以献出自己的生命，但是不愿意让自己的部下投入一场必败的战斗。不过，其他人决心不惜以任何代价死守城池。以朝廷官员的身份组织义兵的金千镒是最早进入晋州城的人之一，他带来了三百人（柳成龙对他们的评价是"从汉城街头招来的乌合之众"）。[12]入城后，金千镒立即要求由自己指挥整场战斗，这大大激怒了牧使徐礼元。随后入城的还有忠清兵使黄进，他带来了七百人，庆尚兵使崔庆会带来了五百人，副将张润带来了三百人，义兵复仇将高从厚（他在锦山之战中目睹自己的父亲高敬命死于敌手）带来了四百人。此外还有金海府使李宗仁，他同样要求接管指挥权。[13]

在汉城，李如松接到日军将发动攻势的消息后，多少有些惊惶。他传令南方诸将，停止进军。驻扎在大邱附近的"大刀"刘綎给蔚山的加藤清正去信，提醒他进攻晋州等同于破坏两军已经达成的停火协议，会进一步恶化当前局势。加藤没有回复。刘綎还派人前往晋州，视察该城的防御情况，并向朝鲜人保证，如果晋州城受到攻击，明军将会提供帮助。

7月中旬，三千至四千名朝鲜守军聚集在晋州城内，和去年11月对抗一万五千名日军的第一次晋州之战的兵力相当。[14]不过，他们不全是精锐，而且要面对九万三千名敌军，包括侵朝军中仍然留在朝鲜的大部分兵力和最近才赶来的援军。[15]这是到目前为止，日军在单次战役中集结起的最大兵力，面对人数上占据绝对优势的敌人，朝鲜人完全没有取胜的机会。对这一点，"红衣将军"郭再祐看得再清楚不过，他劝自己的友人黄进不要入城防守，以免白白浪费生命。黄进也认为晋州城很可能不保。但是他已经告诉金千镒和其他人，自己将留在晋州，战斗到最后一刻，因此必须留下来战斗。郭再祐悲伤地骑马离去，知道两人再也没有机会相见，而黄进则赶去储备粮食和军械，为接下来的战斗做准备。随后，城门紧闭。[16]

在七月的第二周，日军从釜山周边的倭城倾巢而出，向西前往晋州，一路上随心所欲地烧杀抢掠。加藤清正负责指挥这场战斗。这是秀吉安抚加藤的手法。作为交换，加藤会尽快释放两名朝鲜王子。加藤正把顺和君和临海君囚禁在蔚山的倭城（他们的待遇还算不错），并不急着要释放他们。不过，如果想和明朝达成任何协议，他将不得不释放两人。于是，为了缓解他的不满，晋州便被当作送给他的礼物。

到了这个时候，成千上万惊恐不安的百姓加入了晋州守军的行列，老弱妇孺不堪忍受日本人行军途中的暴力行为，不得不入城避难。7月19日，朝鲜人从晋州城头向外张望，发现敌人正从三个方向逼近，在城下集结：东面是宇喜多秀家的部队，西面是小西行长的部队，北面是加藤清正的部队。吉川广家的第四队人马在另一侧南江的对岸，切断了晋州守军逃往南方的退路。不仅如此，为了阻断援军，日本人还在外围部署了其他部队，直到晋州被围住"百匝"，看起来"如大海孤篷"。

次日，日军开始攻城，足轻对着晋州城胡乱射击，令朝鲜人不敢露头，其他日军士兵趁机填上北城墙外的壕沟。填平壕沟后，一队士兵前进到城下，开始挖城角的石头。突然，守军从城上投下大量石块，一些人被砸死，其他人被迫撤退，行动无果而终。

7月21日和22日，战斗不分昼夜持续进行。日军轮番攻城，然后退回去休整，不断给朝鲜守军施压。23日，他们开始在紧邻晋州西门的地方堆土垒，在上面筑起掩体，计划利用高度直接向躲在城墙后的守军开火。作为回应，朝鲜人在城中筑起自己的土垒。他们仅用一个晚上便完成了工作，忠清兵使黄进得到城中很多妇女的帮助，她们用篮子把土运到指定地点。到了早晨，日本人和朝鲜人站在高度几乎相同的土垒上，只有一道城墙隔在中间。接下来的交战中，朝鲜人用火炮摧毁了日本人的土垒，至少暂时消除了威胁。

24日，日本人再次尝试挖松城墙底部。这一次，负责这项任务的士兵制作木柜，在外面裹上牛皮，各自举着前进，前进到城下后，便开始掘石挖土。朝鲜人用弓箭、铁炮招呼日本人，但是全被挡住，无法伤到他们。朝鲜人向城下投掷巨石，总算杀死了一些人，迫使其他人撤退。

大约在这个时候，突然天降大雨。开始时，朝鲜人感到松了口气，因为日本人不能或不愿意在雨天使用铁炮，于是停止攻城，朝鲜人得到了片刻喘息之机（在 16 世纪末，日本人给铁炮装上盒子，使火绳可以继续缓慢燃烧，保持火药干燥，这样便可以在雨中射击，但是这种解决方案的效果只能说是聊胜于无）。不过，大雨很快成了朝鲜人的噩梦，因为湿气使朝鲜人的组合弓开了胶，一些弓无法使用，而且大雨还冲走了已经遭到敌人破坏的城墙底部的泥土，进一步破坏了城墙。

在战斗间歇期，日本人给四面楚歌的晋州城守军送去一封信，要求他们投降。信中写道："大国之兵（指明军），亦且投降，尔国敢为抗拒乎？"金千镒从城中投书答曰："我国死战而已。况天兵三十万，今方追击，汝等尽剿无遗。"日本人对这种虚张声势嗤之以鼻，将裤脚挽到膝盖以上，模仿文弱的明朝官员逃跑的样子。[17]

城中的每个人都筋疲力竭，士气低落。为了鼓舞士气，金千镒登上城墙作远望状，然后对众人大喊，他看到远处有人马在厮杀，这意味着"大刀"刘綎承诺的援军很快会来解救他们。众人瞬间士气大振。但这是一个谎言，明军没有来，金千镒知道得一清二楚。他转头对同僚崔庆会说："等我打败这群敌人，我要生吞了这个贺兰进明。"感到被抛弃和背叛的金千镒，把"大刀"刘綎比作中国唐代被人唾弃的将军贺兰进明，后者因为拒绝援助被安史叛军围困在睢阳的张巡而留下骂名。

加藤清正正在城外的军营，为再次撞城做准备。这次，他命人用非常结实的厚木板制作了四辆"龟甲车"。这些非常原始的四轮车被推到城下，一群人在龟甲车的掩护下用铁锥凿城，将城墙的石头一块接一块地撬出来。朝鲜人眼睁睁地看着下面发生的一切，却无计可施，因为他们的弓箭、铅丸和石块被车顶的木板弹开，无法造成伤害。终于有人想出一个主意，把浸过油的棉花扔到这个新武器上，然后把它点燃。加藤冷静地处理了这个缺陷。他命人建造更多的龟甲车，不过这次在车顶裹上了很难被点燃的牛皮。[18]

在新武器发威的同时，其他日军也没闲着，晋州城多处告急。日军又在东门和西门前建起五处高台，在上面竖起竹栅栏，加藤的铁炮手可以从靠近城墙的位置射击。黄进、金千镒和金海府使李宗仁拼尽全力阻止敌人的各种攻城企图，但是他们的部下渐渐体力不支。在战斗间歇期，黄进将身体探出城墙以观察形势。"堑壕里到处都是敌人的尸体，"他说道，"肯定有一千多人吧……"就在这时，一名躲在城下的日军士兵用铁炮射中了黄进的额头，子弹穿过他的头盔，忠清兵使当场毙命。金千镒让前晋州牧使徐礼元指挥黄进的士卒（战斗开始后，徐礼元举止失常，不能任事，金千镒以张润为代理牧使），但是事实很快证明，徐礼元不堪大用。六天的激战让这个毫无军事经验的文官吓破了胆，他脱下官帽，骑上马，号哭而行。庆尚兵使崔庆会看到徐礼元的异常行为影响到了守军士气，想要杀掉他以镇定军心，但最后只是用张润替代他。仅仅过了几个小时，张润同样中弹而亡。

7月27日，反复撞城的日军终于获得成功，城东的部分城墙坍塌。加藤清正的人最先入城。朝鲜守军的一切努力终成泡影。他们对金千镒大喊："将军，敌人已经攻破城墙，我们该怎么办？"金千镒没有什么可以告诉他们的。现在，他手头没有足够的兵力，无法阻挡蜂拥而至的敌人。经过一周的坚守，每个人都筋疲力尽，弓箭和石块已经用尽。现在，已经无路可逃。那些选择死战到底的人，以刀剑、长枪和竹竿做最后一搏，但完全不是装备着铁炮和武士刀的日本人的对手。其他人放弃了自己的防守位置，从一边的城墙跑到另一边，徒劳地想要找出一条生路。随着日军继续将这座城撕成碎片，金千镒和他的长子金象乾、兵使崔庆会、义兵将高从厚等人，退至南城墙能够俯瞰南江的矗石楼。金千镒对众人说："此吾辈死所也。"他们北向再拜，投江以死。

李宗仁继续抵抗到最后，壮烈牺牲。据说他退到南江的峭壁，用两手抓住两名日军士兵，大喊道："金海府使李宗仁死于此。"然后带着两名敌人一起跳入江中。

晋州牧使徐礼元的结局则没有那么光荣。宇喜多秀家的家臣冈本秀广发现他坐在一根树桩上，受了伤，疲惫不堪，于是上前砍下了他的首级。首级滚落江堤，没入草丛中不见踪影。冈本不想失去自己的战利品，派两人把它找了回来，然后浸盐送到日本，献给秀吉。[19]

在第二次晋州之战中，有至少六万名朝鲜人丧生，其中绝大多数死于城陷后的大屠杀，这被认为是壬辰战争中日军犯下的最惨无人道的罪行。[20]

加藤、宇喜多和小西的部队毫不留情，甚至连牛、狗、鸡等家畜家禽都没有放过。他们疯狂报复一个坚决抵抗侵略的国家，推倒城墙，烧光所有建筑，在井里塞满石头，砍倒所有树木。破坏结束后，晋州不复存在。后来，朝鲜的史书评论道："自倭变以来，陷败之惨，义烈之著，无如晋城者。"[21]

日军攻破晋州后，大量平民自杀身亡，很多人投南江而死。其中，最有名的例子是当地官妓、不满二十岁的论介。城陷后不久，论介穿着打扮好，站在矗石楼下的峭岩上，下面是汹涌的江水。一群日本将领正在矗石楼举办庆功宴，看到她后，对她很感兴趣，但是没有人敢靠近。最后，一个名叫毛谷村六助的武士（据说来自加藤清正的第二军）醉醺醺地下楼，爬到岩石上。论介含情脉脉地朝他微笑。当他靠近时，论介紧紧抱住他，然后突然从岩石上跳入下面的江水之中，两人一起葬身江底。[22]战争结束后，人们开始纪念论介的不屈和自我牺牲。到了18世纪，有人在据称是论介跳入江中的岩石上用篆字刻下"义岩"二字。后来，人们在附近立石碑，建祠堂。今天，论介成了晋州城的象征，她的故事在韩国家喻户晓。

7月27日，晋州城破，这座城市的命运已定。与此同时，丰臣秀吉草拟了一份《对大明敕使可告报之条目》，列出了自己对战争及其起因的看法。这份声明没有直接交给两名明使，他们已经在名护屋待了五周。相反，秀吉把它交给小西行长和三奉行大谷吉继、增田长盛、石田三成，让他们将里面的内容传达给明使。声明里充斥着自我吹嘘的夸大之词。不过从中也可以看出，秀吉对这场战争的理解和更为宏观的世界观，与中国人和朝鲜人相去甚远，双方没有任何共识可言。没有共识，便没有和平的基础。

声明开头照例要说明，秀吉的伟大是上天早已安排好的：他的母亲如何"梦日轮入胎中"，如何被相士告知，这是一个吉梦，她尚未出生的儿子将"德辉弥四海"。接下来，秀吉夸耀自己如何只用了短短十年时间便结束了日本的混乱，统一全国，"攻城无不拔，敌阵无不废"，使得"国富家娱，民得其所"。不仅如此，日本百姓并不是秀吉统一大业唯一的受益者。秀吉荡平了此前在西日本活动的倭寇，结束了滋扰中国沿海地区长达几个世纪的抢劫和杀戮。"继而远岛边陬，海路平稳，通贯无障碍"，这些难道不是大明希望看到的吗？

既然秀吉不仅施恩于自己的百姓，也让中国人从中受益，那么明朝为何不感谢秀吉呢？"盖吾朝小国也，轻之侮之乎？"因此，秀吉决定出兵远征中国，要求明廷承认自己的贡献。他本来在 1589 年已经有此打算，但是由于朝鲜派使臣前来，要求调停中国和日本的纠纷，所以才推迟了计划。与此同时，秀吉补充道，朝鲜同意当日军渡海时，"不可塞粮道，不可遮兵路"。秀吉答应朝鲜人，将自己的计划推迟三年。在此期间，他一直耐心等待，一直等到 1592 年，但是朝鲜音讯全无，这是"朝鲜之妄言也，其罪可逃乎"。

于是，太阁派大军出征惩罚朝鲜，于是朝鲜人"设备、筑城、高垒，防之矣"。但是，日军先锋"以寡击众，多刎其首……国都亦一炬焦土矣"。此时，明朝试图干预，解救自己的属国，但是明军同样被打败。秀吉再次将朝鲜当作替罪羊。似乎明朝和日本是因为受它的欺骗，才会卷入一场无谓的战争，明军的大败也是"朝鲜反间之故也"。

但是秀吉现在希望结束战争。明朝"已经派两名使臣来到名护屋，解释大明皇帝急于求和。因此，我们准备了七条和平要求，单独写在其他地方……我们的四个人会详细解释"。[23]

秀吉所说的和平要求，在当天一并列出。和上面的声明一样，它没有被直接交给明使，而是由小西、石田、增田和大谷转交。秀吉命令他们将细节内容给大明钦差详细解释。[24]

七条和平要求如下：

一、和平誓约无相违者，天地纵虽尽矣，不可有改变也。然则迎大明皇帝之贤女，可备日本之后妃事。

二、两国年来依间隙，勘合贸易近年断绝矣。此时改之官船商舶可有往来。

三、大明、日本通好不可有变更之旨，两国朝权大臣，互可悬誓调事。

四、于朝鲜者，遣前驱迫伐之矣，至今弥为镇国家、安百姓，虽可遣良将，此条目件之于领纳者，不顾朝鲜之逆意，对大明割分八道，以四道并国城，可还朝鲜国王，且又前年，从朝鲜差三使，投木瓜之好也。余蕴付与四人口实也。

五、四道者既返投之，然则朝鲜王子并大臣一两员为质，可有渡海事。

六、去年朝鲜王子二人，前驱者生擒之。其人顺凡间不混和，为四人度与沉击可归旧国事。

七、朝鲜国王之权臣，累世不可有违背之旨，誓词可书之。如此者为四人向大明唐使，屡屡可陈说之者也。[25]

两位明使发现，这七条要求实在放肆，第一条和第四条更是如同儿戏，完全没有接受之理。把明朝公主嫁给日本国王，意味着秀吉期待确定两国间的平等地位，但是从明朝人的角度看，两国绝不可能平等。明朝毕竟是中央之国，是世界中心，没有任何其他国家可以与之相提并论。如果秀吉态度诚恳、谦逊，明廷或许可以屈尊同意承认日本是自己的属国，与朝鲜地位相当。但是它绝不会承认日本和自己平起平坐。这相当于将整个世界颠倒过来。至于分割朝鲜的条款（秀吉提出将庆尚、全罗、忠清、江原四道割让给日本），同样令人难以置信，因为这等同于要求中国缩小自己不受侵犯的势力范围，而这正是使中国伟大的诸多因素之一。

小西和他的同僚尽可能地安抚愤怒的使臣，指出这七条并不是不容变动的要求，而是进一步协商的基础。例如，秀吉并没有坚持要求明朝必须同意第一条的和亲和第四条的割让朝鲜。只要明朝在任何一条上妥协，都可以被视为诚意的体现。小西急忙补充道，不管谈判的结果如何，日本都会送还两名王子，这是秀吉表现自身诚意的礼物，明使可以带他们回到北京。[26]

小西告诉明使，秀吉的要求只是继续谈判的基础，这很可能是对的。不过，我们不知道太阁愿意在多大程度上妥协。这些要求已经比秀吉最初的计划（征服朝鲜和中国，将其并入自己构想的帝国）退了一大步。现在，他愿意和明朝保持基本平等的地位，只需牺牲朝鲜，让它成为两国开战的替罪羊，这样两大强权均可以保住颜面。因此我们有理由认为，他不会做过多让步。

一个值得注意的有趣现象是，秀吉对待万历皇帝的方式，和他在统一日本过程中对待敌对大名德川家康的方式非常类似。16世纪80年代，秀吉使德川相信，自己愿意进行一场漫长而所费靡巨的战争，从而迫使后者接受和议。到了1593年，太阁对明朝使用的策略几乎一样。他在朝鲜南方留下一连串倭城，将晋州化为废墟，目的是想让明朝知道，他是认真的。如同秀吉要求德川送来人质，现在他要求万历皇帝的公主和亲，再加上朝鲜的王子和大臣。他为了安抚德川，承诺后者可以保住以前的大部分领地。现在，秀吉同意让万历皇帝保留对朝鲜北部的控制。[27]

但万历皇帝不是日本大名，大明当然也不同于大名。明朝皇帝从未想过自己会和秀吉地位相当，双方的认识鸿沟根本无法填平。如果秀吉对自己的对手了解得稍多一些，他就会知道这一点。但是他显然不知道。后来，当秀吉得知明廷完全不打算在任何一点上妥协的时候，太阁自然流露出的怒气充分证明，他实际上期待万历皇帝至少会同意某些条款。

不过，只有等到三年之后，他才会知道这些。在那之前，相互误解仍然是主流，明朝和日本的谈判代表更是加剧了双方的误解。这些中间人当然比他们各自的主人更清楚双方之间的隔阂之深。但是他们也知道，如果万历皇帝或秀吉知道了真相，谈判必然破裂，硝烟必定再起。因此，构建虚假的共识似乎符合所有人的利益。

晋州沦陷后，朝鲜人非常紧张。每个人都怀着同样的疑问：进攻晋州是日本人更大的向西攻略全罗道的计划的一部分吗？在去年的攻势中，他们没能征服这个地方。8月初，最糟糕的噩梦似乎将要成为现实，人们纷纷传言，全罗道的光阳和顺天遭到了日军的攻击和洗劫。

此时，明使沈惟敬已经被召回汉城，详述日军对晋州的进攻。愤怒的李如松将他唤到大帐，诘问事情的原委。李如松劈头盖脸问道："你说倭贼不攻全罗道，现在他们已经到了全罗道，怎么回事？""他们只取晋州，不犯全罗道。"沈惟敬答道。李如松反问道："但是为什么朝鲜人的报告说，日本人已经到了全罗？"沈惟敬答道："那些报告是假的，日本人不打算攻全罗。"[28]

事实证明，沈惟敬是对的。在丽水，全罗左水使李舜臣也收到报告，说附近的顺天和光阳被日本人占领。他派人调查，发现报告是假的。两座城镇确实遭到攻击和洗劫，但犯人其实是穿着日本服装的朝鲜人，很多是附近庆尚道的难民，他们听到晋州沦陷的消息后，惊恐地逃出自己的家园，外出避难。在社会动荡时期，常常有一些人为了生存，变成无法无天的暴徒。顺天和光阳恰好在从晋州西撤的路上，因此成了两个显眼的目标。不法之徒和一些想要趁机占便宜的当地百姓联合起来，劫掠官仓，抢劫民宅。他们假扮成日本人，让当地人不敢反抗。

在接下来的几天，李舜臣让舰队保持警戒，以防自己犯了错误，日本人真的进入全罗道。但是日本人一直没来。最后，李舜臣得出结论："人言不可信矣。"[29]

与此同时，两位明使徐一贯和谢用梓从秀吉的大本营名护屋回到朝鲜。和他们同行的是一名中年基督教徒内藤忠俊，也被称为内藤如安（如安是他在三十年前皈依时所起的教名 Joan 的音译；Joan 是葡萄牙语，相当于英语中的 John）。内藤带着秀吉的七项要求前往北京。小西行长之所以将这个任务交付给他，主要是因为他是小西忠心耿耿的家臣，而且他也能读写汉字，这是和明朝直接交流的必要条件。[30]

从内藤和明使在釜山登陆的第一天起，他就遇到了困难。明朝使臣从愤怒的朝鲜人那里听说，晋州在不久前沦陷，于是他们找到小西，要求后者给个交代。如果日军在谈判期间蓄意发动侵略，那么明廷如何能够相信他们的诚意？小西尽可能把责任推到军中的鹰派加藤清正的身上。明使和小西一样，都希望和谈能够继续下去，最终接受了这种说法，没有进一步抗议。此时，加藤不情不愿地放回了两位被俘的朝鲜王子，无疑也有助于局面的缓和。根据秀吉的直接命令，两个年轻人从加藤的西生浦军营被放回，得以和他们的父王团聚。宣祖结束了北方的流亡生活，此时正在返回汉城的途中。随后，在多名大臣的催促下，两名王子继续前往平壤，亲自向在朝鲜品秩最高的明朝大臣宋应昌表达谢意，感谢在他的帮助下，自己被日军囚禁一年多后，"一朝得脱虎口"。[31]

与此同时，中日双方都在激烈辩论秀吉的七项要求。明使和每一位知悉其内容的明朝文武官员都坚持认为，在上奏朝廷之前需要先加以修改，因为朝廷绝不会同意当前的这些条款，双方只会重开战事。甚至连秀吉自己的军团长们都无法同意其中的内容。他们基本都认同议和的必要性，但是无法就具体条款达成一致，即使这是秀吉定下的。不论如何，秀吉的七项和平要求没有直接给明使，而是由小西行长和三奉行转交。因此，他们（或者更准确地说，日本使臣内藤如安）将作为秀吉的全权代表参与接下来同明廷的对话。这给他们留下了大量空间，可以在将秀吉的要求呈递给北京之前自行篡改。因此，自从踏上朝鲜的土地以后，内藤不断收到双方的急切建议，告诉他到北京后在面见明朝官员时应该说什么，不应该说什么。

朝鲜人则是非常失望。明军高层没有告诉他们战争进行的情况，现在同样没有告诉他们和谈的进展。宣祖和他的大臣们不知道名护屋谈判的细节，但是他们害怕中国人想要安抚日本，朝鲜人绝对不希望看到这样的事情发生。他们想要报仇。

很多朝鲜人将自己对中国人与日俱增的怨恨集中到了沈惟敬身上。他被看作不可预测和不值得信任的人，是个油嘴滑舌的骗子，为了一己之利，随时可以出卖朝鲜人。宣祖对他恨之入骨，以至于某天深夜，宣祖由于过度气愤而突然从睡梦中惊醒，想要杀掉他。[32]

听到一名"倭将"随明使从九州前来的消息，朝鲜人更加担心。这位从敌营前来的使节将穿越自己的国土，北上前往北京。宣祖评论道，日本人非常狡猾，很可能只是让这名所谓的使臣前来收集有关朝鲜军事力量和守备状况的情报。甚至有人提出要禁止内藤如安通行，但是这件事最后不了了之。[33]

日本人在釜山和两位明使争论了几天，但是没有得出任何结论，于是内藤和两位明使骑马北上汉城。对内藤而言，这将是耗时将近一年半的痛苦而漫长的北京之旅的开始。明廷对日本人仍然留在朝鲜南部及其最近对晋州的攻势非常警觉，先让他在汉城待命，然后允许他前往安州，最后是辽东，明廷难以确定秀吉的举动到底是真心希望和平，抑或只是另一个伎俩。释放两位朝鲜王子可以被视为积极的信号。但是明廷又指出，如果日本人真的想要和平，为什么他们仍然在朝鲜留有大量军队？为什么他们在朝鲜南部多地筑城？日本人的反应与此类似。如果明廷真的想要和平，为什么他们的远征军仍然驻扎在朝鲜？

打破僵局的办法只有一个：双方同时撤军。1593年9月1日，秀吉从朝鲜召回了半数士兵，共四五万人。随后的撤军没有遭到朝鲜水军的阻拦，李舜臣和其他将领在八月接到不得攻击的命令。[34] 其余留在朝鲜的部队将在原地再待三年，直到明朝的抗议促使秀吉最终发布了一项更加全面的撤军令。

此时，明军同样开始撤往北方。9月4日，提督李如松带着大部分远征军离开汉城，开始长途跋涉，渡过鸭绿江返回辽东。朝鲜人为此感到担忧，因为他们不相信日本人真的想要和平。10月，司宪府上书宣祖，主张日军零星撤退，不过是为了诱骗明军撤出朝鲜的诡计，"一旦日本人知道明军已经返回中国，我们毫无防备，他们必会再次回来侵略我们。到时候我们该如何阻止他们呢？"[35] 明廷对这些担心充耳不闻。此时在北京掌权的主和派，希望尽快撤回自己的军队。留在朝鲜的驻军只有万余人，由"大刀"刘𬘩和吴惟忠统率。他们的任务是监督停战协议的履行，充当宣祖的卫队。他们一直在朝鲜待到 1594 年年末，然后所有明军都撤出了朝鲜。[36]

在回国途中，李如松停下来和朝鲜君臣道别，后者当时正在黄州短暂停留，随后会继续返回汉城。在不同的告别场合，他都不无伤感地提到，在朝鲜的七个月使自己变老了很多。他指着自己的胡须对朝鲜人说："为尔国，斑白至此。"李如松还再次提到自己的先祖原出朝鲜，他的父亲李成梁曾给他写信，让他尽全力帮助朝鲜，朝鲜人对此印象深刻，郑重地点头。不过在私下里，至少有一名官员抱怨："他的祖先出自我国理山郡，但是他完全不了解我国人。"[37]

随后，宣祖正式接见李如松，没有人提起和日本人谈判的不同意见。这是正式表示感谢的场合，宣祖先对李如松本人致谢，更重要的是，要感谢派他前来的神圣化身万历皇帝，现在站在朝鲜土地上的李如松代表着万历皇帝。宣祖对李如松说："小邦蒙大人恩德，得有今日，一国君臣，罔知所报，请行再拜。"然后，宣祖对李如松行再拜礼，三叩头。

稍后，一名朝鲜官员询问李提督，他是否还会回到朝鲜。李如松向他保证："贼若更来，则新发大兵讨之矣。"然后，他骑马上路，身后是辎重驮队，载着朝鲜人赠送的礼物远去，先向北前往鸭绿江，然后向西抵达北京。他再也没有回到朝鲜。[38]

李如松回到北京后，朝廷对他评价不一。一方面，官方正式对他论功行赏，加太子太保，增禄百石。另一方面，言官屡次攻击他和亲辱国。因为言官的抨击，四年后他才再次升迁。1597 年，万历皇帝不顾大量的反对声音，任命他为辽东总兵。赴任后不久，北方的蒙古部落骚扰辽东，给李如松提供了在战斗中恢复名誉的机会。开始时一切顺利，明军大获全胜。但是在随后的夜战中，李如松和手下大量士兵中伏被杀。他得到了厚葬，空缺下来的辽东总兵一职，由他的弟弟李如梅接任。[39]

1593 年 8 月 29 日，秀吉的宠妾淀殿在大阪产下一子。太阁在名护屋听到这个消息后欣喜若狂。他甚至已经对继承人不再抱希望，现在却意外得到了能够在自己死后继承丰臣姓氏的嫡子。收到喜讯后仅仅过了几天，秀吉便收拾好行囊，离开了名护屋，再也没有回来。

秀吉离开名护屋，踏上北上的大道徐徐前进时，他的队列必定十分壮观。欧洲服饰经葡萄牙人引进日本后，在日本风靡一时，每个精英都至少会想办法弄到一件古怪而令人兴奋的小物件。太阁的几位家臣也对舶来品完全着了迷，穿着整套的斗篷、皱领衫和马裤北上。其他人则满足于装饰性的十字架或天主教念珠。至于秀吉本人，人们很难相信他会完全与潮流绝缘，他至少应该会有一件皱领衫或腰带或十字架。从我们对他古怪品位的了解（例如，据说他喜欢小牛肉，而绝大多数大名都对这道菜反胃），他拥有一些比这更加过分的东西，也不是完全没有可能。[40]

在启程前往大阪前，秀吉先给妻子宁宁写信，商量如何给新诞生的儿子起名。"即使是最低级的仆人在称呼他时，也不要在他的名字前加敬语，"他写道，"你应该直接叫他'拾'。我很快会胜利而归。"[41] 日本人有给新生儿取低贱名字的习俗，目的是避免他们引起神明的注意，据说神明喜欢夺去人们最珍视的东西。因此，秀吉给第一个儿子取名"舍"，可惜他死于1591年，当时只有两岁。秀吉给第二个儿子（后来被称为秀赖）取名为"拾"。这个名字显然要好得多，因为它没有为这个孩子招来神明不必要的兴趣。他顺顺当当地长大成人，尽管死时仍非常年轻。

20

党争和骗局

　　1593 年 10 月 24 日，宣祖结束了一年半有余的流亡生活，重返朝鲜王都汉城。自从 5 月日本人撤出该城以来，重建工作进行得极为缓慢，原因在于国家疲敝，财政枯竭。景福宫和其他王宫形同废墟，宣祖不得不住在世祖之孙月山大君相对简陋的私宅里，后来的德寿宫便是在此基础上建成的。这座建筑在贫乏的国库能够负担的限度之内得到翻新，附近的建筑物被征收和合并。这座临时行宫被称为"贞陵行宫"。宣祖对这样的安排并不满意，提出至少要部分重建此前的寝宫景福宫。但是他的王国绝对不可能负担得起如此昂贵的工程。直到 1608 年去世为止，他不得不一直待在贞陵行宫。他的继承人终于能够整修昌德宫，然后搬到那里。昌德宫的规模不及景福宫，也从来不是朝鲜国王的正宫，但是整修费用相对低廉。景福宫在接下来的二百七十年里一直是废墟状态。[1]

　　宣祖重返王都，日本人被困在南方一隅，汉城朝廷终于能开始着手重建国家，让它多少恢复到日常状态。柳成龙负责统筹全局。11 月 19 日，他接替崔兴源担任领议政，后者以健康原因辞职。[2]柳成龙和其他大臣面对的挑战非常巨大，因为国家经济几乎已经崩溃。战争导致食物严重不足，饿殍遍野，疾疫横行。根据柳成龙所述，部分地区的情况严重到"老弱转沟壑，壮者为盗贼……父子夫妇相食"。[3]

　　政府最关心的当然是国家安全。自 1593 年年中到 1596 年年末，为了防止日本人卷土重来，朝鲜人利用极为有限的资源强化城池，尤以南方为主。此次的筑城计划和战前截然不同。当时的目标是城墙尽可能长（绝大多数是低矮的土墙和脆弱的木栅栏），以便容纳更多人。随后的战争过程证明，这个策略错得多么离谱。长达几公里的城墙使城池难以防御，轻松成为战争经验丰富的日本人的猎物。在从 1593 年开始的筑城计划中，朝鲜人重新开始了他们最擅长的工作——修筑山城。新城多是用石头砌成，占据地利优势，易守难攻。新城的选址清楚地说明了，自 1592 年年初到现在，朝鲜人对防御的理解发生了怎样的变化。此前，他们打算在遭受入侵时正面迎敌，在敌人有机会深入内陆之前将其逐出国境，因此筑城工作只集中在从南方海岸到离岸一百公里的大邱之间的区域。现在朝鲜人已经知道，日本人过于强大，这样的前沿防御战略根本无法阻止他们前进。如果日本人再度来袭，唯一能够阻止他们的是逐步削弱其力量的纵深防御。纵深防御的核心是一连串防御工事，从大邱进一步延伸三百公里，直到汉城。朝鲜人同样沿着庆尚道最西面的边界修筑了一连串城池，以阻止日本人进入全罗道。柳成龙评论道，这样的纵深防守"类似于双层门或双层墙……即使敌人能突破一层，总有另外一层（在后面）"。[4] 若干山城一直保存到现在，如大邱附近的公山山城、水原附近的秃旺山城以及最有名的南汉山城，这足以说明它们的质量。[5]

从 1593 年下半年开始，朝鲜政府也开始革新自己的军队。明军将领坦率地告诉他们，朝鲜军队不管是在武器还是在组织方面，都十分落伍。领议政柳成龙完全同意，他写道："（我们的部队）基本上不知战争为何物，没有像伍、队、旗或哨这样的单位。他们混乱无序，全部聚在一起，四处乱跑，不知该如何运用他们的手脚与耳目。"至于武器装备，他继续写道："当（我们的）士兵列阵与敌人交战时，我们的箭矢射不到敌人，而他们的铅丸如雨点般落到我们的身上。"因此，朝鲜必须开始制造铁炮，从更加广泛的意义上说，必须开始借鉴和吸收其他国家的长处。[6]

柳成龙急切地建议朝廷接受新事物。作为回应，宣祖下令将铁炮作为军队的常规武器，在汉城设训练都监，在接下来的几个月里，要招募一万名士兵。他还下令（也是柳成龙建议的），刊印明朝抗倭名将戚继光的练兵手册《纪效新书》，并广为散发。该书详细介绍了如何组织部队，如何以"三技"（使用鸟铳、刀剑和弓箭）训练士兵。戚继光的兵书成了1594—1596 年间领议政柳成龙重组军队的基础。《纪效新书》中的《束伍篇》尤其得到他的重视，他以此重新编制了朝鲜的地方军，将其命名为"束伍军"。束伍军中最小的单位是由十一人组成的队（其中一人为火兵）。队有三类，分别是射手、砲手和装备有刀剑、长枪，进行白刃战的"杀手"。三队为一旗（同时包括射手、砲手和杀手，共三十三人），三旗为一哨（共九十九人），五哨为一司（共四百九十五人），五司为一营（共两千四百七十五人）。此外，一营还有营将一名、把总五名、哨官二十五名、旗总七十五名、队总二百二十五名。

不过，在朝鲜的新军成形之前，朝鲜政府必须首先找到供养它的办法。鉴于国家经济几近崩溃，这并非易事。屯田是唯一的办法。柳成龙和他的同僚们从中国的兵书中发现了大量能够证明屯田好处的证据，因此几乎每支部队都开始屯田，甚至连汉城的训练都监也不例外。在16世纪90年代中期，组成这支最重要的部队的一万名士兵，需要将自己的时间一分为二，一部分用来训练，一部分在田间劳作。其他地方的士兵，被分配到离家最近的部队，指挥官也是当地人。这样，士兵便无须为了漫长的路途而花费大量时间和金钱，同时也减少了逃役现象。这些地方军会定期集合训练，很少会有当地所有部队全部参与的大规模训练。在训练时间之外，他们可以自由地在田地劳作，或是制作手工制品，这些都有益于国家的重建。[7]

与此同时，朝鲜水军也进行了一些根本性的变革。1593 年 9 月，在战争的头一年里让日本人吃尽苦头的全罗左水使李舜臣，被任命为新设的三道水师统制使。于是，他便成了全罗右水使李亿祺和庆尚右水使元均的上司，统管南方水军。此前，李舜臣已经把本营从丽水东移到闲山岛，将自己和日军据点釜山的距离缩短了一半，以便近距离观察驻扎在港口周围倭城里的敌军动向。直到 1597 年，闲山岛一直是南方朝鲜水军的本营。

在 1593 年剩下的时间里，朝鲜水军的活动很少。李舜臣告诉汉城朝廷，日本人拒绝和自己交战，不再出现在开阔水域。[8]虽然李舜臣在日记和奏折里仍然显得求战心切，但实际上停战并非坏事，因为在当前的条件下，单单是维持舰队的日常活动便已经非常困难。由于国家没有存粮，百姓上交的田赋也寥寥无几，他无法指望朝廷能够提供支援。他和他的同僚不得不自己想办法喂饱士卒，保证战舰能够正常航行。早在 1593 年春，李舜臣为了获得极度匮乏的粮食，已经被迫让一半人回到田间耕种。继续在军中服役的人，也要屯田、捕鱼、晒盐、制造陶器，然后拿到市场上贩卖，以换取资金。通过这种方式，李舜臣不仅能够保证自己辖区的供给，而且开始在官仓中储备粮食，为未来彻底将日本人赶出国土的反攻做准备。附近庆尚道的元均，则似乎没有这么成功。他在奏折中向汉城抱怨自己辖区遭遇的种种困难，一些士兵正在挨饿。[9]

李舜臣也开始着手破解日本铁炮的秘密。在此前的海战中，他缴获了一些铁炮，认为"没有任何武器比它更有杀伤力"。1593 年上半年，他让手下能力最强的人检查、测试这些缴获的武器。到了夏末，他们复制出了一种可以用于实战的仿制品，它的"威力和日本人的铁炮一模一样，只是后膛的点火装置有些不同"。因为它们相对容易制造，李舜臣命令防区内每座城镇和港口都要设立工坊，加以仿制。他还给汉城送去五件样品，建议各道官员均应开始制造这种武器。[10]

战争进行了一年半后，朝鲜开始重回正轨。国家曾经被逼入绝境，好在它坚持抵抗，拒不投降，再加上明朝的援助，终于化险为夷。日本人确实还留在半岛的南部海岸，但是他们早晚会厌倦战争，乘船回国。

不过，正因为一切似乎都在慢慢回归常态，麻烦才会接踵而至。因为对朝鲜政治而言，常态意味着党争。战争爆发以后，对国家存亡的担忧压倒一切，朝堂上的敌对派系不得不搁置争议，以相当于联合政府的形式携手合作。但是现在，最危急的时刻已经过去，朝臣们悄悄回归各自阵营。对西人而言，这意味着要颠覆主导政局的东人，尤其是最为显眼的领议政柳成龙。在政治游戏里，直接攻击柳成龙是非常危险的，因为他手握大权，深受国王信任。为了抓住他的弱点，他们转而仔细检视柳成龙身边人的行为。

于是，柳成龙的儿时玩伴、受他提携的新任三道水师统制使李舜臣，便成为西人的目标之一。自从战争开始以来，庆尚右水使元均不断向汉城朝廷弹劾李舜臣，第一件事便是他在 1592 年 5 月没有及时对元均施以援手。9 月，李舜臣被任命为三道水师统制使，更是让元均恼羞成怒，因为战前李舜臣不过是中阶军官，从军时间也不如他长，现在反倒成了他的上司。[11] 为了将自己的头号敌人拉下马，元均几乎可以说任何话、做任何事。李舜臣敏锐地察觉到了这一点，在日记里越来越频繁地记录下元均的敌意和好斗：

癸巳年五月

十五日戊辰　晴　尹东耈持其将状启草来到，其为诬罔，不可说也。

二十一日甲戌　晓　元水使虚辞移文，致大军动摇。军中欺诬如是，其为凶悖不可言。

二十一日癸酉　晴　庆尚右水使及丁水使并到，同议讨贼事。而元水使所言，极凶谲无状。如是而同事，可无后虑乎？

癸巳年六月

初二日癸未　晴　又传元水使妄言。向我多有不好之事，而皆妄矣。何关乎。

初七日戊子　朝晴暮雨　夕，庆尚水使军官朴致公来，传贼船退去云。而元水使及其军官素善，妄传不可信也。

癸巳年八月

初六日丁亥　晴　夕，元水使来，李景受令公、丁水使亦来。议论间，元水使所论，动辄矛盾。可叹。

二十六日丁未　或雨或晴　元水使来……则元公欲饮酒，故略馈之。而泥醉妄发，可笑。

三十日辛亥　晴　元水使来，督往永登，可谓凶矣。其所领二十五船，尽为出送，独与七八只。如是出言，其用心行事类如此。[12]

元均确实是个危险人物。虽然在李舜臣的日记里，他常常以无能、酗酒的小丑形象登场，但是他非常狡猾，工于心计，知道如何整垮对手。从战争开始直到1594年年末，元均反复给李舜臣写信，催促他和自己一起进攻日军。李舜臣看出这些信的目的只是为了破坏自己的形象，元均根本无意作战。1593年7月初，元均的意图暴露无遗。他给李舜臣送来两封信，写道："以熊川之贼，或入甘同浦，移文入讨云。"李舜臣看出这是他的奸计，便和他商讨如何联手进攻敌人。李舜臣在日记中写道，庆尚右水使"即夜不答"。第二天，元均已经醉得不省人事。[13]

到了1594年，元均继续玩着这套把戏。他一次又一次轻率地要求李舜臣同他联手进攻敌人，从而"证明"李舜臣是一名不胜任的主帅。如果李舜臣上钩，率军出动，由于敌人龟缩在岸边，根本无意交火，因此他不仅会一无所获，反而显得非常无能；如果他对元均的要求置之不理，元均就可以指责他逃避责任。这是一个很简单的把戏，无论李舜臣如何选择，都会受到伤害，而它便开始发挥预定的效果。朝廷中最先注意到元均对李舜臣的指控的是西人，因为李舜臣是领议政兼东人党首柳成龙的朋友。不过，即使是在东人内部，一些人同样开始怀疑李舜臣。日军发动不义之战，竟然能够全身而退，这让很多官员非常沮丧，他们寄希望于李舜臣，希望他能够像早先一样重创日军。现在，他们看到他的舰队无所事事，自然十分失望。

1594年4月，李舜臣终于获得了恢复名誉的机会。有消息传到闲山岛，一支日军小舰队离开倭城火力覆盖范围，正鬼鬼祟祟地向西航行。这次行动似乎只是小规模突袭，敌军只有三十一艘船，此时在朝鲜的日本人正想方设法搜刮粮食，因此不得不冒险远航。他们没能走出多远。23日至24日，李舜臣的一支分舰队在巨济岛以北不远处全歼敌船，其中八艘是在与小西行长的熊川军营咫尺之隔的镇海被消灭的。双方实际上基本没有交火，日本水手看到结成鹤翼阵出现在岸边的朝鲜水军后，立即逃上岸，完全不管留在海滩上的船只。李舜臣的部下仔细搜查了他们留下的船，然后不紧不慢地放火将其烧掉。李舜臣对这个结果并不完全满意。他尝试同岸边的朝鲜陆军协同作战，这样他们就可以在岸边守株待兔，消灭弃船逃走的日本船员。但是他的提议没有得到任何回应，因此日本人虽然失去了船，但是保住了性命。

4月25日，行动以刺耳的音符告终。当时正在熊川军营同小西行长会面的明将谭宗仁传令李舜臣的旗舰，让他取消行动，以免破坏和谈。愤怒的李舜臣答复道：

> 岭南沿海，莫非我土，而谓我近日本营寨者，何也？欲我速回本处地方，所谓本处地方，指何方也？惹起衅端者，非我也，倭也。日本之人，变诈万端，自古未闻守信之义也。凶狡之徒，尚不敛恶，退据沿海。经年不退，豕突诸处，劫掠人物，有倍前日。卷甲渡海之意果安在哉？今之讲和者，实涉诈伪，然大人之教不敢违越。姑宽程限，驰达国王。伏惟大人遍喻此意，俾知逆顺之道。[14]

对李舜臣而言，退让其实并不难。他已经消灭了全部敌舰，现在几乎没有其他可以攻击的目标。于是，他回到本营闲山岛，不久后染上了伤寒。[15]

庆尚右水使元均向朝廷报告这次行动时，想要独占摧毁敌船的全部功劳。身染重疾的李舜臣听说后，不得不坐起身来，写下一份措辞严厉的奏折，指责元均谎话连篇，而且他的部下杀良冒功。随后，李舜臣事无巨细地描述了每艘敌舰是如何被消灭的，让真相大白。最终的统计结果是，元均的部下烧毁或击沉了三十一艘敌舰中的十一艘，其余均葬身于全罗道水军之手。几天后，元均前来探望病中的李舜臣，为自己叙述中不准确的地方道歉，恳求李舜臣在上书汉城前修改措辞。李舜臣同意了。然后，他重新躺回病榻，又休养了两周。[16]

伤寒虽然没有击倒李舜臣，却使他失去了很多部下。在接下来的几个月里，疾疫在朝鲜水军中传播，他们现在几乎都集中在闲山岛的一个军营里。到了6月，有1704名水手死亡，3759人染病，人手不足成了一个大麻烦。李舜臣向汉城抱怨，地方官似乎完全没有意识到情况的严重性，没有派援军前来。"在这样的条件下，"他在奏折中写道，"我不得不招募流民乞丐填补空缺……但是因为长期缺粮，其中许多人很快死去。"[17]

与此同时，日本和明朝的谈判险些破裂。奉小西行长之命北上向明廷递交秀吉七条和平要求的内藤如安刚到中国边界，便接到命令，只许他前往辽东，不准多行半步。出问题的是他带来的国书。在负责朝鲜军务的经略宋应昌看来，秀吉的要求傲慢无礼，是不谙文明之道的外夷的胡言乱语。因此，他没有把日本国书转交明廷，因为这只会激怒朝廷，两国很可能重新开战。

在整个1593年下半年，小西行长和明使沈惟敬一起，逐条删减秀吉的要求，试图打破僵局。小西别无选择。毕竟，有求于人的是日本，而非中国。小西非常积极地删去不必要的部分，仅留下最核心的内容。直到最后，他说只要朝鲜割让一道，赔偿两万两白银，恢复和中国的贸易，便可以让自己的主人满意。

不出所料，宋应昌甚至连这些条件都不肯答应。他只同意重启两国贸易，像过去那样。不过，若想重启贸易，秀吉首先必须要被册封为日本国王，如同将近两个世纪以前的足利将军。换句话说，他不得不向中国皇帝称臣。

宋应昌的固执让小西行长进退维谷。到目前为止，他自作主张地放弃了秀吉几乎所有条件，完全没有经过太阁的同意。但是为了满足明朝的条件，必须要秀吉的降表，而这显然是强人所难。为了不使谈判破裂，小西只有一个办法：伪造降表。他得到了精明狡猾的沈惟敬的协助，后者显然十分了解降表的措辞。最后出炉的文书里，包括一些太阁永远不可能说出口的话。它流传至今，成为四百年前的这场胆大包天的外交骗局的证据。

小西和沈惟敬伪造的关白降表内容如下：

　　万历二十一年十二月二十一日，日本前关白臣平秀吉，诚惶诚恐，顿首顿首，谨上言称谢者。伏以上圣普照之明，无微不悉；下国幽隐之典，自求则鸣。兹沥卑悰，布于天听。恭惟皇帝陛下，天祐一德，日靖四方。皇建极，而舞干羽于两阶；圣武昭，而来远人于万国。天恩浩荡，遍及遐迩之苍生；日本献微，咸作天朝之赤子。屡托朝鲜以转达，竟为秘匿而不闻。控诉无门，饮恨有自。不得已而构怨，非无谓而用兵。且朝鲜诈伪存心，乃尔虚渎宸听；若日本忠贞自许，敢为迎刃王师。游击沈惟敬，忠告谕明，而平壤愿让；丰臣行长等，输诚向化，而界限不逾。讵谓朝鲜反间，构起战争。虽致我卒死伤，终无怀报。第王京惟敬，旧章复申；日本诸将，初心不易。还城郭献刍粮，益见输诚之恫；送储臣归土地，用申恭顺之心。今差一将小西飞骗守，陈布赤心，赍得天朝龙章赐，以为日本镇国恩荣。伏望陛下，廓日月照临之光，弘天地覆载之量，宠照旧例，特赐册封藩王名号。臣秀吉，感知遇之洪休，增重鼎吕；答高深之大造，岂爱发肤？世作藩篱之臣，永献海邦之贡。祈皇基丕着于千年，祝圣寿延绵于万岁。臣秀吉，无任瞻天仰圣激切屏营之至，谨奉表以闻。[18]

朝鲜人对这份降表疑心重重。它听起来完全不像是他们所知道的秀吉会说的话，显然是伪造的，很可能出自可疑的沈惟敬之手。[19] 不过，中国人没有那么多顾虑，因为降表很符合他们的心意。辽东的僵局很快可以化解。

明朝和日本的谈判，让朝鲜人非常担心。他们的死敌秀吉会被安抚，而没有因为发动不义的侵略战争而受到惩罚吗？哪怕明廷只是接受了秀吉的一个要求，都将意味着那样的结局。更糟糕的是，明朝是否会为了安抚他而牺牲朝鲜的利益？单是朝鲜人不被允许参加谈判的事实，便足以让他们对这个可能性忧心忡忡。一些人大声表达不满，引起了明廷的注意。

经略宋应昌正是在这个时候遭到解职，不得不返回中国。他是党争的受害者，明朝的党争几乎同朝鲜一样激烈。在北京，朝鲜之役成了当前争论的焦点，主战派认为应该大举进攻，以兵部尚书石星为首的主和派则认为应该尽速结束战争，减轻国库的负担。宋应昌被解职，意味着主和派的胜利。接任的顾养谦向东行至辽东，决意通过谈判恢复半岛和平，从而解决"日本问题"。他也急于让朝鲜人停止抱怨，后者主张继续战争以惩罚秀吉。为此，他派部下胡泽南下，让他说服朝鲜人支持和谈。胡泽抵达汉城后，开始长篇大论地告诫朝鲜官员要懂得感恩、认清现实：

> 倭奴无端侵尔，势如破竹。据王京、开京三都会，有尔土地、人民十八九，虏尔王子、陪臣。皇上赫然兴师，一战而破平壤，再进而得开城。倭奴竟遁王京，送还王子、陪臣，复地二千余里，所费帑金不赀，士、马、物故亦不少。
>
> 朝廷之待属国恩义止此，皇上罔极之恩亦已过矣。今饷不可再运矣，兵不可再用矣，而倭奴亦畏威请降，且乞贡矣。天朝正宜许之封贡，容之为外臣。驱倭尽数渡海，不复侵尔，解甲息兵，所以为尔国久远计也。尔国粮尽，人民相食，又何恃而请兵耶？既不与兵饷于尔国，又绝封贡于倭奴，倭奴必发怒于尔国，而尔国必亡。安可不早自为计耶？ 20

胡泽尤其急于说服宣祖，让他上书明廷，请求允许封秀吉为藩王。虽然他没有说明自己的理由，不过这势必会强化兵部尚书石星等主和派的论点。毕竟，当初正是因为宣祖的求援，明朝才会卷入战争。如果此时他能够支持和谈，无疑会大大削弱主战派的主张。不过，宣祖拒绝了。他说："封贡乃中朝之事，小邦何敢与议于其间，而至于题请也？况顷者已遣陪臣，请剿凶贼，曾未数月，又请封贡，以渎天听，决不可为也。"胡泽退了一步，同意现在时机不对。但是他又补充道："贵国虽不可直为奏闻，以二月以后贼情，据实以陈，其末微陈封贡之意，似为不妨。"宣祖再次拒绝。于是，胡泽换用了一种更加激进的策略。他告诉宣祖，顾养谦已经明确表示，不会再派兵来朝鲜。"不举兵临之，又不许封贡，则伊贼岂有渡海之期哉？"这样下去，日本人可能会十年、二十年一直待在朝鲜不走。宣祖耐心地听他说完，但是仍然不同意。21

胡泽在汉城待了三个月，轮番采用哄骗和威逼的手段，想要说服朝鲜人上书支持明朝与日本人和谈，而且要接受双方谈判后达成的协议。当他最终踏上北返之路时，命令他南下的顾养谦已经同前任宋应昌一样，因为党争被解职。继顾养谦担任经略的是孙矿，这意味着主战派在朝中稍占上风。不过，同日本人的谈判仍在继续，主战派和主和派之间的斗争也没有停息。[22]

与此同时，南方的小西行长同样也想要哄骗朝鲜人。1594年下半年，他派间谍要时罗前往庆尚右兵使金应瑞的军营，给他送去礼物，邀请他和自己会面。金应瑞将这件事如实禀告给汉城的上司，汉城朝廷想知道这个敌人有什么话要说，于是同意金应瑞和小西见面。双方的会谈定在12月，一方是金应瑞和他的部将，另一方是宗义智、僧人玄苏。

小西先是老生常谈，将战争责任全部推给朝鲜，他们拒绝给想要朝贡中国的日本人借路，秀吉别无选择，只能入侵。金应瑞不理会小西的这套说辞，告诉他日本人所谓的想要和平不过是烟幕弹，朝鲜知道，明朝也知道，所以皇帝才会派大军前来阻止你们。不仅如此，金应瑞补充道，如果你们确实想要和平，那么去年夏天为什么要进攻晋州？去年秋天为什么要劫掠庆州？

小西答道，那些事与他无关。进攻晋州和庆州的罪魁祸首是加藤清正，他不能代表秀吉。他向金应瑞保证，太阁只想朝贡大明。现在他要求的，只是朝鲜人代他向明廷求情。[23]

朝鲜人不信任小西。他们一眼便看出所谓的秀吉降表是伪造的，没有任何基础可以保证真正的长期和平。当时患病正在汉城外休养的朝鲜领议政柳成龙，写信给宣祖，催促他直接将实情告知明廷，这样朝廷就会知道，"日本人绝不会满足于成为属国，朝贡大明"。不过，朝中主和派的施压最终还是取得了预期效果。1594年年末，宣祖终于屈服，上书万历皇帝，称自己支持同秀吉讲和，为了达成这个目的，希望能够准许日本使臣内藤如安进入北京。这明显不是宣祖的本意。不过，作为明朝的属国，他发现自己很难忤逆上国使臣的意思。事实证明，宣祖的上书非常重要，它削弱了明朝主战派的立场。如果在整起事件中受害最深的朝鲜都同意与日本人议和，那么他们至少没有理由反对内藤入京，看看他的底线在哪里。

离开故土将近一年半后（其中绝大多数时间是在辽东等待消息），日本使者内藤终于被允许前往北京。[24]

虽然宣祖现在赞成让内藤进京，但是他和他的大臣们依旧对日本人疑心重重，对同他们讲和颇有疑虑。他们有足够的理由表示怀疑。1595年春以来，加藤清正一直因为小西行长扭曲太阁的本意而耿耿于怀，他也做出了自己的外交尝试，先后向中国人和朝鲜人展示了秀吉原先的七项要求，它们和小西与沈惟敬所说和所承诺过的完全不同。

4月，加藤首先在蔚山附近的西生浦军营和明朝官员会面（西生浦在釜山以北，距离釜山大约一天行程）。加藤一开始便提到，小西和沈惟敬是在虚假的前提下谈判。然后，他列出了秀吉在1593年提出的真正要求，从要求和亲、割让朝鲜八道中的四道，到朝鲜送一名王子到日本充当人质。最后，为了避免有任何误会，加藤取来笔墨，在纸上写下自己的主张，把它交给明朝官员。他的字迹潦草，难以辨认，朝鲜的史官小心翼翼地记下了大意："行长所示三事，非关白之命令。其中封王之事，日本关白岂要之哉？若两官再来，一员直往日本，闻关白之命令，则无虚伪矣。"[25]

加藤的直白没有影响到明朝。参与会谈的明朝官员怀疑他在诋毁小西和沈惟敬的外交努力，以便以后能够由自己主导和平进程。加藤没有放弃，再次尝试将秀吉的本意传达给对方阵营，这次他的对象是朝鲜人。1595年5月和8月，他和一些朝鲜官员以及身经百战的僧兵将惟正见面，后者在上一年接替年事已高的休静担任八道都总摄之职。在两次会谈中，加藤认真传达了秀吉本来的要求，以确保对方不会产生任何误解。惟正同样认真地逐条反驳，一一说明它们为什么根本不可能被朝鲜和明朝接受。最后，会谈无果而终，双方的立场差距过大，而且丝毫不愿意让步。加藤的外交手法实际上只起到了反面效果，朝鲜人更加确定，秀吉的目的绝不只是同明朝建立朝贡关系，坚定了他们反对和谈、同日本人战斗到底的意志。[26]

不过到了这个时候，和谈进展太快，根本不可能停止。内藤如安已经抵达北京。

加藤清正说的当然是事实。丰臣秀吉完全没有成为明朝藩王的意思。如果他知道代表自己的小西行长伪造了一份降表，很可能会勒令小西切腹，不忠诚或胆敢欺骗主君的家臣，通常会落得如此下场。对小西而言，幸运的是，秀吉永远也不会知道。

伪造的关白降表和秀吉在 1594 年年初给侵朝军下达的命令截然相反，这也可以说明它在多大程度上扭曲了秀吉的本意。

秀吉的军令如下：

一、虽然我们希望立即恢复军事行动，但是根据在朝鲜的军事将领的建议，我们决定于今年（1594 年）停止在那里的军事行动。

二、明年（1595 年），如果悬而未决的国际问题没有得到解决，关白秀次将渡海前往朝鲜指挥大军。因此，朝鲜各城必须做好准备……

三、至于军队的补给，除了我们已经送去的，现在正运去三万石大米……

四、因为大明已经道歉，后悔军事介入朝鲜，前来求和，现在暂时休兵。不过，我们有理由怀疑它的诚意。因此，我们应该强化在朝鲜修筑的城池，为永久性地军事占领朝鲜做准备。我们把朝鲜视为日本的一部分，如九州一样。[27]

秀吉显然仍然认为战争的既定目标可以部分实现。明朝已经因为抵抗向他致歉（更准确地说，这是他的想法），现在正在乞求和平（这也是他的想法）。如果他们的让步无法令自己满意，秀吉会再次兴师。他至少希望能够通过谈判得到朝鲜一大片领土，他已经将其视为"日本的一部分，如九州一样"。

在这份军令中，秀吉继续向侵朝军保证，轮换的部队很快会去，留在朝鲜的士兵不久后便可以回到日本休整。因此，他们没有理由"焦躁不安"。提到焦躁不安，证明太阁已经意识到了侵朝军士兵的不满。这种认识反映在接下来的第五条里："所有在日本故乡的人……都在做着一种或另一种与此次战役相关的工作。实际上，我们在朝鲜的战士做的工作，比留在日本的人还少。"[28]

同秀吉的说法相反，留在朝鲜的日军士兵并不认为自己有多幸运，甚至可以说是恰恰相反。他们因为筑城的繁重劳动累得筋疲力竭；他们已经有一年多没有见到家人和朋友，思乡心切；他们在挨饿，因为日本不能经常运来补给，而朝鲜人为了避免他们获取食物，采取了坚壁清野之策。然后是凛冬降临，寒风刺骨。朝鲜的冬天同日本截然不同，日军费力修筑的城池虽然坚固，却不耐寒。最后，在1594年初，伤寒在军营中蔓延，成百上千人死于疾病。[29]

由于上述原因，逃兵渐渐增多。一些人试图溜回家乡日本，另一些人投奔朝鲜。投降日军的数量达到数千人之多，他们组成了一支重要的军事力量，被称为"降倭队"，编入陆军和海军。[30] 这些人再也没有回到日本。战后，他们在朝鲜定居，成为归化人。让他们改变效忠对象并不困难（肯定比朝鲜人容易得多），因为经过两个世纪的内战，普通日本人并没有强烈的国家意识。降倭队可能会为背叛自己的家人、村子或以前的大名感到内疚，不过不太可能后悔背叛"日本国"。[31]

为了安抚自己以基督徒为主的部队，让他们适度放松，小西行长请求日本的耶稣会派一名神父前来朝鲜。耶稣会士将小西行长视为自己最坚定的盟友，很乐意答应他的要求。于是，1593年年末，西班牙神父雷格里奥·德·塞斯佩德斯（Gregorio de Cespedes）和一名日本俗教徒一同启程前往朝鲜。塞斯佩德斯神父时年四十三岁，已经在日本传教十六年，精通日语，他将成为有确切文字记载的第一个到访朝鲜的欧洲人。

1593年12月上旬，塞斯佩德斯神父到达对马岛。由于浪太大，而且逆风，他在对马岛停留了十八天。在对马岛主宗义智的妻子、小西行长之女玛利亚的邀请下，他花了很多时间为岛上规模不大的基督群体服务。最后，"在上帝的帮助下"，塞斯佩德斯总算在 12 月 27 日登上了朝鲜南部距离小西熊川军营不远的岩石海滩。塞斯佩德斯的目光马上被抵御中朝军队进攻的坚固倭城吸引住了。"那里建有规模宏大的防御设施，"他写道，"考虑到完成的时间很短，它是非常值得钦佩的。他们筑起高墙、哨塔和天守，奥古斯丁（小西行长）的家臣和士兵，他的部下和盟友，都在天守脚下扎营。军营都建得很好，很宽敞。首领们的房子有石墙……每一支部队四周都有若干堡垒。"

不过，总的来说，他发现身边的情况不算太好：

> 朝鲜的冬天异常寒冷，日本完全没法和它比。我的手脚天天冻得发麻，早上手几乎动不了，连做弥撒都困难。但是……我很高兴，不介意我的工作和寒冷的天气。
>
> 所有这些基督徒都很可怜，忍受着饥饿、寒冷、疾病等诸多不便……虽然秀吉送来了食物，但是送到这里的太少，无法维持所有人的生计，而且日本提供的帮助既少又晚。现在距离上次船来已经有两个月了，许多船只都失踪了。
>
> 和平协议仍然没有达成，那些应该来订立条约的人一直没来。很多人怀疑，拖延只是为了让日本人等到夏天的诡计。到时候中国舰队可能会来到这里，陆军可能从地面发动攻势。[32]

塞斯佩德斯神父在朝鲜一直待到 1594 年 4 月，为基督教大名服务。他以教名称呼这些大名，如奥古斯丁（小西行长）、达里奥（宗义智）、桑切（大村喜前）、普罗达西奥（有马晴信）和达米昂（黑田长政）等。在此期间，他没有机会见到朝鲜人，除了那些被日本人抓住，送回国当奴隶的可怜人。实际上，神父只能待在釜山和熊川之间的大名们的军营中，因为如果他出现在朝鲜的消息传到秀吉耳中，可能会对小西不利。早在 1587 年，秀吉已经下令将耶稣会士逐出日本，原因是他们过于激进的传

294

教方式，极端者甚至号召毁掉佛教寺院。³³秀吉没有严格执行自己的驱逐令，他的主要目的是驯服教士，而非将他们赶尽杀绝。耶稣会士们低调了一段时间后，继续自己的工作，不过比以前小心得多。另一个组织不久后也加入了向日本人传教的行列，那就是西班牙的方济各会。不过，太阁的命令从未被正式废除。因此，严格地说，1594年小西私自邀请耶稣会士仍然是违法的。如果这件事被秀吉知道，后果可能十分严重。

这件事确实被秀吉知道了。告密者是狂热的佛教徒加藤清正，他被塞斯佩德斯神父称为小西的"头号对手"。听说太阁现在对自己心存芥蒂，小西连忙将塞斯佩德斯送回日本，然后在1595年夏匆匆赶到京都，试图挽回加藤造成的伤害。他巧妙地化解了危机，声称自己招耶稣会士前来是为了质问他，载满秀吉心仪的外国物品、每年从澳门出发的"黑船"，为什么没有在前一年来到日本。秀吉接受了他的解释。加藤知道后，也只能无奈地让这件事过去。³⁴

有了伪造的关白降表，再加上朝鲜国王宣祖也上书支持同日本议和，明廷允许内藤如安来到北京。1594年年末，他来到这座城市，被官员们盘问了一个月，而与此同时，中国人则在思考下一步的对策。到了这个时候，明朝已经不想为了惩罚秀吉不可原谅的恶行而再启战端。战争已经耗费了大约一千万两白银，国库的存银几乎见底，战争难以继续。因此，大臣们争论的只是开给内藤的和约条件。兵部尚书石星有意调和，提议既封秀吉为日本国王，也允许他向大明朝贡。其他人觉得这个条件过于慷慨。最后，朝廷决定拒绝日本朝贡，只封秀吉为王（这不过是一个虚衔，明朝只需要付出一件丝袍和一大张纸的代价）。

1594年12月17日，内藤如安觐见万历皇帝，万历皇帝给他开出了三个条件：

一、自今釜山倭众尽数退回，不得留一人。
二、既封之后，不得别求贡市，以启事端。

三、不得再犯朝鲜。[35]

内藤同意接受这三条，发誓一定会遵守。随后，他准备离开北京，踏上漫长的返乡路。

现在，明朝开始安排册封丰臣秀吉。朝廷起草了一份封他为日本国王的诏书，然后誊写到一张非常贵重的纸上。朝廷还为秀吉准备了金印、官服和官帽，官帽被放到一个盒子里。为了把它们送到日本赐给秀吉，朝廷于1595年2月组建了一个使团，任命李宗诚为册封正使，杨方亨为副使。李宗诚和杨方亨一行数百人从北京出发，于5月抵达朝鲜。他们在那里听说日军仍然留在朝鲜东南端，并没有遵守内藤如安此前答应过的三项条件。于是，他们在汉城停下脚步，拒绝继续前行。

出军行师，将在自专；进退内御，则功难成。[36]

——《三略》，公元前1世纪

1594年4月，朝鲜水军歼灭三十一艘日舰后，日本水军在半岛南部海域的活动完全停止了。三道水师统制使李舜臣失去了攻击目标。他大部分时间都待在闲山岛，与伤寒搏斗，练习射箭，心里挂念着生病的儿子和老母，但是因为职责所在，无法亲自探望。他经常找人算命，看看未来的运势。虽然结果都还不错，但他还是不由自主地感到不安。

其中一个很重要的原因是仍然嫉恨着他的庆尚右道水军节度使元均。李舜臣在日记中写道："御史来……多言元水使欺罔之事。极可骇也。"[37]在整个1594年，元均继续在奏折中败坏李舜臣的名声，其中最有力的指控是，李舜臣不顾自己的要求，拒绝攻击日本人。不过，这只是故意误导和谎言。日本人待在受倭城保护的安全范围内，将船只停在岸边或是藏在难以进入的小港湾里。面对这样的敌人，水军将领能做的非常有限，这个任务显然更适合由陆军完成。值得一提的是，李舜臣在当年稍早时候曾经率舰队进攻过日本人，南方的明朝将领立即制止了他，因为这会破坏进行中的和谈。

汉城的很多大臣没有想过这些。朝廷屡次斥责李舜臣懈怠，让他更加积极地进攻日军。对战争一窍不通的文臣们的要求，激怒了李舜臣。"我与诸将发誓，一定要为死去的同胞复仇，"他在日记中写道，"但是敌人据险窟，挖深壕，轻举妄动绝非明智之举。更何况兵法所言，知己知彼，百战不殆。"[38]

最后，李舜臣在11月接到了权栗要求他立即行动的正式命令，后者是幸州之战的英雄，7月接替金命元担任都元帅。李舜臣提议，如果想在海战中取胜，必须水陆配合，协同作战。权栗对此不感兴趣。因此，李舜臣只能单独出击，以水军进攻岸上的敌人。当月9日，他率舰队出航，结果一无所获：

> 甲午年九月二十九日甲辰　晴
> 发船突入长门浦前洋，贼徒据险不出。
> 甲午年十月初一日乙巳
> 与忠清水使及先锋诸将直入永登浦，则凶贼等挂船水滨，一不出抗。
> 初六日庚戌　晴
> 早使先锋送于长门贼窟，则倭人牌文插地，其书曰，日本与大明方和睦，不可相战云。
> 初八日壬子　晴且无风
> 朝发船到长门贼窟，则如前不出。[39]

与此同时，汉城朝廷开始着手调查李舜臣和元均的不和。一名官员南下找两人问话，大臣们多次讨论和权衡两人的优缺点。朝廷认为元均确实常常拒绝服从李舜臣的命令，对自己的上司充满敌意。不过，大多数人的看法是，这种行为是可以被原谅的，毕竟元均的官职曾经高于李舜臣，现在即使对后来居上的李舜臣心怀不满，也属人之常情。另一方面，元均对李舜臣的指控则要严重得多。很多人开始相信，李舜臣已经丧失斗志，不愿同日本人作战，甚至连直接下达给他的命令也拒绝服从。

1595 年年初，朝廷做出最终裁决。元均不听从李舜臣的调度，确实有错，但是无须为此受到惩罚。不过，由于他对李舜臣的敌意太强，不适合留任现在的职务，因此在 3 月把他调到忠清道，担任兵马节度使。这很难称得上是对他的警告，因为新职位实际上比原先的职位还高。不过元均对朝廷的决定不满，开始时拒绝接受调令，不行肃拜礼。[40] 经过再三劝说后，他才接受。新任庆尚右水使是裴楔，李舜臣的侄子李芬说他是一个"高傲的人，不向任何人低头"。[41] 至于李舜臣，备边司得出结论，他确实要为不服从朝廷要他进军的命令受到惩罚。不过，由于没有合适的人选可以替代他，因此李舜臣暂时保住了官位。但是处罚的威胁一直悬在他的头上，备边司让他"戴罪自效于兵"。[42]

担任忠清兵使一年后，元均被调回南方，成了全罗道兵马节度使，可以再次近距离监视自己的仇人，寻找他的疏失，不管真假与否全部上报朝廷，抹黑李舜臣的名誉。这段时间，李舜臣一直待在闲山岛，担忧着国家、家人和自己，而朝廷则死死盯着他的每一个举动。大约在这个时候，他写下了著名的《闲山岛歌》，以此表达自己的寂寞和四面楚歌的困境：

> 月明夜，上戍楼。
>
> 抚大刀，深愁时。
>
> 何处一声羌笛更添愁。[43]

虽然元均和支持他的西人尽全力诋毁李舜臣，后者还是在 1595 年和 1596 年成功保住了自己的职位（不过没能保住名声）。但一些义兵将则没有那么幸运。在全罗道南部领导义兵的金德龄的例子，很好地说明了党争和私人恩怨可能会给一个人带来怎样的致命影响。

1567 年，金德龄出生于全罗道西南的一个两班家庭。日本入侵时，他正住在山中的一间茅庐里为过世的母亲守三年丧，披麻戴孝，粗茶淡饭。他没有立即离开茅庐，因此错过了战争的前几月。但是在随后的锦山之战中，他的哥哥追随义兵将赵宪，死于日本人之手，成为七百义士之一。为了报仇，金德龄决意出山。

在父亲的催促下，他卖掉祖产，用换来的钱组织起一支五千人的义兵。他的义兵成立太晚，没来得及参加1592年和1593年年初的任何一场重要战役，而他的战斗经历也仅限于1594年11月的长门浦之战。在这场战斗中，他和"红衣将军"郭再祐以及三道水师统制使李舜臣联手发起水陆两栖作战。[44] 尽管如此，由于个人魅力和张扬的性格，他总能成为聚在篝火堆旁的义兵们聊天的话题，因此变得家喻户晓。坊间流传着各种关于他的传说。例如，据说他可以跳上或跳下屋檐而毫发无伤；他曾经抓住过一只老虎，把它送到日本军营，敌人光听到他的名字便会胆战心惊；他骑马进入树林，挥剑砍倒所经之处的所有树木。关于他的勇力的故事在全国流传，光海君赐予他"翼虎将军"的称号，其他人称之为"神将"。[45]

随着金德龄的名声变得越来越大，他难免会遭人嫉妒，特别是朝鲜官军的军官，他们将这位二十七岁的义兵首领视为直接竞争对手。诋毁金德龄的人中，最有名的是忠清兵使李时言和庆尚兵使金应瑞。1596年年初，他们找到了第一个可以把他拉下马的机会，有人指控金德龄杖杀尹根寿的奴仆。金德龄被逮捕，送到汉城审判，不过后来洗清了罪名并被释放。[46]

几个月后，李时言再度发动攻势。他派人散布流言，说金德龄秘密和当地叛党首领结盟，后者不久前刚刚因为在忠清道叛乱，号称要推翻宣祖而被抓获，然后处斩。如李时言所愿，流言传入汉城，金德龄再次被捕入狱，这次的指控是谋反。两名被捕的叛党受到胁迫，指控他参与叛乱，图谋不轨。这项指控太过严重，没有人敢替金德龄辩护，但是他坚决否认。金德龄在二十天里受到六次拷问，直到膝盖被敲碎，脸被打得血肉模糊，仍然否认对自己的指控。"臣有万死之罪，"他说，"癸巳岁，慈母终堂，乃忘三年之哀，愤一天之雠，割情变服，仗剑倔起，累岁从军，未建寸功。不伸于忠，反诎于孝，罪至于斯，万死难逃。臣今命尽，无复可言。"[47]

几天后，金德龄死在狱中。他的死讯传到南方后，当地的义兵将再也不敢出头，唯恐受到他人的怨恨，遭到诬陷后惨死。[48]

21

与此同时，在马尼拉……

马尼拉的西班牙人第一次听说秀吉征服亚洲的计划，已是三年前的事情了。当时，他们从一个名叫原田孙七郎的日本商人手里接到一封太阁的信，要求他们投降。原田为了能够得到西班牙人的积极回应，软化了秀吉信中不友好的语气，还给西班牙总督献上礼物（虽然他声称这是秀吉的礼物，不过很可能是他自己掏钱购买的）。总督戈麦斯·达斯马里纳斯对此非常怀疑。他发现秀吉的信言辞傲慢，语带威胁，不符合他所知道的国际外交准则。不过，他不想给这片年轻而且仍然十分脆弱的殖民地惹来麻烦，因此在回信中表达了想同太阁维系良好关系的愿望，向他保证，"世界最伟大的君主"西班牙国王腓力二世会为能够得到"真正的友谊和同盟"而由衷地感到高兴。为了进一步表示友好，他送去了一些礼物，作为对秀吉使者所谓从日本带来的礼物的回礼。[1]

总督戈麦斯·达斯马里纳斯将回信和回礼交给多明我会士高母羡，命令他亲自把它们带到日本，并且尽可能地收集有关秀吉真实意图的情报。1592 年夏，高母羡来到名护屋城，随后得到了面见秀吉的机会。为了说明国王腓力二世的伟大，他向秀吉展示了一个地球仪，上面标注着腓力二世统治的诸多国家和殖民地，包括以他的名字命名的菲律宾。高母羡的说法并不夸张，腓力二世的西班牙实际上是有史以来领土最为广阔的欧洲国家，其领土和人口甚至超过了巅峰时期的罗马帝国。西班牙在西半球的地位，与中国在东半球的地位相当。秀吉对高母羡的地球仪十分感兴趣，但是后者对西班牙的赞颂却没有说服秀吉，因为这位修士带来的礼物使秀吉产生了误解，以为这些是菲律宾的贡品，这意味着它已经臣服于自己。

因此，秀吉给达斯马里纳斯的第二封信更加放肆和无礼。他照例引用了"慈母梦日轮入怀中。相士曰，日光所及，无不照临，壮年必八表闻仁声，四海蒙威名者"的说法。随后，他继续写道：

我已经占领了整个日本和朝鲜，我的很多大名要求得到我的允许去占领马尼拉。知道这些后，原田孙七郎和长谷川宗仁告诉我，船从这里前往那里，然后回来，那里的人看起来不是敌人，因此我没有派军队。我对朝鲜人宣战，征服之地远至澳门，因为他们没有遵守诺言。随后，我的士兵杀死了很多中国人和贵族，他们是来帮助朝鲜人的。有鉴于此，他们对我卑躬屈膝，派使者来……说中国人想要永远向日本朝贡。我派了很多人到朝鲜占领据点，等待使者（回信）。如果他们再次违背誓言，我会亲自率军讨伐他们。征服中国后，吕宋便触手可及。让我们永远保持朝贡关系，写信让腓力二世答应（这件事）。不要因为他离得太远而不在意我的话。我从没见过那些遥远的土地，但是通过其他人告诉我的见闻，我知道那里有什么。[2]

在返回马尼拉的途中，高母羡因海难丧生，因此直到 1594 年 4 月，秀吉的信才最终送到菲律宾总督的手里。当时，戈麦斯·达斯马里纳斯也已经过世。他在从马尼拉前去征服南方的香料之岛摩鹿加群岛的特尔纳特岛时，被叛乱的中国船员杀死。在马德里挑选出合适的继任者之前，总督之位暂由他的儿子路易斯·佩雷斯·达斯马里纳斯代理。小达斯马里纳斯被秀吉傲慢的来信激怒，尤其是当他读到自己过世的父亲送给日本的礼物和派去的使者被认为是"屈服的象征"时，更是怒火中烧。[3]于是，他给太阁写了一封很长的回信，意在消除所有误会。在信的开头，他指出秀吉认为太阳在他出生前便已经注定了他的伟大，纯属无稽之谈。小达斯马里纳斯用文艺复兴的逻辑向他解释，这种事"绝不可能，也无法实现"，因为太阳的"生命和力量都是上帝所赐，它不能给予或剥夺王国，只有上帝有这样的权力"。小达斯马里纳斯将这些事实告诉秀吉，是因为"我这么做是对的，目的是使阁下不要被无知之人的逢迎之辞所骗"。

将秀吉的出生神话批驳一番后，年轻的总督接着详细说明了西班牙国王腓力二世的伟大之处："我的国王权力如此之大，在他和基督的统治下的王国和国家如此之多，他的权力和伟大绝不是一般的国王和领主可以相比的……他在这里（亚洲）的领土只是（他的王国的）一角。"实际上，"如果不是神圣的基督的律法不允许我们不当地从任何人那里夺取不属于我们的东西，如果一切只取决于实力和力量，我的国王将会是唯一被服从和被承认的（世界上最有权势的君主）"。对日本而言，幸运的是，腓力二世并不打算用如此野蛮的方式彰显自己的权威。他和他在马尼拉的代表只想和秀吉维持良好关系，但是"相较于到目前为止阁下收到的信件，我们会更少拘束，更多坦率"。[4]

1594年4月22日，小达斯马里纳斯在马尼拉的一次紧急会议上宣读了给秀吉的回信。他还提到，自己本想带着"更大的决心和更多的怒火"写这封信，但是不想因此刺激秀吉宣战，从而威胁殖民地的安全。然后，他征询出席会议的达官显贵们的意见。副总督佩德罗·德·罗杰斯（Pedro de Rojas）认为，鉴于秀吉本人的信函言辞傲慢，这封信"非常明智和谨慎，言辞的强度和表达的态度恰到好处"。不过，拆穿秀吉出生神话的部分多少有些欠考虑。罗杰斯建议道："在给这样地位很高的人写信时，最好还是保持一贯的含蓄、郑重的文风，有些话不需要直说。"与会人士表示赞成，于是冒犯的段落被删去。小达斯马里纳斯修改后的信件"更加简洁，不太会刺激或激怒（秀吉）"。六天后，他再次宣读自己的信，得到一致通过。

小达斯马里纳斯将修改后的信送给秀吉，日本和西班牙的马尼拉殖民地在此后两年里再无往来。沉默终究会被打破，被血腥的杀戮和1596年秋"圣菲利普"号货船的残骸打破。

22

"咨尔丰臣平秀吉……
特封尔为日本国王"

1595 年 2 月 8 日，万历皇帝采纳兵部尚书石星的建议，派李宗诚前去册封丰臣秀吉为日本国王。初春，李宗诚和副使杨方亨率领一大队侍从、挑夫和马匹，浩浩荡荡地开始了前往日本的漫长旅途。他们随身带着册封秀吉为日本国王的诏书、官帽、金印，还有赐给他和身边大名的十几件官服。

5 月，明使抵达汉城，得到消息说数千日军仍然驻扎在沿朝鲜南部海岸而设的军营里。这违反了内藤如安答应过的三个册封条件，其中第二条说得很清楚，所有日本军队不仅要撤出朝鲜，而且要撤出两国海峡中间的对马岛。册封使李宗诚和杨方亨想知道，日本人为什么还没有退兵。在获得满意答案之前，两位明使拒绝继续前行，他们在朝鲜国都等了六个月。

明使驻足不前的消息传到南方后，小西行长为了打破僵局，将外围熊川、长门浦、所珍浦和巨济岛军营的部分军队送回了日本。继续留在朝鲜的日本人集中在釜山附近。但这只是稍稍缓和了明使的不满，副使杨方亨独自前往釜山，而正使李宗诚继续留在汉城。小西又撤走了金海和东莱的军营，让那里的守军前往釜山。他说，这已经是极限了。只有李宗诚亲自南下，日本人才会同意完全撤离朝鲜。不仅如此，小西诡辩道，如果所有日军都返回家园，那么谁在釜山迎接李宗诚，陪他前往日本呢？[1]

经过一个月的争执，李宗诚最终让步，同意前往釜山。1595 年 10 月，他来到釜山。李宗诚和杨方亨本以为这样一来日军便会撤离，结果却毫无动静。于是，明使再次停步不前，提出只有全面撤军才能继续下一步。此

303

时小西左右为难，因为他的数名同僚坚决不同意在接到秀吉命令之前撤出朝鲜。1596年2月，小西起航返回日本，寻求太阁的意见。沈惟敬以筹备欢迎明使的名义，陪他一起前往名护屋。

小西离开后，加藤清正再次试图介入和谈。他从蔚山附近的军营，给留在釜山的明使写信，告诉他们一切都是小西的骗局，他使他们误以为秀吉想要臣服中国，成为明朝的藩王。为了确保明使听懂自己的意思，他告诉二人，如果他们继续前行，必定会激怒太阁，反倒可能丢掉自己的脑袋。加藤的死亡威胁加上身处日本军营的恐惧，令李宗诚吓破了胆。5月某日的夜里，他溜出釜山大营，随身只带了几件衣服，惶恐地向北狂奔，在土路和山间艰难跋涉几天后，终于到达庆州。次日早晨，负责照顾李宗诚的日本侍者发现他已经不见踪影，于是开始四处寻找他，但是始终没有找到。衣衫褴褛的李宗诚到达庆州后，一路北上汉城，最终进了北京的大牢。[2]

听到李宗诚逃亡的消息时，小西正在返回朝鲜的路上。对这位基督徒大名来说，这很可能会演变为一场灾难，他在过去三年间精心构筑的骗局可能瞬间崩塌。他立即派信使返回伏见城，告诉秀吉自己的对手招致了灾难，成功地把太阁的怒火转移到加藤清正身上。秀吉给这位失宠的大名写了一封信，命令他马上从朝鲜回日本。6月初，加藤乘船返回日本，在京都度过了接下来的一个月，等着秀吉召见，或是勒令切腹的命令。与此同时，小西继续前往釜山，寻找挽回局势的方法。[3]

事实证明，加藤造成的损害十分有限，副使杨方亨控制了局面。他找到被李宗诚遗弃的官印（李宗诚逃跑时过于匆忙，连官印都忘记带走），安抚住了焦躁的日本人，承担起正使的职责。明廷随即送来任命状，正式任命杨方亨为册封使，一直同日本人谈判、和小西关系密切的沈惟敬填补了副使的空缺。赐给秀吉的新的金印和官服也被一道送来，原先的金印和官服到了这个时候已经变旧。[4]小西行长现在宣布了好消息，秀吉急着要在京都的伏见城见他们，因此为了表示诚意，同意将更多的军队召回日本，只有很少一部分人会继续留在釜山附近的倭城。这终于让中国人感到满意。1596年7月10日，明使杨方亨、沈惟敬和三百名随行人员组成的使团，起航前往日本。

还有一件事是小西必须完成的。在面见完太阁回到釜山后，他坚持让汉城也派出一名使臣，陪明使一同出访伏见城。他的目的无疑是要误导秀吉，使其相信朝鲜和明朝一起向自己称臣，为战争致歉。不过，小西在提出要求时没有讲明这些。"如果朝鲜使臣没有和明使一起去日本，"他解释道，"和约只是中日双方签订的，与朝鲜没有任何关系。这会造成麻烦。"5

宣祖和他的大臣们对所谓的秀吉渴望和平不抱期待，认为此前给明廷的关白降表是小西行长和沈惟敬伪造的（事实当然如此）。他们因此强烈反对明使前往日本，不想参与其中。不过，做决定的并不是他们。副使沈惟敬让自己的侄子从名护屋回到朝鲜，催促朝鲜人立即任命赴日的使臣。正使杨方亨的意见与此相同。由于这两个人代表着万历皇帝的权威，朝鲜人除了服从别无他法。

这件事在汉城经过了很长时间的讨论。最开始的想法是派出一名低阶武官，以此来表达朝鲜的异议。但是有人指出，武官缺乏文臣的学识和老练，可能会让国家蒙羞。最后，朝廷决定任命一名文官为使节，他需要有能力，受过良好的教育，但是品秩不能太高。当时正在日本军营的接伴使、三十六岁的黄慎符合这个条件，于是朝廷命他前往日本，朴弘长被任命为他的副手。两人带着宣祖给秀吉的国书（其中完全没有提到臣服或致歉），起航前往日本，比明使晚了两个月。他们在前往大阪和京都的门户堺港赶上明使，然后一行人前往伏见城谒见秀吉。6

经过三年缓慢而颇费周折的谈判后，明使和朝鲜使臣终于来到了这里。在这个过程中，秀吉在大阪和附近的京都耐心等候，监督归隐后的住所伏见城的修建。1593 年 9 月从侵朝大本营名护屋城回到京都后，太阁似乎对战争和后续的谈判漠不关心。在其保存至今的五十余封私人信件中，从未提到过这些。他已经对自己的计划失去兴趣了吗？抑或他只是对花费巨大却难以如愿的海外远征缄口不语？

二者可能兼而有之。虽然朝鲜前线给他送来了大量不实情报，但是考虑到自己的军队已经撤回釜山，秀吉不得不接受现实，原本的宏伟蓝图不可能实现，他实际上已经失败了。这是他在同中国人的冗长谈判中能够保持耐心的部分原因，毕竟暧昧不清的语言和拖延要好于公开承认失败。[7]不仅如此，在整个似乎没有尽头的和谈过程中，秀吉应该十分清楚，小西为了哄骗明使达成一个能够保住秀吉的颜面的协议，暗中对最初定下的和平条件做了手脚，只不过太阁肯定不知道小西到底动了多少手脚。实际上，如果秀吉真的对小西的诡计一无所知，那么他为什么在加藤清正戳穿了小西所谓的不忠，公开后者私自修改太阁的要求之后，将其灰头土脸地召回日本呢？虽然秀吉从来没有公开表示愿意妥协，但是到了1596年，他显然已经准备多少做出一些让步，只要明朝和汉城朝廷同意做出臣服的姿态，从而进一步证明"丰臣"这个姓氏的伟大和发动昂贵战争的正当性，那么他就可以撤军。

秀吉在等待小西为自己引见明使。与此同时，他发现有数不清的事情可以让自己消磨时间。享受作为太阁的快乐时光，成了他的全职工作。首先，他要监督位于京都郊外桃山的伏见城的修筑。筑城始于1592年9月，最初是作为不起眼的归隐庄园，他可以在这里吟诗饮茶，安静度日。次年，秀吉改变了这个朴素的设计。他可能是为了给明使留下深刻印象，等他们最终到来时，向他们展示一座奢华、宏伟的建筑，规模甚至超过大阪城；也可能是急于让自己和新出生的儿子秀赖在京都的居所更加显眼，能够同仍然是他的继承人的关白秀次现在所居住的聚乐第比肩。不论出于何种考虑，到了1593年年末，伏见城的设计规模比原先大得多，修筑过程共动用了二十五万劳工。

由此诞生的伏见城，是日本历史上前所未有的。虽然它同样重视防御功能，建有一座五层天守，但和大阪城不同的是，天守并非其最重要的建筑。与此相反，规模宏大的伏见城的中心是一座符合审美情趣的公园，里面有庭院、樱桃树、朴素的茶室、能剧舞台、赏月亭和一条蜿蜒流淌的小溪，可以供人乘船游览。因此，我们在这里很少见到战国时代的建筑，例如地方大名出于防御的需求而修建的高耸的天守和坚不可摧的石墙，取而代之的是后来日本宫殿设计理念中占主导地位的自然美学和高雅品位。秀吉的伏见城最主要的作用不再是当战争来临时为人们提供避难所，而是在和平年代鼓励人们追求文化和风雅。[8]

太阁在监督伏见城筑城的同时，专注于学习能剧，多少变得有些不能自拔，每天会为此投入大量时间，常常累得筋疲力尽。他还在名护屋时便已经开始学习能剧，邀请各个流派的大师前来指导自己和亲信大名。1593 年 4 月，他在给妻子宁宁的信中提到，自己已经可以演十部戏，而且还想学习更多。[9] 在接下来的几个月里，他确实这样做了。然后，他开始登台为看上去兴致很高的观众们表演能剧，他是主角，德川家康和前田利家等大名有时会担任配角。太阁第一次登台演出时选择的剧目是《弓八幡》，主要讲述的是古代日本的统一和传说中的征韩，与当前的形势非常吻合。[10] 秀吉全力准备接下来的表演，从他的书信可以看出，他似乎完全不感到紧张，不像是一个刚刚练习了一年的初学者。秀吉自始便认为自己才华横溢，每个人都喜欢看他表演。在学习能剧一两年后，他给自己的妻子写信说：

> 你多次给我寄信，我一直没回，因为我的时间都花在能剧上了……我的能剧水平越来越高，不管我在哪一出剧里表演仕舞（能剧中的舞蹈部分）的时候，观众们都很喜欢。我已经演了两次，稍事休息后，会在九日再次为京都所有的贵妇表演……在十四日或十五日，我会有点空闲时间，我将去伏见，催促他们赶紧筑城。我应该会在那里待上三五天，然后立刻去看你。我会在你的住处表演能剧给（你和其他人）看。期待吧。[11]

1594 年年初，秀吉对能剧的迷恋达到顶峰，他命人创作了一系列以自己一生中的大事和主要成就为主题的"新作能"（新能剧）。创作者是秀吉的御伽众大村由己，主角当然是秀吉自己。据说大村一共为秀吉创作了十部能剧，其中五部流传至今，分别为《吉野花见》《高野参诣》《明智讨》《柴田讨》《北条讨》。1594 年，秀吉特意为秀次在大阪城演出《吉野花见》。此后，秀吉会专门为每个重要人物表演，从住在京都的大名和他们的家人到后阳成天皇。不难想象，每次演出结束后，观众都会报以热烈的掌声，急着取悦秀吉的谄媚者会不吝赞美之辞，上层女性们轻声细语地恭维太阁的演技无人可比。唯一保存下来的尖酸评论来自耶稣会士路易斯·弗洛伊斯，他在16世纪90年代中期访问伏见城时见识了秀吉的表演能力。"有时，他干扰了其他人，在他们中间跳舞，"弗洛伊斯回忆道，"他糟糕的表现证明了，这是一个无力而糊涂的老人。"[12]

　　秀吉为学习能剧花费了大量时间和精力，为修筑宏伟的伏见城投入了很多金钱和劳力，但是它们都无法和当年8月太阁的宠妾淀殿所生的"拾"（即丰臣秀赖）相比。这个新降生的儿子，是秀吉从1593年到过世之前最为沉迷的。从秀赖出生的那一刻起，秀吉对独子的关心和爱护便与日俱增。他对秀赖的关心超过了其他任何一件事，包括他在朝鲜的战争和同明朝的讨价还价。

　　失去两岁的鹤松后，秀吉不由得担心起秀赖的健康。在秀赖出生的第一年，如果秀吉不得不离开，他总会给淀殿写很多信，告诉她该如何照顾"拾"，给出严格的命令，有时甚至语带威胁，告诉她什么该干，什么不该干。他总会问的问题是："拾的身体越来越好吗？""他喝奶了吗？……请让拾喝足奶，好好照顾他。你要多吃点东西，保证奶水充足。"他又强调："不要给我高贵的拾用艾草。如果你让人给他用了，那等于犯罪。"他再次强调："重要的是，你要尽最大努力，保证不要让拾感冒……请严格命令（你的人）小心火。请派人每晚检查房间两到三次。你绝不能疏忽。"[13]

　　从秀赖刚刚学会走路开始，如果秀吉有时不得不离开，他会以自封的"太阁父亲"的头衔，直接给秀赖写信，信中洋溢着对自己慢慢长大的孩子的骄傲和爱意，以及因为不得不离开他而感到的痛苦，哪怕只是一分一秒，也不愿和他分开。

（秀赖两岁时）

你马上给我写了一封信，我很高兴。我打算留出些空闲时间，赶紧回去。因为你喜欢面具，我已经派人去找了一些当作礼物，甚至还有中国的。[14]

（秀赖三岁时）

因为我这么爱你，我会回去亲你的嘴唇。[15]

我很伤心，因为昨天我离开的时候没跟你说再见。我想你也是这么觉得的，我再也不会在这里抱怨它了。我写这封信，因为我爱你爱得很深。[16]

（秀赖四岁时）

为了准备节句（某些特定节日），你送给我一件帷子（一种轻便的衣服）和很多胴服，我很高兴。我会穿着它们，希望你能快快乐乐、长长久久地过一辈子。等到节句那天，我会回去亲你。实在太好了。[17]

我将在年末回去。我会亲你的嘴唇，它是属于我的，任何人都不能亲它，哪怕只是轻轻一下都不可以。我能想象得到，你长得越来越好了。[18]

（秀赖五岁时）

我听说有四个小子违背了你的意愿。这是绝对不可饶恕的，告诉你妈妈，然后用草绳把这四个家伙绑起来，直到父亲回到你身边。等我回去，我会把他们全打死。[19]

1595 年，秀赖两岁了，身体健康，看起来活到成年不成问题。于是，秀吉便开始着手确保孩子的未来。在 1592 年他的第一个儿子鹤松死后没多久，太阁似乎接受了自己可能永远不会有儿子的事实，任命自己的外甥、二十四岁的养子秀次为关白和继承人。事实证明，秀次不堪大用。他常常因为喜好杀戮而受到指责，被称为"杀生关白"。据说，他喜欢手持铁炮在乡间闲逛，对着在田间劳作的老实农夫开枪。某天，他在练习射击的时候，找来一个路过的旅者，把他绑起来当作靶子。据耶稣会士路易斯·弗洛伊斯所说，秀次为了磨炼自己的剑术，偶尔也会扮演刽子手的角色。甚至有人说他曾经"剖开妇人观察她们的脏腑和怀孕的器官"。[20]

自从这个弟弟出生的那一刻起，秀次已经知道，自己继承人的地位不保了。他在此前几年显然一直忠心耿耿地服侍秀吉，但是现在开始秘密拉拢主要大名，试图建立自己的权力基础，挑战尚在襁褓中的秀赖。他的努力从一开始便注定不会有结果。秀吉虽然给了秀次关白的头衔，但是没有给他多少实权，而且大名们也不认为支持他是一件有利可图的事。最后，秀吉知道了他的图谋。1595 年 8 月，秀吉免去秀次的关白之职，将其迁到纪伊高野山的寺院，这里通常是大名和贵族的流放地。几天后，秀吉送来一封信，勒令他自尽。失势的关白没有任何犹豫，遵从命令切腹，数名家臣步其后尘。随后，秀次的首级被传阅京都。[21]

虽然秀次已经被杀，但是秀吉并没有就此罢手。为了全面清除任何可能会妨碍秀赖成为继承人的潜在威胁，太阁命令秀次的主要家臣自杀。然后，他处死了秀次的妻妾、子女和亲属。路易斯·弗洛伊斯目睹了惨剧的发生。三十一名妇女和三个孩子（最大的不过五岁）被装在囚车里在京都的主要街道游街示众，看起来非常可怜。弗洛伊斯评论道："除了叹息声，什么也听不到。她们的遭遇甚至能够激起草木的同情和怜悯，即使是最铁石心肠的旁观者也会感到痛心。"然后，犯人们被带到三条河原行刑。他们可以看到秀次的首级被挂在非常显眼的地方，意在警告大众。孩子先被解下囚车处死，然后是女人。刽子手按照犯人的地位高低，把她们一个接一个领过来，让她们跪下，砍掉她们的头。杀戮结束后，三十四具尸体被埋在一个坑里，上面建起一座寺院，寺里有一块刻着"秀次恶逆塚"的碑。[22]

在接下来的几个月里，秀吉夷平了秀次生前在京都的宅邸聚乐第。一些建筑被彻底摧毁，另外一些被搬到伏见城。他还命令所有大名都要向新继承人秀赖宣誓效忠，而且似乎对这件事十分着迷。在此后的三年里，秀吉命令重要的大名一而再，再而三地向秀赖宣誓效忠。

早在设计阶段，秀吉已经下令伏见城一定要防震，或者用他的话来说，要防"鲇"，因为日本人认为日本诸岛在一条巨鲇的背上。[23] 他这么做是有充足理由的。首先，地震是日本常见的灾害，在最近几年变得越来越频繁，人们担心一场大地震可能为期不远。

事实证明，确实如此。1596 年 8 月 30 日 8 时，京都发生大地震，规模为当时之最。地震破坏了大阪和京都大部分地区，数百栋房屋被毁。秀吉下令建造的大佛（部分金属是通过刀狩令收集的武器熔化而成），被震成碎片。大海啸袭击了海岸，掀起的巨浪有数百米高。伏见城中的建筑或是坍塌，或是摇晃得非常严重，后来不得不拆掉。秀吉本人成功脱险，怀里抱着他最为珍视的秀赖，孩子的母亲淀殿陪在身边。四百多人被埋葬在废墟之中。

加藤清正因为这场大灾难，重新得到了秀吉的垂青。上文曾经提到，加藤在几周前才因为干涉同明朝的和谈，被从朝鲜调回国。他现在正在京都听候太阁发落，等待他的可能是太阁的召见，也可能是被勒令切腹。大地震刚发生，加藤立即想到主人可能遭遇危险，因此匆忙赶到伏见城。他发现秀吉、淀殿和小秀赖坐在废墟前的垫子上，还没缓过神来。看到加藤前来，秀吉欢呼道："虎之助，你来得真快。""虎之助"是加藤的乳名，这个亲切的称呼意味着秀吉已经完全原谅了加藤。在两人随后开诚布公的讨论中，加藤让秀吉相信，自己的忠诚是毋庸置疑的，他说的和做的完全是为了实现秀吉的野心。分手时，两人和好如初，而且直到最后一直保持着亲密关系。[24]

1596 年的大地震发生时，明使正带着册封秀吉为日本国王的诏书，在大阪附近的堺港等着向太阁宣旨，然后回国。双方的会面因为这场大灾难不得不再次延期，因为秀吉为了接见外国使臣而特意在伏见城修建的千层敷几乎被彻底摧毁。如果想保证排场，会面必须被安排在其他地方。大阪城的一侧勉强躲过一劫，基本上安然无恙，因此成了最终的选择。在接下来的两个月里，修复工作加紧进行，到 10 月，所有工作都完成了。

10 月 22 日，明使杨方亨和副使沈惟敬在大阪城与秀吉会面。黄慎（汉城朝廷不情愿地派出黄慎作为自己的代表）同他们一起谒见秀吉。明使和朝鲜使臣来到大门外，有人出来告知，不许朝鲜人入内。秀吉因为朝鲜没有按照自己的要求派出两名王子和最高级别的大臣，只是派出了一名小官而感到恼火。心有不甘的黄慎只得留在城外等待，明使单独入见。

明使被领进大阪城正殿，带到一处台阶前，台阶后面有一席黄缦帘子。杨方亨站在前面，沈惟敬站在阶下，和他有一步之隔，毕恭毕敬地捧着册封诏书和金印。过了一段时间，黄缦帘子徐徐拉开，里面走出来一个干瘦的老人。老者拄着拐杖来到明使面前，旁边有两个蓝衣侍者陪同。他就是丰臣秀吉，是太阁本人。他对着明使点头，然后转向在场的大名，问他这些使臣为什么没有按照礼节匍匐在自己面前。小西行长小声地解释道，这些人是身份高贵的明使，不会做这样的事。与此同时，明使也在等着秀吉跪下来接旨，沈惟敬一直高举着皇帝诏书。这个蛮夷之人不知道诏书的神圣性吗？抑或是他有意侮辱大明？秀吉手下一个心思敏捷的使者出面，再次让局势缓和下来。他告诉明使，太阁没有下跪，完全不是因为不尊重明使，而是因为腿脚不便，无法下跪。这样，秀吉和明使间的误解又被多掩盖了一天，他们都以为对方想要向自己臣服。明使将诏书、金印和冕服全部交给日本人，然后退下。25

在次日秀吉主持的宴会上，这场闹剧以一种近乎荒唐的方式突然落幕。太阁像藩王一样，穿着明朝赐予的华服，戴着明朝赐予的冠冕，衣着光鲜地出席宴会。约四十位大名在他的前面列坐，包括小西行长在内。他们也穿着鲜艳的官服，补子图案的不同代表着品秩的高低。坐在大名对面的是明使杨方亨和沈惟敬，后面有若干使团成员。朝鲜使臣黄慎再次被禁止入内，不得不在外等候。宴会进行得很顺利，双方敬酒、微笑、观看表演。随后，秀吉退到花畠山庄，召来几名亲信，包括精通汉字的西笑承兑，让他们把万历皇帝的诏书翻译成简单易懂的语言。

这是揭晓真相的时刻，也是小西行长很久以来一直担心的一刻。他事先找到西笑，要求他软化诏书中很可能会冒犯秀吉的言辞。不管西笑当时是如何答复小西的，当太阁让他翻译时，他一字一句照实翻译。接下来的事情肯定是有史以来最大的外交失礼之一。过去三年间被纵容而导致不断膨胀的相互误解的泡沫，在一瞬间被戳穿。

西笑先读了万历皇帝的册封诰命：

> 奉天承运，皇帝制曰：
>
> 圣仁广运，凡天覆地载，莫不尊亲；帝命溥将，暨海隅日出，罔不率俾。昔我皇祖，诞育多方。龟纽龙章，远赐扶桑之域；贞珉大篆，荣施镇国之山。嗣以海波之扬，偶致风占之隔。当兹盛际，宜赞彝章。
>
> 咨尔丰臣平秀吉，崛起海邦，知尊中国。西驰一介之使，欣慕来同；北叩万里之关，肯求内附。情既坚于恭顺，恩可靳于柔怀。兹特封尔为日本国王，赐之诰命。於戏！龙贲芝函，袭冠裳于海表；风行卉服，固藩卫于天朝。
>
> 尔其念臣职之当修，恪循要束；感皇恩之已渥，无替款诚。祗服纶言，永尊声教。钦此。[26]

紧接着，西笑又开始翻译万历皇帝给秀吉的敕谕，内容如下：

> 朕恭承天命，君临万邦，岂独义安中华，将使薄海内外日月照临之地，罔不乐生而后心始慊也。尔日本平秀吉比称兵于朝鲜。夫朝鲜，我二百年恪守职贡之国也。告急于朕，朕是以赫然震怒，出偏师以救之。杀伐用张，原非朕意。
>
> 迺尔将丰臣行长遣使藤原如安来，具陈称兵之由本为"乞封"，求朝鲜转达，而朝鲜隔越声教不肯为通，辄尔触冒以烦天兵，既悔祸矣。今退还朝鲜王京，送回朝鲜王子、陪臣，恭具表文，仍申前请。经略诸臣前后为尔转奏，而尔众复犯朝鲜之晋州，情属反覆。朕遂报罢。迩者，朝鲜国王李昖为尔代请，又奏，釜山倭众，经年无哗，专俟封使。具见恭谨，朕故特取藤原如安来京，令文武群臣会集阙廷，译审始末，并订原约三事：自今釜山倭众尽数退回，不敢复留一人；既封之后，不敢别求贡市，以启事端；不敢再犯朝鲜，以失邻好。披

313

露情实，果而恭诚，朕是以推心不疑，嘉与为善。因敕原差游击沈惟
敬前去釜山宣谕，尔众尽数归国。特遣后军都督府佥事署都督佥事李
宗城为正使，五军营右融将左军都督府署都督佥事杨方亨为副使，持
节赍诰，封尔平秀吉为"日本国王"，锡以金印，加以冠服。陪臣以
下亦各量授官职，用薄恩赉。仍诏告尔国人，俾奉尔号令，毋得违越。
世居尔土，世统尔民。盖自我成祖文皇帝锡封尔国，迄今再封，可谓
旷世之盛典矣！

自封以后，尔其恪奉三约，永肩一心，以忠诚报天朝，以信义睦
诸国。附近夷众，务加禁戢，毋令生事。于沿海六十六岛之民久事征
调，离弃本业，当加意抚绥，使其父母妻子得相完聚。是尔之所以仰
体朕意，而上答天心者也。至于贡献，固尔恭诚，但我边海将吏，惟
知战守，风涛出没，玉石难分，效顺既坚，朕岂责报，一切免行，俾
绝后衅，遵守朕命，勿得有违。

天鉴孔严，王章有赫，钦哉，故谕。[27]

这两份诏书中的几乎每一句话都让秀吉难堪。他将自己的长臂伸过海
峡，不是为了成为明朝的属国，而是要征服它。事实证明，这个远大的目
标超出了他的能力范围，不过他仍然希望能够从入侵朝鲜的战争中得到一
些成果，比如那个半岛的一部分、一些重要的人质或是北京的一位公主，
他可以用它来彰显自己的名声，让战争显得有价值。但是，万历皇帝言辞
傲慢的册封诰命和以居高临下的口吻下达的敕谕，只是为了羞辱他，是一
份书面声明，告诉他，他已经输掉了战争。怒气冲天的秀吉扯掉身上的官
服，将明朝赐予的王冠扔在地上。根据路易斯·弗洛伊斯的描述，太阁
"勃然大怒，完全疯了。他口吐白沫，大声咆哮，把自己的头发撕扯得像
是着了火，浑身大汗淋漓"。[28]

所有的史料都记载，秀吉得知真相后暴跳如雷，明使和朝鲜使臣的性
命一度受到威胁。翻译诏书的僧人成功地让秀吉多少平静了一些，他指出
中国从古至今一直是世界文明和学术的起源地，长久以来已经习惯了册封
邻近国家的君主，同现在的太阁一样。他告诉秀吉，实际上，能够得到明

314

朝的册封是莫大的荣誉，因为这意味着中国承认了他的伟大和成就。这些恭维之词稍稍平息了太阁的怒气。不过他仍然很生气，命令这些外国使臣立即离开日本，告诉他们，自己不会给明廷任何回复。于是，明使杨方亨和朝鲜使臣黄慎立即集合起使团成员，打道回府。

接下来，秀吉将怒气撒向那些他认为要对这场闹剧负责的大名。小西行长首当其冲，因为他一直主导着和明朝的谈判。多亏秀吉身边的人，包括宠妾淀殿的劝解，小西才没有被勒令切腹。虽然小西在谈判过程中表现得最为积极，但是其他大名同样要对这个结果负责，特别是作为太阁代表的三奉行石田三成、大谷吉继和增田长盛。如果要处罚小西，那么其他人同样应该受到处罚。[29] 况且小西可能只是中了明朝的诡计。最后，秀吉只是免掉了大谷、增田和石田的奉行职务，命令小西率部返回朝鲜。过了几个月，失宠的小西得到太阁的原谅，恢复了名誉。

明使花了整整一个月才真正离开日本。首先，他们必须跋涉数百公里返回九州的名护屋城，然后被迫在那里等到11月，直到天气好转，适合出海。在此期间，秀吉可能是自己明白过来，也可能是被人说服，意识到以如此粗鲁的方式打发走明使，重新挑起和明朝的纷争，对自己毫无益处。因此，他派人带着礼物和回信赶上明使，告诉他们自己不打算与明朝为敌——虽然他将册封视为侮辱，信中写道："但是我打算忘记这件事。"秀吉不能忘记的是和朝鲜的战争。他说朝鲜一直在阻止日本和中国建立良好关系。实际上，朝鲜人要为战争负全责。秀吉已经大度地释放了两名王子，但是汉城政府却拒绝按照他的要求派他们前来致谢，反倒派一个小官来羞辱自己，这是他绝对无法接受的。为了报复朝鲜人造成的伤害和侮辱，秀吉决定再次集结军队入侵他们的国家。[30]

此时的朝鲜使臣黄慎完全堕入了绝望的深渊。同再次入侵的威胁相比，更令他苦恼的似乎是自己没能将宣祖的信交给秀吉，没能完成出使任务。在名护屋的下榻之处，黄慎对明使杨方亨吐露心声，他说直到现在宣祖的信还在自己手里，他宁愿去死，也不想回到朝鲜。杨方亨试图安慰这名心烦意乱的官员，催促他等天气好转便和明使一道归国。"因为秀吉拒绝接受你的信，"杨方亨解释道，"所以你回国把它交回给宣祖，是不会有问题的。你本应该如此。"黄慎回答道，杨方亨已经递交了国书，完成了使命，自然说得轻巧。"但是秀吉完全没有臣服的意思，"杨方亨反驳道，"因此，我的情况实际上并不比你好多少。"[31]

最后，黄慎听从杨方亨的建议，和明使一起返回朝鲜。不出所料，他因为没能递交国书在汉城饱受批评。作为处罚，他被贬职。不过，对很多人来说，黄慎的出使失败和秀吉对明使和朝鲜使臣的无礼态度，只是让他们进一步确定了自己很久以来一直知道的事实：永远不应该相信秀吉，试图和他谈判是错误的。实际上，朝鲜人普遍认为，过去三年的和谈只不过是日本人的把戏，目的是让明军撤出朝鲜，以便他们能够发动第二次入侵。甚至有人提出，侮辱明使是秀吉的诡计，目的是要激怒明朝皇帝，刺激他派舰队出征日本，然后秀吉便可以设下埋伏，一举消灭明朝远征军。宣祖本人倾向于后一种意见。他派使臣出使日本，只是因为明廷劝他这么做，得知黄慎没能履行职责后，他完全不觉得吃惊或遗憾。他召倒霉的使臣入宫，感谢他的努力，赏赐给他礼物。[32]

回到北京后，正使杨方亨和副使沈惟敬试图将自己的经历描绘成一次成功的出使。他们声称丰臣秀吉欣然接受了册封诏书，感谢明朝的慷慨。他们的故事很快被拆穿。他们没有带回秀吉的谢表，只有一些所谓的贡品（后来证明是使臣自己掏钱购买的），让他们的说法受到严重的怀疑。朝鲜送来的情报加上宣祖请求明朝出兵抵抗第二次日军入侵，使两人的谎言彻底暴露。

当出使的整个过程真相大白后，所有人都认为这是国家之耻。现在，和日本进行任何形式的和谈都是徒劳无益的。倭夷秀吉史无前例地拒绝接受册封，被认为是不可接受的冒犯之举，唯一可能的回应方式是再次集结大军，把他赶下海里。朝廷主流看法的变化，使主和派彻底失势。正使杨方亨供出全部实情，立刻被解职。副使沈惟敬还在狡辩，他说整件事都是误会，和平的可能性仍存。他匆匆赶回朝鲜，想要理清头绪，当发现情况对自己不利后，据说他尝试投靠日本人。他还没来得及逃走便遭到逮捕，被押回北京，后来以谋逆罪问斩。他的妻子和孩子也被没入官府为奴，为他赎罪。[33]

至于兵部尚书石星（他是 1593 年以来最著名的主和派，让沈惟敬负责和谈，并由此导致了灾难性后果的人正是他），朝廷最开始认为只需要将其流放。在这个关头，长期不理朝政的万历皇帝要求对他施以更加严厉的处罚，并在给刑部的谕旨中说：

> 倭奴狂逞，掠占属国，窥犯内地，皆前兵部尚书石星诒贼酿患，欺君误国，以致今日戕我将士，扰我武臣，好生可恶不忠。着锦衣卫拿去法司，从重拟罪来说。[34]

石星因此失去了被宽大处理的可能，最终被判处死刑。这位前兵部尚书没有等到行刑的那一天，提前在狱中过世，据说是绝食而死。他的家人和亲戚被流放到边远省份，保住了性命。

1596 年 10 月 20 日，西班牙大帆船"圣菲利普"号载着价值一百五十万银比索（这是对外宣称的价值，实际会更高）的亚洲货物，从马尼拉起航前往墨西哥的阿卡普尔科。它在途中遭遇大风，漂到日本的四国岛，在岸边搁浅。当地的官府开始时非常友好，但是由于没有太阁的许可，因此不允许他们修理船只或是擅自离开。因此，西班牙人派代表带着礼物前往京都晋见秀吉，希望能让自己的船载着货物起航。他们到达京都后（距离明使被赶走没过几天），秀吉拒绝接见。此前奉总督戈麦斯·达斯马里纳斯之命，前往京都缓和双方关系的方济各会士，也积极协助放行，但是没有任何效果。

秀吉之所以如此固执，是因为他已经决定将"圣菲利普"号上价值不菲的货物据为己有。他需要重建因地震被毁的伏见城，而且要为计划中的第二次入侵朝鲜筹集资金。于是，他派增田长盛前往四国，扣留船只，逮捕上面的乘客和船员。这对马尼拉的财政是沉重的打击，因为那里的西班牙人定期将东方的丝绸、瓷器和香料运往墨西哥以换取银币，这是他们重要的财源。这还不是全部。12月8日，方济各会士在京都的住处被包围，六名修士和若干日本信徒被逮捕。一个月后，他们被处死。"由于这些人来自吕宋，"秀吉的命令写道，"以使节的身份从马尼拉来，因此才被允许留在京都。他们传播基督教，而这是我在去年已经严格禁止的。我命令将他们和那些信奉他们的宗教的日本人一同处死。"[35]

没有人知道秀吉发布这道命令的真实动机，我们只能靠猜测。最直接的原因是，当增田长盛到达四国岛，准备扣留"圣菲利普"号时，船长给他展示了一幅标有西班牙国王腓力二世全部领地的地图，据说是为了告诉他，西班牙是一个强权，最好不要招惹。增田问他，西班牙通过什么方法占领了这么多土地？船长的回答显然考虑不周。他说，首先是神父开路，让当地人皈依他们的宗教；士兵随后跟进，征服他们。这种将基督教传教士描述成第五纵队，打入内部协助西班牙征服的说法，让日本人相信，自己一直以来的怀疑确有其事，促使秀吉采取行动。他起初想将基督徒一网打尽，全部处死，但是最终被说服，将自己的命令限制在刚到京都的方济各会士身上，耶稣会士因为是和澳门贸易的重要中介而得到赦免。

后来，耶稣会士声称方济各会士是因为强硬的、不明智的行为而咎由自取。这种说法似乎也不是完全没有道理。耶稣会士从1549年起便开始在日本活动，对该国及其文化更加熟悉。他们熟练掌握当地语言，能够更加清晰地表达自己的意图，更好地理解对方的意思，而且由于他们的传教对象是上层（他们的理由是，如果能使精英皈依，普罗大众会很快追随），因此和有权有势的大名建立起了良好的关系，这成了他们的优势。与此相反，方济各会士初来乍到，不了解当地的语言和社会，他们的传教对象主要集中在下层，几乎没有具有影响力的日本朋友。不过，他们不愿意听从更有经验的耶稣会士的建议，特别是要他们更加谨慎地传教的建议。他们坚持穿着显眼的方济各会的教士袍，不顾秀吉在1587年发布的神父驱逐令公开施洗，而且对耶稣会士的谨慎和伪装成佛教徒的做法冷嘲热讽。耶稣会士声称，类似的鲁莽行为注定了方济各会士的下场。

方济各会士则把接下来的悲剧归咎到耶稣会士身上，认为这是他们的阴谋所导致的，目的是将自己赶出日本。这可能也不是完全没有道理的，因为耶稣会士和方济各会士出自不同的国家和教派，竞争非常激烈。耶稣会士主要来自葡萄牙，而方济各会士多出身于西班牙。虽然此时的葡萄牙是西班牙帝国的一部分，但是它憎恨自己的从属地位，继续将西班牙看作海外贸易的竞争者。耶稣会士和两国贸易战的关系尤其紧密，他们为长崎和澳门之间的黑船贸易牵线搭桥，不希望看到日本和西班牙殖民地马尼拉走得太近。耶稣会和方济各会的竞争关系，再加上对传教方式和特许权的理解不同，使得双方的关系非常紧张，可能导致耶稣会士在自己的日本朋友面前说方济各会的坏话。与此同时，日本人非常希望看到两个教派，进而是葡萄牙和西班牙两国间的关系紧张，因为他们可以坐收渔翁之利。[36]

二十六名基督徒（六名方济各会士，十七名当地信徒和三名被错抓的日本耶稣会俗教徒）被判处磔刑。他们先被割去鼻子和耳朵，被牛车拉着在京都、大阪和堺游街示众。然后，他们被送到西南九州岛的长崎，这里是日本人和外部世界进行贸易的主要场所。1597 年 2 月 5 日，他们被钉在十字架上，铁钉穿过他们的喉咙、腰和膝盖，将其慢慢折磨致死。他们的尸体被挂了几个月，最后只剩下一堆白骨。当地的基督徒将其偷走，作为圣物保存起来。

5 月，"圣菲利普"号的西班牙乘客和船员将方济各会士被钉死在十字架上的消息传到马尼拉。他们先被逮捕，后来又被释放，在长崎搭乘商船回国，除了随身衣物外一文不名。在他们被允许带走的为数不多的物品中，有一位殉道神父给马尼拉副总督安东尼奥·德·莫尔加（Antonio de Morga）的绝笔信。这位神父在信中写道：

> 偷窃了"圣菲利普"号的财物后，这位国王的贪欲大大增加了。据说明年他会前往吕宋。今年没去的原因是，他忙着对付朝鲜人。为了达到目的，他会占领琉球等岛屿，派军队在加卡延（位于吕宋北部）登陆，如果上帝没有在第一时间阻止他，他将从那里攻到马尼拉。[37]

作为回应，西班牙的新任菲律宾总督弗朗西斯科·泰罗（Francisco

Tello）派另外一名使节前往日本，这次是为了表达自己对这起事件的愤怒，要求秀吉归还从"圣菲利普"号上没收的货物。不过，他没有忘记准备礼物，"因为除此之外，日本人不会派出使节，也不会接受使节"。除了布料、剑、金银饰品，他们还送去了泰国国王不久前赠送给马尼拉的一头大象。礼物用丝绸包好，当地人穿着相称的服饰把它们送到日本（如果泰国人知道自己的礼物被以这种方式转手，他们无疑会感到恼火，因为他们在战争中站在明朝一边，派象征性的小部队前往朝鲜同日本人作战）。秀吉以超乎寻常的友好姿态接见了这个使团，他显然很喜欢那头大象，此前日本从来没有这种动物。但是他拒绝了使节的所有要求。他说方济各会士之死完全是因为他们无视自己发布的基督教禁令。他在回信中对西班牙总督解释道："如果日本神道教的信徒或俗教徒前往贵国传教，扰乱了社会安宁，造成动荡，阁下作为那片土地的主人，会感到高兴吗？显然不会。将心比心，你就会理解我的做法了。"[38] 至于"圣菲利普"号的货物，如果可能的话，秀吉很高兴物归原主。但这是不可能的，因为所有东西都不见了。

西班牙人不满意秀吉的答复，副总督莫尔加说：

> 太阁大人很高兴自己给使节的答复，因为对于给他的要求，他实际上什么都没有做。他的答复更多的是答非所问和客套话，并非真心想和西班牙人建立友好关系。他自吹自擂，态度傲慢，他的亲信也是如此。他称西班牙人是出于恐惧才会派遣使节，送他礼物，这意味着他们已经向他臣服。这样的话，他可能不必像此前在戈麦斯·佩雷斯·达斯马里纳斯担任总督时威胁过的那样，彻底摧毁他们。甚至在当时，西班牙人已经派多明我会士高母羡担任使节，给他赠送过礼物。[39]

在使团出发的同时，马尼拉的西班牙人开始为传言中的日本入侵做准备。1597 年 5 月，马尼拉收到阿基尔神父的警告。紧接着的传言让事态看起来更加糟糕，据说在 1592 年曾经出使菲律宾的日本冒险家原田孙七郎已经得到太阁的允许，将入侵马尼拉。警觉的西班牙人将当时住在马尼拉的大量日本人驱逐出境，只允许日本商船入港交易，除此以外一概禁止入内。然后，由于他们相信日本人将从台湾岛进军马尼拉，总督派出两艘船北上勘察那座岛屿，而且向中国南方省份广东的官员发出警报，提醒他们日本人接下来的计划。

传言中的日本入侵最终没有发生。根据莫尔加的说法，原田自己的实力不足以发动远征，也无法获得更有权势的人的支持，经过几个月毫无结果的努力，他放弃了这个主意，因为秀吉过世了。因此，日本对菲律宾的侵略还要再等三百五十年。

与此同时，在日本，秀吉的大名军团长们正在准备第二次入侵朝鲜。第二次行动的规模不及第一次，前一次的目的是先征服中国，再征服全亚洲，而第二次入侵只是为了夺取土地。为了安抚太阁受伤的自尊心，证明他代价极大的第一次入侵并非一无所获，他的军团长们将占领朝鲜半岛南部。

真正的威胁是朝鲜水军，这是日本人在第一次入侵中学到的最重要的经验，现在他们将会把它铭记在心。规模不大但是战斗力极强的朝鲜水师，在1592—1593年间发挥了重要作用，破坏了日本人通过黄海运送援军和补给的计划。因此，第二次入侵如果想要成功，解决掉朝鲜舰队是当务之急，这样日本水军便可以掌握朝鲜南部海域的制海权。在第二次入侵前的几个月里，为了实现这个目的，秀吉的大名军团长们从两个方面着手准备。首先，他们将重点放在强化自己的水军实力上，集合起了一支比1592年更加强大的舰队。其次，在战争正式爆发之前，他们已经开始想办法削弱朝鲜水军，目标是它的最高统帅李舜臣。

23

李舜臣下狱

1596年夏，三道水师统制使李舜臣失去了汉城朝廷很大部分的支持。使李舜臣失势的罪魁祸首，是从战争初期便与他不和的庆尚右水使元均，他不断指控李舜臣怯战、不服从上级命令、独占所有功劳。两人的关系在1594年极度恶化，以致李舜臣申请调职。不过，最终被调走的是元均，先是被任命为忠清道兵马节度使，然后又被任命为全罗兵使。在后一个职位上，他倾尽全力诋毁李舜臣，向每一个愿意倾听自己的人喋喋不休地重复着先前的指控，希望早晚有一天能够让自己的仇敌垮台。[1]

不过，李舜臣面对的威胁并不只是元均的不断抹黑，另一个问题是他无法重创日军。李舜臣在战争初期的惊人战绩，使朝鲜政府对他寄予厚望。但是这些胜利也使日本海军变得更加谨慎。到了1593年，他们开始避免和朝鲜舰队接触，让自己的水手待在岸边的倭城，把自己的船只藏在无法接近的港湾。敌人无心应战，李舜臣也无能为力。但是汉城政府对此非常不满。他们继续催促李舜臣和已经难觅踪迹的敌人作战。当他无法取得战果时，他们开始质疑其是否适合担任统帅。1592年的英雄已经丧失勇气了吗？他是不是因为已经身居高位而失去了进取之心呢？或许元均是对的，李舜臣从来没有那么伟大，他其实只是一个自我吹嘘的野心家，窃他人之功为己有。

在从1596年7月开始的多次廷议中，西人的领袖们建议宣祖将李舜臣解职，以元均取而代之，声称这可能是对国家最有利的举措。当月21日，左议政、西人党首金应南对李舜臣的评价虽然是"从容适中"，但是认为："今者巨济之镇，则须送元均，可矣。若守巨济，则非此人，其谁乎？"[2]在这个时候，宣祖还不想以元均取代李舜臣，他仍然怀疑前者的能力。不过，到了12月初，他开始动摇了。中日间的和谈此时已经化为泡影，日本人很可能再次入侵，朝鲜朝廷因此惊惧不已。12月25日，工曹参判赵仁得陈述了战前元均在北方边界的一系列光辉事迹，宣祖认同元均确实非常勇猛。[3]12月25日的廷议对元均更加有利，有人建议应该让他重回水师，至少应该官复原职，重新被任命为庆尚右水使。东人党首、李舜臣的庇护者柳成龙谨慎地做出让步，承认元均是少有的同时精于陆战和海战的将领，"不过，他错误不断，因此不适合重回庆尚道担任水使"。

宣祖不同意柳成龙的说法。他认为元均作为庆尚右水使时之所以不服从李舜臣的命令，是因为他作战更加勇敢，但是李舜臣得到的奖赏却更多，因此才会愤愤不平。"我听说在某场战斗中，"宣祖补充道，"李舜臣按兵不动，而真正与敌人作战的是元均。"

"是的，"李德悦答道，"在某场战斗之前，元均必须要催促李舜臣十四五次，李舜臣才会同意参加。他们摧毁了约六十艘敌舰，但是李舜臣在奏折中将所有功劳都揽到自己身上。"

随后，右议政李元翼开口了。"即使李舜臣没有摧毁所有敌舰，"他评论道，"他杀死的日本人显然要多于元均。"宣祖和大臣们的讨论无果而终，李舜臣的职位没有变化，但是现在他在战场上取胜的能力受到了严重质疑。[4]

值得一提的是，在这次和接下来的廷议中，李元翼是西人中唯一支持李舜臣的朝廷重臣。[5]他之所以没有遵从西人的党论，是因为他在前一年实地考察过南方水军，与李舜臣和元均有过对话。在这次的视察中，李元翼发现元均"性格粗鲁"，当提到李舜臣的时候，元均只知道含糊其词地破口大骂。而李舜臣则表现得颇为理智，说话得体，很有智慧。"按行李某营垒，观其区画，极有规模。"后来李元翼在上书中如此写道。不仅如此，他还补充道："李某真将军也，其心智亦可嘉也。"[6]李元翼带着对李舜臣极高的评价返回汉城，对元均则很不满意。此后他对两人的看法，与此次视察有很大关系。

虽然朝中的趋势对李舜臣不利，但是他并非一定会被解职或下狱。而日本人的介入，则让他彻底失势。1597年年初，在秀吉的先锋军准备返回朝鲜之际，间谍要时罗出现在庆尚右兵使金应瑞的军营中。他的到来没有引起金应瑞和他的部下的特别怀疑，因为他们对要时罗很熟悉，他是一个双面间谍，出生于对马岛，日语和朝鲜语都很流利，私下里更倾向于朝鲜一方，愿意在该国永远定居下来。因此，金应瑞和他的部下仔细聆听他要说的话。要时罗解释道，他带来了小西行长的秘信。他说，小西认为对手加藤清正要为和明朝的谈判失败负责，想要除掉他，以绝后患。加藤现在正准备率领一支新的侵朝军重返朝鲜，他在途中必定会经过釜山外海的一座岛屿。要时罗给出了地点和准确时间。"如果朝廷能命令水军在他乘船前往朝鲜时在海上伏击他，"他总结道，"贵国便可以抓住和杀死这位大将。同时，你们也帮了小西一个大忙。"[7]

间谍要时罗的工作十分成功。他和金应瑞见面后，金应瑞相信了他的说辞，立即上报自己的上司都元帅权栗。权栗也觉得要时罗的故事合情合理。小西和加藤的矛盾在朝鲜尽人皆知，其中一人背叛另外一人不算稀奇。因此，都元帅权栗为金应瑞的报告背书，将其送到汉城。朝廷经过短暂讨论后得出结论，小西的密信看上去是真的，这使得朝鲜人获得了除掉最重要的敌军将领的绝佳机会，他们决定立即动手。于是，朝廷传令南方的李舜臣，让他集合舰队，趁加藤清正还在海上时加以拦截。

李舜臣马上开始怀疑要时罗的说法。他觉得这是一个陷阱，因此没有急着出航。庆尚兵使金应瑞相信情报是真的，对此非常生气，向朝廷告状，说李舜臣不愿采取行动。权栗也对三道水师统制使的拖延不满，3月8日，他亲自前往闲山岛，命令李舜臣立即行动。李舜臣回答道，整支朝鲜舰队要穿过布满暗礁的水域，而且时间和地点都是敌人提供的，这不仅危险，甚至可以说是非常愚蠢的。即使要时罗的情报是正确的，风险和收益也不成比例。权栗不同意。他要李舜臣服从军令，立即启航。[8]

此次对话后不久，李舜臣率舰队向东驶往加德岛。他没有走出太远，间谍要时罗再次来到庆尚右兵使金应瑞的营中，这次带来了加藤清正已经安全登陆的消息，朝鲜因此错失了在海上伏击他的机会。这份情报是真的。加藤于3月1日在釜山附近登陆，在权栗命令李舜臣行动的前一周。

不过，狡猾的要时罗知道如何愚弄右兵使金应瑞和汉城政府。他说，李舜臣竟然让这么好的机会白白溜掉，实在遗憾。如果他早点行动，加藤现在已经人头落地了。[9]

日本人的计策见效了。朝廷没有花时间去想李舜臣的看法正确与否，后者认为整起事件或许只是日本人为了让朝鲜水军进入圈套而使出的诡计（事实可能正是这样），并为错失除掉当前最令人痛恨的日军将领的大好机会而感到惋惜，这种情绪似乎影响了每一个当事人的判断。"今者舜臣岂望擒馘清正之首哉，"听到这个消息后，对李舜臣彻底不抱希望的宣祖感叹道，"即使他率军出战，丢掉全部战舰，也比待在闲山岛无所事事好得多。"[10]有朝一日，宣祖肯定要为这些话后悔。

1597年3月14日，朝廷最后一次讨论如何处置李舜臣。判中枢府事尹斗寿先开口重述了对李舜臣的指控。"他在此前几个月待在闲山岛无所事事，"他说，"现在，他让加藤清正逃之夭夭。他一定要受到惩罚。"

行知中枢府事郑琢也表示同意，他说："李舜臣确实有罪。"

宣祖开口了，他说："最近备边司上奏，我国将帅常常不服号令，因为朝廷没有严加约束。看看明朝的例子，李提督以下，诸将莫不欺瞒朝廷，现在我国将领也效仿他们。即使李舜臣现在献上加藤清正之头，也绝不能饶恕他。"

在战争开始前举荐李舜臣的领议政柳成龙，现在试图撇清自己，他说："以前臣家与舜臣家相隔不远，因此深知其为人，觉得他可以任事，所以当初才推荐他担任造山万户。"

宣祖问道："他受过良好教育吗？"

"是的，他非常坚毅，有决断力，因此我才推荐他担任水使。但是他在1592年立下大功后，朝廷封赏太滥，武将很容易因此过于自满，自满则不能用。"

宣祖对柳成龙的理由不感兴趣。"李舜臣绝不能被饶恕，"他重复道，"武臣轻慢朝廷之习，不可不治。"

然后，左议政金应南建议，让元均回到水军，或许可以让他担任此前的庆尚水使，"他是最合适的人选"。

起初，并不是每个人都同意他的看法。宣祖指出，元均虽然勇猛，但是有时过于鲁莽。"如果我们重新任命他担任庆尚水使，谁能控制得住他，防止他头脑发热贸然出战呢？"不过，由于朝廷大臣们急于看到李舜臣倒台，因此关于元均是否担任水军将领的争议很快被搁置一旁。甚至连李舜臣的庇护者柳成龙都没有为他辩护。他可能确实认为受自己提携的李舜臣有罪，不过更有可能是为了避免卷入一场必败的政争。

随后，郑琢开口了。他说，虽然李舜臣肯定应该被褫夺官职，但是临阵不可换将。在场的人基本都同意他的看法。最后，宣祖决定任命元均为庆尚水使，李舜臣暂时负责忠清和全罗两道的水军。[11]

值得注意的是，宣祖和他的大臣们虽然因为李舜臣拒绝服从命令而恼火，但是为了稳定军心，只是解除了他的部分指挥权。大臣们并没有提出要把他送进监狱。对他施以更严厉处罚的提议，来自官僚系统下层，这里的党争更加激烈，野心勃勃的年轻官吏们为了有朝一日能够爬上高位，急于表现自己。集监察、人事任命和时政弹劾三大权力于一身的司宪府尤其如此。这里是很多年轻官吏仕途的起点，他们利用可以犯颜直谏的权力，弹劾敌对派系的成员，为自己的事业积累资本。

司宪府的上书决定了李舜臣的命运。3月21日，朝议决定剥夺李舜臣部分指挥权六天后，司宪府上书宣祖，质疑这项决定，认为"统制使李舜臣……纵贼不讨，孤恩负国之罪大矣。请命拿鞠，依律定罪"。[12]司宪府的目的达到了。两天后，宣祖派人南下闲山岛逮捕李舜臣，把他带回汉城，同时任命元均为三道水师统制使。4月12日，奉命捉拿李舜臣的官员来到他的本营，职务交接也在同一天完成。李舜臣多年来辛苦积攒的军粮、武器和火药，全部落入他最为鄙夷的元均手里。随后，李舜臣被五花大绑关入囚车，北送王都。他将被投入大牢，接受鞠问，回答针对他的指控，包括违令、纵敌（因此也就犯了叛国罪）和掠人之功（算是对屡次向朝廷陈述自己功绩的元均的肯定）。这些都是足以被判处死刑的重罪。[13]

李舜臣在汉城的牢房里等待自己的命运的同时，东人和西人之间围绕着对他的处罚展开了一场言辞之战。东人想要救他，西人打算处死他。为了进一步了解此事，朝廷派大臣南下闲山岛调查李舜臣的所作所为。奉旨南下的大臣显然更倾向于西人的看法。他在南方的时间非常短，甚至没有按照命令在闲山岛停留。他带回来的可怕故事，加重了李舜臣的罪过。他告诉朝廷，根据一些尚未证实的说法，加藤清正的船在前往釜山的途中，在一座小岛上搁浅，被困了七天，只要李舜臣愿意出击，朝鲜水军消灭他如探囊取物。一些人合理地怀疑这个故事的真实性。现在已经回到朝廷任职的前都元帅金命元，告诉宣祖，他认为这个故事荒谬至极，日本人是"天生的水手"，很难相信他们会像这样被困了整整七天。不过，也有很多人愿意相信任何可以进一步抹黑李舜臣名声的说法。[14]

最后，行知中枢府事郑琢的上书，救了李舜臣一命。七十岁的郑琢因为年龄和智慧很受宣祖尊重，他很有说服力地指出，虽然李舜臣受到的指控非常严重，但是也应该考虑他在1592—1593年间曾为国家效力，居功至伟。他的建言最终被采纳，几乎肯定会被判处死刑的李舜臣得到从轻发落，只被褫夺官职。经过一个月的监禁和多次鞫问后（在此期间很可能还曾遭到拷打），李舜臣被放出大牢，押解南下，他的新职位被安排在庆尚道。从此以后，五十二岁的前三道水师统制使李舜臣，成了都元帅权栗帐下一名普通士兵。[15]

> 丁酉四月初一日辛酉，晴，得出圆门，到南门外尹生侃奴家。则
> 奉、芬及蔚与士行、远卿同坐一室。话久，尹知事自新来慰，备边郎
> 李纯智来见。知事归，夕食后佩酒更来。著献亦至，李令公纯信佩壶
> 又来，同醉致恳。领台郑判府事琢、沈判书喜寿、金二相命元、李参
> 判廷馨、卢大宪稷、崔同知远、郭同知嵘，送人问安。[16]
>
> ——《乱中日记》

1597年5月16日，李舜臣出狱了，他的内心想必非常苦涩。亲朋好友立即送酒来慰劳。次日，他见到了自己的朋友兼庇护人、领议政柳成龙，和他谈了整晚，打听关于自己的案件的最新进展。然后，他于5月

18 日南下庆尚道，将在权栗帐下充任一名普通士卒。

李舜臣南下的旅途缓慢且痛苦。[17]他先拜访了忠清道牙山的老家。在这里，他发现李氏祖坟的周围只剩下一些熏黑的树桩，最近的一场森林大火烧毁了这个地方。在接下来的几天里，李舜臣走亲访友。然后，他收到消息，八十岁的老母去世了。战争开始后不久，她搬到离儿子更近的丽水，现在她乘船北上返回牙山，在途中过世。

和发生在李舜臣身上的很多事情一样，母亲的过世同样早有预兆。5 月 26 日，他在日记中写道："晓梦甚烦，心怀极恶，思恋病亲，不觉泪下。"于是，他派人到岸边等待母亲的船来，打听她的健康状况。两天后，噩耗传来，他的母亲已经去世，他写道："奔出擗踊，天日晦暗。"在接下来的几天里，李舜臣将母亲的遗体送到牙山老家安葬。他在日记中写道："望里恸裂，如何可言……雨势大作，南行亦迫，呼哭呼哭，只待速死而已。"[18]

葬礼结束后，身穿孝服的李舜臣不得不继续南下。到达庆尚道后，他和两个儿子在权栗军营后的山上住了下来，居住条件非常简陋。他会在那里一直待到夏天结束，虽然表面上是在按照权栗的命令守卫这个偏远的哨所，不过实际上享有充分的自由，有几个仆人听候他的调遣。他在等待着朝廷转变对自己的看法。

第五部分

丁酉再乱

主不可以怒而兴师，将不可以愠而致战。[*]

—— 《孙子兵法》，公元前 4 世纪

24

水、雷、大灾难

秀吉第二次入侵朝鲜的目标，和第一次截然不同。1592 年，他将目光放在中国身上，朝鲜只是通往战利品的大道，只需尽快通过，然后就可以开始着手实现真正的目标——夺取北京。到了 1597 年，秀吉已经放弃了这个计划。他确实仍然不时提起要将整个世界纳入自己的帝国，例如他在发动第二次入侵时发布的军令中有一些非常大胆的言辞："先征服朝鲜八道，再征服大明四百余省、南蛮、切支丹（天主教），直到遥远的岛屿，只要八幡大神保佑，所有国家都会望风而降。"[1] 但这只是在虚张声势。太阁现在意识到，中国太大、太远，即使像自己这样的大征服者也只能望洋兴叹。这次，他将目光转向朝鲜本身，更准确地说是朝鲜南部。

秀吉对朝鲜南部的打算是什么呢？由于前线将领和他的目标不同，因此答案不是那么直观。从接下来的战事发展可以清楚看出，加藤清正、小西行长和黑田长政等大名想要占领南部的庆尚、全罗和忠清三道，把它们变成日本领土。这会让秀吉感到满意，因为他的帝国的疆域会变得更大，他的声名会变得更加显赫。更重要的是，这会大幅增加征服该地的大名们的石高，攫取大量新领地的欲望足以让这些大名以身犯险。不过，秀吉本人似乎并不打算长期占领三道。实际上，在第二次入侵伊始，他就禁止麾下的指挥官进军汉城。他命令他们，只要在朝鲜南部大肆破坏一到两个月，然后便要撤回海岸附近。他的目的是为了挽回自己在第一次入侵和随后同明朝谈判过程中丢掉的面子。对太阁而言，即使自己的军队注定要撤出朝鲜，将半岛的一半化为涂炭，便足以惩罚胆敢与自己作对的朝鲜人，而且也可以向中国人证明，只要愿意，他仍然有能力和决心挑战他们。

1597 年出兵朝鲜时，秀吉可能也想要提升自己在日本国内的威望。明朝皇帝不承认两人地位平等，朝鲜拒绝了他送出王子作为人质的要求。这意味着，在南征北讨的一生中，他第一次无法以武力或其他方式逼迫对手就范。秀吉不能让这种事情发生，因为这等同于告诉外界，他正变得虚弱，这个年过六旬、体力明显正在衰竭的独裁者，不再像过去那样一言九鼎、唯我独尊。有鉴于此，秀吉除了再次入侵朝鲜外，别无其他选择。唯有这样，他才能向自己的臣僚和百姓证明，他仍然是他们的主人。顺之者昌，逆之者亡，他需要让他们铭记这一点，不仅仅是为了他自己，也是为了他的继承人、年仅四岁的独子秀赖。一旦秀吉过世，秀赖的权力远远不足以捍卫自身的统治。秀吉再次踏足朝鲜，不仅仅是要告诉明朝和朝鲜，自己绝对是不可以被愚弄的，而且也要告诉自己麾下的大名，那些臣服他不久的顽固的领主们，丰臣家是实力强大而且意志坚定的，不容许任何挑战，任何胆敢不服从它的命令的人，都将为此付出高昂的代价。

　　此前，为了安抚明使，日军陆续撤出朝鲜。截至 1596 年和谈破局之时，仍然留在半岛的日军不过数千人。在接下来的几个月里，日军持续增兵，在釜山及其附近为数不多的几个立足点的兵力跃升到了 20,390 人。已过世的小早川隆景（碧蹄馆之战的胜利者，在当年早些时候自然死亡）的养子小早川秀秋率领 10,390 人驻守釜山；立花宗茂率 5000 人驻扎在十五公里以西的安骨浦；高桥统增率 1000 人驻守在离岛加德岛；浅野幸长率 3000 人驻守西生浦，距离北面的蔚山不远；隆景的弟弟小早川秀包率 1000 人驻守在位于洛东江三角洲的竹岛。[2] 日军此时尚未发动攻势。各部队的任务是建立滩头堡，为侵朝军主力的登陆做好准备。

　　1597 年 3 月 19 日，秀吉下令动员 121,100 人参加第二次朝鲜之役。其中近半数，约 56,700 人来自九州，其他人来自四国（24,400 人）和本州西部（40,000 人）。[3] 连同已经在釜山的 20,390 人，秀吉第二次侵朝总兵力达到了 141,490 人，仅略少于 1592 年第一次派往朝鲜的 158,800 人。此次秀吉精锐尽出，所有将领和很多士兵都经历过第一次入侵的战斗和困难。他们因此变得更加强悍，但是也更加谨慎。和 1592 年不同，此次重返朝鲜的日军士兵已经不像当初那么乐观，当时他们认为征服明朝易如反掌。现在他们已经知道，在未来的战斗中，自己将面对的是绝对不会屈服的敌人。朝鲜人虽然弱小，心中却怀着难以化解的仇恨，而明军人多势众，实力强劲。他们也知道，这次的战斗异常凶险。不管最后的结局到底会是什么，很多人肯定会在答案揭晓之前客死他乡。

日军总大将是十五岁的小早川秀秋，他是秀吉的侄子，和秀吉之妻宁宁有亲戚关系。年轻的秀秋先是被太阁收养，赐名羽柴秀俊，后来又过继给无嗣的小早川隆景，后者曾经参加过第一次入侵。这个年轻人不会有多少实权，他充其量只是名义上的指挥官，在战场上代表着他的姑父秀吉。在秀秋之下的是二十三岁的宇喜多秀家（第一次侵朝时的总大将）和十八岁的毛利秀元（代替在 1592—1593 年出征朝鲜的叔叔毛利辉元）。黑田孝高作为军师辅佐他们（他是黑田长政的父亲，同样信仰基督教，教名西蒙）。这位五十岁的老将很可能花了不少气力指导这些名义上级别比他高的年轻人。

像小早川秀秋、毛利秀元和稍长的宇喜多秀家这样的年轻人会被授予军中如此高位，这是非常值得注意的现象。其中一个原因可能是因为他们会如实贯彻秀吉的命令。相较于年纪和野心更大的人，把他们安排在这些位置上对秀吉更加有利。除此之外，我们也应该知道，这些职位不同于当时明朝或朝鲜的"提督"或"都元帅"，也不同于现代军队的将军或统帅。秀吉第二次侵朝的军队基本上仍然掌握在指挥各军的大名手中，每个军团实际上包含若干相互独立的部队，为了达成共同目标而松散地结合在一起。1592 年战争刚开始的几个月里，各军团之间的内斗和各自为战的现象非常严重，这是很重要的原因。当时日军一路凯歌，导致秀吉手下几个刚愎自用的大名过于自信，认为自己将轻而易举地取得胜利，因此互相争功。在第二次入侵中，这种现象要轻得多。1597 年重返朝鲜的大名们，更有纪律性，也更愿意合作。有人主张，这是因为他们受到了更加严格的约束。[4] 鉴于统领全军的不过是分别时年十五岁和十八岁的年轻人，这种说法有待商榷。一个更加合理的解释是，秀吉的军团长们知道这次自己将面临怎样的困难，因此更乐于遵守纪律。第二次踏上朝鲜土地之后，他们对敌人的实力和本方的弱点了解得更加透彻。他们知道，如果想要取得胜利，必须精诚团结。

1597年3月初，日本人开始返回朝鲜。当月1日，加藤清正率领一万人搭乘两百艘船在洛东江口的竹岛登陆，与已经驻扎在那里的日军小部队会合。他们在途中没有遇到任何抵抗。加藤派使者将主人秀吉的信送到汉城，内容应该是要求朝鲜人屈服，否则将毁灭他们。[5] 然后，加藤派一艘船先向东前往釜山，然后北上西生浦向庆尚道百姓发布如下告示："加藤清正率军奉太阁殿下之命，再次渡海前来。一名使臣已经被派往汉城，在等待他的消息的这段时期，庆尚道百姓不应该怀疑这份布告的真实性，也不要因为害怕试图逃跑。"[6]

3月2日，小西行长带着七千人抵达釜山，随后向西航行十五公里到达安骨浦，搜集木材修复和强化倭城，去年他们从那里撤走。在接下来的战争过程中，小西先是负责监督水军，秀吉可能希望通过他来保证自己的舰队上令下达，更有效率，以免重蹈1592—1593年间的覆辙。在接下来的几个月里，第六军的水军大名藤堂高虎、加藤嘉明、来岛通总和第七军的胁坂安治将陆续抵达安骨浦与小西会合，这座位于釜山西面的港口成了侵朝军主要的水军据点。[7]

从3月上旬到8月中旬，更多的部队抵达朝鲜南部海岸。岛津义弘率领一万人增援加德岛；黑田长政、毛利吉政（毛利胜永）等人进驻安浦；锅岛直茂和十七岁的儿子胜茂率一万两千人前往竹岛；毛利秀元声势浩大的三万人加上宇喜多秀家的一万人，和年轻的小早川秀秋一起驻扎在釜山。

军队的集结缓慢而有条不紊。这次入侵的目的与1592年不同，无须以电闪雷鸣之势北上清出通往汉城之路。相反，秀吉的军团长们花费数月时间集合军队，在半岛东南端修建了一连串倭城，既可以加强守备，同时也可以作为进出西面的全罗道和北面的庆尚道的据点。他们返回朝鲜是为了攫取土地，而非仅仅将其视为通向北京的大道。

除了从日本运送士兵、马匹和补给品所花费的时间，秀吉第二次入侵开始时进展缓慢的另一个原因可能是难以获得足够的军粮。为了确保十四万人数月的口粮，日本人需要大量稻米，这远远超出了他们的运输能力。更何况从国内运粮补给军队，不仅会给日本农夫造成极重的负担，也会使一部分水军不得不为繁重的运输任务分心。有鉴于此，秀吉决定让远征军自力更生，他们需要自己想办法获取比1592年更多的粮食。因此，第二次侵朝的军队需要从朝鲜人那里征收更多的米谷，对屯田的依赖程度也要高得多。考虑到这些，便可以理解日本人从3月开始登陆到9月发动地面攻势之间漫长的间隔期。他们在等待朝鲜人收割粮食，然后掠夺他们的收成作为军粮。这也可以解释，为什么他们的攻势会从全罗道开始。全罗道是朝鲜土地最肥沃的地方，是半岛的粮仓，可以提供日本人急需的所有粮食。[8]

1597年的"丁酉再乱"（即日本人的第二次入侵），完全在朝鲜人的意料之中。在第一次入侵结束后相对和平的几年时间里，他们努力加强国防。南方多地的山城和关键城市的城墙得到整修。军队被允许使用铁炮，数支部队获得了有限的供给，不过和日军相比差距仍然很大。在第一次入侵中，火炮显示出极大威力，新炮被铸造出来运往军队，以替代那些在战场上遭损毁或被日本人夺走的旧炮。情况与此相似的还有一次能射一百支火箭的火车。朝鲜人也努力为军队装备新武器，如在1593年年初的幸州之战中发挥了不错效果的水车石砲。[9]

因此，不能说朝鲜人在漫长的战争间歇期只是在虚度光阴。不过，他们加强防御的努力，完全不足以击退秀吉的第二次攻势。一个很重要的原因在于，第一次入侵将朝鲜南半部化为焦土，摧毁了南方的经济。由于饥荒，汉城朝廷不得不将注意力放在使农民重新耕种土地以解决国家粮食不足的问题上。除了驻守在王都内外的数千名官军，此时的朝鲜军队主要由义兵组成，其中绝大多数是农民，平时耕种，战时集结。与此同时，海军也不得不自谋生路。1594年战事平息后不久，三道水师统制使李舜臣让自己的兵士归农，以养活他们的家人。因此，在战争间歇期，朝鲜水军的规模缩减了一半。实际上，到了1597年上半年，朝鲜南部仍然有舰队存在这件事本身，已经足以证明李舜臣的机智和决心。从1593年到1596年年末，为了筹措军粮，李舜臣经营农田、耕种土地，又通过制盐筹集军资、维持舰队。他从朝廷得到的资助微乎其微。

实际上，朝廷之所以能够完成一些最为重要的防御工作，如修建和强化南方的山城，只是因为它们几乎没有耗费国家资源。很多防御设施是僧人修筑的。自朝鲜建国以来，他们一直被指责为是在白白浪费社会财富，并且因此遭到严重迫害，甚至连僧侣身份都无法得到国家的正式承认。壬辰战争爆发后，政府通过许诺给予僧人领袖奖励和声誉，正式承认两个主要宗派，授予自愿参加建筑工作一年以上的僧人度牒，使数千名这样的社会底层之人在全国各地辛勤劳作。对汉城而言，这些让步几乎不需要付出任何代价，基本上不过是将过去两百年间从佛教徒手里夺走的权利还给他们而已。不仅如此，战争结束以后，朝廷对曾经许诺过的奖励非常吝啬，为想获得僧籍的人设置了种种限制，结果只有极少数僧侣得到了官方的承认。[10]

朝鲜在秀吉第一次入侵期间蒙受了重大损失，这无疑是它只能有限度地加强国防的最重要原因。不过，原因并不止于此。在战争初期，汉城朝廷向明朝求援并得到了军事援助，但是它也因此部分地放弃了自己的独立性，从而丧失了一部分自我防御的能力——更准确地说是自我防御的意志。现在，在秀吉发动第二次入侵的前夕，朝鲜首要的防御政策仍然是寻求明朝的奥援，而非强化本国的防御力量。现在，汉城已经将明军视为自己的终极威慑武器。宣祖和他的大臣们相信自己可以再次请到这支天兵，明朝援军给他们带来的安全感超过了本国修建的任何防御工事。他们确实在努力修整城墙、招募义兵、强化山城，不过如果没有明朝这个选项，他们很可能会做得更多。实际上，到了1596年年末，日军重新发动攻势的意图已经十分明显，朝鲜政府做的第一件事，便是不断派使臣前往北京求援。

大批日军重返朝鲜一周后，汉城接到了各方传来的报告，包括加藤清正从半岛南岸派出的使者，他带去了秀吉的信件。备边司拒绝接受这封信，他们不希望让自己看起来像是在事先未告知明廷的情况下单独和敌人交涉。[11] 由于担心敌人会像 1592 年一样迅速进军首都，幸州之战的功臣、现任朝鲜都元帅的权栗，动身前往汉城中路最易于防守的小白山脉鸟岭。1592 年，这处隘口完全没有设防，朝鲜人不想再犯相同的错误。权栗下令强化鸟岭的山城，在这里部署了相当数量的士兵防守。这是明智之举，可惜在实战中没有起到任何作用。鸟岭在 1592 年时是战略要地，在后来的战斗中却完全不重要。

与此同时，另一份请求明朝派遣援军的奏折，连同半岛南部最新情况的报告，被十万火急地送往北京。明朝的态度同 1592 年第一次接到宣祖的求援请求时截然不同。首先，明廷已经因为秀吉史无前例地拒绝接受册封以及他对待明使的粗鲁举止而震怒，因此当时的立场颇为强硬。其次，明廷已经预料到日军会再次入侵朝鲜，在收到宣祖最近的上书之前，再次派遣东征军的战备工作已经在进行之中。明廷已经任命邢玠为蓟辽总督，全权负责朝鲜相关事务，以文官作为最高军事长官是明朝的惯例。"军门"邢玠最开始将总部设在辽东。兼具文官、武官任职经历的杨镐，被任命为经理朝鲜军务，地位在邢玠之下。在接下来的战争中，他是派往朝鲜阻击日本人的明军的实际统帅。在杨镐之下的是中国远征军在战场上的实际指挥官麻贵，他开始时被任命为备倭总兵官，不久后加封提督，与此前的李如松相当。最后，在麻贵之下的是指挥各支部队的几名总兵，包括杨元、董一元和刘綎，最后一位就是 1593 年活跃在朝鲜的"大刀"将军。[12]

对明廷而言，任命出征朝鲜的将领不难，不过要找到可以交由他们指挥的士兵却不那么容易。第一次朝鲜之役给国库造成了不小的负担，万历皇帝缺乏召集一支大军的资金，尤其考虑到征召士兵需要支付巨额军饷。由于财政状况过于窘迫，长年不上朝的万历皇帝也不得不亲自处理政务，批准开采一处新银矿以充实国库。仅此并不足以弥补用度的不足，他又提高了几项已经越来越重的特别税的税金，这项措施不久后激起了数省民众的抗争。[13]

朝鲜也不是明廷唯一需要担心的地方。它还要处理其他难题，需要将军队派往其他地区。其中最棘手的是东北边地逐渐加深的危机。当地一位名为努尔哈赤的酋长手段不凡，在过去二十年间统一了女真各部，组建起了一支包括三四万名骑兵、四五万名步兵的纪律严明的军队。[14] 现在这里仍然平静，不过由于要固守辽东，防备努尔哈赤，因此朝廷不可能将距离朝鲜最近的辽东军队主力调往半岛。明朝最好的对策是从辽东象征性地调拨一支军队，然后从帝国的其他地区动员更多兵力，包括遥远的南方省份广东、福建和西部的四川。因此，明军需要花费数月时间才能重返朝鲜。杨元率领先遣部队从邻近的辽东出发，于1597年7月到达。远在两千公里以外的四川的"大刀"刘绖最后赶到。（明朝水师也接到增援的命令，首次在朝鲜亮相，不过他们在当年很晚时才抵达半岛。）

　　虽然在召集军队开赴朝鲜时面对诸多困难，明朝廷还是设法集合起了一支大军，兵力超过了1593年。虽然不是战前经略邢玠预计的十万大军，不过已经非常接近。根据中国史料的记载，初期兵力达到三万八千人，后来数月间又有一万六千名士兵从帝国偏远地区赶到。水师最终找到了驶向朝鲜的航道，又为明军增加了两万一千人。因此，在第二次朝鲜之役中，明军兵力最多时接近七万五千人。[15]

　　总兵杨元是第一位援朝的明军将领。他于6月下旬率领辽东镇的三千官兵跨过鸭绿江，旋即奔赴汉城。这是杨元第二次来到朝鲜，他曾于1593年以左协大将的身份随李如松一同来此。在国都休息数日后，朝鲜群臣送他继续南下。宣祖亲自主持盛大的出征仪式，命人为杨总兵斟酒，赠送给他礼物，以示自己王国的慷慨。出汉城南大门后，杨元向宣祖保证，自己决不会临阵怯战，"贼若来，惟决战而已"。[16]

　　随着第一批明军开赴前线，而且随后将有更多援军前来，汉城朝廷在日本的威胁面前开始变得更加自信。杨元离开汉城后仅仅过了四天，朝鲜人给秀吉送去一封斥责他的信，从中可以明显看出它的信心。朝鲜人告诉秀吉，大明皇帝已经因为秀吉的顽冥不化和再开战端而龙颜大怒。信中写道："若天朝，蕞尔日本，即尔六十六岛之一岛耳。况尔既受王封，已为臣属。臣与君抗，天理不容，神明其殛之。昨年尔国，地大动摇，此其兆也。尚不安静祈福，而欲日寻干兵乎？尔已六十余岁，寿命几何，子未十龄，孤弱何恃？"[17]

当朝鲜的信使抵达釜山时，杨元正带着他的三千兵马朝位于全罗道南部、离海岸六十公里的南原行进。南原能够俯瞰朝鲜半岛东南端的一系列倭城，在1595年明军撤离前，这里一直被他们当作前沿据点。现在，随着日本人再次现身南方，明军重返南原。如果日军试图北上，明军将在这里加以阻截。

快到7月底时，杨总兵抵达南原，在城中驻扎下来。南原的城墙和塔楼非常坚固，而且得到了很好的修缮，因此他认为这里适合作为同日军作战的基地。这多少让当地的文武官员有些担心。朝鲜最新的防御策略是据守山城要冲，而非城池，因此他们劝杨元移师附近易守难攻的蛟龙山城。杨元对他们的建议不屑一顾。相反，他让自己的手下加强南原自身的防守。他加高了城墙，在四周挖了一条很深的壕沟，下面铺满了长刺的树枝，使其更加难以逾越。[18]

杨元抵达南原后不久，游击将军陈愚衷率两千人马进驻南原以北五十公里外的全州。如果日军攻陷或是绕过南原，陈愚衷的任务是组织起第二道防线。朝军将领金应瑞驻扎在相距不远的庆尚道宜宁，为他提供支援。[19]

杨元在南原挖掘壕堑，陈愚衷进驻全州的同时，日本人也在做着准备。朝鲜水军是最令他们头疼的难题之一。在第一次入侵时，这支军事力量发挥了至关重要的作用，封锁了日军通过黄海北上的航路，使他们无法利用海路为深入敌境的前锋输送援军和补给。秀吉的将军们不希望重蹈覆辙。为了确保地面攻势的成功，他们首先必须消灭朝鲜水军。

为了达到这个目的，日本人已经事先采取了一些措施。当年早些时候，小西行长派间谍要时罗带着对手加藤清正的情报前往朝鲜军营，催促他们派水军袭击并杀掉这个双方都恨之入骨的宿敌。统制使李舜臣担心这是陷阱，拒绝出击，于是要时罗再次潜入朝军大营，告诉他们，这个黄金机会被白白浪费掉了。在壬辰战争初期率领朝鲜水军屡次取得大捷的统制使李舜臣因此被解职，罪名是不服从命令，将他人功劳据为己有。经过被投入监狱、遭受拷打鞫问的羞辱后，李舜臣现在只能待在距离南部海岸不远的山间茅庐里，表面上是作为普通士兵在权栗帐下服役，实际上可以自由行事，等待朝廷的重新任用。

他不需要等太久。代替李舜臣出任三道水师统制使的元均，以自己的无能证明了李舜臣的精准判断。接替李舜臣的职务后，元均来到闲山岛，和自己的小妾一起搬入李舜臣用来同部下会面的大帐。后来，他更是发展到了不理军务的程度。日本人第二次入侵的威胁迫在眉睫，元均却把时间浪费在饮酒和处罚部下等琐事上。他将怒气发泄到了敢于向自己进言的军官身上，尤其是那些在他看来对自己不满，仍然忠于李舜臣的军官。他的行为很快导致朝鲜水军军纪败坏。士兵们在窃窃私语，元统制使根本没有能力在接下来的战斗中击败日军，若想活命，唯一的机会是趁现在赶紧逃走。部分军官开始无视他的命令，在背后嘲笑他，其他人越来越失望，他们或是主动辞职以示不满，或是被解职。到了盛夏，在李舜臣麾下战无不胜的朝鲜水军迅速丧失了斗志，面临着越来越大的解体危险。[20]

被流放到庆尚道西南的李舜臣，对局势了如指掌。在整个7月和8月，几名曾经为他效力的军官前去探望他，告诉他发生了什么，有时甚至忍不住流下眼泪。李舜臣最近已经因为失去母亲而伤心，听到这些消息，变得更加抑郁。他在日记中记下了"无耻之徒元均的恶行"：

> 李敬信（音）自闲山岛来，提到了元均的斑斑恶行，说他命令一名部下离岛，到陆上购买粮食，然后试图勾引其妻。那个女人没有屈服于元均的淫威，而是大声尖叫着从他的怀里挣脱。元均用尽所有手段想要陷害我，这也是我的不幸之一。他用来贿赂的赃物络绎不绝地输往汉城。就这样，随着时间一天天过去，他将我拉入深渊，而且越陷越深。[21]

在这几个月里，李舜臣继续为了国家和自己的前途占卜问卦。6月22日，他梦见"自己用拳头打死了一只猛虎，剥下虎皮，在空中挥舞"。[22]杀虎象征的是李舜臣的何种愿望？是重击重返朝鲜的日本人，还是消灭造成自己当前困境的罪魁祸首元均？鉴于在李舜臣这一时期的日记里，元均出现的频率甚至在日本人之上，后一种解释的可能性更大。

四天后，到了6月26日，李舜臣唤来一名仆人，用《易经》为元均算命。当天晚些时候，李舜臣在日记中记下了结果："屯卦，水、雷、屯。"这意味着天上的风会腐蚀和摧毁原来的主体。这是大凶之兆。[23]

朝鲜水军陷入了混乱，而此时聚集在釜山的日本水军则比1592年时更加强大。日本舰队的舰船数量和第一次入侵时大体相当，约一千艘，指挥它们的水军将领几乎是同一批人，包括加藤嘉明、藤堂高虎和胁坂安治等。不过，除了火力较弱、吨位较小的武装运输船，日本水军还建造了一些装备有火炮的重型战舰，虽然还是不如朝鲜的板屋船和龟船，不过已经有了很大改进。日军的军纪和指挥体系也有了长足进步。很多日本水军将领出身海贼世家，他们彼此的对立和因此导致的缺乏合作影响了日军的战斗力，和第一次入侵时李舜臣军纪严明、令行禁止的舰队形成了鲜明对照。

到了1597年，日本水军中像这样各自为战的情况明显减少。秀吉意识到了一支强大的联合舰队的必要性，因此在第二次入侵时命令小西行长负责水军，其强大的领导力会让拥有海贼背景的大名，如藤堂和胁坂等人服从命令，从而提升整支舰队的效率。[24]在战斗开始时，这些水军将领本身无疑也更愿意相互合作，因为这次他们知道自己将面对怎样的难关。因此，和1592年时相比，1597年的日本水军变得更加强大，它的指挥体系更加完善，更愿意服从纪律，所有这些都将成为他们在接下来的大海战中的优势。

日本人没有大举进攻闲山岛的朝鲜水军。相反，他们试图把对手引诱到釜山。7月19日，日本间谍要时罗再次出现在庆尚兵使金应瑞的大营。他告诉金应瑞，日本人计划在六周后的八月初一（公历9月11日）进攻全罗道。小西的部队将前往宜宁和全州，加藤的部队走的是更北的一条路，或者通过庆州，或者通过密阳和大邱。要时罗说，他想让朝鲜人知道这些，这样他们就可以在中途拦截，迅速结束战争，否则战斗可能会再拖十年。随后，要时罗问到了朝鲜水军的情况，他十分想知道朝鲜水军是否处于战斗状态。十五万日军很快会抵达对马岛，增援留在朝鲜的三四万名日本人。如果朝鲜水军处于战斗状态，它可以主动进攻，在敌人登陆之前消灭敌军主力，这样第二次入侵甚至还没有开始便会提前结束。[25]

金应瑞向朝廷报告了此次和要时罗会面的情况，认为要时罗未必值得信赖，他可能是按照日本人的命令，给朝鲜传递假情报。另一方面，金应瑞补充道，很多情报看上去是可信的，因此不应该完全被忽视。

它们确实没有被忽视。朝廷倾向于相信要时罗的情报，特别是都元帅权栗，他觉得这是重创日本人、事先阻止入侵的天赐良机。于是，他直接给新上任的三道水师统制使元均下令，命令他率领舰队向东前往釜山外海巡弋，趁敌人登陆时发动进攻。[26]

在闲山岛沉溺于酒色的元均，现在发现自己和前任李舜臣在四个半月前的处境相同。如果他奉命行事，有可能会落入陷阱，导致舰队被消灭；如果他拒绝行动，则会被指责为怯战、不服号令，这正是元均自己对李舜臣的指控。开始时，元均尽可能拖延。他答复权栗，建议陆军先进攻敌人前往釜山途中的主要据点安骨浦，一旦敌人陷入混乱，水军将随后跟进。权栗愤怒地将这条建议丢在一旁，他觉得元均只是在找理由避战。汉城的备边司同意权栗的判断。鉴于安骨浦在半岛上，备边司评论道，地面攻势会将朝军置于险境，他们很可能会被附近倭城的日本人切断后路。权栗认为，唯一合理的行动路线是朝鲜水军先进攻。都元帅显然做出了一定的让步，命令元均在闲山岛和釜山中途的加德岛外海巡弋，切断岛上日军和外界的联系，阻止日本人继续西进。[27]

在壬辰战争中，元均绝对是争议最大的朝军将领。因此，人们很容易觉得他动机不良，会不假思索地同意权栗的指责，认为他拖延进攻时机只是因为不想作战。这很可能包含了部分事实。不过，为了公平起见，我们也应该看到，他建议的海陆协同作战，同李舜臣本人反复提出的建议多少有些类似，后者的提议因为没有陆军配合而几乎无法付诸实践。因此，元均的建议可能不完全是推托之词。同样值得注意的是，由于李舜臣在战争初期的胜利，朝鲜人对水军的期待远高于陆军，权栗把抵御日本人的任务全部交给元均。因此，很容易想象，元均当然会觉得不堪重负，以至于拒不执行上面的命令。毕竟，权栗交给元均的任务是他自己都不愿意（或不能）完成的。

7月底，元均作为三道水师统制使的可疑行为，特别是他不愿意同日军交手，使其失去了朝中和军中的很大一部分支持。7月4日，都体察使李元翼前往李舜臣山中的草庐同他会面，说起了他常年对元均的担心。他也提到，宣祖开始为用元均替换李舜臣感到后悔（内心依然苦涩的李舜臣在日记中写道，"不过，圣心难测"）。月底，对元均越来越不满的都元帅权栗亲自找到李舜臣。权栗告诉李舜臣，元均屡次信誓旦旦地承诺，自己很快会扬帆出海，同日本人作战，但这些全都是谎言。实际上，他只是待在闲山岛的大帐内无所事事，对诸将的建议充耳不闻，对部下的不满和军纪的崩坏视而不见。"事情已经显而易见了，"权栗说，"朝鲜水军会葬送在他的手里。"[28]

元均的上司权栗越来越急迫地催促他从闲山岛出海东行，谨慎地寻找机会歼灭日军。7月31日，元均屈服于权栗的命令。不过，他甚至没有驶过附近的巨济岛。当朝鲜水军小心翼翼地沿着岛屿附近的海岸线前进时，他们遇到了一支从釜山向西侦察的日军小舰队。经过短暂而无果的冲突后，元均命令手下船只驶离战场，迅速返回闲山岛。[29]

权栗对这种三心二意的敷衍之举非常不满。他继续向元均施压，命令后者果断行动以歼灭日军。8月17日，元均抵不住压力，集合起南方所有战舰，组建起一支两百多艘船的舰队，不情愿地再次向东驶去，目标釜山。

在山上监视闲山岛动向的日军间谍，看到元均的舰队出航，给正停泊在釜山附近海域的日军舰队发去警报，告诉他们朝鲜水师将至。日本水军严阵以待。与此同时，元均率领自己的舰队绕过巨济岛，经过安骨浦，沿着海岸线向北航行。他们在这里击溃了一支毫无防备的日本小舰队，然后继续向釜山外海无人居住的绝影岛进发。[30]

当天是 1597 年 8 月 20 日。朝鲜人在绝影岛附近遭遇日军主力舰队。据估计，大约有五百至一千艘战舰在开阔水域严阵以待。[31] 情况对朝鲜人不利。经过一天的航行，他们疲惫不堪，饥渴难忍，对本方主将的不信任进一步削减了他们的战斗力。起风了，风越刮越大，掀起巨浪，朝鲜人的阵形被吹散。天色渐晚，元均的部下知道自己将不得不在夜幕中作战，这进一步加深了他们的不安。此时元均表现出的无能，甚至超出了李舜臣和朝中部分大臣早先的预料。[32] 元均无视这些不利条件（其中尤其重要的是，战争的时间和地点不是他选择的），命令朝鲜水军全面出击，直插敌人庞大舰队的中心。日本人的应对之策非常合理，体现出了李舜臣水准的战术素养。他们没有正面出击，反而选择后退，迫使元均的船追击。短暂撤退后，他们回头反击，然后继续重复这个过程，充分发挥日军士兵体力充沛的优势，慢慢消耗早已筋疲力尽的朝鲜人，直到他们几乎没有力气拉弓放箭。

最后，看到元均的部下体力消耗殆尽，日军舰队最后一次回头，全力进攻。在随后的激烈交火中，三十艘朝鲜战舰或被日本人攀船，或被烧毁，或因为其他原因被消灭。剩下的船也很快四散逃离，混乱不堪，惊恐万分的水手们仅凭着肾上腺素在夜幕中拼命划桨。

对朝鲜人而言，这只是灾难的开始。到达加德岛后，元均手下的舰长们显然认为他们可以先找水源，然后赶在敌人到来前逃走。他们错了。当朝鲜人跳下船，匆匆上岸寻找水源时，岛津义弘的三千名士兵杀了出来。在此次交战中，元均又损失了四百人和若干艘船。

侥幸从加德岛逃生的朝鲜水军现在士气低落。他们继续向西撤退，绕过巨济岛北端，向南驶入巨济岛和小岛漆川岛之间的海峡漆川梁。这不是一个安全的泊船之所。漆川梁过于狭窄，一旦遭到日本人攻击，大型朝鲜战舰没有周旋的余地。即便如此，元均还是让自己的舰队在这里足足待了一周，他因为沮丧和愤怒丧失了行动能力。元均在巨济岛登陆，同他的上司、从附近的固城军营前来的权栗会面，遭到后者的痛斥。都元帅权栗对朝鲜水军在釜山和加德岛的大败极为愤怒，以至于下令杖责元均。在朝鲜军中，这类处罚不算稀奇，但对象通常是士卒，对于元均这样的高级将领来说，这是非常罕见的侮辱。受到杖责的元均羞怒难当，回到自己的旗舰后终日饮酒，闭门不出，甚至连手下的舰长也不允许入见。这样，群龙无首的朝鲜水军在漆川梁闲待到8月27日，等待最终结局的到来。

与此同时，日本水军没有因为最近的大胜而志得意满。在釜山外海的第一次冲突后不久，日军舰队开始分兵向西寻找朝鲜人的踪迹。8月22日，藤堂高虎、胁坂安治、岛津丰久、加藤嘉明和小西行长在安骨浦会面，计划联手进攻朝鲜水军残部，他们已经知道对方正在西南十五公里外的漆川梁。与此同时，岛津义弘从加德岛的军营运送两千人到附近的巨济岛。上岸后，他带着部下穿过狭窄的路口，将士兵部署在西北沿岸，让他们观察停在下面海峡的朝鲜水军的动向。决战尚未开始，朝鲜人已经如同笼中之鸟，前面有日本水军，后面是日本陆军。

漆川梁的元均和他的舰长们对此一无所知。元均的信心因日本人动摇，他的傲气被权栗打掉，独自待在旗舰闷闷不乐，在酒精的刺激下神志不清。时间一天天过去，他既没有制定计划，也没有集合部下。他同样没有派人从住在岸边的农民和渔夫那里打探敌人的情报。时间慢慢流逝，失去了指挥官和行动能力的朝鲜水军安静地停泊在水面上，看不到大风暴已经近在眼前。

8月28日零时过后，风暴来袭，皓月当空。安骨浦的五百多艘日本战舰在小西、藤堂、胁坂、加藤嘉明和岛津丰久的率领下，驶向不远处朝鲜水军停泊的漆川梁北端。午夜刚过，三声炮响标志着日军进攻的开始，舰队先锋冲入海峡。不谙夜战、士气低落的朝鲜人很快处于劣势。日本战舰逼近朝鲜船只，日军士兵登上了一艘又一艘敌舰，心生恐惧的朝鲜士兵被铁炮和弓箭射中，被刀剑砍杀，朝军战舰被付之一炬。因为停泊在巨济岛而错过海战的船只，也遭遇了相同的命运，他们被埋伏在岛上的日军消灭。数百名跳入水中逃上岸的朝鲜士兵同样没能幸免，被岛上的日本人屠戮。只有少数船只设法逃到漆川梁南端，进入外面的开阔水域，但也很快被追上歼灭。锅岛直茂之子胜茂后来描述道，数百艘朝鲜船只熊熊燃烧的场面，甚至比吉野盛开的樱还要美丽。[33]

破晓时分，整支朝鲜舰队或被烧毁，或被击沉，统制使元均被杀。大部队被消灭后，元均竭尽全力逃出漆川梁南端，然后向西驶向大陆，日本人在后穷追不舍。登陆后，元均的手下为了活命，竞相奔入山中。据一名生还者所述，元均年纪太大，跟不上其他船员，很快坐在一棵松树下休息，手里握着剑。当这名生还者最后回头望向元均时，五六名日军士兵已经到了元均身边，他们也拔出了刀。日本人可能割下了元均的首级，不过由于人们从未找到他的尸身，因此他到底如何而死不得而知。李舜臣的得力助手、全罗右水使李亿祺同样战死沙场。他在漆川梁坚持到最后一刻。据说当看到败局已定后，他跳入水中，宁可葬身海底，也不愿被日军割下首级。阵亡的还有忠清水使崔洪。[34]

唯一活下来的高级将领是庆尚右水使裴楔。眼看朝鲜水军无所事事地闲待一周，裴楔向上司元均进言，催促他将舰队移往更加安全的地方。遭到元均拒绝后，裴楔悄悄带着麾下的十二艘战舰来到靠近海峡南端的一处封闭港湾，看到日本人发动攻势便逃走了。[35]裴楔的不战而逃激怒了包括李舜臣在内的许多人，成为后人评价元均时的一个反例，至少有一名史官指出，虽然元均要对漆川梁的失利负责，但无论如何他是战死的，不像其他那些逃亡的人。[36]

从漆川梁逃走后，裴楔赶到朝鲜水军在南方的本营闲山岛，烧掉军营，毁掉武器和补给，趁日军还没有赶来将留在岛上的所有人运出岛。然后，他率领自己的小舰队向西前往安全之地。这支微不足道的小部队只有十二艘船，是朝鲜水军硕果仅存的军事力量，它们要肩负起阻止日本人的无敌舰队进入黄海的重任。

朝鲜水师全军覆没的消息传回日本，引起一阵狂喜。在给参战将领的贺信中，丰臣秀吉感谢他们"为国家立下不世之功"。[37] 藤堂高虎受到特别赞赏，据说他的舰队消灭了约六十艘敌舰。岛津丰久吹嘘自己消灭了一百六十艘稍小的船只，很可能是将被聚到一起烧毁的舢板和渔船也计算在内。[38]

不过，事到如今，怪罪任何人都已经无济于事。正如宣祖本人所言："这件事已经过去了，现在我们必须任命新的三道统制使，集合起当地剩下的船只。我们必须把这件事告知明朝。"备边司的官员们缄口不语，显然不愿意直接提及元均继任者这个敏感话题。最后，行刑曹判书金命元和兵曹判书李恒福把所有人都心照不宣的话讲了出来。他们提议让李舜臣官复原职。宣祖马上同意了。重新任命李舜臣为统制使的命令在当天下达，立即被送往南方。[39]

李舜臣在庆尚道西南海岸附近山中的陋室度日如年。8月28日晚，他陆续收到朝鲜水军大败的消息。最早前来报信的是一名筋疲力竭、浑身赤裸、流着血的水手，他告诉李舜臣，"一千艘日本战舰"在釜山外海集结，元均的水军被冲散，然后撤退。随后又有几个人前来，他们证实了朝鲜水军大败的消息，根据其中一人的说法，"大将（元均）见贼先奔"。[40]

水、雷、大灾难，《易经》的卜辞应验了。

8月30日，都元帅权栗从附近的大帐骑马前来拜会李舜臣，讨论接下来可能采取的措施。他们知道，日军随即会猛攻全罗道，但是由于手头的情报太少，难以确定最佳的因应方案。最后，李舜臣提议，自己以非正式的身份西行巡视海岸，考察当地的守备状况，根据考察结果制定出相应的对策。权栗同意了。李舜臣集合起为数不多的忠实部下，当天便启程上路，在三十天内走了七百多公里。[41]

两周后，在庆尚道和全罗道的边界短暂停留时，李舜臣做了一个梦，梦见自己不久后会接到国王的教旨。次日，"宣传官梁护，赍教谕书入来，乃兼三道统制使之命"。由于前一天的梦，他对此完全不感到惊讶。"肃拜后祗受书状书封，"他在日记中写道，"即日发程，直由豆崎之路。"[42]

25

日军挺进内陆

现在是 1597 年 9 月。元均的朝鲜水军在上个月被歼灭，日本人完全掌握了从朝鲜西南进入黄海的航道。朝鲜南部的稻米也已经收割完毕，日军预计可以搜刮到足够的军粮。于是，秀吉的军队决定在此时发动地面攻势，从釜山向北推进。

按照秀吉的计划，第二次入侵将会同上一次截然不同。1592 年，他设想将朝鲜并入自己的帝国，尽可能避免不必要的破坏，因此命令手下的军团长在条件允许的情况下尽量善待当地平民。1597 年，秀吉已经放弃了这样的野心。现在他明白了，朝鲜人过于顽固，独立性太强，克制的手法无法让他们接受自己的统治。只有铁腕政策才能够对付他们。这次，他下达的命令是："不分男女老少，不管信教与否，战场上的士兵自不待言，甚至连山民，乃至最贫穷、最卑微的人也不例外，全部杀光，把首级送回日本。"[1]

首级是战争中常见的战利品，不过秀吉所说的把首级送回日本难以实现，因为首级占的空间太大，考虑到庞大的数量，以及朝鲜和日本之间的距离，将其全部运回日本是不切实际的。但是，秀吉确实想要看到能够证明自己军队战绩的证据，能够证明他们忠实地执行了自己命令的证据。因此，他要求自己的士兵割下死者的鼻子，然后把它们堆到指定位置，军目付会把它们浸上盐，装入桶中，运回日本。

因此，1597 年的地面攻势比 1592 年惨烈和残忍得多。战争开始之前，秀吉的各军团长发布告示，提醒朝鲜农民，如果不回田间耕作，将会遭到搜捕和杀戮。官员当然会被处死，他们的妻子和孩子也会受到牵连，他们的房屋会被焚毁。如果有人揭发躲藏起来的官吏，可以得到奖赏。只有顺民才能苟活下来，其他所有人都将被"抹掉"。[2] 这将会是一场恐怖与灭绝的战争，与 1939 年纳粹在欧洲占领区的所作所为类似。按照历史学家尤吉思·艾莉森纳斯（Jurgis Elisonas）的说法，希特勒和秀吉的军队"陷入了一种幻想，他们误以为自己可以通过恐怖手段迫使当地人合作，从而阻止抵抗运动的形成"。[3]

日军的计划是先兵分两路分别推进，在全罗道北部会师后一路转向左，另一路转向右。日军为此组建起了两支大军，65,300 人的右路军由毛利秀元指挥，49,600 人的左路军由宇喜多秀家指挥，侵略军总兵力达到114,900 人。

宇喜多的左路军率先出发。他的目标是中朝联军驻守的南原。9 月 11日，宇喜多开始从釜山向西前进到全罗道边界，然后转向西北，逼近该城。其余各部（小西行长、宗义智、岛津义弘、蜂须贺家政等人的部队）从釜山港、安骨浦、加德岛等地乘船出发，先前往巨济岛，然后继续西行到达停战期间朝鲜人控制的地区，过南海岛，进入光阳湾，最后溯蟾津江而上，直到水路的尽头。当这些部队登陆时，士兵们仍然体力充沛，而且距离南原只有十公里。唯一需要担心的是军马，船上狭小的空间使得大部分马匹无法立即投入战斗。小西和其他大名让它们在附近的原野吃草，让自己的部队在江边安营，等待它们恢复体力。

1597 年 9 月的日本侵朝军[4]

右路军	
大名	兵力
加藤清正	10,000
黑田长政	5000
锅岛直茂和锅岛胜茂	12,000
池田秀氏	2800
中川秀成	2500
长宗我部元亲	3000
毛利秀元[*]	30,000
总计	65,300

（续表）

左路军	
大名	兵力
小西行长	7000
宗义智	1000
松浦镇信	3000
有马晴信	2000
大村喜前	1000
五岛纯玄	700
蜂须贺家政	7200
毛利吉成	2000
生驹一正	2700
岛津义弘	10,000
岛津忠丰	800
秋月种长	300
高桥元种	600
伊东佑兵	500
相良赖房	800
宇喜多秀家**	10,000
总计	49,600

* 右路军总大将
** 左路军总大将

安营后不久，当地一名僧人告诉日军，南原城内有两万守军，此外还有两万援军正在赶来的路上。小西和他的同僚们聚在一起，讨论根据这份情报他们该如何行动。最后他们决定，趁这些所谓的援军还未到来，立即进攻南原，虽然一些战马仍然没有恢复过来。[5] 拔营之后，日军抄近道赶往南原，于9月23日来到城下，同宇喜多秀家会合，将城池团团围住。

现在，五万名日军士兵已经准备好进攻南原。在他们面前的不是那个僧人所说的两万守军，实际上只有杨元的三千名明军和全罗兵使李福男的一千名朝鲜士兵，此外还有一些平民。不过，中朝联军守卫的城池确实非常坚固。日本人必须跨越的第一道难关是城壕。城壕底部铺有带刺的树枝，使之更难被跨越。然后，日本人还要面对南原城本身。坚固的石墙不低于

350

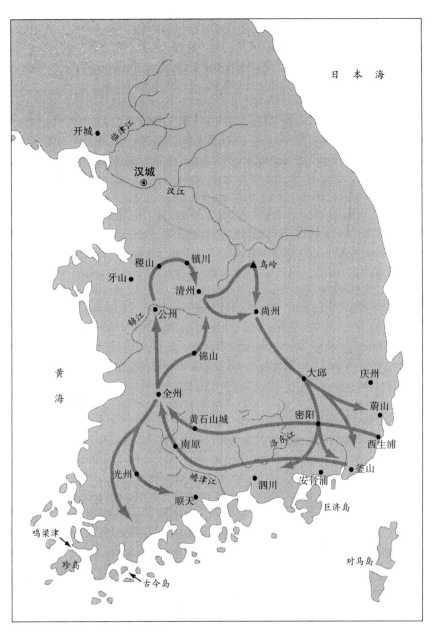

图 7　丁酉再乱，1597—1598 年

四米，城门处甚至更高。若想克服这些障碍攻下南原城，除了兵力，战斗技巧和策略也是必不可少的，否则伤亡将高得离谱。

9月23日，当天刚刚来到南原城下的日军发起试探性攻击。一百名士兵先靠近城墙。他们以圆弧形散开，开始鸣枪挑衅，吸引守军火力，军团长们在后面观察，以确定守军的部署和实力。

次日一早，日本人开始攻城。第一个需要清理的障碍是环城的壕堑。攻城日军顶着城上火炮、铁炮和弓箭的猛烈攻击，开始在几个地方用草谷木石填上壕沟。这项工作完成后，大部队开始用城外密集的民房作掩体，一步步向前逼近。此前，杨元已经下令烧掉城外的房屋，但是剩下的断壁残垣为日军提供了充足的保护。

接下来的9月25日是中秋，日军暂时没有攻城。他们现在形势占优，于是派人在城外大喊，表示自己愿意对话。杨元派了一个人出城，看看他们想要什么。那个人带着一封信回来（杨元显然认为他会回来），日本人要求守军献城投降。杨元拒绝了。日本人重新攻城，攻势比上次更加猛烈，而且一直持续到晚上，哪怕天上下起大雨，也没能阻止他们。

在这几天的战斗中，城外的日军指挥官一直在观察城中守军的情况，评估他们的部署和实力。明军部署在东、西、南三面，朝鲜人防守城北。现在守军人困马乏，箭矢几乎耗尽，一些人开始动摇。宇喜多、小西和其他指挥官猜到，杨元会认为日军将猛攻较矮的城墙，因此在那些地方部署了更多兵力，于是决定反其道而行，攻击城墙最高的南门，那里的防守反倒可能最为薄弱。为了准备这次的进攻，日军军团长们派人到附近的田里割下稻秆捆起来，由于昨天的大雨，它们还是湿漉漉的。南原城内的中朝联军看到了敌人的举动，但是搞不清楚他们要干什么。谜底于当天揭晓。9月26日，在天色已经发暗、月亮还未升起之时，日本人连续两个小时用火炮和铁炮向城头射击，逼迫守军无法露头，而且震耳欲聋的枪炮声掩盖住了其他所有声音。一些日本士兵趁守军精力不济，悄悄靠近城墙，开始将稻草堆到城下，直至形成一座与城墙齐高的小山。日军的射击终于停了下来，守军向外张望，发现日本人踩着高高堆砌的稻草，正蜂拥跨过城墙，领头的据说是武士松浦镇信。中朝联军尽其所能发起反击，但是他们既无法击退日本人，也不能点燃被他们当作梯子的稻草堆。不久后，数千名日本人攻入南原，急于在白刃战中立功的武士们冲在最前面。[6]

《朝鲜记》的作者大河内秀元随军参加了这次战斗。砍下两个人的首级后，他回忆道，这是献给他的守护神（八幡）大菩萨的一天。他放下血迹斑斑的刀刃，将满是血污的双手合十，对着日本的方向毕恭毕敬地鞠躬。他割下两名死者的鼻子，用事先放在铠甲里的手帕包好。不久后，他又杀死了第三个人，这次的对手骑在马上，大河内用刀刺入敌人的腹股沟。对方从马上摔了下来，跌落到远离大河内的一侧，附近的日本武士立即开始割他的头颅。大河内赶忙上去阻止，解释了自己刺中死者腹股沟的一刀，将首级收入囊中。[7]

到了这个时候，明将杨元已经离开。看到南原即将陷落，他率领三百人从西门撤退。明军在突围途中遇到日军凶狠拦截，杨元被铁炮击中两次，最后的生还者不过百人。他们把杨元放到担架上，成功地杀出一条血路，迅速北上。到达全州后，他们发现当地守军已经撤走。负责防守全州的明将陈愚衷，不仅对在南原之战前夕杨元的求援请求置之不理，听说南原陷落后，反而立即仓皇北逃。于是，杨元和他的人继续前往汉城，于一周后抵达朝鲜王都。

南原的所有人几乎都惨遭杀戮，包括留在城中的全罗兵使李福男、他的部下和没有来得及逃走的百姓。在城外被杀的人同样不计其数。日军从军僧庆念在日记中写道："放眼望去，地上全是垂死之人。次日黎明时分，我环顾城内，路上堆积着无数尸体。"[8]后来，他在一首诗里描述了这悲惨一幕造成的创伤：

> 不管谁看了这个，
> 在他的一生里，
> 今天成了余生。[9]

战斗结束后，日本人割掉了每具尸体的鼻子。根据大河内的第一手资料，日军在南原割下了3726个鼻子，其中小西行长的人收集了879个，战功第一；宇喜多秀家的人收集了 622 个，紧随其后；第三和第四分别是蜂须贺家政的 468 个和岛津义弘的 421 个。[10] 这些鼻子由各家臣交给大名，然后再交给指定的军目付浸上盐，运回日本。

在小西和左路军的同僚们进攻南原的同时，在其他地方的加藤清正和右路军前锋也没有闲着。9 月中旬，加藤率领一万人从西生浦出发，向西深入内陆，他们的目标是抢先攻下南原。[11] 和他同行的还有经验丰富的锅岛直茂，他的麾下有一万两千名士兵，黑田长政也带了五千人。他们行进了约六十公里后，来到火旺山城，著名的"红衣将军"郭再祐现在以庆尚右道兵马节度使的身份，率领朝鲜义兵在此防守。从城墙的高度判断，这座城很难被攻下，再加上城内守军看起来意志坚定，加藤、锅岛和黑田决定绕行。[12]

下一座山城给他们的感觉完全不同，它因为位于海拔一千米的黄石山上而被称为"黄石山城"。这座山城控制着连接庆尚道和全罗道的战略要地，因此日军必须攻下它。

黄石山城是丁酉再乱前朝鲜南部新建或修复的几座山城之一。城内储备有武器和粮食，如果日本人再次入侵，地方官将率领百姓入城避难。日本人开始向内陆挺进之后，四十七岁的安阴县监郭逡负责守卫黄石山城。他带着两个儿子、女婿和几百人进入山城。一同守城的还有咸阳郡守赵宗道和他的妻儿、金海府使白士霖，后者受都体察使李元翼之命，为守军提供军事指导。

三人中只有白士霖有军事背景。因此，当日军逼近山城时，朝鲜守军只能指望他来指挥战斗。他们失望了。白士霖看到两万七千名日本士兵在城下列阵，而守军不过千人，其中还有很多百姓，于是带着家人到山城的偏僻处，顺着绳子滑出城，躲入林中。发现白士霖逃走后，守军的士气大受打击。日军包围山城，锅岛在西，黑田在东，加藤在南，城里的人惊慌失措地跑到郭逡身旁，求他带他们逃生。郭逡拒绝了。虽然他知道守军不可能抵挡得住接下来的猛攻，但是他不会逃跑。他说自己将葬身此地。

9月26日，日军开始进攻，当天便攻下山城。战斗开始后，绝大多数百姓从城墙跃下，想要逃跑，只有郭逡和几百士兵留下防守。郭逡在试图打退最后一次进攻时不幸战死。他的两个儿子托起他的尸体痛哭，也被杀死。然后，日本人涌入山城，杀掉了几乎所有人，割下他们的鼻子。单是城内便有三百五十三名朝军士兵被杀，山下还有数千平民惨遭屠戮。[13] 赵宗道全家战死，郭逡的女婿也没能幸免于难。郭逡的女儿得知丈夫的死讯后，悲痛欲绝，自缢身亡。[14]

攻陷黄石山城后不久，右路军听说左路军已经占领南原。鉴于原先的目标已经无法达成，加藤、锅岛和黑田前往五十公里以北的全州。到达全州后，他们发现这里已经是一座空城。听到南原沦陷的消息，明将陈愚衷率领两千名部下从城中撤出，北上汉城。9月30日，加藤等人顺利入城。留下一部分驻军后，右路军前锋呈扇形分散到西面的海岸和东北的锦山，全面占领全罗道北部。锅岛直茂率部继续北上攻取忠清道重镇公州，加藤清正的部队前去占领东北的清州。最后，黑田长政的路途最为遥远，他将前往汉城周边的京畿道。

这样，到了10月初，日军似乎能够顺利达成秀吉占领朝鲜南部的目标。不过，他们的处境和五年前差不多，只能眼睁睁地看着自己的战果一点点从手中溜走，部分是因为朝鲜人的持续抵抗。平息朝鲜人的抗争，成了军团长们的首要考虑。他们打算采取的方法是恐吓当地百姓。一个很好的例子是9月宇喜多秀家向全罗道百姓发布的告示，他再次重申了当年早些时候日军回到朝鲜时宣称的强硬政策。南部各军团长发布的告示与此大同小异：

> 农民将回到他们的村庄，集中精力务农。
> 官员和他们的家人将被处死，他们的房屋将被烧毁。
> 告知官员藏身处者将受到奖赏。
> 自即日起，（遵守该公告的）农民将幸免于难，躲入山中者将被处死，他们的房屋将被烧毁。
> 如有日军杀死或虐待（守法的）朝鲜农民，可报告。[15]

宇喜多和其他大名要求当地百姓绝对服从，他们对自己的话是非常认真的。战争开始以来，庆尚道、全罗道和忠清道的征服过程，伴随着对当地平民的最可怕的暴行。即使在没有重大战役的日子里，百姓也每天遭到杀戮，成百上千的鼻子被割下。我们之所以知道这些，是因为犯下这些恶行的当事人为了证明自己的英勇，保存了详细的记录和清单（"鼻请取状"），其中一部分流传至今。

黑田长政：
在战场上杀敌二十三人，割下鼻子，已验并记录
1597 年 8 月 16 日
熊谷直盛，垣见一直，早川长政

锅岛胜茂：
作为替代首级的鼻子，昨天、今天共九十个
1597 年 8 月 21 日
熊谷直盛，垣见一直，早川长政

锅岛胜茂：
今天交鼻子七个，已验
1597 年 8 月 22 日
垣见一直，熊谷直盛，早川长政

锅岛胜茂：
今天交替代首级的鼻子共二百六十四个，已验
1597 年 8 月 25 日
熊谷直盛，垣见一直，早川长政

藤堂高虎：
鼻子共三百四十六个

1597 年 8 月 26 日

太田一吉

吉川广家：

鼻子共四百八十个，已验

早川长政

1597 年 9 月 1 日

吉川广家：

鼻子共七百九十二个，已验

早川长政

1597 年 9 月 4 日

黑田长政：

鼻子共三千个，已验

1597 年 9 月 5 日

早川长政[16]

日军迅速挺进汉城，百姓陷入了恐慌。城中居民收拾行囊，准备避居乡间。朝鲜政府开始讨论撤出汉城。他们立即做出决定，把世子光海君和王后送到东北多山的咸镜道，以保护王室的未来，并且再次号召咸镜道居民抵抗日本人。大臣们和宣祖一起思考宣祖的安全。没有人提出他应该继续留在汉城。虽然宣祖抱怨自己因为 1592 年第一次逃出国都而被百姓视为懦夫，但再次西狩似乎是合理的选择。唯一的问题在于，他应该走陆路还是海路，前往北方哪座遥远的城市避难。[17]

放弃南方的明军不再意志坚定。总兵杨元身负重伤，躺在担架上，于 10 月 4 日进入王都，手下残兵败将刚过百人。宣祖出南大门迎接，看到杨元的伤势后痛哭流涕。宣祖感谢杨元为了守卫朝鲜付出了如此大的

357

代价（宣祖真情流露，在场的所有人，包括杨元在内，都不由得流下眼泪），随后杨元带着他的人一路北上，前往鸭绿江，然后返回中国。[18] 后来，杨元因为兵败南原被处以极刑。陈愚衷因为弃守全州，不战而逃被杖责一百，被灰头土脸地调回国。[19]

与此同时，提督麻贵迟迟不见动静。8 月中旬，他率一千精兵打算南下公州拦截日军。听说杨元的部队惨败，他改变了主意。考虑到自己手头的兵力完全不足以挡住日本人的进军，麻贵给北方的上司写信，建议放弃朝鲜，让明军沿鸭绿江北岸集结，防御明朝本土。[20]

麻贵的上司杨镐不同意。接到南原失陷的消息后，经理杨镐从平壤的大营南下汉城，亲自统筹全局，平息退兵言论。他批评麻贵和其他将领缺乏决心，集合起所有明军，包括从南方撤回的部队和刚刚抵达的援军，共八千人，派麻贵部将杨登山、解生等率领他们南下前往京畿道的山地伏击逼近汉城的日军。这些都是秘密部署的，为了防止走漏风声，杨镐没有把自己的计划告诉给朝鲜人。[21]

这支由步兵和骑兵组成的明军，在王都以南七十公里处停下脚步，这里离稷山非常近，在今天的平泽一带。明军选择了山间的一处狭窄隘口，将部队一分为三，一部分留在路口，其余两部埋伏在左右。然后，他们隐蔽起来，等待敌军的到来。

对于守株待兔胡明军来说，有利的是，从公州方向前来的日军兵力不算太多，只有黑田长政的先锋军五千人。黑田准备在京畿道建立日军最北端的据点，而其他大名则忙着巩固对南方的统治。[22] 10 月 16 日清晨，两军相遇。根据朝鲜史料的记载，黑田的部队被打了个措手不及，他们直到听见树丛中传出标志着明军将发动进攻的钹的声音，才意识到大事不好。根据日本人的记载，黑田的先锋军远远望见集结的明军，虽然本方人数处于劣势，但是仍然向对手发起冲锋，目的是将他们压制在低地，等待后续兵力的到来。起初形势对日军非常不利，但是听到枪炮声的黑田军主力像他们期待的一样很快赶来。现在，两军兵力持平，战斗一直持续到晚上，局势胶着，双方都损失惨重。随后，明军和日军各自退兵，打扫战场，扎营过夜。晚上，明将解生勉励部下："今看贼势，明当决死以退。努力敢死，毋坐军律。"

次日天刚亮，日军试图抢占先手，结成鹤翼阵向明军进攻。他们失败了。明军虽然被铁炮压制得很厉害，但是最终用弓箭、轻型火炮和鸟铳击退了黑田的部队，然后发起冲锋，撕裂敌阵，迫使他们南撤。杨镐从汉城派来增援的两千骑兵刚好赶到，加入了追击的行列，明军胜局已定。麻贵筋疲力尽的士兵坐下来休息，骑兵有生力量继续追赶败退的日本人，他们又砍下了一些敌人的首级，然后北返。最后，日军战死者达五六百人，明军死伤者人数与此相当。[23]

稷山之战不能说是日军的惨败。他们损失了不到六百人，反过来给予明军的打击也不小。不过，此战标志着秀吉第二次入侵朝鲜的转折点，他的部队最远到达这里，然后便开始全面撤退。不过，撤退并不等于彻底失败，倒不如说是日本人精心盘算的战略。日本人按照自己的节奏后撤，给更多的朝鲜人带来死亡和破坏，明军和朝鲜军队没有追赶。日本人仓促回军的主要原因是，他们得到消息，大批明军在北方集结，很快会南下。日本人知道，以现在的部署抵御即将大举进攻的明朝远征军是不智之举，他们的兵力分散在庆尚道、全罗道和忠清道各地。天气因素也需要考虑。朝鲜的冬天将近，筹集军粮变得越来越困难，李舜臣的复职使情况进一步恶化，日本舰队将无法通过黄海北上。考虑到这些，南撤是唯一的选择。

26

必死则生，必生则死

李舜臣正在巡视朝鲜南部海岸的守备，他刚走完一半，汉城的信使带着宣祖的教旨追上他，宣布他重新被任命为三道水师统制使。当天是1597年9月13日。李舜臣被解职时，朝鲜水军拥有不少于两百艘战舰和大批纪律严明的士兵。在巡视途中，他发现这支军队已经不复存在，主要是因为无能的继任者元均在8月28日的漆川梁海战中丧师误国，将通向西方的海路拱手让给日本人。

此时，李舜臣可以干脆放弃接受王命，这不会让他太丢面子。毕竟，他既没有船，又没有人，还能做些什么呢？事实证明，他能做的非常多。实际上，接下来的六周将是这位朝鲜水军英雄最为辉煌的时刻，让其已经璀璨夺目的履历变得更加耀眼。李舜臣只有十三艘船，能够依靠的也只剩下自己的名声和勇气。即便如此，他将迎战两百艘日舰组成的无敌舰队，令其寸步不能前行。

李舜臣从庆尚道前往全罗道南部，发现当地一片狼藉，百姓惶恐不安。难民挤满了道路，有人看见李舜臣路过，兴奋地对旁边的人说："吾公至，汝不死。"各地官员不是躲了起来，便是逃入山中，因为日军已经发布告示，一旦落入日本人手里，他们必死无疑。李舜臣在顺天附近的某地发现了三名藏在粮仓里的官员。顺天已经被彻底遗弃，当地兵使不知所踪，留下了装满兵器的武库。李舜臣迅速找来一队僧兵把武器埋好。令李舜臣气愤的是，在其他地方，逃亡的官员和军官已经烧掉了武器、粮食和

360

官署，可能是为了防止敌人发现他们的真实身份。更令他感到震惊的是，据说一座山城的守军为了不激怒路过的日本人，竟然自己推倒了城墙。[1]

在他迂回向西的途中，李舜臣尝试恢复秩序，派人把守尚未被毁的武库和粮仓，申斥懦弱的官员，鞭笞玩忽职守的军官，处罚犯罪的平民。一名军将因为没有按照命令把武器从丽水向西运到安全之地而被鞭打八十下；一名前官仓管理人因为监守自盗同样遭鞭打；两名鲍作船的船员谎称日军来袭，制造恐慌，趁隙偷牛，被李舜臣斩首示众。[2] 通过这样的方法，李舜臣成功地为自己立下了中国古代兵书所说的"威"，让其他人对自己既惧又敬，从而让百姓服从管束，让部下令行禁止，如公元前4世纪的兵书《六韬》建议的那样："杀一人而三军震者，杀之；赏一人而万人悦者，赏之……刑上极，赏下通，是将威之所行也。"[3]

庆尚水使裴楔的行为是李舜臣绝对无法容忍的，他认为必须严惩。读者们可能还记得裴楔。在朝鲜水师几乎全军覆没的漆川梁之战刚开始不久，他便率部逃离战场。裴楔因此保住了自己的性命和十二艘船。9月22日，李舜臣在日记中写道："因闻裴楔恇怯之状，不胜增叹。"[4]

9月28日，李舜臣抵达位于朝鲜西南角的会宁浦，此前他已经安排好在这里和裴楔见面，接管舰队的指挥权。裴楔迟到了很久，等到他终于前来赴约，却又表现得非常无礼，在宣读宣祖的教谕时拒绝行礼。李舜臣非常生气，但是由于裴楔身居高位，因此无法直接处罚他。李舜臣诉诸常用的间接惩罚手段，下令杖责裴楔麾下的一名军官。两周后，名誉扫地的庆尚水使给李舜臣送去一封信，称自己身体欠安，请求辞职回陆地调养身体。得到李舜臣的批准后，裴楔离开舰队，匆匆上路，再也没有回到水军。[5]

李舜臣重新接手的朝鲜舰队实力孱弱。裴楔带着十二艘船逃离漆川梁，不过到了他和李舜臣会面之时，其中两艘下落不明，因此他只将十艘船带到会宁浦。一周后，新上任的全罗右水使金亿秋又带来两艘船，但残破不堪，且人手不足。随后，李舜臣不知又从何处得到了第三艘船。这样，他可以用来阻止日本人的总共只有区区十三艘船。[6] 至于船员，李舜臣在10月的时候有一百二十名部下，绝大多数因为最近的失利而士气不振，一见

361

到日本人便想逃跑。为了让这支小部队发挥最大潜能，据说李舜臣下令将所有船只都改造成龟船的样子，装上坚木舷窗和铺有刀锥的船顶，以保护船内的士兵。考虑到时间和可以利用的资源非常有限，这些船看起来一定像一座座原始的移动堡垒。李舜臣也开始着手鼓舞军队的士气。他知道，若想阻止即将来袭的日本人，唯一的办法是使每个人都能像被逼到角落的猛虎一样战斗，如果想达到这样的效果，就必须驱散他们的恐惧。某次，为了激励将士，李舜臣对众人说道："吾等共受王命，义当同死。而事已至此，何惜一死以报国家乎。惟死而后已。"一番慷慨陈词后，李舜臣让他们立下誓言，保证如果遇到日军，一定会击败敌人，否则当以死报国。[7]

到达会宁浦后不久，李舜臣认为那里的海港过于狭窄，于是率领自己的小舰队前往四十公里以西的于兰浦。他在这里收到情报，日本人已经进入全罗水域，很快会到达于兰浦周遭。10月8日，作为敌军先头部队的八艘船出现在于兰浦，胆战心惊的朝鲜水军险些不战自溃。眼看敌人正在慢慢逼近，李舜臣登上旗舰，岿然不动。随后，当敌人靠近自己时，他命令部下从正面进攻。日本人被朝鲜水军的勇气吓到，仓皇向东撤退，向主力舰队报告，朝鲜水军一息尚存。李舜臣手下的舰长们也多少恢复了一些信心，找回了过去为他效力时的感觉。[8]

于兰浦以西二十公里是珍岛，过了珍岛便是黄海。10月8日，日军舰队已经非常接近实现自己的目标，他们很快会打通北上的海路，而朝鲜人已经无路可退。现在，形势已经十分清楚，决战就在眼前。李舜臣率领自己的小舰队退到珍岛和大陆间的海峡，在朝鲜最西南端的珍岛设立临时基地，视察地形，制订作战计划。留给他的时间所剩无几。10月17日，李舜臣收到情报，日本战船再次来到于兰浦，距离朝鲜在珍岛的本营只有几小时的路程。十三艘船已经在于兰浦抛锚。一周后，停泊在那里的敌船数量达到了五十五艘。几天后，敌船的数量更是达到了两百艘甚至更多。[9]

此时正在向西挺进的日本舰队，在此前两个月间取得了丰硕的战果。

在漆川梁大败朝鲜水军后，它协助日本陆军将士兵沿着南方海岸和蟾津江运到南原附近，为他们进攻南原的中朝联军做好准备。因此，它实际上在另外一场重要的胜利中也扮演了一定的角色。完成运输工作后，它又将注意力转向建立安全、可靠的从釜山到黄海的运输线。到了9月底，这支拥有大小舰船数百艘的海上力量，扫清了整个庆尚道沿岸和离岛的敌人，占领了此前朝鲜水军的本营闲山岛，然后准备进入全罗道。指挥日本水军的将领，正是在上个月策划了朝鲜水军灭亡的藤堂高虎、加藤嘉明和胁坂安治。此外，来岛通总也率部加入其中（他的兄弟得居通幸在1592年的唐浦海战中死于李舜臣之手）。藤堂等人先派出几支侦察小分队，从位于全罗道和庆尚道交界处的据点出发，摸索进入黄海的航道，打探可能遇到的抵抗。10月8日在于兰浦和李舜臣遭遇并被他驱逐的八艘船，正是其中一支。它们匆忙向东返航，报告自己的发现。自漆川梁海战以来，日本人第一次感到朝鲜水军仍有战斗力。不过，鉴于侦察船只看到少量朝鲜战舰，庞大的日本舰队完全可以应付。于是，日本水军主力继续小心翼翼地向西航行，打算和朝鲜水军展开最后一战，彻底摧毁朝鲜人所剩无几的船只。

10月17日，作为先锋的十三艘日本战舰再次出现在于兰浦外海。这次它们没有遇到任何抵抗便占领了港口。随后，它们继续向西航行到珍岛，搜索撤退的朝鲜水军。收到敌人逼近的警讯后，李舜臣让自己的舰队布好战斗阵形，保持警戒。下午4时，敌人出现在珍岛基地。朝鲜人轻松击退日军，但是由于当时风高浪急，朝军无法继续追击。于是，他们退回基地，为接下来的第二次进攻做准备。李舜臣怀疑日本人会趁夜色发动奇袭，这个战术在漆川梁之战中大获成功。因此，他命令自己的舰长们保持警惕，并告诫他们，如果不能在接下来的战斗中尽忠职守，将会受到严惩。

李舜臣是正确的。当晚10时，十三艘日本军舰偷偷靠近朝鲜人。现在他们也装备了船炮，开炮轰击朝鲜水军。不习夜战的朝鲜人有些惊慌，忙乱了一阵后，李舜臣才设法让他们按照自己的命令发起反击。最后，经过两小时不间断的战斗，日本人再次被击退。这次，他们没有回来。[10]

接下来的几天，双方相安无事。日军忙着在于兰浦集结，准备决战。在此期间，李舜臣继续仔细观察周边海域的状况和涨退潮的时间与速度。

363

他对珍岛和大陆之间狭窄的海峡鸣梁津尤其感兴趣。鸣梁津最窄处只有两百五十米，日本人必须通过这里才能进入黄海。在经验丰富的李舜臣看来，这片水域非常适合运用战术。首先，它非常狭窄，日本人无法保持战斗阵形。为了前进，他们必须分散成几支小部队。鸣梁津的巨浪也引起李舜臣的注意。这里的浪是全朝鲜最急的，"仿佛瀑布一般"冲入海峡，最高速度可达 9.5 节，大于或等于日本战舰的航速（即使只是在很短的距离内）。[11] 因此，如果李舜臣趁日本舰队穿过海峡最窄处的时候发动进攻，他可以弥补兵力上的劣势，因为只有一部分敌人可以攻击到他，而其他人会拖在后面。不仅如此，他可以算准涨退潮的时间然后发动攻势，这样敌人需要面对的不仅仅是为数不多的朝鲜战舰，他们将面对大海的全部力量。

10 月 24 日，李舜臣收到情报，两百艘日本战舰出现在于兰浦及其周边海域。是时候准备战斗了。次日，他率领自己的舰队继续向西撤退，一路穿过鸣梁津，来到外面的开阔水域。他的计划是在趁敌人试图乘着巨浪穿过鸣梁津的狭窄水域时，在海峡出口处拦截他们。李舜臣将自己的舰队藏在海峡外的一处小港湾里，使日本人无法发现。在外面的开阔水面，他部署了一长列渔船，驾驶这些船的是过去几周逃到李舜臣大营，希望能够得到朝鲜水军保护的难民。李舜臣将这些没有战斗力的小船布置成战斗阵形，因为相隔太远，日本人看不清具体情况。他希望日本人会错把这些渔船当成一支大型朝鲜舰队，而把他的十三艘军舰当作先锋军。

现在，朝鲜人已经进入黄海，再也无路可退。他们将在这里阻止日本人，不成功，便成仁。当天夜里，李舜臣召集手下舰长，为明天的战斗下达军令，他知道这将是一场决定生死存亡的战斗。他对他们说："兵法说过，必死则生，必生则死。兵法又说，一夫当迳，足惧千夫。这说的正是我们。你们这些将领，必须严格执行我的命令。否则，即使小有违令，也会按军法处置。"[12]

李舜臣引用的话出自中国古代兵书《吴子兵法》，它很可能成书于公元前 4 世纪。在和君主进行的一系列关于如何治国和如何在战场上取胜的讨论中，著名的军事家吴起评论道："必死则生，幸生则死。"[13] 他的意思是，如果一个士兵完全消除了对死亡的恐惧，他会以超乎常人的勇气和无所畏惧的精神，以一当五、以一当十，直到战死沙场。中国人将这种人称为"死士"，认为这样的人是十分可怕的。[14] 同样，在敌众我寡的条件下，吴起也有评论："以一击十，莫善于阨；以十击百，莫善于险；以千击万，莫善于阻。"[15]

李舜臣选择鸣梁作为自己的"阻"。为了让手下的数百士兵发挥最大力量，他尝试把他们变成"死士"。李舜臣迫使他们待在险地，让他们觉得自己无路可逃，希望以此唤起他们的勇气和拼死一搏的精神，这样在面对兵力大大占优的敌军时，朝鲜人或许还有获胜的可能。

次日（10月26日）清晨，日本舰队主力从于兰浦方向抵达鸣梁津南端。李舜臣在日记中写道，敌船数量在两百艘左右。李舜臣的侄子李芬估计的数量更大，根据待在附近山上视野更加清楚的难民所说，敌军至少有三百艘船，"弥满大海，海不可见"。[16] 不管敌军的数量到底是多少，朝鲜水军只有十三艘战舰，他们获胜的机会微乎其微。不过，正如李舜臣所预见的，日军规模庞大的舰队无法同时穿过鸣梁津，他们分成四五个小队，第一队先试探性地进入海峡，乘着浪轻松前行，然后是第二队、第三队。他们还没有发现李舜臣埋伏在海峡出口处的战舰，只能远远望见外海一长串船只的影子。他们不禁在问，莫非自己的情报出了错？难道朝鲜人仍然有一支数量可观的舰队？

当第一队日本战舰出海峡进入风平浪静的外海后，李舜臣命令自己的舰队从隐蔽的港湾现身，对敌人发起攻击。李舜臣的旗舰一马当先。他鼓励众将不要害怕，大声喊道："贼虽千艘，莫敌我船，切勿动心，尽力射贼。"李舜臣的龟船冲在前面，用火炮和火箭攻击猝不及防的日本人。朝鲜舰队的其他战船跟在他的后面，但是看到前面塞满鸣梁津的敌军战舰后，开始停步不前，和李舜臣的旗舰拉开了一段距离。李舜臣回头一瞥，看到自己的部下不敢近前，想要掉转船头，砍下本方一名舰长的首级，挂在桅杆上示众。但是由于现在身陷重围，他的船无法掉头。于是，他命人吹起号角，以旗语传令拖在后面的将领，让他们加入战斗。李舜臣对着第一个前来的巨济县令安卫大喝道："汝欲死军法乎？"他再次对着安卫大喊："安卫诚欲死于军法乎？汝以退去为可生乎？"遭到斥责的安卫和其他诸将，也像李舜臣一样冲入敌阵，他们很快被一百三十余艘日军舰船团团围住。

随后的战斗是朝鲜水军从未经历过的。1592 年时双方的兵力差距虽然很大，但是也不曾到如此悬殊的地步，十三艘对一百三十艘，更何况后面还有更多虎视眈眈的日本战舰。李舜臣还从来没有将自己的部下置于如此凶险的战场。不过，他们的表现和李舜臣希望的一样。在那个秋天的早晨，李舜臣麾下数量很少的士兵克服了恐惧，成为"死士"。他们疯狂地冲向敌人，用自己坚实的船首撞击敌舰脆弱的船壳，用火炮近距离轰击敌船，用火箭将其引燃，当"黑蚁"一般的敌军士兵试图攀船时，他们挥舞着棍棒、长枪和石块把敌人赶走。

日军的旗舰船楼高耸，旌旗遍布，十分容易辨认，因此承受了朝鲜水军的大量火力，很快便着火并沉入海底。敌军旗舰沉没后不久，一名投降朝军的日本人（他因为获罪而投奔李舜臣，被留在李舜臣的旗舰服役），发现水中浮着的一具穿着红衣、很可能是日军高级将领的尸体非常眼熟。"那是马多时吗？"他喊道，"是安骨浦的将领吗？"李舜臣让人把那具尸体钩住拽到甲板上。投降的日本人仔细检查了尸体，确认了早先的判断。"我很肯定，他是马多时。"朝鲜人认为，这个"马多时"不是别人，正是日本水军大名来岛通总。他被派到朝鲜，指挥自己的兄长得居通幸的部队，后者在 1592 年的唐浦之战中被杀。现在轮到来岛通总了。得知自己的船上有一名敌人重要的水军将领后，李舜臣命人砍下他的首级，高挂在桅杆上，让敌人都能看到。[17]

当天早晨，日军多次试图将朝鲜水军赶出鸣梁津的出口。他们的每次尝试都失败了。随后，海里漂满了船只的残骸和敌人的尸体，而朝鲜军队仍然没有丝毫动摇，李舜臣的旗舰"兀立无恙"。十三艘面对一百三十艘，成功地挡住了敌人前进的脚步。

随后，海流的方向改变了，李舜臣开始实施计划的第二阶段。被朝鲜水军挡住海峡出口的日本人，受不了逆流而来的潮水的力量，不得不沿来路返回。朝鲜人受战斗初期的成功激励，现在乘着海浪轻松前进，重新焕发活力，再次发起进攻，在日军退出海峡之前又给予了他们进一步的打击。最后，当日本人退回开阔水面，筋疲力竭的朝鲜人放弃追击时，秀吉的舰队损失了三十一艘船，而李舜臣的舰队毫发无伤。战败的日本水军退往庆尚道边界，然后继续退往安骨浦和釜山。它完全放弃了打通黄海海路的想法，没有再次冒险西行。[18]

在朝鲜人对鸣梁海战的大部分描述中，李舜臣在战前用一根锁链连接半岛和珍岛，封锁了海峡。根据他们的描述，当日本舰队进入海峡时，这根锁链是松弛的，日本人完全没有注意到它。然后，随着海水退潮，日军不得不跟着后退。当他们接近安放锁链的地方时，半岛和珍岛上的人紧紧拉起锁链，几艘船因此倾覆，其余船只被挡住去路，李舜臣把他们逐个消灭。几乎没有证据可以证明这种说法。李舜臣在日记中完全没有提到锁链的事，很难相信如果他真的这么做了会只字不提，因为这肯定是一件值得记录的事。李舜臣的侄子李芬在战争结束后不久写成的《忠武公行录》也没有提到这件事。李舜臣的朋友和支持者柳成龙同样没有在他的《惩毖录》里提到这件事。锁链的说法很可能源自 17 世纪，当时人们在讲述壬辰战争的故事时，不免添油加醋或是对某些事实有所误解，后来逐渐成为被广泛接受的史实。[19]

不管有没有锁链，李舜臣在鸣梁海战的胜利都是其高超的战术素养的完美体现，七年战争生涯使他的领导能力从卓越升华为无与伦比，从此以后更是成为传奇。现代西方人对李舜臣不吝赞美之辞，将其与同时代的传奇海盗弗朗西斯·德雷克和在 1805 年的特拉法尔加海战中击败拿破仑海军的英国将军霍雷肖·纳尔逊（Horatio Nelson）等伟大人物相提并论。不过，讽刺的是，虽然日本人曾经败在他的手下，但是他们的后代中的一些人反倒成了他最忠实的崇拜者。进入明治时代以后，刚成立不久的日本现代海军的军官们将其视为武士道精神的化身，认为他在海上践行了武士道的原则。例如，河田烈在回忆录中写道，在 1905 年日俄战争中，日本海军联合舰队同俄国波罗的海舰队交战前，"我们情不自禁地想到了朝鲜的李舜臣，他是世界上第一位海军指挥官，其卓越的个性、战略、创新思维和指挥能力，全都值得我们的钦佩"。[20] 日本人大胜之后，联合舰队司令东乡平八郎同样称赞了李舜臣。在一次为他举办的宴会上，有人将其比作海军上将纳尔逊和李舜臣，东乡表示异议："我不介意被比作纳尔逊，但是比不了朝鲜的李舜臣。他太伟大了，没有人能够和他相提并论。"[21]

鸣梁海战结束一个月后的 1597 年 11 月 22 日清晨，李舜臣从睡梦中惊醒。他刚刚做了一个怪梦，现在仍然记得清清楚楚。他梦见自己骑马走在一座山丘上，马突然失足，他从马背上摔下，跌入下面的溪流。随后，他最小的儿子葂不知为何突然出现，把他扶起，紧紧抱住他。李舜臣历来非常相信梦中的征兆，不过他不知道这个梦意味着什么。当天晚些时候，他总算明白了。接近傍晚时，他收到一封来自老家牙山的家书，他刚刚听说在撤回南方的途中大肆破坏的日本人烧毁了这个地方。李舜臣在日记中写道："未开封，骨肉先动，心气慌乱。"拆开信封后，他看到次子葆写的一封信，信首写着"痛哭"二字。他立刻明白了，葂已经死了。他是为了保护自己的家而惨死在日本人的手上。当天夜里，悲痛欲绝的李舜臣在日记中给已经离开人世的儿子写下了如下文字："天何不仁之如是耶。我死汝生，理之常也；汝死我生，何理之乖也。天地昏黑，白日变色，哀我小子，弃我何归。英气脱凡，天不留世耶。余之造罪，祸及汝身耶。今我在世，竟将何依，号恸而已，度夜如年。"[22]

从此以后，李舜臣深陷抑郁之中。他的健康也开始恶化，无疑是因为情绪不佳和守丧期间的粗茶淡饭。过了一段时间，李舜臣梦见葂流着泪哀求自己为他报仇。葂哭喊道："杀我之贼，父可诛之。"醒来后，李舜臣把梦说给其他人听，让人帮自己解梦。有人告诉他，最近刚抓到一个日本人，正因在船里，葂可能是托梦告诉李舜臣，那个人就是杀害他的凶手。李舜臣派人拷问那名俘虏，不出所料，他果然承认自己就是在三百多公里以北的地方杀害葂的凶手。[23]

《尉缭子》有言："笞人之背，灼人之胁，束人之指，而讯囚之情，虽国士有不胜其酷而自诬矣。"[24]即使李舜臣并不十分了解这段话，常识肯定也会让他得出类似的结论。实际上，他的做法提醒了人们，虽然他曾立下无数战功，但这位朝鲜水师统制使并不是永远不会犯错的超级英雄，他也是有血有肉的人。他需要找到替罪羊，发泄丧子之痛。李舜臣认定遭到严刑拷打的日本俘虏的口供是事实，即使他很可能不是真正的凶手。

最后，那个人被凌迟处死。

27

"无佛世界"的饥馑与死亡

对侵朝日军而言，1597年10月很不顺利。16日，北进的陆军先锋军被一支人数不多的明军在汉城以南七十公里处的稷山拦截。十天后，水军先锋军在进入黄海时被朝鲜水师击退。不过，虽然遭遇了这些挫败，日本人的伤亡并不算重，在南原之战中损失了上百人，在稷山之战中有六百人被杀，在鸣梁海战中有三十一艘船被李舜臣消灭。实际上，鉴于到目前为止已经有数千名明军士兵和朝鲜士兵阵亡，再加上成千上万惨遭屠戮的平民，现在说秀吉的军队已经失败了，还为时尚早。

既然如此，日本人为什么决定撤回南方呢？首先，这是秀吉的命令。有证据显示，他从来没有真正想过要让自己的军队占领所到之处。根据在稷山之战结束不久后被俘的两名日军士兵的供述，太阁在入侵开始时便传令手下大名，蹂躏朝鲜南部，杀死途中遇到的每一个人，然后退回南方。[1]他们的供词证明，秀吉在第二次入侵朝鲜时从未打算征服土地，他只是想惩罚朝鲜人，给明朝留下深刻印象，发泄自己的怒气，挽回自己的颜面。

即使秀吉不想占领朝鲜南部，他的很多军团长肯定有不同的盘算。他们冒着丢掉四肢乃至性命的危险出征朝鲜，并不只是为了保住主人的面子。他们想要得到看得见、摸得着的实际利益，例如被征服的土地和更大的封地，至少要配得上自己付出的努力。不过，秀吉在1597年11月发布的撤军令与他们眼下的战略利益相符。现在，明朝显然已经再次向朝鲜派遣援军，南原和稷山的明军便是最好的证据。根据日本人收集到的情报，这些只是先遣部队，更多的明军在北方待命，兵力超过十万。如果日本人想要继续控制已经占领的庆尚道、全罗道和忠清道的全部土地，特别是在凛冬将至、补给必然减少的情况下，他们分散在各地的驻军必然会被明军轻而易举地各个击破。为了应对这一迫在眉睫的威胁，唯一可行的办法就是退回南方，固守釜山周围的倭城链。

日本人在撤回南方的途中，继续对朝鲜百姓施加暴行，程度更甚于以往。他们割下数千名被屠杀的平民的鼻子，交到沿途设立的收集点，军目付仔细清点、浸盐，然后装好。

吉川广家：

鼻子四百三十七个

1597 年 9 月 11 日

早川长政

锅岛胜茂：

鼻子一千五百五十一个

1597 年 9 月 13 日

早川长政

黑田长政：

鼻子三百个

开宁，1597 年 9 月 19 日

竹中重门

吉川广家：

镇原和杨广的部队今天割下一万零四十个鼻子

1597 年 9 月 26 日

垣见一直，熊谷直盛，早川长政

赤穴元奇：

目付收到鼻子三百六十五个

1597 年 10 月 2 日

吉川广家 [2]

除了割掉死者的鼻子，撤退中的日本人也抓获了大批朝鲜俘虏。加藤清正军团的从军僧庆念记下了他所目睹的恐怖景象，在屠杀中幸存的百姓被绑在一起，驱往南方。他写道："从日本渡海而来的商人中，有一种做的是买卖人口的勾当，他们跟在军队后面，不管男女老少全部买下。商人们用绳子拴住这些人的脖子，把他们绑在一起，逼着他们走在前面。如果前面的人走不动了，有人会从后面用棒子猛打，驱使他们继续前进。在我看来，这样的光景如同地狱的使者抓走有罪之人。"[3] 其中一些不幸的人将被派往南方海岸修筑倭城，为即将到来的明军的大举进攻做准备。不少人活活累死，一些人累得动弹不得，再无用处，因此被砍下首级。另外，被送回日本的朝鲜俘虏多达五万人，甚至更多。[4] 在九州或四国的战俘营停留几天或几周后，很多人前往拥有他们的大名的领地，作为农夫、劳工或匠人，为主人工作。[5] 他们在那里的生活环境相对宽松，可以尽可能地重新开始自己的生活。其他人被卖给别的大名，在其他地方定居下来。除了极少数人，他们再也没有回到朝鲜。在忍受过一段必然十分痛苦和伤心的时期后，这些不情愿的移民别无他法，只好接受自己的命运，慢慢融入日本社会。

在所有被带回日本的朝鲜俘虏中，技艺精湛的陶工对当地文化的影响最为显著。在战前，朝鲜的制陶工艺比日本先进得多，日本对朝鲜陶器的需求量很大。日本人发动战争的一大收获就是将被俘的朝鲜陶工送回日本，从而获得了这项工艺。被掳走的陶工数量过多，以至于朝鲜自身的陶瓷业在战后经历了大幅衰退。[6] 例如，岛津义弘将至少十七名陶工带回他在九州萨摩的领地。毛利秀元同样让朝鲜陶工在本州最西端的山口县附近的窑炉里工作。细川并未派自己的部队前往朝鲜，但还是设法让一些陶工进入京都以西的丹后国的窑炉。虽然这些朝鲜人显然不想留在日本（为细川工作的工头曾多次尝试逃跑），但是他们的技术给日本的制陶业带来了革命性的进步，发展出了萨摩烧、唐津烧、上野烧、荻烧、有田烧等名品。因此，秀吉的朝鲜之役有时也被日本历史学家称为"烧物（陶瓷）之战"。[7]

丁酉再乱中的朝鲜俘虏绝大多数是文盲，没受过教育，因此没有留下自己在日本生活的记录。不过也有少数几个例外，出身于两班家庭、受过良好教育的鲁认便是其中之一。他在1597年9月的南原之战中负伤被俘，在朝鲜关了一段时间后，被运到日本的四国岛。在那里，他看到朝鲜人被当作奴隶买卖。虽然他听说过许多惨绝人寰的例子，但是他本人的待遇还算不错，主要得益于他的出身和学识。他甚至因此变得小有名气，武士和僧侣付钱让他创作汉诗和书法作品，或者评价他们自己的作品，不过这并没有减轻鲁认的痛苦和绝望，尤其是对父母的挂念。于是，他在1599年2月尝试逃跑。虽然结果以失败告终，他却因此幸运地被转移到东京附近的堺港，在那里遇到一些中国商人，后者同意带他回家。多亏这些中国船员，再加上日本人对他的看管似乎非常宽松，鲁认最终来到了中国，然后返回朝鲜。回到朝鲜后他才知道，父母已经于两年前过世了。[8]

郑希得在被俘期间的经历与鲁认非常类似。1597年11月6日，他和他的家人想乘船西行避难，途中遭日本水军追击。眼看要被追上，郑希得的母亲、妻子和弟媳为了避免被日军侮辱失节，全部投水自尽。家族其他成员被日本人生擒。三天后，郑希得生病的父亲和他的孩子被释放，他和他的弟弟连同其他一百名俘虏一起被送到四国岛，在严密的监视下熬过寒冬，饱受天气、饥饿和高烧的摧残。一个例子可以说明俘虏们不得不忍受的悲惨待遇。郑希得亲眼看到一个日本人挥刀乱砍一具朝鲜人的尸体，只是为了试验刀刃是否锋利。不过，当看守发现郑希得受过良好的教育之后，他的情况马上有了大幅好转。他比其他俘虏享有更多的自由，被允许通过抄书和代笔赚钱。最后，在1599年年中，他被允许返回朝鲜。他在当年秋天回到故乡，发现整个村子已被付之一炬。[9]

第三位（也是最后一位）记录下在日本的俘虏生涯的学者是姜沆，他是三人中名气最大的。姜沆出身于全罗道南部一个显赫的家族，自幼熟读儒家经典，二十一岁便通过了科举考试。在1592—1593年间日本人的第一次入侵中，他留在全罗道，为官军运送补给。后来，他在汉城多个不同部门任过职，并于 1596 年返回全罗道，本打算从此起过起安静的教书和读书生活。

1597 年日本人再次入侵，三十一岁的姜沆又开始为防守南原的中朝联军运送粮食和武器。南原陷落后不久，姜沆和他的家人被日本人抓住。1597 年 11 月 2 日，藤堂高虎的部下登上了载着姜沆全家的船，他原本想要将自己和家人运到西面李舜臣的大营避难。日本人将他最小的儿子和女儿留在岸边等死，然后把姜沆和其他人运到东面，先是送到对马岛，继而送到藤堂的领地四国岛大洲城。姜沆的一个侄子在途中病倒，被扔进海里；另一个侄子和一个侄女两个月后病死。姜沆由于受过良好的教育，便为大洲城主做些文字工作。然后，随着他的才华受到更大程度的认可，他被送到秀吉的伏见城。他在伏见城结识了不少学者、僧侣和受过教育的大名，指导他们作诗、作文、学习理学思想，当时的日本人对理学了解不多。实际上，一些韩国学者主张，姜沆是将理学传到日本的第一人，在接下来的几个世纪里对该国有着深远的影响，理学在日本发展出了一种"日本化"的简化版本。[10] 虽然这种说法有些夸张（实际上理学早在一个多世纪以前已经传入日本），不过必须承认的是，姜沆在这个过程中发挥了很大的作用。

与其他被迫前往日本的朝鲜文人一样，姜沆在被俘期间受到的待遇还算不错，肯定要优于那些社会阶层较低的俘虏。不过，这并没有打消他逃亡的念头。他两次试图用自己赚到的钱购买船只，然后带着家人一起返回朝鲜，但是两次都失败了。随后，他意识到，自己能够为国家做出的最大贡献是尽可能多地收集有关日本的情报，为日后朝鲜政府和日本打交道提供参考。1600 年，作为战后部分遣返回国的俘虏中的一员，他回到了朝鲜，并且在归家的途中完成了自己最终的作品。最初的书名是《巾车录》，他以此表达不得不作为俘虏在敌人的土地上生活的耻辱。后来，他的弟子将其重新命名为《看羊录》，这个名字借用了中国苏武牧羊的典故，表达了他对国王的忠贞不渝。下文会提到，这本书影响了壬辰战争结束后几十年、甚至几个世纪的朝鲜对日政策。[11]

并不是所有在第二次入侵中被俘的朝鲜人都被送到了日本。虽然具体数量不详，不过一些俘虏确实通过长崎的奴隶市场被卖给了葡萄牙和意大利商人，然后被运到世界各地，包括中国南部的澳门、印度西部海岸的果阿，甚至是世界另外一端的欧洲。

　　17 世纪初，环游世界的佛罗伦萨商人弗朗西斯科·卡莱蒂（Francesco Carletti）在游记中提到，他在长崎的奴隶市场看到"无数（朝鲜）男人和女人，男孩和女孩，各个年龄的都有，全都被当作奴隶贩卖，价格非常低"。卡莱蒂花了五两银子，"略多于十二个埃斯库多（意大利银币）"，买了五个朝鲜俘虏。他为他们施洗，带着他们向西继续环游世界。他在印度西海岸的果阿放走四人，将最后一人带回欧洲，在罗马定居，给他起名为"安东尼奥"或"安东尼奥·高丽"（Antonio Corea，不同版本的游记里记录的名字不同）。[12]

　　一个姓"高丽"的家族，现在生活在意大利南端卡拉布里亚的阿尔比村，他们自认为是被卡莱蒂带到意大利的壬辰战争朝鲜俘虏的后人。安东尼奥·高丽（与他自认的先祖同名）于 1986 年给当时的韩国总统写信，想要更多地了解他的祖先之地，并于 1992 年接受首尔政府的邀请访问韩国，出席了为纪念壬辰战争爆发四百周年而举办的一系列活动。[13] 后来对安东尼奥·高丽和他的阿尔比家族的 DNA 检测，没有发现他们有亚洲血统的证据。[14]

　　让我们回到朝鲜。秀吉的军队已经完全撤回南方，现在正忙着强化和新筑倭城。1597 年 11 月，日军的防御半径再次集中在釜山周围，同 1593 年一样。不过这次它要长得多，从东边的蔚山一直到西边的顺天，共十四座城，绵延两百五十公里。

　　小西行长和第二军驻守在倭城链最西端的全罗道海岸城市顺天；对马岛主宗义智和他的一千人马待在东面不到三十公里处的庆尚道南海岛；接下来是位于晋州以南不远处的泗川，第五军的首领岛津义弘和他的儿子岛津忠恒最初将军营设在老城，后来又在稍微靠南的更易于防守的地方修筑

375

新城，新城位于晋州湾的条状地带；再往东是立花宗茂的固城，这里曾经是都元帅权栗的大营；柳川调信率千人驻扎在巨济岛北端；锅岛直茂的一万两千人分别部署在昌原和附近的竹岛；防御至关重要的釜山港的是来自本州西部的第八军和第九军，兵力多达四万，分别由毛利秀元和宇喜多秀家统率；黑田长政的第三军驻扎在西生浦。

最后，在倭城链最东边蔚山的是加藤清正。上个月率部返回南方后，加藤命令家臣浅野幸长[15]在蔚山本城东面的岛山筑城，这里濒临太和江支流，可以方便进出蔚山湾。他们知道，留给自己的时间已经不多了。中朝联军正席卷而来，日本人动用所有劳力，快马加鞭地修筑城墙和必要的防御设施，做好据城固守的准备。

岛山城的筑城工作从早到晚，片刻不停。从军僧庆念写道："锤子、铁匠和工人发出的声音此起彼伏，伴随着锛子的'嗖嗖'声和刮擦声。天渐渐亮了，它变得越来越可怕，但是如果这意味着我们将不会被打败，那么即使是在半夜发出这样的巨响，我也可以忍受。"[16]朝鲜俘虏和从日本运来的被征召的农民在附近的山上砍树，提供筑城所需的大量木材，并受到严密的监视。其他人则要搬运巨石，在城周围挖掘壕堑。任何人，不管是朝鲜人还是日本人，如果被认为没有在认真工作，会立即被砍下首级。当供给不足时，浅野的将领们克扣劳工的口粮，然后把一部分人（包括他们自己的同胞）赶到山里挨饿。[17]

在朝鲜冬天刺骨的严寒中慢慢成形的蔚山倭城，有外围土墙和内部防御工事，包括后面的一座天守和十至十五米高的石垣。这样，岛山城就成了一座城中城，即使外墙被攻破，浅野和他的手下仍然有路可退。如果他们能在明军和朝军发起攻势之前将其全部完成，对手必会付出惨痛的代价。[18]

在七百公里以东的京都，装着被屠杀的朝鲜人的用盐浸渍过的鼻子的木桶开始堆在一起。秀吉很高兴收到它们。在给前线军团长们的贺信中，他说自己已经收到了能够证明他们的武功的证据，感谢他们的效力。然后，他命人把这些鼻子埋在方广寺，让僧侣们为它们的主人超度。太阁的重要幕僚、临济宗的西笑承兑恭维道，这体现了他的仁慈和同情心。[19] 这个地方最初被称为"鼻冢"。几十年后，人们认为这个名字听起来过于残忍，因此将其改为稍微含蓄一些，但是不太准确的"耳冢"，这个名字一直流传至今。[20]

除了少数以其名字发布的命令和给在朝鲜的军团长的贺信，此时的秀吉似乎已经对第二次入侵失去了兴趣。在入侵开始前，他暗示自己或许会返回九州名护屋城，亲自监督朝鲜战事。不过他从未启程上路。从1597年秋到1598年春，秀吉继续留在京都、大阪及其周边地区，监督伏见城的重建，在京都巡游，享受自己钟爱的茶会，和年幼的儿子秀赖共度时光，现在秀吉最关心的是如何确保秀赖的继承人地位。为了使根基尚浅的幼子能够在自己死后顺利继位，秀吉屡次要求自己的大名向秀赖宣誓效忠。他也想方设法地保证秀赖具有成年后所必需的一切条件。秀赖在1597年10月举行成人礼，当月被封为从四位，次年5月又被封为从二位。此时的秀赖还不满五岁。[21]

从秀吉为了保证儿子的未来而采取的激进举动可以看出，他知道自己已经时日无多。秀吉几乎完全丧失了食欲。即使在年轻力壮时，他的脸也十分消瘦，现在更显得干瘪。他的气力也在减弱，多走几步便会觉得力不从心。即便秀吉真的有意从九州渡海前往朝鲜战场，现在的他也绝对难以如愿。不过，太阁的思维仍然敏锐，他仍然牢牢控制着自己统一的国家。即使在生命的最后时刻，他也不允许任何对手的存在，既不能挑战他，当然也不能挑战他的儿子。他在1598年给秀赖的一封信中写道："我听说有四个小子违背了你的意愿。这是绝对不可饶恕的，告诉你妈妈，然后用草绳把这四个家伙绑起来，直到父亲回到你身边。等我回去，我会把他们全打死。"然后，他给了这个五岁的男孩一些关于如何保住权力的建议："如果有人违背了中纳言大人（指秀赖）的意思，他必须把那个人打死，然后再也没有人胆敢反对他了。"[22]

与此同时，在汉城的明军逐渐在经理杨镐的左右集合起来，先锋部队开始小心翼翼地南下。11 月 23 日，提督麻贵的先头部队到达全州，发现日本人已经撤出该城。然后，他们继续南下到更远的南原。现在，这两座城都是一片废墟，南原毁于两个月前的战争（麻贵的同僚杨元大败而归），全州被即将撤退的日本人烧毁。提督接伴使张云翼在给汉城的报告中写道："积尸山委，公私庐舍，无一遗存。"[23]

到达南原后，麻贵不再继续南下。他和驻扎在海岸的日军近在咫尺，现在大量敌军聚于一处，与之前在稷山遭遇的小部队不可同日而语。他明智地意识到，率领自己兵力相对薄弱的先锋军继续南下，显然是愚蠢之举。此外，军粮和补给的问题也需要考虑，尤其是考虑到冬天即将来临。同当地小规模的明军会合后，麻贵向北后退二十公里，在全州设营，静候援军和补给的到来。

他没有等太久。12 月初，四万名明军士兵从辽东和更西的地方抵达汉城，在朝鲜的明军总兵力达到六万。[24] 经略邢玠随后赶到。他在接下来的几个月里一直待在汉城，监督明军的行动。邢军门常常和宣祖见面，讨论战事的进展。

12 月中旬，在汉城集结的明朝大军终于南下，朝鲜人非常满意，他们觉得明军拖延了太久。杨镐作为总指挥统管全局。在他之下的是指挥左军 12,600 人的李如梅、指挥右军 11,630 人的李芳春和指挥中军 11,690 人的高策。[25] 在杨镐的邀请下，宣祖同他们一起骑马走出几公里。开始时，明军的队伍庄严而肃穆，宣祖和杨镐结伴而行。队列出汉城南大门后，杨镐策马疾行，宣祖为了不被落下，也不得不在后疾驰。虽然宣祖算不上技艺高超的骑手，不过他一直跟随杨镐到汉江边，容范安闲。[26] 杨镐为什么要这么做呢？他可能是被牢骚满腹的朝鲜人惹恼了，朝鲜人因为他准备南下花费的时间过长而感到不满。通过和宣祖比试骑术，杨镐可能是要强调，朝鲜国王和大臣是文人，因此应该把军务留给像他这样的老将来处理。

经过不太得体的开场后，杨镐的军队渡过汉江，开始长途跋涉，前去进攻南方的日本人。麻贵得到消息，明军大部队已经在前来的路上，于是率领部下离开南原以北的大营，开始东进。1598 年 1 月 26 日，两军在庆

378

州会师，组成一支四万人的联军。随后，他们同都元帅权栗的一万名朝鲜士兵会合，使总兵力达到五万。然后，这支大军向日军倭城链最东端的蔚山前进，杨镐希望能够凭借兵力优势轻松攻克蔚山倭城。

三天后（1月29日），明军前锋兵临蔚山老城城下，战斗开始了。明军先佯装不敌，引诱日军出城追击，更多的明军在后面排出鹤翼阵等待。在战斗中，日军损失了五百名士兵。其他人撤到一公里以东日军主力所在的岛山城。割下战场上日军的首级后，明军占领了蔚山老城，然后跟随逃亡的日军残部来到岛山城，在城外扎营。在当天剩下的时间里，更多的明军和朝军前来支援，从陆路完全切断了岛山城和外界的联系。到了次日早晨，岛山城内日本守军的形势非常严峻。晨曦中，从军僧庆念向城外望去，他写道："城被无数敌军包围，我们被围了一层又一层。地面上的敌人实在太多，令人无法分清平原和丘陵。"[27]

到了这个时候，城内的指挥权再次交到加藤清正手里。他收到留下来防守岛山城的二十一岁的浅野幸长的紧急求援，连夜从西生浦乘船来到城外，设法在中朝联军将那一侧城墙完全封锁之前入城。他很快发现，城池的防御状况并不理想。明军来得太早，筑城工作没有彻底完成。最令人担心的是外城的三道城门，其中至少一扇门还没有安好，只是扎了些木栅栏，成了防守的漏洞。中朝联军很快发现了这个漏洞，在次日发动进攻时选择这里作为突破口。清晨，火炮发出震耳欲聋的响声，岛山城内多处起火，中朝联军发起冲锋，从城墙的缺口处涌入城中，迫使加藤和他的部下放弃外围的兵营和大量补给，退入内城。日军的军粮本就稀少，现在又失去了其中很大一部分，不得不面临更加严峻的考验。不过至少在当前，这为他们赢得了足够的时间，趁着外面的敌人停止攻城，开始瓜分战利品，日本人关闭了内城大门，安排兵力上城防守。

经过短暂的间歇后，明军将注意力转向岛山城更加坚固的内城。他们向城墙发起冲锋，虽然损失惨重，但是毕竟人多势众，即使是踩着战友的尸体向前冲，似乎也迟早会攻破城墙。根据日方的记录，明军设法用一只

379

巨大的钩子钩住城墙顶部。"五十甚至是一百个人抓住连在后面的绳子，想要拉倒城墙。在他们拉城墙的时候，我们从侧面朝他们开火，但是其中的五到十个人仍然紧紧抓住绳子，坚持到最后一刻。不得不说，他们是极其勇敢的战士。"与此同时，大炮开始猛轰城头。加藤的亲兵被炮弹击中，被拦腰炸成两段，只剩下两条腿。[28] 在城内的某个地方，从军僧庆念和他的一个同伴挤在一起，为看起来即将来临的死亡做准备。他在日记中写道："大批中国人趴在城墙上，攀过城墙，进入城中。当他们冲进来时，（我的一名教士同伴）对我说：'今天是圣徒纪念日。我们应该多高兴啊。我们肯定会在这么吉祥的日子前往天堂。他快乐地祈祷，笑容满面，他的话给我带来了力量……但是我的时间显然还没到，还是说日本的命运尚未确定？中国人撤退了。'"[29]

随着中朝联军的伤亡比例达到了令人警觉的程度，他们终于停止了对内城的攻势，打算调集火炮猛轰城墙。不过他们很快发现，即使是最大口径火炮的射程也攻击不到城墙。因为岛山城建在高处，山下的明军只能用火炮平射底部坚固的石墙，或是让炮弹擦过上方更加脆弱的城墙，这两种方法都无法对城墙造成实质性伤害。在当天余下的时间里，明军不断用火炮攻击城墙，但是最终不得不放弃，双方安顿下来过夜。

到此时为止，杨镐和麻贵还没有赶到战场。他们仍然落在后面，和领议政柳成龙、左议政李德馨一起，努力保证规模庞大的远征军的补给。他们于2月1日前后到达岛山城，决定不再消耗兵力攻城，而是转而围城。如果他们能够保证自己的部队有充足的供给，保证自己的防线牢不可破，日本人必然会因为挨饿而变得虚弱，最后不战自溃。因此，高策接到命令，带领他的中军包围城墙东侧，李芳春和他的右军包围西侧，李如梅的左军前往岛山南侧太和江边，阻止援军渡江前来。最后，麻贵的部下颇贵负责防守从釜山到蔚山的大道，阻截从陆路前来支援的日军。[30]

围城是十分明智的，因为城内的日本人严重缺粮。加藤和他的人无法从外部得到粮食，不得不杀军马充饥。军马吃完后，他们又开始翻土挖草根，或是从灶灰中捡些漏下的熟米粒吃。然后，他们剥下城墙上的泥土充饥。据说还有吃人的情况发生。饮用水也严重不足。围城开始后，一切资源优先分配给铁炮足轻，他们在接下来的战斗中最为重要，其他人则只能听天由命。根据日将大河内秀元对这场战斗的记载，某天，一名显然非常熟悉城中守军的窘境而且胆子很大的水商来到城墙附近，以每杯水十五个银币的天价向守军售卖。少数几个身上还有些钱的人，为了买水倾其所有。其他人为了解渴，只能喝这些幸运之人的尿。[31]

另一个问题是严寒。2月3日，刮起寒风，气温下降，已经因为饥饿和缺水极度虚弱的日本守军，现在不得不忍受严寒的煎熬。由于手头几乎没有可供生火取暖的燃料，日军饱受冻疮之苦，他们的手脚发黑膨胀，以至于皮肉裂开，流出脓来。很多人在试炼结束以前被冻掉手指脚趾，一些人坐着被冻死。

中朝联军继续围城，城内的日本守军开始趁夜色悄悄溜出城墙，寻找食物和水源。他们或被杀死，或被俘获。一些人在城外翻捡还没来得及埋葬的死人身上的东西时被杀，另外一些在附近的江边和井口遭到伏击。据说，某天夜里，兵使金应瑞在他负责防守的水井旁抓获了一百名日军士兵。这些人全都瘦骨嶙峋、虚弱无力，无法作战，绝大多数人甘愿投降。[32]

到了2月4日，围城战术看起来非常奏效。根据被俘或投降的日军士兵供述，城内守军现在因为饥饿和疾病变得十分虚弱，最初的一万人中如今仍能战斗的不足十分之一。[33]现在，加藤和他的第一军看上去已经回天乏术，只能寄望于南方的友军。

实际上，自从围城开始，其他倭城的日本守军一直在尝试援助蔚山守军。最激进的是沿着太和江来到岛山城南的日军舰队。开始时，犯险前来的日本船只数量很少，不过二十余艘，来自附近的西生浦。李如梅的左军轻而易举地用火炮把他们赶走。不过，随着时间一天天过去，更多的船只开始从位于更远的海岸的其他倭城赶来，尤其是小西行长从顺天派来的一支载着两千名士兵的舰队。日军舰船每天沿着太和江顺流而上，李如梅和他的部下越来越吃紧，明军也越来越担心日军水陆并进的反击可能为期不远。与此同时，防守各倭城的日本部队也开始沿着陆路北上，给明军施加压力。黑田长政派一支部队自梁山北上，蜂须贺家政、宇喜多秀家和毛利秀元也从各自的军营派兵援救。这些援军没有直接进攻包围岛山城的人数众多的中朝联军，而是举着旗子在附近山上招摇，向对手展示自己的存在，迫使他们因为感到紧张而解围离开。

日军施压的既定目标终于达成了。杨镐开始担心，如果日军同时从水陆向蔚山进发，他的军队至少会蒙受相当大的伤亡才能把他们赶走，甚至有可能会战败，这绝非他来蔚山的本意。不仅如此，现在看来，围城的效果不如预期。首先，他自己的部队同样因为严寒困难重重，处境并不比日本人好多少。此外，保证城外五万名中朝联军士兵的军粮，也被证明是难以完成的任务，特别是由于到了冬天，地里没有任何庄稼。另外一个问题是战马的草料。单是在围城的第一周，明军已经损失了上千匹战马。

现在，随着日军发动反击的可能性大大增加，而确保自己部队的给养变得越来越困难。杨镐决定，与其坐观其变，倒不如主动进攻。他必须立即攻下岛山城，如若不然，只能解围撤回庆州。于是，他在2月19日清晨发起最后一次全面进攻。此时，城内残存的守军大多神情恍惚，因为饥饿、口渴和疾疫而虚弱无力，甚至不愿意拿起武器上城防守。唯一的例外是铁炮部队。自从明军开始围城，加藤清正下令将大部分食物和水分配给这些最为重要的士兵。这个残忍但是有先见之明的决定，使城内守军避免了被全歼的命运。当城外的明军士兵开始冲锋时，这些铁炮手仍然有精力组织起有力的防守，以如雨的铅弹打退了明军一波又一波的进攻。杨镐连续攻城三小时，直到五百名战死或垂死的战士倒在城下。

日上三竿，杨镐战意全无。由于无法攻陷岛山城，再加上越来越担心日本的援军从山上和太和江两个方向前后夹击，他命令自己的人解围撤退。撤退进行得很不顺利。明军开始拔营，传言四起，说日本人的援军乘船从城南登陆。由于担心日军会发动反击，大军溃散，士卒争相向北逃往庆州，毫无纪律可言。

岛山城外的朝军完全不知道杨镐已经下令撤军。他们看到明军兵营骚动，骑兵部队骑马离去，燃烧的物资冒出黑烟，听见被丢之不顾的伤员的喊声，大致推断出了事态的发展。在附近山上扎营的日军也看到了这些。他们觉得情况对自己有利，开始追击撤退的联军，大批落在后面的士兵

（尤其是朝鲜人）惨遭杀戮，其他人则逃之夭夭。[34]

　　向北逃入庆州的联军刚刚经历大败，士气低落。据估计，在为期三周的攻城中，他们损失了一千八百至一万人，前一个数字来自迫切想要支持杨镐的人，后一个数字来自那些同样迫切地想看到他倒台的人。真实数字很可能介于二者之间，大概有数千人被杀，数千人负伤。[35] 不管伤亡情况如何，经历了这次挫折之后，杨镐的头脑中只想着退兵。他损失了太多士兵，在冬季保证野战军的给养过于困难，除了日本人太顽固，还有一个常用的理由：朝军太不可靠。和手下的将领讨论过后，经理杨镐决定暂时撤回汉城，等当年晚些时候再来攻城。2 月底，他率部北上王都，留下麻贵的明军和权栗的朝军防守庆州，确保日本人仍然留在岸边。他再也没有回来。

　　岛山城的日本人挺过了绝境。他们的损失极大。据估计，最初的一万守军最后只剩下不足千人。很多人死于战斗之中，更多的人死于饥饿、缺水、严寒和疾病。不过，他们仍然是蔚山之战的胜利者。岛山城饥寒交迫的守军能够多次打退兵力数倍于他们的明军，再次证明了日军士兵的战斗精神和铁炮的优越性。

　　战斗结束几天后，浅野幸长给在日本的父亲写了一封信，其中写道："当甲斐的部队来（朝鲜）时，让他们尽可能多带铁炮，因为其他武器都无济于事。给他们下达严格的命令，所有人都要携带铁炮，武士也不例外。"[36] 值得注意的是，信中提到武士也要拿起铁炮。自从五十多年前日本人开始在战争中使用铁炮以来，它一直和足轻联系在一起。地位更高的武士阶层虽然从未怀疑过铁炮的价值，但是他们很少亲自使用铁炮，而更加偏爱武士刀、长枪和弓箭。毕竟，任何一个土里土气的农民都可以在短短几天内学会用铁炮射击，而掌握更为传统的武器则需要花费数年时间。武士因为能够驾驭这些武器而感到骄傲，这也是他们在正常的环境下拒绝使用铁炮的原因。但是岛山城之战绝非正常。自从战争开始以来，它是日本人经历过的最绝望的战斗。浅野在战斗结束几天后写信督促武士们也要携带铁炮，这说明它对胜利起到了至关重要的作用（而且也从侧面证明了这场攻城战的胜败只在毫厘之间）。

日本人在岛山城十分侥幸地取得胜利，这使得一些人将其视为某种神迹。在大河内秀元对战斗的记述中，他声称自己和自己的战友们能够战胜如此可怕的概率的能力，"肯定不是区区凡人所能拥有的"。它更像是在"日本九万八千位战争之神"的协助下取得的"神迹"，这反过来证明，他们在朝鲜的事业是秀吉正带领他们实现的"神圣使命"的一部分。[37]

不过，蔚山倭城守军的胜利当然不是什么神迹。它很好地证明了一个全副武装、陷入绝境的人为了自己的性命而战时所拥有的潜力。对于普通的足轻而言，这场战斗无异于地狱里的一段可怕时光，从军僧庆念将这段经历称为"无佛世界"。[38]他们看着攻城部队撤退，把自己的同伴接入城中，吃着援军带来的食物，许多本来还能走动的守军士兵突然发现自己再也站不住了。数周的坚守和匮乏终于结束，让他们能够咬紧牙关的最后一丝力量消失了，他们瘫倒在地。其中很多饱受创伤的幸存者最终恢复了健康，并且重返日本。但是，岛山城的记忆将会一直伴随着他们。多年以后，这场守城战的经历仍然会出现在老兵们的噩梦之中，每当闭上眼睛的时候，他们都要一次又一次地为自己的生命而战。[39]

28

"大阪往事，犹如梦中之梦"

经理杨镐没有因为蔚山之战的失利而过度沮丧。虽然明军没能攻克城池，不过他们让城中的日本守军蒙受了巨大的损失。不仅如此，在杨镐看来，未来的胜利注定属于本方，因为他的部队在不断增加，而日军的实力被慢慢消耗。明军的有生力量，包括"大刀"刘綎麾下的川军和董一元率领的辽东官兵，正准备渡过明朝东部的界河鸭绿江赶来增援。与此同时，陈璘和邓子龙也正带着明朝水师经由中国南方的广东和东部的浙江向这里驶来。他们将于5月上旬经过黄海到达朝鲜。[1]

因此，当杨镐于1598年2月下旬北上返回汉城时，他仍然能够保持乐观。蔚山之败只是暂时的挫折。待休整人马、补充援军之后，杨镐计划再次发动更加凶猛的攻势，时间很可能是6月，那时天气更暖和，也更容易获得补给品。杨镐的上司经略邢玠赞同他的看法。在给朝廷上的奏折中，邢玠强烈支持杨镐的进攻计划。朝鲜朝廷同样支持杨镐。无论如何，正是杨镐挫败了日军锋芒，将这些"倭贼"困在南方的倭城，朝鲜人因此对其感恩戴德。不仅如此，同前任李如松不同，杨镐现在似乎下定决心要将秀吉的军队彻底逐出朝鲜。尽管对蔚山之败感到失望，对杨镐的某些决定有所保留，朝鲜人对杨镐的评价总体上还是很高的，仍然认为他是最适合这个职务的人选。他需要的只是更多一点时间。

对杨镐、邢玠和朝鲜人来说不幸的是，明廷不会这么快忘记蔚山的挫败，大量将士阵亡使得明廷不可能对此不闻不问。于是，官阶相对较低的兵部赞画主事丁应泰被派往汉城调查相关情况，然后回禀朝廷。

杨镐察觉到了危险。丁应泰属于主和派，他必会在奏折中攻击杨镐，继而攻击其他主战派官员。为了事先保护自己，杨镐称病向朝廷请辞。邢玠为了表示对他的支持，再次上书朝廷，称赞他兢兢业业、胆识过人。万历皇帝看过这份奏折后，坚定了对杨镐的信心，拒绝接受他的辞呈。[2]

与此同时，丁应泰完成了在汉城的调查，正在返回北京的路上。他写好的那份奏折，不久后将引起一场风暴。

朝鲜南方海岸倭城链的日军，在蔚山之战后不再不可一世。虽然保住岛山城、击退大批中朝兵士的战绩，足以令他们感到振奋，但是他们为胜利付出的代价极大。更何况，倘若明军只是时运不济，胜负其实也不过在毫厘之间。根据情报，更多的明朝援军正在北方集结，他们早晚会再次发动攻势，规模可能更大。因此，在1598年3月3日，也就是蔚山之战结束三周后，秀吉的数名军团长给日本去信，请求允许他们放弃一些难以防守的城池，集中力量守卫几处战略要地。[3]

开始时，秀吉拒绝了他们的要求。他第二次入侵朝鲜是为了惩罚那些胆敢对自己说不的朝鲜人，而且还要告诉中国人，他是不容小视的，足以同天朝的皇帝平起平坐。简而言之，秀吉的目的是展示自己的权力。正因如此，他才会拒绝属下拢城的建议——这会给他的敌人发出完全错误的信号，让他们觉得自己胆小而且虚弱。

另一方面，太阁已经达成了第二次入侵的基本目标。派兵重返朝鲜这件事本身，已经相当于告诉明朝，他像任何时候一样强大而且意志坚定，只要愿意可以随时践踏明朝的属国。至于说惩罚朝鲜人，京都的鼻冢已经提供了充足的证据。既然如此，继续作战的意义何在呢？

实际上，这场战争没有任何意义。他已经展示了自己的权力，现在的问题只是如何在不失颜面的情况下结束这一切。秀吉显然觉得，在明军的冬季攻势结束后立即拢城，将会削弱自己想要传递的信息，他要让外人知道，自己强大而且意志坚定。因此，他拒绝了大名们的建议。但是越来越多的事实证明，日军难以维持现在的防线。第一个难题是补给。经过两次入侵和六年的战争，朝鲜南方诸道形同废墟，人口骤减，日军不可能像太阁指示的那样在当地就食，大部分军粮需要从日本输送。鉴于侵朝军的规模，后勤补给的负担过重，无法保证。秀吉无疑也意识到了让军队继续留在朝鲜需要冒的风险。即使他的部队能够再次击退明军的攻势，他们自己很可能同样损失惨重，却不会有任何收益。相反，如果他们打了败仗，秀吉乃至日本的声望将受到重挫。

考虑到这两个因素，即朝鲜驻军的补给难以维系、风险收益不成比例，太阁接受大名们的建议，改变军队的部署，只是时间问题。6月26日，明军的攻势已经结束了四个月，此时拢城不会让人们觉得自己是因为害怕明军而被迫收缩，于是秀吉传令朝鲜，召回约半数日军，包括宇喜多秀家、毛利秀元、蜂须贺家政的部队。总大将小早川秀秋也一同返回日本。留在朝鲜的部队驻守在蔚山（加藤清正的一万人）、西生浦（黑田长政的五千人）、釜山（毛利吉成的五千人）、金海和昌原（锅岛直茂和锅岛胜茂的一万两千人）、巨济岛（柳川调信的一千人）、固城（立花宗茂的七千人）、泗川（岛津义弘的一万人）、南海岛（宗义智的一千人）和顺天（小西行长的一万三千七百人），共六万四千七百人。[4]

距离李舜臣和朝鲜水师残部在鸣梁大败日军已经过去了八个月。这是一场至关重要的胜利，李舜臣的十三艘船战胜了两百多艘敌舰，日本水军从此不敢向西踏出半步。在汉城的经理杨镐听到鸣梁海战的消息后评论道："近年无此大捷。"他命人给李舜臣送去一匹红绸和若干银两，以示嘉奖。与此同时，朝鲜政府开始讨论将李舜臣升为从一品，这是朝鲜第二高的官职，通常只授予文臣。李舜臣的支持者们积极推动朝廷封赏，李舜臣很快会得到晋升的消息传入了他在南方的大营。不过，不是每个人都想看到他升官。一些大臣声称李舜臣的官职已经够高，如果继续加官晋爵，那么等到战争获得最终胜利时，朝廷将赏无可赏。虽然没有明说，不过这些大臣之所以不愿意看到李舜臣受到褒奖，可能也是因为这会进一步证明他们自己的错误，他们在1597年年初把他投入大牢，将朝鲜水军交给元均，从而使朝鲜水军注定了被毁灭的命运。不管真实原因到底是什么，李舜臣最终没能得到晋升。12 月 24 日，朝廷的封赏名单被送入水军大营，李舜臣麾下绝大多数军将的名字都在其中，唯独不见他自己的名字。他只得到了宣祖的称赞和杨镐的礼物。李舜臣在日记里没有留下只言片语的抱怨，但是他肯定觉得自己受到了朝廷的冷落。[5]

鸣梁海战结束后，李舜臣率领自己的小舰队在战场三十公里以北、距离今天木浦不远的宝花岛设立临时基地。安卫现在被擢升为全罗右水使，李舜臣派他前往全罗道南部海岸的新基地，以防备日本人可能再次进入黄海的企图。不久后，安卫不知因为什么原因放弃了分配给他的职责，带着麾下为数不多的战船返回李舜臣的宝花岛基地。李舜臣明显对此不满，因为"安卫将整条航道完全留给了日本人"。在给汉城的状启中，李舜臣显然把自己将本营前移的决定归结于安卫没能履行职责。[6]

1598 年 5 月 23 日，李舜臣率领舰队向东航行，在古今岛设立新基地。朝鲜水军离日军又近了五十公里，不过和倭城链最西端的顺天仍然保持着一定的距离。在汉城大营的杨镐认为，李舜臣应该继续前进，收复朝鲜水军曾经的本营闲山岛，它现在位于日军防御半径的中心位置，因此可以方便地攻击倭城。[7] 李舜臣没有同意。在鸣梁海战中，他和他的部下身处绝境，不得不舍命一战。既然日本人现在已经被限制在一系列倭城之中，朝鲜水军没有必要再冒这么大的风险前往闲山岛。李舜臣现在最关心的是在安全的地方重建自己的本营。他认为古今岛是最理想的地点，其地理位置甚至优于闲山岛。首先，它在全罗道外海，"控扼内外洋"；其次，岛上多山，因此易于防守；第三，从山顶可以清楚地观察各个方向。[8]

到达古今岛后，李舜臣最迫切的任务是确保鸣梁海战后投奔他的八千人有足够的食物。附近的智岛和助药岛上充足的人口和耕地足以保障今后的粮食供给。为了满足当前的需要，李舜臣向经过古今岛周边航道的数百艘难民船贩卖通行帖，其中很多人在日军西进时前来避难，现在准备回家。李舜臣要求大船支付三石米（一石约合 102 升），中船两石，小船一石。绝大多数人都非常乐意付钱，因为朝鲜水军的存在意味着他们的安全可以得到保障。通过这种方法，李舜臣在短短十天内筹集到了一万石大米，足够在接下来的几个月里喂饱自己的部下。[9]

现在，李舜臣既有愿意战斗的士兵，又有足够填饱他们肚子的粮食，但是还没有船。他以十三艘船成功地阻止了日本人前进，但是如果想要进攻，他还需要多得多的船只。鸣梁海战结束后不久，朝鲜水军看起来又有了一线生机，于是李舜臣派人建造新船，收集铜铁铸造新炮。[10] 在汉城的经理杨镐从旁协助，他让全国的造船厂抓紧时间造船，规定了各厂需要生产的船只数量，很可能还送去了资金。各船厂从 1598 年 3 月开始热火朝天地赶工。到了当月 28 日，平安道铁山已经完成了二十艘中的八艘；黄海道长山串完成了五十艘中的四十艘，还要造十艘；忠清道安眠串需要完成十艘，现在刚刚开始动工；全罗道边山需要完成二十艘，他们翻新了十三艘旧船，只需再造七艘。因此，李舜臣将本营移往古今岛后不久，朝鲜水军已经有六十一艘战船，后续还会建造三十九艘。朝鲜水军的实力已基本恢复。[11]

1598 年 4 月，明朝东部的辽东边境发生骚乱，原定于 6 月开始的第二波攻势不得不推迟。军门邢玠匆匆从汉城北上统筹全局，仍然在前往朝鲜途中的部队转而平乱。与此同时，参加过蔚山之战的绝大多数明军在汉城休整一个月后再次南下，在庆尚道中部和北部设军营。4 月，提督麻贵南下，在位于汉城和日军倭城链中间的尚州设立大本营。他和他的部下在这里等了几个月，等待援军前来，然后再次发动攻势。[12]

同时，明朝水师沿着朝鲜东部海岸集结，这些舰队花了很长时间渡过黄海。在丁酉再乱的前几个月里，为了防止日本人可能的直接入侵，明朝命令所有舰队在中国本土警戒。北京距离海岸毕竟只有两百公里，日本人走完这段路程只需十天甚至更短。因此，明军的第一支舰队直到 1597 年秋才开始行动，而且它的首要目的也只是保护中国东部海岸，而不是让战舰渡过黄海拯救遭到攻击的属国。一百五十艘船从浙江出发，先到北方位于辽东半岛最南端的旅顺港。稍后，来自南京水师的两千人和来自吴淞水师的两千人加入其中。不过，其中只有少数能称得上是战船。明朝各地官府同朝廷一样，担心日本人来袭，留下最强战舰防御各省，不愿让它们远行。[13] 因此，在旅顺集结的各支舰队基本以轻型船只为主，可以运兵，但不适合海战。[14]

1597 年 10 月，得知李舜臣在鸣梁海战中获胜的消息后，明朝对遭受日本水军直接进攻的担忧有所缓解。意识到日本人显然无法进入黄海之后，明廷命令旅顺的水军南下，沿着朝鲜东海岸集结，大多数船只会在那里待到战争结束。他们作为后备力量阻止日军从海上进一步北上，但是与真正的前线仍有一段距离。

明朝水师的统帅是都督陈璘，他最终将会加入李舜臣在古今岛的本营。陈璘是一名经验丰富的老将，从 16 世纪 60 年代初开始一直待在军中，在陆军和海军都曾经服役过。他曾数次在边境地区平叛，据说精通火炮，在同长期骚扰中国漫长而脆弱的海岸线的倭寇作战时表现尤其突出。[15] 不过，和大多数明朝将领一样，他的事业并非完美无瑕。朝廷中狂热的御史们早就注意到了他。1583 年，陈璘所部发生兵变，部分原因是他试图重整纪律，由于最近几年没有战事，部队军纪逐渐废弛。兵变使陈璘受到虐待部下的严重指控。虽然后来对他的指控被撤销了，但是由于名誉受损，陈璘觉得自己不得不辞职。此后，他一直赋闲在家，直到 1592 年壬辰战争爆发才再次被起用。不过，他回归军队不过一年，便于 1593 年被揭发送给兵部尚书石星贵重礼物。他再度归家，直到 1596 年才得以复出。他在朝中的支持者举荐他前往广西边地平叛。陈璘以无官之身，毁家募勇，率子弟兵从戎。在接下来的战斗中，陈璘大获全胜，再加上他愿意为此耗尽几乎所有家财，总算洗清了操守不佳和贪婪的指控，被任命为正二品都督佥事，统率广东水师。

1598 年 5 月，陈璘抵达位于汉江口的铜雀。宣祖带着部分大臣出汉城迎接，看到在陈璘统率下排成战斗阵形的三千四百名士兵时非常满意。宣祖谦虚地说，同他们相比，"我国阵法，有同儿戏"。随后，宣祖觉得有必要展示朝鲜武术作为回报，于是命令在场的部分士兵表演剑术。他们显然没能打动陈璘。他在观看朝鲜人操练时，笑着评论他们学艺不精，这让东道主深感尴尬。宣祖和他的大臣们回到汉城，对明廷派来帮助他们的人选不太满意。很快汉城传言四起，说要小心陈璘，这位明朝水师都督自大而粗鲁，可能还很贪财。[16]

7月，陈璘离开铜雀南下，和李舜臣的朝鲜水军会师。朝鲜史料称他带了五百艘船，不过可能包括很多轻型货船和运输船。在接下来的战斗中，陈璘的贡献主要在于人手而非战舰。随他一同前来的广东水师共五千人，拥有六艘大型战舰和数量不明的轻型船只。[17]陈璘将大部分士兵部署在李舜臣的重型战舰上，让他们和朝鲜士兵并肩作战，这说明他从中国带来的大部分船只很可能不适合作战，只能留在后面。

4月，朝鲜开始流传着丰臣秀吉已经在日本的伏见城过世的传言。潜伏在日本倭城的一名间谍听到了这个消息，将其传回汉城。汉城朝廷和经理杨镐都把这个消息视为未被证实的谣言。[18]

他们是正确的。秀吉确实还活着，不过健康状况堪忧，实际上是在迅速恶化。从一封写给熟人的落款日期为1598年7月20日的简短信件中，可以看出他对自己健康状况急剧恶化的烦恼。他写道："我病了，觉得孤单，因此提起了笔。我已经十五天没有吃东西了，非常痛苦。自从昨天我出门散心，到了一个正在施工的地方之后，我的病情越来越重，我觉得自己渐渐虚弱……这一封信抵得上正常情况下的一万封信。"[19]这是太阁仍有气力写出的最后几封信之一。

秀吉的妻子宁宁分别在7月和8月两次在宫廷举行御神乐仪式，祈祷丈夫早日康复。后阳成天皇也命令京都内外的寺院为太阁的健康祈愿。但是这些似乎都没什么作用，秀吉已经奄奄一息。[20]

随着死亡将近，秀吉把越来越多的注意力放在儿子身上。一旦秀吉过世，还不满五岁的秀赖只能任由那些负责保护他的安全和利益的大名们摆布。如同在1595年和1596年时一样，秀吉再次命令重要大名发誓，保证他们会像侍奉自己一样，效忠于他的继承人秀赖。1598年8月17日，大名们写下了第一份保证书，内容如下：

我将服侍秀赖，像服侍太阁一样，绝无疏失。我绝不会有欺骗或其他想法。

至于到目前为止的法律和（秀吉的）命令，我绝不会有丝毫违背。

只要在我所理解的公共事务的范围内，我将舍弃与同僚间的私怨，不会为了自身利益而行动。

我不会和朋友结党。即使有牵扯到我的父母、子女、兄弟或熟人的诉讼、争吵或纠纷，我也决心公正地依法（行事）。

我不会不告而别，没有请求便私自离开。[21]

如果太阁过世，这些人真的会忠心辅佐秀赖吗？秀吉反复要求手下宣誓效忠，意味着他担心他们不会照做。1598 年的日本相当于一群有权有势的人松散结成的联邦，每个人都拥有一支大军和大量领地，他们只效忠于秀吉本人。允许他们保留可观的财富和权力是秀吉能够成功统一日本的关键要素之一，因为这意味着他们可以接受秀吉的条件，而无须冒着可能失去一切的风险进行一场艰难而且昂贵的战争。但是这套体系存在着一个显著的缺陷，它的维持有赖于立于中心的秀吉。正是其高高在上的地位，敌对大名才会心存忌惮，日本的统一才得以维系。如果秀吉不在了，日本将发生什么？一边是大批野心勃勃、具有独立精神的大名，另一边则是一个不到五岁的男孩。

7 月，汉城收到消息，大群蝗虫从北方铺天盖地而来，将汉城以北临津江附近涟川的农田一扫而光。相同的事情也曾发生在壬辰年，在 1592 年日本人第一次入侵和随后长达六年的战争爆发之前。很多人将再度爆发的蝗灾视为另一场灾异即将发生的征兆。[22]

赞画主事丁应泰回到了北京，向朝廷提交关于蔚山之战的调查报告。7 月 6 日丁应泰给皇帝的奏折不仅是对杨镐的攻击，实际上是对朝中主战派的全面抨击，包括位极人臣的内阁大学士张位和沈一贯。丁应泰指控杨镐试图掩盖在蔚山之战中遭受的重大损失，而张位和沈一贯也参与其中，"扶同作奸"。杨镐临阵脱逃，因此有怯战之过；张位和沈一贯隐瞒了杨镐从战场上逃跑的事实，只挑选对其有利的证据上奏皇帝。杨镐欺君罔上，而张位和沈一贯情愿听信他的片面之词。杨镐最初便是通过贿赂张位才得以被任命为经理。丁应泰列出了一份非常长的清单，"言杨镐当罪者二十八，可羞者十"。

丁应泰的攻击言辞激烈，传播甚广，朝廷不可能不闻不问。杨镐首当其冲，遭到解职。一名官员前往汉城告诉他这个消息，命令他回国听候发落。随后，主和派（也就是反对张位和沈一贯的派系）的新宠丁应泰返回朝鲜进一步调查蔚山之战乃至整场战争的实情。这次，内阁大学士张位和沈一贯为了确保丁应泰不会自行其是，另外任命主战派官员徐观澜为"查勘东征兵科左给事中"，单独进行调查。

十天后，也就是 7 月 16 日，丁应泰的报告被送入汉城。20 日，杨镐的一名下属同朝鲜官员会面，告诉他们正在北京上演的政争。他解释道，一方是大学士张位的主战派，他们认为日本的威胁是真实存在的，因此应该将战争继续到底。另一方是兵部尚书石星和大学士赵志皋的主和派，他们主张秀吉从来没有计划进攻大明，这只是朝鲜人为了让明朝卷入一场实际上与自己无关的地区纷争而夸大其词，因此明朝政府应该停止军援朝鲜，从战争中抽身。

这个消息令汉城政府震惊。他们将丁应泰视为自己的死敌，宣祖称其"险诐"，认为他有可能在即将胜利之时毁掉此前所有的努力。不仅如此，汉城政府认为自己的声誉和清白被丁应泰和他所代表的主和派玷污，他们无端指责朝鲜撒谎，夸大日本的威胁。朝鲜人觉得自己仿佛平白无故挨了一记耳光。经过长时间的廷议后，他们认定现在情况十分危急，必须要派人前往北京辩诬，抗议丁应泰的攻击。随后，朝鲜政府组织人聚集在汉城街头，公开表达对杨镐的支持，并向军门邢玠情愿，反对将杨镐解职。他们知道，这些事很快会被报告给明廷。当然，这些与其说是为了还杨镐清白，倒不如说是为了反击丁应泰。现在，在一场更大的政治斗争中，杨镐已经变得无足轻重。[23]

虽然此时明廷的主和派非常积极，不过他们尚不足以扭转明朝继续参战的政策。因此，此前已经接到命令前往朝鲜的明军各部继续赶路，与前线附近的明军会合。这些部队在 4 月到达辽东时参与平定了一场出乎意料的叛乱。到了 6 月，事态平息下来，奉命赶往朝鲜的部队继续上路。

因此，直到 1598 年 7 月，在离开中国西部的大营数月之后，"大刀"刘綎才带着麾下的两万名士兵来到朝鲜，其中大部分来自四川，还有一些人出身于缅甸和泰国边境的部落。这是刘綎第二次来朝鲜。在日本人第一次入侵时，他在朝鲜待了两年。他的直率和儒雅的作风，他严格约束部下，以及坚决不收礼物（此前他曾经因为收受贿赂被弹劾两次，无缘晋升），给朝鲜人留下了深刻印象。[24] 再次来到汉城后，刘綎对和朝鲜人的关系倒不是特别在意。这位将军显然感受到了很大的压力，由于主和派在朝中的势力越来越大，他绝不能犯一星半点的错误，更不能打败仗。遭受丁应泰攻击、被朝廷质疑自己的忠心的朝鲜人，无疑会对明朝有些怨言。因此，"大刀"刘綎和朝鲜东道主之间的不快或许是不可避免的。

到达汉城后不久，刘綎要求世子光海君和一些朝廷重臣同自己一起南下赶往前线。朝鲜人没有回应，这让刘綎很生气。他想知道朝鲜政府为何不派代表来询问他的意见，并以此制定计划，从而赢得战争的胜利。结果，此时已升为右议政的李德馨，只得不情愿地带着一些官员去见他。刘綎解释道，在接下来的进攻中，保证粮草的供应是重中之重。他的部队显然需要粮食才能作战，否则不会有任何用处。如果他独自向南方进军，当地百姓和官员不会心甘情愿地为他的部队提供所需的军粮。相反，如果朝鲜世子和重臣能够陪他同行，负责筹备粮草，当地人出于对他们的尊敬，会十分乐意为刘綎的部队提供补给。

李德馨和他的同僚们支支吾吾，不愿答应。他们也同意南方的粮食确实匮乏，因此确保军粮的难度很大。但是世子健康不佳，因此派他前往并不妥当。让朝廷重臣同行也困难重重，因为他们是政府首脑，这会使朝廷无法及时处理政务。

刘綎很不高兴地说："不管在哪个国家，国王都应该亲征。但是朝鲜人竟然连世子也不愿意派往前线。"

朝鲜人不愿意继续讨论这件事，刘綎终于平静了下来。最后，他说："如果你给我足够的军粮，我可以完成我的任务。如果军粮不足，我实在无能为力。目前我手下有两万人马，再加上已经前往南方的士兵，共计两万五千人。即使不算那些已经在南方的人下个月的口粮，如果朝鲜能够为我的部下凑齐从九月到十一月这三个月的粮草，我们可以取胜。这是我的全部要求。"[25]

刘綎显然不满足于自己得到的保证。五天后同宣祖会面时，他再次提出让世子和朝廷重臣一同南下。宣祖礼貌地拒绝了。刘綎说世子独自前来亦可，无须大臣陪伴。宣祖再次拒绝。随后，刘綎说只需要派出朝鲜三位最重要的大臣中的一位即可。宣祖对这个提议的态度似乎有所松动，于是刘綎继续让他考虑一下这个选项。他说，领议政柳成龙是政府最重要的大臣，因此应该留在汉城。左议政李元翼是军门邢玠的陪臣，因此也应该留下。而作为杨镐联络官的右议政李德馨完全可以南下，因为杨镐现在已经被解职。[26]

由于现在双方关系紧张，朝鲜人不愿意服从明朝的每一项要求。刘綎近乎无礼的态度更让他们觉得难以接受。不过，刘綎的强硬要求并非无理，也不能说是强人所难。因为在战争初期，朝鲜高官常常为了筹备粮草陪明军一同前行。领议政柳成龙本人对此已经习以为常，最近的一次是在1598年1月陪同杨镐的军队南下，他们没能将日军驱逐出蔚山倭城。因此，虽然宣祖只是告诉刘綎，这件事"当商量，随后处置"，不过朝鲜朝廷最终也不得不同意。当8月初"大刀"刘綎启程时，右议政李德馨随他一同南下。

8月17日，都督陈璘抵达朝鲜南部海岸，与朝鲜统制使李舜臣在古今岛的军营会合。李舜臣和他在汉城的上司们都在质疑这支联合舰队的效率，因为朝鲜人对陈璘的性格和能力缺乏好感。从和他第一次接触开始，朝鲜政府觉得他自大、喜怒无常、处罚过于武断。刘綎又告诉他们，陈璘缺乏战略眼光，不适合担任统帅。刘綎说："我此前和都督谈话时，他只是在吹嘘自己曾经俘虏过若干倭寇，想把它粉饰成一场大胜。"[27] 因此，汉城朝廷担心，陈璘的到来不仅对朝鲜的战事无益，而且可能会被证明有害，特别是如果这位水师都督坚持让能力更强的李舜臣听命于自己。[28]

统制使李舜臣事先收到汉城朝廷的提醒，要认真接待陈璘。于是，他为大明水师摆好接风宴，然后率部出港，亲自迎接陈璘进港。陈璘对这样的礼遇非常满意。当天晚上，他和他的部下尽享朝鲜水军的款待，两军关系融洽。

两天后，他们接到消息，百余艘日舰沿着海岸向西打探情报，现在已经到了古今岛附近。明军都督和朝鲜统制使立即召集各自舰队携手出征。事实很快证明，这是假情报，敌人只有两艘船，且均被歼灭。李舜臣和陈璘在那里待了整晚，然后返回大营，留下成汝忠的朝鲜战船和三十艘明朝舰船，准备伏击稍晚可能前来的日船。

那支据说拥有百艘战船的日本舰队从未露面。不过，几天之后，确实有少量敌船返回这里，很可能是想在海岸上搜刮食物和战利品。在随后的冲突中，战斗皆由成汝忠麾下的朝鲜人完成，他们俘获、摧毁了所有日舰，砍下了大量首级。负责协助朝鲜水军的明军一直在旁观，他们声称是因为"逆风"所以才无法加入战斗。陈璘听说这件事后（当时他正在和李舜臣在新建的大帐里饮酒），觉得非常尴尬，因为自己的部下寸功未立。他将酒杯摔到地上，勃然大怒。李舜臣马上起身安抚。他告诉陈璘，明军千里迢迢前来救援，因此两人取得的任何成果，都应该被当成陈璘的功劳。随后，李舜臣承诺，会将战斗中割下的七十颗首级中的四十颗交给陈璘，这样他就可以向朝廷邀功。还有五颗被交给陈璘的一名部下，他不久之后派一名家丁前来要求分功。[29]

在给汉城的正式报告中，李舜臣确实像承诺过的一样，将功劳分给陈璘和他率领的明军，称他们割下了四十五颗首级。但是他又提交了一份非正式的报告，详细记下了事件的整个经过，即战斗全是朝鲜人完成，而明军只是在分享功劳。宣祖非常高兴。这件事证明了明朝水师都督素质不佳，也从侧面证明了李舜臣的大度，他愿意为了国家大义牺牲自己的战功。不过，这件事险些酿成大祸。两份奏折同时在南方流传（不难想象，李舜

396

臣心高气傲的部下会反复讲述这个故事），引起了一位奉旨在当地巡察的明朝官员的注意。回到汉城后，他要求阅读李舜臣的奏折，然后向明廷汇报。朝鲜人知道，如果让他看到李舜臣的第二封奏折，会给陈璘惹来麻烦，因此只给了他第一封，也就是那份虚假的陈述。这件事最终不了了之。[30]

现在，丰臣秀吉已经命不久矣。他躺在伏见城的病床上，直到最后仍然在为自己的儿子秀赖担心。过世前两周，他给接受托孤的五大老写了下面一封信，这次是恳求他们保护好自己的继承人：

> （德川）家康、筑前（前田利家）、（毛利）辉元、（上衫）景胜、（宇喜多）秀家：
>
> 　　在秀赖成年之前，我请求信中提到名字的所有人帮助他。这是我唯一的请求。
>
> 　　我再说一遍：我请求你们五人关照秀赖。相关细节已经告知五人（指地位仅次于五大老的五奉行）。我不想离开。我在这里结束。[31]

像每次接到秀吉的要求时一样，他的重要大名们发誓会忠于秀赖和丰臣家。但是秀吉仍然无法安心，因为他太了解这些充满野心的人的本性了。十六年前，他自己也曾发誓要忠于主人织田信长的继承人，但他最终还是食言了，将权力抢到自己手里。现在的秀吉会稍微感到内疚吗？抑或他只是意识到了，让这些只顾着追求个人利益而对誓言的内容毫不在乎的人起誓，最终不会有任何效果。如同他曾经背叛了信长的继承人，在秀吉死后，有什么可以阻止德川、前田或是其他大名背叛秀赖？

临终之时，秀吉回想起自己的一生，畅想着儿子的未来。他用尽最后的力气写下遗言：

> 随露珠凋零，随露珠消逝，此即吾身。大阪往事，犹如梦中之梦。[32]

这个来自尾张国中村的农民之子，成了日本的主人，甚至有可能成为亚洲的征服者，如此惊人的阶层跃升在人类的历史上也不多见。现在，一切都将消逝，如同第一缕阳光下的露珠一般。

1598 年 9 月 18 日，丰臣秀吉与世长辞，享年六十二岁。他的遗命之一是结束朝鲜之役，让所有人回家。

29

最后一幕

1598 年 8 月 12 日，遭到解职的杨镐离开汉城，踏上了返回北京的漫漫长路，他将面对主和派的打手丁应泰的指控。宣祖在弘济院动容地目送他离开。年迈的大臣们陪宣祖一起送他上路，表达朝鲜君臣对此的遗憾。杨镐坐上轿子，路旁的人遮道痛哭，不舍他离去。[1]

接替杨镐的是万世德。此前他担任天津巡抚，这是 1597 年新设的职务，负责监督海防和朝鲜远征军的补给运输。他直到年末才来到汉城，没有参加接下来的战役。[2]

9 月 18 日，丰臣秀吉在京都伏见城去世。秀吉任命五大老（其中最重要的是德川家康和前田利家）维护秀赖的利益，又任命了五奉行负责处理日常政务，他们在此后一周多的时间里，继续以太阁的名义发布政令。[3]考虑到当时的情况，秘不发丧不算意外。由于秀吉一直独掌大权，他死后的权力真空期势必会被周围的人看成不安和危险的时段，为了不引起大规模恐慌，权力交接完成之前对外界保密是通常的做法，因此五大老和五奉行严格禁止消息外泄。不过，这并不是他们没有立即将秀吉的死讯告诉外界的唯一原因。据说，秀吉在临死前几天同意结束朝鲜之役，让军队返回日本。德川家康和他的同僚们正忙着实现他的遗命。在他们看来，第二次入侵计划考虑不周，损失惨重。不过，撤兵的时机是个问题。如果秀吉的死讯和退兵的命令同时送到朝鲜，加藤清正等前线指挥官会怀疑命令出自德川等人，没有如实表达太阁的遗志。由于他们在战争中流了太多的血，一些人可能会为了荣誉，无视退兵令而继续作战。

隐瞒太阁的死讯可以避免这种情况发生。9 月 25 日，五奉行给远在朝鲜的锅岛直茂写信，告诉他好消息："太阁终于从病痛中恢复过来。"现在，他派两名使者到前线监督战事的进展，传递他的命令，和锅岛等大名商讨结束战争的最佳方案。在泗川倭城的岛津义弘也收到了类似的信，称秀吉已经康复，而且他"在稍早之前，下令恢复和平"。不久后，两名使者德永寿昌和宫木丰盛会带着他的命令前往朝鲜。其中一封信上加盖了秀吉本人的朱印（这肯定不是他本人盖的，因为他已经过世足足一周）。[4]

从德永和宫木带到釜山的命令明显可以看出，京都的五大老和五奉行急着在短时间内确保战争结束。1593年时，前线的军团长接到命令，同明朝和朝鲜人达成一份可以保住面子的协议。但是这次的命令大打折扣。日本不再要求明朝的公主或是贸易权利，也不再要求割让朝鲜南部。他们现在情愿放弃在朝鲜的所有据点，只要朝鲜人同意交出一名王子作为人质即可。如果朝鲜人连这条也拒绝了，那么只要送来些大米、蜂蜜、虎皮和豹皮，日本人也可以同意撤兵。[5]

但事实证明，他们连这些也不愿给。

9月18日，从蔚山倭城撤军七个月后（恰巧是秀吉过世的那天），中朝联军再次发动攻势。和上一次战役一样，联军分成三个部分。不过这次他们不会只进攻日军倭城链的一点，而是分别攻击三个不同的地方。

在前线级别最高的将领和整个朝鲜级别仅次于军门邢玠的提督麻贵，进攻东南方向加藤清正的蔚山倭城。在第一次蔚山之战中，麻贵和杨镐没能攻下这座位于倭城链最东的城池。现在他要完成未尽的任务。他手下的两万四千名明军均是步骑兵，此外还有金应瑞的五千五百名援军。刚来到朝鲜不久的董一元负责进攻岛津义久的泗川，它基本在倭城链的中间。他有两万六千八百名士兵，此外还有庆尚右兵使郑起龙的两千三百人。"大刀"刘綎进攻倭城链最西端的顺天，小西行长的部队驻扎在那里。刘綎麾下有两万六千名明军，包括大批骑兵和来自靠近帝国边境的缅甸等国的异族士兵。不过，他只带了其中的一半人马南下，可能是担心没有足够的补给。都元帅权栗率领一万名朝鲜士兵前来支援，联军士兵共两万三千六百人。[6]

1598 年夏末，进入日本人防守半径的中朝联军的兵力接近六万八千四百人，此外还有三万名士兵，在汉城作为机动部队留在后方。这还不是全部。都督陈璘的明朝水师在耗费了数月之后，终于前来增援李舜臣的朝鲜舰队。8 月，陈璘率领五千人的水师（不过真正的战船并不多，以轻型船只为主）抵达李舜臣的本营古今岛，大大增强了李舜臣部队的实力，此前已经有一万六千人聚集在李舜臣麾下。[7]邓子龙的浙江水师进一步增强了这支联合舰队的实力。邓子龙是沙场老将，他和陈璘一样，在帝国各地参加过大大小小的战役，从缅甸边界一直到福建沿海。他和陈璘还有一个相似之处，他也是赋闲很长时间后刚刚复职不久。1592 年，在缅甸边境爆发的战争中，他因为手下兵士哗变而被罢免，在此后的六年间一直未被任用。[8]

于是，集结起来准备从水路同时进攻日本人的联军总兵力已接近十万。

主和派官员丁应泰因为最近对杨镐和朝鲜的攻击而引发轩然大波，现在他又回到汉城继续调查。他在路过杨镐大批支持者聚集的辽东重镇辽阳时，明显感到自己受到了威胁，因此闭门不出，担心食物被下毒。[9]不过，来到朝鲜北部之后，丁应泰信心高涨（在他到来之前，汉城已经听到风声，军门邢玠已经上了他的黑名单）。[10]

10 月 3 日，丁应泰到达汉城郊外，宣祖没有在那里迎接他。按照惯例，朝鲜国王会亲自出城迎接明朝大臣，即使像丁应泰这种小官也不例外，这显然说明丁应泰不受欢迎。相反，宣祖亲自迎接徐观澜，后者同样是来朝鲜调查战况，不过是奉明廷主战派之命前来。宣祖之所以厚此薄彼，倒不是因为特别尊重徐观澜，而是为了强调自己对丁应泰的厌恶。在接下来的几个月里，朝鲜人一直对徐观澜疑心重重，对他的出现感到不悦，因为他们很快发现，徐观澜只关心数字和事实，对更大的议题不闻不问。最重要的是，他无意帮助宣祖和他的大臣们洗清丁应泰令人气愤的指控，后者指控他们没有如实说明日本人的企图，从而将明朝拖入战争。

丁应泰和徐观澜开始着手调查的第一件事，是杨镐在蔚山之战中到底损失了多少人。两人均从朝鲜官员和前线指挥官那里打听情况，然后清点明军人数，以确定有多少人不见了。收集完信息后，徐观澜在给朝廷的奏折中声称损失在两千人左右。丁应泰对这个数字不满意，继续调查。他下令逮捕了不少人，对他们严加审问，包括杨镐密友身边的一名女性；官员和军将的家被仔细搜查，以寻找足以定罪的证据；军队的文吏被全部绑起来，以伪造伤亡数字的罪名带回去严刑拷打。丁应泰认为蔚山之战的损失多达万人，他决心证明这个数字。[11]

丁应泰对蔚山之战的损失和杨镐所作所为的调查，当然只预示着主和派开始发起攻势。他已经指控大学士张位和沈一贯、军门邢玠和主战派的其他许多官员犯有各种过失。实际上，所有与战争有所牵连的人都被丁应泰仔细检视，他们可能会遭到指控，多年的事业很可能会毁于一旦。但是，丁应泰甚至连这些都不满足。他不仅要将朝廷中浪费了国家大量人力和财富的主战派恶党铲除，他还想从根源上解决这个问题。他要揭露那些在1592年将明朝拖入这场大灾难的罪魁祸首。

丁应泰想到的答案是，朝鲜人应该受到谴责。他在抵达汉城几天后便向明朝廷提交了题为《属藩奸欺有据贼党朋谋已彰事》的奏文（根据时间推算，他在来到朝鲜之前已经掌握了他的"发现"）。丁应泰指控朝鲜人"诱倭入犯"，也就是说，他们并不像其所宣称的那样，是无端遭受侵略的无辜受害者。事实与此相反，他们在1592年邀请日本人侵略自己的国家，以此作为共同对付中国的前奏，因为朝鲜希望看到中日间爆发战争，这样他们就可以夺取鸭绿江对岸丰腴的土地，这些土地现在在明朝的控制之下。因此，宣祖和他的政府（实际上是整个国家）都犯了对皇帝不忠的重罪，这项指控形同叛国。[12]

丁应泰没有证明自己指控的真凭实据。他宣称朝鲜人想要夺取鸭绿江以北的明朝领土，不过是他的猜测。至于说朝鲜人引诱秀吉入侵大陆，丁应泰的证据只是《海东纪略》中记载的朝日间由来已久的"交好"，特别是为了政治任务互派使臣，为了贸易互市和朝鲜允许日本人居住在东南海岸的贸易区内。丁应泰的结论是："招倭复地之说，非虚语也。"

不仅如此，丁应泰继续写道："今朝鲜国王暴虐臣民，沉湎酒色，乃敢诱倭入犯，愚弄天朝，复与杨镐结党，朋欺天子。"而且宣祖和他的政府在公文中大书日本年号，将正统的明朝皇帝年号以小字写在日本纪年的下方。这完全不是事实，但是丁应泰声称这可以证明朝鲜"尊奉日本，加于天朝甚远"。丁应泰继续（仍然是虚假地）指控朝鲜，他们的国王使用庙号，"僭妄称祖"，说明他们轻蔑明朝，认为朝鲜国王和万历皇帝地位相当。这些全都意味着，他们自称两百年来一直忠心侍奉中国并非事实。丁应泰讥讽地说道："而皇上试以此责问朝鲜，彼君臣将何说之辞。"[13]

看到这些轻率的指控，朝鲜人震惊了。自从朝鲜王朝创建以来，他们引以为傲的两百年的"恭顺之义"当然是真诚的，绝非丁应泰现在所宣称的欺骗。在此期间朝鲜和日本的往来，不过是尊奉朝鲜和中国对待外夷时行之有年的羁縻政策，也是朝鲜"事大交邻"政策的一部分，他们和具有潜在威胁的国家交往，是为了防止其招惹事端，令其各安其位。朝鲜因此才会一直允许日本人通过对马岛和自己展开贸易，这可以安抚对马岛主，从而利用他们遏制以日本为据点的倭寇。朝鲜在 1592 年前和日本互换使团是希望能够平息他的侵略企图，告诉他日本在中华世界的位置。在和秀吉打交道的过程中，朝鲜从未背叛明朝，所谓的"诱倭入犯"完全是丁应泰的一面之词。与此相反，在培养和邻国的关系时，朝鲜人的做法和丁应泰的指控正好相反，他们忠心耿耿地履行"属藩"的职责，成了文明中心和化外蛮夷的缓冲带。

壬辰战争显然标志着朝鲜政策的失败，它没能阻止外夷入侵，并为此付出了沉重的代价。他们在战争中失去的人口不计其数，经济疲敝，南方成了一片废墟。他们对明朝的援助感恩戴德，反复为明廷做出的牺牲表达谢意。但是他们也很清楚，如果不是朝鲜抵抗了日本的侵略，承担了它所造成的几乎所有破坏性后果，秀吉的军队将会前往北京，并带去灾难。朝鲜只需要像秀吉要求的那样，借道给日本人，便可轻而易举地避免所有的损失。但是，他们从未有过这样的想法。他们尽全力抵抗秀吉的入侵，代明朝受过，秀吉本打算毁灭那里。因此，他们实际上很好地履行了自己的职责。

丁应泰针对杨镐和主战派的指控，现在进一步发展到了朝鲜身上。汉城朝廷心急如焚，害怕明朝会从战争中抽身，如果日军重整旗鼓、再度来袭，他们必定无力抵挡。丁应泰的伤害远不止于此，对宣祖而言尤甚。丁应泰毫无根据的指控，指责朝鲜不忠和背信，相当于指责宣祖欺君罔上，背叛了北京的天子，而宣祖的统治所依赖的权威正是后者所赐。因此，宣祖绝对无法容忍这样的指控。10月20日，丁应泰的奏折被泄露给朝鲜人的同一天，宣祖写下了如下的备忘记：

> 予为天朝东藩之臣，初为贼酋秀吉所胁，据义斥绝，败国亡家，颠沛流离，固守臣节，如水之百折而必东，万死而不悔。以此受罪，更有何言？目见奸孽横恣，忠良受诬，终必误天下大计，故不忍不陈情力辩，使吾君洞然照此鬼蜮之肝肺。

与此同时，鉴于自己现在是戴罪之身，等待万历皇帝的裁决，或是接受惩罚，或是洗刷诬名，因此宣祖无法继续履行国王的职责。他在备忘记里写道："自今凡一应机务，令世子处决……言于大臣。"[14]

随后，宣祖退避待罪，不见群臣，不理政务。他在自己的寝宫待了一周，心理的创伤体现为一系列身体上的疾病，包括食欲不振、失眠、疲倦、无精打采、胸闷、视力下降、听力受损，他的腿因为风湿而一瘸一拐。

宣祖闭门不出，百官群龙无首，朝廷陷入混乱。与明廷不同（它已经习惯了在万历皇帝长期不上朝的情况下处理朝政），国王是朝鲜政府不可或缺的一部分，大小事务均需得到他的首肯。宣祖闭门待罪，政府便无法运作。百官和重臣日复一日地上书请求他出宫。首先是领议政柳成龙代表全体官员向宣祖上书。他指出，宣祖这么做只会让事态更加恶化，因为丁应泰现在更有理由指责他不理国事了。不管怎样，柳成龙继续写道，如果宣祖闭门不出，御医如何为他诊治呢？宣祖稍稍温和了一些。他答道，御医于事无补，他的病是由奸人丁应泰的谗言引起的，除非天子为自己洗清诬名，否则他的病难以好转。[15]更加年长的大臣尹斗寿接着出面，他劝宣祖考虑当前形势，战争正值紧要关头。国事为重，宣祖必须放下个人伤痛，承担起指挥军队、筹措粮草的重任。宣祖再次拒绝，他说："查勘未定，圣旨未下之前，决无以国君自处之理。此义甚明，愿勿更言。"[16]

宣祖坚持了一周，拒绝了所有人的请求，闭门不出。最后，到了10月27日，他抵不住数十份奏折的压力，终于妥协。此外，他也听说，反对丁应泰的声音越来越大。此时在汉城的所有明朝重要官员（包括军门邢玠）都在谴责丁应泰，而且根据北京传来的消息，朝廷内部对丁应泰不满的声音也在不断加大。邢玠还告诉宣祖，被派到朝鲜独自调查的徐观澜递交了另一份奏折，声明丁应泰所说纯属诬告，宣祖和朝鲜对皇帝忠心耿耿。这是一个积极的开始，朝廷舆论最终将转为对丁应泰不利。[17]

虽然宣祖重新上朝，但他和他的大臣们从未忘记，也未原谅指责他们不忠的丁应泰。在接下来的几个月里，这仍然是汉城和北京关系中的一个棘手问题，直到丁应泰最终被解职并召回北京，随后万历皇帝下旨帮宣祖洗清诬名，承认他是一位忠诚的好国君。[18]

10月下旬，正当宣祖刚打算闭门待罪之时，提督麻贵已经来到了朝鲜东南海岸的蔚山。麻贵的东路军有两万四千名明军士兵，再加上庆尚兵使金应瑞的五千五百名朝鲜士兵。根据调查，现在的岛山城甚至比第一次蔚山之战时更加坚固。当联军在1月进攻尚未竣工的岛山城时，杨镐、麻贵和朝鲜都元帅权栗的部队在一天之内便从尚未来得及装上城门的城墙缺口突破外城。现在，麻贵看到外城的城门已经全部到位，筑城已经完工。士兵们已经在城墙四周挖好壕堑，又将附近的太和江的江水引入其中。城内加藤清正麾下的上万守军已经做好了战斗准备。[19]

同第一次蔚山之战一样，中朝联军包围了加藤的城池。不过，麻贵并

405

不急着进攻。唯一的行动是发生在城郊的小冲突，联军扫荡了孤立无援的小股日军。麻贵亲身经历过 1 月的攻城战，知道攻下岛山城困难重重，因此不打算强攻，那会白白牺牲数千条人命（更不要说他的官位）。强攻的意义何在？日本人已经退缩到海岸，看起来早晚会大举撤退。既然他们很可能会自愿离开朝鲜，为什么还要浪费兵力强行把他们赶走呢？联军需要做的只是耐心等待。

麻贵愿意耐心等待，但他的同僚、指挥中路军的董一元可没有这样的耐心。在 10 月的最后一周，董一元来到南方海岸距麻贵一百五十公里的地方。他不战而收复已经沦为废墟的晋州，然后进军泗川，在那里取得了第二场胜利。泗川原本有约五百名日本守军，他们接到撤军命令，于是放弃防守开始后退，其中八十人被董一元的部队追上消灭，其他人在旧城以南几公里远新城和日军主力会师，新城位于晋州湾海岬。[20]

此时，泗川以南的新城内的守军有八千人，指挥官是六十三岁的岛津义弘和他二十岁的儿子岛津忠恒。他们的兵力不到城外联军的三分之一（明军两万六千八百人，庆尚右兵使郑启龙的朝军两千三百人）。[21] 不过，岛津义弘经历了日本战国时代数十年的洗礼，经验丰富，老谋深算。不仅如此，他参加过去年 9 月的南原之战，知道该如何对付明军。他镇定自若地站在城东门上的塔楼里，看着明军接连攻克泗川城和前方几座哨所，拉住了急于出城交战的儿子忠恒。他知道，更加明智的做法是以静制动，让坚固的城墙先消耗明军一部分力量。

和同僚麻贵不同，总兵董一元此前没有同日本人作战的经验。他信心十足，迫不及待地想要赢得一场大胜。10 月 30 日，董一元开始攻城，先是将火炮前移，猛轰城墙，然后又动用了一种不太常见的攻城武器，一位日本编年史作者称其为"木杠"，旁边还配备有"药柜"（即火药库）。[22] 明军把它放在正门前，然后点火，将厚木板炸成碎片。于是，董一元命令联军士兵朝着城墙冒烟的缺口发起冲锋。在此之前，岛津一直让自己的士兵待命，现在他命令铁炮足轻向聚集在城下的联军士兵开火。明军和朝军的伤亡率迅速攀升，但是他们仍然前赴后继地向前冲。

就在此时，进攻的明军阵中心位置发生了大爆炸（"烧药柜"）。爆炸将附近的人炸飞，引发了攻城士兵的混乱，众人掉头逃跑。

岛津立即把握住有利时机，命令部下从东、西门出城追击撤退中的中朝联军。现在，战争的势头倒向了日本人。他们发起冲锋，联军士兵不得不逃跑，军纪严明的日本士兵在后紧追，沿路砍杀整支联军部队。当夜幕降临时，从岛津的倭城一直到北面晋州的路上布满了尸体。[23]

后来，岛津义弘声称自己的部队当天消灭了三万八千七百名敌人。[24]这是日本人惯常的夸大之词，肯定不是事实。不过，泗川之战确实是他以少胜多的杰作。根据朝鲜人更加可靠的记录，联军阵亡将士总数约七八千人，以明军为主，绝大多数死于撤退途中，大量补给被丢弃。[25]明将董一元试图淡化这场灾难，他在给明廷的奏折中称这是一场平局。他说双方的损失都非常严重，后退只是暂时的。"待我军休整完毕，择日再战。"朝鲜人和董一元在北京的上司都不相信他的话。[26]

与此同时，"大刀"刘綎正带着明军西路军一万三千六百名士兵南下挺进日本人倭城链的最西端，权栗率领万名朝鲜士兵一同南下，右议政李德馨负责运输粮草。他们的目标是小西行长把守的倭城，位于全罗道南海岸，离顺天不远，朝鲜人称其为"倭桥"，因为该处倭城靠陆地一面的壕堑上有一座桥。所有史料都称该城十分坚固，它实际上是坐落于光阳湾旁边的一座小岛，四周筑有土石城墙，城内有一万五千名守军。倭城的设计十分巧妙，不管敌人从何处攻城，都会落入射程之内。

在李德馨看来，刘綎不愿意进攻倭桥，因为他在抵达全罗道南部后，似乎故意放慢了脚步。刘綎坚持在顺天停留很长时间，举行献祭并让部下起誓。刘綎还要求陪自己南下的朝鲜人（包括权栗和李德馨）参加特殊的仪式。他们写下誓言，保证会服从明军将领的命令，为明军提供所有必需的食物和补给，然后依次饮鸡血酒，以示必会遵守约定。[27]

当庞大的联军最终逼近倭桥时，小西给刘綎送去一封信，要求与他见面议和。刘綎乐于接受。他对李德馨解释道，自己会以议和为借口将小西诱出城，然后把他擒获。因此，刘綎派人给日本人的答复非常友好。[28]

到了这个时候，刘綎已经和朝鲜水师统制使李舜臣、大明水师都督陈璘取得联系。他们计划水陆并进，联手攻击小西的倭城。刘綎从陆上进军，陈璘和李舜臣从海上进军。10 月 19 日是刘綎和小西约好的会面时间。当天，刘綎让一名下属作为替身前往倭城，自己的大军在后面等候时机。日本人似乎中计了。他们打开城门，一个很可能是小西的人走出城来，显然打算坐下来谈判。对刘綎而言不幸的是，此时联军的炮兵（可能是他的部下，也可能是从海面顺流而来的联军战舰）朝倭城开炮，小西和他的人匆忙退回城内，明军没能将其擒获。[29]

在接下的三天里，中朝联合舰队继续用火炮、弓箭和火箭攻击倭城。他们在早晨涨潮时来到城下，晚上退潮后离开。这是十分危险的游戏。以海军攻击陆地的城池通常来说风险大于收益，因为这意味着他们必须来到靠岸很近的危险浅滩，而且不得不冒着被敌人集火的威胁。李舜臣通过此前的作战经验已经知道了这些。若想用战船攻击岸边的城池，唯一可行的方法是同陆军协同作战，这样敌人便不得不承受来自两个方向的压力。这确实是当前的计划。对陈璘和李舜臣来说不幸的是，它没有起到任何作用。每次，当靠近倭城时，他们都发现自己不得不承受小西部队全部火器的攻击，刘綎没有从陆上对倭城的另一面施压。他正忙着建造攻城武器，为未来不知何时才会发起的攻城做准备。因此，联合舰队在 10 月 21 日以后放弃从海上进攻，等待刘綎开始进攻。[30]

在接下来的一周里，"大刀"刘綎继续在军营中建造各种攻城武器，包括可以用来将火炮和士兵运到城下的坚固、封闭的轮车。最后，到了 10 月 30 日，万事俱备。当天，陈璘上岸和刘綎商量陆海协同作战，他希望刘綎这次能够参与。次日黎明，联军开始攻城。

早上 6 点，联合舰队趁着涨潮来到小西行长城下，开始发动进攻。联军信心十足，因为就在两天前，明朝水师的上百艘船只刚刚从北方前来增援。在接下来的六个小时里，他们顶着铁炮密集的火力连续攻城，消灭了大量日本守军，但是根据李舜臣所述，他们自己的损失也不轻。李舜臣本人在战斗中失去了一名亲人，在他帐下担任船长的一个妻侄。最后，联合舰队不得不在下午早些时候趁着退潮撤兵。

在倭城的另一面，刘綎的部队问题不断。第一波冲锋的部队没有冲过小西立在城前的木栅栏，他们无法突破铁炮的火力，随后被从城中冲出的日军逼退。明军继续发起第二波冲锋，但是同样被击退。刘綎亲自上阵，第三次发动攻势。城内日军守军的火力太过猛烈，他的部队难以应付。刘綎花了很多天造好的轮车也被证明是无用之物。它们太重，不容易移动，最终到位后也只是沦为日军强大火力的靶子，车内的明军束手无策，只能躲在里面避免被击中。倭桥之战首日的水陆两栖进攻就这样无果而终，小西的人守住了城池。

次日，刘綎派人催促陈璘和李舜臣继续发动攻势，再次从海上接近倭城。这次的进攻选在晚上。联合舰队可以趁着夜色前进到离岸边很近的地方炮轰敌军，击沉停泊在附近的所有敌舰。（小西准备用来将他的部队运回日本的数百艘船只显然没有停泊在倭桥，否则它们会轻而易举地被联军舰队消灭。这些船很可能躲在附近狭窄的小海湾里。1592 年以后，日本人将朝鲜水军视为严重威胁，他们经常采取这样的预防措施以规避风险。）最后，大约在午夜时分，统制使李舜臣发现海水退潮了，于是率领自己的舰队返回海水较深处。都督陈璘没有跟上。李舜臣派人到他的旗舰，建议他趁现在还来得及，赶紧带着舰队后退。陈璘可能是没有听从李舜臣的建议，也可能是没来得及采取行动。很快，三十九艘船搁浅，进退不得。日本人误以为搁浅的船只意味着明军打算登陆，于是从城内冲了出来，向敌舰发动进攻。接下来是惨烈的白刃战，李舜臣派麾下的一部分战舰向前，用火炮击退了敌人的进攻部队，解救了一百四十名被困的明军士兵。不过，所有搁浅的船只或被烧毁，或被俘房，其中两艘后来被送回日本，停在大阪的高丽桥旁，成了观光名所。[31]

到了这个时候，城墙另一侧的战斗早已偃旗息鼓。刘綎在当天早些时候收到了自己的同僚董一元在东面的泗川大败的消息，现在急于避免遭受同样的失利。在场的朝鲜官员和将领察觉到了刘綎的变化，当时一名稍早时被俘的朝鲜人在城头上大喊："所有日本人都在城墙另一侧作战，这边无人防守。从这里进攻，你们就可以攻破城池。"李德馨、权栗和其他人把他的话告诉给刘綎，催促他从这名俘房所说的地点攻城。刘綎拒绝了。

他不会继续攻打小西的城池。他的心意已决，准备撤退。[32]

又过了一天，也就是11月2日，倭桥之战结束，统制使李舜臣率部发动了最后一次攻击。都督陈璘因为前一天的严重损失而动摇，几乎没有参与进攻。刘綎也没有。经过数小时的进攻后，李舜臣命令舰队撤退。两天后，他收到消息，刘綎的部队已经拔营北上返回顺天。明军撤离倭桥后没有焚烧补给，把它们留给了日本人。这令李德馨特别愤怒，这位朝鲜官员特地按照刘綎的要求陪他南下，以确保明军能够得到充足的供给。刘綎不愿意配合水军从地面攻击小西的倭城，因此后者继续冒险单独从海面发动攻势不会有任何意义。于是，李舜臣和陈璘只能撤兵，并对刘綎心生厌恶。[33]

在倭城链的另外一端，提督麻贵已经从加藤清正的岛山城解围。11月2日，听说中路军在泗川之战中的惨败后，麻贵命令部下后撤，理由是现在自己的侧翼已经暴露在日军面前，很可能遭到敌军的反击。于是，他集合起包围岛山城的部队，率领他们前往四十公里以北的庆州。他把麾下的骑兵安置在这座新罗古都，然后继续向西前进了很短的距离，在新源扎营。在接下来的六周里，他一直留在这里监视加藤的岛山守军的一举一动，观察他们是否有撤退的迹象。[34]

不管以何种标准判断，明朝在丁酉再乱时派出的援军都可称得上是一支大军。明朝几乎调集了所有可用的资源，国库早已入不敷出，现在则几近干涸。简而言之，这差不多是明朝的极限了。因此，泗川和倭桥的失利引起了明廷的极度不安。听到消息的万历皇帝下诏申饬董一元、刘綎、麻贵及其麾下的全部军将，语气非常严厉。《明实录》写道："上以中路失利，因骄将轻敌，懦将畏敌，主帅不能折骄鼓懦，分布无法，申令不严，致一军少却，众军皆奔。辱国损威，深可痛恨。"随之而来的惩处主要落到中路军的头上，他们在泗川之战中蒙受了迄今为止最为惨重的损失。董一元麾下的两名游击马呈文和郝三聘问斩，彭信古免去死罪，戴罪立功。董一元本人被削去宫保之职，官降三级。[35]

秀吉过世的消息起初被京都掌握实权的五大老和五奉行隐瞒，不过到了这个时候，侵朝军团长们已经知道了太阁临终前的遗命，他命令结束朝鲜战争，带自己的部队回家。[36] 奉行浅野长政和石田三成正在赶往侵朝大本营九州名护屋的途中，他们将监督撤军。被派往朝鲜协助达成和议的德永寿昌和宫木丰盛，已经到了釜山。他们带来的命令的基本意思是，在尽可能保留颜面的情况下，迅速且彻底地撤军。小西行长早就在为此准备了。现在，日本已经下达明确指令，其他将领也开始着手准备。一些人同明军将领接触，希望达成停火协议，以确保自己的部队能够顺利回国。另外一些人（其中最有名的是加藤清正和锅岛直茂）则继续顽抗，他们因为最近重创联军，因此丝毫不打算放弃自己在朝鲜的立足点。不过，随着时局的进一步发展，类似的鹰派立场很快烟消云散。看到很多同僚显然有意离开，而且他们必定会带走大部分侵朝军，和加藤抱有相同想法的军团长别无选择，也不得不撤军。[37]

对正在朝鲜南部的三名明军将领麻贵、刘綎和董一元而言，日本人现在提出议和并不意外，他们早就怀疑日本人计划撤兵。最早的迹象出现在当年6月，日军退守海岸倭城后又撤走了发动第二次入侵的半数兵力。随后，小西行长在"大刀"刘綎进攻顺天之前给他去信，要求和他会面以达成协议。联军也收到确切情报，策划战争的秀吉已经于当年早些时候（准确日期是9月8日）过世，日本的政治形势非常紧张。显然，日本人想要撤出朝鲜，唯一的问题是时间和方式。不过，鉴于他们在泗川和顺天的抵抗仍然非常激烈，联军很难用武力把他们赶走。对明军将领而言，最明智的做法是停止进攻，采取守势，等待日军收拾行囊，主动撤离。

随后是一个半月脆弱的停战期，数名信使往来于明军和日军的大营。在日本人防御半径的最东端，也就是加藤的岛山城，双方的接触最少，因为加藤受到的压力最轻。指挥东路军的提督麻贵驻扎在北方有相当距离的庆州，看起来并不打算进攻。与此同时，联军水师的本营在西面两百公里开外，因此加藤的船畅通无阻。在整个 11 月一直到 12 月，加藤可以把马和大量物资连同麾下部分士兵运回日本，完全不需要担心敌人的干涉。[38]

在倭城链另一端的加藤的同僚们的处境则不容乐观。倭桥的小西行长被围得水泄不通，路上有驻扎在城北数公里远顺天的刘綎的西路军，海路被李舜臣和陈璘的舰队切断。因此，在乘船撤退前，小西必须和对方达成某种协议。他轻而易举地说服了刘綎。刘綎认为这场战争大局已定，本方已经获胜，现在一心想要避免更多的流血。[39]他收下了小西送到自己大营的信和礼物。在日军全部撤退之前，他不会有任何行动。

这当然会引起朝鲜人的不满。他们不想看到日本人安安静静地离开他们的国家，战争就这样无声无息地结束。他们想要复仇，报复日本人对朝鲜的无端入侵和七年战争期间对自己国土的蹂躏。不过，他们的兵力不足以完成这项任务，没有刘綎的地面部队配合，他们能做的不多。不过，朝鲜人确实拥有一支强大的水军，它被证明是唯一一支有能力击败在其他地方不可战胜的日军的本土军事力量。统制使李舜臣不打算让日本人从半岛全身而退，至少从目前来看，都督陈璘似乎也是这么想的。

12 月 5 日，李舜臣和陈璘得知小西行长很快会撤军回日本，于是再次率领联合舰队向北前往倭桥，停在几公里外一座离岸的小岛，封锁住了光阳湾狭窄的出口。如果小西的人打算乘船离开，两百艘或更多的朝鲜和明军战舰将会在他们驶入开阔水域之前一举将其消灭。小西十分担心，不过也有一丝困惑。敌人的舰队是打算在自己离开时袖手旁观，还是会加以拦截？两天后，这名日军军团长弄清楚了答案。12 月 10 日，他派出十艘船出港试探联军的反应，他们遭到攻击，不得不退回港口。[40]

联军舰队激烈的反应让小西觉得刘綎食言了，后者原本承诺将会允许自己安全离开。于是，他将刘綎送到自己帐下以示诚意的两名人质斩首，把首级送回刘綎的军营，以表达自己的不悦。刘綎答复道，两人达成的协议仅限于他的地面部队，至于海上发生什么，并非他能掌控。[41]因此，小西觉得必须要同陈璘单独议和。第二天，他派一名部将打着白旗，给陈璘送去刀剑、两头猪和两桶酒，同时要求他为自己让出一条路。

12 月 12 日，双方再次会面，然后又在 13 日会面，每次小西都会带去更多的礼物。

　　小西的外交手段达到了目的。到了 12 月 13 日，陈璘表示愿意让路。不过，说服陈璘只是部分解决了问题，小西还不得不考虑李舜臣。陈璘本人试图说服李舜臣允许日本人安全撤退，但是被朝鲜统制使拒绝了。李舜臣告诉陈璘："我绝不会议和，也绝对不会让敌人的任何一颗种子顺利回家。"小西听到这个消息后，直接派人带着和送给陈璘一样的礼物和相同的条件去找李舜臣。他可能觉得朝鲜统制使不喜欢被陈璘命令，当面沟通的效果会更好。如果小西真的这么想，他只能失望了。李舜臣不为所动。

　　现在，陈璘出手干预，想要自行解决这个问题。他告诉李舜臣自己将解除对日本人的封锁，把舰队移动到东面的南海岛，声称是为了消灭仍然留在那里的敌军残部。对李舜臣而言，这是压垮骆驼的最后一根稻草。陈璘对小西的迁就已经让李舜臣非常愤怒，现在他明确告诉明朝水师都督，让他不要解除封锁。此外，他还指出，日本驻军早已离开南海岛。留在那里的基本都是朝鲜俘虏，他们遭到胁迫才无奈为日本人工作。陈璘坚持己见。他说，这些人为敌人服务，因为也应该被当作敌人对待。因此，他会前往南海岛砍掉他们的脑袋。

　　李舜臣变得怒不可遏。他说："皇帝陛下命令你来消灭敌人，是为了拯救我国百姓。你不但无意解救，反倒打算杀掉他们。这绝非陛下之意。"

　　"陛下赐我长剑一柄。"陈璘大声回呛道，并拔剑威胁。[42]

　　李舜臣仍然拒绝妥协，陈璘没有继续逼迫。倭桥的封锁仍在，至少多了一天。

　　12 月 14 日，小西行长最后一次派人与陈璘会面，这次是要求允许本方派一艘船给东面的日军送信，让他们按照自己的计划退兵。陈璘同意了。日军的一艘船突破封锁后立即前往附近岛津义弘的泗川倭城，请他出兵解围。当天晚些时候，李舜臣知道了日本人的船驶离封锁网的事，正确地判断出了日本人的援军将至。他向麾下的军将解释道，当日军的援兵到来后，我们的舰队很容易遭到北面小西的舰队和东面援军的夹击。考虑到这样的风险，最好的行动方案是解除封锁，向东航行到光阳湾，趁敌人援军舰队和小西的人马会合前，在途中加以拦截。

朝鲜史料称，陈璘因为放一艘日舰突破封锁而感到内疚。不过，这位狡猾的水师都督可能完全知道这么做的后果。他想让李舜臣从倭桥解围，而现在事态正是这样发展的。

12月14日，朝明联合舰队的士兵饱餐一顿后从倭桥出发。战斗在即，他们可能连续几天都吃不上一餐热饭。随后，舰队起航，在夜色的掩护下向东驶往光阳湾最东头位于南海岛和大陆之间的狭窄海峡露梁津。如果日本人前来援救小西，他们一定会穿过这里。[43]

同李舜臣预计的一样，12月15日晚，三百余艘日本船只开始在露梁集结，其中绝大多数来自东面二十五公里外岛津义弘的泗川倭城。[44]据说对马岛主宗义智也亲自率部前来支援。他们想和被围困在倭桥的小西军一起赶走中朝联合舰队，然后一同入海返回日本。日本人的计划没有奏效。午夜刚过，联合舰队出现在海峡远端，封锁了进入光阳湾的出口。

次日，天还没亮，日本人开始穿过露梁津，发现联军舰队正在外面的开阔水域等着自己的到来。联军舰队的主力是八十五艘朝鲜战舰，包括板屋船和少量龟船。点缀在它们中间的是明军的两种船，六艘有帆和桨的大型战舰和五十七艘稍小的桨帆船，两种船都装备有不少各种类型的火炮，最重的炮将近三百公斤，可以发射重两公斤的铁炮弹。整支舰队分成三部分，李舜臣在右（两千六百名明军士兵被部署在他的船上，和朝鲜人并肩作战），陈璘居中，明将邓子龙在左。[45]岛津义弘的舰队规模稍大，不过其中有很多轻型船只，可用于将人运回日本，绝不是朝鲜战舰的火炮或撞角的对手。因此，他势必要面临一场恶战。[46]

陈璘在阵中心，他第一个冲上前和日军交战。他的旗舰很快被从海峡涌出的日本战舰团团围住，于是这位在倭桥放过日本人一马的年迈的明朝水师都督，不得不为了自己的性命同敌人展开决战，而这样的战斗是李舜臣梦寐以求的。由于铁炮的火力太猛，陈璘的部下不得不隐蔽起来，日本人趁机逼近他的战船，派人攀上他的甲板。在随后的白刃战中，陈璘的儿子替他挡了一刀，并因此负伤。他的一名部下用三叉戟戳中袭击者，把他抛入海中，救下了陈璘之子。

统率左军的明将邓子龙看到陈璘的旗舰深陷重围，带着浙江水师的两百名官兵，换乘一艘朝鲜战舰前去救援。联军舰队的另一艘战船误将邓子龙和他的部下当成攀船的敌人，冲过来朝他们开火，造成多人伤亡，战舰无法行动。遭受重创的战舰很快成了日本人的靶子，邓子龙和他的部下全部阵亡。[47]

与此同时，李舜臣的舰队从右翼赶来，冲入敌阵，用炮弹和火焰攻击敌舰的船壳和甲板。战斗双方近在咫尺，据说朝鲜人甚至能够将燃烧的木头直接扔到日本人的船上。[48] 日本人用铁炮加以反击，但是同往常一样，他们对李舜臣的重型龟船和板屋船毫无办法，轻型铅丸无法穿透厚厚的木制船壳和船顶。据说李舜臣本人的战舰消灭了整整十艘敌舰，其中一艘有高耸的船楼，甲板上立着红伞，由此推断它很可能是敌人的旗舰。李舜臣亲自弯弓搭箭，射中了坐在那里的一名敌将。见此情景，包围着陈璘旗舰的日本战舰不得不中断攻击，赶回来保护自己的将领，由此大大减轻了明军水师都督所承受的压力。李舜臣的部下成功地打退了敌人的进攻，用虎蹲炮和火箭摧毁了敌军旗舰。

最终，事实证明，朝明联军的战斗力远远超过岛津义弘的舰队，后者的兵力更胜一筹，但是火力弱了不少。他的船一艘接着一艘被点燃，沉入海里，燃烧的船只残骸、丢弃的盔甲武器和挣扎着浮出海面的人塞住了露梁的入口。据说岛津的旗舰触礁倾覆，他本人险些被联军士兵用鱼叉抓住拖上船，不过还是被急忙赶来的日军船只救起。[49] 不过，日本人仍然没有放弃抵抗。他们现在拼命想要突破联军舰队的封锁，返回日本，因此继续用铁炮回击，并且取得了一定的效果，子弹在空中乱飞，许多联军士兵中弹。朝军将领、李舜臣的密友宋希立被一颗铅丸击中头盔，跌倒在甲板上，一度昏迷过去。他终于醒了过来，一跃而起，继续战斗。[50] 其他人就没有这么幸运了。朝鲜战死者名单中包括大量普通士兵和数位将领，甚至还有高级指挥官。

困境中的日本人开始做最后一搏，他们沿着南海岛向南撤向开阔水域。李舜臣紧追不舍，决心不让一颗"敌人的种子"逃走。他站在船头，大声鼓励着部下，敲着战鼓催促其他战舰奋勇向前。他的长子李荟和侄子李莞站在旁边，李莞的父亲是李舜臣的哥哥，多年前已经去世。

突然，朝鲜统制使一把抓住自己的胸口，瘫倒在甲板上。一颗流弹从左侧腋下进入他的身体，很可能穿过了他的心脏。在李舜臣二十二年的军旅生涯中，这至少是他第三次负伤了。这次的伤是致命的。李舜臣知道，如果自己的部下看到主帅阵亡，士气一定会受到打击。于是，他紧紧抓住李荟和李莞，对他们说"勿言我死"，然后便去世了。两人竭力保持镇静，在悲剧被其他人发现之前，将主帅的遗体抬进船舱。在接下来的战斗中，李舜臣的帅旗仍然在桅杆上飘扬，李莞继续敲着战鼓，让朝鲜士兵相信他的叔父还活着，胜利是毋庸置疑的。直到战斗胜利后，朝鲜统制使战死的噩耗才传遍整支舰队。据说这个消息令陈璘大感震惊，他哭倒在地，抚胸流泪，而附近的朝鲜士兵已经开始号啕大哭。[51]

夜幕将近，战场上的硝烟已然散去，日军舰队早已远去。联军显然是这场战斗的胜利者。根据李德馨给汉城送去的奏折，岛津麾下大约两百艘舰船被消灭，无数士兵或是被杀，或是淹死在海中。[52] 陈璘给出的战果是两百艘日舰被消灭，一百艘被俘，此外还斩获了五百颗首级。他补充道："我们不知道有多少敌军溺水身亡，因为他们的尸体还没有浮上来。"[53]

双方在光阳湾最东面的露梁激战正酣，小西行长的部队从倭桥向西撤退，乘船返回日本。那附近没有联军战舰阻止他们。收到日军登船的情报后，刘綎从顺天军营出发，未经战斗而顺利占领倭桥。总兵董一元同样无血占领日本人在泗川的据点。与此同时，小西的舰队向东航行到釜山，岛津义弘手下幸存的百余艘船跟在他们的后面。12 月 21 日，他们到达釜山，立即开始组织最后的撤军。[54]

在倭城链的另外一端，加藤清正正从容地撤出他的岛山城，完全没有受到来自任何部队或舰队的压力。12 月 15 日，就在露梁海战爆发前夕，他放火点燃军营和最后的物资，乘船驶入大海。提督麻贵听到这个消息后，匆忙从庆州附近的兵营出发，打算前去消灭没来得及逃走的日本人，占领蔚山倭城。他只找到了加藤留下的一封信。信中写道，朝鲜人和明人不应该认为他是因为实力不足才撤出城，如果他选择留守岛山城，那么他想守多久就可以守多久。他们也不应该觉得日本因为秀吉之死而变得虚弱。现在，日本的统治稳固，国力强盛，实际上它可以在任何时候重回朝鲜。因此，同日本达成长期和平协议符合朝鲜的最大利益。加藤自始至终一直是最忠于秀吉、最为顽固的大名军团长，因此在离开朝鲜时没有对联军做出任何让步。他实际上是在警告，日本仍然是一个强国。努力安抚我们，否则你们可能会蒙受更大的损失。[55]

现在，随着日军撤出倭桥、泗川和岛山，明军将领开始讨论向暴露在外的日军核心据点釜山进军。不过，在他们有所行动之前，釜山的日军也撤走了。1598 年 12 月 24 日，最后一艘日军船只起航返回故乡，壬辰战争到此结束。[56]

12 月的最后几天，陈璘和前忠清兵使、代替李舜臣统率朝鲜舰队的李时言彻底扫荡了朝鲜东南海岸，消灭还没有回国的少量日本船只，将散兵游勇赶出他们藏身的洞穴，收缴遗留下来的战利品。明军归国后论功行赏，陈璘排名第一。他于 1607 年 6 月去世。[57]

同时，李舜臣的遗体被运回朝鲜水军在古今岛的大营，然后被送到李舜臣的老家牙山，葬在一座山上，紧挨着他的父亲李贞的墓地。李舜臣的灵柩沿着结冰的道路缓缓向北移动，沿途满是哭泣的百姓，他们低着头，跟在后面。直到此时，一直对李舜臣疑心重重的汉城朝廷才承认他的功绩，追封他为右议政，在曾经作为他的本营、位于南方海岸的丽水为他修建祠堂，每年春秋举行祭典。随着时间的推移，李舜臣的名声越来越大。1643 年，他被追谥为忠武公，现在的韩国人通常以此来称呼这位备受尊崇的将军。朝鲜人还在闲山岛、古今岛、巨济岛和牙山等地修建了无数祠堂和纪念碑，大部分是由当地官府和感谢李舜臣拯救了他们的家园的百姓所建。[58]

随着战争最终结束，党争死灰复燃，领议政柳成龙遭到弹劾，并被罢免。对立的党派一直存在，日本人的入侵只是迫使他们不得不暂时搁置争议，共同应对更为关键的国家存亡的问题。战争初期，柳成龙的东人主导朝政，他们的对手西人蛰伏了六年，一边为了国家利益同东人合作，一边悄悄地将左议政（李元翼）和右议政（李德馨）等重要职位收入囊中。[59]最后，到了1598年11月，在日本人即将撤出朝鲜之际，他们将柳成龙赶下台。与东人为敌的御史们大肆抨击这位老练的政治家，迫使宣祖将柳成龙解职，任命李元翼为领议政。[60]

赋闲在家的柳成龙写下了重要作品《惩毖录》，书中记录了战争过程和由此得到的教训，以警示后人。在书的序言部分，柳成龙引用中国《诗经》中的"予其惩而毖后患"来表达自己的写作目的。[61]柳成龙安静地度过余生，于1607年去世，享年六十五岁。

指责宣祖和他的朝廷不忠于天子，从而给宣祖带来极大麻烦的主和派调查官员丁应泰，留在朝鲜度过了1598年到1599年年初的冬天，四处为他站不住脚的指控寻找证据。由于战争已经胜利，他完全丧失了影响力，不管在汉城还是北京都找不到支持者。最后，他于1599年3月16日被召回国，被指控为陷害忠良。根据一份朝鲜史料的说法，后来他被腰斩，不过这显然是作者的愿望而非事实。[62]中国的史料只提到丁应泰奉旨回到位于中国中部的家乡，作为教师默默度过余生。[63]

丁应泰离开朝鲜两个月后，朝鲜人期待多时的万历皇帝的诏书终于传到汉城，宣布这名可鄙的官员对宣祖的指控没有根据。压抑了宣祖一年多的诬告最终被辨明，他和明廷的关系变得和往日一样和谐。宣祖一直统治着朝鲜，直到1608年去世。

明将"大刀"刘绖于1599年上半年返回中国，继续担任四川总兵官，管理当地土司，确保西部边陲的安宁。在当年晚些时候朝廷对参与朝鲜之役的诸将论功行赏时，他被评定为战功第二，仅次于水师都督陈璘。刘綖一直在军中服役，直到年近七旬。1619 年，他在萨尔浒之战中被杀，相关细节非常模糊。中国方面的史料称他战死沙场，不过朝鲜史料说他引燃火药自杀身亡。[64]

因为岛山城有争议的伤亡情况而被免职的经理杨镐一直无所事事，直到十年后才被重新起用，他在朝鲜的功绩也得到承认。他被任命为经略，负责处理东北战事，但是在 1619 年却遭遇了更大的失利。根据官方的估计，杨镐损失了大约四万五千八百九十人。这次他被逮捕下狱，九年后被处死。[65]

1599 年，丰臣秀吉死后的次年，他被封为神，成为本土的神祇，按照神道教的仪式祭祀他。这是日本人的一种习俗，当地人会崇拜他们自己的氏神，祈求氏神的保佑。大家族也有自己的氏神。例如，曾经权倾一时的足利家和源氏都崇拜八幡神。相反，丰臣家没有自己的氏神，因为它刚刚建立不久，没有高贵的血统，更谈不上氏神。因此，秀吉决定让自己死后升为神格，保佑很容易受到伤害的儿子和家族，让好运眷顾他们。他写下自己的遗言，后人据此将其追封为丰国大明神。[66] 直到今天，他仍然在京都国立博物馆旁边的丰国神社接受人们的祭拜。每年 9 月 18 日，人们都会在这里举行祭典，举办茶会，为他的在天之灵献上一杯茶。

丰国神社前面的大门是 1880 年神社重建时移到这里的，它是秀吉恢宏的伏见城的一部分，伏见城最初的建筑只有少数保留到了今天（现在在京都郊外伏见城原址上的建筑物是 1964 年重建的）。另一个保存下来的遗物是伏见城主城的地板。1600 年 9 月 8 日，在秀吉死后争夺权力的战争中，守卫伏见城的鸟居元忠眼见城池即将被石田攻占，于是率领三百八十名忠于德川家康的武士在这里剖腹自尽，他们的血浸入地板。当德川下令夷平伏见城时，这些沾了血的木板得到小心保管，后来又被分给京都地区的七座寺庙。如今参观这些木板最好的地方是京都市中心稍北的源光庵。如果你抬头看，可以看到"血天井"上的污迹，虽然经过了四百年的岁月变迁，颜色稍显暗淡，但是依然可见。人们仍然可以分辨出留在血迹中的手印和脚印。

第六部分

余　波

战后归乡，我忍不住思乡之情。

我让我的驴子疾驰三千里。

春意正浓，与旧日无异，只是街头巷尾空无一人。

风暴席卷大地，甚至盖住了日月的光芒。

这里的繁华一去不复返，只留下如同天地初开时的混沌。[*]

——张显光（1554—1637）

30

战争之后

1598 年年末，秀吉的军队回到日本，七年征战几乎一无所获。他们确实掠走了很多朝鲜奴隶，后来这些人或是被迫在农田劳作，或是在奴隶市场被贩卖。他们抓走了有着先进技术的朝鲜陶工，日本的陶瓷工业因此而繁荣。他们带走了大量铜活字，为日后日本印刷业短时间内的蓬勃发展奠定了基础。[1] 数千册珍贵图书被掠夺回日本，很多被收入德川家康修建的图书馆，日本人因此掌握了书中的知识。朝鲜的绘画、卷轴和宗教用品同样损失惨重，甚至连石塔和珍木也没有幸免。正是因为这些掠夺来的物品，后来的日本人才会将秀吉的大陆侵略战争称为"陶瓷之战"或"活字之战"。[2] 不过，和成千上万丧生的日军士兵（对死亡者数量合理的估计在七万到八万之间，其中一部分死在战场上，更多的人死于艰苦的环境和疾病），以及为了支撑这场战争从日本经济中抽取的巨大财富和资源相比，文化领域的发展只能说是聊胜于无。如果无法攫取大量新土地，如此巨大的代价必定得不偿失，而秀吉的军队没能达成上述目标。因此，日本人将秀吉野心勃勃的征服亚洲之战总结为另外一个词——"龙头蛇尾之役"，即开始时雄图壮志，到头来两手空空。[3]

壬辰战争对朝鲜的影响比对日本大得多。直到今天，从财产和人口的损失上看，它仍然是该国经历过的最大灾难。1592—1598 年间，成千上万的朝鲜人因秀吉的侵略直接丧生，其中既有浴血疆场的战士，也有手无寸铁的平民。除此之外，战争导致大量人口流离失所，很多人死于接踵而至的饥馑和疾疫，再加上那些被掠为奴隶再也没能回家的人，朝鲜损失的人口很可能高达两百万，大约占全国总人口的20%。[4]

日本人在第二次入侵时推行的焦土政策，以及农民弃田外逃的现象，给朝鲜经济造成了沉重打击，特别是南方的粮仓庆尚道和全罗道。1601年战后第一次量田的结果显示，当时全国只有三十万结（土地面积单位）的田地仍在耕种、纳税，而在1592年战前不久的评估中，这个数字在一百五十万到一百七十万之间。[5]朝鲜农田的损失率高达五分之四，这不仅意味着食物供给严重不足，也意味着政府税收收入大幅减少，而当时的政府急需税金重建国家。朝鲜从未从这次打击中完全恢复过来。战争结束百年之后，它的耕地数量仍然没有恢复到战前水平。战争结束两百五十年后，曾经的王宫（也是国家中心）景福宫仍然是断壁残垣。政府用度不足，缺乏重建的资金。[6]

除了人口骤减和经济凋敝，壬辰倭乱也使朝鲜陷入社会政治动荡期。首先，朝鲜的很多奴婢（根据一份人口调查，当时朝鲜三分之一的人口属于奴婢身份[7]）获得了良人或两班身份。这是因为证明奴婢身份的文书在战争中被日本人或是幸运的奴婢自己销毁了。不过，朝鲜的奴婢数量并没有因此大幅减少，那还要再过百年，直到1894年奴婢制才被彻底废除。可能的原因是，战争中脱离奴婢身份的人稍后再次失去良人身份，或者是原来的良人沦为奴婢，后一种情况是为了获得食物或是逃避政府的重税，他们宁愿以自己和子孙后代的自由为代价，依附于愿意接受他们的地方豪族。对一个自耕农而言，这意味着他要成为佃农，只能依靠一小块土地勉强维持生计，并为这块土地支付固定的田赋。[8]

社会阶层的另一极同样发生了变化。由于财政收入只有战前的一小部分，为了筹措急需的资金，朝廷不得不将两班身份和官职出售给出价最高的人。朝鲜两班的数量因此增长，有资格入仕的人也因此增加。这反过来加剧了党争（随着和平的恢复，暂时平息的党争也死灰复燃），因为政府官职的数量是固定的，而竞争者却变多了。结果，在日本入侵之前已经使朝鲜朝廷分裂的党争，在1600—1650年间达到巅峰，并且一直持续到朝鲜王朝灭亡。党争使朝廷专注于无穷无尽的、琐屑的政治纷争，对外部世界的变化一无所知。

虽然秀吉入侵朝鲜一无所获，征服中国的企图更是无从实现，但是战争却以太阁完全无法预见的形式加速了明朝的衰落。为了阻止秀吉的进军，明朝出兵朝鲜，其本已捉襟见肘的财政不得不为此额外消耗大量的人力、物力，超出了其可以负担的极限，最终使其无力应付来自其他地方的威胁。据估计，明朝在1593—1595年第一次出兵朝鲜时花掉了一千万两（约合三十六万八千五百五十公斤）白银；第二次出兵又花掉了一千万两白银。[9]根据另外一种估算，明朝共耗费了两千六百万两白银。[10]如此巨额的财富流失，使战后的国库一贫如洗，严重削弱了明朝抵御内外敌人的能力，因为在16世纪后期，明军士兵要依靠粮饷度日，他们只在每月按时领饷的情况下才会作战。没有银子就等同于没有国防。

明朝在战争初期无法为一支大军提供足够的补给，充分证明了其孱弱，情况因此进一步恶化。由于能够提供的兵力有限，明廷回应朝鲜求援的唯一方法，是从帝国的其他地区调集兵力，拆东墙补西墙。明朝军事力量的变动，对东北地区的影响最大。这里历来是需要重兵把守的多事之地，主要是因为一旦哪个地区的防守有所疏忽，它很可能遭到女真人的劫掠。在16世纪的最后十年里，努尔哈赤统一了女真各部。他拥兵自重，对明朝构成威胁。

明朝意识到努尔哈赤的威胁越来越大，但是由于明军深陷朝鲜，无法抽身，因此除了安抚，别无他法。努尔哈赤安静了一段时间，在此期间巩固自身的地位和实力，明廷眼睁睁看着这一切发生却毫无作为，它知道将发生什么，但是没有足够的资源去阻止。

1616年，该来的还是来了。努尔哈赤起兵反叛，建立后金。然后他开始扩张自己的领土，派军队占领明朝边城，迫使朝廷不得不做出回应。1619年，明廷倾尽全力集结起一支九万人的军队，在复出的经略杨镐的率领下出征东北，希望能够一举击败努尔哈赤，重新控制这片土地。明朝同样希望属国朝鲜派军支援。汉城派出了一万人，不过有所保留，因为它很清楚现在的明朝已经式微，未必能取胜。因此，受命统兵的两位将军（其中一位是在与日本人的战斗中表现不俗的金应瑞）接到命令，战斗开始后尽量后退，如果战事不利可以投降。实际上，他们确实是这么做的。对明朝而言，1619年4月的萨尔浒之战是一场噩梦。

当朝鲜人按照汉城的指令拖延进军时，努尔哈赤的骑兵集中兵力接连挫败了明军的四路攻势，四万六千名明军士兵和包括"大刀"刘綎在内的两名总兵官殒命。第三名总兵虽然在第一次的屠杀中侥幸生还，但是在随后的交战中丧命。第四位总兵李如柏被言官弹劾，自杀身亡（他在1593年参加过壬辰战争，在兄长李如松的麾下服役）。经略杨镐被朝廷追究战败之责，系狱九年后问斩。

随着明朝的衰落，宣祖之子、1608年即位为王的光海君和东人分裂出来的北人中的大北党，一改朝鲜此前奉行的亲明政策，在衰落的明朝和崛起的后金之间保持平衡。光海君的努力最后成了一场空。1623年，长期失势的西人利用这个议题废黜光海君，拥立其侄子为王，重回亲明路线，史称"仁祖反正"。除了西人自身的政治动机，仁祖反正能够成功，也是因为朝鲜人仍然对明朝忠心耿耿。许多大臣真挚地认为，明朝有恩于朝鲜，因为其在与日本的战争中提供了大量援助。不幸的是，这也为努尔哈赤的继承人皇太极提供了征讨半岛的口实。女真人的第一次出征发生在1627年，1636年再度出兵，因为朝鲜人仍在反抗。当仁祖最终投降后，后金军队回师东北，命令朝鲜人在汉江边为他们立下功德碑，碑的一面用满文，另一面用汉文写道："天降霜露，载肃载育。惟帝则之，并布威德。"[11] 为了表示诚意，朝鲜人不得不送两名王子入后金朝廷为质，定期朝贡，为接下来的征明提供军队，当时这场战争已经基本结束。

行将灭亡的明朝最后孤注一掷，向日本求援。1649年，南明鲁王政权派张遴白为正使，阮美为副使，前往长崎，带着普陀藏经作为礼物，向日本借兵。这个任务最后失败了。长崎的大名对佛经很感兴趣，提出以大笔银子购买。不过，他拒绝承认明使是上国的使臣，对提供军事援助之事丝毫不感兴趣。在港口郁闷地待了一周后，明使得出结论，不应该像商人一样将朝廷贵重之物卖掉。于是，他们登上船，带着无价之宝返回中国。

佛经完璧归赵，南明最终灭亡。[12]

明清易代并没有此前的王朝兴替那么惨烈，它甚至被称为"整个中国历史上破坏性最小的王朝更替"。[13]其原因在于明末时北京周围形成了权力真空，满人只需要进来填补即可。不仅如此，掌握权力以后，满人几乎保持原状，因为他们钦佩明朝的风物，无意改变（除了要求穿着满人的服饰和剃发）。实际上，满人自称是伟大传统的捍卫者，而虚弱的明王朝已经无力为其提供保护。除了清初的剃发令，清朝统治下的汉人并没有被描述成"在异族统治下过着悲惨的生活"。

不过，在接下来的几个世纪里，"反清复明"仍然偶尔被提及，而朝鲜人则继续激动地谈论着明朝与自己患难与共的兄弟情谊，他们因为明朝在壬辰战争中提供的帮助而对其感恩戴德，觉得欠下了永世难以还清的债。1865年，一名朝鲜学者写道："我们的神宗皇帝为了赶走邪恶的侵略者，召集帝国军队，耗尽帝国的资源，收复我国三千里江山。皇帝陛下不吝惜一草一发……自那时起，人们从未忘记要偿还这笔债……即使沧海变桑田，这项义务也永远不会被忘记。"[14]

朝鲜之役结束一年多以后，日本的和平岌岌可危。太阁五岁的儿子和继承人丰臣秀赖，同自己的母亲淀殿在大阪城过着几乎与世隔绝的生活。在年轻的继承人成年之前，秀吉在生前任命的五奉行和五大老（最主要的是德川家康和前田利家）负责处理政务，保证秀赖的安全。不过，很快有迹象显示，有人开始蠢蠢欲动。首先，秀吉定下的制度逐渐崩坏。在这个可能发生动荡的时期，越来越多的大老、奉行和许多其他大名离开大阪城，返回各自的领地处理私人事务。然后，到了1599年，前田利家去世。前田是唯一有足够的资历和权力足以抗衡德川家康的重要大名。前田在大阪城的宅邸紧挨着秀赖，他的地位因此得到进一步提升。在五大老中，他是这个无助的年轻继承人最重要的庇护者。前田去世后，德川成了日本最有权势的大名。17世纪初，他利用自己的权力，将秀赖从京都附近的伏见城带到大阪城，将其安置在自己的身边。在接下来的几个月里，五大老

427

之首、五十八岁的德川家康虽然继续声称自己会效忠秀吉和秀赖，但是他的行动越来越清楚地显示，经过同丰臣家十三年的结盟和耐心等待之后，他准备攫取大权。

内战的两大阵营开始划定。一方是德川家康，他被认为是后秀吉时代日本实力最强的大名，得到越来越多的支持，因此实力更胜一筹。支持德川的大名大多在东日本，德川自己的领地也在这里。参加过朝鲜之役的老将，如黑田长政、锅岛直茂、宗义智和对秀吉忠心不二的加藤清正（加藤支持德川的例子，很好地说明了大名仅仅效忠于秀吉本人，因此在他死后迅速改换阵营）。另一方是反对德川的大名们的松散联盟，他们主要来自西日本，以五奉行之一的石田三成为首。同德川一样，石田也宣称自己只是为了维护秀吉的遗产，不过实际上他也怀着夺取统治权的个人野心。支持他的大名包括以下几人：朝鲜之役中的重要人物宇喜多秀家，他是壬辰战争中侵朝日军名义上的总大将，也是五家老之一，曾发誓要保护秀赖；五家老中的另一位毛利辉元，他曾经指挥日本水军同李舜臣交过手；九州的基督教大名小西行长，他在两次入侵中均是先锋，参与谋划了停战期间的大部分外交骗局；泗川之战的胜利者岛津义弘，他割下了大量鼻子作为战利品；小早川秀秋，他是小早川隆景的养子，后者是在 1593 年的碧蹄馆之战中击败明军的九州大名。年迈的隆景死于 1593 年，享年六十五岁，没有子嗣。

1600 年 10 月 21 日，经过前期六次小规模冲突后，来自东、西日本的两大阵营在京都东北一百公里外的关原，展开了一场决定日本历史进程的决战。这是一场大战，参战兵力据说多达十五万，分别是德川家康麾下七万纪律严明的东军和石田三成的八万松散结盟的西军。早上 8 时，浓雾开始散去，石田军的主力与德川军遭遇。石田把小早川秀秋的部队作为预备队部署在附近的山上，让他看准时机投入战斗。双方鏖战数小时不分胜负。最后，石田点火为号，召小早川秀秋的部队进攻。秀秋没有回应。石田不知道的是，这位二十三岁的大名已经秘密改换阵营。他在稍早时候被黑田长政成功劝诱，转投德川。秀秋等待了片刻，然后率部进攻石田军。最后时刻的叛变使德川占据上风，西军见势不妙，不得不后撤。

关原合战结束后，发生了所谓的"日本史上最大规模的转封"，反对德川的八十七位大名的领地被没收，然后被赏赐给幸运选对阵营的大名。[15]绝大多数被剥夺领地的大名（包括石田三成）或是被杀，或是被勒令切腹。视自杀为不可饶恕之重罪的基督大名小西行长，因为拒绝切腹而被斩首。据说行刑人砍了三次，才终于砍掉他的头。曾经与德川为敌，但是现在愿意听他号令的大名，虽然基本上都被剥夺领地，但是性命无虞。例如，宇喜多秀家被没收家产，放逐到一座名为八丈岛的小岛上，他在那里一直默默活到九十岁。四国领主长宗我部盛亲也被没收领地，他是侵略朝鲜的长宗我部元亲的儿子，元亲于前一年去世。立花宗茂的命运和他相似。毛利辉元是被允许保留部分领地的三大名之一，他保住了位于现在广岛附近的庞大领地的三分之一。积极支持德川的大名们的命运和这些人截然相反，他们获得了丰厚的奖励，一些人的领地石高甚至翻倍。得到赏赐最多的是黑田长政。德川认识到他说服小早川秀秋加入本方阵营的重大意义，此举瞬间扭转了战局，因此将这位三十二岁的大名转封到福冈，新领地的石高几乎是以前的四倍。曾经和小西行长分享九州肥后国的大名加藤清正得到了前者的封地，单独领有该地。五大老之一、已经去世的前田利家的长子前田利长得到了弟弟利政的领地，后者和利长决裂，加入石田的阵营。宣誓效忠德川，但是没有实际参战的大名，只是保住了原先的封地。被斩首的小西行长的女婿宗义智是其中之一，他是被秀吉侵朝军当作跳板的对马岛的领主。宗家在对马岛的统治又延续了两个半世纪。

在这场前所未有的大动乱中，丰臣秀吉之子秀赖没有被废黜。他保住了大阪城及其周边六十五万石的领地，虽然只有他的父亲留下来的三分之一，不过仍然是日本领地最大的大名之一。德川家康知道，除掉这个孩子的时机还未成熟，日本人还没有忘记秀吉的权威。现在离太阁之死不过两年，如果选择在此时彻底颠覆丰臣家，那些刚刚向德川宣誓效忠的大名势必会生叛心，同盟必然瓦解，部分大名会选择站在秀赖一边。从取得关原合战的胜利到灭亡丰臣家，德川耐心地等待了十四年。

与此同时，作为确立自己新政权合法性的方法之一，德川开始寻求恢复和朝鲜之间的外交关系。对马岛主宗义智非常欢迎再次和朝鲜接触的命令。长久以来，他的这座以农业为主的贫瘠岛屿，利用朝鲜人赋予的贸易特权来获取大部分生活必需品，他们现在因为和朝鲜间的往来断绝而苦不堪言。对马岛派出少数几人作为第一批前往朝鲜的使臣。他们到达釜山后，或是被抓，或是被立即赶走。考虑到朝鲜人对日本人的敌意，这不足为奇。在战争刚刚结束时，汉城甚至打算出兵远征对马岛，以惩罚它最近的背叛行为。不过，朝鲜的闭关政策没有持续太久。1601 年，对马岛派出的第四个使团成功地将书信交到汉城，并且获得了答复。朝鲜政府在回信中写道，如果日本真的希望和平，那么它必须送回在战争期间被掠走的朝鲜百姓。此后双方重新开始沟通，朝鲜于 1602 年派使臣前往对马岛，调查日本是否真心想要和解，后来又于 1605 年再次遣使赴日，这次一直前往京都同德川家康会面。使团由受人尊敬的高僧惟正率领，他在壬辰战争期间曾经组织僧兵抗击日军。此次出使取得了实际成果，五千多名朝鲜俘虏得以回国，虽然只占被掳人口的十分之一，不过已经足以安抚朝鲜人，让双方的交涉能够继续下去。[16]

两国间仍然存在着相当大的理解鸿沟。首先，他们对战争的看法差距很大，朝鲜人认为日本是失败的一方，而日本则认为自己达到了"惩罚"朝鲜，从而向明朝展示自身实力的目的，因此多少可以算作胜利。双方对目前外交进展的看法，也存在着不小的差别。最重要的是，他们对本国在世界的位置的认识迥异。双方的交涉均由对马岛的宗家作为中介加以协调，他们积极消除障碍，篡改了部分外交文书，有一些甚至完全是他们伪造的。例如，1606 年，他们给汉城送去一封伪造的信函，其中德川家康的头衔是"日本国王"，这相当于承认了明朝皇帝的正统性，也意味着承认日本在中华世界的附庸地位，朝鲜人因此感到满意。宗家的改动还包括一些更加平常的细节。例如，为了避免冒犯朝鲜人，他们会把日本国书的日期改成中国的纪年。反过来，为了让德川幕府满意，宗家会让朝鲜国书的口气更加谦卑。双方都察觉到对马岛在暗中动了手脚，但是为了改善双边关系都假装不知。不过，更加明目张胆的谎言永远都无法被原谅。

朝鲜人绝不会承认自己处于从属地位，即使只是最轻微的暗示也不能接受，而德川幕府认为自己的地位在中国之上，而非之下。17 世纪 30 年代初，宗家发生内讧，对马岛的诡计被公之于众，招致江户幕府的干预。从 1635 年开始，精通汉字（亚洲的外交文字）的禅宗僧人被派到对马岛监督同朝鲜之间的书信往来。在同一年，日本将军的名号被写作朝鲜和日本都能接受的"日本国大君"——英文中的"巨头"（tycoon）一词便源于此。[17]

德川幕府想要恢复同朝鲜之间的外交关系的理由是显而易见的，它可以帮助新政权确立合法性。但是朝鲜人为什么会愿意在战争结束后不久便重启和日本的关系呢？实际上，汉城朝廷的政策，部分受到了壬辰战争期间被掳到日本并于 1600 年被释放回国的姜沆所著的《看羊录》的影响。在《看羊录》中，姜沆没有掩饰自己对日本人的感情，他对他们恨之入骨。他形容他们是"可怕的民族"，朝鲜人的"宿敌"，日本不过是"狗和猪的巢穴"。但正是因为他们过于危险，因此不能被置之不理。姜沆指出，这是朝鲜过去犯下的最大错误。在整个 16 世纪，朝廷固守传统政策，对北方边界的重视程度更甚于南方，没能认识到日本人因为穷兵黩武和对火器的娴熟掌握而成了比女真部落更大的威胁。从今往后，"（南方）边界的守备要增强百倍"。姜沆也建议要和战后日本的任何一个政权建立起联系。如若不然，他认为日本会在数十年内再次侵略朝鲜。但是，"由于日本人本性重视联盟，如果我们能够（和日本结盟），或许我们就可以维持百年的和平"。为了建立这样一种联盟，姜沆呼吁重新采取战前的便宜之计，让对马岛和它的领主宗义智处理双方全部关系。不过，朝鲜人现在已经十分清楚，狡猾的宗义智在战前利用中间人的地位为自己谋取利益，最后背叛了朝鲜。他和他的继承人应该被安抚，朝鲜应该给予他们贸易的机会（不过要受到严格监视），这样他们才会依赖朝鲜，从而忠于朝鲜，同安抚边境女真部落的策略如出一辙。但是在允许他们来朝鲜的同时，也必须将他们的活动范围限制在南方海岸特定的贸易区之内，这就可以使日本人没有任何可以获取朝鲜的交通和内陆防御情报的机会，在策划 1592 年的入侵时，日本人充分利用了他们获取的情报。"为了控制日本人，"

姜沆总结道，"首先要控制对马岛，而要控制对马岛，没有比这更好的方法了。"[18]

这些建议成了战后朝鲜对日外交政策的基础。两国的交往被限定在通过对马岛主进行的有限的贸易。此外，当新的朝鲜国王或日本将军继位时，双方会派遣通信使通知对方。德川幕府欢迎朝鲜使臣偶尔来到江户（实际上是应他们的请求前去的），因为幕府可以告诉民众，他们是来自属国朝鲜的朝贡使，从而彰显将军在海外的权威。朝鲜人同样很乐意获得前往日本的机会，因为他们可以趁机搜集该国情报，打探它是否在准备战争。不过，日本人从未正式派使团出使朝鲜，即使他们有意，朝鲜人也不会接受。江户的国书全部由对马岛的使臣转交，他们是唯一被允许踏上朝鲜国土的日本人。不仅如此，一旦到了朝鲜，每个对马岛使臣只能在釜山城外筑有围墙的日本留馆附近活动，而且一直受到监视。朝鲜不允许任何人北上汉城。[19]日本人偶尔会抱怨这些限制，一些大名急于像宗家一样取得同朝鲜贸易的权利，认为汉城应该对和日本做生意持更加开放的态度。但是他们的呼吁没有任何效果。直到19世纪初，经过两个多世纪的和平和稳定后，这种情况再次发生改变，双方暂停了偶尔出使的使团，停止了通过对马岛的贸易，两国关系到了新的低点。

1614年初冬，德川家康率领一支由十九万四千人组成的大军进攻大阪城，他打算终结丰臣秀吉的儿子和继承人、二十一岁的秀赖的统治。战斗没有家康预想的那么顺利，秀赖集结起了一支九万人的部队，其中绝大多数是浪人，领头的是在关原合战中因战败而失去领地的大名，他们在这几年间纷纷涌入大阪。德川进攻大阪城一个月，又围困了一个月，随后确定这座城并不是单靠武力可以解决的。于是，他同秀赖谈判，双方暂时休战。德川许诺会解围撤军，秀赖同意拆除外城部分防御设施以示诚意。这场战役似乎就这样结束了，德川的军队大张旗鼓地离城而去。

不过，并非所有人都离开了。德川的一队人马留在后面，按照停战协定，开始着手拆除大阪城的外围设施。不久之后，他们的工作便超出了秀赖答应的范畴。秀赖向德川抗议，大阪城的拆除工作停了下来，但是到了这个时候，内外护城河已经被填平，许多处关键的城墙已经被拆除，曾经坚不可摧的雄城被大大削弱了，正如德川计划的那样。五个月后，到了1615年5月，老谋深算的家康再次率领大军回到现在已经脆弱不堪的大阪城，这次他成功地攻下了城池。秀赖和他的母亲淀殿放火自焚。随后，秀赖年仅八岁的儿子被斩首，丰臣家绝嗣。

大阪城被毁，丰臣家随之灭亡，日本完全落入德川家康之手。此时的家康已经七十四岁了，他期待政权能够平稳过渡。在此之前，他已经把将军的头衔传给自己的儿子秀忠，开始在幕后制定政策以确保德川幕府能够成为"日本历史上持续时间最长的政权"。[20] 德川家的统治一直延续了下去，因为和此前的秀吉与信长不同，家康把征夷大将军这个职位而非他本人，放到了维持国家统一的政治联盟的中心。因此，即使家康去世，这个政治联盟连同它所保证的和平仍然能够继续存在。

德川幕府在家康的儿子秀忠和后来的继承人们的统治下，享受着和平和稳定，但是也变得越来越保守。幕府将军们最关心的是让曾经不安分的大名们听命于自己，各安其位。关原合战和大阪城陷落后的领地没收和转封（"碾压大名"），已经在很大程度上达到了这个效果，新颁布的法律彻底解决了该问题。例如规定大名不得筑新城，甚至连修城都必须提前上报，获得批准后才能动工。家康的继承人们也不得不为日本的武士找些事做，否则他们只想着发动战争。答案是让他们钻研理学思想，它在过去几个世纪从大陆不断渗透到日本，最近的一位传播者是在侵朝战争期间被俘的朝鲜官员兼学者姜沆。在接下来的几十年里，日本武士渐渐"文明化"，成为政治和学术精英，类似于中国和朝鲜的士大夫。与此同时，日本的社会秩序变得越来越僵化，贵贱分明，缺乏流动性。处于最底层的是农民和商人，他们听命于拥有特权的武士阶层，站在最顶端的是掌握着绝对权力的幕府。如果秀吉出生在德川的世界，他将作为农夫默默无闻地过完一生。

德川幕府日益增强的保守主义倾向，同样体现在它制定的日本和外部世界（特别是和西方）接触的政策中。从1614年开始，它下令驱逐基督徒，认为他们可能会颠覆政权，对国家构成威胁。1635年，海外旅行被禁止，违者处斩。四年后，幕府赶走了葡萄牙人，从而彻底断绝了和欧洲天主教国家的联系。接下来，拥有远洋船只也被禁止。从此以后，幕府奉行锁国政策，严格限制同外国人的贸易，只和邻近的朝鲜、琉球保持着不太紧密的外交关系。

幕府强调稳定、和平和锁国，因此他们对西方人发明的、在日本统一战争和随后的入侵朝鲜过程中发挥了巨大作用的铁炮的排斥，似乎是不可避免的。有的书说铁炮完全消失了，这不是事实。在德川幕府建立初期，全日本大约有二十万支铁炮，到了它灭亡的时候，火器的数量与此大体相当。[21] 由于没有战争，铁炮只是被简单地锁了起来，因此虽然世世代代的铁炮匠人仍在不断地仿制和改良，但是没有出现任何根本性的变革。它只是被当成一件新奇、美观的摆设，出现在精英家庭里，和大名们的时钟并无二致。从铁炮刚刚在战场上出现时开始，很少有武士亲自使用它，它不过是低级足轻的专属品。现在，武士们再次专注于武士刀、弓箭和长枪等传统武器，像他们的先祖一样战斗，那时的战争只关乎荣誉，男人们必须面对面决出胜负。

值得一提的是，当美国调查船于 1855 年在九州南部的离岛种子岛靠岸时，船长在给华盛顿的报告中提到："这些人似乎基本不知道如何使用火器。"[22] 1543 年，葡萄牙商人正是从这里第一次将铁炮传入日本。

在德川幕府的统治下，日本的城镇化发展迅速，经济高速增长，到处一片欣欣向荣的景象。各地不再需要为统一国家和征服大陆的战争提供人力和物力，农民回归田地，商人继续做生意。耕地面积增加了一倍。城市规模扩大，最著名的例子是幕府所在地江户。它从一个小渔村一跃成为车水马龙的大都会，后来被重新命名为东京。日本人的生活质量提高，人口激增，整个国家变得越来越富裕，幕府将重点放在维持安定和和平上。

不过，锁国政策最终被证明是失败的。到了 19 世纪早期，越来越多来自欧美的船只开始出现在亚洲水域，包括贸易船、捕鲸船和测绘海岸地图的测量船。由于大量船只在这片海域航行，难免会有水手为了寻找水和燃料在这里登陆。1825年，对此事十分警觉的幕府命令所有沿海地区的大名赶走任何胆敢靠岸的外国船只，处死企图登陆的船员。接下来的敌对事件激怒了西方国家，在它们的观念里，向遇到困难的水手提供帮助是所有国家应尽的义务和海洋法的一条基本原则。除此之外，当时西方普遍奉行扩张主义，日本禁止国际贸易、拒绝开港，也被认为是不可接受的。最后，美国人前来打开了日本的门户。1853年，美国海军准将马修·佩里（Matthew Perry）带着"黑船"在东京湾登陆，要求日本开港，允许通商和航行。德川幕府知道，单凭自己日渐衰弱的武力和16世纪的老旧枪支，肯定无法抵抗拥有先进科技的西方，因此他们没有选择的余地，只得和次年返回日本索要结果的佩里签订条约。

德川幕府无力抵抗美国人的炮舰外交，这是它两百五十余年来第一次显示出虚弱的迹象，并由此引发了国内的愤慨、不满和动荡，"尊王攘夷"的呼声高涨，有志之士要求将政权交还给自12世纪以来一直被像信长、秀吉和现在的德川幕府等握有实权的势力当作傀儡的天皇。尊王攘夷运动渐成风潮，最终导致德川幕府灭亡，日本进入明治时代（1868—1912）。这将是一个在类似于"独立自强"等口号下进行改革和现代化的时代。[23]日本开始创办西式学校，建造工厂和铁路，引进西方服饰，修建现代建筑，建立现代化的陆海军，给他们装备最新的枪炮和战舰。

刚刚进入明治时代不久，政府高层便想到了海外征服。对日本而言，这多少算是一个新概念。虽然它曾于1592—1598年入侵过朝鲜，但是这本身是一个例外，而且入侵朝鲜更多的是出于秀吉的个人目标，而非国家野心，日本的统治者通常满足于将自己封闭在岛上。那么这种变化是如何发生的呢？首先，明治时代的日本努力效仿西方，而西方当时正处于殖民扩张时期，从19世纪70年代后期到第一次世界大战爆发前，列强占领并瓜分了地球上四分之一的土地。作为成为大国的努力的一部分，日本急于攫取领土。其次，日本人希望能够恢复因为耻辱地向美国的炮舰外交屈服而丧失的民族自信和声望。为了满足自尊心，他们需要证明自己能够和西方平起平坐。这意味着他们必须现代化，必须增强国力，必须像列强一样拥有自己的殖民地。

1869 年，东京第一次为了开启同朝鲜的现代外交和贸易关系而同汉城接触，遭到后者的断然拒绝，朝鲜的政策仍然是通过中间人对马岛处理所有涉日关系。遭遇此次挫折后，明治时代的政治家木户孝允在日记里写道："应该立即确定我国的方针，然后派使节前往朝鲜，质问那个国家的官员们对我们的无礼。如果他们不承认错误，我们就把它公之于众，对他们的国家发动攻击，以此来扩大我们神国的影响力。"[24] 这并不是木户孝允一个人的想法。有人提出"征韩论"以惩罚朝鲜，不少人表示赞同，认为出兵朝鲜有诸多好处。它可以让不满的武士有事可做，他们在德川幕府灭亡后失去了原先的地位；日本可以赶在西方国家的前面取得半岛上的立足点；日本将一跃崛起为亚洲主要强国；它还可以为将近三个世纪以前秀吉入侵朝鲜的失败复仇。

不过，"征韩论"在当时并没有掀起太大的波澜。1871 年，包括木户孝允在内的五十名明治高官前往美国和欧洲，开始了为期两年的"考察"。他们想要进一步了解西方为何强大，学习如何建立一个帝国。以这些刚刚回国的政治家为首的一批人认为，现在讨论征韩为时尚早，在日本有足够的工业和军事实力之前，应该避免同中国和沙皇俄国冲突。相反，日本选择了不太激进的"边界正式化"。作为对外扩张的第一步，它于 1875 年占领千岛群岛，1879 年吞并琉球，理由是东京认为它们至少在文化上（即使不是政治上）是日本的一部分。日本同样开始采用新的方法同朝鲜打交道，不过比上面的方式复杂一些。1875 年，日本以朝鲜无端攻击驶近江华岛的日本调查船为借口（当时这艘船的附近有耀武扬威的炮舰相伴），派使团前往北京，要求它向自己的属国施压，接受终究不可避免的开港。清王朝在 1840—1842 年的鸦片战争中败给英国后不得不向西方开放，此时急于避免卷入任何国际冲突，因此让朝鲜和日本协商。1876 年，双方签订了《江华岛条约》，东京和汉城建立起现代的外交和贸易关系，条约的所有条款全部都经过仔细斟酌，均以对日本有利的方式加以阐述。

此时，汉城朝廷的政争同以往一样激烈，各方关心的是如何击败政敌，而不是制定合乎现实的新外交政策以取代已经支离破碎的孤立政策。当时权力掌握在三个相互对立的派系手中，分别以国王高宗（他是王室旁支，以先王哲宗养子的身份于 1864 年继位为王）、高宗的生父兴宣大院君（他在国王亲政之前一直代其处理政务，直到最近才还政于高宗）和王后闵氏（她出身于有影响力的骊兴闵氏，得到他们的支持）为首。起初，高宗被夹在奉行守旧、排外政策的大院君一派和闵妃相对开放、亲日的开化派中间。1882 年壬午事变（大院君的支持者因为对日本人训练的新军不满而聚众起义）期间，日本以保护侨民为借口出兵朝鲜，迫使清朝不得不暂时扣押大院君，以防他的支持者为日本人进一步干涉朝鲜提供口实。1885 年，大院君终于被允许回国，他转而支持日本，闵妃反过来支持清廷，这导致十年后她在景福宫被日本人杀害。与此同时，高宗仍然被夹在中间，他接连向俄国人、英国人和美国人寻求建议。

1894 年，东学党发动起义，清朝接到朝鲜的求援，派援军前往半岛，日本人为了保护自己在汉城不断增加的利益也出兵朝鲜。经过四分之一个世纪的现代化，此时的日本觉得自己有足够的实力挑战腐朽而孱弱的清王朝。结果就是 1894—1895 年的甲午战争。日本仅动员了为数不多的陆军和二十一艘吨位较小但是更加先进的战舰，便在平壤轻而易举地击败清军，在黄海北部击沉了数艘北洋水师的军舰，进而占领了辽东半岛。1895 年 8 月，清朝和日本签订《马关条约》，承认朝鲜独立，放弃了对它的长期影响力，并将台湾岛割让给日本，赔偿大笔军费，为此不得不向西方大量借款。

甲午战争使清朝从衰落走向最终的灭亡。战争结束后，英国、俄国和德国意识到了清朝实际上虚弱不堪，开始要求贸易特权和租借地，清廷无力拒绝。列强"瓜分中国"，使其沦为半殖民地。1912 年，中国的最后一个王朝清朝崩溃，两千多年的皇权统治就此终结。

与此同时，甲午战争后的日本自信心和自豪感高涨。吞并台湾后，它成功地迈出了殖民扩张真正的第一步，成了东亚强权，转而挑战俄国。在秀吉的时代，沙皇的帝国基本没有迈过乌拉尔山，但是现在它一路扩张到了太平洋，和同样野心勃勃的日本发生了冲突。开始时，日本不愿意同近在咫尺的庞然大物为敌，同意了俄国以维护区域和平为幌子提出的将辽东半岛归还清朝的要求。不过，俄国实际上是想把辽东半岛据为己有，它需要太平洋的不冻港，而辽东半岛上有两个这样的港口。1904—1905年的日俄战争最终决定了它的归属，日本再次出人意料地成为胜利者，一举成为得到世界认可的真正强权。

到了这个时候，日本已经赢得了很多西方国家的赞赏和尊重。它被视为亚洲现代化和良政的楷模，被认为应该通过施行"仁慈的"殖民统治，"启蒙"欠发达的亚洲近邻，让它们具备同样的优秀品质。在1904年给华盛顿的一份报告中，美国驻韩公使霍勒斯·艾伦（Horace Allen）评论道："这些人（指朝鲜人）无法管理自己。他们必须像一直以来那样拥有一个主人……如果日本能够得到朝鲜，那就让它直接拥有……如你所知，我不是狂热的亲日派，但是我也不反对任何一个文明的种族来支配这些善良的亚洲人，为了他们的利益，帮助他们摆脱专制的官僚的压迫，建立秩序，发展商业。"[25]次年，美国记者乔治·凯南（George Kennan）也给出了自己的看法："远东现在正在进行一项社会和政治试验。在我看来，它是历史上最有意思和最具意义的。在东方的史册里，一个亚洲民族正在为改造和教化另外一个亚洲民族做着认真而坚定的努力……这是一个巨大的试验，可能成功，也可能失败。但是正在菲律宾进行类似试验的我们，必须以最深切的同情和兴趣来看待它。"[26]

1905年，日本成为朝鲜的保护国，西方强权对此基本上持默许或承认的态度。朝鲜人奋起抵抗，甚至同在壬辰战争时一样，组织起了义兵。但是他们都被日本人残忍地镇压下去，将近两万名朝鲜人惨遭屠戮。1910年，东京直接吞并了朝鲜半岛。

第一次世界大战期间，日本站在协约国一边，通过夺取德国在青岛的租界和若干太平洋岛屿，进一步为自己的帝国增加了少许殖民地。这标志着日本第一个扩张阶段的结束，它遵循西方的先例，按照西方的规则，在帝国主义时代构建了一个帝国。不过，日本的领土欲望没有就此得到满足。随着军部对政府的影响力越来越大，它在1931年侵略中国东北，1932年入侵上海，1937年全面侵华。1941年12月7日，日本出兵占领西方的亚洲殖民地，最终导致了和美国的第一次，也是最著名的一次冲突。这是一场日本没有赢，也不可能赢的战争。

日本在 1942 年达到了战时扩张的顶峰，它的帝国囊括了朝鲜半岛、中国东北和东部、印度尼西亚、东南亚和南太平洋的大部分。这和 1592 年丰臣秀吉打算征服的领土范围几乎一致。

经过第二次世界大战后一段时间的疏远，韩国和日本在经济、外交、文化和教育等领域的互动开始增多，当今两国的联系比历史上任何时期都更加紧密。不过，对立仍然存在。最大的争议仍然是日本在 1905—1945 年间对朝鲜半岛的殖民统治和它在第二次世界大战中的罪行，尤其是强征朝鲜劳工和慰安妇问题。韩国人要求道歉和赔偿，日本则在推卸责任。历史问题也是激化两国矛盾的一个因素。自 1982 年以来，日本的历史教科书遭到中韩两国的猛烈批评，他们指责新版教科书为日本的军国主义历史辩护，美化它曾经犯下的暴行。虽然最猛烈的批评集中在“二战”部分，不过四百年前秀吉的入侵同样引发争议。这些年来，东京为了改善世人对自己的观感，下令对有争议的教科书做有限的修改。但是在韩国人看来，它做得远远不够。韩国人继续敦促日本人承认自己的历史错误，“以客观、公正的论述将邻国的看法包含在内”。[27] 一些日本人对此表示认同，其他人辩称韩国政府只是把教科书问题当作筹码，意在谋取外交和经济利益；也有人主张，这只不过是韩国在野党为了给执政党施压而使用的伎俩。[28]

另外一个导致韩日不和的火种是京都的“耳冢”，那里埋着壬辰倭乱和丁酉再乱期间，秀吉的部队割下的一万只鼻子。1990 年，韩国僧人朴三中（音）访问京都，并在当地的一个民间团体的支持下，在耳冢前为死难者超度，指引他们的灵魂回到故乡朝鲜半岛。在接下来的六年里，主办这次活动的日本团体带头主张将耳冢搬回朝鲜。他们向京都的市政府官员递交了一份有两万人签名的请愿书，承诺会负担挖掘墓中遗物和把它们连同九米高的土丘和顶部的石塔一起运往韩国的费用。1996 年，朴三中再次访问京都，耳冢的搬迁看起来迫在眉睫。他在起身返回首尔前宣布：“这些鼻子是作为丰臣秀吉的战利品被割下来的。它们已经在京都待了四百年。现在，我们有责任看到它们返回朝鲜半岛，以减轻遗骸埋在那里的十二万六千人的痛苦。"[29]

最后，日本政府没有给予迁移耳冢所必需的许可。政府做出决定，耳冢作为官方指定的国家文化财产应该留在原地。直到今天，它仍然留在京都，很少有人知道它的存在，也少有人前去参观，游客们对这里知之甚少。它就在京都国立博物馆和祭奠丰臣秀吉的丰国神社的西侧，丰臣秀吉死后被人们尊为神。由于政府提供的资金不足，当地居民承担起了维护古迹的责任，他们自愿完成除草和平整土地的工作。[30]

参考书目

Asao Naohiro. "The Sixteenth Century Unification." In *The Cambridge History of Japan*. Vol. 4, *Early Modern Japan*, edited by John Whitney Hall. Cambridge: Cambridge University Press, 1991, 40–95.

Asakawa Kanichi, trans. and ed. *The Documents of the Iriki*. Tokyo: Japan Society for the Promotion of Science, 1955.

Aston, W. G. "Hideyoshi's Invasion of Korea." *Transactions of the Asiatic Society of Japan* 6 (1878): 227–245; 9 (1881): 87–93 and 213–222; 11 (1883): 117–125.

———. *Hideyoshi's Invation [sic] of Korea*. Tokyo: Ryubun–kwan, 1907. (A compilation of Aston's articles in the *Transactions of the Asiatic Society of Japan*.)

Austin, Audrey. "Admiral Yi Sun–sin: National Hero." *Korean Culture* 9, no. 2 (Summer 1988): 4–15.

Bacon, Wilbur D. "Fortresses of Kyonggi-do." *Transactions of the Korea Branch of the Royal Asiatic Society* 37 (1961): 1–63.

———. "Record of Reprimands and Admonitions (Chingbirok)." *Transactions of the Korea Branch of the Royal Asiatic Society* 47 (1972): 9–24.

Bak Hae–ill. "A Short Note on the Iron–clad Turtle–boats of Admiral Yi Sun–sin." *Korea Journal* 17, no. 1 (Jan. 1977): 34–39.

Ballard, George A. *The Influence of the Sea on the Political History of Japan*. New York: E. P. Dutton, 1921.

Berry, Mary Elizabeth. *Hideyoshi*. Cambridge, Mass.: Harvard University Press, 1982.

Bito, Masahide. "Thought and Religion, 1550–1700." In *The Cambridge History of Japan*. Vol. 4, *Early Modern Japan*, edited by John Whitney Hall. Cambridge: Cambridge University Press, 1991, 373–424.

Blair, Emma H., and James A. Robertson, trans. and ed. *The Philippine*

Islands, 1493–1898. 55 volumes. Cleveland: A. H. Clark, 1903–1909.

Bonar, H. A. C. "On Maritime Enterprise in Japan." *Transactions of the Asiatic Society of Japan* 15 (1887): 103–125.

Boots, John L. "Korean Weapons and Armor." *Transactions of the Korea Branch of the Royal Asiatic Society* 23, part 2 (Dec. 1934): 1–37.

Boscaro, Adriana. "An Introduction to the Private Correspondence of Toyotomi Hideyoshi." *Monumenta Nipponica* 27, no. 4 (Winter 1972): 415–421.

————, trans. and ed. 101 *Letters of Hideyoshi. The Private Correspondence of Toyotomi Hideyoshi.* Tokyo: Sophia University, 1975.

Boxer, C. R. *The Christian Century in Japan, 1549–1650.* Berkeley: University of California Press, 1951.

————. "Notes of Early European Military Influence in Japan (1543–1853)." *Transactions of the Asiatic Society of Japan*, second series, 8 (Dec. 1931): 67–93.

Brinkley, Captain F. *Japan: Its History and Literature.* Vol, 2. Boston & Tokyo: J. B. Millet Company, 1901–02.

Brown, Delmer M. "The Impact of Firearms on Japanese Warfare, 1543–98." *The Far Eastern Quarterly* 7, no. 3 (May 1948): 236–253.

Carletti, Francesco. *My Voyage Around the World.* Translated by Herbert Weinstock. New York: Pantheon Books, 1964.

————. *Ragionamenti di Francesco Carletti.* Firenze: Nella Stamperia di Giuseppe Manni, 1701.

————. *Viaggi di Francesco Carletti da lui raccontati in dodici ragionamenti.* Firenze: G. Barbera, 1878.

Chaliand, Gerard. *The Art of War in World History.* Berkeley: University of California Press, 1994.

Chan, Albert. *The Glory and Fall of the Ming Dynasty.* Norman: University of Oklahoma Press, 1982.

Chinju National Museum. *Bakmulgwan iyagi: imjin waeran* (Museum Story: The Imjin War). Chinju: Chinju National Museum, 2000.

Cho Chung–hwa. *Dashi ssunun imjin waeran–sa* (A Reevaluation of the History of the Imjin War). Seoul: Hakmin–sa, 1996.

————. *Paro chapun imjin waeran–sa* (Corrected History of the Imjin

War). Seoul: Salmgwakkum, 1998.

Cho Song-do. *Chungmugong Yi Sun-sin* (Minister of Loyal Valor Yi Sun-sin). Seoul: Yongyong munhwa-sa, 2001.

Choi Byonghyon, trans. *The Book of Corrections: Reflections on the National Crisis during the Japanese Invasion of Korea, 1592–1598.* Berkeley: Institute of East Asian Studies, University of California, 2002.

Choi Du-hwan. *"Chukgoja hamyon sallira": Chungmugong Yi Sun-sin gyore-rul kuhan myono 88 kaji* ("If You Seek Death You Will Live" : Chungmugong Yi Sun-sin's 88 Nation-Saving Quotations). Seoul: Hakmin-sa, 1998.

————, ed. *Chungmugong Yi Sun-sin chonjip* (The Complete Works of Chungmugong Yi Sun-sin). Seoul: Wooseok Publishing Co., 1999.

Choi Hyo-sik. *Imjin waeran-gi Yongnam uibyong yongu* (The Righteous Armies of Southeast Korea in the Imjin War). 5 volumes. Seoul: Kukhakjaryowon, 2003.

Choi Sok-nam. *Yi Sun-sin.* 2 volumes. Seoul: Kyo-haksa, 1992.

Chong Dong-ju. *Non-gae.* Seoul: Hangilsa, 1998.

Chu Hsi and Lu Tsu-Ch'ien. *Reflections on Things at Hand.* Translated by Wing-tsit Chan. New York: Columbia University Press, 1967.

Clark, Alan, and Donald Clark. *Seoul: Past and Present.* Seoul: Hollym, 1969.

Clark, Donald N. "The Ming Connection: Notes on Korea's Experience in the Chinese Tributary System." *Transactions of the Korea Branch of the Royal Asiatic Society* 58 (1983): 77–89.

————. "Sino-Korean Tributary Relations under the Ming." In *The Cambridge History of China.* Vol. 4, *The Ming Dynasty, 1368–1644*, Part 2, edited by Denis Twitchett and Frederick W. Mote. Cambridge: Cambridge University Press, 1998, 272–300.

Confucius. *The Analects* (Lun yu). Translated by D. C. Lau. London: Penguin Books, 1979.

Cooper, Michael. *Rodrigues the Interpreter: An Early Jesuit in Japan and China.* New York: Weatherhill, 1974.

————. *They Came to Japan: An Anthology of European Reports on Japan, 1543–1640.* Berkeley: University of California Press, 1965.

Cory, Ralph. "Some Notes on Father Gregorio de Cespedes, Korea's First European Visitor." *Transactions of the Korea Branch of the Royal Asiatic Society* 27 (1937): 1–55.

Covell, Jon Carter, and Alan Covell. *Korean Impact on Japanese Culture: Japan's Hidden History*. Elizabeth, N.J.: Hollym, 1984.

Cumings, Bruce. *Korea's Place in the Sun: A Modern History*. New York: W. W. Norton, 1997.

Dening, Walter. *The Life of Toyotomi Hideyoshi*. 3rd ed. Kobe, Japan: J. L. Thompson, 1930. (First edition published in 1888; second edition in 1904.)

Dreyer, Edward L. *Early Ming China: A Political History, 1355–1435*. Stanford, Calif.: Stanford University Press, 1982.

Duus, Peter. *The Abacus and the Sword: The Japanese Penetration of Korea, 1895–1910*. Berkeley: University of California Press, 1995.

Dyer, Gwynne. *War*. Toronto: Stoddart, 1985.

Eikenberry, Karl W. "The Imjin War." *Military Review* 68, no. 2 (Feb. 1988): 74–82.

Eisenstadt, S. N. *Japanese Civilization: A Comparative View*. Chicago: University of Chicago Press, 1996.

Elison, George. *Deus Destroyed: The Image of Christianity in Early Modern Japan*. Cambridge, Mass.: Harvard University Press, 1988.

―――. "Hideyoshi, the Bountiful Minister." In *Warlords, Artists, and Commoners: Japan in the Sixteenth Century*, edited by George Elison and Bardwell Smith. Honolulu: University of Hawai'i Press, 1981, 223–244.

―――. "The Priest Keinen and His Account of the Campaign in Korea, 1597–1598: An Introduction." In *Nihon kyoikushi ronso: Motoyama Yukihiko Kyoju taikan kinen rombunshu*, edited by Motoyama Yukihiko Kyoju taikan kinen rombunshu henshu iinkai. Kyoto: Shinbunkaku, 1988, 25–41.

―――, and Bardwell L. Smith, eds. *Warlords, Artists, and Commoners: Japan in the Sixteenth Century*. Honolulu: The University of Hawai'i Press, 1981.

Elisonas, Jurgis [Elison, George]. "The Inseparable Trinity: Japan's Relations with China and Korea." In *The Cambridge History of Japan*. Vol. 4, *Early Modern Japan*, edited by John Whitney Hall. Cambridge: Cambridge University Press, 1991, 235–300.

Elliott, J. H. *Spain and Its World, 1500–1700*. New Haven, Conn.; and London: Yale University Press, 1989.

Fairbank, John King. *China: A New History*. Cambridge, Mass.: Harvard University Press, 1992.

Gale, J. S. "Han–yang (Seoul)." *Transactions of the Korea Branch of the Royal Asiatic Society* 2 (1902): 1–43.

————. "The Influence of China upon Korea." *Transactions of the Korea Branch of the Royal Asiatic Society* 1 (1900): 1–24.

————. *James Scarth Gale and His History of the Korean People*. Edited by Richard Rutt. Seoul: Royal Asiatic Society, Korea Branch, 1972. (Gale's History was first published serially between 1924 and 1927.)

Garbutt, Matt. "Japanese Armour from the Inside." *Transactions and Proceedings of the Japan Society*, London 11 (1912–13): 134–185.

Gernet, Jacques. *A History of Chinese Civilization*. Translated by J. R. Foster. Cambridge: Cambridge University Press, 1982.

Giles, Lionel, trans. *Sun Tzu on the Art of War*. Taipei: Ch'eng Wen Publishing Co., 1971. (Originally written in the fourth century B.C.; this translation first published in 1910.)

Goodrich, L. Carrington, ed. *Dictionary of Ming Biography*. 2 volumes. New York and London: Columbia University Press, 1976.

Griffis, William Elliot. *Corea: The Hermit Nation*. New York: Charles Scribner's Sons, 1894.

————. *The Mikado's Empire*. New York: Harper & Brothers, 1883.

Ha Tae–hung. *Behind the Scenes of the Royal Palaces in Korea* (Yi Dynasty). Seoul: Yonsei University Press, 1983.

Hall, Bert S. *Weapons and Warfare in Renaissance Europe*. Baltimore: Johns Hopkins University Press, 1997.

Hall, John Whitney, ed. *The Cambridge History of Japan*. Vol. 4, *Early Modern Japan*. Cambridge: Cambridge University Press, 1991.

————, Keiji Nagahara, and Kozo Yamamura, eds. *Japan before Tokugawa: Political Consolidation and Economic Growth, 1500 to 1650*. Princeton, N.J.: Princeton University Press, 1981.

Han Myong–ki. *Imjin waeran gwa hanchung kwangye* (Study on the Relations between Korea and China from Japanese Invasion of Korea in 1592 to Manchu Invasion of Korea in 1636). Seoul: Yuksa Bibyongsa, 1999.

Hanguk chongsin munhwa yonguwon. *Hanguk inmul daesajon* (Who's Who in Korea). Seoul: Chungang ilbo, 1999.

Hatada Takashi. *A History of Korea*. Translated and edited by Warren W. Smith Jr. and Benjamin H. Hazard. Santa Barbara, Calif.: Clio Press, 1969.

Hazard, Benjamin H. "The Creation of the Korean Navy during the Koryo Period." *Transactions of the Korea Branch of the Royal Asiatic Society* 48 (1973): 10–28.

Hazelton, Keith. *A Synchronic Chinese–Western Daily Calendar 1341– 1661 A.D.* Minneapolis: University of Minnesota, 1985.

Henthorn, William E. *A History of Korea*. New York: Free Press, 1971.

———. "Some Notes of Koryo Military Units." *Transactions of the Korea Branch of the Royal Asiatic Society* 35 (1959): 67–75.

Hsü, Immanuel C. Y. *The Rise of Modern China*. New York: Oxford University Press, 2000.

Huang, Ray. *1587, A Year of No Significance: The Ming Dynasty in Decline*. New Haven, Conn.; and London: Yale University Press, 1981.

———. "The Lung–ch'ing and Wan–li Reigns, 1567–1620." In *The Cambridge History of China*. Vol. 7, *The Ming Dynasty, 1368–1644*, Part 1, edited by Denis Twitchett and John Fairbank. Cambridge: Cambridge University Press, 1988, 511–584.

Hucker, Charles O. *The Censorial System of Ming China*. Stanford, Calif.: Stanford University Press, 1966.

———. *China's Imperial Past: An Introduction to Chinese History and Culture*. Stanford, Calif.: Stanford University Press, 1975.

———. "Hu Tsung–hsien's Campaign against Hsu Hai, 1556." In *Chinese Ways in Warfare*, edited by Frank A. Kierman Jr. and John Fairbank. Cambridge, Mass.: Harvard University Press, 1974, 274–282.

Hulbert, Homer B. *Hulbert's History of Korea*. 2 volumes. New York: Hillary House Publishers, 1962. (First published in 1905.)

Hummel, Arthur W., ed. *Eminent Chinese of the Ch'ing Period*. Washington, D.C.: United States Government Printing Office, 1943. (Reprinted in Taipei in 1972.)

Hur Nam–lin. "The International Context of Toyotomi Hideyoshi's

Invasion of Korea in 1592: A Clash between Chinese Culturalism and Japanese Militarism." *Korea Observer* 28, no. 4 (Winter 1997): 687–707.

Hwang Won–gu. "Korean World View through Relations with China." *Korea Journal* 13, no. 10 (Oct. 1973): 10–17.

Ilyon. *Samguk yusa*. Translated by Ha Tae–hung and Grafton Mintz. Seoul: Yonsei University Press, 1972.

Iwao Seiichi, ed., and Burton Watson, trans. *Biographical Dictionary of Japanese History*. Tokyo: Kodansha International Ltd., 1978.

Jansen, Marius B. *Japan and China: From War to Peace, 1894–1972*. Chicago: Rand McNally, 1975.

————. *The Making of Modern Japan*. Cambridge, Mass.: Belknap Press of Harvard University Press, 2000.

————. "Tosa in the Sixteenth Century: The 100 Article Code of Chosokabe Motochika." In *Studies in the Institutional History of Early Modern Japan*, edited by John W. Hall and Marius B. Jansen. Princeton, N. J.: Princeton University Press, 1968, 89–114.

Jho Sung–do. *Yi Sun–Shin: A National Hero of Korea*. Ch'ungmu–kong Society, Naval Academy, Korea, 1970.

Jones, George Heber. "The Japanese Invasion." *The Korean Repository* 1 (1892): 10–16, 46–50, 116–121, 147–152, 182–188, 217–222, and 308–311.

Kang, Etsuko Hae–jin. *Diplomacy and Ideology in Japanese–Korean Relations: From the Fifteenth to the Eighteenth Century*. New York: St. Martin's Press, 1997.

Kang Song–mun. "Haengju daechop–eso–ui Kwon Yul–ui chonnyak–gwa chonsul" (Kwon Yul's Strategy and Tactics in the Battle of Haengju). In *Imjin waeran–gwa Kwon Yul changgun* (The Imjin War and General Kwon Yul), edited by Chang Chong–dok and Pak Jae–gwang. Seoul: Chonjaeng kinyomgwan, 1999, 103–154.

Katano Tsugio. *Yi Sun–sin gwa Hideyoshi* (Yi Sun–sin and Hideyoshi). Translated by Yun Bong–sok. Seoul: Wooseok, 1997.

Kerr, George. *Okinawa: The History of an Island People*. Tokyo: Charles E. Tuttle, 1958.

Kim Ha–tai. "The Transmission of Neo–Confucianism to Japan by Kang Hang, a Prisoner of War." *Transactions of the Korea Branch of the Royal*

Asiatic Society 37 (1961): 83–103.

Kim Jong–gil. *Slow Chrysanthemums: Classical Korean Poems in Chinese.* London: Anvil Press Poetry, 1987.

Kim, Samuel Dukhae. "The Korean Monk–Soldiers in the Imjin Wars: An Analysis of Buddhist Resistance to the Hideyoshi Invasion, 1592–1598." Ph.D. dissertation, Columbia University, 1978.

Kim Tae–chun. "Yi Sun–sin's Fame in Japan." *Journal of Social Sciences and Humanities* 47 (June 1978): 93–107.

Kim Zae–geun. "An Outline of Korean Shipbuilding History." *Korea Journal* 29, no. 10 (Oct. 1989): 4–17.

Kiralfy, Alexander. "Japanese Naval Strategy." In *Makers of Modern Military Thought from Machiavelli to Hitler*, edited by Edward Mead Earle. Princeton, N.J.: Princeton University Press, 1943, 457–484.

Kuno, Yoshi S. *Japanese Expansion on the Asiatic Continent.* Vol. 1. Berkeley: University of California Press, 1937.

Langlois, John D., Jr. "The Hung–wu Reign, 1368–1398." In *The Cambridge History of China.* Vol. 7, *The Ming Dynasty, 1368–1644*, Part 1, edited by Denis Twitchett and John Fairbank. Cambridge: Cambridge University Press, 1988, 107–181.

Ledyard, Gari. "Confucianism and War: The Korean Security Crisis of 1598." *The Journal of Korean Studies* 6 (1988–89): 81–119.

———. "Yin and Yang in the China–Manchuria–Korea Triangle." In *China Among Equals: The Middle Kingdom and Its Neighbors, 10th–14th Centuries*, edited by Morris Rossabi. Berkeley: University of California Press, 1983, 313–353.

Lee, Hyoun–jong. "Military Aid of the Ryukyus and Other Southern Asian Nations to Korea during the Hideyoshi Invasion." *Journal of Social Sciences and Humanities* 46 (Dec. 1977): 13–24.

Lee, Kenneth B. *Korea and East Asia.* Westport, Conn.: Praeger, 1997.

Lee, Ki–baik. *A New History of Korea.* Translated by Edward W. Wagner with Edward J. Shultz. Seoul: Ilchokak Publishers, 1984.

Lee, Peter H. *Pine River and Lone Peak: An Anthology of Three Choson Dynasty Poets.* Honolulu: University of Hawai'i Press, 1991.

———. *The Record of the Black Dragon Year.* Seoul: Institute of Korean

Culture, Korea University, 2000.

————, ed. *Sourcebook of Korean Civilization*. 2 volumes. New York: Columbia University Press, 1993.

Levathes, Louise. *When China Ruled the Seas: The Treasure Fleet of the Dragon Throne, 1405–1433*. New York: Simon & Schuster, 1994.

Lo, Jung–pang. "The Emergence of China as a Sea Power during the Late Sung and Early Yuan Periods." *Far Eastern Quarterly* 14, no. 4 (August 1955): 489–503.

Longford, Joseph H. *The Story of Korea*. London: T. Fisher Unwin, 1911.

Lu, David J. *Japan: A Documentary History*. Armonk, N.Y.: M. E. Sharpe, 1997.

Maske, Andrew. "The Continental Origins of Takatori Ware: The Introduction of Korean Potters and Technology to Japan through the Invasions of 1592–1598." *Transactions of the Asiatic Society of Japan*, fourth series, 9 (1994): 43–61.

Mayers, W. F. "On the Introduction and Use of Gunpowder and Firearms among the Chinese." *Journal of the North–China Branch of the Royal Asiatic Society*, new series, 6 (1869–70): 73–104.

McCune, G. M. "The Yi Dynasty Annals of Korea." *Transactions of the Korea Branch of the Royal Asiatic Society* 29 (1939): 57–82.

Meriwether, C. "A Sketch of the Life of Date Masamune and an Account of His Embassy to Rome." *Transactions of the Asiatic Society of Japan* 21 (1893): 1–105.

Michell, Tony. "Fact and Hypothesis in Yi Dynasty Economic History: The Demographic Dimension." *Korean Studies Forum* 6 (Winter–Spring 1979/1980): 65–93.

Miyamoto, Musashi. *The Book of Five Rings*. Translated by Thomas Cleary. Boston and London: Shambhala, 1993. (Miyamoto wrote Go–rin no sho, "The Book of Five Rings," in 1645.)

Moran, J. F. *The Japanese and the Jesuits: Alessandro Valignano in Sixteenth–Century Japan*. London: Routledge, 1993.

Morga, Antonio de. *Sucesos de las Islas Filipinas*. In *The Philippine Islands, 1493–1898*, edited by Emma H. Blair and James A. Robertson. Cleveland, Ohio: A. H. Clark, 1903–1909, volumes 15 and 16. (First published in Mexico in 1609.)

Murdoch, James. *A History of Japan during the Century of Early Foreign Intercourse (1542–1651)*. Kobe: Printed at the office of the "Chronicle," 1903.

Nam Chon–u. *Yi Sun–sin*. Seoul: Yoksa bipyongsa, 1994.

Needham, Joseph. *Science and Civilization in China*. Vol. 5, part 7, *Military Technology: The Gunpowder Epic*. Cambridge: Cambridge University Press, 1986.

———, and Yates, Robin D. S. *Science and Civilization in China*. Vol. 5, part 6, *Military Technology: Missiles and Sieges*. Cambridge: Cambridge University Press, 1994.

Nelson, M. Frederick. *Korea and the Old Orders in Eastern Asia*. New York: Russell & Russell, 1967. (First published in 1945.)

Newark, Peter. *Firefight! The History of Personal Firepower*. Devon: David & Charles Publishers, 1989.

O'Neill, P. G. *Japanese Names: A Comprehensive Index by Characters and Readings*. New York and Tokyo: John Weatherhill, 1972.

Palais, James B. *Confucian Statecraft and Korean Institutions: Yu Hyongwon and the Late Choson Dynasty*. Seattle: University of Washington Press, 1996.

———. *Politics and Policy in Traditional Korea*. Cambridge, Mass.: Harvard University Press, 1975.

———. "A Search for Korean Uniqueness." *Harvard Journal of Asiatic Studies* 55, no. 2 (Dec. 1995): 409–425.

Park, Choong–seok. "Concept of International Order in the History of Korea." *Korea Journal* 18, no. 7 (July 1978): 15–21.

Park, Yune–hee. *Admiral Yi Sun–shin and His Turtleboat Armada*. Seoul: Hanjin Publishing Company, 1978.

Perrin, Noel. *Giving Up the Gun: Japan's Reversion to the Sword, 1543–1879*. Boston: David R. Godine, 1979.

Pollack, David. *The Fracture of Meaning: Japan's Synthesis of China from the Eighth through the Eighteenth Centuries*. Princeton, N.J.: Princeton University Press, 1986.

Porter, Robert P. *Japan: The Rise of a Modern Power*. Oxford: Oxford University Press, 1919.

Reischauer, Edwin O., and John K. Fairbank. *East Asia: The Great Tradition*. Boston: Houghton Mifflin, 1960.

Robinson, Kenneth R. "From Raiders to Traders: Border Security and Border Control in Early Choson, 1392–1450." *Korean Studies* 16 (1992): 94–115.

———. "The Tsushima Governor and Regulation of Japanese Access to Choson in the Fifteenth and Sixteenth Centuries." *Korean Studies* 20 (1996): 23–50.

Rodrigues, Joao. *This Island Japon*. Translated and edited by Michael Cooper. Tokyo: Kodansha, 1973.

Rutt, Richard. *The Bamboo Grove: An Introduction to Sijo*. Berkeley: University of California Press, 1971.

———, trans. "Ch'ao–hsien fu by Tung Yüeh." *Transactions of the Korea Branch of the Royal Asiatic Society* 48 (1973): 29–73.

Sadler, A. L. *The Maker of Modern Japan: The Life of Tokugawa Ieyasu*. London: George Allen & Unwin, 1937.

———. "The Naval Campaign in the Korean War of Hideyoshi (1592–1598)." *Transactions of the Asiatic Society of Japan*, second series, 14 (1937): 177–208.

Sansom, George. *A History of Japan, 1334–1615*. Stanford, Calif.: Stanford University Press, 1961.

Saryoro bonun imjin waeran. Ssawo chuggi–nun swiwo–do kil–ul bilryo jugi–nun oryop–da (The Imjin War Through Historical Documents. "Dying in Battle is Easy, But Letting You Pass is Difficult"). Compiled by Chinju National Museum. Seoul: Hyean, 1999.

Sawyer, Ralph D., trans. *The Seven Military Classics of Ancient China*. Boulder, Colo.: Westview Press, 1993.

Sen Soshitsu XV. "Chado: The Way of Tea." *Japan Quarterly* 30, no. 4 (Oct.–Dec. 1983): 388–394.

Shively, Donald. "Popular Culture." In *The Cambridge History of Japan*. Vol. 4, *Early Modern Japan*, ed. John Whitney Hall. Cambridge: Cambridge University Press, 1991, 706–770.

Skubinna, Stephen A. "Hermit Kingdom's Naval Genius: Korean Admiral Yi's Turtle Ships Were the First Ironclads." *Military History* 4, no. 10 (April

1988): 58–59.

So, Kwan–wai. *Japanese Piracy in Ming China during the 16th Century*. East Lansing: Michigan State University Press, 1975.

Sonjo sillok (Authentic Records of King Sonjo). 42 volumes. Seoul: Minjok munhwa chujin hee, 1987–89. (Originally compiled by Ki Cha–hon and others, 1609–1616.)

Sonjo sujong sillok (Authentic Records of King Sonjo, Revised). 4 volumes. Seoul: Minjok munhwa chujin hee, 1989. (Originally compiled by Yi Sik and others, 1643–1657.)

Stramigioli, Giuliana. "Hideyoshi's Expansionist Policy on the Asiatic Mainland." *Transactions of the Asiatic Society of Japan*, third series, 3 (Dec. 1954): 74–116.

Streichen, M. *The Christian Daimyo: A Century of Religious and Political History in Japan (1549–1650)*. Tokyo: Rikkyo Gakuin Press, c. 1900.

Struve, Lynn A., trans. and ed. *Voices from the Ming–Qing Cataclysm: China in Tigers' Jaws*. New Haven, Conn.: Yale University Press, 1993.

Susser, Bernard. "The Toyotomi Regime and the Daimyo." In *The Bakufu in Japanese History*, edited by Jeffrey P. Mass and William B. Hauser. Stanford, Calif.: Stanford University Press, 1985, 129–152.

Tennant, Roger. *A History of Korea*. London: Kegan Paul, 1996.

Toby, Ronald. *State and Diplomacy in Early Modern Japan*. Princeton, N.J.: Princeton University Press, 1984.

Tsuchihashi, Paul Y. *Japanese Chronological Tables from 601 to 1872*. Tokyo: Sophia University, 1952.

Tsunoda, Ryusaku, trans., and L. Carrington Goodrich, ed. *Japan in the Chinese Dynastic Histories: Later Han through Ming Dynasties*. South Pasadena, Calif.: P. D. and Ione Perkins, 1951.

———, William Theodore de Bary, and Donald Keene, eds. *Sources of Japanese Tradition*. 2 volumes. New York: Columbia University Press, 1964.

Tsuruta, Kei. "The Establishment and Characteristics of the 'Tsushima Gate.'" *Acta Asiatica* 67 (1994): 30–48.

Turnbull, Stephen. *The Samurai: A Military History*. London: Osprey Publishing, 1977.

———. *Samurai Invasion*. London: Cassell & Co., 2002.

————. *The Samurai Sourcebook*. London: Cassell & Co., 1998.

————. *Samurai Warfare*. London: Arms and Armour Press, 1996.

————. *Samurai Warlords: The Book of the Daimyo*. London: Blandford Press, 1989.

Underwood, Horace H. *Korean Boats and Ships*. Seoul: Yonsei University Press, 1979. (Reprint of Transactions of the Korea Branch of the Royal Asiatic Society 23 [1934].)

Varley, H. Paul, and George Elison. "The Culture of Tea: From Its Origins to Sen no Rikyu." In *Warlords, Artists, and Commoners*, edited by George Elison and Bardwell Smith. Honolulu: University of Hawai'i Press, 1981, 187–222.

Wade, Geoff. "The Ming shi–lu as a Source for Thai History—Fourteenth to Seventeenth Centuries." *Journal of Southeast Asian Studies* 31, no. 2 (Sept. 2000): 249–294.

Wagner, Edward Willett. *The Literati Purges: Political Conflict in Early Yi Korea*. Cambridge, Mass.: Harvard University Press, 1974.

Wakita, Osamu. "The Social and Economic Consequences of Unification." In *The Cambridge History of Japan*. Vol. 4, *Early Modern Japan*, edited by John Whitney Hall. Cambridge: Cambridge University Press, 1991, 96–127.

Waldron, Arthur. "Chinese Strategy from the Fourteenth to the Seventeenth Centuries." In *The Making of Strategy: Rulers, States, and War*, edited by Williamson Murray and others. Cambridge: Cambridge University Press, 1994, 85–114.

Wang Yi–t'ung. *Official Relations between China and Japan, 1368–1549*. Cambridge, Mass.: Harvard University Press, 1953.

Waterhouse, D. B. "Fire–Arms in Japanese History: With Notes on a Japanese Wall Gun." *The British Museum Quarterly* 27 (1963–64): 94–97.

Watson, Burton, trans. *Records of the Grand Historian of China: Translated from the Shih chi of Ssu–ma ch'ien*. 2 volumes. New York: Columbia University Press, 1961.

Werner, E. T. C. *Chinese Weapons*. Shanghai: Royal Asiatic Society, North China Branch, 1932.

Wilson, William Scott. *Ideals of the Samurai: Writings of Japanese Warriors*. Burbank, Calif.: Ohara Publications, 1982.

Wolters, O. W. "Ayudhya and the Rearward Part of the World." *Journal of the Royal Asiatic Society of Great Britain and Ireland* (1968): 166–178.

Yamagata, I. "Japanese–Korean Relations after the Japanese Invasion of Korea in the XVIth Century." *Transactions of the Korea Branch of the Royal Asiatic Society* 4, part 2 (1913): 1–11.

Yang Jae–suk. *Dashi ssunun imjin daechonjaeng* (A Reevaluation of the Imjin War). 2 volumes. Seoul: Koryo won, 1994.

————. *Imjin waeran–un uri–ga igin chonjaeng iottda* (We Won the Imjin War). Seoul: Garam kihwoek, 2001.

Yang Tai–zin. "On the System of Beacons in Korea." *Korea Journal* 11, no. 7 (July 1971): 34–35.

Yi Hyong–sok. *Imjin chollan–sa* (History of the Imjin War). 2 volumes. Seoul: Imjin Chollan–sa kanhaeng hoe, 1967.

Yi Jae–bom. *Won Kyun–ul wihan byonmyong* (In Defense of Won Kyun). Seoul: Hakmin–sa, 1996.

Yi Pun. "Biography of Admiral Yi Sun–sin." In *Imjin changch'o: Admiral Yi Sun–sin's Memorials to Court.* Translated by Ha Tae–hung. Edited by Lee Chong–young. Seoul: Yonsei University Press, 1981, 199–241.

Yi Sun–sin. *Imjin changch'o: Admiral Yi Sun–sin's Memorials to Court.* Translated by Ha Tae–hung. Edited by Lee Chong–young. Seoul: Yonsei University Press, 1981.

————. *Nanjung ilgi: War Diary of Admiral Yi Sun–sin.* Translated by Ha Tae–hung. Edited by Sohn Pow–key. Seoul: Yonsei University Press, 1977.

Yu Song–nyong. *Chingbirok* (Record of Reprimands and Admonitions). Seoul: Myongmundang, 1987. (Originally written circa 1604–1607.)

注　释

第一部分　东亚三国

* William Henthorn, *A History of Korea* (New York: The Free Press, 1971), 148.

I　日本：从战国时代到世界强权

1. From Nampo Bunshi's early 17th century account in *Teppo-ki* (Story of the Gun) in *Sources of Japanese Tradition*, vol. 1, ed. Ryusaku Tsunoda, William Theodore de Bary, and Donald Keene (New York: Columbia University Press, 1964), 308–312; C. R. Boxer, *The Christian Century in Japan, 1549–1650* (Berkeley: University of California Press, 1951), chapter 1.

2. Stephen Turnbull, *The Samurai Sourcebook* (London: Cassell & Co., 1998), 128–134.

3. Delmer Brown, "The Impact of Firearms on Japanese Warfare, 1543–98," *Far Eastern Quarterly* 7, no. 3 (May 1948): 238.

4. 早期日本铁炮的铅弹重量在 10 克到 110 克之间（ibid., 238, n. 9）。

5. Stephen Turnbull, *Samurai Warfare* (London: Arms and Armour Press, 1996), 74–75.

6. Gwynne Dyer, *War* (Toronto: Stoddart, 1985), 30.

7. Ibid., 73–76; Peter Newark, *Firefight! The History of Personal Firepower* (Devon: David & Charles, 1989), 15–17.

8. Asao Naohiro, "The Sixteenth-Century Unification," in *The Cambridge History of Japan*, vol. 4, *Early Modern Japan*, ed. John Whitney Hall (Cambridge: Cambridge University Press, 1991), 43–44.

9. *Ehon Taikoki* (1797–1802)，转引自 George Elison, "Hideyoshi, the Bountiful Minister," in *Warlords, Artists, and Commoners: Japan in the Sixteenth Century*, ed. George Elison and Bardwell Smith (Honolulu: University of Hawai'i Press, 1981), 223. 一些材料给出了丰臣秀吉具体的出生日期。例如，Walter Dening 的 *Life of Toyotomi Hideyoshi* 给出的日期是 1536 年 1 月 1 日。学者现在普遍认为这些日期是当时或后来江户时代的传记作者们虚构的。没有人知道秀吉确切的出生日期，很可能连他自己也不清楚。

10. 当第一批欧洲人到达日本时，他们认为当地人身材矮小。即使是他们，也认为秀吉的个子较矮。因此，如果按照现代标准来看，秀吉无疑是小个子。

11. Elison, "Hideyoshi," 224; Mary Elizabeth Berry, *Hideyoshi* (Cambridge, Mass.: Harvard University Press, 1982), 9 and 57.

12. Walter Dening, *The Life of Toyotomi Hideyoshi*, 3rd ed. (Kobe: J.L. Thompson & Co., 1930), 176.

13. Hideyoshi to Date Masamune, circa 1590, in C. Meriwether, "A Sketch of the Life of Date Masamune and an Account of His Embassy to Rome," *Transactions of the Asiatic Society of Japan* 21 (1893): 17.

14. 一石等于 5 蒲式耳或 40 加仑或 182 升。在 1598 年的日本，小的领地大概有一万到三万石。秀吉手下最富有的大名德川家康的领地有 2,557,000 石。George Sansom, *A History of Japan, 1334–1615* (Stanford, Calif.: Stanford University Press, 1961), 413–414.

15. Hideyoshi to Gosa, 13/4/Tensho 18 (May 16, 1590), in *101 Letters of Hideyoshi*, trans. and ed. Adriana Boscaro (Tokyo: Sophia University, 1975), 37–38.

16. Elison, "Hideyoshi"；H. Paul Varley and George Elison, "The Culture of Tea"；Donald Keene, "Joha, a Sixteenth–Century Poet of Linked Verse"；all in Elison and Smith, *Warlords*.

17. Nam–lin Hur, "The International Context of Toyotomi Hideyoshi's Invasion of Korea in 1592," *Korea Observer* 28, no. 4 (Winter 1997): 691.

18. James Murdoch, *A History of Japan during the Century of Early Foreign Intercourse (1542–1651)* (Kobe: Printed at the office of the "Chronicle"，1903), 305; Berry, 207–208.

19. Jurgis Elisonas, "The Inseparable Trinity: Japan's Relations With China and Korea," in *The Cambridge History of Japan*, vol. 4, *Early Modern Japan*, ed. John Whitney Hall (Cambridge: Cambridge University Press, 1991), 267.

20. Berry, 91.

21. "Wu–tzu," in *The Seven Military Classics of Ancient China*, trans. Ralph Sawyer (Boulder, Colo.: Woodview Press, 1993), 208.

22. Hideyoshi to the King of Korea, Tensho 17 (1589), in Homer Hulbert, *Hulbert's History of Korea*, vol. 1 (New York: Hillary House, 1962), 347.

23. "第一支不会败给亚历山大大帝（公元前 330 年）的现代军队，很可能是古斯塔夫·阿道夫的军队（1620 年）"，Col. T. N. Dupuy, U.S. Army, ret'd., quoted in Dyer，瑞典国王古斯塔夫因为急于从一个人口不到 150 万的国家征召一支有足够战斗力的部队，才开始大规模装备火器。瑞典军队齐射火力的巨大威力，促使其他国家很快加以效仿（Dyer, 61–62）。

24. Bert Hall, *Weapons and Warfare in Renaissance Europe* (Baltimore: John Hopkins University Press, 1997), 207 and 209. 当时西班牙拥有欧洲规模最大的军队。在 16 世纪后期，它的平均兵力为 60,000~65,000 人，在 1574 年 3 月短暂达到 86,000 人的巅峰。在 16 世纪后期，法国能够召集的最大军队在五万人左右，伊丽莎白女王的英军在两万到三万人之间，而荷兰大约能够武装两万人。

2　中国：衰落中的明王朝

1. Chu Hsi and Lu Tsu–ch'ien, *Reflections on Things at Hand*, trans. Wing–tsit Chan (New York: Columbia University Press, 1967), 69.

2. Confucius, *The Analects (Lun yu)*, trans. D. C. Lau (London: Penguin Books, 1979), 155 (book 19:13).

3. John Fairbank, *China. A New History* (Cambridge, Mass.: Harvard University Press, 1992), 130.

4. Louise Levathes, *When China Ruled the Seas: The Treasure Fleet of the Dragon Throne, 1405–1433* (New York: Simon & Schuster, 1994).

5. Ray Huang, *1587. A Year of No Significance: The Ming Dynasty in Decline* (New Haven, Conn.: Yale University Press, 1981), 89–90.

6. Edward L. Dreyer, *Early Ming China. A Political History, 1355–1435* (Stanford, Calif.: Stanford University Press, 1982), 76–79. 在 1393 年，至少有 326 个卫（Ibid., 79）。

7. 从 1480 年到 1590 年，明朝边境地区卫所的实际开支从不到 32 万两白银增加到 280 万两白银，几乎增加了八倍，Albert Chan, *The Glory and Fall of the Ming Dynasty* (Norman, Oklahoma: University of Oklahoma Press, 1982), 197–198.

8. Huang, *1587*, 160.

9. Chan, 51.

10. Minister of War Chang Shih–ch'e in 1562, in Elisonas, "Trinity," 252–253.

11. Chan, 201.

12. Ibid., 205–207.

13. *Ming Shih*, chpt. 322，转引自 Kwan–wai So, *Japanese Piracy in Ming China During the 16th Century* (East Lansing: Michigan State University Press, 1975), 181.

14. Charles Hucker, "Hu Tsung–hsien's Campaign Against Hsu Hai, 1556," in *Chinese Ways in Warfare*, ed. Frank Kierman Jr. and John Fairbank (Cambridge, Mass.: Harvard University Press, 1974), 274–282; So, 144–156.

15. Ray Huang, "The Lung–ch'ing and Wan–li Reigns, 1567–1620," in *The Cambridge History of China*, vol 7, *The Ming Dynasty, 1368–1644, Part 1*, ed. Denis Twitchett and John Fairbank (Cambridge: Cambridge University Press, 1988), 557.

16. Francisco de Sande, Governor of the Philippines, "Relation of the Filipinas Islands," June 7, 1576, in *The Philippine Islands, 1493–1898*, vol. 4, trans. and ed. Emma Blair and James Robertson (Cleveland: A. H. Clark, 1903), 58–59.

17. "Memorandum of the Various Points Presented by the General Junta of Manila," in Blair and Robertson, vol. 6, 197–229. (The meeting was held on April 20, 1586; the memorandum was prepared and signed on July 26.)

18. Huang, *1587*, 42.

19. Qi Jiguang, *Lien–ping Shih–chi* (1571), ibid., 172–173.

20. Ibid., 156–188; L. Carrington Goodrich, ed., *Dictionary of Ming Biography*, vol. 1 (New York: Columbia University Press, 1976), 220–224.

21. 甚至连戚继光将军也被牵扯进来，有人指控他"购千金姬"送给张居正。Huang, *1587*, 184–185.

22. Charles Hucker, *The Censorial System in Ming China* (Stanford: Stanford University Press, 1966), 43.

23. Wang Yi–t'ung, *Official Relations Between China and Japan, 1368–1549* (Cambridge, Mass.: Harvard University Press, 1953).

3 有子名"舍"

1. Hideyoshi to Koya, no date (1589), in Boscaro, *Letters*, 34. 虽然秀吉将这封信寄给妻子宁

宁的一名侍女，但他无疑是想让人把信读给宁宁本人听。

2. Hideyoshi to Lady O-Mandokoro, 1/5/Tensho 18 (June 2, 1590), ibid., 39.

3. Hideyoshi to Koya, no date (1589), ibid., 34.

4. Hideyoshi to Chunagon, 24/10/no year (1585–91?), ibid., 25. （中纳言是服侍北政所的女官。）

5. Hideyoshi to Lady Gomoji (Go-Hime), undated, ibid., 9.

6. Hideyoshi to Tomoji, 4/9/no year (1585–91?), ibid., 22.

7. Hideyoshi to O-Chacha (Yodogimi), no date (1590), ibid., 43. "殿下"是秀吉成为太阁后人们对他的称呼。

4　朝鲜：通向战利品的大道

1. 这种观点最初见于 William Aston 翻译的《日本书纪》，后来 Bruce Cumings 再次提到，见 *Korea's Place in the Sun* (New York: W.W. Norton, 1997), 38。

2. Ilyon, *Samguk yusa*, trans. Tae-hung Ha and Grafton Mintz (Seoul: Yonsei University Press, 1972), 32–33.

3. Masuid, *Meadows of Gold and Mines of Precious Stone, quoted in Cumings, 37.*

4. David Pollack, *The Fracture of Meaning* (Princeton, N. J.: Princeton University Press, 1986), 12, 15–23, and chpts. 1 and 2 passim.

5. Wang, 17–18.

6. J. S. Gale, "The Influence of China Upon Korea," *Transactions of the Korea Branch of the Royal Asiatic Society* 1 (1900): 24.

7. 在 1392 年朝鲜王朝建立时，从到访汉城朝廷的使臣的品秩中便可以看出这种对外国的"评级"。使臣官品从最低的从九品下到最高的正一品。例如，女真使臣是从四品（更多地反映了朝鲜人希望安抚这个令人头疼的民族，而不是对他们的真实看法），而琉球使臣不过从五品而已。Etsuko Hae-jin Kang, *Diplomacy and Ideology in Japanese-Korean Relations* (New York: St. Martin's Press, 1997), 50–51.

8. Ibid., 66.

9. 例如，在 1392—1422 年间，朝鲜给明朝送去四万五千匹马 (Henthorn, *History*, 154)，明朝回赠给朝鲜棉布、丝绸等。

10. Donald Clark, "Sino-Korean Tributary Relations Under the Ming," in *The Cambridge History of China*, vol. 8, *The Ming Dynasty, 1368–1644, Part 2*, ed. Denis Twitchett and Frederick Mote (Cambridge: Cambridge University Press, 1998), 273 and 279; Dreyer, 115.

11. Gale, "Influence of China," 11.

12. 1487 年出使朝鲜的明使的话，见 J. S. Gale, "Han-yang (Seoul)," *Transactions of the Korea Branch of the Royal Asiatic Society* 2 (1902): 38。

13. Clark, "Tributary Relations," 280 and 283. 朝鲜派往明朝的使节数量在战争时期迅速增长，在平时则没有那么多。

14. Etsuko Hae-jin Kang, 55.

15. Korean envoy Kang Kwon-son on a visit to Iki island in 1444, in Elisonas, "Trinity," 243.

16. Letter from Korean king Taejong to Tsushima daimyo So Sadamori, 7th month, 1419, in Etsuko Hae-jin Kang, 59.

17. Sin Ch'ojung, "On the Deceitfulness of Buddhism," and Yun Hoe, "On the Harmfulness of Buddhism," in a memorial submitted to King Sejong in 1424, quoted in Peter Lee, ed., *Sourcebook of Korean Civilization*, vol. 1 (New York: Columbia University Press, 1993), 551–552.

18. Edward Wagner, *The Literati Purges: Political Conflict in Early Yi Korea* (Cambridge, Mass.: Harvard University Press, 1974).

19. Hanguk chongsin munhwa yonguwon, *Hangukin mul daesajon*, vol. 2 (Seoul: Chungang ilbo, 1999), 2056–2057; Peter Lee, trans. and ed., *Pine River and Lone Peak. An Anthology of Three Choson Dynasty Poets* (Honolulu: University of Hawai'i Press, 1991), 11–20 and 43–44. (Chong Chol's pen name was Songgang, "Pine River.")

20. Richard Rutt, trans. and ed., *The Bamboo Grove. An Introduction to Sijo* (Berkeley, California: University of California Press, 1971), poem 13.

21. Ha Tae-hung, *Behind the Scenes of Royal Palaces in Korea* (Seoul: Yonsei University Press, 1983), 162.

22. Hulbert, vol. 1, 338–340.

23. Cho Kwang-jo, "On the Superior Man and the Inferior Man," Peter Lee, *Sourcebook*, vol. 1, 505.

第二部分 战争前夜

* Elisonas, "Trinity," 271.

** Ha Tae-hung, *Behind the Scenes*, 166.

5 "我已派快船命令朝鲜……"

1. Adrian Forsyth, *A Natural History of Sex* (New York: Charles Scribner's Sons, 1986), 40.

2. Berry, 91.

3. 典型的日本长枪的长度在三间（4.8 米）左右，因此更类似西方的长矛。丰臣秀吉、德川家康等有名的大名更喜欢这个长度的长枪。织田信长的长枪更长，他为自己的部队装备了长达三间半（5.6 米）的巨型武器，这是已知的日本士兵使用过的最长的长枪（Turnbull, *Samurai Warfare*, 71–73）。

4. Wilbur Bacon, "Record of Reprimands and Admonitions (Chingbirok)," *Transactions of the Korea Branch of the Royal Asiatic Society* 48 (1972): 11–12.

5. Ibid., 11.

6. *Sonjo sillok*, vol. 4 (Seoul: Minjok munhwa chujin hee, 1987–89), 268 (20/10/Sonjo 20; Dec. 8, 1587).

7. *Sonjo sujong sillok*, vol. 3 (Seoul: Minjok munhwa chujin hee, 1989), 51–52 (9/Sonjo 20; Oct. 1587).

8. Yu Song-nyong, *Chingbirok* (Seoul: Myongmundang, 1987), 13; *Sonjo sujong sillok*, vol. 3, 85–86 (12/Sonjo 21; Feb. 1589).

9. Hideyoshi to the King of Korea, Tensho 17 (1589), in Hulbert, vol. 1, 347.

10. Yu Song-nyong, 13–14; *Sonjo sujong sillok*, vol. 3, 105–106 (7/Sonjo 22; Sept. 1589).

11. *Sonjo sillok*, vol. 5, 124 (18/11/Sonjo 22; Dec. 25, 1589) and 155 (6/3/Sonjo 23; April 9, 1590); Etsuko Hae-jin Kang, 93.

12. "一个人是否被允许坐（轿子）直接穿过城门，还是从旁边通过，从旁边多远处通过，都是根据官位和地位仔细分级的。"(Ronal Toby, *State and Diplomacy in Early Modern Japan* (Princeton, N.J.: Princeton University Press, 1984), 193, n. 62). 根据朝鲜人的评估，宗义智的地位不足以使其拥有坐轿子进入寺庙的特权。

13. Yu Song-nyong, 14; Etsuko Hae-jin Kang, 89.

14. 这一时期日本其他的都市中心，如大阪、镰仓、堺、奈良和博多，规模更小，人口仅一万 (Berry, 275, n. 53)。

15. Ibid., 202.

16. 中国方面关于汉城如何接待明使的记录，见 Richard Rutt, "Ch'ao-hsien fu," *Transactions of the Korea Branch of the Royal Asiatic Society* 48 (1973): 47–48。

17. King Sonjo to Hideyoshi, "King of Japan," 3/Wanli 18 (April 1590), in Yoshi Kuno, *Japanese Expansion on the Asiatic Continent*, vol. 1 (Berkeley: University of California Press, 1937), 301.

18. Yu Song-nyong, 15–16.

19. Dening, 283.

20. Hideoyshi to the King of Korea, winter, Tensho 18 (1590), in Kuno, vol. 1, 302–303; *Sonjo sillok*, vol. 5, 172–173 (13/1/Sonjo 24; Feb. 6, 1591).

21. *Sonjo sujong sillok*, vol. 3, 186–189 (2/Sonjo 24; March 1591).

22. *Sonjo sujong sillok*, vol. 3, 208 (3/Sonjo 24; April 1591).

23. King Sonjo to Hideyoshi, "King of Japan," spring, Wanli 19 (1591), in Kuno, vol. 1, 303–304.

24. *Sonjo sujong sillok*, vol. 3, 221 (6/Sonjo 24; July 1591).

25. King Shonei to Hideyoshi, 17/5/Tensho 17 (June 29, 1589), in Kuno, vol. 1, 305–306.

26. Hideyoshi to King Shonei, 18/2/Tensho 18 (March 23, 1590), ibid., 306.

27. 虽然西班牙国王腓力二世于 1580 年继承了葡萄牙王位，但是西班牙和葡萄牙在远东地区的竞争关系依然存在，它们相互争夺地盘、贸易和垄断性的传教权。因此，当时葡萄牙商人才会煽动秀吉侵占西班牙领地。

28. Hideyoshi to the Philippines, 15/9/Tensho 19 (1591)，日文英译见 Kuno, vol. 1, 308–309；菲律宾总督收到的西班牙文英译，见 Blair and Robertson, vol. 8, 260–261。

29. Gomez Perez Dasmarinas to Hideyoshi, June 11, 1592，西班牙文英译见 Blair and Robertson, vol. 8, 263–267；日文英译见 Kuno, vol. 1, 310–311。

30. Testimony of Antonio Lopez before Governor Dasmarinas, June 1, 1593, in Blair and Robertson, vol. 9, 45.（洛佩斯是中国基督徒，他和高母羡神父一同前往日本，后者在从日本返回马尼拉的途中遇海难身亡。）

31. Hideyoshi to the Portuguese Viceroy of India at Goa, 25/7/Tensho 19 (Sept. 12, 1591), in Kuno, vol. 1, 313–314.

6　战争准备

1. 在 16 世纪，位于本州中部的名古屋并不存在，当时那里还是尾张国中村，秀吉和他的将军加藤清正的出生地。

2. "这个证人亲眼看到名护屋城有十万甚至更多居民，修筑这座城用时五个月。它长约三葡里，周长九葡里（一葡里约合五公里）。"（Testimony of Captain Joan de Solis before Gomez Perez Dasmarinas, Spanish governor of the Philippines, May 24, 1593, in Blair and Robertson, vol. 9, 35）。

3. Bernard Susser, "The Toyotomi Regime and the Daimyo," in *The Bakufu in Japanese History*, ed. Jeffrey Mass and William Hauser (Stanford, Calif.: Stanford University Press, 1985), 137.

4. 只有一个公开反对秀吉征兵的例子。九州岛津家的家臣梅北国兼拒绝派兵入侵朝鲜，于 1592 年向丰臣秀吉所在的名护屋城进发。他在到达名护屋城之前兵败被杀（Berry, 278, n. 21）。

5. Bert Hall, 208.

6. Katano Tsugio, *Yi Sun-sin gwa Hideyoshi*, trans. Yun Bong-sok (Seoul: Wooseok, 1997), 245; George Heber Jones, "The Japanese Invasion," *The Korean Repository* 1 (1892): 116.

7. Yi Hyong-sok, *Imjin chollan-sa*, vol. 2 (Seoul: Imjin Chollan-sa Kanhaeng hoe, 1967), 1714–1715; Sansom, 318–319.

8. Hulbert, vol.1, 350.

9. Hideyohsi to Shimazu, Tensho 19 (1591), in *The Documents of the Iriki*, trans. and ed. Asakawa Kanichi (Tokyo: Japan Society for the Promotion of Science, 1955), 333. 根据秀吉的命令，岛津要为侵朝军贡献一万五千人，但是根据朝河贯一的说法，他实际贡献的兵力不会超过一万，甚至更少。

10. 在名护屋集结的各军团花名册说明，"被征召前往朝鲜的人中，只有不到一半是战斗人员，其余负责建筑和运输工作"（Elisonas, "Trinity," 272）。

11. G. A. Ballard, *The Influence of the Sea on the Political History of Japan* (New York: E. P. Dutton, 1921), 51; Kuno, vol. 1, 152–153.

12. Asao, 54; Samson, 288 and 309; Berry, 254, n. 46. 关于信长的铁甲舰，研究日本武士的历史学家史蒂芬·特恩布尔写道，它们"以某种方式用铁加固，不太可能是覆盖铁板的'铁甲船'，不过确实有某个见过这些船下水的传教士将这些巨舰称为'铁船'"（*Samurai Warfare*, 38）。

13. Boxer, *Christian Century*, 140–142.

14. Katano, 88; Yi Hyong-sok, vol. 2, 1720.

15. 根据 Hulbert, vol. 1, 350，秀吉的舰队"拥有三千至四千艘船。这使得我们多少可以了解当时所用船只的容量，上述数字意味着每艘船可载六十人。这些船很可能没有甲板，或者充其量只有部分甲板，长约四十五至五十英尺，宽约十英尺"。Hulbert 认为一般的运输船相当小，虽然这种看法很可能是正确的，但是他所引用的三千至四千艘的数字过高，该数字所依据的假设是每艘船只向朝鲜运送一次士兵。实际上，158,800 名士兵并非一次性全部渡海，这个过程花费了几个星期。因此，很多（甚至是绝大多数）运输船可能不止一次往返从对马岛和九州向朝鲜运输部队，如果天气好，该程花费的时间不过一天而已。

16. 朝鲜议政府最高的三个官职分别是领议政、左议政和右议政。

17. Bacon, "Chingbirok," 16.

18. Ibid., 16–17; Etsuko Hae-jin Kang, 92–93; Hur, 705–706.

19. *Sonjo sillok*, vol. 5, 196–197 (24/10/Sonjo 24; Dec. 9, 1591), and 197 (2/11/Sonjo 24; Dec. 17, 1591); *Sonjo sujong sillok*, vol. 3, 224–225 (10/Sonjo 24; Nov.~Dec. 1591). 接下来由韩应寅率领的前往北京的使团，于1591年12月9日离开汉城。

20. William E. Henthorn, "Some Notes of Koryo Military Units," *Transactions of the Korea Branch of the Royal Asiatic Society* 35 (1959): 67.

21. Samuel Dukhae Kim, "The Korean Monk-Soldiers in the Imjin Wars: An Analysis of Buddhist Resistance to the Hideyoshi Invasion, 1592–1598" (Ph.D. dissertation, Columbia University, 1978), 20.

22. 庆尚道和全罗道左右兵营和水营的命名，可能多少让人觉得困惑，因为从地图上看，"左"兵营和"左"水营实际上位于东面，"右"兵营和"右"水营实际上位于西面。这是因为它们的命名实际上是从国都汉城的视野出发的。从汉城向南望去，庆尚道和全罗道的东部确实在左，西部在右。

23. See the chapter on "Military Command of the Choson Dynasty" in Yi Sun-sin, *Nanjung Ilgi. War Diary of Admiral Yi Sun-sin*, trans. Ha Tae-hung and ed. Sohn Pow-key (Seoul: Yonsei University Press, 1977), xiii-xv.

24. Yu Song-nyong, 18.

25. Wagner, 18.

26. Park Yune-hee, *Admiral Yi Sun-shin and his Turtleboat Armada* (Seoul: Hanjin Publishing Company, 1978), 67; Samuel Dukhae Kim, 21.

27. *Sonjo sujong sillok*, vol. 3, 223–224 (7/Sonjo 24; Aug. 9, 1591); Yu Song-nyong, 17–18; Samuel Dukhae Kim, 18.

28. Jho Sung-do, *Yi Sun-Shin. A National Hero of Korea* (Ch'ungmu-kong Society, Naval Academy, Korea, 1970), 54.

29. John Boots, "Korean Weapons and Armor," *Transactions of the Korea Branch of the Royal Asiatic Society* 23, part 2 (Dec. 1934): 3–18.

30. Boots, 20 给出了一份朝鲜史料中关于如何制作火药的有趣译文："取硝石一磅，硫黄一两，柳炭五两，将其磨成粉状，制成混合物，然后放入一只盛有一碗水的大木碗里，用木槌捣一万次……当它半干时，将其取出，在太阳下晒干。然后继续捶打，直到它变得像一颗小豌豆……然后取出，用水去除硝石的力道。把它浸水二十次左右，然后从中取出一钱，将其放入掌中点火。当它燃烧时，如果没有必要将手抽开的话，它可用于鸟铳。"（一钱约合3.8克，一两等于十钱。）

31. Yang Jae-sook, *Dashi ssunun imjin daejonchaeng*, vol. 1 (Seoul: Koryo-won, 1994), 178-184; Park Yune-hee, 75–76.

32. Yang Jae-suk, *Dashi ssunun*, vol. 1, 187–197; Boots, 22–23.

33. Yang Tai-zin, "On the System of Beacons in Korea," *Korea Journal* 11, no. 7 (July 1971): 34–35. 困扰着朝鲜烽燧系统的问题，直到18世纪中叶军队接管后才得以解决。管理烽火台的工作被交给退伍老兵，他们"通常非常乐于接受这项工作，因为可以得到足够养活一家人的土地、砍伐木材的权利，有时还有捕鱼的权利"。烽燧系统一直存在到1894年，电报的出现使它变得过时。

34. Yu Song-nyong, 19–20.

35. Ibid., 49; *Sonjo sujong sillok*, vol. 3, 227–228 (11/Sonjo 24; Dec. 1591) and 231 (3/Sonjo 25;

April 1592).

36. Park Yune-hee, 125–140; Jho Sung-do, 17–48; Yi Pun, "Biography of Yi Sun-sin," in, *Imjin changch'o: Admiral Yi Sun-sin's Memorials to Court*, trans. Ha Tae-hung and ed. Lee Chong-young (Seoul: Yonsei University Press, 1981), 199–210. （李芬是李舜臣的侄子，在壬辰战争后期为他效力。）

37. Yu Song-nyong, 18–19; *Sonjo sillok*, vol. 5, 178 (13/2/Sonjo 24; Mar. 8, 1591); *Sonjo sujong sillok*, vol. 3, 228 (11/Sonjo 24; Dec. 1591).

38. Diary entry for 5/3/Imjin (April 16, 1592), Yi Sun-sin, *Imjin changch'o: Admiral Yi Sun-sin's Memorials to Court*, trans. Ha Tae-hung and ed. Lee Chong-young (Seoul: Yonsei University Press, 1981), 11. (The Korean title of Yu Song-nyong's military treatise is *Chungson chonsu bangryak*.)

39. "The Book of Lord Shang," in *The Art of War in World History*, ed. Gerard Chaliand (Berkeley: University of California Press, 1994), 244.

7 大战将至

1. 葡萄牙耶稣会士弗洛伊斯目睹了这起事件，见 Elison, "Hideyoshi," 332, n. 16。

2. Park Yune-hee, 95–6.

3. H. Paul Varley and George Elison, "The Culture of Tea: From Its Origins to Sen no Rikyu," in *Warlords, Artists, and Commoners*, ed. George Elison and Bardwell Smith (Honolulu: University of Hawai'i Press, 1981), 217–219. 秀吉奢华的黄金茶室和茶道大师千利休的风格形成鲜明对比。由于未知的原因，秀吉勒令千利休切腹，但是很快便觉得后悔。另一方面，朴素的山里茶室很好地体现了千利休和今天日本茶道的风格。关于茶道的简单介绍，见 Sen Soshitsu XV, "Chado: The Way of Tea," *Japan Quarterly* 30, no. 4 (Oct.–Dec. 1983): 388–394。(Sen Soshitsu is a descendent of Sen no Rikyu.)

4. Yu Song-nyong, 21.

5. Diary entries for 16/1/Imjin and 25/2/Imjin (Feb. 27 and April 7, 1592), Yi Sun-sin, *Imjin changch'o*, 4 and 10.

6. Diary entry for 12/4/Imjin (May 22, 1592), ibid., 16.

7. Katano, 97–98.

8. "The Precepts of Kato Kiyomasa," in *Ideals of the Samurai: Writings of Japanese Warriors*, trans. William Scott Wilson (Burbank, Calif.: Ohara Publications, 1982), 127–132.

9. 一些较早的关于秀吉入侵朝鲜的英文著作，如 Hulbert, vol. 1, 351 和 Jones, 119 称加藤是"老将"。这是错误的。实际上，小西的年龄更大，他出生于 1556 年，而加藤出生于 1562 年。

10. Kuroda Nagamasa, "Notes on Regulations," in Wilson, 133–141.

第三部分 壬辰倭乱

* Lionel Giles, trans., *Sun Tzu on the Art of War* (Taipei: Ch'eng Wen Publishing Company, 1971), 32.

8　北上汉城

1. 十天干分别象征着阳木、阴木、太阳火、灶火、山土、沙土、硬金属、软金属、海水和雨水。

2. Yu Song-nyong, 50; *Sonjo sillok*, vol. 5, 201–202 (13/4/Sonjo 25; May 23, 1592); dispatch of 15/4/Wanli 20 (May 25, 1592), Yi Sun-sin, *Imjin Changch'o*, 19–20.

3. Sansom, 355.

4. Ibid., 354.

5. 日本的入侵发生后，明廷向朝鲜朝廷询问了一系列相关问题。在给明廷的答复中，汉城政府称在入侵开始时有四百艘船在釜山抛锚，随后这个数字增加到七八百。*Sonjo sillok*, vol. 6, 253 (11/11/Sonjo 25; Dec. 14, 1592).

6. Giuliana Stramigioli, "Hideyoshi's Expansionist Policy on the Asiatic Mainland," *Transactions of the Asiatic Society of Japan*, third Series , 3 (Dec. 1954): 94.

7. Katano, 102–103.

8. 小西在这里是按照秀吉先前的做法，抛弃了传统的马印，而选择了某些更加平常的形式。秀吉早期曾经把葫芦插在杆子上，以此作为自己的马印。后来，每获胜一次，他就增加一个葫芦，直到他的"千成葫芦"满载着其胜利的证据。William Griffis, *Corea. The Hermit Nation* (New York: Charles Scribner's Sons, 1894), 97.

9. Ibid., 96.

10. Katano, 100–102.

11. Min Jong-jung, "Nobong-chip," in *Saryoro bonun imjin waeran. Ssawo chuggi-nun swiwo-do kil-ul bilryo jugi-nun oryop-da*, compiled by Chinju National Museum (Seoul: Hye-an, 1999), 39–40; Hulbert, vol. 1, 351–352.

12. *Yoshino Jingozaemon oboegaki*, quoted in Stephen Turnbull, *Samurai Invasion* (London: Cassell, 2002), 51.

13. *Sonjo sujong sillok*, vol. 3, 233 (4/Sonjo 25; May 1592).

14. Min Jong-jung, "Nobong-chip," in *Saryoro bonun*, 41–44; *Sonjo sujong sillok*, vol. 3, 232 (4/Sonjo 25; May 1592).

15. Yu Song-nyong, 72; *Sonjo sujong sillok*, vol. 3, 252 (5/Sonjo 25; June 1592); Jho Sung-do, 70. 此类关于元均如何失去自己舰队的传统说法受到 Yi Jae-bom 的挑战，见 *Won Kyun-ul wihan byonmyong* (Seoul: Hakmin-sa, 1994), 34。该书作者猜测，日本舰队在入侵开始的二十天之内并没有驶出釜山以西太远，因为元均在他的本营巨济岛组织起了有效的防御。我不同意这种看法。在入侵开始的两周之内，日本水军忙于将部队从名护屋和对马岛运到釜山，因此无法沿着朝鲜海岸西行。只有当 6 月上旬这项工作完成之后（此时元均的舰队已经覆灭），日本人的船只才开始向黄海进发。

16. 第三种说法，见 Turnbull, *Samurai Invasion*, 54。

17. Lee Hyoun-jong, "Military Aid of the Ryukyus and Other Southern Asian Nations to Korea During the Hideyoshi Invasion," *Journal of Social Sciences and Humanities* 46 (Dec. 1977): 17.

18. 元均反击女真人的奏折，见 Henthorn, *History*, 118。

19. Diary entries for 15–18/4/Imjin (May 25–28, 1592), Yi Sun-sin, *Imjin changch'o*, 16–17.

20. "Ssu-ma Fa" ("The Marshal's Art of War"), in Sawyer, 139.

21. Diary entries for 18–22/4/Imjin (May 28–June 1, 1592), Yi Sun-sin, *Imjin changch'o*, 17–18, and for 1–3/5/Imjin (June 10–12, 1592), Yi Sun-sin, *Nanjung ilgi*, 3–4; dispatch of 30/4/Wanli 20 (June 9, 1592), Yi Sun-sin, *Imjin changch'o*, 28; Park Yune-hee, 144–145; Roger Tennant, *A History of Korea* (London: Kegan Paul, 1996), 166–167.

22. Choi Byong-hyon, trans., *The Book of Corrections* (Berkeley, Calif.: Institute of East Asian Studies, 2002), 55–56 and 27, footnote 11.

23. *Sonjo sujong sillok*, vol. 3, 233 (4/Sonjo 25; May 1592).

24. James Palais, *Confucian Statecraft and Korean Institutions. Yu Hyongwon and the Late Choson Dynasty (Seattle: University of Washington Press, 1996), 79.*

25. *Sonjo sillok*, vol. 5, 202, 17/4/Sonjo 25; May 27, 1592).

26. Stephen Turnbull, *The Samurai. A Military History* (London: Osprey Publishing, 1977), 204–206; Turnbull, *Samurai Sourcebook*, 48–49; Griffis, *Corea*, 97.

27. Turnbull, *Military History*, 205.

28. Yu Song-nyong, 62–64; *Sonjo sujong sillok*, vol. 3, 234–235 (4/Sonjo 25; May/June 1592). 根据柳成龙的说法, 李镒在尚州有 "八九百" 人, 而《实录》说他有 "不超过六千人"。关于尚州之战的韩文著作通常引用柳成龙较低的数字, 我在本文中引用的也是这个数字。

29. *Sonjo sujong sillok*, vol. 3, 238–239 (4/Sonjo 25; May 1592).

30. Burton Watson, trans., *Records of the Grand Historian of China. Translated from the Shih chi of Ssu-ma chien*, vol. 1 (New York: Columbia University Press, 1961), 217.

31. *Taikoki*, quoted in Turnbull, *Samurai Invasion*, 59.

32. Murdoch, 323. 关于加藤和小西会兵的时间, 有文本记载上的差异。Murdoch 根据的是小西本人告诉耶稣会士的说法, 似乎是最权威的。

33. *Sonjo sujong sillok*, vol. 3, 238–239 (4/Sonjo 25; May/June 1592).

34. 这不是 "背水阵" 的有效性第一次遭到技术变革的破坏。1575 年, 还是织田信长家臣的秀吉在一场对阵武田胜赖的战斗中已经见证了这个事实。武田认为自己身处绝境, 因此用了源自中国的 "背水阵", 让装备着传统武器的一万五千名部下背对河流布阵。在接下来的战斗中, 武田预想的自己处于绝境的部下会占据优势的白刃战并未发生。秀吉的军队只是简单地后撤, 然后用铁炮扫射他们 (Dening, 157–158)。

35. *Sonjo sillok*, vol. 5, 202 (27/4/Sonjo 25; June 6, 1592).

36. Katano, 123–126; Murdoch, 324; Jones, 149.

37. Hulbert, vol. 1, 359–360; *Sonjo sillok*, vol. 5, 203 (28/4/Sonjo 25; June 7, 1592).

38. *Sonjo sillok*, vol. 5, 203–204 (28/4/Sonjo 25; June 7, 1592).

39. *Sonjo sillok*, vol. 5, 206 (29/4/Sonjo 25; June 8, 1592); *Sonjo sujong sillok*, vol. 3, 240–241 (4/Sonjo 25; May/June 1592).

40. *Sonjo sillok*, vol. 5, 206–207 (30/4/Sonjo 25; June 9, 1592); *Sonjo sujong sillok*, vol. 3, 244–245 (5/Sonjo 25; June 1592).

41. Hulbert, vol. 1, 366.

42. Jones, 149.

43. Yang Jae-suk, *Imjin waeran-un uri-ga igin chonjaeng iottda* (Seoul: Garam, 2001), 103–109.

44. *Taikoki*, quoted in Turnbull, *Samurai Invasion*, 63–64.

45. For example, Park Yune–hee, 107.

46. *Sonjo sillok*, vol. 5, 216–217 (3/5/Sonjo 25; June 12, 1592); Jones, 151–152.

47. *Sonjo sujong sillok*, vol. 3, 248 (5/Sonjo 25; June 1592); Alan Clark and Donald Clark, *Seoul: Past and Present* (Seoul: Hollym, 1969), 99–102. 日本人同样在今天的首尔梨泰院设下军营（ibid., 152–53）。

48. 秀吉在文禄元年元旦（1592 年 2 月）颁布的命令，见 Cho Chung–hwa, *Paro chap–un imjin waeran–sa* (Seoul: Salmgwa–ggum, 1998), 40。

9 二十五条觉书

1. Hideyoshi to Saisho（大政所的侍女），6/5/Bunroku 1 (June 15, 1592), in Boscaro, *Letters*, 45–46. 秀吉所说的节日是每年 9 月 9 日的菊花祭。

2. Hideyoshi to O–Ne, 6/5/Bunroku 1 (June 15, 1592), ibid., 46.

3. Hideyoshi to Kato Kiyomasa and Nabeshima Naoshige, 3/6/Bunroku 1 (July 11, 1592), in Kuno, vol. 1, 324–325.

4. Yamakichi (Hideyoshi's private secretary) to Ladies Higashi and Kyakushin (ladies–in–waiting to Hideyoshi's wife), 18/5/Bunroku 1 (June 27, 1592), ibid, 318.

5. 其中部分条款转引自 Turnbull, *Military History*, 210。

6. 第一到四条和第十七到二十二条转引自 Ryusaku Tsunoda and others, *Sources*, vol. 2, 318–319（第十七到二十二条在他的资料集中被标为第十八到二十三条）。第十六、二十三和二十四条转引自 Kuno, vol. 1, 316–317。

7. Yamakichi to Ladies Higashi and Kyakushin, 18/5/Bunroku 1 (June 27, 1592), in Kuno, vol. 1, 320.

8. Ibid., 320.

9. 根据 Berry, 276–277, n. 2，"1587 年以后，秀吉不断询问亲友的健康，同时也会提到自己的状况，特别是缺乏食欲……眼疾使他不得不推迟前往名护屋监督 1592 年的军事行动的行程，也使他苦不堪言，不过我们对细节所知甚少"。秀吉第一次暗示自己的健康开始恶化，是在 1585 年给他的母亲的一封信里："我的脸色越来越暗，身体日渐消瘦，眼疾更重。我想给豪姬回信，但是我的眼睛太糟糕了，请理解我的处境。" Hideyoshi to Iwa（大政所的侍女），11/8/Tensho 13 (Oct. 4, 1585), in Boscaro, *Letters*, 22.

10. Hideyoshi to Saisho（大政所的侍女），6/5/Bunroku 1 (June 15, 1592), in Boscaro, *Letters*, 45–46.

11. Emperor Go–Yozei to Hideyoshi, summer 1592, in Kuno, vol. 1, 323.

12. Ibid., 324.

13. Dening, 254–255.

14. Asakawa, 393.

15. Berry, 278, n. 21.

16. Dening, 254.

17. Hideyoshi to Koya, 20/6/Bunroku 1 (July 28, 1592), in Boscaro, *Letters*, 47.

10 朝鲜水师的反击

1. Dispatch of 30/4/Wanli 20 (June 9, 1592), Yi Sun-sin, *Imjin changch'o*, 27.

2. Diary entry for 3/5/Imjin (June 12, 1592), Yi Sun-sin, *Nanjung Ilgi*, 4.

3. Park Yune-hee, 122–123.

4. Dispatch of 10/5/Wanli 20 (June 19, 1592), Yi Sun-sin, *Imjin changch'o*, 31–32; *Sonjo sillok*, vol. 5, 303 (21/6/Sonjo 25; July 29, 1592).

5. Dispatch of 10/5/Wanli 20 (June 19, 1592), Yi Sun-sin, *Imjin changch'o*, 34–35.

6. Ibid., 36–37.

7. Dispatch of 30/4/Wanli 20 (June 9, 1592), ibid., 28.

8. Dispatch of 10/5/Wanli 20 (June 19, 1592), ibid., 38.

9. 例子见 Katano, 190。

10. Park Yune-hee, 150. 根据藤堂高虎还没到朝鲜的事实做出了这样的判断。

11. Ibid., 141–142.

12. *Taejong kongjong daewang sillok* (Seoul: Sejong daewang kinyom saophwe, no date), vol. 5, 304 (5/2/Taejong 13; Mar. 7, 1413). 原文如下："上过临津渡，观龟船、倭船相战之状。" 两年后，左代言卓慎上书称赞龟船的进一步发展。*Taejong sillok*, vol. 7, 11–12 (16/7/Taejong 15; Aug. 20, 1415).

13. Dispatch of 14/6/Wanli 20 (July 22, 1592), Yi Sun-sin, *Imjin changch'o*, 40–41.

14. Yi Pun, 210.

15. *Sonjo sujong sillok*, vol. 3, 253 (5/Sonjo 25; June 1592).

16. Nam Chon-u, *Yi Sun-sin* (Seoul: Yoksa bipyongsa, 1994), 68–81; Yang Jae-suk, *Dashi ssunun*, vol. 1, 212–213; Horace H. Underwood, *Korean Boats and Ships* (Seoul: Yonsei University Press, 1979), 76–77; Jho Sung-do, 57–63; Park Yune-hee, 71–74.

17. Choi Byong-hyon, 122.

18. 不过，日本史料有一处难以理解的地方。根据《高丽船战记》的记载，在 1592 年 8 月的安骨浦海战中，"（朝鲜）大船中有三艘盲船（即龟船），覆盖着铁，发射炮弹、火箭和大（木）箭等"（Turnbull, *Samurai Invasion*, 106）。这里提到这些船"覆盖着铁"，并不一定意味着它们覆盖的是铁甲，也可能是指船顶的铁锥。

19. Bak Hae-ill, "A Short Note on the Iron-clad Turtle-boats of Admiral Yi Sun-sin," *Korea Journal* 17, no. 1 (Jan. 1977): 34–39.

20. Diary entry for 13/2/Imjin (March 26, 1592), Yi Sun-sin, *Imjin changch'o*, 8.

21. Underwood (80) 早在 1933 年便提出："他（李舜臣）并不需要用铁甲覆盖自己的船，因为他只要保证不受弹丸和弓箭的伤害即可，四厘米厚的木板完全可以做到这点。"

22. Murdoch, 336, n. 17.

23. Hulbert, vol. 1, 377.

24. Jones, 187.

25. Griffis, *Corea*, 134.

26. Hulbert, vol. 1, 376–377.

27. Choi Du-hwan, ed., *Chungmugong Yi Sun-sin chonjip* (Seoul: Wooseok Publishing Co., 1999), 81 and 83; Cho Song-do, *Chungmugong Yi Sun-sin* (Seoul: Yongyong munhwasa, 2001), 80; Underwood, 78. 关于龟船是否是铁甲船的争议，统制营龟船图中的船顶似

乎是木板。它看起来和船壳一模一样。全罗左水营龟船的船顶呈六角形，今天人们基本都认为这意味着这是铁板。

28. Yi Pun, 212.

29. 盲船是包住甲板的船，没有入口，敌人无法攀船。

30. 《太阁记》，转引自 A. L. Sadler, "The Naval Campaign in the Korean War of Hideyoshi (1592–1598), *The Transactions of the Asiatic Society of Japan*, second series, 14 (1937): 188。

31. 这样的溢美之词最早见于李舜臣的侄子李芬写于 17 世纪初的《忠武公行录》（李芬并没有参与这次的战役）。近期的著作也多次重复这种说法，如 Park Yune-hee 的李舜臣传中写道，战斗结束后，李舜臣 "用剑把子弹从几厘米深的伤口处挖出"。

32. Dispatch of 14/6/Wanli 20 (July 22, 1592), Yi Sun-sin, *Imjin changch'o*, 42; diary entry for 29/5/Imjin (July 8, 1592), Yi Sun-sin, *Nanjung ilgi*, 5.

33. 日本人对唐浦海战的描述是，来岛看见他的部下和船只被消灭后，登上附近的岛屿切腹自杀（Murdoch, 336）。

34. Dispatch of 14/6/Wanli 20 (July 22, 1592), Yi Sun-sin, *Imjin changch'o*, 43.

35. Ibid., 44.

36. Park Yune-hee, 158; Sadler, "Naval Campaign," 192; George Kerr, *Okinawa. The History of an Island People* (Tokyo: Charles E. Tuttle, 1958), 151–152 and 155.

37. 全罗左水使李舜臣和防踏镇金节度使李纯信的韩文名字相同。

38. Dispatch of 14/6/Wanli 20 (July 22, 1592), Yi Sun-sin, *Imjin changch'o*, 48; *Sonjo sillok*, vol. 5, 304, 21/6/Sonjo 25 (July 29, 1592).

39. "Three Strategies of Huang Shih-kung," in Sawyer, 297. (《三略》成书于公元前 1 世纪前期。)

40. Yi Sun-sin, *Imjin changch'o*, 56; *Sonjo sujong sillok*, vol. 3, 257, (6/Sonjo 25; July 1592).

41. *Sonjo sillok*, vol. 6, 124 (1/9/Sonjo 25; Oct. 5, 1592).

42. Alexander Kiralfy, "Japanese Naval Strategy," in *Makers of Modern Strategy. Military Thought from Machiavelli to Hitler*, ed. Edward Mead Earle (Princeton, N.J.: Princeton University Press, 1943), 464–465; Ballard, 51; Turnbull, *Military History*, 213.

II 进军平壤

1. *Sonjo sillok*, vol. 5, 210 (2/5/Sonjo 25; June 11, 1592); *Sonjo sujong sillok*, vol. 3, 245 (5/Sonjo 25; June 1592).

2. *Sonjo sillok*, vol. 5, 216–217 and 221 (3/5/Sonjo 25; June 12, 1592); *Sonjo sujong sillok*, vol. 3, 245–246 (5/Sonjo 25; June 1592).

3. Yu Song-nyong, 78–79.

4. *Sonjo sillok*, vol. 6, 308 (4/12/Sonjo 25; Jan. 6, 1593); *Sonjo sujong sillok*, vol. 4, 41 (11/Sonjo 26; Nov.–Dec. 1593).

5. Han Myong-ki, *Imjin waeran hanchung kwangye* (Seoul: Yuksa bibyongsa, 1999), 430.

6. Samuel Dukhae Kim, 24–25.

7. W. G. Aston, *Hideyoshi's Invasion of Korea* (Tokyo: Ryubun-kwan, 1907), 21; Gari Ledyard, "Confucianism and War: The Korean Security Crisis of 1598," *The Journal of Korean*

Studies 6 (1988–89): 84–85.

8. Ray Huang, "Lung ch'ing," 566–567; Goodrich, vol. 1, 830–832.

9. Letter dated 16/5 (June 25), 1592, in Park Yune-hee, 112–113.

10. Aston, 14–15.

11. "Wei Liao-tzu," in Sawyer, 258.

12. Yu Song-nyong, 86–87; *Sonjo sujong sillok*, vol. 3, 247–248 (5/Sonjo 25; June 1592).

13. Hulbert, vol. 1, 372–373; Jones, 182–183.

14. Giles, 77.

15. Ibid., 6–7.

16. "The Methods of Ssu-ma," in Sawyer, 142.

17. Yu Song-nyong, 88–90; *Sonjo sujong sillok*, vol. 3, 247 (5/Sonjo 25; June 1592); Hulbert, vol. 1, 379–382; Murdoch, 326–329.

18. Kato Kiyomasa to Hideyoshi, 1/6/Bunroku 1 (July 9, 1592), in Park Yune-hee, 118–119.

19. *Sonjo sillok*, vol. 5, 270–272 (2/6/Sonjo 25; July 10, 1592). 郑澈从流放地归来后追随宣祖北上义州，并于1593年奉命出使明朝，感谢其派遣援军参战。当年稍晚时，他因为东人重新施压，不得不再次辞官。他在江华岛静静地度过了生命最后的日子，于1594年2月7日辞世。

20. Turnbull, *Samurai Invasion*, 137.

21. "The Methods of Ssu-ma," in Sawyer, 139.

22. Yu Song-nyong, 98–100.

23. *Sonjo sillok*, vol. 5, 276–277 (9/6/Sonjo 25; July 17, 1592); Yu Song-nyong, 102–103; Pak Dong-ryang, "Kigae sacho," in *Saryoro bonun*, 68–69.

24. 中国古代兵书《尉缭子》列出了如下的守城原则："守法：城一丈，十人守之，工食不与焉。出者不守，守者不出。"（Sawyer, 253）

25. Yu Song-nyong, 111–112; *Sonjo sillok*, vol. 5, 294 (15/6/Sonjo 25; July 23, 1592); Aston, 20–21; Hulbert, vol. 1, 386–387.

26. *Sonjo sillok*, vol. 5, 301 (19/6/Sonjo 25; July 27, 1592).

27. Yu Song-nyong, 112–113; Park Yune-hee, 117–118. 一万石大米大约相当于7200吨。

28. Yu Song-nyong, 114–118; Hulbert, vol. 1, 388.

29. *Sonjo sillok*, vol. 5, 284–287 (13/6/Sonjo 25; July 21, 1592).

30. Ibid., 299 (18/6/Sonjo 25; July 26, 1592); *Sonjo sujong sillok*, vol. 3, 267 (6/Sonjo 25; July 1592).

31. *Sonjo sillok*, vol. 5, 306 (22/6/Sonjo 25; July 30, 1592).

32. Ha Tae-hung, *Behind the Scenes*, 170.

12 黄海海权之争

1. Hideyoshi to Wakizaka Yasuharu, 23/6/Bunroku 1 (July 31, 1592), in Park Yune-hee, 159.

2. Yu Song-nyong, 129.

3. 李舜臣在奏折中没有给出确切数字。不过，根据日本史料《高丽船战记》的记载，在接下来的安骨浦海战中，"（朝鲜）大船中有三艘盲船（即龟船）"（Turnbull, *Samurai Invasion*, 106）。

4. Dispatch of 15/7/Wanli 20 (Aug. 21, 1592), Yi Sun-sin, *Imjin changch'o*, 59. 李舜臣提到的敌将，可能是胁坂安治手下的胁坂左兵卫或渡边七卫门，他们死于这场战斗。

5. Ibid., 56–60; *Sonjo sujong sillok*, vol. 3, 279 (7/Sonjo 25; Aug. 1592).

6. *Wakizaka ki, in Turnbull, Samurai Invasion, 104.*

7. Yi Sun-sin, *Imjin changch'o*, 56, footnote; Park Yune-hee, 165.

8. Dispatch of 15/7/Wanli 20 (Aug. 21, 1592), Yi Sun-sin, *Imjin changch'o*, 62–63.

9. Ibid., 61; *Sonjo sujong sillok*, vol. 3, 279 (7/Sonjo 25; Aug. 1592).

10. Dispatch of 10/9/Wanli 20 (Oct. 14, 1592), Yi Sun-sin, *Imjin changch'o*, 76.

11. Yi Pun, 215.

12. Hideyoshi to Todo Sado no Kami (Todo Takatora), 16/7/Tensho 20 (Aug. 23, 1592), Elisonas, "Trinity," 279, n. 66; Turnbull, *Samurai Invasion*, 107.

13. Yu Song-nyong, 129.

14. 例如："我们有足够的理由相信这是世界上最伟大的海战之一。它就这样结束了……给入侵签发了死刑判决书。入侵最主要的目标（羞辱中国）遭受挫折。"（Hulbert, vol. 1, 400.）又如："这场海战实实在在地决定了战争的结果，从踏上其国土的二十万当时最精锐的敌人手里挽救了朝鲜。"（Murdoch, 337）

13 "予观倭贼如蚁蚊耳"

1. "Wei Liao-tzu," in Sawyer, 243.

2. Yu Song-nyong, 125; Kuno, vol. 1, 156; Hulbert, vol. 1, 400.

3. *Sonjo sillok*, vol. 6, 35 (20/7/Sonjo 25; Aug. 26, 1592); Yu Song-nyong, 124–126; Turnbull, *Samurai Invasion*, 135–136.

4. Yu Song-nyong, 124–126; Ryusaku Tsunoda, trans., and L. Carrington Goodrich, ed., *Japan in the Chinese Dynastic Histories. Later Han Through Ming Dynasties* (South Pasadena, Calif.: P. D. and Ione Perkins, 1951), 142; Hulbert, vol. 1, 401.

5. Yu Song-nyong, 135.

6. Turnbull, *Samurai Invasion*, 136.

7. Kuno, vol. 1, 156.

8. Ibid., 157.

9. Lee Hyoun-jong, 13–24.

10. Kuno, vol. 1, 159.

11. Dispatch of 17/9/Wanli 20 (Oct. 21, 1592), Yi Sun-sin, *Imjin changch'o*, 72.

12. Ibid., 69–75; *Sonjo sujong sillok*, vol. 3, 287 (8/Sonjo 25; Sept. 1592).

13. 朝鲜人也不太想得到努尔哈赤的帮助。尤其是柳成龙，他在10月上书宣祖，主张拒绝接受这项提议。

14. Tsunoda and Goodrich, 142; Goodrich, vol. 1, 730–731.

15. *Sonjo sillok*, vol. 6, 106–108 (17–18/8/Sonjo 25; Sept. 22–23, 1592).

16. Aston, 25.

17. Ibid., 24–25; *Sonjo sillok*, vol. 6, 137–138 (8/9/Sonjo 25; Oct. 12, 1592); Yu Song-nyong, 135–136.

18. *Sonjo sillok*, vol. 6, 132 (4/9/Sonjo 25; Oct. 8, 1592).

19. Goodrich, vol. 1, 830–832.

20. Ibid., 830–832.

21. Stramigioli, 99–103.

14 伏见城

1. Sansom, 363.

2. Hideyoshi to Koya, no date (1589), in Boscaro, *Letters*, 34. Koya 是秀吉妻子宁宁的侍女，她负责照顾秀吉的母亲。

3. Hideyoshi to Lady O-Mandokoro, 1/5/Tensho 18 (June 2, 1590), ibid., 38–39.

4. Sansom, 363.

5. Yamakichi (Yamanaka Kichinai) to Ladies Higashi and Kiyakushin（大政所的侍女），18/5/Bunroku 1 (June 27, 1592), in Kuno. vol. 1, 319–320.

6. Hideyoshi to Maeda Gen'i, 11/12/Bunroku 1 (Jan. 13, 1593), in Boscaro, *Letters*, 48.

7. Sen Soshitsu XV, 392.

8. Hideyoshi to Maa (his youngest concubine), 26/12/Bunroku 1 (Jan. 28, 1593), in Boscaro, *Letters*, 49.

15 义军蜂起

1. Letter dated 26/5/Bunroku 1 (July 5, 1592), in Park Yune-hee, 112.

2. Elisonas, "Trinity," 275.

3. Imperial Japanese Commission, *History of the Empire of Japan* (Tokyo: Dai Nippon Tosho Kabushiki Kwaisha, 1893), 281–282.

4. Kato Kiyomasa to Hideyoshi, 1/6/Bunroku 1 (July 9, 1592), in Park Yune-hee, 118.

5. Yu Song-nyong, 91.

6. Yu Song-nyong, 92; Hulbert, vol. 1, 389–390.

7. Elisonas, "Trinity," 275.

8. Yi Sik, "Yasa chobon," in *Saryoro bonun*, 126–128; Yu Song-nyong, 92–93; *Sonjo sujong sillok*, vol. 3, 281–283 (7/Sonjo 25; Aug. 1592).

9. Shimokawa Heidayu, "Kiyomasa Korai no jin oboegaki," in Turnbull, *Samurai Invasion*, 79.

10. Kato Kiyomasa to Ki(noshita) Hanasuke, 20/9/Bunroku 1 (Oct. 25, 1592), in Elisonas, "Trinity," 275–276.

11. Palais, *Confucian Statecraft, 82.*

12. Ha Tae-hung, *Behind the Scenes*, 173.

13. Yun Hyong-gi, "Choya chomjae," in *Saryoro bonun*, 106.

14. Pak Dong-ryang, "Kijae sacho," in *Saryoro bonun*, 108; Yu Song-nyong, 145–146.

15. Ha Tae-hung, *Behind the Scenes*, 173–174; Hulbert, vol. 1, 392.

16. *Sonjo sillok*, vol. 6, 76 (7/8/Sonjo 25; Sept. 12, 1592); Hulbert, vol. 1, 393.

17. Yun Hyong-gi, "Choya chomjae," in *Saryoro bonun*, 106; "Somyo chunghung-gi," ibid., 106–107; Hanguk chongsin, vol. 1, 111–112.

18. "Sonmyo bugam," in *Saryoro bonun*, 120.

19. *Sonjo sujong sillok*, vol. 3, 283–285 (7/Sonjo 25; Aug. 1592); "Sonmyo bugam," in *Saryoro*

bonun, 121–122; Yi Myong-han, "Baekju-chip," ibid., 123–125; Yi Hyong-sok, vol. 1, 402.

20. *Sonjo sujong sillok*, vol. 4, 32–33 (6/Sonjo 26; July 1593); Hulbert, vol. 1, 394.

21. Hankuk chongsin, vol. 1, 485–486; Yu Song-nyong, 145; *Sonjo sujong sillok*, vol. 3, 276 (6/Sonjo 25; July 1592), and 286 (7/Sonjo 25; Aug. 1592); Hulbert, vol. 1, 395–396; Jones, 188.

22. Yi Su-kwang, "Chibongyusol," in *Saryoro bonun*, 110; Mun Yol-kong, "Cho Hon shindobi," ibid., 111.

23. Samuel Dukhae Kim, 25–26.

24. Ibid., 26–28.

25. Ibid., 81–82.

26. "Chungbong Choson saenghaengjang," in *Saryoro bonun*, 113–114; Samuel Dukhae Kim, 80–84; *Sonjo sujong sillok*, vol. 3, 288 (8/Sonjo 25; Sept. 1592); Yi Hyong-sok, vol. 1, 455.

27. Samuel Dukhae Kim, 86–89; *Sonjo sujong sillok*, vol. 3, 294–295 (8/Sonjo 25; Sept. 1592).

28. Samuel Dukhae Kim, 86–90.

29. Shin Kyong, "Chaejo bonbangji," in *Saryoro bonun*, 132–134; *Sonjo sujong sillok*, vol. 3, 307 (9/Sonjo 25; Oct. 1592); Jones, 187–188.

30. William Griffis, quoted in Boots, 36–37.

31. Yu Song-nyong, 143; Yi Hyong-sok, vol. 1, 514.

32. Hulbert, vol. 1, 407.

33. Quoted in Yang Jae-suk, *Dashi ssunun*, vol. 1, 193.

34. *Sonjo sujong sillok*, vol. 3, 305–306 (9/Sonjo 25; Oct. 1592).

35. Yang Jae-suk, *Dashi ssunun*, vol. 1, 192–193; Yu Song-nyong, 143–144; Turnbull, *Samurai Invasion*, 125; Hulbert, vol. 1, 407–408; Joseph Longford, *The Story of Korea* (London: T. Fisher Unwin, 1911), 164–165. 韩国历史学者崔斗焕（音）在 2002 年 1 月 12 日韩国 KBS 的节目中，成功地再现了用大碗口发射飞击震天雷的场景。延时装置非常有效。唯一的问题是这个根据考古发现用重型铸铁仿制的球体，在点燃火药后没有炸裂。封闭在装着引信的延时装置顶端的盖子只是简单地被吹掉，里面的铁片从孔中喷了出来（试射装置上的盖子通过打入边缘周围空隙处的金属楔片固定在适当位置）。

36. Hanguk chongsin, vol. 1, 344; Palais, *Confucian Statecraft*, 84–85.

37. Turnbull, *Samurai Invasion*, 129. 日本的薙刀类似于欧洲的阔剑，是一种末端有刃的长柄武器。朝鲜也有与薙刀类似的武器，不过刀刃更宽、更重，挥向敌人时，能够让敌人望而生畏。

38. Heung Yang-ho, "Haedong myongjangchon," in *Saryoro bonun*, 144–147; *Sonjo sujong sillok*, vol. 3, 310–311 (10/Sonjo 25; Nov. 1592); Yi Hyong-sok, vol. 1, 556; Hulbert, vol. 1, 406–407; Turnbull, *Samurai Invasion*, 129–130.

16 挽救历史

1. *Sonjo sillok*, vol. 6, 146–147 (13/9/Sonjo 25; Oct. 17, 1592); *Sonjo sujong sillok*, vol. 3, 278 (7/Sonjo 25; Aug. 1592); Yu Song-nyong, 133.

2. *Munhon pigo*, quoted in G. M. McCune, "The Yi Dynasty Annals of Korea," *Transactions of the Korea Branch of the Royal Asiatic Society* 29 (1939): 63, n. 7.

3. *Kukcho pogam*, ibid., 58.

4. McCune, 74–76; *Sonjo sujong sillok*, vol. 3, 278 (7/Sonjo 25; Aug. 1592).

第四部分 僵 局

* "Wu-tzu," in Sawyer, 208.

17 从平壤退至"三途川"

1. 从前线送回日本的信反映出侵朝军开始普遍对战争感到厌倦（Sansom, 357）。伊达政宗在 1593 年 8 月 17 日和 20 日写给国内的信中，将日军士兵的大量死亡归咎于"这个国家的水不一样"。他们很可能染上了霍乱或斑疹伤寒。伊达也提到军中脚气流行，染上的人十有八九会死（Turnbull, *Samurai Invasion*, 155）。

2. Ibid., 151. Turnbull 的结论是，截至 1593 年 4 月，日本侵朝军最初的 158,800 人中只剩下 53,000 人。他估计的减员比率（约占 67%）似乎过高，超过了小西第一军的减员情况（65%），而 Turnbull 说第一军"伤亡最重"（53,000 人更可能是当时在汉城的日军人数）。同小西行长关系很好的耶稣会士路易斯·弗洛伊斯提供了一个更加准确的减员数字，他称 1592 年渡海前往朝鲜的十五万日本士兵和劳工中有三分之一死亡，大部分死于疾病、饥饿、力竭和严寒。Luis Frois, *Historia de Japan*, ed. Josef Wicki (Lisbon: Bilioteca Nacional de Lisboa, 1976–1982), vol. 5, 599.

3. Elisonas, "Trinity," 276.

4. Goodrich, vol. 1, 832; Huang, "Lung-ch'ing," 568.

5. Huang, *1587*, 179–180; Chan, 55.

6. Chan, 205–207.

7. Stamigioli, 103; *Sonjo sillok*, vol. 6, 295–297 (30/11/Sonjo 25; Jan. 2, 1593), and 304 (3/12/Sonjo 25; Jan. 5, 1593).

8. *Sonjo sillok*, vol. 6, 305 (3/12/Sonjo 25; Jan. 5, 1593). 此时尹根寿是礼曹判书。

9. Kuno, vol. 1, 162.

10. *Sonjo sillok*, vol. 6, 368–369 (25/12/Sonjo 25; Jan. 27, 1593).

11. *Sonjo sujong sillok*, vol. 3, 322 (12/Sonjo 25; Jan. 1593).

12. Samuel Dukhae Kim, 90 and 92.

13. Yi Hyong-sok, vol. 1, 650–651. 某次在面见宣祖时，李德馨估计平壤的日军人数在一万两千到两万人之间（*Sonjo sillok*, vol. 6, 371 [27/12/Sonjo 25; Jan. 29, 1593]）。

14. Yu Song-nyong, 155.

15. Ibid.

16. *Sonjo sillok*, vol. 7, 26 (11/1/Sonjo 26; Feb. 11, 1593).

17. Turnbull, *Samurai Invasion*, 140.

18. *Sonjo sillok*, vol. 6, 368–369 (25/12/Sonjo 25; Jan. 27, 1593).

19. Ibid., vol. 7, 26 (11/1/Sonjo 26; Feb. 11, 1593).

20. Samuel Dukhae Kim, 92–93; Turnbull, *Samurai Invasion*, 139.

21. *Sonjo sillok*, vol. 7, 25–28 (11/1/Sonjo 26; Feb. 11, 1593); Yu Song-nyong, 156–157.

22. *Sonjo sillok*, vol. 7, 28 (11/1/Sonjo 26; Feb. 11, 1593); Sin Kyong, "Chaejo bonbangji," in *Saryoro bonun*, 161; J. S. Gale, *James Scarth Gale and His History of the Korean People*, ed. Richard Rutt (Seoul: Royal Asiatic Society, 1972), 262–263.

23. *Yoshino Jingozaemon oboegaki, in Turnbull, Samurai Invasion, 141.*

24. Hulbert, vol. 2, 7.

25. Goodrich, vol. 1, 833.

26. Ibid.

27. *Sonjo sillok*, vol. 7, 28 (11/1/Sonjo 26; Feb. 11, 1593).

28. *Yoshino Jingozaemon oboegaki, in Turnbull, Samurai Invasion, 142.*

29. Yu Song–nyong, 161–162.

30. 据说在每年的这个时候，因为天气变暖，临津江面的冰化成冰块，难以乘船渡江。朝鲜人想出了一个解决办法。他们把葛藤制的绳桥扔过江，这项壮举被誉为世界上第一座吊桥（Hulbert, vol. 2, 8–9）。"临津冰解，乃从上流薄冰上，联葛索布篱，作梁以渡军。"（*Sonjo sujong sillok*, vol. 4, 8–9 [1/Sonjo 26; Feb. 1593]）

31. Griffis, *Corea*, 113–114; Turnbull, *Samurai Invasion*, 143.

32. Murdoch, 345.

33. 根据 Turnbull 的观点，日本人没有选择在临津江设防是因为"朝鲜军队对它的环境了如指掌，因此只是一个小障碍"，见 *Samurai Invasion*, 145。

34. *Sonjo sillok*, vol. 7, 113 (5/2/Sonjo 26; Mar. 7, 1593).

35. Yi Hyong–sok, vol. 1, 674 and 677–678.

36. Yu Song–nyong, 163–164; *Sonjo sillok*, vol. 7, 113–114 (5/2/Sonjo 26; Mar. 7, 1593); *Sonjo sujong sillok*, vol. 4, 8–9 (1/Sonjo 26; Feb. 1593); Goodrich, vol. 1, 833–834; Murdoch, 345; Elisonas, "Trinity," 280–281; Turnbull, *Samurai Invasion*, 143–148.

37. Yu Song–nyong, 164; Goodrich, vol. 1, 834.

38. *Sonjo sujong sillok*, vol. 4, 9 (1/Sonjo 26; Feb. 1593); Turnbull, *Samurai Invasion*, 143.

39. *Sonjo sujong sillok*, vol. 4, 13 (2/Sonjo 26; Mar. 1593).

40. Samuel Dukhae Kim, 94.

41. Yu Song–nyong, 170.

42. Hanguk chongsin, vol. 1, 160; Wilbur D. Bacon, "Fortresses of Kyonggi–do," *Transactions of the Korea Branch of the Royal Asiatic Society* 37 (1961): 16.

43. Yi Hyong–sok, vol. 1, 697 and 699.

44. *Sonjo sujong sillok*, vol. 4, 14 (2/Sonjo 26; Mar. 1593); Sin Kyong, "Chaejo bonbangji," in *Saryoro bonun*, 170–171; Kang Song–mun, "Haengju daechop–eso–ui Kwon Yul chonnyak–gwa chonsul," in *Imjin waeran–gwa Kwon Yul changgun*, ed. Chang Chong–dok and Pak Jae–gwang (Seoul: Chonjaeng kinyomgwan, 1999), 110–113.

45. Sansom, 358.

18 收复汉城

1. Elisonas, "Trinity," 281; Goodrich, vol. 1, 834.

2. Park Yune–hee, 182.

3. Hideyoshi to Maa, 26/12/Bunroku 1 (Jan. 28, 1593), in Boscaro, 49. (Maa, the twenty–one–

year–old daughter of Maeda Toshiie, was one of Hideyoshi's concubines.)

4. Mashita Nagamori, Ishida Mitsunari, Otani Yoshitsugu, Kato Mitsuyasu, Maeno Nagayasu, Kuroda Nagamasa, Konishi Yukinaga, Mori Yoshinari, Kato Kiyomasa, Nabeshima Naoshige, Fukushima Masanori, Ikoma Chikamasa, Hachizuka Iemasa, Otomo Yoshimune, Yoshikawa Hiroie, Kobayakawa Takakage, and Ukita Hideie to Hideyoshi, 3/3/Bunroku 2 (April 4, 1593), in Katano, 243–244.

5. *Sonjo sillok*, vols. 8–9, passim (4–9/Sonjo 26; May–Oct. 1593).

6. Dispatch of 6/4/Wanli 21 (May 6, 1593), Yi Sun–sin, *Imjin changch'o*, 88.

7. Ibid.

8. Diary entry for 18/2/Kyesa (Mar. 20, 1593), Yi Sun–sin, *Nanjung ilgi*, 16.

9. Dispatch of 17/2/Wanli 21 (Mar. 19, 1593), Yi Sun–sin, *Imjin changch'o*, 87–88.

10. Dispatch 6/4/Wanli 21 (May 6, 1593), ibid., 90–91.

11. Ibid., 94.

12. Diary entry for 22/2/Kyesa (Mar. 24, 1593), Yi Sun–sin, *Nanjung ilgi*, 18.

13. Diary entry for 4/3/Kyesa (April 5, 1593), ibid., 20.

14. Dispatch of 6/4/Wanli 21 (May 6, 1593), Yi Sun–sin, *Imjin changch'o*, 92.

15. Diary entries for 8/2/Kyesa–20/3/Kyesa (Mar. 10–April 21, 1593), Yi Sun–sin, *Nanjung ilgi*, 13–23.

16. Dispatch of 6/4/Wanli 21 (May 6, 1593), Yi Sun–sin, *Imjin changch'o*, 93.

17. *Sonjo sujong sillok*, vol. 4, 17 (4/Sonjo 26; May 1593); Goodrich, vol. 1, 834; Ledyard, "Confucianism," 85.

18. Yu Song–nyong, 178.

19. 3月中旬取得幸州大捷后不久，全罗兵使权栗将大营移往坡州。

20. Yu Song–nyong, 178–180.

21. Stramigioli, 104–105.

22. *Sonjo sujong sillok*, vol. 4, 17–18 (4/Sonjo 26; May 1593).

23. Ibid., 18; Kuno, vol. 1, 164–165.

24. Murdoch, 345–346; Kuno, vol. 1, 165–166; Aston, 32–33.

25. Cho Kyong–nam, "Nanjung chapnok," in *Saryoro bonun*, 176; *Sonjo sujong sillok*, vol. 4, 18–19 (4/Sonjo 26; May 1593).

26. *Sonjo sillok*, vol. 8, 64–65 (24/4/Sonjo 26; May 24, 1593), and 81–82 (28/4/Sonjo 26; May 28, 1593).

27. Ibid., vol. 8, 8 (3/4/Sonjo 26; May 3, 1593); Goodrich, vol. 1, 964–965; Hulbert, vol. 2, 14.

28. O. W. Wolters, "Ayudhya and the Rearward Part of the World," *Journal of the Royal Asiatic Society of Great Britain and Ireland*, (1968): 166–172; Geoff Wade, "The *Ming shi–lu* as a Source for Thai History—Fourteenth to Seventeenth Centuries," *Journal of Southeast Asian Studies* 31, no. 2 (Sept. 2000): 293.

29. Yu Song–nyong, 183–184; *Sonjo sujong sillok*, vol. 4, 18–19 (4/Sonjo 26; May 1593).

30. *Sonjo sujong sillok*, vol. 4, 21–22 (5/Sonjo 26; June 1593).

31. Hulbert, vol. 2, 11–12.

32. Yu Song–nyong, 184–185; *Sonjo sujong sillok*, vol. 4, 18–19 (4/Sonjo 26; May 1593).

33. Cho Kyong-nam, "Nanjung japnok," in *Saryoro bonun*, 176; Hulbert, vol. 2, 12.

34. Yu Song-nyong, 185; *Sonjo sujong sillok*, vol. 4, 20 (5/Sonjo 26; June 1593); Goodrich, vol. 1, 965.

35. Yi Hyong-sok, vol. 2, 1721 列出了如下的十七处军营：西生浦两座（加藤清正等）、日光浦（伊东佑兵、岛津忠丰等）、机张（黑田长政）、东莱（吉川广家）、釜山两座（毛利辉元）、金海两座（锅岛直茂）、加德岛（小早川隆景、立花宗茂等）、安骨浦（胁坂安治）、熊川三座（小西行长、宗义智、松浦镇信等）、巨济岛三座（岛津义弘等）。*Sonjo sujong sillok*, vol. 4, 20–21 (5/Sonjo 26; June 1593)，只提到了十六座。

36. *Sonjo sillok*, vol. 8, 125–126 (21/5/Sonjo 26; June 19, 1593).

19 名护屋和谈，晋州城屠杀

1. Hideyoshi to O-Ne, no date (context suggests early May 1593), in Boscaro, *Letters*, 53.

2. A.D. Sadler, *The Maker of Modern Japan. The Life of Tokugawa Ieyasu* (London: George Allen & Unwin, 1937), 179.

3. Cho Chung-hwa, *Paro chapun*, 69–71. 据说淀殿的情人可能是得到秀吉宠信的大野治长、某位能剧演员或石田三成。石田可以被排除，因为当淀殿在 1592 年 11 月底或 12 月初怀孕时他正在朝鲜。Cho Chung-hwa 主张，关于石田的谣言可能始自加藤清正和福岛正则，目的是损害石田的名声。

4. Sansom, 365.

5. Hideyoshi to Fuku (Ukita Hideie's mother), 27/5/Bunroku 2 (July 26, 1593), in Boscaro, *Letters*, 57.

6. Michael Cooper, *Rodrigues the Interpreter* (New York: Weatherhill, 1974), 99; *Sonjo sujong sillok*, vol. 4, 23 (6/Sonjo 26; July 1593).

7. Katano, 252–257.

8. Griffis, *Corea*, 124.

9. 诸万春从名护屋逃跑，于 1593 年 9 月抵达朝鲜，随后受到李舜臣的审问。李舜臣向当时正在黄州的朝鲜朝廷递交的奏折，见 Dispatch of 8/Wanli 21 [Aug. 1593], Yi Sun-sin, *Imjin changch'o*, 116–117。

10. Miyamoto Musashi, *The Book of Five Rings*, trans. Thomas Cleary (Boston: Shambhala, 1993), 34.

11. *Sonjo sujong sillok*, vol. 4, 24–25 (6/Sonjo 26; July 1593).

12. Yu Song-nyong, 189.

13. *Sonjo sillok*, vol. 9, 61 (16/7/Sonjo 26; Aug. 12, 1593). 根据 Yi Hyong-sok, vol. 1, 723，金千镒有五百人，崔庆会有六百人。

14. 根据 Choi Hyo-sik，第二次晋州之战中，朝鲜守军的兵力在八千左右，包括两千四百名当地驻军和金千镒、黄进、崔庆会的三千援军，此外还有义兵和僧兵（*Imjin waeran-gi Yongnam uibyong yongu* [Seoul: Kukhakjaryowon, 2003], 92–93）。根据 Yi Hyong-sok, vol. 1, 723，金千镒、黄进和崔庆会的援军只有一千八百人。

15. 描述这场战斗的历史著作通常都提到了九万三千人，这个数字出自日本史料，可能过高。根据 *Sonjo sujong sillok*, vol. 4, 24 (6/Sonjo 26; July 1593)，攻城日军的兵力不过三万。被俘后在名护屋城为秀吉充当文吏的朝鲜水军将领诸万春也提到，第二次晋州之战中日军兵力为三万人。Dispatch of 8/Wanli 21 (Aug. 1593), Yi Sun-sin, *Imjin changch'o*, 118.

16. Sin Kyong, "Chaejo bonbangji," in *Saryoro bonun*, 179.

17. *Sonjo sujong sillok*, vol. 4, 26–27 (6/Sonjo 26; July 1593).

18. Griffis, *Corea*, 125; Aston, 36; Turnbull, *Samurai Invasion*, 158–159.

19. *Kuroda Kafu*, in Turnbull, *Samurai Invasion*, 159.

20. Palais, *Confucian Statecraft, 83*.

21. 这里关于第二次晋州之战的描述主要依据：*Sonjo sujong sillok*, vol. 4, 26–29 (6/Sonjo 26; July 1593); *Sonjo sillok*, vol. 9, 61–64 (16/7/Sonjo 26; Aug. 12, 1593); Yu Song-nyong, 187–190; Sin Kyong, "Chaejo bonbangji," in *Saryoro bonun*, 177–180; and Hong Yang-ho, "Haedongmyong jangjin," ibid., 186–187. 根据日本《太阁记》的说法，此战中有两万五千名朝鲜士兵阵亡，大部分"跌落悬崖后溺水而亡"，见 Turnbull, *Samurai Invasion*, 160。

22. Yu Mong-in, *Ou yadam*, in Chong Dong-ju, *Non-gae* (Seoul: Hangilsa, 1998), 152–153. *Ou yadam*, 成于 1621 年，是已知最早记载了论介故事的文献。

23. Kuno, vol. 1, 329–332.

24. Elisonas, "Trinity," 282.

25. Kuno, vol. 1, 328–329. 另一种译法见 Berry, 214。

26. Stramigioli, 106–107.

27. Berry, 215.

28. *Sonjo sillok*, vol. 9, 74 (18/7/Sonjo 26; Aug. 14, 1593).

29. Diary entries for 7–11/7/Kyesa (Aug. 3–7, 1593), Yi Sun-sin, *Nanjung ilgi*, 45–48.

30. M. Steichen, *The Christian Daimyo. A Century of Religious and Political History in Japan (1549–1650)* (Tokyo: Rikkyo Gakuin Press, c. 1900), 196. 领主将自己的姓赐给封臣，在当时的日本很常见。因此，内藤如安在和中国人交涉时自称"小西飞"。类似地，在 1592 年秋刚开始同沈惟敬谈判时，小西行长和宗义智自称"丰臣行长"和"丰臣义智"。

31. *Sonjo sillok*, vol. 9, 196 (5/8/Sonjo 26; Aug. 30, 1593), and 214 (23/8/Sonjo 26; Sept. 17, 1593).

32. Ibid., vol. 9, 15 (6/7/Sonjo 26; Aug. 2, 1593).

33. Ibid., vol. 9, 11–12 (5/7/Sonjo 26; Aug. 1, 1593).

34. Dispatch of 10/8/Wanli 21 (Sept. 4, 1593), Yi Sun-sin, *Imjin changch'o*, 104.

35. *Sonjo sillok*, vol. 9, 297 (16/9/Sonjo 26; Oct. 10, 1593).

36. *Sonjo sujong sillok*, vol. 4, 37–38 (8/Sonjo 26; Sept. 1593). 根据 Huang, "Lungch'ing," 570，明军在朝鲜驻留的军队为 16000 人。

37. *Sonjo sujong sillok*, vol. 4, 39 (8/Sonjo 26; Sept. 1593).

38. *Sonjo sillok*, vol. 9, 189–193 (14/8/Sonjo 26; Sept. 8, 1593).

39. Goodrich, vol. 1, 834–835.

40. Cooper, *Rodrigues*, 104.

41. Hideyoshi to O-Ne, 9/8/Bunroku 2 (Sept. 4, 1593), in Boscaro, *Letters*, 59.

20 党争和骗局

1. *Sonjo sujong sillok*, vol. 4, 40 (10/Sonjo 26; Oct.–Nov. 1593); Clark and Clark, 75, 87–88, 103, and 105; Hong Soon–min, "Transformation of the Choson Dynasty Palaces and the Kyonghui Palace," *Seoul Journal of Korean Studies* 10 (1997): 128.

2. *Sonjo sillok*, vol. 10, 51 (27/10/Sonjo 26; Nov. 19, 1593); *Sonjo sujong sillok*, vol. 4, 41 (11/Sonjo 26; Nov.–Dec. 1593). 当时明使沈思贤正在汉城，他推荐柳成龙担任领议政，建议由其统管政事和军事。这并不仅仅是因为沈思贤对柳成龙有好感，也是因为明廷对宣祖过分依赖明朝的援助越来越不满。明使沈思贤实际上带了一份提议宣祖退位的信来到汉城。柳成龙和其他大臣说服沈思贤放弃。（以上信息由首尔所爱纪念基金会向笔者提供。）

3. Yu Song–nyong, 192.

4. Palais, *Confucian Statecraft*, 87.

5. Samuel Dukhae Kim, 95–102.

6. Palais, *Confucian Statecraft*, 515–516 and 519.

7. Ibid., 88–90.

8. *Sonjo sillok*, vol. 8, 167 (29/5/Sonjo 26; June 27, 1593).

9. Ibid., vol. 9, 48 (15/7/Sonjo 26; Aug. 11, 1593).

10. Dispatch of 8/Wanli 21 (Sept. 1593), Yi Sun–sin, *Imjin changch'o*, 110.

11. *Sonjo sujong sillok*, vol. 4, 37 (8/Sonjo 26; Sept. 1593).

12. Diary entries for 15/5/Kyesa (June 13, 1593) to 28/8/Kyesa (Sept. 22,1593), Yi Sun–sin, *Nanjung ilgi*, 28–57.

13. Diary entries for 5, 10, and 11/6/Kyesa (July 3, 8, and 9, 1593), ibid., 36–38.

14. Yi Sun–sin's letter to Tan Zongren, quoted in Yi's dispatch of 10/3/Wanli 22 (April 29, 1594), *Imjin changch'o*, 161–162, and in Yi Pun, 219.

15. Diary entries for 3–6/3/Kabo (April 22–25, 1594), Yi Sun–sin, *Nanjung ilgi*, 78–80; dispatch of 10'3/Wanli 22 (April 29, 1594), *Imjin changch'o*, 164–170.

16. Diary entries for 7 and 13/3/Kabo (April 26 and May 2, 1594), *Nanjung ilgi*, 80–81.

17. Dispatch of 20/4/Wanli 22 (June 8, 1594), *Imjin changch'o*, 180–182.

18. Forged letter from Hideyoshi to the Wanli emperor, 21/12/Wanli 21 (Feb. 10, 1594), in Elisonas, "Trinity," 283, and Stramigioli, 108. 伪造的降表全文见 Cho Kyong–nam, "Nanjung chamnok," in *Saryoro bonun*, 195–196。

19. *Sonjo sillok*, vol. 12, 124 (24/5/Sonjo 27; July 11, 1594).

20. Yu Song–nyong, 192–193. 另见 Aston, 39–40。

21. *Sonjo sillok*, vol. 12, 88–90 (11/5/Sonjo 27; June 28, 1594).

22. Yu Song–nyong, 194; *Sonjo sujong sillok*, vol. 4, 42 (11[interclary]/Sonjo 26; Dec. 1593–Jan. 1594); 67 (5/Sonjo 27; June–July 1594), and 76–77 (8/Sonjo 27; Sept.–Oct. 1594).

23. *Sonjo sujong sillok*, vol. 4, 82 (11/Sonjo 27; Dec. 1594).

24. Ibid., vol. 4, 79 (9/Sonjo 27; Oct. 1594).

25. Ibid., vol. 4, 89–90 (3/Sonjo 28; April 1595).

26. Yujong, "Bunchungseonan–nok," in *Saryoro bonun*, 197–201.

27. Hideyoshi to his troops in Korea, 16/1/Bunroku 3 (Mar. 7, 1594), in Kuno, vol. 1, 332–333.

28. Ibid., 333.

29. 在万历二十二年三月十日（1594 年 4 月 29 日）的奏折中，李舜臣告诉汉城朝廷，一名从日军熊川军营逃出来的朝鲜俘虏说："很多（日本人）无法忍受修建房屋和城墙时的艰困条件，死于疾疫或逃回家乡。"(*Imjin changch'o*, 163)

30. 1594 年下半年以后，李舜臣在他的《乱中日记》中常常提到让"降倭"在自己的麾下服役。李舜臣问过其中一些人投降的理由，得到的答案是"其将倭性恶，役且烦重"（8/1/Pyongsin [Feb. 5, 1596], *Nanjung ilgi*, 193）。李舜臣任命一个叫南右卫门的人为他们的首领。根据李舜臣本人的说法，这些投降的日本人在朝鲜舰队服役期间待遇还算不错。他们受到款待，李舜臣给他们送去酒水，在管理和纪律要求上也相对宽松。1596 年 8 月的一个闷热的夜晚，李舜臣在日记中写下，他手下的日本人"打扮成男女演员演戏……用他们本地的戏剧娱乐自己，当作一天的享受"（他们在朝鲜水军军营中表演的可能是一种基本形式的歌舞伎），diary entry for 13/7/Pyongsin [Aug. 6, 1596], ibid., 233。这一定是一个超现实的场景，或许可以比作"二战"期间投降的纳粹士兵在英军军营内唱着德国的啤酒歌。

31. Kenneth Lee, *Korea and East Asia* (Westport, Conn.: Praeger, 1997), 105.

32. 德·塞斯佩德斯神父从朝鲜寄回国的两封信，见 Ralph Cory, "Some Notes on Father Gregorio de Cespedes, Korea's First European Visitor," *Transactions of the Korea Branch of the Royal Asiatic Society* 27 (1937): 38–45。

33. 丰臣秀吉 1587 年颁布的《伴天连追放令》见 David J. Lu, *Japan. A Documentary History* (Armonk, N.Y.: M.E. Sharpe, 1997), 197。

34. Streichen, 192; Luis de Guzman, *Historia de las Missiones* (Alcalca, por la biuda de Ian Gracian, 1601), vol. 12, chap. 37.

35. *Sonjo sujong sillok*, vol. 4, 79 (9/Sonjo 27; Oct. 1594); Yu Song-nyong, 194; Stramigioli, 110.

36. "Three Strategies of Huang Shih-kung," in Sawyer, 300.

37. Diary entry for 17/10/Kabo (Nov. 28, 1594), Yi Sun-sin, *Nanjung ilgi*, 126–127.

38. Diary entry for 3/9/Kabo (Oct. 16, 1594), ibid., 117.

39. Diary entries for 29/9/Kabo and 1 and 3/10/Kabo (Nov. 11, 12, and 14, 1594), ibid., 123–125.

40. Diary entry for 27/2/Ulmi (April 6, 1595), ibid., 142.

41. Yi Pun, 220.

42. *Sonjo sillok*, vol. 14, 75–76 (1/12/Sonjo 27; Jan. 10, 1595); *Sonjo sujong sillok*, vol. 4, 85 (12/Sonjo 27; Jan. 1595).

43. Rutt, *Bamboo Grove*, poem 9.

44. Diary entry for 4/10/Kabo (Nov. 15, 1594), Yi Sun-sin, *Nanjung ilgi*, 124.

45. *Sonjo sujong sillok*, vol. 4, 45 (12/Sonjo 26; Jan. 1594); Yi Si-yang, "Chahae pildam," in *Saryoro bonun*, 207–208; Hong Yang-ho, "Haedongmyong changjon," ibid., 207.

46. *Sonjo sujong sillok*, vol. 4, 100 (2/Sonjo 29; Mar. 1596).

47. "Sodae kinyon," in *Saryoro bonun*, 210.

48. *Sonjo sujong sillok*, vol. 4, 109–111 (8/Sonjo 29; Sept. 1596). 金德龄被指控勾结的叛党头目为李梦鹤。李梦鹤在忠清道的叛乱是壬辰战争期间最严重的骚乱。

21 与此同时，在马尼拉……

1. Gomez Perez Dasmarinas to Hideyoshi, June 11, 1592, in Blair and Robertson, vol. 8, 266–267.

2. Hideyoshi to Gomez Perez Dasmarinas, no date, ibid., vol. 9, 123–124.

3. 1594 年 4 月 22 日马尼拉的紧急会议前，路易斯·佩雷斯·达斯马里纳斯的评论见 ibid., vol. 9, 125。

4. Don Luis Perez Dasmarinas to Hideyoshi, no date（这封信应该写于 1594 年 4 月 20 日 或 21 日），ibid., vol. 9, 126–130.

22 "咨尔丰臣平秀吉……特封尔为日本国王"

1. Yu Song-nyong, 195; *Sonjo sujong sillok*, vol. 4, 94–95 (8/Sonjo 28; Sept. 1595).

2. *Sonjo sujong sillok*, vol. 4, 98 and 102 (1 and 4/Sonjo 29; Feb. and May 1596); Aston, 41–42.

3. Steichen, 199–200.

4. Huang, "Lung-ch'ing," 571.

5. Hulbert, vol. 2, 26.

6. Yu Song-nyong, 196–197; Han Chi-yun, "Haedong yoksa," in *Saryoro bonun*, 211.

7. 参见 Berry, 216。

8. Ibid., 228–229.

9. Hideyoshi to O-Ne, 5/3/Bunroku 2 (April 6, 1593), in Boscaro, *Letters*, 51.

10. Elison, "Hideyoshi," 337–338, note 75.

11. Hideyoshi to O-Ne, no date (1594–95?), Boscaro, *Letters*, 67.

12. Elison, "Hideyoshi," 244.

13. Hideyoshi to Yodogimi, 25/?/? (Nov. or Dec. 1593); no date (1594?); and 8/12/Keicho 2 (Jan. 15, 1598), in Boscaro, *Letters*, 62, 69, and 72.

14. "Daddy" (Hideyoshi) to Lord Hiroi (Hideyoshi), 7/?/? (1594–95?), ibid., 70.

15. Hideyoshi to Lord O-Hiroi, 2/1/Keicho 1 (Jan. 31, 1596), ibid., 70.

16. "Daddy" to Lord O-Hiroi, 17/?/? (1595–96?), ibid., 70–71.

17. "Daddy Taiko" to Hideyori, 3/5/Keicho 2 (June 17, 1597), ibid., 71.

18. "Daddy" to Hideyori, 2/12/Keicho 2 (Jan. 9, 1598), ibid., 72.

19. Hideyoshi to Lord Chunagon (a title granted to Hideyori in 1598), 20/?/Keicho 3 (summer 1598), ibid., 73.

20. Luis Frois, "The Second Epistle of the deathe of the Quabacondono," in Berry, 221.

21. Steichen, 179–180.

22. Frois, "Second Epistle," in Berry, 219.

23. Hideyoshi to Kyoto Governor Maeda Gen'i, 11/12/Bunroku 1 (Jan. 14, 1593). "因为鲶的问题关乎伏见筑城的成败，我要让这座城免受鲶的攻击"（Boscaro, *Letters*, 48）。

24. Dening, 263–264; Sansom, 363.

25. Han Chi-yun, "Haedong yoksa," in *Saryoro bonun*, 211–212; Yu Song-nyong, 197; Elisonas, "Trinity," 284–285.

26. 万历皇帝给秀吉的诏书见 Kuno, vol. 1, 335–336。

27. Imperial edict from the Wanli emperor to Hideyoshi, ibid., 336–339.

28. An early 18th–century English translation of Luis Frois' account, in Cooper, *Rodrigues*, 116.

29. Steichen, 202.

30. *Ryocho Heijo Roku; Chosen Seibatsu-ki; Razan Hideyoshi-ju*, in Stramigioli, 114–115; *Sonjo sujong sillok*, vol. 4, 112–113 (9/Sonjo 29; Oct. 1596); Han Chi-yun, "Haedong yoksa," in *Saryoro bonun*, 211–212.

31. Sin Kyong, "Chaejo bonbangji," in *Saryoro bonun*, 213–215.

32. *Sonjo sujong sillok*, vol. 4, 114–115 (12/Sonjo 29; Jan.–Feb. 1597).

33. Aston, 52–53; *Sonjo sujong sillok*, vol. 4, 120 (2/Sonjo 30; March–April 1597).

34. Imperial edict of the Wanli emperor, in Kuno, vol. 1, 169–170.

35. Edict by Hideyoshi, 20/11/Keicho 1 (Jan. 8, 1597), in Antonio de Morga, *Sucesos de las Islas Filipinas* (Mexico, 1609), in Blair and Robertson, vol. 15, 122–123.

36. George Elison, *Deus Destroyed* (Cambridge, Mass.: Harvard University Press, 1973), 135–139; Boxer, *Christian Century*, 237–239.

37. Father Martin de Aguirre to Antonio de Morga, Lieutenant Governor of Manila, Jan. 28, 1597, in Morga, *Sucesos*, in Blair and Robertson, vol. 15, 124–125.

38. Hideyoshi to Francisco Tello, Governor of the Philippines, in Boxer, *Christian Century*, 169.

39. Morga, *Sucesos*, in Blair and Robertson, vol. 15, 128.

23 李舜臣下狱

1. *Sonjo sujong sillok*, vol. 4, 85 (12/Sonjo 27; Jan. 1595); *Sonjo sillok*, vol. 14, 75–76 (1/12/Sonjo 27; Jan. 10, 1595).

2. *Sonjo sillok*, vol. 18, 160–161 (26/6/Sonjo 29; July 21, 1596).

3. Ibid., vol. 19, 153 (21/10/Sonjo 29; Dec. 10, 1596).

4. Ibid., vol. 19, 205–207 (7/11/Sonjo 29; Dec. 25, 1596).

5. Yi Hyong-sok, vol. 2, 992.

6. Yi Won-ik, *Ori-jip*, quoted in Yi Pun, 221–222. 李舜臣在日记里记录了李元翼的来访，见 19–29/8/Ulmi (Sept. 22–Oct. 2, 1595), in *Nanjung ilgi*, 172–174。

7. Yu Song-nyong, 201; Cho Kyong-nam, "Nanjung chapnok," in *Saryoro bonun*, 230.

8. *Sonjo sujong sillok*, vol. 4, 119–120 (2/Sonjo 30; Mar. 1597).

9. Yu Song-nyong, 202.

10. *Sonjo sillok*, vol. 20, 108–109 (23/1/Sonjo 30; Mar. 10, 1597).

11. Ibid., vol. 20, 127–130 (27/1/Sonjo 30; Mar. 14, 1597).

12. Ibid., vol. 20, 154–155 (4/2/Sonjo 30; Mar. 21, 1597); Yi Jae-bom, 120–121.

13. *Sonjo sillok*, vol. 20, 240 (4/3/Sonjo 30; April 19, 1597); Yi Pun, 222–224.

14. Yi Pun, 224; Yu Song-nyong, 201–202.

15. 关于李舜臣的失势，最详细的英文论述见 Jho Sung-do, 178–186 和 Park Yune-hee, 189–195。

16. Diary entry for 1/4/Chongyu (May 16, 1597), Yi Sun-sin, *Nanjung ilgi*, 257.

17. Choi Du-hwan 逐日整理了李舜臣南下的行程，见 "*Chukgoja hamyon sallira.*": *Chungmugong Yi Sun-sin gyore-rul kuhan myonoh 88 kaji* (Seoul: Hakminsa, 1998), 220。

18. Diary entry for 16/4/Chongyu (May 31, 1597), Yi Sun-sin, *Nanjung ilgi*, 261.

第五部分　丁酉再乱

* Giles, 158.

24　水、雷、大灾难

1. 大河内秀元的《朝鲜记》记录下了秀吉发动第二次朝鲜入侵时下达的第七条结论性的命令。George Elison, "The Priest Keinen and His Account of the Campaign in Korea, 1597–1598: An Introduction," in *Nihon kyoikushi ronso: Motoyama Yukihiko Kyoju taikan kinen ronbunshu* (Kyoto: Shinbunkaku, 1988), 28.

2. Yi Hyong-sok, vol. 2, 1725.

3. Ibid., 1723.

4. Dening, 253.

5. 信送到汉城后，备边司拒绝接受（*Sonjo sillok*, vol. 20, 154 [1/2/Sonjo 30; Mar. 18, 1597]）。

6. Han Chi-yun, "Haedong yoksa," in *Saryoro bonun*, 224; *Sonjo sillok*, vol. 20, 99 (21/1/Sonjo 30; Mar. 8, 1597).

7. Park Yune-hee, 197.

8. 根据 Murdoch, 355，秀吉的"军团长们已经要求日本送来补给，指出如果补给没有送到，他们只能等朝鲜的庄稼成熟。秀吉坚持让战争在敌境进行的准则，命令他的将领们等到秋收时"。

9. Palais, *Confucian Statecraft, 85*.

10. Samuel Dukhae Kim, 99–102 and 116.

11. *Sonjo sillok*, vol. 20, 154 (1/2/Sonjo 30; Mar. 18, 1597).

12. Yu Song-nyong, 204.

13. Goodrich, vol. 1, 331. Yang Chae-suk 引用史料称，截至 1597 年年末，明朝共动员了八万军队驰援朝鲜（*Imjin waeran*, 312）。

14. Huang, "Lung-ch'ing," 576; Kuno, vol. 1, 170–171.

15. Huang, "Lung-ch'ing," 572.

16. *Sonjo sillok*, vol. 21, 163–164 (21/5/Sonjo 30; July 5, 1597).

17. Ibid., vol. 21, 172–173 (25/5/Sonjo 30; July 9, 1597).

18. Yu Song-nyong, 204; *Sonjo sujong sillok*, vol. 4, 125 (5/Sonjo 30; June/July 1597).

19. *Sonjo sujong sillok*, vol. 4, 120 (2/Sonjo 30; Mar./April, 1597); Han Chi-yun, "Haedong yoksa," in *Saryoro bonun*, 226.

20. Yu Song-nyong, 205; Sin Kyong, "Chaejobongbangji," in *Saryoro bonun*, 233.

21. Diary entry for 8/5/Chongyu (June 22, 1597), Yi Sun-sin, *Nanjung ilgi*, 267–268.

22. Ibid., 267.

23. Diary entry for 12/5/Chongyu (June 26, 1597), ibid., 269.

24. Sansom, 360–361.

25. *Sonjo sillok*, vol. 21, 250–253 (14/6/Sonjo 30; July 27, 1597).

26. Yu Song-nyong, 206; *Sonjo sillok*, vol. 21, 237 (11/6/Sonjo 30; July 24, 1597).

27. *Sonjo sillok*, vol. 21, 298–299 (28/6/Sonjo 30; Aug. 10, 1597).

28. Diary entry for 17/6/Chongyu (July 30, 1597), Yi Sun-sin, *Nanjung ilgi*, 280.

29. *Sonjo sujong sillok*, vol. 4, 125 (6/Sonjo 30; July/Aug., 1597).

30. Yu Song-nyong, 206; Cho Kyong-nam, *Nanjung chapnok*, quoted in Yi Chae-bom, 154.

31. Park Yune-hee, 198.

32. 在 1597 年 3 月让元均回到朝鲜水师之前的廷议中，宣祖说："元均有勇无谋，如果让他重新担任庆尚水使，谁能够阻止他贸然向日军发动进攻？"（*Sonjo sillok*, vol. 20, 129 [27/1/Sonjo 30; Mar. 14, 1597]）

33. Sadler, "Naval Campaign," 202.

34. 对漆川梁海战的描述根据：*Sonjo sillok*, vol. 22, 26–27 (22/7/Sonjo 30; Sept. 3, 1597); *Sonjo sujong sillok*, vol. 4, 126 (7/Sonjo 30; Aug./Sept., 1597); Yu Song-nyong, 205–207; Park Yune-hee, 198–200; Jho Sung-do, 190–191; Aston, 55–56.

35. Yu Song-nyong, 207.

36. Cho Kyong-nam, "Nanjung chapnok," in *Saryoro bonun*, 237.

37. Hideyoshi to Kato Yoshiaki, Todo Takatoro, and others, 13/9/Keicho 2 (Oct. 23, 1597), in Cho Chung-hwa, *Dashi ssunun imjin waeran-sa* (Seoul: Hakmin-sa, 1996), 133–137.

38. Sadler, "Naval Campaign," 202.

39. *Sonjo sillok*, vol. 22, 27–31 and 33 (22/7/Sonjo 30; Sept. 3, 1597); *Sonjo sujong sillok*, vol. 4, 126 (7/Sonjo 30; Aug./Sept., 1597).

40. Diary entries for 16 and 21/7/Chongyu (Aug. 28 and Sept. 2, 1597), Yi Sun-sin, *Nanjung ilgi*, 290–291 and 293.

41. Diary entry for 18/7/Chongyu (Aug. 30, 1597), ibid., 292. 标注李舜臣行程的日期、距离、途经地点的地图，见 Choi Du-hwan, *Chukgoja*, 235。

42. Diary entries for 2~3/8/Chongyu (Sept. 12~13, 1597), Yi Sun-sin, *Nanjung ilgi*, 295–296.

25　日军挺进内陆

1. 秀吉的第七条命令收录于 *Chosen ki* (Korean Record) of samurai Okochi Hidemoto, in Elison, "Keinen," 28。

2. 秀吉对目付太田一吉下达的指令见 ibid., 28。

3. Elisonas, "Trinity," 290–291.

4. Yi Hyong-sok, vol. 2, 1728.

5. Griffis, *Corea*, 130.

6. 关于南原之战的描述主要参考 Yu Song-nyong, 212–215（柳成龙主要依据的是这场战斗中为数不多的幸存者金孝义的证词）。Sin Kyong, "Chaejobonbangji," in *Saryoro bonun*, 238–241; *Sonjo sujong sillok*, vol. 4, 127–128 (9/Sonjo 30; Oct. 1597)、Yang Jae-suk, *Imjin waeran*, 321–325; Aston, 56–57; Hulbert, vol. 2, 32–33.

7. Okochi Hidemoto, *Chosen ki*, in Turnbull, *Samurai Invasion*, 194.

8. Keinen, *Chosen nichinichi ki*, in Yang jae-suk, *Imjin waeran*, 324–325.

9. Turnbull, *Samurai Invasion*, 196.

10. Okochi Hidemoto, *Chosen ki*, in Cho Chung-hwa, *Paro chapun*, 111. 根据 11 月 3 日俘获的一名日军士兵的说法，南原之战中战死的日本人在一百名左右（*Sonjo sillok*, vol.

22, 198 [2/10/Sonjo 30; Nov. 10, 1597]）。

11. 根据几周后被俘的一名日本军官的证词，加藤从西生浦出发，想要抢在小西前面攻下南原，但是因为他绕了远路，因此没能成功（*Sonjo sillok*, vol. 22, 207 [3/10/Sonjo 30' Nov. 11, 1597]）。

12. Yu Song-nyong, 209–210.

13. Hideyoshi to Nabeshima Naoshige, Kato Kiyomasa, Kuroda Nagamasa, and others, 22/9/Keicho 2 (Nov. 1, 1597). "听说黑田长政砍下了金海府使的首级，城内的三百五十三名朝鲜士兵连同下面峡谷的七千百姓都被消灭，我很满意。"(Cho Chung-hwa, *Dashi ssunun*, 108–109) 日本人显然把其他人误认成金海府使白士霖，因为白士霖在黄石山城之战开始前已经逃走了。

14. Yu Song-nyong, 209–211; *Sonjo sujong sillok*, vol. 4, 126–127 (8/Sonjo 30; Sept.–Oct. 1597); Yi Hyong-sok, vol. 2, 1002–1003.

15. 宇喜多的文告，见 Cho Chung-hwa, *Paro chapun*, 145。

16. 这些和其他"鼻请取状"，见 Cho Chung-hwa, *Dashi ssunun*, 116–125。

17. *Sonjo sillok*, vol. 22, 93–96 (18/8/Sonjo 30; Sept. 28, 1597).

18. Ibid, vol. 22, 104 (24/8/Sonjo 30; Oct. 4, 1597).

19. Yu Song-nyong, 215; *Sonjo sujong sillok*, vol. 4, 128 (9/Sonjo 30; Oct.–Nov. 1597); Sin Kyong, "Chaejobonbangji," in *Saryoro bonun*, 241.

20. Han Chi-yun, "Haedong yoksa," in *Saryoro bonun*, 227.

21. *Sonjo sujong sillok*, vol. 4, 128 (9/Sonjo 30; Oct.–Nov. 1597).

22. Yi Hyong-sok, vol. 2, 1021–1022. 其他资料，包括 Elisonas, "Trinity," 287，称加藤清正的部队参加了稷山之战。

23. *Sonjo sillok*, vol. 22, 131 and 133 (8–9/9/Sonjo 30; Oct. 18–19, 1597); *Sonjo sujong sillok*, vol. 4, 128 (9/Sonjo 30; Oct.–Nov. 1597); Cho Kyong-nam, "Nanjung chapnok," in *Saryoro bonun*, 242–243; Turnbull, *Samurai Invasion*, 199–200.

26 必死则生，必生则死

1. Diary entries for 4–13/8/Chongyu (Sept. 14–23, 1597), Yi Sun-sin, *Nanjung ilgi*, 296–301.

2. Diary entries for 13, 17, 25/8/Chongyu (Sept. 23 and 27 and Oct. 5, 1597), ibid., 301, 302, and 304–305.

3. "T'ai Kung's Six Secret Teachings," in Sawyer, 65–66.

4. Diary entry for 12/8/Chongyu (Sept. 22, 1597), Yi Sun-sin, *Nanjung ilgi*, 300.

5. Diary entries for 19/8/Chongyu and 2/9/Chongyu (Sept. 29 and Oct. 12, 1597), ibid., 303 and 307.

6. 李舜臣在鸣梁海战爆发前的日记中，没有清楚说明他的战舰的大小。与这个问题相关的最权威的资料是李舜臣给明军提督麻贵的报告，后来又送交汉城朝廷："臣与全罗右道水军节度使金亿秋等，收拾战船一十三只，哨探船三十二只，于海南县海路要口把截。" *Sonjo sillok*, vol. 23, 27 (10/11/Sonjo 30; Dec. 18, 1597).

7. Yi Pun, 226.

8. Diary entry for 28/8/Chongyu (Oct. 8, 1597), Yi Sun-sin, *Nanjung ilgi*, 305–306.

9. Diary entry for 7 and 10/9/Chongyu (Oct. 17 and 20, 1597), ibid., 307 and 310.

10. Diary entry for 7/9/Chongyu (Oct. 17, 1597), ibid., 307–308.

11. Park Yune-hee, 211.

12. Diary entry for 15/9/Chongyu (Oct. 25, 1597), Yi Sun-sin, *Nanjung ilgi*, 311.

13. "Wu Tzu," in Sawyer, 215.

14. Joseph Needham and Robin Yates, *Science and Civilizaion in China*, vol. 5, part 4, *Military Technology: Missiles and Sieges* (Cambridge: Cambridge University press, 1994), 42–43. 作者提出了一个有趣的论点："在西方，如果想到会死，人们便失去了战斗的动力；东亚的情况恰恰相反，被置于死地会让人变得狂暴。"

15. "Wu Tzu," in Sawyer, 220.

16. Yi Pun, 228.

17. 日本史料也表明来岛通总死于当天的鸣梁海战，但是称被李舜臣碎尸的日将是一个浪人 (Park Yune-hee, 213)。

18. Diary entry of 16/9/Chongyu (Oct. 26, 1597), Yi Sun-sin, *Nanjung ilgi*, 312–315; Yi Pun, 227–229; *Sonjo sillok*, vol. 23, 27 (10/11/Sonjo 30; Dec. 18, 1597); *Sonjo sujong sillok*, vol. 4, 128 (9/Sonjo 30; Oct.–Nov. 1597); Park Yune-hee, 211–213; Jho Sung-do, 196–201.

19. Cho Chung-hwa 指出，没有任何历史证据可以证明铁链的说法，但是很多人仍然坚持相信它（*Paro chapun*, 150–151）。

20. Kim Tae-chun, "Yi Sun-sin's Fame in Japan," *Journal of Social Sciences and Humanities* 47 (June 1978): 94.

21. Ibid., 95; Park Yune-hee, 18.

22. Diary entry for 14/10/Chongyu (Nov. 22, 1597), Yi Sun-sin, *Nanjung ilgi*, 322.

23. Yi Pun, 231.

24. "Wei Liao-tzu," in Sawyer, 258.（《尉缭子》成书于公元前 4 世纪下半叶）

27 "无佛世界"的饥馑与死亡

1. 11 月 3 日俘获的毛利军士兵的供词，见 *Sonjo sillok*, vol. 22, 198 (2/10/Sonjo 30; Nov. 10, 1597)；加藤清正帐下军官的供词，见 *Sonjo sillok*, vol. 22, 207–208 (3/10/Sonjo 30; Nov. 11, 1597)。根据后者的供词，加藤和小西最初打算占领汉城，但是被秀吉阻止。秀吉命令他们在 9 月扫荡朝鲜南部，杀掉沿途遇到的每一个人，然后在 10 月返回岸边的倭城。

2. 这些"鼻请取状"，见 Cho Chung-hwa, *Dashi ssunun*, 116–119 and 125–131。

3. Elison, "Keinen," 33.

4. Elisonas, "Trinity," 293.

5. 福冈的地铁现在有一站名为"唐人町"，指的是丁酉再乱期间在这里设立的俘虏营。被关在里面的几乎没有中国人。这个明显的错误名称源自日本人将中国人和朝鲜人统称为"唐人"。

6. Etsuko Hae-jin Kang, 108.

7. Jon Carter Covell and Alan Covell, *Korean Impact on Japanese Culture. Japan's Hidden History* (Elizabeth, N.J.: Hollym, 1984), 106–109.

8. Peter Lee, *The Record of the Black Dragon Year* (Seoul: Institute of Korean Culture, Korea University, 2000), 38–40. 鲁认记录自己俘虏生活的书被命名为《锦溪日记》，"锦溪"

是鲁认的号。

9. Ibid., 41–42. 郑希得在《月峰海上录》中记下了自己的俘虏生涯，"月峰"是郑希得的号。

10. 例子见：Kim Ha-tai, "The Transmission of Neo-Confucianism to Japan by Kang Hang, a Prisoner of War," *Transactions of the Korea Branch of the Royal Asiatic Society* 37 (1961): 83–103.

11. Lee, *Black Dragon Year*, 40–41 and 53–54; Estuko Hae-jin Kang, 111–125.

12. Francesco Carletti, *My Voyage Around the World*, trans. Herbert Weinstock (New York: Pantheon, 1964), 115. Weinstock 的译本（它只是简单地将那名朝鲜人称为安东尼奥）依据的是卡莱蒂著作的一份手抄本，现在的意大利学者认为这份手抄本"比 1701 年版或是后来由此派生的其他版本更接近佚失的原作"(xiv)。1701 年版和 1878 年版称那名朝鲜人为安东尼奥·高丽。(Francesco Carletti, *Ragionamenti di Francesco Carletti* [Firenze: Nella Stamperia di Giuseppe Manni, 1701], Second Account, 40; Francesco Carletti, *Viaggi di Francesco Carletti da lui raccontati in dodici ragionamenti* [Firenze: G. Barbera, 1878], 198)

13. "I 'Korea chipsongchon' hu-e Antonio-si moguk pangmun," *Pusan maeil shinmun*, Nov. 30, 1992.

14. Cho Chung-hwa, *Dashi ssunun*, 197. 第二个有时被引用的关于在欧洲的壬辰战争朝鲜俘虏的例子，是佛兰德斯画家彼得·保罗·鲁本斯（1577—1640）的一幅木炭画，画中一名年轻男子穿着朝鲜王朝中期特有的服饰。它目前悬挂在加利福尼亚州马里布的 J. 保罗·盖蒂博物馆，标题为"朝鲜人"。有人认为画中的男子甚至可能就是安东尼奥·高丽本人，鲁本斯从 1600 年到 1608 年在意大利滞留八年，有可能见过安东尼奥。不过，这种可能性不大，因为这幅作品据信是鲁本斯于 1617 年在安特卫普完成的。一个更合理的解释是画中的人根本不是朝鲜人，而是一名耶稣会传教士，或者是鲁本斯的一名助手，穿着异国服饰，而耶稣会非常渴望让那个国度皈依基督教。支持这个观点的事实如下：首先，那名男子的服装看起来是朝鲜时代两班贵族穿的贴里，肯定不是低阶层的服装，而壬辰战争期间的俘虏以后者为主（不管怎样，到了 1617 年那件衣服必定早已被穿旧了）；其次，众所周知，耶稣会士会将他们传教或希望传教的国家的服装带回欧洲。1617 年，鲁本斯为传教士金尼阁画过这样一幅作品，后者穿着一件中国人的长袍和似乎是朝鲜式样的帽子（《金尼阁素描像》，纽约大都会博物馆）。"朝鲜人"的创作时间与此相近，很可能用的是金尼阁提供的衣服，作为其后来一幅画作中的某个亚洲人物的参考（《圣方济各·沙勿略的奇迹》，维也纳艺术史博物馆）。

15. 也被称为浅野长继。

16. Keinen, *Chosen nichinichi ki*, in Turnbull, *Samurai Invasion, 205.*

17. Ibid., 206–207; Keinen, "Chosen nichinichi ki," in *Saryoro bonun*, 254; Griffis, *Corea*, 137. 庆念提到，遗弃日本农民违反了秀吉的命令，他要求把所有日本劳工带回国。

18. Yang Jae-suk, *Imjin waeran*, 351; Griffis, *Corea*, 137.

19. Elisonas, "Trinity," 292.

20. 根据 Cho Chung-hwa, *Dashi ssunun*, 121–122, 改名是德川幕府初年与幕府关系密切的儒学家林罗山（1583—1657）提议的。

21. Berry, 233.

22. Toyotomi Hideyoshi to Chunagon-sama (Hideyori), 20/(4~8)/Keicho 3（1598 年 5 月到 9 月之间的某个时候），见 Boscaro, *Letters*, 73。

23. *Sonjo sillok*, vol. 22, 261 (21/10/Sonjo 30; Nov. 29, 1597).

24. Ibid., vol. 23, 52 (4/12/Sonjo 30; Jan. 10, 1598).

25. Yi Hyong-sok, vol. 2,1043.

26. *Sonjo sujong sillok*, vol. 4, 130 (11/Sonjo 30; Dec. 1597).

27. Elison, "Keinen," 35.

28. *Matsui monogatari* and *Kiyomasa Korai no jin oboegaki*, in Turnbull, *Samurai Invasion*, 213.

29. Elison, "Keinen," 35-36.

30. *Sonjo sillok*, vol. 23, 116-117 (3/1/Sonjo 31; Feb. 8, 1598).

31. Okochi Hidemoto, "Chosen ki," in *Saryoro bonun*, 260-261.

32. Yu Song-nyong, 223.

33. *Sonjo sillok*, vol. 23, 135-136 (14/1/Sonjo 31; Feb. 19, 1598).

34. 关于岛山城之战，见 *Sonjo sillok*, vol. 23, 100-138 passim (28/12/Sonjo 30 to 16/1/Sonjo 31; Feb. 3-21, 1598); *Sonjo sujong sillok*, vol. 4, 130-131 (12/Sonjo 30; Jan. 1598); Yu Song-nyong, 222-224; Yang Jae-suk, *Imjin waeran*, 350-353; Yi Hyong-sok, vol. 2, 1045-1046; Griffis, *Corea*, 137-144; Hulbert, vol. 2, 35-37; Goodrich, vol. 1, 170。

35. Ledyard, "Confucianism," 93, n. 29.

36. Asano Yukinaga (also called Yoshinaga) to Asano Nagamasa, 11/1/Keicho 3 (Feb. 16, 1598), in Brown, 241.

37. Elison, "Keinen," 26-27.

38. Ibid., 38.

39. Griffis, *Corea*, 143.

28 "大阪往事，犹如梦中之梦"

1. *Sonjo sujong sillok*, vol. 4, 133 (2/Sonjo 31; Mar. 1598); Goodrich, vol. 1, 170.

2. Ledyard, "Confucianism," 86-87.

3. 宇喜多秀家与其他 12 位大名提交给秀吉之代表石田三成、长束正家、增田长盛、前田玄以的联名报告书，见 26/1/Keicho 3 (Mar. 3, 1598), Elisonas, "Trinity," 287, footnote 75。

4. Yi Hyong-sok, vol. 2, 1726（他还列出福岛正则麾下另外一支一千人的部队也在釜山）; Turnbull, *Samurai Invasion*, 217; Berry, 233; Murdoch, 357.

5. Yi Pun, 230; *Sonjo sillok*, vol. 22, 254 (20/10/Sonjo 30; Nov. 28, 1597); Diary entry for 16/11/Chongyu (Dec. 24, 1597), Yi Sun-sin, *Nanjung ilgi*, 330.

6. *Sonjo sillok*, vol. 23, 279-280 (18/3/Sonjo 31; April 23, 1598).

7. Ibid., vol. 24, 5-6 (3/4/Sonjo 31; May 7, 1598).

8. Yi Sun-sin's report to Seoul, ibid., vol. 23, 279-280 (18/3/Sonjo 31; April 23, 1598).

9. Yu Song-nyong, 217-218.

10. 李舜臣几乎没有在日记中提到在自己的辖区修造战舰的事，但是这项工作显然在进行之中，因为他在丁酉年十月十二日（1598 年 1 月 16 日）的条目中提到"前往船厂"，戊戌年正月初二（1598 年 2 月 7 日）提到"黎明时，一艘新船完工"，见 Yi Sun-sin, *Nanjung ilgi*, 333 and 337。

11. *Sonjo sillok*, vol. 23, 235 (22/2/Sonjo 31; Mar. 28, 1598).

12. Ibid., vol. 23, 305 (29/3/Sonjo 31; May 4, 1598); *Sonjo sujong sillok*, vol. 4, 133 (3/Sonjo 31; April–May, 1598).

13. Goodrich, vol. 1, 169–170.

14. Huang, "Lung-ch'ing," 573.

15. Goodrich, vol. 1, 167–169.

16. *Sonjo sillok*, vol. 24, 7–9 (5–6/4/Sonjo 31; May 9–10, 1598); *Sonjo sujong sillok*, vol. 4, 136 (6/Sonjo 31; July, 1598).

17. Yi Pun, 232; Yang Jae-suk, *Imjin waeran*, 357.

18. *Sonjo sillok*, vol. 23, 303–304 (27 and 29/3/Sonjo 31; May 2 and 4, 1598).

19. Hideyoshi to Gomoji, 17/6/Keicho 3 (July 20, 1598), in Boscaro, *Letters*, 76.

20. Berry, 234.

21. 宣誓日期是庆长三年七月十五日（1598 年 8 月 16 日），ibid., 234–235。

22. *Sonjo sujong sillok*, vol. 4, 136 (6/Sonjo 31; July 1598).

23. Ledyard, "Confucianism," 87–90; Huang, "Lung-ch'ing," 573; Hulbert, vol. 2, 39.

24. Goodrich, vol. 2, 964– 965.

25. *Sonjo sillok*, vol. 24, 209–210 (28/6/Sonjo 31; July 30, 1598).

26. Ibid., vol. 24, 222–223 (3/7/Sonjo 31; Aug. 4, 1598).

27. Ibid., vol. 24, 210 (28/6/Sonjo 31; July 30, 1598).

28. Yu Song-nyong, 218.

29. Yi Pun, 232–233; *Sonjo sillok*, vol. 24, 314 (13/8/Sonjo 31; Sept. 13, 1598).

30. Yi Pun, 233–234; *Sonjo sillok*, vol. 25, 103 (5/10/Sonjo 31; Nov. 3, 1598); Jho Sung-do, 208–210; Park Yune-hee, 228–230.

31. Hideyoshi to Ieyasu, Chikuzen, Terumoto, Kagekatsu, and Hideie, 5/8/Keicho 3 (Sept. 5, 1598), in Boscaro, *Letters*, 77.

32. Ibid., 77–78. 另见 Berry, 235。

29 最后一幕

1. *Sonjo sillok*, vol. 24, 248–249 (11/7/Sonjo 31; Aug. 12, 1598); *Sonjo sujong sillok*, vol. 4, 140 (7/Sonjo 31; Aug. 1598).

2. Goodrich, vol. 2, 1451–1452; *Sonjo sujong sillok*, vol. 4, 158 (10/Sonjo 31; Nov. 1598); *Sonjo sillok*, vol. 25, 182 (25/11/Sonjo 31; Dec. 22, 1598).

3. 五大老分别是德川家康、前田利家、毛利辉元、上杉景胜和宇喜多秀家。仅仅低于他们的五奉行是石田三成、长束正家、增田长盛、浅野长政和前田玄以。

4. Letter from the Five Commissioners to Nabeshima Naoshige, 25/8/Keicho 3 (Sept. 25, 1598); letter from Mashita Nagamori (one of the Five Commissioners) to Shimazu Yoshihiro, same date, in Elisonas, "Trinity," 288.

5. Ibid., 288–289.

6. *Sonjo sillok*, vol. 25, 120–121 (12/10/Sonjo 31; Nov. 10, 1598); Yang Jae–suk, *Dashi ssunun*, vol. 2, 242–243; Goodrich, vol. 1, 171, and vol. 2, 966; Yang Jae–suk, *Imjin waeran*, 356.

7. Yang Jae–suk, *Imjin waeran*, 357.

8. Goodrich, vol. 1, 170.

9. *Sonjo sillok*, vol. 24, 305 (9/8/Sonjo 31; Sept. 9, 1598).

10. *Ibid.*, vol. 24, 329 (24/8/Sonjo 31; Sept. 24, 1598).

11. Ledyard, "Confucianism," 87 and 91–93.

12. Ibid., 94.

13. *Sonjo sillok*, vol. 25, 32 (21/9/Sonjo 31; Oct. 20, 1598).

14. Ibid., vol. 25, 33–35 (21/9/Sonjo 31; Oct. 20, 1598).

15. Ibid., vol. 25, 39 (22/9/Sonjo 31; Oct. 21, 1598).

16. Ibid., vol. 25, 60 (25/9/Sonjo 31; Oct. 24, 1598); Ledyard, "Confucianism," 100–101.

17. Ledyard, "Confucianism," 103–104.

18. Ibid., 112–114.

19. *Sonjo sillok*, vol. 25, 73 (27/9/Sonjo 31; Oct. 26, 1598) and 89 (30/9/Sonjo 31; Oct. 29, 1598); Yi Hyong–sok, vol. 2, 1086.

20. *Sonjo sillok*, vol. 25, 95 (2/10/Sonjo 31; Oct. 31, 1598) and 103 (4/10/Sonjo 31; Nov. 2, 1598).

21. Ibid., vol. 25, 120 (12/10/Sonjo 31; Nov. 10, 1598).

22. *Seikan roku*, in Turnbull, *Samurai Invasion*, 220.

23. *Sonjo sillok*, vol. 25, 125 (16/10/Sonjo 31; Nov. 14, 1598); Murdoch, 358; Hulbert, vol. 2, 46; Turnbull, *Samurai Sourcebook*, 249–250.

24. 这个数字出现在五大老（德川家康等）给岛津义弘的贺信中，见 9/1/Keicho 4 (Feb. 4, 1599), in Cho Chung–hwa, *Paro chapun*, 164。

25. *Sonjo sillok*, vol. 25, 114 (8/10/Sonjo 31; Nov. 6, 1598) and 116 (10/10/Sonjo 31; Nov. 8, 1598).

26. Ibid., vol. 25, 125 (16/10/Sonjo 31; Nov. 14, 1598).

27. Sin Heum, "Sangchonjip," in *Saryoro bonun*, 265.

28. *Sonjo sillok*, vol. 25, 13 (7/9/Sonjo 31; Oct. 6, 1598).

29. Ibid., vol. 25, 69 (26/9/Sonjo 31; Oct. 25, 1598); Hulbert, vol. 2, 47.

30. Diary entries for 20–22/9/Musul (Oct. 19–21, 1598), Yi Sun–sin, *Nanjung ilgi*, 338–339.

31. Diary entry for 3/10/Musul (Nov. 1, 1598), ibid., 340–341; Report from Commander–in–Chief Kwon Yul in *Sonjo sillok*, vol. 25, 116 (10/10/Sonjo 31; Nov. 8, 1598); Report from Yi Sun–sin in *Sonjo sillok*, vol. 25, 122 (13/10/Sonjo 31; Nov. 11, 1598); Sin Heum, "Sangchonjip," in *Saryoro bonun*, 268; Jho Sung–do, 215–216; Goodrich, vol. 1, 171; Turnbull, *Samurai Invasion*, 224–225.

32. Report from Yi Dok–hyong in *Sonjo sillok*, vol. 25, 119–120 (12/10/Sonjo 31; Nov. 10, 1598); Sim Heum, "Sangchonjip," in *Saryoro bonun*, 268–269.

33. *Sonjo sillok*, vol. 25, 120 (12/10/Sonjo 31; Nov. 10, 1598); diary entry for 6/10/Musul (Nov. 4, 1598), Yi Sun–sin, *Nanjung ilgi*, 341.

34. *Sonjo sillok*, vol. 25, 96 (2/10/Sonjo 31; Oct. 31, 1598) and 128 (20/10/Sonjo 31; Nov. 18, 1598); Goodrich, vol. 1, 171.

35. 万历皇帝的诏书，见 Kuno, vol. 1, 172–173。

36. 根据 Aston, 61，秀吉于 1598 年 9 月 18 日过世的消息在泗川之战结束一周后传到朝鲜军团长的耳中，其他资料称是在 11 月上旬。

37. Sansom, 389.

38. Goodrich, vol. 1, 171.

39. Ibid., vol. 2, 968.

40. Diary entries for 8–13/11/Musul (Dec. 5–10, 1598), Yi Sun–sin, *Nanjung ilgi*, 342.

41. Jho Sung–do, 218–219.

42. Yi Pun, 235–236; Park Yune–hee, 238–240; Jho Sung–do, 219–221.

43. Ahn Bang–jun, "Noryang kisa," in *Saryoro bonun*, 272–273.

44. 三百艘日本船这个数字，出自战争结束几天后朝鲜大臣李德馨给朝廷的奏折。当时他和刘綎同在泗川，离战场很近，见 *Sonjo sillok*, vol. 25, 187–188（27/11/Sonjo 31; Dec. 24, 1598）。Yi Hyong–sok, vol. 2, 1117–1118 中的数字更高，为一万两千人和五百艘船。

45. Yang Jae–suk, *Dashi ssunun*, vol. 2, 256 and 259–260; Goodrich, vol. 1, 173–174.

46. 用岛津舰队的总兵力（一万两千人）除以总船数（三百艘）的结果是，每艘船大约有四十人。这说明参加露梁海战的很多日本船只肯定是小船。

47. Sin Kyong, "Chaejobonbangji," in *Saryoro bonun*, 273–274; Goodrich, vol. 1, 172.

48. Jho Sung–do, 224.

49. Cho Chung–hwa, *Paro chapun*, 174.

50. Ahn Bang–jun, "Noryang kisa," in *Saryoro bonun*, 275–276.

51. Yi Pun, 237–238; Yu Song–nyong, 225; *Sonjo sujong sillok*, vol. 4, 159–160 (11/Sonjo 31; Dec. 1598); *Sonjo sillok*, vol. 25, 187–188 (27/11/Sonjo 31; Dec. 24, 1598); Park Yune–hee, 243–246; Jho Sung–do, 224–228; Yang Jae–suk, *Dashi ssunun*, 259–262.

52. *Sonjo sillok*, vol. 25, 187–188 (27/11/Sonjo 31; Dec. 24, 1598).

53. Ibid., vol. 25, 182 (24/11/Sonjo 31; Dec. 21, 1598).

54. Ibid., vol. 25, 178–179 (21/11/Sonjo 31; Dec. 18, 1598); Turnbull, *Samurai Invasion*, 227.

55. *Sonjo sillok*, vol. 25, 184 (25/11/Sonjo 31; Dec. 22, 1598) and 189 (28/11/Sonjo 31; Dec. 25, 1598).

56. Elisonas, "Trinity," 290.

57. Goodrich, vol. 1, 172.

58. Yi Pun, 238–241; Yu Song–nyong, 226; Jho Sung–do, 230–232.

59. *Sonjo sillok*, vol. 24, 57 (22/4/Sonjo 31; May 26, 1598).

60. Ibid., vol. 25, 112–114 (7–8/10/Sonjo 31; Nov. 5–6, 1598).

61. Bacon, "Chingbirok," 9.

62. Hulbert, vol. 2, 45.

63. Ledyard, "Confucianism," 114.

64. Goodrich, vol. 1, 172 and vol. 2, 967–968; Huang, "Lung–ch'ing," 583.

65. Arthur Hummel, ed., *Eminent Chinese of the Ch'ing Period* (Washington D.C.: U.S.

Government Printing Office, 1943), 885–886; Ledyard, "Confucianism," 112–113.

66. Bito Masahide, "Thought and Religion, 1550–1700," in *The Cambridge History of Japan*, vol. 4, *Early Modern Japan*, ed. John Whitney Hall (Cambridge: Cambridge University Press, 1991), 393–395.

第六部分 余 波

* Kim Jong-gil, *Slow Chrysanthemums. Classical Korean Poems in Chinese* (London: Anvil Press Poetry, 1987), 79.

30 战争之后

1. 大规模使用朝鲜活字只持续到了 1625 年。此后，随着日本印刷业的商业化程度越来越高，书商转而使用更便宜的雕版印刷。根据现代学者的研究，1593—1625 年间印刷的书籍 80% 使用了活字，而 1625—1650 年间使用活字印刷的书籍只有 20%，后来更是降到几乎为零。Donald Shively, "Popular Culture," in *The Cambridge History of Japan*, vol. 4, *Early Modern Japan*, ed. John Whitney Hall（Cambridge: Cambridge University Press, 1991），726–727.

2. Etsuko Hae-jin Kang, 107–108; Tennant, 176.

3. Kuno, vol. 1, 173–174.

4. Tony Michell, "Fact and Hypothesis in Yi Dynasty Economic History: The Demographic Dimension," *Korean Studies Forum* 6 (Winter–Spring 1979/1980): 77–79; Palais, *Confucian Statecraft*, 366.

5. Palais, *Confucian Statecraft*, 104. "15 世纪中期家庭持有的土地以'结'计，'结'并非一种真正的土地面积计量单位，而是以粮食产量定值来计量的土地单位，根据土地产量不同，面积为 2.25—9 英亩"(ibid., 105–106)。

6. 直到 1865 年，景福宫才开始重建。在那之前，朝鲜国王住在较小的昌德宫，见 Clark and Clark, 75。

7. James Palais, "A Search for Korean Uniqueness," *Harvard Journal of Asiatic Studies* 55, no. 2 (Dec. 1995): 415.

8. Peter Lee, *Sourcebook*, vol. 1, 179.

9. Edwin Reischauer and John Fairbank, *East Asia: The Great Tradition* (Boston: Houghton Mifflin, 1960), 332–333. 一两等于 1.3 盎司，或 36.855 克。

10. Jacques Gernet, *A History of Chinese Civilization*, trans. J. R. Foster (Cambridge: Cambridge University Press, 1982), 431.

11. Gale, *History*, 275–276.

12. "Fengshi Riben jilue (Brief Account of an Ambassadorial Mission to Japan)," in *Voices from the Ming–Qing Cataclysm*, trans. and ed. Lynn Struve (New Haven, Conn.: Yale University Press, 1993), 114–121.

13. Charles Hucker, *China's Imperial Past* (Stanford, Calif.: Stanford University Press, 1975), 295.

14. Yi Pyong-gyu, *Ilsongnok*m quoted in James Palais, *Politics and Policy in Traditional Korea* (Cambridge, Mass.: Harvard University Press, 1975), 229–230.

15. John Whitney Hall, "The Bakuhan System," in *The Cambridge History of Japan*, vol. 4, *Early Modern Japan*, ed. John Whitney Hall (Cambridge: Cambridge University Press, 1991), 144.

16. Toby, 25–35.

17. Elisonas, "Trinity," 294–299.

18. Etsuko Hae–jin Kang, 115, 124, 119, and 121.

19. Tsuruta Kei, "The Establishment and Characteristics of the 'Tsushima Gate,'" *Acta Asiatica*, 67 (1994): 39.

20. S.N. Eisenstadt, *Japanese Civilization: A Comparative View* (Chicago: University of Chicago Press, 1996), 185.

21. Turnbull, *Samurai Warfare*, 78–79.

22. Report by Commander John Rodgers, USN, to the Secretary of the Navy, in Noel Perrin, *Giving Up the Gun: Japan's Reversion to the Sword, 1543–1879* (Boston: David R. Godine, 1979), 3–4.

23. Tsunoda and others, *Sources*, vol. 2, 592.

24. Marius Jansen, *The Making of Modern Japan* (Cambridge, Mass.: Belknap, 2000), 362.

25. Horace Allen to William Rockhill, Jan. 4, 1904, quoted in Peter Duus, *The Abacus and the Sword: The Japanese Penetration of Korea, 1895–1910* (Berkeley, Calif.: University of California Press, 1995), 189.

26. George Kennan writing in *Outlook* magazine, quoted in Marius Jansen, *Japan and China: From War to Peace, 1894–1972* (Chicago: Rand McNally, 1975), 124.

27. Son Key–young, "Seoul Criticizes Tokyo for Authorizing 'Distorted' Textbooks, *The Korea Times*, April 3, 2001; "Seoul's Fury Stems From History," *The Korea Times*, July 9, 2001.

28. Kanako Takahara, "Lawmakers' Views of Past Still Plague Relations," *The Japan Times*, Feb. 14, 2002.

29. Pak Chu–yong, "Imran gui–mudom kot tora–onda Pak⋯ Sam–jung sunim chujinjung," *Choson Ilbo*, Jan. 16, 1996; "Gui–mudom silche hwankukumjikim bongyokhwa," *Choson Ilbo*, Jan. 16, 1996.

30. Nicholas D. Kristof, "Japan, Korea and 1597: A Year That Lives in Infamy," *The New York Times*, Sept. 14, 1997, section 1.

出版后记

　　《壬辰战争》是一本书，更是一部史诗，一部关于朝鲜这个"美丽而悲伤的国度"的史诗。1592 年，刚刚完成日本统一的丰臣秀吉在野心的驱使下入侵朝鲜半岛。战争初期，日军进展顺利，短短一个月内便连克朝鲜三都（汉城、平壤、开城），兵锋直指鸭绿江边。朝鲜国王宣祖逃到边境城市义州，一度甚至打算内附明朝。关键时刻，明朝万历皇帝决定出兵援助朝鲜。援朝明军先在平壤大败日军，随后又兵不血刃收复开城、汉城，拯救了危在旦夕的朝鲜王朝。与此同时，朝鲜名将李舜臣在几次大规模海战中重创日本水军。

　　壬辰战争是一场名副其实的亚洲之战，东亚诸国均卷入其中，动员的兵力和战争的惨烈程度远超同时期欧洲任何一场大战。不仅如此，壬辰战争也极大地影响了亚洲的政治格局。遗憾的是，直到今天，以这场对中国，乃至东亚都极为重要的战争为主题，综合运用中日朝朝史料的学术著作，仍然付之阙如。《壬辰战争》一书恰恰填补了国内在这方面的空白。本书作者长期居住在韩国，他花费四年时间收集、整理史料，并最终写出了这部"厚重之书"。

　　当然，由于与这场战争相关的史料庞杂，且相互抵牾之处颇多，本书难免存在种种问题，部分观点有待商榷。但是，正所谓瑕不掩瑜，本书以大量史料为基础，用文学性的语言全面且尽可能客观地描述了这场发生在四百多年前的东亚之战及其对后世的影响，是一本兼具学术性和可读性的佳作。更为重要的是，我们希望本书的出版能使更多读者关注这场战争，关注东亚历史上的这段剧变期。

　　服务热线：133-6631-2326　188-1142-1266

　　服务信箱：reader@hinabook.com

后浪出版公司

2019 年 9 月

© 民主与建设出版社，2024

图书在版编目（CIP）数据

壬辰战争 /(加) 塞缪尔·霍利著；方宇译. -- 北京：民主与建设出版社, 2019.8（2024.4重印）

书名原文: The Imjin War

ISBN 978-7-5139-2476-4

Ⅰ.①壬… Ⅱ.①塞… ②方… Ⅲ.①壬辰卫国战争(1592-1598) Ⅳ.①K312.34

中国版本图书馆CIP数据核字(2019)第080880号

The Imjin War: Japan's Sixteenth-Century Invasion of Korea and Attempt to Conquer China

Copyright © 2014 by Samuel Hawley

本书中文简体版权归属银杏树下（北京）图书有限责任公司

版权登记号：01-2024-1897

壬辰战争
RENCHEN ZHANZHENG

出 版 人　李声笑

著　　者　[加] 塞缪尔·霍利　　　　　译　　者　方　宇

出版统筹　吴兴元　　　　　　　　　　责任编辑　王　颂

特约编辑　陈顺先　方　宇　　　　　　营销推广　ONEBOOK

封面设计　陈文德　　　　　　　　　　装帧制造　墨白空间

出版发行　民主与建设出版社有限责任公司

电　　话　（010）59417747　59419778

社　　址　北京市海淀区西三环中路 10 号望海楼 E 座 7 层

邮　　编　100142

印　　刷　北京盛通印刷股份有限公司

版　　次　2019 年 8 月第 1 版

印　　次　2024 年 4 月第 4 次印刷

开　　本　655 毫米 ×1000 毫米　1/16

印　　张　31.5

字　　数　454 千字

书　　号　ISBN 978-7-5139-2476-4

定　　价　99.80 元

注：如有印、装质量问题，请与出版社联系。